Kohlhammer

Erhard Weiher

Das Geheimnis des Lebens berühren – Spiritualität bei Krankheit, Sterben, Tod

Eine Grammatik für Helfende

Vierte, durchgesehene und aktualisierte Auflage

Verlag W. Kohlhammer

4. Auflage 2014

Alle Rechte vorbehalten
© 2014 W. Kohlhammer GmbH Stuttgart
Reproduktionsvorlage: Gabriele Damm-Busch, Mainz
Umschlag: Gestaltungskonzept Peter Horlacher
Gesamtherstellung: W. Kohlhammer GmbH, Heßbrühlstr. 69, 70565 Stuttgart
produktsicherheit@kohlhammer.de

Print:
ISBN 978-3-17-025287-5

E-Book-Formate:
pdf: ISBN 978-3-17-025288-2
epub: ISBN 978-3-17-025289-9
mobi: ISBN 978-3-17-025290-5

Vorwort

Zeitbeobachter erkennen seit den 90er Jahren des letzten Jahrhunderts einen ›Megatrend Spiritualität‹. Dies könnte suggerieren, es handele sich bei Spiritualität um ein Phänomen, das sich einer Modeströmung verdankt. Das vorliegende Buch geht jedoch von der Überzeugung aus, dass das Spirituelle zur Grundausstattung des Menschen gehört und ein universelles Phänomen ist. Die breite Verwendung des Begriffs Spiritualität hat einen Vorteil: Sie hat diese Dimension aus der Tabuzone geholt, in die die Moderne alles glaubte, verbannen zu können, was nicht in den Rahmen der instrumentellen Logik zu passen schien.

›Kein Mensch ist unspirituell‹. Diese Hypothese findet gerade die Krankenhausseelsorge in ihren Begegnungen mit Menschen unterschiedlichster Einstellungen und Ausdrucksformen immer neu bestätigt. So sehen sich die Überlegungen dieses Buches den Patienten und ihren mitbetroffenen Angehörigen verpflichtet: Es will eine Dimension weiter erschließen und methodisch zugänglich machen, die elementar zum Menschsein gehört und die erst recht bei Krankheit, Sterben und Tod besonders herausgefordert wird. So hat nicht zuletzt durch die Entwicklung der Palliativmedizin Spiritualität eine erhebliche Aufmerksamkeit und Wertschätzung in der medizinischen Welt erfahren.

Dieses Buch will als ›Grammatik‹, als Sprach- und Übersetzungshilfe für diese innerste Dimension im Menschen gesehen werden. Zugleich aber kann eine Hilfe, andere zu verstehen, auch zur Hilfe für die Helfer selbst werden: In der Aufmerksamkeit für den ›Geist‹ im Anderen können die Begegnenden ihrer eigenen Spiritualität mehr gewahr werden. Zudem können sie dann ihre berufliche und begleitende Tätigkeit nicht nur als funktionelle, sondern im Grunde auch als spirituelle Praxis erfahren.

Von einer weiteren Voraussetzung geht dieses Buch aus: Spirituelles Erleben findet bei weitem nicht erst in großen Höhen oder tiefen Versenkungen statt. Die hier entworfene ›Grammatik‹ stellt Sprachmuster auch und zuerst für die Alltagserfahrung vor, in der berufliche Begegnungen stattfinden. Bereits dort scheint der Geist durch, der Menschen inspiriert und ihnen eine Ahnung vom Höheren und Höchsten gibt, das dann vielleicht auch ihren großen existenziellen Fragen standhalten kann.

Viele Einsichten in dem vorliegenden Entwurf beruhen auf der Reflexion von unendlich vielen Begegnungen mit kranken Menschen. Zudem konnte ich in zahlreichen Seminaren und Symposien mit Angehörigen der verschiedenen Berufe im Gesundheitswesen und mit Ehrenamtlichen meine Ideen weiterentwickeln. Ich danke allen, mit denen ich diese Austauschmöglichkeiten haben konnte. Als Physiker von meinem ersten Studium her, der dann Theologe und Seelsorger geworden ist, bin ich besonders dankbar dafür, dass ich in vielen Bereichen des Gesundheitswesens mit verschiedenen Professionen und Disziplinen zusammentreffe. Ich habe mich immer

als Grenzgänger zwischen unterschiedlichen Erfahrungsbereichen verstanden und in der Sprachvermittlung eine wichtige Aufgabe gesehen.
Einen besonderen Dank möchte ich Frau Dr. Ruthmarijke Smeding, ursprünglich meine Lehrerin, längst aber Kollegin, sagen. Ihre große Fachkenntnis, aber auch die gemeinsamen Kursentwicklungen und die Grundlagendiskussionen haben wesentlich zur Vertiefung meiner Spur beigetragen. Zudem haben sie den Theologen in mir mit immer wieder neuen konzeptionellen Sichtweisen konfrontiert und bereichert.

An dieser Stelle möchte ich auch ganz herzlich der Katholisch-Theologischen Fakultät der Universität Mainz für die Verleihung der Ehrendoktorwürde danken. Ich sehe darin all die Einsichten von uns Seelsorgern akademisch gewürdigt, die wir mit der Spiritualität selten in hochtheologischen Gesprächen, vielmehr aber in Alltagsbegegnungen zu tun haben.
Danken möchte ich auch Herrn Kardinal Karl Lehmann für sein Interesse an meiner Arbeit und die großzügige Unterstützung bei der Drucklegung dieser Veröffentlichung.
Meine Kollegen und Kolleginnen im Team der Klinik-Seelsorge haben mir immer wieder den Rücken für die Nebentätigkeit ›Schreiben‹ freigehalten. Besonders erwähnen möchte ich Herrn Karl-Heinz Feldmann, mit dem ich viele hilfreiche Gespräche über Selbstverständnis und Praxis der Seelsorge führen konnte, und Herrn Hartwig von Papen, durch den sich mir in über zwanzigjähriger Zusammenarbeit fast unmerklich viele seelsorgliche Sichtweisen erschlossen haben. Ihnen allen gilt mein großer Dank.
Dr. Gotthard Fuchs bin ich dankbar für anregende Diskussionen und für das Gegenlesen dieser Arbeit.
Einen herzlichen Dank möchte ich Frau Reinhild Caelberg für ihre sensiblen Rückmeldungen sagen und nicht zuletzt meiner Schwester Frau Rita Goebel für das sorgfältige Korrekturlesen des Manuskripts. Frau Gabriele Damm-Busch hat mit großer Zuverlässigkeit und viel Engagement die druckfertige Fassung des Manuskripts besorgt. Ihr gilt ausdrücklich mein Dank.

Das vorliegende Buch möge das Verständnis für die Spiritualität allgemein – auch für die in Form der Religion – aber auch für all die spirituellen Einstellungen und die Bedürfnisse von Menschen vertiefen helfen.

Für die dritte Auflage wurde der Text um folgende Themen ergänzt: die neue Diskussion um spirituelle Anamnese, um die Fähigkeiten der Helfer zu spiritual care und die derzeitigen Auffassungen von »Spiritualität«; des weiteren die Kommunikation religiöser Fragen und Nöte durch die Nichtseelsorger sowie die Begegnung mit Angst und Ängsten. Für die neue Auflage wurde vor allem der Abschnitt ›»Seelsorge« überarbeitet und spezifischer gefasst. Außerdem habe ich bei einigen Themen neuere Literatur eingearbeitet und sowie Ergänzungen und Korrekturen formaler Fehler vorgenommen.

Mainz, November 2013
Erhard Weiher

Inhalt

Einleitung: Anliegen und Ziel dieses Buches 13
1. Spiritualität im multiprofessionellen Feld 15
2. Wofür ein Seelsorger die anderen Berufe gewinnen will 17
3. Was Sie in diesem Buch erwartet 20

Teil I

Spiritualität: Kontexte und Verortungen 23

1.1 Zum Verständnis von Spiritualität und Religion 23
1.1.1 Annäherungen an das Phänomen Spiritualität 23
1.1.2 Spiritualität im postmodernen Diskurs 26
1.1.3 Merkmale von Spiritualität und Unterscheidungen 27
1.1.4 Spiritualität, Religion und Glaube – Unterscheidungen
und Gemeinsamkeiten 29

Anhang: Wie Spiritualität derzeit verstanden wird –
Eine Auswahl zur Orientierung. 37

**1.2 Moderne Medizin und Spiritualität –
ein Vorschlag zur Beziehungsklärung** 40
1.2.1 Medizin und Religion – eine kurze Beziehungsgeschichte 40
1.2.2 Die Idee von der ›Ganzheit‹ und was sie für einen Sinn macht 44
1.2.3 Wenn das ›Geheimnis die Lösung‹ ist 45
1.2.4 Ein Leitsymbol für alle Berufe 49

1.3 Spiritualität als Ressource bei Krankheit und Sterben 50
1.3.1 Die integrative Funktion von Spiritualität 51
1.3.2 Was bei Spiritualität ›Wirkung‹ bedeutet 54
1.3.3 Positive und negative Wirkungen von Spiritualität 56

Exkurs (1): Was also heißt hier ›Heilung‹? 59

1.4 Ethik und Spiritualität 61
1.4.1 Ethik in der Postmoderne 61
1.4.2 Ethik und Spiritualität – ein zumindest heimliches Verhältnis 63
1.4.3 Ethik auf der Mikroebene 65
1.4.4 Ethik auf der Meso-Ebene: Station, Profession, Organisation 69
1.4.5 Ethik auf der Makro-Ebene 71
1.4.6 Die Perspektive von Religionen 74

Exkurs (2): Was es bedeutet, von der Seele zu reden 75

Teil II

Konkretisierungen

- 2. Spirituelle Begleitung – wie geht das konkret? ... 83
- 2.1 Das grundlegende Medium: Die mitmenschliche Begleitung ... 83
- 2.2 Das zweite Medium: Spirituelle Kommunikation ... 88
- 2.2.1 Erster Zugang: Die explizite Befragung ... 90
- 2.2.1.1 Modelle der Erfassung spiritueller Einstellungen ... 90
- 2.2.1.2 Zur Kompetenz der Helfer in Spiritual Care ... 93
- 2.2.2 Zweiter Zugang zur spirituellen Innenseite: Die symbolische Kommunikation als Königsweg ... 96
- 2.2.2.1 Wie Menschen Spuren zu ihrem Inneren legen ... 97
- 2.2.2.2 Zu Sinn und Gebrauch von Symbolen ... 100
- 2.2.2.3 Symbol und Transzendenz ... 105
- 2.2.2.4 Wie ›Sinn‹ zur Sprache kommt ... 108
- Exkurs (3): Was heißt hier ›heilig‹? ... 113
- 2.2.3 Wie geben die helfenden Berufe spirituelle Unterstützung? ... 115
- 2.2.4 Die berufliche Rolle hat auch Symbolkraft ... 120
- 2.3 Ein drittes Medium: Rituale als spirituelle Begleitung ... 123
- 2.3.1 Rituale: nicht nur in der Religion ... 123
- 2.3.2 Rituale im medizinischen Alltag ... 124
- 2.3.3 Übergangsrituale – Brücken über den Abgrund ... 129
- 2.4 Statt einer Zusammenfassung: Ein Modell für die spirituelle Begleitung ... 132
- 3. Das Geheimnis deuten: Religion in der Begleitung ... 134
- 3.1 Was will und kann Religion? ... 135
- 3.2 Wie begleiten die Religionsbeauftragten? ... 137
- 3.2.1 (Klinik-)Seelsorge als spirituelle Begleitung ... 139
- 3.2.2 Zur Arbeitsweise der Seelsorge – eine Skizze ... 147
- 3.2.3 Die Symbolwirkung der Seelsorge-Rolle ... 151
- Exkurs (4): Zum Verhältnis von Seelsorge und Spiritual Care – Ein Plädoyer in Thesenform – ... 153
- 3.3 Wie begleiten Nichtseelsorger religiöse Menschen? ... 159
- 3.3.1 Wie die Helfer Zugänge finden können ... 159
- 3.3.2 Wenn religiöse Themen und Nöte direkt zum Thema werden ... 161
- 3.3.3 Begegnung mit fremden Spiritualitäten und Religionen ... 165
- 3.4 Religiöse Rituale ... 167
- 3.4.1 Sinn und Bedeutung religiöser Rituale ... 167
- 3.4.2 Kleine Skizze christlicher Rituale ... 169
- 3.5 Beten als spirituelle Praxis ... 172
- 3.5.1 Zur Funktion des Betens ... 173
- 3.5.2 Wie passt das Beten in die Landschaft der helfenden Berufe? ... 174
- 3.5.3 Wie betet Seelsorge? ... 178

3.6 Segnen: Ein spiritueller Grundgestus 181
3.6.1 Zur Etymologie von ›Segen‹ 182
3.6.2 Segnen: der religiöse Sinn 183
3.6.3 Konkretisierungen 184

3.7 Wenn Menschen außersinnliche Erlebnisse haben 186
3.7.1 Das Phänomen verstehen 186
3.7.2 Möglichkeiten für die Helfer 189
Anhang: Die Kontrakte der spirituellen Begleitung. Ein Überblick. 193

Teil III
Themen der spirituellen Begleitung 197

4. Dem Leid anderer begegnen. Leidende trösten 197

4.1 Die Helfer und das Leid 197
4.1.1 Was kann der Helfende ›gegen‹ das Leid aufbieten? 197
4.1.2 Ein Container für die Helferrolle 201

4.2 Die Helfer und das Mitleid 205
4.2.1 Mitleid vs. Neutralität? 205
4.2.2 Mitleid: Was dient dem Patienten? 209
4.2.3 Die spirituelle Dimension des Mitleids 211
4.2.4 Mitleid als Tugend – eine Rehabilitation 213

4.3 Wie können die Begleiter trösten? 213
4.3.1 Zu Logik und Dynamik des Tröstens 214
4.3.2 Beispiele für die Trostpraxis 217
4.3.3 Wie tröstet Religion? 220

4.4 Wohin mit all dem Leid?
Vorschläge für eine spirituelle Hygiene 223
4.4.1 Unzureichende Möglichkeiten 224
4.4.2 Die spirituelle Dimension in Anspruch nehmen 225
4.4.3 Einige Folgerungen für die spirituelle Hygiene 227

5. Spirituelles Leid 229

5.1 Spirituelle Schmerzen 229
5.1.1 Spirituelle Schmerzen: eine Phänomenologie 231
5.1.2 Was tröstet bei spirituellem Schmerz? 235
5.1.3 Schmerz und religiöse Begleitung 236

5.2 Angst und Ängsten begegnen 239
5.2.1 Dimensionen der Angsterfahrung 239
5.2.2 Begegnung mit der Angst 244
5.2.3 Die Angst und die Religion 250
5.2.4 Die Angst der Helfer 254

5.3	**Die Erfahrung von Sinn und Sinnlosigkeit**	255
5.3.1	Dimensionen der Sinnfrage	257
5.3.2	Drei Perspektiven der Rede von Sinn	258
5.3.3	Die Sinnfrage nicht überhöht sehen	262
5.3.4	Bei Erfahrungen von Sinnlosigkeit begleiten	265
5.4	**Die Frage ›Warum?‹**	267
5.4.1	Zur Phänomenologie	267
5.4.2	Das Warum? in der beruflichen Praxis	269
5.4.3	Die Religion und das ›Warum‹	274
5.5	**Schuldgefühle entziffern**	277
5.5.1	Zur Problemstellung	277
5.5.2	Krankheit, Sterben und Schuld	279
5.5.3	Kategorien von Schuld	280
5.5.4	Schuldempfinden als Symbol verstehen	282
5.5.5	Menschen mit Schuldvorwürfen verstehen und begleiten	283
5.5.6	Leitgedanken und Interventionen im Umgang mit Schuldgefühlen	287
5.5.7	Die Religion und die Schuld	289
5.6	**Das Warum?, die Scham und die Schuld: Ein spirituelles Modell für die Selbstfindung**	291
5.6.1	Die Idee von Erikson	292
5.6.2	Die Grunderfahrungen und ihre Gegenspieler	294

6. Spiritualität und Religion am Ende des Lebens 300

6.1	**Die Trauer des Sterbenden verstehen**	302
6.1.1	Sterbetrauer als Gesamtschmerz	302
6.1.2	Wie Patienten ihre Verlust- und Trauererfahrung äußern	304
6.1.3	Möglichkeiten der Begleitung	309
6.2	**Die Angehörigen spirituell unterstützen**	314
6.2.1	Es geht um ein ganzes System	314
6.2.2	Was bedeutet die (beziehungs-)systemische Sicht für die Begleitung der Angehörigen?	316
6.2.3	Begleitung als vorsorgende Trauerhilfe	318
6.2.4	Die explizit spirituelle und die religiöse Dimension	321
6.3	**Die Wahrheit der Medizin – die Wahrheit des Patienten**	323
6.3.1	Die Wahrheitsfrage auf dem Hintergrund von Medizin und Kultur	324
6.3.2	Was folgt aus all diesen Entwicklungen?	326
6.3.3	Die Wahrheit und die Rolle der Begleiter	330
6.3.4	Möglichkeiten der Begleitung	336
6.4	**Kann man Sterbenden Hoffnung machen?**	340
6.4.1	Was ist Hoffnung?	341
6.4.2	Die drei Dimensionen der Hoffnung	342
6.4.3	Sterbenden Hoffnung eröffnen – Möglichkeiten für die Begleiter	347
6.4.4	Von der jenseitigen Hoffnung	354
6.4.5	Wie Seelsorge die Hoffnungsfindung begleitet	355

6.5	**Sterbezeit und Todesstunde spirituell begleiten**	358
6.5.1	Die Bedeutung der perimortalen Zeit	358
6.5.2	Kein Absturz, sondern eine ›Schleuse‹	362
6.5.3	Unterstützung in der Sterbestunde	364
6.5.4	Die Trauer beim Tod begleiten	369
6.5.5	Ein Ritual für den Abschied am Totenbett	375
6.5.6	Die Nach-dem-Tod-Trauer	380
6.5.7	Wie gehen die Helfer mit all den Verlusten um?	382
7.	**Eine Ars moriendi für heute?** **Statt einer Philosophie: eine Kultur des Sterbens**	385
7.1	Die Landschaft, in der man heute stirbt	385
7.2	Auf dem Weg zu einer Kultur	388
7.3	Dimensionen einer Kultur des Sterbens	389
7.4	Eine Ars moriendi für die Helfenden?	393
Zu guter Letzt		395
Literatur		397

> Ein junger Mann kommt zu einem Rabbi und fragt: »Was kann ich tun, um die Welt zu retten?« Der Rabbi antwortet: »Soviel wie du tun kannst, dass morgens die Sonne aufgeht.« »Aber was sollen dann alle meine Gebete und meine guten Werke?« fragt der junge Mann. Darauf der Rabbi: »Sie helfen dir, wach zu sein, wenn die Sonne aufgeht.«

Einleitung

Anliegen und Ziel dieses Buches

Es geht um etwas elementar Menschliches

Vielleicht sind Sie am Thema Spiritualität bei Krankheit und Sterben interessiert, haben aber als nüchterner Zeitgenosse zugleich Zweifel, ob das nicht ein Spezialthema ist, das sich mit Ihrer Tätigkeit nicht verbinden lässt. Wenn Sie denken, dass es bei Spiritualität um etwas Weltfremdes, nur ›Jenseitiges‹ geht, dann möchte dieses Buch Sie davon überzeugen, dass Spiritualität eine elementare Dimension des Menschlichen ist.
Genauso wie Gefühle zur Wirklichkeit des Menschen gehören, ist Spiritualität ein wichtiges innerstes Motiv, das das ganze Leben eines Menschen, erst recht in Krankheit und beim Sterben mitbestimmt. Patienten, Bewohner im Altenheim, Sterbende und die Angehörigen bringen ja außer ihrer körperlichen Verfassung auch ihre emotionale, soziale, mentale und kulturelle, aber auch spirituelle Wirklichkeit mit in die Arztpraxis, das Krankenhaus, das Pflegeheim oder Hospiz. Daher sollten alle Behandler und Begleiter prinzipiell etwas davon verstehen, wie sie der Innenwelt ihrer Patienten begegnen können. Sie sollten offen und aufmerksam sein dafür, was die Spiritualität eines Menschen für dessen Krankheitsverarbeitung bedeutet.

Dieses Buch sieht sich der Frage verpflichtet, wie die spirituelle ›Innenseite‹ in der beruflichen und ehrenamtlichen Begegnungspraxis überhaupt vorkommt und was die Helfer damit anfangen können, auch dann, wenn sie vielleicht selbst keine ausgeprägte Spiritualität oder Religion haben. Es wird sich herausstellen, dass die Dimension Spiritualität keiner absonderlichen Binnenwelt angehört und auch keiner ausgeprägten Fachsprache bedarf, die nur Eingeweihten zugänglich wäre. Vielmehr will dieses Buch zeigen, dass es in gewissem Sinn ganz einfach ist, auf die Spiritualität der Menschen einzugehen und so diese Dimension in den Umgang mit Leiden, Sterben und Trauer einzubeziehen.

Wovon ein Mensch beseelt ist

Die wichtigste Lektion, die ich in meiner langen Kliniktätigkeit von meinen Patienten gelernt habe ist die, dass deren Innenwelt gar nicht so total verschieden ist von meiner. Wenn ich mir meiner eigenen inneren Welt einigermaßen bewusst bin und mich, weil ich zurzeit gerade nicht krank bin, nicht in ein unbetroffenes Gegenüber begebe, dann bin ich dem elementar Menschlichen nahe, das alle Menschen dieser Welt bewegt, wenn sie leben, krank werden oder von Tod bedroht sind.

Was mich zu diesem Buch nötigt, sind die Erfahrungen aus unendlich vielen Begegnungen und Gesprächen mit Patienten und Angehörigen, aber auch mit professionellen und anderen Helfern. Im Menschen klingen – angestoßen durch die Widerfahrnisse des Lebens – Töne an, die aus ihrem inneren Raum kommen, der auf den ersten Blick schwer zugänglich erscheint. Hört man aber einen Moment genauer hin, dann formen sich die Töne zu kleinen oder großen Melodien: Was der Mensch befürchtet, was er liebt, wie er »das alles verstehen« soll, warum ihm »so etwas passiert«, was er sich wünscht und ersehnt, womit er sich besonders verbunden weiß, was ihn schmerzt und was ihn freut, wovon er enttäuscht und wovon er begeistert ist, was ihm zutiefst wichtig ist – kurz: wovon er ›beseelt‹ ist, ist eine grundlegende Wirklichkeit im Menschen. Es sei gleich hier bemerkt, dass es bei solchen Äußerungen nicht einfach nur um Gefühle und nur um die mentale Welt dieses Menschen geht, sondern zugleich um den inneren ›Geist‹, den ›spiritus‹, der auf seine Spiritualität verweist. Dabei spiegeln die ›kleinen‹ Melodien eher die in den Alltag der Menschen eingewobene Spiritualität wider; die ›großen‹ aber künden vom inneren Geist, in dem sich die zentralen Dramen der Existenz, der tiefsten Fragen des Menschen angesichts des Schicksals abspielen.

> Spiritualität ist die meist alltägliche, oft aber auch dramatische Weise, wie Menschen sich »der Wirklichkeit des Lebens stellen, sie erleiden, ertragen oder gestalten« (Karrer 2006: 385) und wovon sie sich dabei inspiriert fühlen.

Ein lohnendes Unternehmen

Einerseits ist es nicht verwunderlich, dass Spiritualität schwer zu ›fassen‹ ist: »Ich kann es zwar nicht definieren, aber ich weiß, wann es stattgefunden hat«, sagen die Begleiter manchmal. Das heißt andererseits aber: Es spielt sich in Menschen, die uns als Patienten begegnen, etwas Wichtiges und Zentrales ab, dem zu begegnen vielleicht schwierig, aber allemal spannend und lohnend und sogar lebensnotwendig ist. Dieser Dimension Raum zu geben (d. h. nicht notwendig, mit ihr zu ›arbeiten‹), ist für den heilsamen Umgang mit Krankheit und Sterben wesentlich; und zwar für die unmittelbar Betroffenen, die Kranken und Sterbenden, wie auch für die mittelbar Betroffenen, die Helfer. Spiritualität muss endlich nach der langen Zeit der Abstinenz oder gar Vernachlässigung in Medizin und Therapie als integraler Bestandteil der Patientenversorgung – und nicht nur sterbender und palliativer Patienten – berücksichtigt werden.

1. Spiritualität im multiprofessionellen Feld

Das Leben in einen größeren Horizont stellen

Ich bin zutiefst davon überzeugt – und meine beruflichen Begegnungen bestätigen das immer wieder neu – dass Spiritualität hilft, Leben und Welt weiträumiger zu denken und Leben, Leiden und Sterben in einen größeren Horizont zu stellen. Das ist Sinn und Ziel von spiritueller Begleitung: Es geht darum, den Menschen diesseits und jenseits der Grenze des Machbaren mit dem Geheimnis von Leben und Sterben in Berührung zu bringen und so das Leben von seinem Geheimnis her verstehen zu lernen.

Aber auch das medizinische Gesamtsystem kann von der spirituellen Dimension her einen größeren Horizont bekommen. Die Basis, auf der die medizinischen und therapeutischen Berufe arbeiten, auf der sie mit Leiden und Sterben umgehen, wird dann breiter, als es die instrumentelle Vernunft erlaubt.

Beim Verfolgen dieses Zieles fühle ich mich natürlich in erster Linie den von Krankheit betroffenen und den vom Tod bedrohten Menschen und ihren Angehörigen verpflichtet. Die existenzielle Situation und die Anliegen dieser Patienten und der ihnen Nahestehenden sind durchgehend Hinter- und oft auch Vordergrund bei allen folgenden Ausführungen.

›Sorge für die Seele‹ – eine Aufgabe für alle Helfer

Der methodische Focus dieses Buches aber liegt bei den Helfenden, die im Raum von Medizin und Pflege den Patienten begegnen. Mein Hauptanliegen ist es, ein viel benutztes Wort für eine tief im Menschen verankerte Wirklichkeit für die Fachleute und die Begleiter zugänglich zu machen. Vor allem soll dabei das mit ›Spiritualität‹ Gemeinte anthropologisch reflektiert, für die berufliche Praxis erschlossen und die seelsorgliche Erfahrung für die Nicht-Seelsorger genutzt werden. Viele Helfer in den Einrichtungen des Gesundheitswesens fühlen sich für diese multiprofessionell zu leistende Aufgabe nicht ausgebildet und trainiert. Überdies ist die Frage, ob in dem heute ökonomisch, wissenschaftlich und organisatorisch durchstrukturierten medizinischen Feld Räume und Zeiten für die Beachtung der spirituellen Dimension zur Verfügung stehen.

Die instrumentelle Vernunft genügt nicht

Auf der anderen Seite – und sicher auch als Reaktion auf die rein instrumentelle Vernunft der Neuzeit – ist Spiritualität nicht umsonst Thema der Postmoderne geworden. Viele Menschen geben sich mit den rationalen Deutungen der naturwissenschaftlichen Medizin nicht mehr zufrieden, auch nicht mit den ›Sinn‹-Angeboten einer Kauf- und Konsumgesellschaft. Das gilt erst recht bei der existenziellen Bedrohung durch Krankheit und Sterben. Zugleich gehören natürlich auch die Ärzte, die Pflegenden und die anderen therapeutisch oder begleitend Tätigen derselben modernen Zivilisation an, in der sie für ihre Patienten und letztlich für sich selbst Sinnstrukturen finden müssen, denen sie Menschen bei Krankheit, Sterben, Tod und Trauer anvertrauen können. Denn schließlich ist vieles, was Menschen bei schwerer Krankheit bewegt, nicht mit den Mitteln der Medizin behandelbar.

Spiritualität aber öffnet gerade die Grenzen der Machbarkeit und die Sicht auf den Menschen: Die Helfer dürfen Kranke und Sterbende einem größeren Horizont anvertrauen, als sie selbst einlösen können.

Mit einer spirituellen Perspektive im Hintergrund lässt sich die scharfe Alternative, entweder wir haben alles getan oder wir haben gegenüber den Heilungsversprechungen der Medizin versagt, auf humane Weise überwinden.

Hier will dieses Buch Übersetzungshilfe leisten und damit die getrennten Bereiche Medizin, die für den Körper – und Seelsorge, die für die Spiritualität da ist, wieder zusammenführen.

Die Professionellen neigen dazu, das Spirituelle gänzlich an die Seelsorge abzugeben, vermutlich auch, weil sie Spiritualität nur als Religion interpretieren, auf die einzugehen ihnen nicht zusteht und nicht möglich scheint. Arzt, Pflegekraft, Sozialarbeiter greifen aber zwangsläufig auch in das Innere des Menschen ein. Sie gehen zwar von ›außen‹ an die Probleme der Menschen heran.

Aber bei allen ›äußeren‹ Diagnosen, Behandlungen und Maßnahmen wird die existenzielle Innenseite des Menschen nicht nur berührt, sondern in höchstem Maß in Mitleidenschaft gezogen.

Menschen brauchen dann nicht nur ›Seelsorge‹ im spezifischen, sondern ›Sorge für die Seele‹ im weitesten Sinn. Pflegekräfte verstehen sich schon immer – im Unterschied zur naturwissenschaftlichen Medizin – als Seelsorgende in dieser weiten Bedeutung.

Menschen wollen tiefer verstanden werden

Heutige Patienten und Angehörige erwarten, dass sie auch bei ihren Ärzten tiefergehende Fragen und Sorgen ansprechen können. Schließlich vertrauen sie sich mit ihrer ganzen Existenz, in gewisser Weise mit Leib und Seele, den Ärzten und anderen Helfern an. Sie wollen auch mit ihren spirituellen Fragen und Sorgen – zumindest – verstanden und respektiert werden. Wie Untersuchungen zeigen (vgl. die Erörterungen bei Büssing, Ostermann, Matthiessen 2005 a: 20), wünschen sich viele Menschen, wenn sie schwer krank werden, durchaus das Gespräch auch über spirituelle Belange. Sie sind aber sehr unsicher, wie sie darüber mit den Fachkräften in Beziehung kommen können. Ebenso fühlen sich viele Helfer nicht darauf vorbereitet, auf solche Bedürfnisse einzugehen, erst recht nicht, selbst initiativ zu werden.

Sind Spiritualität und Berufsrolle vereinbar?

Die Überlegungen dieses Buches verfolgen nun genau das Ziel, die spirituellen Themen so aufzubereiten, dass sie für die Professionellen in ihrem alltäglichen Beruf praxistauglich sind. Beim Thema Spiritualität wird z. B. auf jeden Fall die Felddynamik zu beachten sein: Spirituelle Fragen und Themen (z. B. die Warum-Frage oder die nach der Hoffnung) wachen im Feld des Arztes in anderer Weise auf, stehen in einer anderen Dynamik und wollen in dessen Rolle anders behandelt werden als bei der Pflegekraft, und da wieder anders als bei der Seelsorge oder dem ehrenamtlichen Begleiter.

Es wird sich zeigen, dass spirituelle Kommunikation und Begleitung nicht eine Sache ausgedehnter und inhaltsreicher Gespräche sein müssen.
Es kommt wesentlich mehr auf die Haltung und die Präsenz im Augenblick der Begegnung und auf die Art der Reaktion an als auf lange Zeiten am Krankenbett. Wie viele meiner beruflichen Begegnungen im Krankenhaus und bei Fortbildungen zeigen, muss die Aufmerksamkeit für Spiritualität und der rollenspezifische Umgang damit gelernt werden. Als gute Hin- und Einführung dazu versteht sich dieses Buch auf jeden Fall.
Wie im Verlauf der folgenden Kapitel gezeigt wird, hilft die spirituelle Dimension nicht nur dem Patienten, sondern auch den Helfenden: Wenn der nicht-seelsorgliche Begleiter in der Regel mit der spirituellen Dimension auch nicht explizit arbeitet, wenn seine eigene spirituelle Innenseite aber mitschwingen darf, wird auch die berufliche Tätigkeit befriedigender. So ist die Möglichkeit der spirituellen Kommunikation eine wichtige Hilfe, die Helfenden vor dem burn out zu bewahren.

2. Wofür ein Seelsorger die anderen Berufe gewinnen will

Beim Entdecken helfen

Wenn Seelsorge anderen Berufen und Tätigkeiten den Umgang mit Spiritualität erschließen will, muss sie ihre eigene religiöse und fachliche Begriffswelt öffnen und gelegentlich auch verlassen. Ich werde daher meinen Überlegungen keinen systematischen oder normativen Begriff von Spiritualität zugrundelegen. Vielmehr werde ich phänomenologisch und kontextuell vorgehen: Entscheidend für die therapeutische und begegnende Praxis ist, was wir Helfer bei den Betroffenen an Einstellungen vorfinden. Denn damit leben diese; ihre Einstellungen belasten sie oder helfen ihnen; die lassen sie im Stich oder erfüllen sie mit Sinn. Bei all dem haben wir die Menschen zu begleiten. Für den phänomenologischen Zugang spricht auch, dass der Begriff Spiritualität in der säkularen Welt in ganz diffuser Weise und in vielen Bedeutungsvarianten benutzt wird und dennoch von allen verstanden zu werden scheint. Wenn Spiritualität ein eigener Faktor in der Innenwelt von Patienten und Klienten ist, dann können die Helfer zu Entdeckern werden: Auch wir Begleiter werden vom vielfältigen spirituellen Reichtum der Menschen beschenkt, denen wir begegnen.

Es geht nicht in erster Linie um Religion

Dieses Buch wird in seinen grundsätzlichen Reflexionen vorwiegend anthropologisch und zunächst bewusst nicht von der Religion her argumentieren. Der Begriff Spiritualität hat, ebenso wie der der Religiosität, längst Eingang in das postmoderne Zeitgespräch gefunden. Ich werde also bei allen spirituellen Themen immer zuerst von den Konstanten ausgehen, die den meisten spirituellen Systemen und Religionen zugrunde liegen. Ich bin mir bewusst, dass dieses Vorgehen nicht ganz unproblematisch ist: In einer Zeit hoher Sensibilität für religiöse und kulturelle Unterschiede darf der ›ureigene Geist‹, das Heilige einer spirituellen oder religiösen Einstellung nicht übergangen werden. Dennoch werde ich eher vom allgemein Verbindenden her argumentieren als vom kulturell Verschiedenen. Damit ist die Gefahr gegeben, dass Spiritualität und Religion abstrakt bleiben und nicht in ihrem inhaltlichen Reichtum sichtbar werden. Diese Gefahr ist erst recht in einer Zeit gegeben, in der vielen Menschen ein solcher Reichtum fremd geworden oder nur in oberflächlicher Form begegnet ist. Spiritualität aber ist nicht eine allgemeine Haltung, sondern eine sehr persönlich angeeignete und ins Leben eingewobene ›Geistigkeit‹. Wir Helfer müssen fähig sein, den unterschiedlichsten Spiritualitäten und der Vielsprachigkeit der heutigen religiösen Landschaft zu begegnen.

Dennoch: Meine eigene Religion wird durchklingen.
Das kann nun aber nicht heißen, dass die Helfer sich in allen religiösen Sprachen und spirituellen Dialekten der Welt auskennen müssen. Auch ich werde mich nicht einer neutralen Kunstsprache bedienen (als ob es ein ›Esperanto‹ für Spiritualität gäbe), sondern meinen eigenen Dialekt und Akzent durchklingen lassen. Der Seelsorger kann bei der Darstellung des grundsätzlich Spirituellen – anders als der Religionswissenschaftler – nicht ein neutraler Spiegel sein. Meine Überlegungen werden immer auch gefärbt sein von dem, was mir selbst in meiner Lebens- und Berufsgeschichte als ›spirituell‹ aufgegangen ist.

Von Spiritualität und Religion authentisch reden
Der Schatz einer Religion und eines spirituellen Ansatzes lassen sich authentisch nur in der ›Muttersprache‹ zum Strahlen bringen, von dem her, was man selbst verinnerlicht, durchfühlt und durchlebt hat. Man kann einen fremden Dialekt nur nachahmen, aber kaum glaubwürdig sprechen. Um verstehbar zu machen, was eine spirituelle Einstellung zutiefst bedeutet, braucht es daher auch das lebensbezogene und authentische Zeugnis. So kann einem Außenstehenden z.B. das, was ein Muslim oder ein Buddhist glaubt und wovon er erfüllt ist, durch das Aufzählen einiger religiöser Vorschriften nicht verstehbar gemacht werden. Ich werde also gelegentlich meinen christlichen Dialekt sprechen und religiöse Ideen exemplarisch andeuten. Das versteht sich dann nicht als Abwertung anderer Akzente und ›Sprachen‹, sondern im Gegenteil: Es dient der Betonung der Würde einer jeden Religion. Es ist der Tatsache geschuldet, dass man religiöse Einstellungen nicht ›mal gerade‹ aus ihrem biografischen und kulturellen Kontext lösen und sich ihrer bedienen kann. Das ist anders bei z. B. philosophischen oder wissenschaftlichen Systemen: Diese zielen geradezu auf objektive Sachverhalte und intersubjektive Verständigung ab. Es ist nie unproblematisch, wenn ›Fremde‹ eine andere Kultur oder Religion darstellen, in der sie nie gelebt und die sie nie in existenziellen Situationen erproben und vertiefen mussten.

Es geht um Anschlussfähigkeit
Es wäre eine Anmaßung, zu fordern, dass die Helfer an alle kulturell erworbenen und persönlich gelebten Überzeugungen von Menschen Anschluss finden müssten. Wohl aber müssen sie fähig sein zu erkennen, welchen Wert eine Einstellung für den betreffenden Menschen hat und wie sie diesen daher unterstützen können. Es wird bei der spirituellen Begleitung

durch medizinische Berufe nicht darum gehen können, dass die Helfer selbst ein spirituelles oder religiöses System lernen oder vertreten müssen. In diesem Buch werden ihnen auch keine religiösen Antworten für ihre Patienten an die Hand gegeben. Vielmehr sollen sie so Anschluss an die Spiritualität des Patienten finden können, dass dieser sich mit seiner Innenwelt wahrgenommen, respektiert und begleitet fühlt. Dafür gilt es, ein Basisverständnis für Spiritualität und Religion und Basishaltungen zu entwickeln und zu lernen. Dieses Buch wird Wege aufzeigen, wie die Begleiter in ihrer jeweiligen Rolle mit der Spiritualität der Patienten in Beziehung kommen und konkret damit umgehen können.

Was dies für die Seelsorge selbst bedeutet

Für alle Quellen von Sinn offen sein. Auf die spirituellen Bedürfnisse von Kranken und Sterbenden einzugehen, ist natürlich das Kerngeschäft der Seelsorge. Aber auch die Seelsorge muss sich in den letzten Jahren damit auseinandersetzen, dass das mit Spiritualität Gemeinte längst nicht mehr auf die Binnenwelt von Kirche und Religion beschränkt, sondern in der Postmoderne zu einem Begriff für viele Einstellungen und Haltungen von Menschen geworden ist. Die Seelsorgenden sind aber den spirituellen und religiösen Innenwelten verpflichtet, die die Menschen heute in Krankenhaus, Altenheim und Hospiz mitbringen. Es gehört geradezu zu ihrer Professionalität, das, was in der Übertragung zwischen ihnen und den Patienten geschieht, in spiritueller Perspektive zu lesen und dafür einen weiten Horizont mitzubringen: »Müsste eine ›Theologie des Volkes‹ nicht mit all diesen Spuren menschlicher Sehnsüchte ohne Überheblichkeit ins Gespräch kommen?« (Karrer 2006: 382) Seelsorgende müssen heute zunehmend darauf eingestellt sein, in diesem offenen Raum den Geist Gottes anwesend zu sehen.

Sich im multidisziplinären Kontext bewegen. Auf diesem Hintergrund muss also auch Seelsorge ihr Verständnis von Spiritualität und Religiosität immer neu reflektieren. Sie muss diese Reflexion aber auch leisten, weil sie ständig in der Begegnung mit anderen Fachberufen und den Human- und Geisteswissenschaften steht. Mir selbst sind gerade im Dialog mit den anderen Berufen viele meiner seelsorglichen Themen klarer geworden. Was es z.B. heißt, Hoffnung zu machen, Sinn zu erschließen oder auf Trauer einzugehen; wovon ich oft nur abstrakte Ideen oder uneinlösbare Ideale hatte, wurde im Konzert aller patientennahen Tätigkeiten mehr geerdet und zugleich schärfer profiliert. Die Begegnungen gerade mit der säkularen Welt der medizinischen Zivilisation haben mich herausgefordert, meine Binnensprache zu öffnen und meine Basis zu verbreitern. Dies hat nicht etwa mein Profil als Seelsorger und mit der christlichen Religion verwachsener Mensch verschwommener gemacht. Im Gegenteil: Ich denke, das hat das Profil meiner Profession geschärft und meine Stimme im multidisziplinären Konzert sicherer und voller, aber zugleich auch anschlussfähiger gemacht.

Im Dialog bleiben. So fühlt sich dieses Buch auch meiner eigenen Profession verpflichtet: allen seelsorglichen Berufen im kirchlichen Bereich und anderen Religionsbeauftragten. Es ist allerdings bewusst mit Rücksicht auf die nichtseelsorglichen Begleiter konzipiert. Für die seelsorglichen Fachleute gibt es genügend eigene Fachliteratur und Trainings. Seelsorgende und Religionsbeauftragte müssen fähig sein, mit der Gegenwartskultur – also auch der nichtkirchlichen, andersgläubigen, nichtreligiösen Welt – spirituell zu kommunizieren. In diesem Anliegen möchte dieses Buch meine seelsorglichen Berufskollegen und -kolleginnen unterstützen und sie zugleich ermuntern, mutig und offen zu sein und die Übersetzer-Tätigkeit immer wieder zu wagen.

3. Was Sie in diesem Buch erwartet

Spiritualität ist ein sehr komplexes Phänomen: Die geistliche Dimension ist eine ›Farbe‹, die alle Lebensvollzüge eines Menschen prägt und im Grunde genommen nicht davon zu isolieren ist. Dennoch muss diese Dimension aus methodischen Gründen als eigene Säule herausgearbeitet und von anderen Aspekten unterschieden werden – genauso wie es etwa für die Emotionen und Motivationen des Menschen eine ›Psycho-Logik‹ und für die körperlichen Funktionen eine ›Physio-Logik‹ gibt.

Durchgehendes methodisches Anliegen der Überlegungen dieses Buches ist es, für die hohe Idee der Spiritualität niederschwellige Zugänge zu beschreiben und dafür eine ›Logik‹ zu finden.

Wie dieses Buch nicht zu verstehen ist

Methodisch gesehen will diese Abhandlung in erster Linie Einsichten erzielen. Die Beispiele und Formulierungsvorschläge in den einzelnen Abschnitten wollen vor allem erläutern, wie ein Thema gemeint ist; sie verstehen sich nicht als Rezepte, die unmittelbar anzuwenden sind. Bildlich gesprochen ist dies kein Wörterbuch mit Vokabeln, die man ohne Grundlagen verwenden könnte. Spirituelle Begleitung ist keine Technik, die man neutral einsetzen kann. Die Methoden müssen vielmehr in Beziehungen eingebettet sein. Kommunikationsbeispiele sind nur sinnvoll im Feld des ›Geistes‹. Sie setzen ihrerseits eine geistliche Haltung voraus, durch die die ›Wörter‹ zur Sprache finden und dort einen Sinn ergeben.

Eine Lesehilfe

Das *erste Kapitel* dieses Buches bilden für die Begegnungspraxis taugliche Bestimmungen von ›Spiritualität‹, ›Religion‹, ›Religiosität‹ und ›Glaube‹. Diese Unterscheidungen und Zuordnungen sollen helfen, sich in der vielfarbigen Landschaft von heutiger Diskussion und des Zeitgesprächs zurechtzufinden. Ebenso ist es wichtig, dass sich die Helfer die Verortung der spirituellen Dimension im medizinischen Kontext bewusst machen. Dem Bezug zum medizinisch-therapeutischen Feld dienen auch die Diskussion neuerer Untersuchungen zur Bedeutung der Spiritualität bei der Verarbeitung von Krankheit, Sterben und Trauer und die Überlegungen, was es bedeutet, dass Spiritualität und Ethik zusammenhängen. – Vielleicht interessiert Sie aber auch, wie heute *plausibel von der ›Seele‹* gesprochen werden kann.

Als an der Praxis interessierter Leser können Sie dieses erste Kapitel überschlagen; gut wäre es jedoch, wenn Sie sich an den Unterscheidungen von Spiritualität – Religion – Glaube orientieren würden. Man muss nicht das ganze Buch in der vorgelegten Reihenfolge lesen. Das *zweite Kapitel* ›Spirituelle Begleitung‹ ist allerdings der zentrale Anker und Pfeiler der Argumentation dieses Buches: Hier werden die Basismethoden der spirituellen Kommunikation vorgestellt, die auch den praktischen Umgang mit den weiteren Themen erschließen.

In Auswahl lesbar. Auf dieser Grundlage können Sie dann die Themen auswählen, die Sie interessieren: wie die Nicht-Seelsorger der religiösen Einstellung ihrer Patienten – auch z. B. Visionen und außersinnlichen Wahrnehmungen – begegnen können *(Kapitel 3)* und welche beruflichen Rituale ihnen möglich sind. *Kapitel 4* erörtert, was den täglichen Umgang der Helfer mit Leid und Sterben möglich macht und wie ›Trösten‹ geht. Den *weiteren Teil dieses Buches* bilden Themen und Herausforderungen, bei denen viele Helfer oft hilflos und für die viele nicht trainiert sind: der Umgang mit Angst und Ängsten, mit der Warum-Frage, mit Schuld- und Schamäußerungen von Patienten und überhaupt mit spirituellen Schmerzen *(Kapitel 5)*. *Kapitel 6* legt dar, wie die Sterbetrauer des Patienten und seiner Angehörigen, die Frage der Wahrheit und der Hoffnung begleitet werden können. Den letzten Abschnitt bilden die spirituelle Begleitung und Unterstützung in der Sterbe- und Todesstunde.

Alle genannten Themen sind so konzipiert, dass sie als jeweils eigener Komplex für die Berufspraxis aufgeschlossen werden. Sie können daher weitgehend auch *als abgegrenzte Themen gelesen werden*.

Ich wünsche Ihnen viele gute Erkenntnisse, den Mut, sich auch spirituellen Fragen und Nöten zu stellen, aber auch die notwendige Achtung und Zurückhaltung, wenn es um das Geheimnis des Menschen geht, das man genauso sensibel ›behandeln‹ muss wie alles, was am Menschen lebendig und zugleich verletzlich ist. Es wird mir bei allen Bemühungen um Anschlussfähigkeit an die Möglichkeiten und Rollen der jeweiligen Berufe sicher nicht immer gelingen, dies zu erreichen. Bei aller Interprofessionalität sind die Bedingungen und Rollen der einzelnen Tätigkeiten doch auch sehr unterschiedlich. Ich bitte um hilfreiche und weiterführende kritische Diskussion.

NB Im Verlauf dieses Buches wechsele ich gelegentlich zwischen der männlichen und der weiblichen Form, um deutlich zu machen, dass in der Regel beide Geschlechter gemeint sind.

Teil I
Spiritualität: Kontexte und Verortungen

1.1 Zum Verständnis von Spiritualität und Religion

»Spiritualität ist ein enorm reiches und vielschichtiges Konstrukt, das sich einer simplen Definition ebenso entzieht wie einer leichten Messbarkeit.« (R. A. Emons 2000)

»Ich gehöre zwar keiner bestimmten Religion an, aber ich habe meinen Glauben ...« (Eine Patientin)

1.1.1 Annäherungen an das Phänomen Spiritualität

Wer im Krankenhaus, im Hospiz oder in anderen Einrichtungen des Gesundheitswesens arbeitet, der macht in der Begegnung mit Patienten oder ihren Angehörigen öfter die Erfahrung: Das, was mir da eben begegnet ist, hat etwas mit Spiritualität zu tun. Was der Patient eben gesagt hat, die Geste, die er gemacht hat, das Schweigen in diesem Augenblick hat eine andere Atmosphäre als sonstige Alltagsaussagen und berufliche Handlungen. Solche Momente haben meist wenig Dramatisches oder pathetisch Erhabenes an sich. Sie müssen auch nicht erst in der Nähe des Todes oder in Verbindung mit großer Lebensnot stehen; sie müssen auch nicht direkt mit den großen Lebensthemen, z. B. Hoffnung auf ein Weiterleben nach dem Tod, Beziehung zu einem höchsten Sinn oder dem Göttlichen in Verbindung stehen. Sie ereignen sich in ganz normalen Situationen und übersteigen diese doch in bemerkenswerter Weise. Natürlich gibt es auch die ›großen‹ Momente von tiefer Ergriffenheit und Erhabenheit; und wir begegnen auch tief religiösen Aussagen und Haltungen. Aber genau diese große Spielbreite von kleinen – eher alltäglichen – bis zu großen Erfahrungen muss heute unter dem Begriff ›Spiritualität‹ Platz finden.

Assoziationen zu Spiritualität

Ein Medizinstudent, der gefragt wird, was er unter Spiritualität versteht, antwortet: »Ist das nicht Voodoo oder so?« Ein anderer: »Wenn ein Mensch betet.«

Pflegekräfte, die gefragt werden, was für ein Bild in ihnen bei dem Wort Spiritualität entsteht, äußern:
- »Ich denke an Gleichklang und Harmonie«,
- »... an ein Netz der Geborgenheit unter einem Drahtseilakt«,
- »... wenn wir tiefe Trauer miteinander teilen«,
- »... wenn ich sehe, was an diesem Menschen schön ist«.

Theologen und Therapeuten antworten z. B. auf dieselbe Frage:
- »Anbindung an einen heilen Kern«,
- »die lebendige Mitte eines Menschen«,
- »Umgang mit dem Unfassbaren«,
- »Verbindung mit der göttlichen Weisheit«,
- »die zentrale, über das Menschliche hinausgehende Lebenskraft«.

Patienten äußern:
o »Ich fühle mich warm und licht.«
o »Es war ja noch keiner drüben.«
o »Bisher war ich Optimist, aber das reicht jetzt nicht mehr.«
o »Es könnte noch viel tiefer gehen, aber dazu bin ich jetzt zu müde.«
o »Warum meine Frau? Sie hat doch niemandem etwas getan.«

Bei dem Versuch einer Definition schreiben Arndt Büssing et al.: »Spiritualität ist ein sehr komplexes Konstrukt mit vielen Bedeutungsnuancen.« (Büssing, Ostermann, Matthiessen 2005 a: 15)
So wird als ›spirituell‹ eine Vielfalt von Erlebensmöglichkeiten bezeichnet, z. B.,
o wenn Menschen eine besonders bewegende Erfahrung machen,
o wenn sie eine Seelenverwandtschaft mit anderen spüren,
o wenn sie die Erfahrung machen, ganz bei sich selbst und in Einklang mit ihrem innersten Wesen zu sein,
o wenn sie eine tiefe Einsicht in Lebens- oder Weltzusammenhänge haben,
o wenn sie eine tief empfundene Zustimmung zu ihrem (vielleicht sehr eingeschränkten) Sosein und Dasein verspüren,
o wenn ein Mensch spürt, dass er noch woanders beheimatet ist als im Greifbaren dieser Welt,
o wenn Menschen sich mit einem höheren Prinzip oder dem Göttlichen in Verbindung wissen.

Spiritualität ist demnach ein tief innerliches Erleben und eine ganz individuelle, sehr intime Gestimmtheit. Und genau dies macht es in der beruflichen Begegnung schwer, angemessen mit dieser Innerlichkeit umzugehen und dazu in Resonanz zu gehen.

Ein erster Begriff
In einer ersten Bestimmung möchte ich zunächst eher formal und noch ganz unspezifisch definieren:

> Spiritualität ist eine innerste Gestimmtheit, ein bewusster oder nicht bewusster innerer Geist, der das Alltagsleben transzendiert, aus dem heraus Menschen ihr Leben empfinden, sich inspiriert fühlen und ihr Leben gestalten.

Diese Umschreibung geht davon aus, dass eine solche Gestimmtheit und eine Fähigkeit zu solchem Empfinden im Prinzip jedem Menschen gegeben ist. »Spiritualität ist eine allen Menschen gemeinsame Eigenschaft. Sie ist der Kern unserer Humanität.« (Puchalski 2006: 11)
Die International Work Group on Death, Dying, and Bereavement formuliert in ihren Prinzipien: »Jeder Mensch hat eine spirituelle Dimension.« (IWG 1990: 75) »Spiritualität gehört zu den Grundbedürfnissen des Menschen.« (ebda.) Es ist wichtig, das zu betonen. Denn das bedeutet, dass Menschen eine Spiritualität ›haben‹, auch wenn diese nicht sehr erschlossen ist oder sie derzeit über keinen ausdrücklichen Zugang dazu verfügen. Ebenso können Menschen sich dieses innersten ›Geistes‹ aber auch bewusst sein, diese Verbindung als ›ihre‹ Spiritualität erfahren und sich immer wie-

der auch in Lebenskrisen darauf beziehen. Eine spirituelle Einstellung kann Menschen also in der eher indirekten Form ein allgemeines Sinnempfinden vermitteln oder sie kann in der ausdrücklichen Form, z. B. einer Religion, einen Welt- und Sinnzusammenhang erfahren lassen, der dem ganzen Leben Halt, Orientierung und Hoffnung gibt.

Spiritualität: nicht nur Gefühl. An den bisherigen Umschreibungen wird bereits deutlich, dass Spiritualität einmal mehr im Gefühls- und Stimmungsbereich beheimatet sein kann, ein anderes Mal mehr in bewussten, reflektierten Lebenskonzepten und wieder ein anderes Mal eher implizit in Haltungen und Einstellungen der Welt und den Lebensereignissen gegenüber. Sie kann aber ebenso in allen drei Bereichen verankert sein und den Menschen in all seinen Dimensionen erfüllen und motivieren. Wenn Spiritualität mehr im Gefühls- oder Denkbereich beheimatet ist, heißt das nicht, sie sei nur Gefühls- oder Gedankensache. Natürlich können Gefühle wesentlich dabei beteiligt sein; kognitive Prozesse können eine sehr wichtige Rolle dabei spielen; ethische Handlungsimpulse können sich damit verbinden. Aber entscheidend ist das Empfinden einer bedeutsamen, ergreifenden Kraft, die sich über Gefühls-, Denk- oder Tu-Funktionen vermittelt, aber nicht darin aufgeht. Wenn man z. B. Menschen mit einer Nahtod-Erfahrung fragt, welches Gefühl oder welche Idee diese Erfahrung ausmacht, dann schauen sie den Frager oft ratlos an: »Das ist kein Gefühl, das ist keine bloße Idee, das ist etwas ganz Anderes, eine unvergleichlich überwältigende Erfahrung.« Manche sagen: »Das ist eher etwas Mystisches.« Spiritualität ist also in gewissem Sinn etwas ›Jenseitiges‹: Sie liegt jenseits des Normalen, Materiellen und der objektiven Wahrnehmung und wird doch im ›Diesseits‹ erfahren.

Die Unschärfe des Begriffs: Nach- und Vorteil. Aus dieser ersten Sichtung wird deutlich, wie diffus und schwer beschreibbar die Wirklichkeit ›Spiritualität‹ ist und wie schwierig es ist, sie einheitlich und allgemeingültig zu definieren. Allan Kellehear schlägt sogar vor, das Phänomen mit »Sehnsucht nach Transzendierung und Sinngebung« zu umschreiben und ansonsten die weitere Entwicklung in der Forschung und auf dem Deutungsmarkt abzuwarten. (Kellehear 2000) Zweifellos ist die begriffliche Unschärfe ein Nachteil im Umgang mit dieser Wirklichkeit. Gleichzeitig steckt in dem schillernden Begriff die Chance, ganz unterschiedliche innere Erfahrungen und subjektive Deutungen mit einem Wort benennbar zu machen, mit dem sich viele Menschen in ihrem sehr persönlichen Erleben von dem, was ihnen tief bedeutsam ist, verstanden fühlen. Das spirituelle Thema ist so inzwischen trotz seiner Vieldeutigkeit zu einem wichtigen Medium des Dialogs zwischen therapeutischen und seelsorglichen Berufen geworden. Das, was mit Spiritualität bezeichnet wird, kommt in der säkularen Welt seit etwa zehn bis fünfzehn Jahren in höchst vielfältiger und unterschiedlicher Weise vor und scheint dennoch von allen verstanden zu werden.

> Es ist, als ob man für eine in der Moderne verloren gegangene und vermisste Wirklichkeit jetzt endlich einen Namen gefunden hätte, um damit das Geheimnis des Lebens wieder und neu berühren zu können.

1.1.2 Spiritualität im postmodernen Diskurs

Spiritualität versus Religion?
Während ›Spiritualität‹ noch bis vor wenigen Jahrzehnten ein spezifischer Begriff der Frömmigkeitsgeschichte der christlichen Religion war, ist er heute über den Bereich der Religion hinausgewachsen. Auch wenn ›Spiritualität‹ heute vorwiegend für geistliche Einstellungen außerhalb der christlichen Religion verwendet wird, so muss doch betont werden, dass auch religiöse Menschen das mit ›Spiritualität‹ Gemeinte auch in ihrer eigenen religiösen Praxis und ihrem Erleben empfinden.

Sich von Religion distanzieren? Für viele Europäer ist ›Spiritualität‹ aber zum Gegenbegriff geworden, mit dem sie sich von den traditionellen Religionen und den klassischen Kirchen distanzieren wollen. Im Laufe der Neuzeit und der Entwicklung der Moderne wurde es vielen Menschen wichtig, Religion nicht als aufgegebenes Dogmen-, Werte- und Regelsystem einfach im Kollektiv nachzuvollziehen. Man suchte immer mehr nach individuell stimmigen und authentischen religiösen Erfahrungen. Man empfand tradierte religiöse Praxis als Glauben aus zweiter Hand. Für diesen Kulturwandel im Bereich der Religion gibt es viele Gründe: wachsendes Autonomie- und Freiheitsbewusstsein, Aufkommen neuer Ideen, Philosophien und wissenschaftlicher Weltdeutungen, die Begegnung mit anderen Religionen und religiösen Denkweisen und nicht zuletzt die psychologische Aufklärung über die menschliche Innenwelt. Aus diesen – und sicher noch anderen – Gründen gibt es heute eine deutliche Verschiebung von ›Religion‹ zu ›Spiritualität‹.

Ein allgemeiner Kulturwandel. Die Bewegung, sich von der Religion abzusetzen, verbindet sich natürlich mit der Ablösung auch von anderen kollektiven Sinngebungen. Daher ist der Bedarf des postmodernen Menschen an Spiritualität auch auf dem Hintergrund eines allgemeinen Kulturwandels zu sehen. Weil die verbindenden Symbolsysteme, in denen Menschen in früheren Zeiten beheimatet waren, heute immer mehr aufgelöst werden, entsteht im Gegenzug eine neue Sehnsucht nach spiritueller und emotionaler Selbstvergewisserung.

Auf diesem Hintergrund hat sich ein unübersichtlicher Markt mit unendlich vielen Angeboten entwickelt, die einen spirituellen Anspruch erheben. Viele Angebote werden mit spirituellen Attributen versehen: Hautcremes, Autos und Sportler werden mit einer ›heiligen‹ Aura umgeben; Psycho- und Wellnesspraktiken werden mythisch überhöht; Romane und Filme bilden neue Mythen; politische Ideologien werden religiös untermauert. Alle versuchen sie, die spirituelle Sehnsucht zu nutzen (s. die Kritik von Copray 2008).

Von diesem Missbrauch des Spirituellen auf dem Markt der Möglichkeiten setzt sich die Argumentation dieses Buches dezidiert ab. Kriterium für eine authentische Spiritualität ist in erster Linie der Mensch und das, was ihm zutiefst ›heilig‹ ist. Alle Argumentationen müssen sich daran messen lassen, was in Krise und Leid und letztlich angesichts des Todes heilsam und tragfähig ist.

1.1.3 Merkmale von Spiritualität und Unterscheidungen

(1) Individualität und Erfahrbarkeit

Menschen suchen neu nach tragenden, auch letztgültigen Sinnkonstruktionen. Der Mensch will heute allerdings dem Sinn auf eigenen Wegen nachspüren. Daher versteht sich heute die spirituelle Suche zunehmend unabhängig von überkommenen Sinnsystemen. Das heutige Verständnis von Spiritualität lässt sich also formal mit den Kriterien umschreiben:

- persönliche Erlebbarkeit,
- Freiheit von Denk- und Verbindlichkeitszwängen,
- den individuellen und ureigenen Bedürfnissen angemessen.

Freilich neigen auch zunächst ungebundene spirituelle Ideen zur Bildung von Überzeugungs- und Praxissystemen. Der derzeitige Markt dafür ist unüberschaubar. (Hinweise dazu finden sich z. B. bei Zulehner 2004, Stevens-Barnum 2002, Hofmeister, Bauerochse 1999.)

(2) Selbsttranszendenz

Als wichtiges Charakteristikum von Spiritualität gilt die ›Selbsttranszendenz‹ (Joas 2004: 17, Conn 1986).
Diese Überschreitung des ›Selbst‹ kann einmal Spiritualität als eher offene existentielle Grundhaltung meinen: Der Mensch ist offen dafür, dass sein Selbst und seine Welt nicht ›alles‹ sind. Er macht eine Bewegung weg von sich selbst und sehnt sich danach, die Grenzen des individuellen Ich zu übersteigen (›transzendieren‹), ohne dass diese Sehnsucht schon einen Namen und eine Gestalt haben muss. Diese Sehnsucht kann von spirituellen Erfahrungen in eher augenblickhafter Weise motiviert werden: vom Gefühl der Erhabenheit z. B. in einem Konzert, beim Betrachten antiker Kunst im Museum oder beim Anblick eines neugeborenen Kindes. Das Aufleuchten und vielleicht lange Nachklingen einer solchen Erfahrung kann den Menschen darauf aufmerksam machen, dass es hinter dem Sichtbaren über sein Ich hinaus eine höhere und tiefere Wirklichkeit gibt, die ihn nicht nur in diesen großen Augenblicken, sondern auch in normalen Zeiten umgibt.

(3) Spiritualität als bewusstes Konzept

Von dieser »spirituellen Anmutung« (Andriessen 1999) unterschieden ist ein spezifischerer Begriff von ›Spiritualität‹: Diese Selbsttranszendenz kann nämlich mehr bedeuten als die eher momenthafte Erfahrung, über sein Selbst hinausgehoben zu sein. Sie kann sich auf »den letztgültigen Wert richten, den man kennt« (Schneiders 1998), und die Integration des eigenen Selbst von diesem höchsten Wert her erfahren. Danach richtet sich das Selbst also bewusst auf ein höheres – oft als überweltlich empfundenes – Sein aus. Spiritualität ist dann keine flüchtige Erfahrung; sie bildet vielmehr eine Gestalt (Andriessen). Ein spiritueller Mensch in diesem Sinn pflegt bewusst sein geistliches Innenleben. Solche Spiritualität ist dann ein wesentlicher Faktor, der ausdrücklich die Lebenssicht und Sinnkonstruktion eines Menschen bestimmt.

(4) Mehrdeutiges Transzendenzverständnis

An dem Charakteristikum ›Selbsttranszendenz‹ wird deutlich, dass ›Transzendenz‹ im postmodernen Diskurs in zwei Bedeutungen verwendet wird:
- ganz unspezifisch: alles, was die Tatsachenwelt übersteigt;
- spezifischer: alle Erfahrung, bei der sich Menschen über sich hinausgehoben empfinden und eine höhere Wirklichkeit verspüren.

Transzendenz kann im heutigen Empfinden sowohl inner- wie überweltlich (›jenseitig‹) verstanden werden. (Schnell 2004)
Viele Menschen möchten sich nicht auf eine überweltliche Idee festlegen, und dennoch ist ihnen etwas irgendwie ›Höheres‹ wichtig. Übergreifende Ideen können zum Beispiel sein:
- das Eingebundensein in die Evolution,
- das Angeschlossensein an eine allem zugrunde liegende Energie,
- die Zugehörigkeit zu einem vielschichtigen (geistigen) Netzwerk.

Die Transzendenzvorstellung kann sich aber auch mit klassischen oder neuen philosophischen oder religiösen Ideen verbinden: mit Gott, dem All-Einen, dem ewigen Sein, dem Geist-in-allem, dem Numinosen, der Gottheit, der Buddha-Natur. Es gibt heute »kein verbindendes Modell der Transzendenzerfahrung mehr, das alle religiös relevanten Erfahrungen in einen Symbol- und Ritualkomplex plausibel zu integrieren vermag« (Reikerstorfer 2004: 120).

(5) Existenziell und spirituell

Auch das Verhältnis von ›existenziell‹ und ›spirituell‹, Begriffe, die in der Literatur häufig synonym verwendet werden, soll hier geklärt werden. Es ist für die Begleiter wichtig, dass sie die beiden Begriffe unterscheiden und zugleich aufeinander beziehen, damit sie das Befinden und die Bedürfnisse von Patienten besser wahrnehmen und einschätzen können.

›Existentiell‹ heißt: Die Ereignisse, die einen Menschen betreffen, berühren ihn nicht nur von außen, sondern auch in seinem Inneren. Schon wenn der Arzt den Patienten untersucht, greift er zwar ›von außen‹ mit seinen Instrumenten an, aber diese Handlungen, so selbstverständlich und objektiv sie für den Arzt sind, können schnell im Patienten tiefere Empfindungen und existenzielle Fragen auslösen wie z. B. »Hoffentlich findet der Arzt nichts Bedrohliches«, oder beim Fiebermessen in der Pflege: »Wird bei weiter steigender Temperatur die Chemotherapie abgebrochen werden müssen?«. Erst recht können eine schwerwiegende Diagnose oder das ungünstige Ergebnis einer Untersuchung den Betroffenen in seiner ganzen Existenz erschüttern. ›Existentiell‹ meint dann weit mehr als nur ein Gefühl. Es meint die Betroffenheit des Daseins als Mensch überhaupt, die Erfahrung, dass das Selbst ungesichert, in seinem Dasein begrenzt und vom Tod bedroht ist.

Die spirituelle Dimension meint im Unterschied zur existenziellen eher die persönliche innere Ausrichtung des Menschen, mit der er den Fragen begegnet, die sich von der Existenzerfahrung her ergeben. Während Ersteres dem Menschen widerfährt (ihn existenziell betrifft), ist Spiritualität der

Bedeutung suchende Umgang damit: die innere Lebenseinstellung und das ganz persönliche Ringen um Sinngebung und Hoffnung, mit dem der Patient auf die existentielle Herausforderung ein hilfreiches Gegengewicht sucht. Existentielle Fragen und Herausforderungen verlangen letztlich nach einer Deutung. »Individuen brauchen kohärente Deutungsmuster. Ohne einen subjektiven Sinnhorizont geht es nicht.« (Friedrich Wilhelm Graf)

Das existentielle Bewegtsein kann also in spirituelles Suchen umgewandelt und als spirituelle Aufgabe verstanden und weitergeführt werden. Das Suchen nach persönlicher Sinngebung und einer Grundorientierung in der Welt geschieht ein Leben lang – es gehört zur Grundausstattung des Menschen. Zwar geschieht das oft unausdrücklich, eingewoben in den Lebensvollzug, aber im Angesicht tiefer existentieller Herausforderungen und des möglichen Lebensendes wird diese Sinngebung ausdrücklich, auch im spirituellen Bereich, gesucht.

(6) Was in diesem Buch unter ›Spiritualität‹ verstanden wird
Im Kontext von Lebensgeschichte und tiefgreifender existentieller Erfahrung schlage ich als Verständnis von ›Spiritualität‹ vor – und folge dabei Herman Andriessen (1999):

> Spiritualität ist jede – positive wie negative – Erfahrung, bei der sich der Mensch mit dem Geheimnis des Lebens – als heiligem Geheimnis – in Verbindung weiß. (Zu »Geheimnis« s. 1.2.4)

Diese Definition ist offen für eine über- wie innerweltliche Transzendenzvorstellung. Auf jeden Fall gestattet sie, in der Begleitung von Kranken und Sterbenden der je besonderen und einzigartigen Innenwelt von Menschen mit Respekt zu begegnen und ihre Lebensbewegungen von dem zentralen Symbol ›Verbindung mit dem Geheimnis‹ her zu verstehen und zu begleiten. In späteren Kapiteln wird dieses Verständnis gerade im Zusammenhang mit existentiellen Herausforderungen weiter profiliert und vertieft. So finden sich weitere auf den Kontext von Krankheit und Krise bezogene Umschreibungen von Spiritualität S. 24, 53 f, 85 f, 96, 112, 115, 119 f, 153, 154 f, 234, 256 und im Anhang dieses Abschnittes.

1.1.4 Spiritualität, Religion und Glaube – Unterscheidungen und Gemeinsamkeiten

Religion und Spiritualität
Natürlich nehmen auch Anhänger einer Religionsgemeinschaft für sich entschieden den Begriff ›Spiritualität‹ in Anspruch. Sie meinen damit den verinnerlichten, lebendigen und erfahrungsbezogenen Gehalt ihrer Religion. Sie suchen in den religiösen Ideen und Symbolen Überzeugungen und Impulse, die ihre individuell begrenzte Erfahrung wesentlich übersteigen, die zugleich aber authentisch nachvollziehbar und persönlich stimmig sein sollen.

Man kann also unterscheiden zwischen
- einer Spiritualität, die *religionsungebunden* und individuell konzipiert ist
- und einer, die *mit Religion verbunden* und von ihr inspiriert ist.

In diesem Sinn gehört zu einer Religion wesentlich auch Spiritualität. Spirituelle Erfahrung ist die lebendige Quelle einer Religion. Und umgekehrt: Religion versteht sich als Fassung für die spirituelle Quelle (vgl. Walach 2006: 30). Wenn Religion lebendig bleiben will, muss sie sich immer wieder auf spirituelle Erfahrung beziehen und diese ermöglichen.

Spiritualität ist also nicht vorwiegend eine Einstellung jenseits von Religions- und Glaubensgebäuden. Als Seelsorgende machen wir die Erfahrung, dass gerade religiös gebundene Menschen heute über eine persönliche Spiritualität angesprochen werden wollen und nicht unmittelbar auf ein Bekenntnis oder kirchliche Begriffe oder theologische Sätze. Zudem beziehen auch kirchlich gebundene Menschen Vorstellungen von anderen Sinnsystemen in ihr religiöses Weltbild ein.

Was ist Religion?

Religion: formales Verständnis

Was Religion meint, hat eine große Bedeutungsbreite, die sich auf den ersten Blick nicht von der der Spiritualität unterscheidet. Sie reicht vom Glauben an ein höchstes Prinzip, das alle Wirklichkeit umgreift, bis hin zu Systemen, die vorwiegend ethische Überzeugungen beinhalten. In Form und Gestalt unterscheiden sich Religion und Spiritualität allerdings. Religion ist expliziter, ausgeformter als Spiritualität; sie stellt Vorstellungsbilder und Praktiken zur Verfügung, durch die die Menschen ihren religiösen Bedürfnissen Gestalt geben können. Umgekehrt sind Religionen Räume, in denen sich die individuell begrenzte Erfahrung mit der vieler anderer Menschen und einer langen Geschichte verbinden kann. Das subjektive Erleben kann durch den großen Horizont einer Religion entscheidend erweitert und bereichert werden.

Formal ist Religion noch am ehesten zu umschreiben als

> ein von einer Gemeinschaft vermitteltes und getragenes Sinnsystem mit bestimmten Ideen, Symbolen, Ritualen, Werthaltungen und Rollen, die es dem Menschen ermöglichen, sich mit einem höchsten Prinzip in Verbindung zu setzen. Entscheidend für Religion im Unterschied zur Spiritualität ist, dass sie nicht nur das (religiöse) Denken und Tun des Menschen meint, sondern auch den ›Adressaten‹ dieser Beziehung: ein Prinzip, das das Ganze, also das Grundlegende und Letztgültige von Leben und Welt umfasst.

Religion ist mehr als individuelle Frömmigkeit. Sie ist an Gemeinschaft gebunden, formt das soziale Zusammenleben, begründet Werthaltungen, strukturiert Lebenszeit (z. B. durch Feste und Feiern von Lebenswenden) und bietet kollektive Sinndeutungen in Freude und Trauer.

Religion ist auch mehr als eine jeweils modische Konstruktion der Wirklichkeit. Sie lebt wesentlich aus tradierten Schriften, Erzählungen, Werthaltungen und Darstellungen des Heiligen – die allerdings in die jeweilige Zeit hinein übersetzt und weiterentwickelt werden.

Die formale Definition von Religion zeigt einige Merkmale auf, an denen die Betreuenden erkennen können, ob Patienten oder Klienten einer Religion angehören. Dieses Thema wird in Kapitel 3 weiter konkretisiert.

Religion: extrinsisch – intrinsisch

Nun müssen Religionspraktiken und -überzeugungen nicht unbedingt tief im Menschen verankert sein. Die Psychologie unterscheidet zwischen extrinsischer und intrinsischer Religion (Allport, Ross 1967):

- Religion kann extrinsisch bleiben, also innerlich wenig angeeignet sein, und als Praxis der Selbstberuhigung und Sicherheit und als Mittel zum Zweck der Kontrolle des Schicksals vollzogen werden. Sie wird dann eher aus sekundären religiösen Motiven vollzogen, wie z. B., weil man zu einer Gemeinschaft gehören will, weil Religion opportun ist oder um eine Belohnung zu erhalten.
- Als intrinsisch wird dagegen jene Religionsausübung bezeichnet, bei der die religiöse Überzeugung persönlich angeeignet, tief mit dem eigenen Lebensstil verwoben ist und diesen maßgeblich prägt.

Es wird sich später zeigen, dass dies eine eher abstrakte Unterscheidung ist, die für die konkrete Begleitung nicht taugt. Bei religiösen Menschen wird keines dieser beiden Merkmale wohl in Reinform vorliegen. Außerdem: Wer von den Begleitern will und kann schon entscheiden, wie tief verankert bei einem Patienten seine religiöse Zugehörigkeit ist und was diese emotional und spirituell für ihn wirklich bedeutet.

Religion: substanzielles Verständnis

Was Religion beinhaltet, lässt sich also nicht nur mit der Aufzählung formaler Eigenschaften erledigen. Ein religiöser Mensch wird sich – ebenso wie Menschen einer Religionsgemeinschaft – erst mit einem substanziellen Begriff von Religion verstanden fühlen. Die Aufzählung einiger religiöser Praktiken wie Fasten oder Gottesdienstbesuch genügen nicht. Ihrem Verständnis nach ist Religion wesentlich durch die Beziehung zum Heiligen charakterisiert. Dabei ist Religion ›nur‹ das Medium, die darin erfahrene Beziehung, und die Konsequenzen daraus sind das Entscheidende.

> Religion ist das »Medium für den Grenzverkehr zwischen Immanenz und Transzendenz, für die Vergegenwärtigung des ›Jenseitigen‹ « (Höhn 2006: 608), für den Austausch zwischen dem Menschen und dem Göttlichen.

Religion ist das Zeichensystem, das die Anwesenheit des Göttlichen in der Welt darstellbar macht. Dadurch kann sich der Mensch zum transzendenten Grund seiner Existenz verhalten und mit dessen lebensfördernder Kraft in Verbindung stehen.

Die neue Hochschätzung der Spiritualität darf also nicht ihrerseits zu einer Abwertung religiöser Deutesysteme führen, wie sie den Hochreligionen eigen sind. Diese begünstigen nicht per se eine unspirituelle (extrinsische)

Einstellung. Solange Religion fest mit einer umgebenden Kultur verwachsen ist – wie das beim Christentum über Jahrhunderte der Fall war – ist es auch die Kultur, die Geist und Praxis einer Religion mitträgt und mitformt. Diese allgemein verbindende und tragkräftige Kultur ist in Europa weitgehend aufgelöst. Wer heute bewusst religiös ist, praktiziert eher eine spirituell hoch aufgeladene Religion.

Eine neue Aufklärung bezüglich Religion. Bezüglich der klassischen Religionen scheint heute eine zweite Aufklärung im Gang zu sein, so dass die dort enthaltenen und praktizierten Spiritualitäten unvoreingenommener gesehen und wertgeschätzt und zum Beispiel auch von politischer Vereinnahmung unterschieden werden. Die neue Aufklärung verdankt sich nicht nur der Begegnung mit anderen, der westlichen Kultur ursprünglich fremden Religionen, sondern auch der Tatsache, dass Menschen wieder neu die Erfahrung des Göttlichen und Heiligen in einer durchrationalisierten und eindimensional gedeuteten Welt suchen (vgl. Zulehner 2002: 7). So fordert zum Beispiel J. Habermas viel mehr als nur Respekt vor der Religion, indem es ihm »um die selbstreflexive Überwindung eines säkularistisch verhärteten und exklusiven Verständnisses der Moderne geht« (Habermas 2005).

Religion: ein Gefäß für Spiritualität. Die klassischen religiösen Systeme tradieren vorwiegend Spiritualität. Das ist eines ihrer – sicher nicht immer beherzigten – tiefsten Anliegen: dass Menschen aus ihrem Sinnverlangen und ihren religiösen Ahnungen heraus zu einer sie persönlich erfüllenden Spiritualität finden. Freilich müssen auch die Religionen ihren – in langer Menschheitsgeschichte gebildeten – unersetzlichen Schatz immer wieder in die Erfahrung der Menschen übersetzen und über-geben (›tra-dieren‹), damit deren Bedürfnis nach überzeugender Spiritualität ein Obdach in der entzauberten Welt findet.

Was unter Religiosität zu verstehen ist

›Religiosität‹ ist eine weitere hier vorzustellende Kategorie. Der Begriff begegnet ähnliche wie der der Spiritualität auf verschiedene Weisen:
- **Religiös – aber ohne Religion.** In einem ersten Verständnis ist Religiosität fast deckungsgleich mit dem der religionsungebundenen Spiritualität. Religiosität versteht sich eher als vom Gefühl her definiert (vgl. Lang 2005: 27) als von einer Transzendenzvorstellung. Menschen fühlen sich mit einer höheren Wirklichkeit verbunden und von ihr angerührt; sie haben eine Lebensdeutung, die über sie hinausweist und Transzendenzerlebnisse, die aber nicht übernatürlich sein müssen (z. B. große Momente des Glücks, der Verbundenheit, der Naturerfahrung). Wenn sich also Menschen als ›religiös‹ empfinden, so kann damit nicht nur die Zugehörigkeit zu einer Religion, sondern auch diese spirituelle Einstellung zur Welt und dieser ›säkulare Glaube‹ gemeint sein. Religiosität in diesem Sinn bezieht sich also nicht ausdrücklich auf eine transzendente Instanz. Als ›religiös‹ bezeichnen sich vielfach Menschen, die gerade keine Religion als strukturiertes Symbolsystem, aber z. B. eine bewusste

spirituelle oder ethische Grundeinstellung dem Leben und der Welt gegenüber haben.
- **Was Religionen gemeinsam ist.** In einem weitgehend anderen Sinn wird mit Religiosität auch bezeichnet, was allen expliziten Religionen gemeinsam ist: die Grundhaltung. ›Religiös‹ sind danach gerade die Menschen, die ausdrücklich eine Religion haben. In diesem Verständnis kommt es weniger auf die spezifischen Inhalte und das Bekenntnis einer Religion an als auf eine allen Menschen gemeinsame religiöse Anlage, eine allgemeine Erfahrung des Menschen mit dem Göttlichen. Diese wird von den einzelnen Religionen nur formuliert und dargestellt. Religiosität ist dann das Bedürfnis und die Fähigkeit des Menschen, sich in irgendeiner Weise mit einer höheren Instanz in Beziehung zu setzen (Schütz 1988: 1171). Nach diesem Verständnis nimmt die Religiosität des Menschen nicht ab, sie wechselt höchstens ihre Erscheinungsform und wird Leben und Welt weiter mitbestimmen (vgl. Luckmann 1991).
- **Unreligiös?** Bei Umfragen zeigt sich immer wieder, dass es eine Gruppe von Menschen gibt, die sich als ›unreligiös‹ bezeichnen. Viele meinen damit, dass sie keiner bestimmten Religion angehören; sie lassen aber ein religiöses Interesse im weiteren Sinn erkennen (Zulehner, Denz 1993). Ebenso gibt es unter denen, die sich als nichtreligiös einstufen, überraschend viele, die die Existenz Gottes oder eines höheren Wesens bejahen. Dies bestätigen auch neuere Untersuchungen (Bertelsmann Religionsmonitor 2008).
- **Neurotheologie?** Auf eine weitere Variante des Verständnisses von Religiosität weist die Diskussion um die so genannte Neurotheologie hin. Nach manchen Neurowissenschaftlern hat der Mensch ein ›Instrument‹ in seinem Gehirn, das auf Religion abgestimmt ist (v. a. Newberg et al. 2003) oder ein ›Gottesgen‹ (Hamer 2006).
Dass religiöses Erleben mit einer Hirntätigkeit verbunden ist, ist wohl selbstverständlich. Aber die religiöse Erfahrung – wie das die so genannte Neurotheologie tut – mit einer mystischen Erfahrung der Einheit mit dem Göttlichen gleichzusetzen, ist eine unzulässige Reduktion. Solche Einheitserfahrungen – wenn sie denn auf eine neuro- oder genbiologische Basis zurückgeführt werden können – macht nur eine Minderheit von Gläubigen. Für das religiöse Erleben der weitaus meisten Menschen braucht man zur Erklärung keine spezifische für Religion reservierte Gehirn- oder Genstruktur: Für die Erfahrung einer überweltlichen Wirklichkeit und den Glauben daran ist der Mensch grundsätzlich ausgestattet, wie auch andere kulturelle, geistige und mit Emotionen verbundene Themen zu seinen Möglichkeiten gehören (vgl. Grom 2003: 506).
- **Was ist Atheismus?** Unter dem Stichwort ›Allgemeine Religiosität‹ soll auch das Phänomen Atheismus erwähnt werden. Grundsätzlich sei gesagt: »Den Atheismus gibt es nicht.« (Roller, Scheydt 2007: 546)

Als atheistisch bezeichnen sich
- Menschen, die mit keiner Religion in Verbindung gebracht werden wollen;
- Menschen, die philosophisch und weltanschaulich begründet eine Gottesidee prinzipiell ablehnen;
- Menschen, die gegenüber Religion und Transzendenz gleichgültig sind und sich keine Gedanken darüber machen;
- Agnostiker, die sagen, jenseitige Dinge ließen sich nicht beweisen und es sei daher sinnlos, darüber zu reden.

Etwa 10% der Westdeutschen erklären sich als Atheisten. Im Kontext der Begleitung von kranken Menschen darf man sich aber nicht auf die scharfe Alternative religiös oder atheistisch versteifen: Auch sich selbst als Atheisten oder Agnostiker bezeichnende Menschen haben oft eine ausgeprägte oder bewusst gelebte Spiritualität (Büssing et al. 2006), mit der sie ernst genommen werden wollen. »Atheisten sind alles andere als spirituell arm.« (Comte-Sponville 2008)

Was unter Glaube zu verstehen ist

Im Kontext von Religion und Spiritualität muss auch die Kategorie ›Glaube‹ präzisiert werden. Zunächst kann Glaube mit der religionsgebundenen Spiritualität gleichgesetzt werden: Das heißt: Er ist die ganz persönliche Aneignung religiöser Inhalte.

In spezifischerem Sinn bedeutet das aber nicht nur ›Glauben an etwas Höheres‹, sondern dieses ›Höhere‹ als umfassende heilige Wirklichkeit verstehen, sich für dieses Heilige entscheiden, sich ihm anvertrauen und sich von ihm ergreifen und tragen lassen.

Jede Religion beinhaltet in diesem Sinn einen Glauben an eine transzendente Kraft. Dieses höchste Wesen wird in vielen Religionen als überweltliche Person vorgestellt: Gott oder jenseitige Mächte. Aus heutiger Sicht aber kann Religion nicht allein mit dem Glauben an eine jenseitige Person gleichgesetzt werden. Das höchste Prinzip kann auch über- und unpersönlich vorgestellt werden: ›TAO‹ oder das ›Ewige Sein‹ oder das ›All-Eine‹, auf jeden Fall ein unfassbar und unverfügbar Geistiges, das der Gläubige als den umfassenden Sinnhorizont anerkennt. Auf keinen Fall heißt ›Glauben‹ im religiösen (also nicht alltagssprachlichen) Sinn bloßes Vermuten oder Meinen. Glaube ist auch nicht unvernünftig, denn es ist vernünftig, sich vorgängig zu aller Vernunft auf Vertrauen zu stützen, auf einen Grund des Seins, den man nicht selbst herstellt.

Nach der klassischen Definition der christlichen Theologie hat ›Glaube‹ zwei Bedeutungen:
- das Glaubensgebäude mit seinen transzendenten Vorstellungen, Ideen und Bildern (Glaubensinhalte),
- die Glaubenshaltung als die Zustimmung (mit Leib, Geist und Seele) zu der von den Inhalten gemeinten Sinndeutung. Gläubige verstehen ihre

Existenz also von dem höchsten Prinzip ihrer Religion her; sie vertrauen dem Geglaubten und sind bereit, sich von ihm ergreifen zu lassen und sich ihm hinzugeben. Glaube ist also die bewusste und gelebte Beziehung mit dem ›Ganz Anderen‹, mit dem, was nicht zur Welt gehört: mit Gott.

Beide Kategorien – Inhalt und Haltung – gehören in einer Religion zusammen: Die Glaubensinhalte sind die symbolischen Beschreibungen des im Glauben Verheißenen. Dadurch werden die überweltlichen Vorstellungen innerweltlich dargestellt. Der Mensch kann sich über die Symbole in sich selbst und in der Welt verorten. Angeregt durch die Symbole kann er Sinn entdecken und mit dem Geglaubten zusammen eine andere Sinnperspektive entwickeln, als wenn alles seinem eigenen Ich entstammen würde. Weil Glaube sich ausdrücklich mit dem absolut Heiligen und einem überweltlichen Sinn verbunden weiß, ist er eine vorzügliche Form der Bündelung geistiger und seelischer Energie, mit der Menschen auch schweren Lebenserfahrungen wie Sterben, Tod und Trauer begegnen und sie integrieren können.

Spiritualität vs. Glaube? Den tieferen Grund, weshalb heute Menschen viel eher von Spiritualität als von Glauben sprechen, sehe ich nicht nur in dem Wunsch, sich von überkommenen Glaubensgebäuden abzusetzen. Ich sehe ihn vor allem darin, dass Glaube als Vertrauen in eine höhere Macht nicht nur als Sinn ›geglaubt‹, sondern im Leben auch konkret erfahren werden soll. Die innere Glaubenshingabe soll sich auch in persönlich erlebbaren Resonanzen, also im spirituellen Erleben wiederfinden. Dafür gilt Glaube als zu abstrakt, zu ungewiss, als Auslieferung des Subjekts an ein Unbegreifbares. Spiritualität dagegen verheißt für das Hinausgehen aus dem Selbst (›Selbsttranszendenz‹), nicht ohne Netz zu sein. Sie verheißt eine spürbare Rückmeldung, damit das Selbst nicht zu ungesichert ist und sein Vertrauen möglichst erlebbar beantwortet wird.

Eine Zwischenbilanz

Die begrifflichen Unterscheidungen zwischen Spiritualität, Religion, Glaube, Religiosität sind wichtig, weil viele Menschen sich nicht einer Kirche oder einem religiösen System zuordnen lassen und dennoch in dem ernst genommen sein wollen, was ihnen ›heilig‹ ist. Viele Menschen des westlichen Kulturkreises sind eher als ›Religionskomponisten‹ zu verstehen, die aus klassischen Religionen, aus fremden Kulturen und dem Bereich von New Age und Esoterik Elemente und Ideen auswählen und daraus ihre eigene spirituelle Melodie komponieren. Zum Beispiel halten auch viele christlich Glaubende die Vorstellung von einer Reinkarnation mit ihrem Glauben für durchaus vereinbar. Menschen können sich auch als ›gläubig‹ im klassischen Sinn bezeichnen, wenn sie sich ausdrücklich auf Gott beziehen, ohne dass sie sich mit allen anderen Attributen einer zugehörigen Theologie identifizieren.

Ebenso kann man Menschen nicht eine Spiritualität absprechen, auch wenn sie sich selbst nicht als spirituelle Menschen bezeichnen. Sie empfinden keine Ergriffenheit von etwas Höherem, haben keine Erfahrungen, die sie transzendent nennen würden. Ihre Spiritualität besteht vielmehr in Einstellungen und Haltungen, wie Dankbarkeit ihrem Leben gegenüber, in Ehrfurcht und Achtung vor dem Leben, in der Überzeugung, dass das Leben sinnvoll ist, in einem bewussten Umgang mit sich selbst, den Mitmenschen und der Umwelt, in Hilfsbereitschaft, Toleranz, Achtsamkeit und Mitgefühl (Büssing 2006: 80).

Diese Unterscheidungen und Definitionen mögen den Vorstellungsspielraum der Helfer erweitern, damit sie den ihnen anvertrauten Menschen – und am Ende auch ihrer eigenen geistigen Innenwelt – mit offenem Interesse begegnen, sie verstehen und wertschätzen können.

Spiritualität in christlicher Perspektive

Auch religiös gesehen ist Spiritualität als Lebensäußerung ein Humanum: Sie ist menschliche Erfahrung und so vielgestaltig wie das Leben selbst. Sie hebt den Menschen über sich hinaus und lässt ihn doch mitten im Leben. Religiöse Deutung zeigt auf, woher diese numinose Erfahrung ihre inspirierende und tief ergreifende Wirkung hat.

Hier seien einige zentrale Punkte für das christliche Verständnis von Spiritualität genannt:

- **Der ›Geist‹ ist Gottes Geist.** Spirituelles Empfinden kommt nicht einfach aus dem Herzen des Menschen, sondern da ist der Geist am Werk. Es kommt etwas Entscheidendes auf den Menschen zu, das diese Erfahrung in ihm weckt. In der Spiritualität fühlen sich Menschen von einem Größeren berührt. Dieses Berührtsein hat seinen Grund: Es ist Gottes Geist, der die Immanenz für die Transzendenz öffnet. Er ist es, der den Menschen über sich selbst hinaushebt und mit der transzendenten Sphäre in Verbindung bringt. – Glaube ist dann die Antwort des Menschen auf diese Beziehung, die Gott anbietet und anstößt.
- **Menschwerdung des Geistes.** Es ist also nicht ein irgendwie Geistiges, sondern der heilige Geist, der den Zugang zur Quelle des Heiligen öffnet – und die Quelle ist er selbst. Das gilt auch für die dunklen Erfahrungen des Lebens, nicht nur für die erhabenen Augenblicke. Das Heilige macht sich selbst berührbar. Das sagen Christen mit dem Wort ›Menschwerdung Gottes‹: Das Große, das Göttliche steigt herab, damit der Mensch mehr zu sich kommt. In Jesus Christus ist Gott sogar so weit herabgestiegen, dass auch Leiden, Sterben und Tod Orte des auffangenden Geistes Gottes sind. Nicht der Mensch steigt also mit spirituellen Methoden zu immer mehr Göttlichkeit auf. Welcher Schwerkranke, welcher Sterbende vermag schon zu immer höherer spiritueller Erfahrung zu gelangen? Es ist umgekehrt: Gottes Geist ist beim Menschen in Glück, Not und Tod, so dass der Mensch sein Leben bestehen kann.

- **Einheit, keine Verschmelzung.** In christlicher Perspektive ist das Ziel aller spirituellen Bewegung nicht die völlige Verschmelzung mit dem Göttlichen. Wohl gehört zur spirituellen Vorstellung die Einheitserfahrung der Liebe. Aber Liebe lebt von mindestens Zweien, die sich begegnen. Liebe hat ein Gegenüber, sonst würde die Grundstruktur der Schöpfung übergangen und sie würde nicht die beseligende Erfahrung möglich machen, gerade von etwas außer sich selbst geliebt zu werden. In der Einheit mit Gott löst sich der Mensch nicht auf, sondern er begegnet dem ewigen Geheimnis, das das menschliche Lebensgeheimnis erst möglich macht.

Anhang:

Wie Spiritualität derzeit verstanden wird – Eine Auswahl zur Orientierung

Es gibt zurzeit (noch) keine allgemein anerkannte wissenschaftliche Definition von Spiritualität. Das mag man als Mangel beklagen. Man kann in diesem Umstand aber auch einen Gewinn sehen: Erscheint doch gerade durch die vielen Definitions- und Umschreibungsversuche ein Phänomen in einer Vielfarbigkeit, die dessen Verständnis eher bereichert (vgl. – neben Lexikonartikeln – ausführliche Darstellungen und Diskussionen in: Zulehner 2004; Baier 2006; Bucher 2007; Frick, Roser 2009; Heller, Heller 2009).

Die spirituelle Dimension lebt ja gerade von der Unbestimmbarkeit des ›Geistes‹ auf der einen und der vielfachen Art, wie Menschen das innerste und zugleich umgreifende Geheimnis des Lebens begegnet auf der anderen Seite.

Die folgende Auswahl an Umschreibungen versucht widerzuspiegeln, wie Spiritualität derzeit verstanden wird. Sie orientiert sich zugleich an Definitionen, die es den Helfern gestatten, möglichst unvoreingenommen der ganzen Breite des Erlebens von Menschen zu begegnen. Sie lässt zunächst Definitionen im Hintergrund, die sich an bestimmten religiösen oder weltanschaulichen Ideen ausrichten. Zugleich müssen diese aber natürlich für solche Bedeutungen offen sein.

Dieser Überblick geschieht nach vier Kategorien.

(1) Die erste Kategorie enthält formale Umschreibungen, ›Definitionen erster Ordnung‹. Dadurch können sich auch Menschen verstanden fühlen, die eine kaum reflektierte spirituelle Lebensgestaltung haben. Solche Definitionen beziehen sich zunächst bewusst nicht auf deklarierte Formen von Transzendenz, gehen aber dennoch von einem ›Geist‹ in jedem Menschen aus, der ihn zum Leben und Sterben bewegt.

- In den Prinzipien der *International Workgroup on Death, Dying and Bereavement* heißt es: »Spiritualität bezieht sich auf die transzendente, geistige

und existenzielle Weise, das je eigene Leben in einem fundamentalen Sinn als menschliche Person zu leben.« (IWG 1990)
- *Leo Karrer* (2006: 385) formuliert: »Anthropologisch ist mit Spiritualität jene Gesinnung oder die prozesshaft zu erwerbende Haltung gemeint, mit der sich Menschen der Wirklichkeit stellen, sie erleiden, ertragen oder gestalten.«
- »Spiritualität lässt sich [...] als gelebter Bezug zu dem verstehen, was uns wichtiger ist als alles andere. Diese Bezogenheit manifestiert sich in seltenen, intensiven Erfahrungen, aber auch im durchgängigen Durchstimmtsein des Lebens von einer Grundhaltung zur Welt [...] sowie durch die bewusste Gestaltung der Existenz im Licht dessen, was uns am meisten bedeutet.« (*Baier* 2009: 65)
- Für *Cornelia Knipping* (2009: 30) ist die Spiritualität eines Menschen das, »was ihn zutiefst in seinem Inneren nährt, trägt, bewegt, beauftragt und verpflichtet in seinem ganzen Handeln und Sein«.
- In meiner eigenen formalen Umschreibung (*Weiher* 2006: 439) ist Spiritualität »die innere Einstellung, der innere Geist (lat. ›spiritus‹), mit der ein Mensch auf die Widerfahrnisse des Lebens reagiert und auf sie zu ›antworten‹ versucht«.

(2) Die zweite Kategorie orientiert sich ebenfalls an einem anthropologischen Verständnis, wonach jemand spirituell ist zuerst als Mensch und in zweiter Linie als Christ oder Angehöriger einer anderen Religion oder Weltansicht (Baier 2006: 14). Zu dieser Kategorie gehört die Beschreibung von Spiritualität als Suche nach Sinngebungen, die die Tatsachenwelt übersteigen und als Bewegung des Menschen über sich hinaus.
- *Sandra Schneiders* (1989: 683) definiert Spiritualität als »die Erfahrung bewussten Strebens, das eigene Leben nicht in Isolation und Selbstversunkenheit, sondern in Selbsttranszendenz auf den als letztgültig wahrgenommenen Wert hin zu integrieren«.
- Für die *Consensus-Conference* in den USA (Puchalsky et al. 2009: 887) ist Spiritualität »der Aspekt des Menschlichen, der sich auf die Weisen bezieht, in der Menschen Sinn und Ziel in ihrem Leben suchen und ausdrücken und auf die Weise, in der sie ihre Verbundenheit mit dem Augenblick, mit dem Selbst, mit Anderen, mit der Natur und mit dem, was für sie bedeutsam oder heilig ist, erfahren«.
- Spiritualität ist »umschreibbar als Hingabe an, als Sehnsucht nach, besser: als Offenheit und Öffnung des Menschen für das Geheimnis über und hinter seinem – rational nicht verrechenbaren – Leben« (*Ebertz* 2009: 66).
- Mit dieser »geistigen Dimension« ist »eine Erfahrungs- und Bewusstseinsebene angesprochen, die sich nicht in der materiell erfassten Welt erschöpft, sondern ihr zu Grunde liegt und über sie hinausweist.« (*Heller, Heller* 2009: 9)

(3) Die dritte Kategorie enthält bewusst eine Beziehungsdimension, die sich in signifikanten Erfahrungen von tiefer Verbundenheit mit sich selbst oder mit ›dem Anderen‹ über das Selbst hinaus – auch dem Heiligen und Göttlichen – oder der Sehnsucht danach ausdrückt. Auch wenn dies Erfahrungen eigener Art sind, sind sie nicht auf das Außergewöhnliche beschränkt; sie können ebenso mit dem Alltäglichen verbunden sein und dennoch darüber hinausweisen.

- Charakteristisch für Spiritualität ist der Begriff ›Verbundenheit‹, wie *Anton Bucher* (2007: 33) als Kern qualitativer Studien herausstellt: Spiritualität besteht darin, dass der Mensch sich selbst transzendieren und Verbundenheit entfalten kann und dies sowohl zu einem höheren geistigen Wesen (Gott) als auch hin zur Natur (Kosmos) und zur sozialen Mitwelt. Darin ereignet sich als spirituelle Erfahrung auch eine tiefere Verbundenheit mit dem eigenen Selbst.
- Unter Spiritualität werden nach *Eckhard Frick* (2004: 372) meist »persönliche Sinn- und Hoffnungskonstrukte verstanden, die das Alltagsleben transzendieren und einen Bezug zu übernatürlichen oder transpersonalen Kräften beinhalten.«
- Spiritualität besagt bei *Josef Sudbrack* (1993, 2006: 853) heute »eine Mentalität, die sinngebend die Tatsachenwelt übergreift (z. B. unter Bezug auf Gott, Sein, Buddha-Natur, Leere, Evolution, Network, Energie u. a.)«.
- Meine Definition höherer Ordnung lautet – in Anlehnung an Herman Andriessen – »Spiritualität ist die Beziehungsgeschichte eines Menschen mit dem Geheimnis des Lebens, auf das hin und von dem her er seine Selbstbewegungen entwirft und das er als ›heiliges‹ Geheimnis erfährt« (Vgl. *Weiher* 2006: 444 f.).

(4) Einer vierten Kategorie schließlich gehören Umschreibungen an, die explizit von einer überweltlichen Transzendenz ausgehen, dieser einen Namen geben und die Beziehung zu dieser Dimension als Vollzug von Spiritualität verstehen. (Was bestimmte Religionen, Gemeinschaften und Traditionen unter Spiritualität verstehen, s. z. B. in Frick, Roser 2009; Puchalski 2006; Baier 2006)

- »Im christlichen Sinn kann man Spiritualität als religiöse Gesinnung aus der Inspiration des jüdisch-christlichen Glaubens verstehen, in der sich Menschen zur Wirklichkeit verhalten.« (*Karrer* 2006: 385)
- *Gisbert Greshake* formuliert (1986): »Spiritualität ist die gelebte Grundhaltung der Hingabe des Menschen an Gott und seine Sache; sie ist so vielgestaltig wie das Leben selbst und wie die möglichen Beziehungen zu Gott.«
- Für *Gotthard Fuchs* ist Spiritualität »die ganzheitliche Gottesentdeckung in der Welt und im Leben«. (2005: 448)

Diese Kategorisierungen verstehen sich nicht als scharfe Abgrenzungen, zumal sich selbstverständlich Überschneidungen ergeben. Sie sollen vielmehr einen Einblick in die Welt des Phänomens Spiritualität gewähren und in dessen unterschiedliche Sicht- und Verwendungsweisen. Sie alle haben zugleich eine gemeinsame Intention: die Eindimensionalität der Moderne zu überwinden und den Horizont weit zu machen – am Ende unendlich weit auf ein alles umfassendes Geheimnis hin.

1.2 Moderne Medizin und Spiritualität – ein Vorschlag zur Beziehungsklärung

»Man kann alle Dinge zweifach sehen: als Faktum und als Geheimnis.« (Hans Urs von Balthasar)

Bei den Überlegungen, ob und wie die medizinischen Berufe mit der Spiritualität von Kranken und Sterbenden in Berührung kommen, soll zunächst der Frage nachgegangen werden, wie Spiritualität überhaupt in die Landschaft der medizinischen und helfenden Berufe und deren Selbstverständnis passt. Dabei ist eine naturwissenschaftlich fundierte Medizin mit ihrer Denk- und Vorgehensweise wohl am weitesten von der ›Logik‹ der Spiritualität entfernt. Zugleich ist diese Medizin zusammen mit den Biowissenschaften in der westlichen Zivilisation zur Leitwissenschaft geworden. Ohne die heutige Medizin wäre das Verständnis von Gesundheit und Krankheit und damit auch von Menschsein und Lebensgefühl sicher deutlich anders. Sie prägt natürlich auch das Feld, in dem die patientenbezogenen Berufe – auch die Seelsorge – Menschen bei Krankheit, Sterben, Tod begegnen. Im Fokus der folgenden Überlegungen muss also zunächst diese Medizin mit ihrem Selbstverständnis und ihrer Deutungsmacht stehen. Daran wird die Frage geprüft, wie Medizin und Spiritualität – und letztlich auch Religion – zueinander Anschluss finden: Gibt es ein gemeinsames Symbol, auf das beide ›Logiken‹ sich verständigen und von dem her beide ihr eigenes Denken und Handeln entwerfen können?

Bei der Thematisierung eines neuen Zueinanders der beiden ›Pole‹ ist es reizvoll, zunächst die Entwicklung der Beziehung zwischen Medizin und Religion in wenigen Strichen nachzuzeichnen, um so einem ›missing link‹ auf die Spur zu kommen.

1.2.1 Medizin und Religion – eine kurze Beziehungsgeschichte

Ursprünglich ein gemeinsamer Kosmos

Von der Frühzeit des Menschen bis in das 18. Jahrhundert hinein gehörten im Bewusstsein der Bevölkerung Heilkunde und religiöse Orientierung in einen mehr oder weniger einheitlich empfundenen Kosmos. Die religiöse Heilkunde war die Wiege der Schulmedizin. Am Archetyp des Schamanen wird das deutlich: »Er musste sich auf beides verstehen: auf die Anwendung des heilkundlichen Erfahrungsschatzes und auf den Umgang mit den höheren Mächten.« (Koelbing 1985: 9) In einem mythisch-magischen Weltbild waren die Ursache für Krankheiten die Götter, die das Schicksal des Menschen bestimmten, weil er zum Beispiel gesündigt oder gegen die hei-

lige Ordnung verstoßen hatte. In diesem einheitlichen Weltbild war die Heilkunde nur ein kleiner Teil der Weltdeutung.
Die Pflege wurde nicht von einer eigenen Profession, sondern in der Familie und gemeinschaftlich geleistet. Heilkunde und Pflege waren religiös motiviert.

Im Grund gaben die Religion und in der abendländischen Welt die Metaphysik die Wahrheit über den Menschen vor. Aus der Sicht der Religion und der Metaphysik war Krankheit eine Grundmetapher für das Leben: Das irdische Leben mit seiner Mühe und Plage war Übergang in das eigentliche Leben in der Ewigkeit. Daher war die herrschende Therapieform die geistliche Versorgung, nicht die medizinische Behandlung. Die Ars moriendi war wichtiger als die Heilkunde. Die Medizin konnte die allermeisten schweren Krankheiten sowieso nicht kurativ behandeln, sie konnte nur Unterstützung und Erleichterung anbieten – sie war mehr oder weniger ›palliativ‹.

Der Verlust des gemeinsamen Kosmos
Obwohl bereits Hippokrates (460–370 v. Chr.) die Heilkunst der Antike nicht auf reine Intuition, sondern auf empirische Beobachtung und physiologische Vorstellungen gründete, hat sich eine naturwissenschaftliche Medizin erst mit dem neuzeitlichen Denken aus dem gemeinsamen Kosmos gelöst. Historisch lässt sich die beginnende Eigenständigkeit der Medizin mit dem Mathematiker, Physiker und Philosophen Descartes (1596–1650) verbinden. Er formulierte im Zuge der aufkommenden Naturwissenschaft und der anatomischen Forschung eine Zweipoligkeit: Der Mensch besteht aus einer ›res cogitans‹, dem Geist, und der ›res extensa‹, der Materie. Die Betrachtung als Materie aber eröffnete die Möglichkeit, immer mehr Faktoren und Wirkzusammenhänge im Körper des Menschen zu isolieren, sie einzeln zu reparieren, um den Körper sozusagen neu konstruiert wieder funktionsfähig zu machen. Die Heilkunde wurde jetzt rein analytisch-rational begründet und wissenschaftlich-technologisch ausgestaltet. Der ›Mensch selbst‹ verschwand damit zunehmend aus der Medizin; er wurde zum Träger von Krankheiten.

> Diese Medizin übernahm jetzt Zug um Zug die Deutungsmacht über Gesundheit und Krankheit und das Handlungsmonopol (Labisch, Paul 1989: 634) über die Vorgänge im menschlichen Körper. Zwar beanspruchten nach wie vor die Metaphysik und die Religion die Deutungshoheit über die Verfasstheit des Menschen, aber die Medizin konnte ihren ›Hebel‹ in der Konkurrenz der Deutungen immer mehr verlängern. Wonach sich die Menschen über Jahrtausende gesehnt hatten, den Tod bekämpfen und ihn so weit wie möglich hinausschieben zu können, das wurde jetzt bei zunehmend mehr Krankheiten möglich.

Eine Arbeitsteilung
Mit dem Aufkommen dieser Medizin mussten Religion und philosophische Deutung ihren Anspruch auf Sinngebung von Krankheit und Sterben zurücknehmen: Die Medizin konnte jetzt die konkrete irdische Heilung versprechen. Die Krankheit brauchte danach keinen höheren Sinn mehr: Der

Sinn war irdisch; sie wurde als Defekt betrachtet, den es zu reparieren galt. Die Religion musste sich aus der weltlichen Deutung zurückziehen und sich auf das ewige Heil verlegen, wohin ihr wiederum die Medizin nicht zu folgen vermochte – und das auch nicht brauchte, konnte sie doch zunehmend größere und sichtbare Erfolge im diesseitigen Leben vorweisen. Die Arbeitsteilung zwischen Medizin und Religion war im Grunde lange Zeit auch ausreichend: Die meisten Menschen hatten ihren letzten Halt zunächst noch in der (jenseitigen) Religion.

Der Bezug zum Leid ging verloren. Der Preis für diese Arbeitsteilung (vgl. Reuter 2004) war freilich hoch: Beide, Medizin wie Religion, verloren nämlich den Bezug zum leidenden und sterbenden Menschen. Die Religion bezog sich bis in die 60er Jahre des vergangenen Jahrhunderts vorwiegend auf das Jenseits. Dort lag für sie ja das eigentliche Heil, das der Seele. Die so verstandene metaphysisch-geistige ›Seele‹ leidet aber nicht, und der Trost lief auf den im jenseitigen Leben hinaus. Dieses eigentliche Leben war ja noch eine Ewigkeit lang; gemessen daran war das diesseitige begrenzt und relativ. Für das diesseitige Leben übernahm die Medizin den Trost, denn ›so schnell stirbt man schließlich nicht‹.

> Beide, Medizin und Religion, verloren das Leiden und die Endlichkeit aus dem Blick: Jeder saß am Ende seines ›Hebels‹, mit dem man die Endlichkeit und das Leid auszuhebeln hoffte: Die Medizin entwickelte ihre Erfolge mit dem Konzept: ›Körper ohne Seele‹. Im Blick der Religion war die ›Seele ohne Körper‹.

Aus der Religion war also auch eine weltbezogene Spiritualität im heutigen Sinn ausgewandert. Sie wurde zu einem Glauben und einer Praxis ohne leiblich-psychisches Erleben und ohne Bezug zur irdischen Verfasstheit. In der Medizin dagegen liefen Krankheit und Tod zunehmend auseinander; Leiden und Sterben gerieten aus ihrem Blickfeld.

Mit dem Leiden des Menschen war und ist aber nach wie vor die Pflege befasst. Die Medizin greift in die körperlichen (und damit indirekt natürlich auch seelischen) Zusammenhänge des Menschen ein und löst damit äußere und innere Folgen und Nebenwirkungen aus, denen die Pflege und die psychosozialen Dienste nicht ausweichen können. Die Angehörigen dieser Berufe berühren den Kranken, und sie werden berührt – wie das natürlich beim Arzt, bei der Ärztin, bei den Seelsorgenden als Privatpersonen auch geschieht.

›Medizin der Moderne‹
Die Medizin des beginnenden 21. Jahrhunderts hat die Aufspaltung in die Bereiche ›Außen – Innen‹, ›Körper – Seele‹, ›Krankheit – Person‹, ›Medizin – Anthropologie‹ noch längst nicht überwunden und noch kaum Ansätze zu einer Annäherung bzw. zu einer Beziehung zwischen diesen Polen gefunden. Sie ist nach wie vor weitgehend ›Medizin der Moderne‹. Als ›Moderne‹ bezeichne ich jene Epoche der Neuzeit, die glaubte und glaubt, ihre Voraussetzungen gänzlich aus sich selbst heraus begründen und auf jede metaphysische und erst recht jede transzendente Sinnvorstellung verzichten zu können.

Konsequenterweise lebt die Medizin der Moderne von dem Glauben, alle Störungen und Begrenzungen des Lebens seien im Prinzip allein mit wissenschaftlichen und technischen Mitteln zu überwinden.

Und aus der Faszination über die Erfolge einer biophysikalischen Betrachtung des Menschen erwuchs das Versprechen, im Prinzip alle Störungen mit dieser Methode angehen zu können. In der Gesellschaft spiegelt sich dies in der mechanistischen Vorstellung wider, man könne bei einer Krankheit den Körper an die Medizin abgeben und ihn nach kurzer Zeit – repariert – wieder zurückerhalten. Auf die ›Seele‹, auf ihr Leiden, die Trauer, ihre Ideen und ihr Ringen käme es in dieser Zeit nicht an. (Zum Begriff ›Seele‹ s. Exkurs (2) am Ende dieses Kapitels.)
Verfolgt man die weitere historische Entwicklung, dann stößt man im Laufe des 20. Jahrhunderts auf viele neue Impulsgeber, die über das Menschenbild dieser so verstandenen Moderne hinausführen: das Aufkommen von Psychoanalyse, psychologischer Aufklärung und Psychosomatik (Überblick z. B. bei Schockenhoff 2001), humanistischer Psychologie und der so genannten Esoterik (vgl. z. B. Barnum 2002), des Konstruktivismus' und der alternativmedizinischen Bewegung, um nur einige treibende Kräfte zu nennen.

Brückenglieder zwischen Moderne und Postmoderne. Im Rahmen dieser Skizze seien einige Bausteine genannt, die sich als Brückenglieder für den Weg von der Moderne in die Postmoderne erwiesen. Als Beispiel für das neue Paradigma stehen hier die Forschungen und Veröffentlichungen von Elisabeth Kübler-Ross. Danach wurde eine wichtige Lücke, die die Medizin hinterlassen hat, nämlich Sterben und Tod, anschaulich mit Phasenmodellen besetzt. Damit wurde die reduktionistische Definition des Sterbens als Vorgang des »Erlöschens der Lebensfunktionen« (Pschyrembel) durch eine neu erscheinende Dimension ergänzt (von der die Menschheit schon immer eine Ahnung und ein Wissen hatte): das Erleben des Patienten selbst, das seiner Angehörigen und der professionellen Umgebung. Auch wenn in der Folgezeit die Gültigkeit der Phasenmodelle diskutiert bzw. stark in Zweifel gezogen wurde, so waren sie doch Vorreiter in der Betonung der menschlichen vor den biomedizinischen Aspekten von Krankheit und Sterben.

Die Phasenmodelle der 60er und 70er Jahre waren zwar durch das psychologische Paradigma, durch die Ideen von einer »personalen« (vgl. von Krehl 1929) und einer »anthropologischen« Medizin (von Weizsäcker 1951) vorbereitet, aber sie haben durch ihre Anschaulichkeit eine enorme Aufmerksamkeit und Popularisierung eingeleitet und die Türen in der westlichen Welt aufgestoßen.

Auf dieser Pilotfunktion konnte die Hospiz-Bewegung aufbauen und damit das Sterben und die Sterbenden entscheidend in den Blick der Gesellschaft rücken. Nicht zuletzt im Gefolge der Sterbehilfe-Debatte konnte dann sogar ein Zweig der Medizin das Ende des Lebens thematisieren und etablieren: die Palliativmedizin. Hospiz- und Palliativversorgung haben das Ziel, das Sterben des Menschen nicht mehr zu verhindern, sondern die Lebensqualität der Sterbenden und ihrer Angehörigen in den Fokus der Aufmerksamkeit zu rücken, so dass Schwerkranke das Sterben als ihren Lebensprozess gestalten können. Diese und ähnliche Entwicklungen können als Bausteine und Etappen von der modernen zu einer postmodernen Medizin gesehen werden, die von den Bemühungen gekennzeichnet ist, die Trennung von Körper und Geist zu überbrücken.

Medizin der Postmoderne

Als Kennzeichen der Postmoderne möchte ich bezeichnen, das Entweder-Oder der Moderne zu überwinden und eine Vielfalt von Interpretationen und Sichtweisen im Umgang mit Mensch und Welt zuzulassen.

Statt monistischer Lösungen sollen auch Ambivalenzen, Besonderheiten und Differenzierungen nicht nur zugelassen werden, sondern auch zu einer ganzheitlichen Sicht mit dem Ziel einer Integration der vielfältigen Dimensionen beitragen. Auf diesem Hintergrund darf auch die integrale Sicht der Weltgesundheitsorganisation (WHO) gesehen werden: Nach der Definition der WHO zur Palliativversorgung (2002) gehören zur Lebensqualität nicht nur die physisch-körperliche Dimension, sondern wesentlich auch die Beachtung der psychischen, sozialen und der spirituellen Dimension. So sind auch die Forderungen nach einer »persönlichen Medizin« (Klaus Dörner) und einer »Beziehungsmedizin« (Herbert Kappauf) zu verstehen. Die Medizin der Zukunft darf sich nicht allein auf die rein objektive Anwendung von Diagnosen und Behandlungen konzentrieren. Wesentliche Prozesse der Krankheitsverarbeitung kommen erst im Zwischenraum der Begegnung zwischen – jeweils auf ihre Art kompetenten – Menschen, also Professionellen, Patienten, Angehörigen, in Gang.

1.2.2 Die Idee von der ›Ganzheit‹ und was sie für einen Sinn macht

Die Entwicklungen in der Postmoderne reagieren nicht nur auf Grenzerfahrungen, wie z. B. die Grenzen der rein individuellen Sicht des Menschen, die Grenzen des medizinischen und psychologischen Heilungsoptimismus' oder der ökologischen, ökonomischen und ethischen Sorglosigkeit. Sie beziehen vielmehr auch kybernetische und systemische Sichtweisen ein mit dem Ziel einer ganzheitlicheren Betrachtungsweise des Menschen.

Ganzheit als Leitidee

Wenn von der Ganzheitlichkeit die Rede ist, dann darf das nicht suggerieren, diese Gesellschaft könnte zurückkehren in eine Zeit vor Aufklärung und Wissenschaft und deren ungeheures Fortschrittpotenzial. ›Ganzheit‹ kann nicht heißen, die Pluralität in Frage zu stellen, weniger Differenzierungen vorzunehmen oder die Detailforschung aufzugeben. Die Rede von der Ganzheit erhält dann ihren Sinn, wenn sie als Leitidee gesehen wird, um die Entwicklung in die richtige Richtung voranzutreiben (Wesiak 1983: 95). Ganzheit darf also nicht als normativer, integralistischer Begriff verwendet werden, so als ob eine ideale Struktur existierte, in die alles und jedes eingepasst werden müsste und könnte. ›Ganz‹ ist der Mensch nie (in welchem Sinn sollte er das auch sein?). ›Alles‹ an ihm wird nie zu erforschen und zu konstruieren sein.

Ich plädiere hier für die Rede von ›Ganzheit‹ in folgendem Sinn: Alle Wissenschaften vom Menschen können ihre Detailforschung auf eine virtuelle Ganzheit beziehen, von der zwar viele Äußerungen erforscht werden können, die aber prinzipiell als innerstes Geheimnis des Menschen vorgestellt wird, das letztlich unverfügbar ist.

Jeder Beruf hat Zugang zum Ganzen
Jede Behandlungsweise des Menschen durch Medizin, Pflege, Psychotherapie, Sozialarbeit, Seelsorge hat dann einen Zugang zu dieser Ganzheit, aber keine Umgangsweise kann sie für sich ganz ausschöpfen. Jede Profession hat ihre Tür zum ganzen Menschen, aber unter je anderen Gesichtspunkten. Zum Beispiel haben Arzt und Ärztin Zugang zum Menschen über die körperliche Seite. Das ist sehr wohl ein Zugang und nicht nur ein sinnblindes Hantieren an der Materie. Der Patient, dem medizinisch oder pflegerisch geholfen wird, empfindet diese Hilfe als ganzer Mensch. Aber zugleich ist jede Tür nur eine von im Prinzip sehr vielen.
Ganzheit ist also nicht eine abstrakte Idealvorstellung, sondern es gibt lebensnotwendige reale Zugänge dazu: Die eine Methode ermöglicht hier einen Zugang, eine andere dort und alle tragen sinnvolle Aspekte zur Sorge um den Menschen bei. Ganzheit als solche ist mit keiner dieser Methoden einlösbar; und dennoch bleibt sie eine leitende Idee. Sie steht für etwas, was über die objektiv darstellbare Seite des Menschen hinausgeht: das ihm eigene Lebens-, Person- und Wesensgeheimnis.

1.2.3 Wenn das ›Geheimnis die Lösung ist‹

Mit dem Wort ›Geheimnis‹ soll hier eine zentrale Idee dieses ganzen Buches eingeführt werden. Ich bin mir bewusst, dass ich damit im Zwischenbereich zwischen Wissenschaft und Spiritualität einen unscharfen und vielfältig interpretierbaren Begriff verwende.

Was die Rede vom Geheimnis bedeutet

Mit ›Geheimnis‹ wird gemeinhin assoziiert, was man nicht verraten darf, etwa ein politisches (›secretum‹, was nur der Geheimsekretär wissen darf) oder ein militärisches oder zwischenmenschlich-intimes Geheimnis. Wenn ein Sachverhalt in diesem Sinn verraten wird, hat er aufgehört, Geheimnis zu sein. Im Kontext von Religion und Theologie verbindet sich mit einem Geheimnis leicht die Vermutung, mit diesem Wort werde eine Verlegenheit kaschiert, weil man etwas nicht beweisbar Überirdisches nicht genauer zu vermitteln weiß. Das wäre dann das ›Mysteriöse‹ und Irrationale. Geheimnis ist in diesem Buch positiv gemeint: Es ist überrational; es ist trotz seiner Undurchschaubarkeit wegen seiner unvergleichlichen Qualität gerade nicht weniger. Es ist vielmehr das Andere der Vernunft, das den Menschen und die Welt mehr sein lässt als das Verrechenbare und Nutzbare. Es ist gerade die ganz andere Dimension, aus der alles Begreifliche (und natürlich auch

Unbegreifliche) stammt und dem es seine innere Fülle und seine Anziehungskraft verdankt.

›Geheimnis‹ darf auch nicht dem ›Rätsel‹ gleichgesetzt werden. Ein Rätsel kann man lösen, wenn man seinen Kopf nur genug anstrengt. Die Rätsel der Wissenschaft werden wohl Zug um Zug aufgeklärt.

Im hier verwendeten Sinn ist ›Geheimnis‹ von ganz anderer Art:
»Solange wir nicht anerkennen, dass der Urgrund allen Lebens ein Geheimnis bleibt, werden wir nichts begreifen.« (Henry Miller).
»Man kann alle Dinge zweifach sehen: als Faktum und als Geheimnis.« (Hans Urs v. Balthasar).
»Das Geheimnis drückt aus, was nicht gesagt werden kann und worüber zu schweigen unmöglich ist.« (Viktor Hugo)
»Der Mensch ist ein Geheimnis, das nicht eindimensional aufgelöst und ausgelegt werden kann.« (Gabriel Marcel)
»Das Leben ist so unendlich komplex und so ungeheuer geheimnisvoll, dass die Ideologie der Klarheit nur zur Verarmung der Sicht auf die Welt führt. In gewissem Sinn muss man die Undurchschaubarkeit verteidigen.« (Rüdiger Safranski)
»Spaltet man das Geheimnis vom Menschen ab, so reduziert man ihn auf eine leere Hülle.« (Susanna Tamaro)
Was hier in poetischer und philosophischer Sprache eher negativ und verteidigend ausgedrückt wird, entspricht dem existentiellen Empfinden: Es gibt Erfahrungen, deren Gehalt man nicht näher beschreiben kann. Sie sind un-beschreiblich, un-sagbar, und doch begegnen wir dabei etwas Großem und Bedeutungsvollem. Und genau Letztes macht die Rede vom Geheimnis sinnvoll und reizvoll:

> Das Gemeinte ist kein leeres Nichts. Mit der Negation ›was nicht gesagt und nicht rational vermittelt werden kann‹, ist gerade etwas Positives gemeint. Ein Inhalt, der seinen Reichtum und seine Fülle verlieren würde, wenn man ihn greifen und objektivieren wollte.

›Geheimnis‹ signalisiert eine unsichtbare und doch mitgemeinte Grenze, ein ›Nicht-weiter‹, über die hinauszugehen das Geheimnis zerstören würde. Es ist eine innere Glut, die man nicht unmittelbar haben kann, ohne dass sie dabei verlischt.

Jedem Menschen sein Geheimnis glauben

Was zunächst noch sehr abstrakt klingt, bekommt seine anschauliche Bedeutung, wenn man ›Geheimnis‹ in einer ersten Perspektive auf den Kern der menschlichen Person bezieht. Der Mensch ist als Ganzheit nicht nur eine äußerst komplexe Struktur, die man mit Methoden nie vollständig ausschöpfen kann, sondern er ist auch Person. Als solche ist er angefüllt mit Lebenserfahrungen, die nur er selbst gemacht hat und mit Bedeutungen, deren Tragweite nur er selbst empfinden kann. Das ›Wesen‹ eines Menschen wird viel mehr von dieser Unergründlichkeit bestimmt als von dem Ergründbaren. Letztlich ist dem Menschen sein eigenes tiefstes Selbst, seine innerste Identität, selbst nicht voll zugänglich, und doch lebt er aus diesem

Selbst und empfindet sich als ein Selbst mit einer Biographie und einer Lebensgestalt.

Dieser Art Geheimnis begegnen die Angehörigen der patientenbezogenen Berufe und mit dieser Leitidee können sie jedem Menschen begegnen – ob das ein voll bewusster oder bewusstseinsgetrübter oder ein Mensch im Koma ist.

Jeder Mensch, der uns in diesem Beruf anvertraut ist, darf erwarten, dass wir ihn mit einem substanziellen Geheimnis erfüllt ›sehen‹ und es ihm vorgängig glauben, auch wenn er uns davon nichts mitteilen kann.

Ebenso begegnen die Helfer aber auch dem Persongeheimnis, wenn Menschen aus ihrem Leben erzählen und sie an ihren Lebensdeutungen und -entwürfen Anteil nehmen lassen. – In wie vielfältiger Weise Patienten von ihrem Innersten etwas äußern und wie die Helfer damit auf Tuchfühlung gehen können, wird in Kapitel 2. 2 weiter entfaltet.

Auf jeden Fall können alle Helfer mit der Leitidee ›Geheimnis‹ als Horizont handeln und sich verhalten »als ob « (Rössler, 2004: 184), also davon ausgehend, dass jeder Mensch ein großes und tiefes Geheimnis ist. Das bedeutet z. B. ganz konkret, bei der Visite im Krankenhaus auch das Zimmer des Patienten zu betreten, bei dem nichts mehr zu ›machen‹ ist. Ein von dem Symbol ›geheimnisvoller Mehrwert des Menschen‹ geleiteter Helfer wird anders mit dem Patienten umgehen als ein reiner Funktionsberuf. Das gilt erst recht für die Palliativ-Situation: Wenn der Kampf gegen das Sterben aufgegeben werden muss, rückt der ›ganze‹ Mensch mit seinem Lebens- und Sterbegeheimnis wieder in den Mittelpunkt. Auf sein ›Wesen‹, seine innere Substanz kommt es jetzt mehr an als auf seine Zug um Zug weniger aktivierbaren Eigenschaften und Fähigkeiten: Das ›Mehr‹ der Palliativ-Perspektive besteht nicht in einem Mehr-Machen, sondern im Anerkennen eines ›Mehr‹ im Wesen des Menschen und seines Schicksals.

Dem Dasein sein Geheimnis glauben

›Geheimnis‹ steht aber auch für eine Bedeutung mit größerer Reichweite als ›Persongeheimnis‹: Es steht auch für die Unergründlichkeit menschlichen und welthaften Daseins. Diese Bedeutung geht von der existenziellen Erfahrung aus, dass das Leben mit Geburt, mit Beziehung zu Mensch und Welt und am Ende mit Sterben und Tod eine letzte Unverfügbarkeit hat. Hier steht ›Geheimnis‹ für die geheimnisvoll entzogene und technologisch nicht kontrollierbare Tiefe des Daseins. Damit meint der Begriff nicht einfach eine vorgestellte Grenze, die zu beachten ist, sondern auch eine prinzipielle Offenheit für eine Dimension über die Grenze des Verfügbaren hinaus.

So vertrauen Menschen einem Beruf oder einer Beziehung zu einem anderen Menschen oder der Zeugung eines Kindes den Sinn ihres Lebens an, ohne vorher zu wissen, was aus diesem Anvertrauen wird.

Alle Lebensbewegungen beziehen ihre Selbstverständlichkeit und weitgehende Unreflektiertheit aus dem ›Wissen‹ um ein Geheimnis, das zwar unverfügbar ist, aber dennoch als positive Verheißung in Anspruch genommen werden kann. Insofern ist ›Geheimnis‹ mit dem verwandt und verwoben, was mit ›Sinn‹ bezeichnet wird: Auch ›Sinn‹ erschließt sich nur, wenn man dem Leben einen Gehalt zutraut, auf den zuzugehen sich lohnt, auch wenn das Kommende zunächst als fremd und unfassbar erscheint.

Dem Sterben sein Geheimnis glauben
In diesem Sinn haben auch so unheimliche Widerfahrnisse, wie Schicksal, Sterben, Tod und Trauer, außer ihrer Faktizität und Funktion ihr Geheimnis.
Als elementare Lebenserfahrungen sind sie weder erschöpfend analysierbar noch verfügbar, und doch können alle Beteiligten sie als Geheimnis begreifen: die Patienten und Trauernden, dass diese Erfahrungen nicht nur Grenze und Mangel bezeichnen, sondern auch einen Lebensprozess, den zu durchleben Sinn machen kann.

Für die Helfer kann das heißen, dass sie Sterbende, Verstorbene und Trauernde einem Geheimnis anvertrauen dürfen, das umfassender ist als das Machbare und Zweckhafte.

Es ist wohl abgründiger als die allermeisten Lebenszumutungen, aber auch alle Unheimlichkeit transzendierend, weil Leben nur auf der Basis eines schon immer anwesenden Geheimnisses existiert. Hier – und nicht nur bei der glücklichen Geburt eines Kindes – können die Helfer die erschütternde und zugleich ergreifende Erfahrung machen: Da vollzieht sich ein Geheimnis – es ist wohl das Geheimnis allen Lebens. In dieser Perspektive können sich die Professionellen auch innerlich darauf einstellen, wann ein Leben erfüllt ist und wann der Tod kommen darf und aus dieser Sicht Menschen ›loslassen‹, das heißt, ihnen ihr geheimnisvolles ›Los‹ lassen.

Ein absolutes Geheimnis glauben
Zu dem undurchdringlichen Geheimnis, das charakteristisch und ermöglichend für Leben überhaupt ist, machen Religionen und Glaubenssysteme Aussagen auf bildhafte Weise. Sie verstehen ›Geheimnis‹ dann allerdings in einem letzten und jedes Begreifen übersteigenden Sinn.
Zentraler Inhalt z. B. der christlichen Religion ist es darüber hinaus, dass dieses absolute Geheimnis nicht ausschließlich jenseitig und unberührbar überweltlich ist, dass es sich vielmehr dem Glaubenden öffnet und mitteilt und dem Menschen so Anteil an seinem Reichtum und seiner Fülle gibt (vgl. v. Balthasar 1963, Rahner 1964, Jüngel 1977). Dann ist das Personegeheimnis und das Schicksal des Menschen innerlich als göttlich qualifiziert. Zugleich aber ist es auch von einem lebendigen Geheimnis umfangen und darin aufgehoben.

Wie ›Geheimnis‹ in diesem Buch verstanden wird

> ›Geheimnis‹ ist ein Symbolwort für die innerste Qualität des Menschen und seines Schicksals, aber auch dessen Eingebettetsein in ein Größeres. In diesem Sinn ist das ›Geheimnis des Lebens‹
> - zwar nicht völlig begreifbar und verfügbar,
> - aber so wertvoll und reizvoll, dass es sich dafür (und damit) zu leben lohnt,
> - daher eine ›Wirklichkeit‹, die in Beziehung kommen und berührt werden will.

1.2.4 Ein Leitsymbol für alle Berufe

›Geheimnis‹ als Symbol

Die Idee, das Innerste des Menschen und die innerste Qualität von Dasein, Schicksal, Sterben und Tod ›Geheimnis‹ zu nennen, ist ein Vorschlag, der zwischen der biophysikalischen und der ganzheitlichen Sicht des Menschen eine Brücke schlagen kann. Der Begriff ›Geheimnis‹ ist offener und mehr zur Integration der komplexen Lebenswelt geeignet als der als leicht überfordernd empfundene Begriff ›Ganzheit‹ (vgl. die Kritik von Henning Luther 1991). Auch utopische Ganzheitsbegriffe, die suggerieren, eine völlige Einheit von Leib und Seele sei erreichbar, werden dann korrigiert. ›Geheimnis‹ ist ein Symbolwort, das gerade als Symbol, d. h. nicht festlegend, sondern über sich hinausweisend wirkt und daher nicht integralistisch und zur Vereinheitlichung missbraucht werden kann. Denn keine Wissenschaft verfügt über das Geheimnis, auch nicht die Metaphysik und die Religion. Aber zumindest Letztere müssen es immer wieder in Erinnerung bringen und als innersten Raum offen halten, auf den zutiefst alle Bemühungen um Mensch und Welt bezogen sind. Die Disziplinen bleiben auch dann klar unterschieden, haben dann aber einen Bezugspunkt, von dem all ihre Konzepte und Handlungen ausgehen und in den diese hineinmünden.

> Das Geheimnis als Symbol für das Innerste eines jeden Menschen und zugleich für den unergründlichen Sinn von Dasein, Sterben und Tod könnte ein Axiom, ein Achsenbegriff sein, auf den sich alle Berufe verständigen könnten. Sie könnten sich so verstehen, als ob von daher alle ihre Entscheidungen und Einstellungen geleitet würden.

Die Annahme eines Geheimnisses entscheidet dann letztlich über die Sinnausrichtung einer Profession, die – wie die Medizin – kein integrierendes, sondern ein synthetisch-pragmatisches Menschenbild hat.

Ein Vorschlag zur Humanisierung

›Geheimnis‹ begründet nicht nur das faktische, sondern auch das zeichenhafte Handeln, das sowohl dem Persongeheimnis wie dem Geheimnis von Sterben und Tod heilsam begegnen kann. So kann es ein Leitsymbol sein, das in der medizinischen und pflegerischen Berufspraxis oft und in der Regel weitgehend im Hintergrund bleibt und dennoch in seiner doppelten Bedeutung ›Grenze anzeigend‹ wie ›gefüllt mit spiritueller Lebensqualität‹

das berufliche Handeln leiten kann. Es ist ein Angebot für eine Medizin in Zeiten der Postmoderne, die nicht nur durch die Wiederentdeckung von Grenzen charakterisiert ist, sondern auch durch eine neue Deutungsoffenheit. Durch die Wiederanerkennung von Religion und Spiritualität dürfte sich die Medizin dann sogar von ihrem Allmachtdruck befreien, indem sie das ›Geheimnis Mensch‹ an das Mysterium Gottes abgeben und es dort aufgehoben wissen dürfte. Für diese transzendente Perspektive können Religion und spirituelle Einstellung nur werben. Sicher wird nicht jeder Helfer das Person- und Existenzgeheimnis mit einer spezifischen Interpretation verbinden. Aber auch unspezifisch und ungedeutet ermöglicht diese Sicht von Mensch und Dasein eine humanisierende Sinngebung.

Das ›Geheimnis‹ als regulative Idee hat die Potenz, zur philosophischen und anthropologischen Leitidee aller Disziplinen zu werden.

Denn alle Bemühungen um den Menschen berühren ihn nicht nur von ›außen‹, sondern auch in seinem ›Geheimnis‹. Auch wenn nur geröntgt oder das Bett gemacht wird: Die innere Mitte der Person und das Lebensgeheimnis werden dabei immer mitberührt, es wird sowieso ›aufgerufen‹ und es ist human, darauf eine ›Antwort‹ zu geben.

Das zunächst abstrakt erscheinende Symbolwort ›Geheimnis‹ wird durch die folgenden Themen und Reflexionen und durch den Kontext der Berufspraxis eine anschauliche Bedeutung bekommen. Der Begriff wird sich dabei als hilfreich und erschließend im Umgang mit Menschen in Leid und Sterben erweisen. Gleichzeitig eröffnet diese Vorstellung einen Resonanz- und Kommunikationsraum für das übergeordnete Thema: die Spiritualität im Kontext von Krankheit und Sterben.

Für die Grundfragen und Herausforderungen der Existenz ist letztlich das Geheimnis die ›Lösung‹.

1.3 Spiritualität als Ressource bei Krankheit und Sterben

»Die Bedeutung von Spiritualität und Religion als Mittel zur Krankheitsbewältigung wird derzeit nicht nur in der Komplementärmedizin diskutiert.« (Arndt Büssing)

»Die Psychologie muss sich von der Vorstellung verabschieden, dass Religion der seelischen Gesundheit schadet: Der Glaube macht häufiger gesund als krank.« (Heiko Ernst in Psychologie Heute)

Spiritualität als Wirkfaktor

Es gibt inzwischen eine Fülle von Hinweisen dafür, dass Menschen mit ihrer Krankheit besser leben und dem Sterben eher zustimmen können, wenn sie eine positive Beziehung zu einer transzendenten Wirklichkeit haben. Viele Untersuchungen aus den USA, aus Kanada und Europa stellen einen positiven statistischen Zusammenhang zwischen einem persönlich bedeutsamen Glauben einerseits und der affektiven wie kognitiven Verarbeitung einer infausten Tumorerkrankung und der Bewältigung der Terminalphase andererseits fest. – Übersichten und Diskussionen zum Thema finden sich bei Pompey 1998, Murken 1998, Frick 2004, Walach 2005, Büssing et al. 2006. Eine umfassende Auswertung der vielfältigen Studien im angloamerikanischen Raum bieten Koenig et al. 2001, Koenig 2012. Danach sprechen die meisten Studien für eine glaubensunterstützende Wirkung, die zur Bewältigung von Belastungen beiträgt.

Nicht umsonst wird die spirituelle Dimension daher als Bewältigungsstrategie auch von den Helfenden in der Palliativversorgung neu wertgeschätzt. Es ist wohl charakteristisch für eine funktionell denkende und naturwissenschaftlich und ökonomisch geprägte Welt, auch die Kategorien ›Spiritualität‹ und ›Religion‹ auf nachweisbare Wirkungen hin zu befragen: Was macht Spiritualität für einen Sinn? Lässt sich da etwas beweisen? Lohnt es sich, darauf Rücksicht zu nehmen?

Der empirische Nachweis einer positiven Wirkung ist natürlich ein starkes Motiv im Raum von Medizin und anderen Disziplinen, die Dimension Spiritualität zu beachten und in die Unterstützung der Patienten einzubeziehen.

Schwierigkeiten bei der Erfassung
Untersuchungen zur Spiritualität und deren Wirkung kranken aber oft daran, dass spirituelle Einstellungen schwer zu fassen sind: Entweder werden sie selektiv mit konkreten Glaubensvorstellungen (Glauben an Gott, an den Teufel, an die Auferstehung der Toten) identifiziert oder sie setzen bei den Befragten eine sehr reflektierte Spiritualität voraus und können nicht eine weniger reflektierte Spiritualität ›im Hintergrund‹ erfassen. Auch die Diskussionen um den Zusammenhang von religiöser Praxis (z. B. ob Kirchgänger länger leben oder ob ›Gesundbeten‹ Kranke heilt) greifen oft viel zu kurz. Der ideologische Kampf um Ursache und Wirkung dreht sich häufig nur um Teilaspekte von Religion. Dies trivialisiert eher das Thema ›Spiritualität‹ (vgl. die Kritik von Sloan, 2006). Zudem haben Umfragen zum Zusammenhang von spiritueller Einstellung und Sterben in der nichtbetroffenen Bevölkerung wenig Aussagewert. So ist die Zahl der Menschen, die bei schwerer, tödlich verlaufender Krankheit auf spirituelle Ressourcen zurückgreifen, wesentlich höher als im Durchschnitt der Bevölkerung. (Büssing 2006: 76)

Um eine Engführung in der Diskussion um die Wirkung von Spiritualität zu vermeiden, soll zunächst die grundsätzliche Bedeutung von Spiritualität geklärt werden. Auf dieser Basis können dann auch mögliche Wirkungen und Strategien erörtert werden.

1.3.1 Die integrative Funktion von Spiritualität

Spiritualität nicht erst am Ende des Lebens. Die Tatsache, dass die spirituelle Suche vielfach im Kontext von Krankheit und Sterben zu beobachten ist und erst in diesem Kontext in der Wissenschaft wie in der Öffentlichkeit verstärkt beachtet wird, bedeutet jedoch nicht, dass die Spiritualität des Menschen erst dann auf dem Spielfeld des Lebens eine Rolle spielt, wenn das Lebensende ins Auge gefasst werden muss. Im Angesicht des Todes geschieht die Suche nach Bedeutung und Sinn sicher oft intensiver, aber

Kranke wie Sterbende greifen dabei in der Regel auf innere Möglichkeiten zurück, die bereits in irgendeiner Form zu ihrem Leben gehören (vgl. Samarel 2003: 136). In jüngster Zeit wurde vielfach die natürliche Ausstattung des Menschen untersucht, mit der er auf Schmerzen und gesundheitliche Beeinträchtigung zu reagieren vermag. Danach legt sich der Schluss nahe, dass sich im Laufe der Evolution Bewältigungsmöglichkeiten im Erbgut des Menschen verankert haben (Blech 2007: 135 f.). Der Mensch trägt also Anlagen in sich, die sich mit Kultur, Religion und Spiritualität verbinden. Die kulturelle und spirituelle Dimension kanalisiert gleichsam die natürlichen Möglichkeiten und potenziert deren Wirkung.

Wes Geistes Kind ein Mensch ist. Die innerste Quelle für die Lebensbewegungen und -bewältigung nenne ich Spiritualität.

Die spirituelle Grundmelodie schwingt durch die ganze Lebensgestalt eines Menschen hindurch. Sie ist das am Menschen, was seine persönliche Welt im Innersten zusammenhält, wes ›Geistes Kind‹ er ist. Diese Integrationseigenschaft der Spiritualität ist in einer doppelten Hinsicht zu verstehen.

- Das spirituelle Potenzial wächst mit der Lebensgestalt mit; es entwickelt sich aus vielen Tönen zu einer persönlichen Melodie.
- Und es wird dabei zu einer Kraft, die ihrerseits neue Herausforderungen mit den bisherigen Tönen und Akkorden zu verbinden und zu einer neuen und eventuell volleren (das heißt nicht unbedingt harmonischen) Melodie zu integrieren vermag.

> Der spirituelle Geist hat also eine ganzheitliche Wirkung. Er ist einerseits ein Wirkfaktor, der mit anderen Faktoren zusammen den Menschen ausmacht. Zugleich aber hat er eine besondere Funktion: Er ist ein die anderen integrierender Faktor.

Er ist nicht ein ›Herrgottswinkel‹ in einem seltsamen Teil der Seele, sondern eine innere Quelle für das Lebensempfinden und die Lebensgestalt des ganzen Menschen. Spiritualität ist sozusagen das innere Licht, von dem die körperliche, mentale, psychische und soziale Dimension im Menschen ihre ureigene Leuchtkraft und ihre tiefere Bedeutung bekommt.

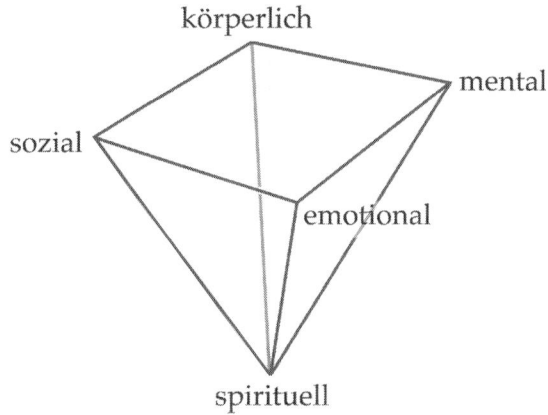

Abb. 1. 1: Die zentrale Funktion von Spiritualität

Der ›Geist‹ hat z. B. als Erfahrung von Sinn, Frieden, Heimat, Erfülltsein auch psychische und soziale Auswirkungen – und er wirkt sich auch auf die Physiologie des Menschen aus. Spiritualität ist eine »Systemeigenschaft« des lebendigen Menschen (Frick 2002: 43), die in allen seinen Lebensäußerungen als innerster Werte- und Beweggrund anwesend ist und diese Lebensäußerungen mitbestimmt, wie Abb. 1. 1 verdeutlicht.

Spiritualität erst recht am Ende des Lebens. Wenn Spiritualität eine Grundmelodie des ganzen Lebens ist, dann werden spirituelle Ressourcen erst recht dann gebraucht, wenn sich der »biologische Verfall« des Menschen ankündigt (Roy 1997: 33, Samarel 2003: 142). Dann wacht im Menschen die Sehnsucht auf, Leiden und Ungemach auch mit Hilfe seiner inneren Quellen zu transzendieren und einen Sinn über die leidvolle Situation hinaus zu finden. Nach Hilarion Petzold (1984) sind es die innersten Werte, Ideen und Glaubensüberzeugungen, die bei zunehmendem Wegfall anderer Identitätsstützen bis zuletzt die Identität des Sterbenden tragen (vgl. 2.2.2.4).

Das Beispiel der Nahtod-Erfahrungen. Die Begleiter dürfen davon ausgehen, dass die Menschen, die ihnen begegnen, bereits spirituelle Ressourcen in sich tragen. Die Nahtod-Erfahrungen bestätigen dies in eindrucksvoller Weise. Demnach haben Menschen in Todesnähe übersinnliche Erscheinungen ›wie aus einer anderen Welt‹. Diese Erfahrungen erlangen sie nicht bewusst und rational gesteuert. Sie stammen wohl aus dem lebenslang angesammelten Fundus an seelischen und spirituellen Bildern (vgl. Knoblauch 1999: 283 f.), die beim drohenden Tod ›anspringen‹ und helfen, über die Schwelle des Todes hinwegzugelangen.

Spiritualität in jedem Menschen entdecken. Es ist das entscheidende Anliegen aller weiteren Überlegungen dieses Buches, Wege aufzuzeigen, wie diese Ressourcen – im Prinzip in jedem Menschen – geweckt und gestärkt werden können. Bei diesem Vorhaben stehen mir nicht nur Menschen vor Augen, die bereits eine bewusste Spiritualität haben, sondern vor allem Menschen, die keine explizite, ihnen eher nicht bewusste Spiritualität in sich tragen. Zudem begegnen wir Helfer vielen Menschen, deren spirituelle ›Muskeln‹ untrainiert sind und die diese Muskeln für große existenzielle Herausforderungen nicht zu gebrauchen gelernt haben. – In Kapitel 2 wird eine Methodik beschrieben, wie gerade auch die impliziten spirituellen Ressourcen einbezogen werden können.

1.3.2 Was bei Spiritualität ›Wirkung‹ bedeutet

Wenn hier die Spiritualität als Ressource charakterisiert wird, dann weist dies auf ihr spezifisches Merkmal hin: Sie gehört in erster Linie in die Kategorie ›Deutung und Sinn‹ und ist erst in zweiter Linie auf die Kategorie ›Funktion und Wirkung‹ befragbar. Zwar muss Spiritualität im Kontext medizinischer und therapeutischer Disziplinen auch ihre Funktionalität erweisen, und es ist nicht ungebührlich, das von ihr zu verlangen. Dies darf aber nicht suggerieren, ihr Heilungsbeitrag könne – wie z. B. der der Medizin – als Mittel zur Verhinderung von Sterben und Tod verstanden werden.

Physiologische Wirkungen. Natürlich versuchen Menschen, Spiritualität und Religion auch zur Abwehr der Lebensbedrohung einzusetzen. Es gibt inzwischen viele Nachweise dafür, dass spirituelle Methoden wie Meditation, Gebet, religiöse Rituale positive physiologische Wirkung haben: Patienten sind entspannter, brauchen weniger Medikamente und fühlen sich körperlich wohler (vgl. z. B. Eglin 2007, Schnabel 2008, Kearney 2000; eine Übersicht zu den Untersuchungen findet sich bei Ostermann 2007: 61). Spirituelle Ressourcen haben also nicht nur ›geistige‹ Wirkungen. Sie helfen nicht nur bei Sinngebung und bei psychischer Bewältigung von schwerer Krankheit. Sie haben auch nachweisbar günstige Einflüsse auf die Physiologie des Menschen. Auch von neurobiologischer Seite gibt es »immer mehr Hinweise darauf, dass ein fester Glaube die Biochemie des Gehirns beeinflusst« (Schnabel 2008: 19).

Hilfe beim Coping. Seine wesentliche Funktion aber hat ein spiritueller Glaube beim Coping, beim Bewältigen von Schicksalsschlägen (Walach 2005: 23). Die Kategorie ›Deutung und Sinn‹ wirkt nicht selektiv, als ob man dadurch in den mechanischen Ursache-Wirkungs-Zusammenhang eingreifen könnte. Bei der spirituellen Sinnsuche geht es zuallererst und wesentlich um den größeren Sinnzusammenhang und um die Suche nach der Integration aller Kräfte der Person, mit denen sie dem Zerfall und der Depersonalisation eine innere Stärke entgegensetzen kann.

So lässt sich als Wirkung eines spirituellen Coping beschreiben:
Menschen

- finden Bedeutung und Sinn, so dass sie bei belastenden Ereignissen eher ein neues seelisches Gleichgewicht finden;
- können ihr Wertesystem eher austarieren und herausfinden, was wichtig und was unwichtig ist;

- können ihr Selbstbild und ihre Lebenszufriedenheit besser an die Realität anpassen.

›Gesund‹ mit Krankheit leben lernen. Spirituelles Coping lässt sich zwar von der Idee leiten, Krankheit, Sterben und Tod ließen sich mit spirituellem Glauben in die Persönlichkeit integrieren, so dass der Mensch ›gesund‹ damit leben könne. Aber kein Glaube und keine spirituelle Idee darf eine gelungene Integration auch tatsächlich als Ergebnis einfordern. So ist es Grundbestand des christlichen Glaubens, dass der Mensch auch in aller Fragmenthaftigkeit vor Gott stehen darf und er nicht ›Gesundheit‹ als zwangsläufiges Ergebnis des Glaubens vorzeigen muss. Es ist Bestandteil aller mystischen (nicht nur christlichen) Traditionen, nicht von den Widrigkeiten des Lebens befreit werden zu wollen, sondern ihnen gefestigter begegnen zu können. (Vgl. zu diesem Thema auch: Schneider-Flume 2002.) Krankheit und Leid können eine andere Bedeutung bekommen, wenn Menschen eine spirituelle Ausrichtung haben; damit kann auch der Krankheitsverlauf günstig beeinflusst werden (Büssing et al. 2005 a: 14).

> Das Thema ›spirituelle Ressourcen‹ ist mit Bedacht gewählt: Es geht nicht darum, Spiritualität und Heilung in einen kausal notwendigen Zusammenhang zu bringen, sondern vielmehr darum, den Brunnen zu vertiefen, die »Tragflächen zu verbreitern« (R. Smeding), so dass der Mensch mit seinem Schicksal gestärkt leben und es tragen kann.

Keine ›Glaubensmedizin‹. Spirituelle Einstellungen schöpfen aus dem Gesamtkontext des Lebens Bewältigungsmöglichkeiten, gerade auch, wenn die anderen therapeutischen Möglichkeiten ausgeschöpft sind. Das ist keinesfalls ein prinzipieller Mangel des spirituellen und religiösen Copings, sondern seine wesentliche Eigenart und Qualität:

> Spirituelle Deutung ist die lebensermöglichende Kompetenz, Ressourcen zu mobilisieren, die helfen, durch die Komplexität des Lebens *mit* seinen Unsicherheiten und Schicksalsschlägen und nicht *gegen* sie hindurchzufinden.

Es gibt Versuche, Spiritualität unmittelbar als ›Glaubensmedizin‹ oder als Psychotherapie einzusetzen. Solche Therapieformen laufen aber Gefahr, ihr Heilungspotenzial zu überschätzen und eine leichte Heilung zu versprechen, die sich den mühsamen Gang durch die Härten des Lebens und Sterbens meint ersparen zu können (Grom 2007).

Das Sterben eher akzeptieren. Das tiefere Potenzial von spirituellen Ressourcen ist nicht das der zielgerichteten Heilung, sondern das einer Heilsamkeit (vgl. Reuter 2004) im weitesten Sinn. Die Hilfe, die Spiritualität und Glauben leisten können, ist viel eher die der Selbstvergewisserung und der Integration aller Kräfte der Person als die einer gezielten Intervention gegen Krankheit und Tod. Das schließt z. B. ein, dass die eine gläubige Person ihre Aufgabe im Kampf gegen die Krankheit sieht, während eine andere mit Gelassenheit und Vertrauen reagiert. – In diesem Sinn kann man als Wirkung von Spiritualität und Religion beobachten: »Gläubige erleben im Durchschnitt häufiger die letzte Lebensphase weniger verzweifelt und können das Sterben leichter akzeptieren.« (Pompey 1998; vgl. auch Samarel 2003: 142; Büssing 2006: 70) »... es ist gut belegt, dass spirituelle/religiöse Glaubensüberzeugungen für schwerst- und todkranke Patienten eine wichtige Quelle der Kraft und der Hoffnung bilden [...] und dass spirituelles und religiöses Engagement mit Indizes der gesundheitsbezogenen Lebensqualität hoch korrelieren«. (Zwingmann 2005) – Auch neueste Untersuchungen bestätigen dies: »Spiritual care is associated with better patient quality of life near death.« (Balbony et al. 2010: 445)

1.3.3 Positive und negative Wirkungen von Spiritualität

Positive Emotionalität
Hier muss auch die Frage beachtet werden, von welcher Art die spirituelle Beziehung sein muss, damit sie eine konstruktive und gesunde Auseinandersetzung mit dem eigenen Schicksal ermöglicht.

Wertschätzendes Gottesbild. Grundsätzlich kann man sagen: Alle Formen von Spiritualität und Glauben, die mit einer »positiven Emotionalität« (Frick 2002: 45) einhergehen, sind förderlich für die Lebensqualität von Kranken und Sterbenden. Viele Untersuchungen zeigen, dass nur Religionen und Glaubensüberzeugungen mit einem wertschätzenden Gottesbild einen günstigen Effekt auf die seelische Gesundheit zeigen. Eine durch ein starkes Drohpotenzial geprägte Religiosität dagegen hat schädliche Auswirkungen. Dort, wo sich Religion vor allem negativ äußert – als Angst vor einem strafenden Gott, als Erziehung mit starken Schuldgefühlen, als Behinderung von Lebensentwürfen, als sozialer Druck – dort hat sie eher negative Auswirkungen. (Walach 2005: 26; vgl. vor allem auch die Untersuchungen, Überblicke und Diskussionen bei Murken 1998 und Seiler 2007.)

Pervertierte Formen. Diese Beobachtungen dürfen allerdings nicht dazu verleiten, alle negativ auffälligen religionsbezogenen Symptome diesem religiösen System selbst anzulasten. Menschen nutzen ihrerseits ja auch religiöse Ideen, um ein gestörtes psychisches System zu stabilisieren und Lebenserfahrungen entsprechend einzuordnen. Nur eine vorwiegend moralisierende (und daher nichtspirituelle!) Religion mit einem sehr einseitigen Gottesbild oder einer sektiererischen Spiritualität fügen seelischen Schaden zu – wie ja auch Fehlformen von Medizin, Psychiatrie und Psychotherapie negative Wirkungen haben können. Natürlich kann die spirituelle Orientierung auch in zerstörerische Formen gelenkt werden. Teufelsanbetung, Satanskult, Verherrlichung von Gewalt, politischer Fanatismus sind für die Betroffenen nur auf den ersten Blick mit positiver Emotionalität verbunden. In der Regel liegt ihnen ein innerer Zwang zugrunde. Das gilt erst recht für totalitär strukturierte Gruppen. – Es braucht geschulte Begleiter, die Menschen bei solchen Fehlformen helfen können.

Was ›positiv‹ nicht bedeutet

Auch dem Dunklen Raum geben. Ein zweiter Aspekt muss bei der Charakterisierung ›positive Emotionalität‹ beachtet werden. Jede Spiritualität kann durch schwerwiegende Lebensereignisse tief erschüttert werden. Es bedarf daher einer Konzeption von Spiritualität und Glauben, die grundsätzlich dafür offen ist, auch das Dunkle und Abgründige des Schicksals zu integrieren und es einem Gesamtsinn von Leben und Welt zuzuordnen. Eine Vorstellung von einer unverständlichen Welt begünstigt Gefühle des Ausgeliefertseins, der Hilflosigkeit und Verzweiflung. So kann es auch schädlich sein, statt eines strafenden das Klischee eines immer nur lieben Gottes zu predigen, demgegenüber der Mensch nicht klagen, zweifeln und leiden darf. ›Gute‹ Religionen und spirituelle Vorstellungen sind jedoch eine Möglichkeit, die Welt im Ganzen als sinnvoll zu erleben (vgl. Murken 1998: 64), auch wenn das eigene Schicksal schwer erträglich ist.

Immer gut drauf? Wenn Spiritualität als »ermutigend und immer positiv« (Andriessen 1989: 19) gesehen werden muss, dann kann das allerdings nicht bedeuten, dass Betroffene immer guter Dinge und stets ausgeglichen sind. Spiritualität meint vielmehr eine existentielle Grundstimmung und Verankerung, die auch bei negativen Ereignissen von einem langen Atem und einer tiefen Grundüberzeugung lebt.

Auch ein religiöser Glaube schließt Zweifel mit ein; nur wenn er mit dem Auf und Ab der Lebensgeschichte mitgehen und durch Krisen und Leid in Frage gestellt werden kann, wird er echt und letztlich tragfähig sein.

> Spirituelle Begleitung bedeutet daher auch nicht, jeder schwierigen Lebenserfahrung unmittelbar eine probate positive ›Antwort‹ geben zu müssen.

Ein Raum, um neu verstehen zu lernen. Es geht darum, einen Raum zu eröffnen, in dem Kranke und Sterbende alle ihre Fragen und ihr Suchen mit dem Begleiter zusammen ausloten können. Dabei können sie prüfen, wie weit die ihnen vertrauten Ressourcen ihnen helfen, ob diese im Licht neuer Erfahrungen vielleicht auch neu verstanden werden müssen oder ob auch Unverständliches und Sinnloses auf der Basis einer Grundüberzeugung hingenommen und getragen sein will.

Auch die Klage, das Aufbegehren, die Frage »Warum?« widersprechen nicht der ›positiven Emotionalität‹: Letztlich äußern hier Menschen auf ›negative‹ Weise ihre Überzeugung, dass auch ihr Leben und ihr Schicksal einen positiven Anspruch hat, den sie jetzt einklagen und vehement suchen.

Spiritualität ist ein Prozess, keine Einmal-Angelegenheit

Spiritualität – auch und gerade eine religiöse – ist keine »Wunderdroge« (Frick 2002), die langes Leben garantiert und alle Gebrechen heilt. In diesem Sinn versteht christliche Religion Glauben und Spiritualität nicht als einmal festgelegte Einstellungen, sondern letztlich als existentiell bedeutsame Geschichte des Menschen mit seinem Gott. Den Sinn dieser Geschichte mit allen Hoffnungen und Enttäuschungen, allem Aufruhr und allem Frieden muss der Mensch Gott überlassen, weil er von sich aus nicht allem einen – und schon gar nicht letzten – Sinn geben kann.

In den folgenden Kapiteln wird sich zeigen, dass Spiritualität und Religion nicht als isolierte Ideen wirken, als ob in der Schaltzentrale des Menschen ein bestimmter Schalter bedient würde. Vielmehr ist spirituelle Unterstützung ein integrierter Prozess, bei dem die qualifizierte Zuwendung zum Patienten eine genauso wichtige Rolle spielt wie die explizit spirituelle Kommunikation und die kulturelle Vermittlung spiritueller Inhalte.

Und nichtreligiöse Menschen?
Ein Weiteres ist wichtig für das Thema spirituelle Unterstützung: »Fast alle Krebspatienten suchen nach Sinn und Halt in ihrem Leben.« (Büssing 2006: 77). Etwa die Hälfte davon beschäftigt sich angesichts der finalen Perspektive mit spirituellen und religiösen Fragen. (Büssing, ebda.) Nun haben aber auch Menschen, die sich nicht in explizit religiösen oder spirituellen Kategorien bewegen, einen ›inneren Geist‹, der ihrem Leben mit Krankheit und Sterben eine Bedeutung gibt. So sagen z. B. nur fünf Prozent der Ostdeutschen, dass sie sich keine Gedanken über den Sinn des Lebens machen. (Pollack 2006: 343) Die überwiegende Zahl der Menschen macht sich wohl solche Gedanken – wenn auch viele ohne Bezug zu einer Religion. Die Argumentation dieses Buches fühlt sich daher allen Patienten verpflichtet: denen, die explizit nach spirituellen Ressourcen suchen, und denen, deren Fragen sich nicht auf ausdrücklich religiöse Adressaten und Gedankengebäude beziehen.

Exkurs (1): Was also heißt hier ›Heilung‹?

»Wenn in der anderen Welt etwas geheilt wird, wird auch in dieser Welt etwas geheilt.« (Robert Bly)

›Heilung‹ wird in der westlichen Zivilisation fast vollständig von einem medizinischen Verständnis her interpretiert. Danach ist das Ziel aller Bemühungen die volle organische Funktionsfähigkeit. Aber auch Lebenshilfe-Literatur suggeriert, dass mit entsprechenden Methoden alle Krankheiten heilbar seien.

In spiritueller Perspektive wird ›Heilung‹ dagegen unter dem Aspekt ›Person und Beziehung‹ gesehen: ›Heil‹ ist ein Mensch dann, wenn er gesunde Beziehungen zwischen

- verschiedenen Organsystemen (auch verletzten und eingeschränkten),
- Seele, Geist und Körper (also auch den realen Möglichkeiten des Körpers),
- Individuum und Umwelt,
- Individuum und Transzendenz

herstellen kann (vgl. Sulmasy 2002) und er diese Beziehungen als persönlich sinnstiftend erfährt.

Wenn sich das Verständnis vom Menschen nicht nur von seiner leiblichen Integrität, sondern wesentlich auch von seiner Beziehungsfähigkeit herleitet, dann ist Heilsein eine personale und dynamische Kategorie: Danach sind Patienten nicht einfach Kranke, sondern sie haben eine Krankheit (Viktor Frankel). Sie können also zu den Störungen und Widerfahrnissen des Lebens als Subjekte Beziehung aufnehmen. So können sie sich als kompetente Personen erleben, die mitten in Krankheit und Sterben Gestalter und Empfänger von sinnvollen Beziehungen sind. In diesem Sinn ist das Ziel von Heilungsbemühungen zunächst natürlich (und zu Recht) die ›restitutio ad integrum‹, also die Wiederherstellung der Funktionsfähigkeit der leiblichen Organe und der psychischen Systeme. Aber alle diese Bemühungen übergreifend und auch unheilbare Störungen integrierend ist die Heilung im Sinn der ›restitutio ad integritatem‹, also die Wiederherstellung der Integrität der Person (Kruse 2005: 63). Es gilt also, dem Menschen zu ermöglichen, zu seinem tieferen Selbst zu finden und damit diese integrierenden Kräfte zu stärken, die ihn als Person ›überleben‹ lassen.

Zur Heilung braucht es viele Zugänge.
Die spirituelle Perspektive ermöglicht damit einen Heilungsbegriff, der wesentlich umfassender und offener als der biophysikalische und dennoch durchaus vernünftig ist, weil er dem Menschen in seiner Multidimensionalität gerecht wird. Wenn Heilung nach spirituellem Verständnis nicht einfach die Reparatur einzelner Zellen ist, sondern aus dem Zusammenspiel vieler Kräfte erwächst, dann sind Zugänge zu dieser Idee von vielen Seiten her möglich. Es ist dann nicht alleine die Medizin, mit der alle Heilungsbemühungen verbunden werden. Vielmehr ist Heilung ein Anliegen und eine Leitidee aller patientenbezogenen Tätigkeiten und eine multiprofessionelle

Leitidee. Der Mensch ist dann nicht nur Objekt von Behandlungen, die Störungen zu beseitigen suchen, sondern auch dann noch Subjekt, wenn alle kurativen Bemühungen an ein Ende gekommen sind.

> So ist es z. B. erklärtes Ziel der Palliativmedizin, die körperlichen Symptome so zu behandeln, dass der Patient seine psychischen und seelischen Fähigkeiten so lange wie möglich gebrauchen kann. Das Ziel der medizinischen Bemühungen ist hier nicht Heilung als Rückkehr zum Zustand vor der Erkrankung, sondern eine möglichst hohe Lebensqualität, damit der Schwerkranke trotz und mit Krankheitssymptomen seinen Lebensweg bis zum Ende gehen kann.

Als Subjekt kann er lernen, seine Beziehungsfähigkeit auch spirituell als Hingabe an Leben und Sterben zu verstehen, und kann so auch im Sterben lebendig und heil bleiben. In diesem Sinn ist Heilung das Ermöglichen von ›Selbstverwirklichung‹. Der Mensch, der durch den ganzen Lebensbogen zu gehen vermag, verwirklicht sein Menschsein und den Sinn des Lebens, zu dem auch Endlichkeit und letztlich der Tod gehören.

Heilung nach religiösem Verständnis

Der Krankheit gegenüber freier sein. Religiös gläubige Menschen können auf der Basis eines letzten Vertrauens auf Gott herausfinden und unterscheiden lernen, über welche Aspekte ihres Krankheits- und Sterbeprozesses sie selbst die Kontrolle haben, wofür sie selbst kompetent sind und was sie Gott überlassen wollen oder müssen. (Vgl. Puchalski 2006: 74) Menschen, die auf eine letzte Transzendenz bauen und die sich grundsätzlich in Gottes Hand wissen, sind so gerade freier ihrem Krankheits- und Sterbeprozess gegenüber und können diesen ›gesund‹ durchleben. Sie müssen dann ihr Schicksal nicht völlig selbst in der Hand behalten, sondern werden freier für das Leben in Krankheit und Sterben.

Die christliche Theologie versteht unter dem Begriff ›heil‹: Wirklich ›ganz‹, umfassend geheilt ist der Mensch erst in der authentischen Beziehung zu einem alles übersteigenden Sinn, zu Gott. Die Begrenztheiten des Lebens, die diversen Anteile in seiner inneren und äußeren Welt vermag der Mensch nicht selbst völlig zu integrieren. Das kann nur ein höchstes Wesen, das alles umfasst und das Ganze von Leben und Welt garantiert. Der Mensch ist nicht aus sich heraus ganz und heil – und muss es auch gar nicht werden. ›Heil‹ (vgl. englisch: whole, ganz) ist er nur in Beziehung zu (s)einem höchsten Prinzip.

Kein völliges Gleichgewicht erreichen müssen. Die offene Kategorie ›Beziehung‹ erlaubt es, Heilung gerade nicht mit vollkommener Ganzheit gleichzusetzen. Der Mensch ist nicht erst dann heil, wenn er ganz in sich stimmig oder ganz mit seinem Schicksal einverstanden oder ganz mit sich in Frieden ist. Auch der mit seinem Schicksal hadert, der schwer erträgliche Gedanken und Gefühle äußert, der sein Leid klagt und der nicht einfach loszulassen vermag, kann sich in produktiver Weise in Beziehung zu Leben und Sterben und mit seinem Gott in Beziehung setzen. Personsein und

Beziehung bedeuten nie, in einem völligen Gleichgewicht zu sein und dies auch nicht sein zu müssen.

Wofür die religiöse Sicht heilsam ist
Diese spirituelle Sicht kann auch für die Begleiter heilsam sein. Sie geraten dann nicht in die Alternative: Heilung entweder herstellen zu können oder gegenüber diesem Anspruch zu versagen.

> Sie können vielmehr davon ausgehen, dass der Mensch einen innersten Kern hat, der durch die Schwierigkeiten und Bedrohungen des Lebens zwar überlagert werden kann und zu dem die Person nicht jederzeit einen bewussten und gestaltbaren Zugang hat, der aber letztlich unzerstörbar ist.

Die spirituelle und religiöse Tradition nennt diesen heilen Kern ›Seele‹. (Zu ›Seele‹ s. Exkurs 2.) Es ist religiöse Überzeugung, dass ›Heilsein‹ zutiefst nicht von der mentalen und psychischen Aktivierbarkeit der Integrationskräfte abhängt. Vielmehr ist es die höchste Instanz des Glaubens, die den Menschen integriert, nicht umgekehrt. So ist eine religiöse Einstellung zu Heilung und Heilsein durchaus human: Sie traut dem Menschen zu, dass er tiefe seelische Integrationskräfte hat und zugleich entlastet sie ihn vom Gelingen der Heilung aus eigenen Kräften, von der Herstellung des ›gelingenden Lebens‹, wie die moderne Formel für Glück heißt. (Zur Kritik dieser Utopie s. bei Koertner 2007: 88 ff.)

Das ganze vorliegende Buch befasst sich mit den Möglichkeiten und Grenzen der Helfer, heilsame Unterstützung und Begleitung zu gewähren. Zugleich versucht es aber immer auch, jeden Menschen vom Geheimnis seines Lebens und des Lebens überhaupt her zu verstehen und von daher ›Heilung‹ zu interpretieren.

1.4 Ethik und Spiritualität

»Erst der größere Geist macht Beziehung der Systeme untereinander möglich.« (Gregory Bateson)

»Liebe – und was du dann tun willst, das tu.« (Augustinus)

1.4.1 Ethik in der Postmoderne

Über eine lange Zeit in der Geschichte haben auf die Existenzfragen des Menschen die Metaphysik und die Religion geantwortet. Das Fortschreiten der Naturwissenschaften und der sich darauf berufenden Medizin jedoch führte zu neuen Möglichkeiten, der Gefährdung der Existenz des Menschen zu begegnen. Damit schienen die Sinngebungen von Philosophie und Religion überflüssig zu sein.

Die Interpretationshoheit über Gesundheit, Krankheit und Tod hatte die Medizin übernommen. Zusammen mit den naturwissenschaftlich geprägten Humanwissenschaften schienen jetzt alle Probleme des Lebens gelöst werden zu können.

Ethik statt Spiritualität?

In den letzten vierzig Jahren jedoch tut sich zunehmend eine Kluft auf zwischen der instrumentellen Logik der Moderne und der Sehnsucht nach einem humanen Leben: Krankheit und Sterben lassen sich eben nicht mit der instrumentellen Vernunft allein bewältigen. Von Krankheit betroffen ist schließlich nicht eine Maschine, sondern der ganze Mensch mit einer umfassenden Innenwelt. Eine Dimension allerdings hat den Rückzug der Religion aus der Medizin quasi als Basiswert überdauert: die Ethik. Sie scheint eine Art Platzhalter für die spirituelle Dimension (gewesen) zu sein: Bis vor wenigen Jahren wurden unter Spiritualität oft ethische Themen verstanden. Mit der Spiritualität konnte man wenig anfangen und traditionelle Religionen schienen den Herausforderungen der Medizin sowieso nicht gewachsen zu sein. Zudem ist für viele Menschen Religion mehr mit ihrer ethischen Einstellung und Lebenspraxis und weniger mit einer Glaubenshaltung verknüpft.

Die Szene hat sich aber inzwischen erheblich gewandelt. Beide Bereiche, Spiritualität und Ethik, haben in den letzten zwei Jahrzehnten gleichzeitig eine ungeheure Aufwertung erlebt. Offensichtlich kommt diese neue Bewertung nicht nur von ›außen‹, also davon, dass das Medizinsystem »seine einst fraglose Plausibilität verloren hat« (Grundmann 2006: 92) und nun zunehmend herausgefordert wird, die Humanität dieses Handelns zu reflektieren und ihr Vorgehen humaner zu gestalten. Sie kommt auch von ›innen‹, von den Menschen, die als (auch potenzielle) Patienten und Angehörige angesichts der unüberschaubaren Komplexität des Medizinsystems misstrauisch geworden sind und nach Orientierung und Sinnstrukturen suchen. Aber auch viele im Gesundheits- und Krankheitswesen Tätige wollen ihren Beruf nicht nur als sachlich-zweckhaft, sondern als ›Sinn-voll‹ – im Grunde sogar als spirituelle Praxis (Puchalski 2006: 45) – erfahren.

Neue Herausforderungen

Bis vor einem Jahrhundert noch haben die grundlegenden Antworten von philosophischer Ethik und Religion die wesentlichen Themen medizinischen Handelns aufgefangen. Die medizinischen Möglichkeiten, dem Menschen zu schaden und zu nutzen, waren begrenzt. Zudem hat die Kultur dem Erleben und Durchleben von Krankheit und Sterben eine Fassung gegeben, so dass die Menschen dafür kulturelle Vorbilder und Leitschienen hatten. Die Ethik im Feld der Medizin kann sich aber längst nicht mehr nur auf den hippokratischen Eid der Ärzte berufen.

Inzwischen treffen zwei Entwicklungen aufeinander:

Die Pluralisierung der Lebensvorstellungen geht in der Postmoderne weiter: Was als Gesundheit und als Krankheit empfunden wird, wie sich der Mensch in seiner Autonomie versteht, was man sich unter ›Leben‹ und seinem Sinn vorstellt, wie Leiden gedeutet wird und welche Bilder mit Sterben und Tod verbunden werden, dafür gibt es immer weniger verbindliche oder wenigstens verbindende Überzeugungen und kulturelle Einbindungen.

Ständig neue medizinische Erkenntnisse führen zusammen mit den Bio-, Sozial- und Verhaltenswissenschaften zu neuen Interpretationen von Gesundheit und Krankheit und zu immer differenzierteren und oft divergierenden Sichtweisen der Lebensvorgänge. Zugleich bringt die medizinische Forschung immer neue Behandlungsmöglichkeiten hervor, die sie dem kranken Menschen anbieten kann. »Die Komplexität ethischer Fragestellungen nimmt also auf allen Ebenen zu und somit die Herausforderung, sich nicht mit eindimensionalen Lösungsansätzen zu begnügen.« (Heusler, Kostka 2007: 345)

1.4.2 Ethik und Spiritualität – ein zumindest heimliches Verhältnis
Medizin braucht Sinnstiftung
Die moderne Medizin hat das Phänomen Krankheit vom kranken Menschen und damit vom leidenden Subjekt abgelöst. Im Prinzip kann der Mediziner eine Fülle von Parametern der Körperfunktionen beeinflussen. Er kann damit dem Kranken zwar objektive Zugriffsmöglichkeiten liefern, aber keine Sinnstiftung, um die vielen Fakten zu bewerten. Die Professionellen stehen daher ständig unter einem Zwang zu Entscheidungen: Sie müssen eine Fülle von Wissen mit ihrer beruflichen Erfahrung verbinden und sie – vorsortiert – mit dem Patienten zusammen bewerten. Oft müssen sie aber auch unter Zeitdruck und in Extremsituationen entscheiden, auch ohne dass sie, wie in der Notfall- und Intensivmedizin, den Patienten einbeziehen können. Dann müssen sie ihr Vorgehen oft allein oder mit ihrem Team zusammen verantworten.

Woher kommen die Bewertungen? Für die Betroffenen geht es dabei irgendwie immer um den Ernstfall: um körperliche Einschränkungen und Lebensqualität, um Leiden und Linderung, um Leben und Tod. Wer krank wird, muss also mit seinen Behandlern zusammen aus mehreren Möglichkeiten auswählen und – letztlich lebenswichtige – Entscheidungen treffen. Im Grund geht es dabei immer um ethische Abwägungen. Im ›Kleinen‹, bei der Gabe eines Medikamentes, wie im ›Großen‹, beim Angebot von Chemotherapie oder Organtransplantation, ist die Frage, ob dies für den Patienten und seine Umgebung lebensdienlich oder eher abträglich ist. Bei all solchen Überlegungen müssen immer Sach- und Sinnaspekte miteinander vermittelt werden. Immer müssen Fakten und Daten auf diesen konkreten Menschen bezogen und die Bedeutung für ihn abgeschätzt und verstanden werden.

Bewertung aus dem ›Geist‹ heraus. Auf diesem Hintergrund wird hier das Zusammenspiel von Ethik und Spiritualität skizziert. Es wird hier nicht um eine Letztbegründung moralischer Normen gehen und auch nicht um einen Entwurf für die großen ethischen Themen vom Lebensanfang und -ende im Allgemeinen. ›Ethik in der Medizin‹ versteht sich heute nicht als System von Vorschriften, nach denen zu handeln ist. Sie fragt vielmehr, wie unter den konkreten Bedingungen des Zustandes eines Kranken konkret medizinisch, pflegerisch, psychotherapeutisch und seelsorglich gehandelt oder nicht gehandelt wird und ob und wie dieses Handeln vor den Grundwerten des Guten und Lebensdienlichen verantwortet werden kann. Diese Ethik-Sicht geht davon aus, dass den Vorstellungen von ›lebensförderlich‹ immer vielfältige Menschen- und Weltbilder, Lebens- und Sinnkonstruktionen vorausgehen. Mit ›Spiritualität‹ ist hier der Fundus an Sinnvorstellungen und Werthaltungen gemeint, den ein Kollektiv hat, aber genauso der innere ›Geist‹ der einzelnen Menschen – Arzt, Schwester, Patient, Angehöriger –, die in eine Entscheidung einbezogen sind.

Zur Logik von Ethik
Diese Sicht von Ethik geht davon aus, dass viele Situationen deswegen zum ethischen Fall werden, weil es keine eindeutig sachliche und auch keine saubere Lösung – entweder ist etwas gut oder es ist schlecht – gibt.

Ethik nimmt Entscheidungen nicht ab. Sie formuliert vielmehr die Bedingungen, unter denen zu entscheiden und damit Verantwortung zu tragen ist. Genau dies aber passt mit der Logik der Spiritualität zusammen: Wesen der Spiritualität ist der ›Geist‹, aus dem heraus Menschen ihr Leben und das anderer verstehen, bewerten und in dem sie neuen Sinn zu stiften versuchen. So gesehen kommt es zu einer ethischen Stellungnahme nie ohne den spirituellen Hintergrund der Beteiligten. Immer spielen nicht nur äußere Gründe, sondern auch Motive und Ideen aus dem inneren Selbst der Menschen eine Rolle. Diese innersten Überzeugungen müssen nicht ausdrücklich zur Sprache kommen. Sie sind oft eher implizit in die Lebenskultur und den Sinnentwurf verwoben und spielen dennoch – wenn auch unreflektiert – bei Entscheidungen eine wesentliche Rolle.

In welchem Geist Verantwortung getragen wird. Bei der Frage, wie Spiritualität und Ethik zusammenhängen, muss ein Punkt aber besonders betont werden, der mit der spezifischen Logik der Spiritualität verbunden ist: Im zeitgenössischen Diskurs wird das Ethik-Thema überwiegend in der Perspektive ethischer Entscheidungen gesehen. Weitgehend unbeachtet bleibt dabei die Frage, woher die Ressourcen kommen, die Menschen und letztlich auch Organisationen helfen, getroffene Entscheidungen auch durchzutragen. Nicht zuletzt deshalb wird in den hier vorliegenden Überlegungen für den Zusammenhang zwischen Ethik und Spiritualität plädiert:

> Spiritualität trägt nicht nur wesentlich zur ethischen Urteilsbildung bei, indem sie die innersten Beweggründe eines Menschen aktiviert und moduliert. In den Beweggründen und Sinnorientierungen eines Menschen drückt sich zugleich auch der ›Geist‹ aus, in dessen Kraft die Betroffenen schwierige Entscheidungen und deren leidvolle Folgen tragen können.

Spiritualität bietet also neben einer Moral wesentlich auch – möglicherweise transzendente – Ressourcen, die die Menschen befähigen, auch der existenziellen Herausforderung und der leidvollen Seite zu begegnen und die Verantwortung auch dann zu tragen, wenn ethische Entscheidungen mit Unausgleichbarem und auch mit Leid und Sterben verbunden sind.

Spiritualität und Ethik: Reflexion auf drei Ebenen

Spiritualität und Ethik lassen sich nicht nur der Mikroebene zuordnen. Ethische Entscheidungen zielen zwar letztlich auf den Einzelfall – die Situation am Krankenbett – ab, stehen in konkreten Kontexten und wollen dort dem einzelnen Menschen und seinen Angehörigen zum Guten verhelfen. Ethische Einstellungen werden aber auch auf der Meso- und der Makro-Ebene ausgebildet und wirken von dort auf die Mikro-Ebene. Hier soll daher die Rolle der Spiritualität auf allen drei Ebenen betrachtet werden.

1.4.3 Ethik auf der Mikro-Ebene
Das System: Patient und Angehörige

Es gilt heute, aus den vielfältigen Möglichkeiten der Medizin diejenigen herauszufinden, die für alle Beteiligten lebensdienlich und verantwortbar sein können. Dabei sind in erster Linie Arzt und Ärztin gefragt. Sie machen dem Patienten und seinen Angehörigen Behandlungsvorschläge. In heutiger Zeit ist ein zentraler ethischer Wert, nicht nur die Autonomie des Patienten zu beachten, sondern ihn für seinen Weg durch die Krankheit ›kompetent‹ (Nagel 2007) zu machen. Medizinische Angebote und ethische Entscheidungen sollen also in aller Regel im Dialog zwischen Fachperson und Patient ausgehandelt werden. Die Angebote treffen also immer auf die Innenwelt des kranken Menschen und der zu ihm Gehörigen, auf deren Vorstellungen vom Guten und Sinnvollen ihres Lebens.

> ❖ **Ein Alltagsbeispiel:** Die zwei erwachsenen Töchter und der Sohn sträuben sich vehement gegen die Verlegung ihrer Mutter auf die Intensivstation. Im Gespräch mit dem Seelsorger öffnen sie ihre Motive: Sie wollen auf keinen Fall, dass es wieder so geht wie bei ihrem Vater. Der lag wochenlang auf Intensiv und konnte nicht leben und nicht sterben.

Was wie eine rein emotionale Reaktion ›aus dem Bauch heraus‹ erscheint und medizinisch vielleicht gar nicht begründet ist, hat eine spirituelle Dimension:
- die Verbundenheit mit der Mutter, der Wunsch, mit ihr durch Worte und Gesten in Beziehung zu bleiben;
- die Vorstellungen, was für ihre Mutter ein gutes Sterben sein soll;
- die Fürsorge und Verantwortung, zu der sie sich für fähig halten: Sie würden Pflege und Sterben zu Hause besser aushalten als das ihrer Vorstellung nach wochenlange Nichtsterben auf der Intensivstation.

Oft entscheiden Menschen – zum Beispiel Eltern bei ihren kranken Kindern – nicht aus einer expliziten ethischen Reflexion, sondern aus ihrem inneren Geist heraus.

Ob die Motive der Betroffenen sachlich begründet sind oder nicht, es ist die erste Aufgabe der Professionellen, auf die inneren Bilder und Beweggründe von Patienten und Angehörigen zu hören und deren tiefere Überzeugungen zu respektieren und nicht sofort auf die Sachebene zu wechseln.

Gerade bei schwerer Krankheit und in der Nähe des Todes tritt die Spiritualität der Betroffenen aus den Alltagshaltungen heraus. Sie ist dann mehr als nur spiritueller Hintergrund. Es werden die langfristigen Lebensziele und Grundüberzeugungen wach und es wird deutlich, was dem Menschen zutiefst wichtig ist.

Ethik, Identität und Sinn. Spiritualität tritt in der Regel zunächst indirekt in Erscheinung; sie ist in die Identitätsmuster des Menschen eingewoben; sie zeigt sich in der Beziehungsgeschichte des Menschen mit dem, was seiner Identität Gestalt gibt – also seinen Beziehungen, seinem Leiberleben, seinen Fähigkeiten, seinem Heimatempfinden und seinen Werten und Ideen. Über diese Elemente der Identität entwirft der Mensch auch seinen Lebenssinn. Spiritualität ist dann der Geist, der den Menschen inspiriert, mit diesen oder jenen Handlungen oder Beziehungen seinen Lebenssinn zu verbinden und seine Identität auszudrücken. (Zum Zusammenhang von Spiritualität, Identität und Sinn s. Kapitel 2.2.2.4) Identitäts- und Sinnvorstellungen sind allerdings nicht nur Entscheidungsmotive (»Wer sind wir, dass wir unsere Mutter ...«), sondern wesentlich auch Ressource, die hilft, die Entscheidung durchzutragen (»Aus der Liebe zu unserer Mutter heraus sind wir imstande ...«). In dieser Hinsicht bedeutet ›lebensförderlich‹ nicht nur eine kurzfristige Erleichterung oder eine schnelle Lösung. ›Sinn‹ steht dann für eine größere Perspektive, die auch Belastungen und schwierige Wege einschließt. Wenn ein Vorhaben als sinnvoll erkannt ist, dann vermag die mit der Sinnvorstellung verbundene Spiritualität auch nicht ideale Lösungen und das offen Gebliebene zu tragen. In der Kraft der Spiritualität können dann auch Entscheidungen verantwortet werden, die sich im Nachhinein als nicht ›richtig‹ erweisen. Bei der Ethik geht es also in gewisser Weise nicht um ein objektives ›Richtig‹ oder ›Falsch‹, sondern vielmehr um ›sinnvoll‹ und ›sinnwidrig‹, also mit dem spirituellen Sinnziel und Lebensentwurf kompatibel oder ihm widersprechend.

Die Ethik des Patienten ist ein Prozess. Der Spiritualität ihrer Patienten begegnen die Helfer eher selten in der Hochform eines religiösen Glaubens oder einer ausgearbeiteten spirituellen Einstellung. Diese ist zunächst oft nicht explizit, so dass man den Patienten in der Begleitung fragen könnte: »Was sagt Ihr Glaube, Ihre Religion, Ihre spirituelle Grundüberzeugung zu diesem Problem?« Der Fundus der Spiritualität ist oft zunächst ›still‹. Er wird im Verlauf einer Krankheit, bei weiteren ethischen Entscheidungen und beim Durchtragen der Folgen aber oft erst aufgeweckt. Jetzt erweist sich, was man mit ›Liebe‹, mit Vertrauen, mit Hoffnung einmal gemeint hat und was sich jetzt in seinem ganzen Ernst, aber auch seiner Sinnfülle bewähren soll. Ethische Entscheidungen sind also bei weitem keine einmaligen und keine Augenblicksereignisse. Insofern brauchen sie auch immer wieder die Nacharbeit der Betroffenen und der Begleiter. Im Leben mit Krankheit, Sterben, Trauer brauchen Menschen immer wieder »Hilfen zur Lebensgewissheit« (Rössler 1994: 210), die natürlich auch die Hilfe zur Glaubens- und spirituellen Gewissheit einschließt. Davon, wie diese Hilfen aussehen können, handelt dieses ganze Buch.

Die ethische Selbstreflexion am Ende des Lebens

Ganz unabhängig von konkreten Entscheidungen begegnen die Begleiter aber auch der Spiritualität des Patienten in ethischer Form. Wenn das Leben bedroht ist, suchen Menschen nach einer Lebensvergewisserung auch im Bereich ethischer Werte. Sie versuchen, den Einbruch in ihr Leben durch eine Art moralische Selbstvergewisserung zu bewältigen. Das drohende Ende des Lebens ist ja oft mit starken Gefühlen von Bedeutungslosigkeit verbunden, die die Frage aufwerfen, ob und wie man seinem Leben Bedeutung verliehen hat und wie man am Ende vor sich selbst und vor seinen höchsten Prinzipien bestehen kann.

Was einem Menschen zutiefst wertvoll ist. Schwere Krankheit und der drohende Tod schieben zudem manche Sinngebungen in den Hintergrund und rücken bisher wenig explizit Beachtetes in den Vordergrund. Jetzt erweist sich, was einem Menschen in einem tieferen Sinn wertvoll ist. Vieles, was ihn implizit auch in seinem bisherigen Leben geleitet hat, wird jetzt unter dem Gesichtspunkt des Lebensüberblicks besonders deutlich. Solche Bewertungen können sich vor dem Forum des inneren Selbst, aber auch vor der religiösen Instanz vollziehen: vor einem höheren Sinn der Welt und vor Gott.

Die Begleiter begegnen dieser ethischen Rechtfertigung des Lebens, wenn Patienten in ihren Erzählungen über das Gute und das Schlechte in ihrem Leben sinnieren. Nach Allan Kellehear (2000) äußert sich das ethisch-spirituelle Bedürfnis der Schwerkranken in

- der ethischen Klärung des Lebens;
- dem Wunsch nach moralischer Integration der Person;
- dem Wunsch, wichtige Ereignisse des Lebens nach gut oder schlecht zu bewerten;
- der Bestätigung, dass man in der Welt sozial präsent war und ausreichend Gutes getan hat;
- dem Wunsch, Dinge in Ordnung zu bringen, sich aussöhnen, aber auch explizit vergeben zu können;
- dem Wunsch, sich auch mit dem Nicht-mehr-Änderbaren versöhnen zu können;
- dem Bedürfnis, das Leben gut abschließen und Frieden finden zu können.

Moralische Selbstvergewisserung. In der Begleitung geht es letztlich nicht um moralische Detailfragen, ob das Eine oder Andere objektiv gut oder schlecht war oder ist und ob man dem Schwerkranken das Eine aus- und Anderes einreden soll. Es geht vielmehr um eine ethische Selbstvergewisserung, die der Mensch nicht mit sich alleine ausmachen will und für die er die Resonanz des Begleiters braucht. Viele Menschen drücken ihre innersten Überzeugungen vorwiegend in ethischen Kategorien aus und wollen dies auch als ihre Spiritualität angesehen haben.

Die ethische Selbstreflexion der Professionellen

Der Respekt vor den tiefen Überzeugungen der Patienten schließt natürlich nicht aus, dass die Professionellen auch ihre eigene spirituell motivierte Sicht der Dinge in den Dialog bringen (»Ich habe einen Standpunkt und ich muss zu bedenken geben ...«). Aus der Konfrontation individueller Einstellungen, die im ärztlichen oder pflegerischen Berufsethos enthalten sind, kann durchaus eine vertiefte spirituelle Erfahrung bei allen Beteiligten werden. Auf die Mikro-Ebene der Ethik gehört also auch die Selbstreflexion der beruflich Handelnden.

Seinen Innenraum freimachen. Bei allem, was wir als Helfer tun, wozu wir Beziehung herstellen, was wir vorziehen und was wir vermeiden, was wir betonen und was wir verschweigen, mischen sich auch unsere eigenen spirituellen Einstellungen ein. Diese sind aber auch verbunden mit Affekten und Gefühlen, mit bewussten und nicht bewussten Vorerfahrungen oder Vorurteilen. Die Helfer brauchen daher Reflexionsmöglichkeiten, wie zum Beispiel Ethikberatung, Supervision, Balintarbeit, um den eigenen Innenraum immer wieder freizumachen. Nur wenn sie nicht voreingenommen sind, können sie herausfinden, was eine Diagnose, eine Maßnahme, aber auch die Werthaltungen des Patienten für diesen bedeuten. Und nur dann können sie dem Patienten ihre Empathie voll zur Verfügung stellen.

Vertrauenswürdig bleiben. Der Helfer ist in der Regel nicht selbst in gleicher Weise betroffen wie der Patient. Es besteht eine Asymmetrie. Daher ist das Vertrauen zwischen Behandlern und Patienten ein hoher Wert, der Grundlage jeder Ethik ist. Das gilt erst recht bei Patienten, deren Erkrankung eine Entscheidungsfähigkeit be- oder verhindert. Für den einen Partner des Vertrauens, die eigene Person, aber kann der Helfer etwas tun: Er kann an seiner eigenen Vertrauenswürdigkeit arbeiten, indem er nicht nur seine fachliche, sondern auch seine emotionale, psychosoziale und spirituelle Kompetenz weiterentwickelt.

Mut zur Übernahme von Verantwortung. Die Dimension ›Ethik‹ schließt immer ein, dass Professionelle wie Patienten Entscheidungen treffen, die sich im Nachhinein als problematisch oder falsch herausstellen können. Sie müssen gerade in Situationen entscheiden, in denen »nicht mehr klar ist, was das Gute ist und [...] sich das Gute nicht mehr von selbst versteht« (Koertner 2007: 26). Zur Dimension ›Ethik‹ gehört also auch die Fehlbarkeit und Schuldfähigkeit des Menschen (vgl. dazu Koertner ebda.: 128 ff.). Erst recht akute Situationen verlangen schnelle Entscheidungen, die sich auch bei großer Berufserfahrung später als nicht angemessen herausstellen können. Es gehört zum Wesen der Spiritualität, dass sie »Mut zur Verantwortungsübernahme« (Koertner ebda.: 130) macht, die auch die Schuld-

fähigkeit der Entscheidenden umfasst. Eine spirituelle Grundeinstellung
›weiß‹ um die Fehlbarkeit des Menschen und darum, dass er schuldig
werden kann, weil sie berufliche Identität und Lebenssinn in einer transzendenten Perspektive sieht.

1.4.4 Ethik auf der Meso-Ebene: Station, Profession, Organisation

Auf der Ebene der Institution gibt es auch institutionell verankerte Werte, die zu einer Ethik in diesem Krankenhaus, diesem Altenheim, diesem Hospiz beitragen. Es gibt Werte, die von allen geteilt werden und Werte, die von den Mitarbeitern unterschiedlich gesehen werden. Für die Ethik einer Einrichtung ist dann zunächst nicht entscheidend, dass es bei den Mitarbeitern divergierende Werteinstellungen gibt, sondern wie diese kommuniziert werden. Auch eine Abteilung, eine Fachklinik, eine Station ist ja mit immer wieder neuen Möglichkeiten der Medizin konfrontiert, die für diesen Fachbereich spezifisch sind. Hier müssen dann auch die ethischen Konsequenzen bedacht und für den Einzelfall verantwortet werden. Bei allem Wertepluralismus muss man sich auf der Meso-Ebene auf Leitlinien verständigen. Eine Berufsgruppe wie z. B. die Ärzte braucht bei allem Pluralismus verbindende Werte, damit Patienten und Angehörige nicht der zufälligen Bewertung eines Einzelnen ausgesetzt sind. Diese müssen auch auf das Ethos einer Berufsgruppe vertrauen können, das in der Gesellschaft diskursiv gefunden wurde und das als Leitidee von allen geteilt wird.

Elemente einer ethischen Kultur
Das Ethos einer Einrichtung zeigt sich zuallererst in der Kultur, die dort gelebt wird. Eine Organisation verkörpert ja auch Sinnstrukturen einfach durch ihre Ziele und Werte und dadurch, wie diese von den Mitarbeitenden bewusst wahrgenommen und mitgetragen werden (vgl. Grundmann 2006: 89).
Einige zentrale Dimensionen einer Sinnkultur sind sicher:

(1) Achtsamkeits- und Zuwendungskultur. Es sind viele Elemente und Haltungen, durch die ein Haus und seine Mitarbeiter eine ›angewandte Ethik‹ leben und durch die sie zum Sinnerleben der Patienten und Bewohner beitragen. Oft sind bei gravierenden ethischen Entscheidungen nicht die ›großen‹ Fragen der Moral im Vordergrund, vielmehr sind es die Atmosphäre, in der man einander begegnet, die Erfahrung, ausreichend verstanden und mit seiner Eigenart, aber auch seinem Leiden respektiert zu werden, die den Boden dann auch für eine Auseinandersetzung mit den großen Themen bereiten.

(2) Kommunikationskultur. Nicht nur die Patienten, auch die Mitarbeitenden erwarten für ihre eigene Innenwelt ausreichenden Respekt. Nur wenn der Einzelne seine Argumente wahrgenommen sieht und sich hinreichend verstanden fühlt, ist er bereit, auch Entscheidungen mitzutragen, die nicht vollständig seiner Auffassung entsprechen. Dann können auch die divergierenden Moralvorstellungen diskursiv angeschaut und ein Konsens gesucht werden. Ethische Diskurse ohne Bezug zu den Denkformen, dem Gefühlshaushalt, den Spiritualitäten im Hintergrund bleiben unbefriedigend.

Ein vorzüglicher Ort für die Pflege einer Kommunikationskultur ist die Teambesprechung. Die Mitarbeitenden einer Station können hier nicht nur über aktuelle Entscheidungen beraten und ihre ethische Kompetenz weiterentwickeln. Auch im Nachhinein kann ein Team Entscheidungen in schwierigen Fällen (z. B. nach einem Todesfall, nach Reanimation, nach Organentnahme) noch einmal anschauen und Folgerungen für zukünftige Entscheidungen ziehen. Solche Diskurse sind zwar einzelfallbezogen; dabei werden aber auch eigene Sinnvorstellungen in den Dialog gebracht, dort profiliert, eventuell korrigiert und vertieft. Zugleich ist es möglich, an typischen Fällen die subtile Seite der Sinnfrage zu erkennen und damit die Kultur der Begegnung mit dem Patienten und seiner Innenwelt weiter zu entwickeln. Ebenso wird im Austausch auf kollegialer oder supervisorischer Ebene die Empathiefähigkeit des Einzelnen vertieft und trainiert.

(3) Ritualkultur. Ein eher indirektes Sinnstiftungsmoment ist eine Ritualkultur. Damit sind bei weitem nicht nur kirchlich-religiöse Rituale gemeint. Es gilt, die alltäglichen Verläufe und Routinen eines Hauses, einer Station auf ihre Ritualhaltigkeit abzuklopfen. Berufliche Abläufe, die bewusst als Rituale qualifiziert werden, transportieren für alle Beteiligten – nicht nur für die Patienten – Sinn. So kann eine Einrichtung oder eine Station z. B. eine Abschiedskultur entwickeln. Auch wenn es ein Nebenziel ist, damit zur Zertifizierung des Hauses beizutragen, entscheidend ist die spirituelle Einstellung, die dadurch zum Ausdruck und zur Wirkung kommt: Ein Abschiedsritual drückt die Würde eines Verstorbenen und die Würde der Trauernden aus. Deshalb kann es zur Kultur eines Hauses gehören, dass auch Verstorbene ohne Angehörige gebührend verabschiedet werden. Hier kann die in einem Haus vertretene Spiritualität ihren Ausdruck finden: Vor einem transzendenten Horizont hat jedes Leben seinen Wert, den auch der Tod nicht nehmen kann. – Das Thema ›berufliche und spirituelle Rituale‹ wird in Kapitel 2.3.3 und 6.5.3 ausführlicher behandelt.

(4) Organisationskultur. Auch auf der Ebene der Leitung einer Station oder einer Einrichtung bekennt man sich implizit wie explizit zu Werten, auch wenn diese nicht durchgehend verwirklicht sind. Es ist dann für die ethische Kultur wichtig, wie unterschiedliche ›Spiritualitäten‹ kommuniziert und wie dabei verbindende Auffassungen gefunden werden.

In immer mehr Krankenhäusern gibt es inzwischen Ethikkomitees. Dort beraten ›Delegierte‹ aus den einzelnen Abteilungen Grundthemen der Ethik, wie z. B. den Umgang mit Patientenverfügungen, mit Organtransplantation, mit der Aufklärung der Patienten, und sprechen Empfehlungen für die Einrichtung aus. Ethikkomitees und ähnliche Gremien (z. B. Qualitätszirkel) sind wichtige Instrumente der Sinnfindung. Organisationen verstehen sich sonst leicht nur auf der Basis instrumenteller Vernunft.

Eine institutionalisierte Kommunikations-, Kooperations- und Entscheidungskultur aber trägt wesentlich zum ›Geist‹ eines Hauses bei, an den sich alle Mitarbeitenden angeschlossen fühlen können.

1.4.5 Ethik auf der Makro-Ebene

Wenn man das Zusammenspiel zwischen Spiritualität und Ethik reflektiert, kommt auch die Frage nach den Wurzeln in den Blick, aus denen heraus sich beide Dimensionen verstehen können. Diese bestimmt letztlich die Makro-Ebene mit, auf der eine medizinische Zivilisation ihre ethischen Vorstellungen – explizit wie implizit – diskutiert und entwirft.

Das Geheimnis als zentrales Symbol
Im Kontext der spirituellen Vergewisserung über Ethik greife ich auf den Begriff ›Geheimnis‹ zurück, wie er in Abschnitt 1.2 eingeführt wurde. Dieser Begriff ist zwar noch weniger konkret als etwa der der Würde oder der Humanität – zwei Begriffe, auf die sich eine säkulare pluralistische Gesellschaft offensichtlich zureichend verständigen kann. ›Geheimnis‹ mag der Denkstruktur der modernen Ethik fremd sein; Ethik scheint eine rein rationale Abwägung von Gründen zu sein.
Wie der Würde-Begriff markiert ›Geheimnis‹ zwar einerseits Grenzen: die Unantastbarkeit und Unverfügbarkeit des Lebenskerns. Andererseits aber hat er als ›Mysterium‹ einen Inhalt, den zu achten sich lohnt, auch wenn man gerade nicht darüber verfügt oder ihn sich wissend zu Eigen machen kann. Geheimnis ist ein nicht einfach zu umreißender Begriff. Er hat aber den Vorteil, dass er sowohl Grenze wie Offenheit symbolisiert, dass er die Dynamik wissenschaftlicher Forschung motiviert und zugleich für eine letzte Unverfügbarkeit des Lebens steht.
Hier seien die zentralen Punkte des hier verwendeten Geheimnisbegriffs nochmals erinnert:

- Der Begriff ›Geheimnis‹ kann dem Wesenskern des Menschen allgemein und jedem Einzelnen insbesondere zugesprochen werden.
- Ein Geheimnis ist aber auch den elementaren Lebensabläufen Krankheit, Sterben, Trauer – und in spiritueller Hinsicht auch dem der unmittelbaren Erfahrung unzugänglichen Tod zu Eigen.
- Ein Mysterium ist auch das Dasein-Können überhaupt, durch das wir zur Welt, zur zeitgenössischen Geschichte, zur Menschheitsgemeinschaft, zum Kosmos in seiner jetzigen Konstellation gehören.
- Religion und spiritueller Glaube nennen das letzte Geheimnis, das alles Leben umfängt und dem es sich verdankt, das ›Heilige‹. Es übersteigt unendlich Mensch und Welt und gibt doch allem seinen letzten Wert und eine höchste Bedeutung.

Forschung: Zerstört oder erschließt sie das Geheimnis? Stellt man ins Zentrum der ethischen Begründung das so verstandene Mysterium, dann entsteht daraus nicht ein System zwingend ableitbarer Normen, wohl aber ein Symbol für etwas heilig Unverfügbares. Es zeigt Grenzen auf, die aber nicht unverrückbar sind, solange der Mensch beim Verschieben in der Achtung vor dem Geheimnis des Lebens bleibt. Es lässt Forschung zu, solange auch das Erforschte grundsätzlich sein Geheimnis behalten darf, solange sich das Geheimnis dabei eher noch mehr erschließt und solange der Mensch selbst davon nicht abgekoppelt wird. Nur die Achtung vor der Fülle des Lebens im engeren Sinn legitimiert Forschung.

Das Dilemma der naturwissenschaftlich forschenden Medizin ist jedoch, dass sie die Ganzheit von lebendigen Einheiten bis in ihre Mikrostruktur hinein zerlegt, um von daher das Ganze neu aufbauen zu können. Auf dem Weg der Bausteine durch die Labore scheint sich eine Ethik zu verflüchtigen. Wenn Wissenschaft die Lebenszusammenhänge nur hinreichend weit zerlegt, verliert nicht nur das Einzelelement, sondern auch das Ganze seinen Wert: Das Einzelteilchen für sich ist dann für jegliche Manipulation freigegeben. Es ist, weil aus dem Zusammenhang genommen, nicht mehr begründbar, weshalb man darüber nicht frei verfügen könnte. Die Sichtweise ›Geheimnis‹ impliziert dagegen Grenzen, hinter denen es seinen Wert verliert, wenn man es total kontrollieren will.

Was Geheimnis konkret bedeuten kann

Ich bin mir bewusst, dass die Idee vom ›Geheimnis‹ keine normative Kraft hat und kein konkretes ethisches Handeln begründet. Sie ist sehr wohl aber eine Leitidee, die die Spannung aufrechterhält und immer wieder zu bedenken gibt zwischen (weiter-)Machen und Zurückhaltung, zwischen invasivem Vorgehen und nur Berührung, zwischen Testen und Tasten, zwischen Wissen und Intuition, zwischen Erklärung und Sinn, zwischen Rationalität und Ergriffensein.

- Es ist dann etwas Anderes, ob man eine Sache nur als Sache sieht oder auch auf die Bedeutung achtet, die sie für Menschen hat.
- Es ist etwas Anderes, ob ein menschlicher Embryo nur als Komplex interagierender Zellen und (noch nicht) verschalteter Neuronen gesehen wird, oder ob man ihm das Geheimnis der Menschwerdung von Anfang an zuspricht. – Die christliche Religion sagt: Der Embryo trägt von Anfang an die In-Formation, die Ein-Prägung Gottes: »Das ist ein Mensch.«
- Es ist etwas Anderes, ob die Professionellen eine Patientenverfügung, die »lebensverlängernde Maßnahmen, die nur das Sterben hinauszögern« ausschließt, strikt und beziehungslos befolgen oder ob sich das interprofessionelle Team im Blick auf das Geheimnis dieses Menschen für einen weiteren Prozess entscheidet.
- Es ist etwas Anderes, ob ein Mensch in seiner Autonomie sein Leben selbst beenden will oder ob er auch dem Sterben ein Geheimnis zutraut und seine Autonomievorstellung dahinein weiterentwickelt.
- Es ist etwas Anderes, ob ein Sterben unter allen Umständen (von Professionellen wie Angehörigen) verhindert werden soll oder ob es sich als Geheimnis vollziehen darf.
- Es ist etwas Anderes, ob man das Mysterium von Sterben und Trauer offen hält oder ob man es unter eine medikamentöse Dunstglocke stellt.

> Es ist etwas Anderes, ob man als Helfer sich vor dem Unausweichlichen als ohnmächtig oder als Versager sieht oder ob man realisieren darf, dass sich hier das Geheimnis des Lebens vollzieht.

Der Vorschlag ›Geheimnis‹ bietet sich als spirituelle Leitidee für die Ethik an. Sie sensibilisiert für die Wirklichkeit, die nicht völlig kontrollierbar ist, die aber zugleich ihre Faszination und ihren eigentümlichen Reichtum offenbart, wenn ihre Perspektive das Lebensgeheimnis ist.
Spiritualität erschöpft sich bei weitem nicht in Gefühlen von Erhabenheit. Bei ethischen Entscheidungen kann sie gerade auch im Leiden die treibende Kraft sein, wenn sie dem Leben auch dann sein Geheimnis zutraut.

❖ Dem Seelsorger hat der erst 35jährige Patient auf der Palliativstation anvertraut, dass er sich gerne noch mit seinen Geschwistern aussprechen möchte. Seine Schmerzen sind allerdings so stark, dass sie nur um den Preis einer völligen Sedierung ganz beherrschbar wären. (berichtet von K.-H. Feldmann)

Das Behandlungsteam muss in Blick auf das Geheimnis dieses Menschen zwischen physischem Wohlbefinden und den Aspekten Kommunikation und Verbundenheit, die wesentlich zur Lebensqualität im Sterben gehören, abwägen. Hier geht es um die spirituelle Einstellung aller Beteiligten:

> die des Patienten, der, wenn auch unter Schmerzen, noch etwas höchst Bedeutsames verwirklichen möchte;
> die der Ärzte, deren Medizin die Schmerzen nehmen könnte, die aber aus spirituellen Motiven auf die Kontrollierbarkeit der Symptome verzichten müssten (Im Fall des jungen Mannes war anfangs nicht sicher, ob die Schmerzen nach der Reduktion der Medikamente nicht nur für die Stunden der Familienbegegnung, sondern dann überhaupt noch beherrschbar bleiben würden; und es war nicht garantiert, ob unter diesen Umständen die Begegnung mit der Familie gelingen würde.);
> die der Angehörigen, die ihren Bruder leiden sehen und vielleicht (doch) tiefgehende Erfahrungen als Trost in ihre Trauer mitnehmen können;
> die der Einrichtung, die allen Beteiligten gestattet, über das rein Medizinische hinauszudenken und für das Unlösbare Verantwortung zu übernehmen.
> Und letztlich geht es um die Wertorientierung und die Sinnhorizonte einer Gesellschaft, die hier angesichts von Leid, Schmerz und Tod konkret kommuniziert werden müssen.

Das Geheimnis als ›Lösung für das Unlösbare‹
Wenn wir keine Lösung mehr wissen. Das Mysterium bietet die Orientierungsmitte aller ethischen Überlegungen, es motiviert zur Übernahme von Verantwortung, weil es mit dem Leben und dem Menschen um etwas höchst Bedeutungsvolles und nicht belanglos Neutrales geht. Ethik ist dann gefragt, wenn nicht mehr routinemäßig auf eindeutigen Pfaden gehandelt werden kann. Im Fall menschlichen Lebens und seiner Komplexität müssen sich alle Beteiligten für Wege entscheiden, die einer einmaligen Konstellation gerecht zu werden versuchen, für die es keine unbezweifelbaren Lö-

sungen gibt. Das Geheimnis ist die ›Instanz‹, an die der Mensch alles Unauflösbare verweisen darf. Es gibt dann zwar auch keine Lösungen vor, aber es vermag das Unlösbare zu tragen und ist so die ›Lösung‹.

In einer zweiten Hinsicht ist das Geheimnis die ›Lösung‹. Die Helfer begegnen in geballter Form dem – nicht nur körperlichen – Leiden des Menschen. Die Helfer können bei aller Professionalität und aller Liebe das Entscheidende nicht abwenden: das Krankwerden, das Altern, den Tod und die Trauer. Dass es all dies mit seinen oft schwierigen Begleiterscheinungen gibt, das haben nicht sie zu verantworten. Der Mensch lebt von Voraussetzungen, die er nicht selbst geschaffen hat. Es ist letztlich das Leben schenkende, aber zugleich unergründliche Geheimnis, an das er alles Nicht-Therapierbare und Unausgleichbare abgeben darf. Spirituell gesehen gehört es geradezu zur Würde des Menschen, dass er sich nicht selbst leisten muss, sondern aus einem höheren Sinn lebt. Nicht bei uns Menschen, sondern beim Heiligen liegt die Lösung: Gott erlöst den Menschen, nicht der Mensch sich selbst. – Wenn die Helfer sich auf das Mysterium beziehen, dann wird ihr Beruf, auch der im Labor, der am Röntgengerät und der im OP zur spirituellen Praxis.

1.4.6 Die Perspektive von Religionen

Religion: nur Moral? Religion versteht sich heute bei weitem nicht in erster Linie als System von Grundregeln und Normen (z. B. die Zehn Gebote). Sie ist auch nicht nur eine Instanz, die das Wissen vom guten und rechtschaffenen Leben bewahrt und für ihre Zeit übersetzt. Im Kontext von Ethik muss sie zuallererst als Quellgrund gesehen werden, aus dem sich Motive für moralisches Handeln und moralische Ziele verstehen. (Zum Verhältnis der großen Religionen zu medizin-ethischen Themen s. z. B. in Lexikon ›Medizin, Ethik, Recht‹ 1992) Für das Selbstverständnis personal ausgerichteter Religionen sind letztlich nicht die Regeln entscheidend. Diese haben wohl ihre Wichtigkeit für die Konstruktionen der menschlichen Gemeinschaft; sie sind ein Beitrag zum guten Leben in der Welt. Grundlegend für ethisches Verhalten ist in der Religion viel mehr der Gedanke, dass sich der Mensch nicht aus sich selbst heraus begründet – wiewohl man dies natürlich postulieren kann. Leben geschieht immer in Beziehung – letztlich in Beziehung zum Urgrund allen Lebens, zu Gott.

Religion fundiert Verantwortung in einem doppelten Sinn:
- Verantwortung ist Aufgabe dem Leben gegenüber und von Regeln und Zielen geleitet, die in der Perspektive des Ganzen der Schöpfung stehen.
- Verantwortung ist aber auch eine Dimension der Beziehung. Sie versteht den Menschen als verwiesen auf Gott als letzten Horizont. Der christliche Gott ist kein Gesetzeshüter. In Beziehung geht es nicht um Gebote und Verbote, sondern um ein Leben, das dem Prinzip Liebe gerecht wird. Dort sind alle Ge- und Verbote verankert. Verantwortung in diesem Sinn fragt, was jeweils Liebe ist. Sie ist bereit, letztlich nach dem

Gewissen zu entscheiden und sich vor der Liebe Gottes zu verantworten. Alle menschlichen Entscheidungen werden mit ihren Fehlern zusammen von der unendlichen Liebe überboten.

Religion als Energiequelle für ethisches Handeln. Die christliche Religion interpretiert das Verständnis von Verantwortung dem Leben gegenüber aber noch in spezifischer Weise. Sie beruft sich auf das Bild Gottes, das sich wesentlich in einem Leidenden und Gekreuzigten zeigt.

- Vom Bild des leidenden Gottessohnes nimmt sie ihre Motive, das ganz reale Leben mit seiner Hinfälligkeit, seiner Not und seinem Tod ernst zu nehmen und leidenden Menschen in Liebe zu begegnen.
- Von der Botschaft der Auferstehung dieses Gekreuzigten her nimmt sie aber auch die Kraft, dem beschädigten und endlichen Leben einen unzerstörbaren Kern zuzutrauen, für den sich einzusetzen und zu kämpfen lohnt. Unter dem Vorzeichen der Auferstehung ist Leben erhaltens- und fördernswert auch im Alter, auch bei chronischer Krankheit, auch im Sterben.

Die Perspektive der Religion gibt also zunächst keine konkreten Entscheidungsmöglichkeiten für den Einzelfall vor. Wohl aber spannt sie den Horizont für Verantwortung und Entscheidung auf und öffnet die Energiequelle für das Handeln an Grenzen des Lebens und das Durchtragen von Entscheidungen.

Exkurs (2): Was es bedeutet, von der Seele zu reden

»Wer könnte für sich selbst sagen, wenn er – gleichsam immateriell – leidet, woran er leidet: an der Psyche oder an der Seele oder an beidem zugleich?« (Peter Fuchs)

»Die Seele ist von eigener Realität, auch wenn sie sich im Gehirn nirgends punktgenau lokalisieren lässt.« (Elisabeth von Thadden, DIE ZEIT)

»Der modernen Medizin ist die Frage nach der Seele und ihrem Begriff praktisch abhanden gekommen.« (Koertner 2007: 99) Im theologischen und religiösen Diskurs dagegen und in der Alltagspsychologie ist die Seele nach wie vor etwas zutiefst Selbstverständliches (vgl. Quitterer 2002). Es kann hier nicht darum gehen, die Entwicklung des Seelebegriffs und das Verständnis im Lauf der Geschichte nachzuzeichnen. Hier sei auf den Sammelband von Jüttemann, Sonntag, Wulf (1991) verwiesen.

Der Begriff ist wohl nach wie vor unverzichtbar, weil er für eine Dimension des Menschen steht, die naturwissenschaftlich nicht zu fassen ist, aber dennoch Sinn macht: die Innenwelt des Menschen. Es ist für die helfenden Berufe entscheidend, ob und welche Vorstellung sie von der Innenseite der Menschen haben, denen sie begegnen. Hier soll daher der Begriff ›Seele‹, der in der Alltagssprache einen guten Klang hat, als Vorschlag für eine anthropologische Vergewisserung in einer Skizze vorgestellt werden. Dabei geht es zunächst nicht um die Vorstellung von einer unsterblichen Seele, sondern zuerst um die Frage, wie man die innere Wirklichkeit des Menschen angemessen verstehen kann.

Zur Denkbarkeit von Seele

›Seele‹ im neurowissenschaftlichen Diskurs

Die Themen Bewusstsein, Geist und Seele schienen bis vor wenigen Jahren für naturwissenschaftliche Erklärungen unzugänglich und allein der Philosophie und Theologie vorbehalten. Inzwischen aber haben sich Hirnforschung und Analytische Psychologie dieser Phänomene angenommen und damit eine neue Aufmerksamkeit auch auf die Seele gelenkt. Auf der Basis naturwissenschaftlicher Forschung ist die Vorstellung von einer Seele als biochemische Zentralinstanz im Gehirn allerdings nicht haltbar. Aber ist dann die Vorstellung von Bewusstsein, Identitätsempfinden und Seele letztlich eine bloße Fiktion ohne Fundament in der Realität? Viele Neurobiologen erklären das Bewusstsein und die Selbstempfindung des Menschen allein aus dem hochkomplexen Zusammenspiel neuronaler Verschaltungen. Das Schlüsselwort heißt ›Emergenz‹. Emergenz bezeichnet Eigenschaften eines komplexen Systems, die seine Einzelteile nicht besitzen und die erst durch das Zusammenwirken der Einzelteile entstehen. Aber auch dann bleibt die Frage, wie Sinneseindrücke zu einem Erleben führen, das von einem Subjekt ›erlebt‹ wird.

Das Selbst: nur ein Modell? Mittlerweile jedoch sprechen Bewusstseinsforscher von einer Art »Architektur« im Gehirn, »in der sich der Körper repräsentiert findet, die Emotionen und auch der Geist« (Metzinger 2007). Es gibt in dieser Sicht dann zwar keinen sich durchhaltenden »Ich-Kern« (Metzinger), wohl aber macht sich das Gehirn ein permanentes Selbstmodell: als ob alles von einem Ich ausginge. Dass der Mensch diesen ›als ob‹-Eindruck für das Ich selbst hält, ist seine »naiv-realistische« (Metzinger 1993: 257) Deutung.

Ein Kernselbst. Die neurobiologischen Erkenntnisse von Antonio Damasio geben allerdings Hinweise darauf, dass das Gehirn offensichtlich dazu fähig ist, ein stabiles »Kernselbst« zu bilden, das nicht einfach eine zufällige und jeweils aktuelle Verschaltungsstruktur ist. (Damasio 1999) Danach ist es wohl doch – auch neurobiologisch – legitim, ein Kernselbst als Grundlage für die Ausbildung eines umfassenden Selbstempfindens und eines autobiographischen Selbst anzusehen. Aber auch wenn neurophysiologisch nicht voll darstellbar ist (und mit dieser Art von Naturwissenschaft wohl prinzipiell nicht – vgl. Schockenhoff 2006), wie aus dem Feuerwerk der Nervenzellen Bewusstsein zustande kommt, dann bedeutet das noch nicht, dass das Selbstbewusstsein nur als reine Illusion erklärt werden kann.

Keine Substanz, aber ein sinnvolles Konstrukt. Auch wenn also die traditionelle Vorstellung von der Seele als im Menschen lokalisierbare, eigenständige Substanz aufgegeben werden muss, ist es – anthropologisch gesehen – nicht sinnlos, von Seele zu sprechen. Aus der Tatsache, dass Naturwissenschaft die Lebensvorgänge sozusagen mikrophysikalisch in Einzelteile und deren Wechselwirkungen zerlegen kann, muss nicht zwangsläufig folgen, dass jetzt alle Ganzheitsaussagen und alle makroskopischen Konzepte ihre Bedeutung verlieren. Auch von Liebe oder von Leid zu sprechen, ist nicht deswegen sinnlos, weil wir dabei beteiligte Botenstoffe oder neuronale Korrelate kennen oder nicht kennen.

Seele und Psyche

Es ist verwunderlich, wie häufig die Begriffe ›Seele‹ und ›Psyche‹ synonym verwendet werden, obwohl der alltagssprachliche Begriff ›Seele‹ aus dem naturwissenschaftlichen Denken schon lange verbannt ist. Das, was Seele meint, ist aber nicht identisch mit der Psyche, also dem, was die empirische Psychologie zu ihrem Forschungsgegenstand erklärt hat. Psyche ist dann die Gesamtheit aller mit empirischen Messverfahren und Konzepten beschreibbaren Erlebens- und Verhaltensphänomene. Unter der Seele dagegen verstehe ich die diesen erforschbaren Einzelaspekten zugrunde liegende Zentrale der Persönlichkeit. Die einzelnen Eigenschaften können dem Identitätsempfinden eines Menschen nicht gerecht werden.

Die Unterscheidung zwischen Psyche und Seele bedeutet jedoch nicht, dass beide Systeme nichts miteinander zu tun hätten. Die Seele ist ja ein Konstrukt, das nicht eine völlig jenseitige, sondern eine immanent lebensbezogene Bedeutung hat. Das, was der Psyche dient, kann also auch auf die Seele eine Wirkung haben und umgekehrt.

Seele und Geist

›Seele‹ kann auch nicht mit ›Geist‹ gleichgesetzt werden. Die mentalen Prozesse und deren Inhalte (Ideen, Deutungen, Konstruktionen) lassen sich in ihrer Gesamtheit als ›Geist‹ bezeichnen. Seele aber muss mehr sein als die mental sich äußernde Fähigkeit des Menschen: Sie ist die all diesen Prozessen zugrunde liegende Mitte, in der alle Deutungen in ihrer Be-deutung empfunden werden und in einem Selbst zusammenklingen.

Seele als integrierende Mitte

Erst in einem Symbol wie Seele werden die Grunddimensionen Körper – als Gesamtheit aller biochemischen Funktionen –, Psyche und geistiges Bewusstsein einer innersten Mitte zugeordnet und dort integriert. Dem entspricht das Phänomen, dass es im Menschen die Fähigkeit gibt, sich auch wirklich als Selbst zu erleben. Die Seele ist also einerseits das Konstrukt, dass ›hinter‹ und ›in‹ allen Lebensäußerungen des Menschen ein Identitätskern anzunehmen ist. Andererseits wird dieses Konstrukt verifiziert in einem Ich-Erleben als etwas zutiefst Selbstverständliches.

In einem Schleifen-Modell lässt sich die Bezogenheit der Grunddimensionen des Menschen veranschaulichen (Abb. 1 Exkurs (2)).

Die Seele drückt sich über die drei Dimensionen Körper – Psyche – Geist aus und zugleich reichen alle Funktionen in die Seele hinein und geben ihr Gestalt. Die organisierende und integrierende Mitte aber gilt als Seele. Keine der Grundfähigkeiten des Menschen ist höherwertig. Das Leben braucht alle ›Organe‹, um sich in der Welt zu entfalten und sich zu verwirklichen. Jede der Grundfunktionen kann durch Behinderung oder Krankheit eingeschränkt sein. – Dem Menschen eine Seele zusprechen bedeutet, ihm ein innerstes Wesen zu unterstellen, auch wenn die Grundfunktionen vom Subjekt selbst nur bedingt aktivierbar und für die Umgebung resonanzfähig sind.

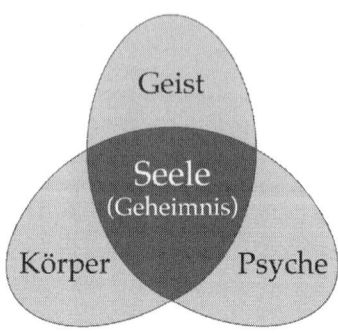

Abb. 1 Exkurs (2): ›Seele‹ als Mitte der Grunddimensionen

Anthropologie und Spiritualität

Seele – anthropologisch

Der alltagssprachlichen Vorstellung von einer Seele entspricht aber nicht nur eine jeweils aktuelle Ich-Erfahrung im Menschen. Vielmehr macht der Mensch die Erfahrung, dass sein Erleben von einer durchgehenden Identität getragen wird. Diese einheitliche Ich-Erfahrung hat im autobiographischen Gedächtnis des Menschen eine hirnstrukturelle Grundlage. Die Identität ist kein Augenblicksereignis, sondern sie wird von einem sich durchhaltenden Selbst erlebt, das je neue Erfahrungen integrieren und sich je neu in die Zukunft entwerfen kann. Es ist durchaus ein wunderbares Geheimnis, dass es ein Wesen gibt – den Menschen –, das sich ganz tief als ein Selbst empfinden kann und über die Zeit hinweg in den Wechselfällen des Lebens kontinuierlich der ›Selbe‹ ist und dieses Selbst ausgestalten kann. Zu diesem Wunderbaren gehört auch, dass der Mensch den anderen Menschen ebenfalls ein innerstes einmaliges Selbst zuschreiben kann. Der Mensch erfährt also nicht nur seine Identität. Das Ich ist auch fähig, aktiv diese Identität zu gestalten und sie zur einzigartigen Person auszubilden.

> Dieses innerste identitätsempfindende und zugleich identitätsstiftende ›Organ‹, mit dem der Mensch explizit reflex wie nichtreflex seine ureigene Person entwirft, nenne ich im anthropologischen Sinn ›Seele‹.

Seele – spirituell

Zu einem spirituellen Konzept wird diese Anthropologie, wenn die Empfangs- und Steuerungszentrale ›Seele‹ auch in ihrer Transzendenzfähigkeit gesehen wird. Der Mensch ist einerseits fähig, sich als ein Selbst mit Bewusstsein wahrzunehmen, andererseits kann er sich inspiriert fühlen von einer Dimension, die über sein begrenztes Ich hinausgeht: Er ist fähig zur Selbsttranszendenz. Er kann ganz bei sich sein und zugleich kann er mit der

Lebensmacht des Heiligen in Kontakt stehen. Modellhaft sei daher als These formuliert:

> Die Seele als innere Instanz hat eine ›Vorderseite‹, durch die sich der Mensch als einmalige Persönlichkeit in der Welt erlebt und darstellt.
> Und sie hat eine ›Rückseite‹, die offen ist für spirituelle Erfahrung und letztlich für eine Verbindung mit dem Göttlichen.

Dieses Modell von einer Zweipoligkeit der Seele ist meiner Auffassung nach hinreichend begründet in der grundsätzlichen Sinnbezogenheit des Menschen und in der Tatsache, dass es in allen Kulturen seit Urzeiten eine jenseitige Dimension gibt. Die Seele wäre dann – in spiritueller Sprache – der Resonanzraum,

- in dem der Mensch das Geheimnis seines Personseins erfährt und
- in dem er zugleich sich mit dem Geheimnis des Lebens als heiligem Geheimnis verbunden weiß.

»Lasst uns [also] bei der guten alten ›Seele‹ bleiben« (Wahl 2003: 246), denn damit wird die selbstverständliche Verklammerung von Geist und Körper und zugleich die Fähigkeit zu spiritueller Erfahrung umschrieben und kommunizierbar.

Die Dimension der Religion

›Organ‹ für die Beziehung zum Heiligen

Es gibt im Menschen einen ›Raum‹, in den das Heilige eintreten kann. »Hier ist die Öffnung, wo wir dem Heiligen, Gott, am nächsten sind.« (Eliade 1957: 25) Für viele Religionen – zumal die christliche – ist der Mensch grundsätzlich offen für den Geist des Unendlichen im Endlichen. Der Mensch ist nicht nur fähig, das Heilige zu symbolisieren und sich eine Vorstellung vom Göttlichen zu machen. Vielmehr hat er eine gottnahe Seite, durch die er im Dialog mit diesem Göttlichen steht. Die Seele ist dann der innerste Resonanz- und Ansprechraum für Gott.

In spiritueller Lesart bildet sich die Identität des Menschen also nicht allein aus dem Bewusstsein seiner selbst, sondern auch aus der Verbindung mit und in ständiger Beziehung zum Heiligen. Die Seele ist also – auch theologisch gesehen – nicht einfach etwas ganz und gar Jenseitiges, Anderes. Sie wurde »auch in der Tradition der christlichen Kirche nicht notwendigerweise als etwas angesehen [...], was völlig außerhalb der natürlichen Phänomene anzusiedeln wäre.« (Quitterer 2000: 404)

Spirituell gesehen ist die ›Seele‹ eher ein Beziehungsbegriff: Sie ist die Dimension, durch die der Mensch mit dem Urgrund und Zielpunkt des Lebens in Verbindung steht. Mit Karl Rahners Mystagogie gesprochen: »Man kann am Grund der Seele auf jenes Geheimnis stoßen, das das Leben von jeher ist; jenem Ort, wo die Geschichte Gottes mit jedem Einzelnen für jeden Einzelnen erfahrbar wird.« (Polak, Zulehner 2004: 207) Der Mensch ist als Leib in der Welt und zugleich als Seele das Du Gottes (vgl. Greshake 2000). Diese Zuordnung bedeutet aber nicht, dass die Seele nur als jenseitiges

Prinzip eine Geltung hätte: Sie ist zugleich das Lebensprinzip eines lebendigen Organismus, eines bio-psycho-mentalen Systems und sie hat eine Gott zugewandte Seite, ein Empfangsorgan für die Zuwendung Gottes. Daher macht es nach religiösem Verständnis den Menschen wesentlich aus, dass er sein Selbstgefühl nicht einfach aus der Komplexität von Hirnstrukturen empfängt. Vielmehr darf er sich als ›Du‹ einer ewigen Liebe sehen: Der Mensch wird am göttlichen DU zum ICH.

Was heißt ›unsterbliche Seele‹?

Wenn die Seele eine Metapher für das Wesen des Menschen ist und nicht für eine objektivierbare ›Substanz‹, dann ist mit der unsterblichen Seele dieses Wesen gemeint. Im Tod streift nicht eine isolierbare Seelensubstanz den Leib ab und erhebt sich in die Sphäre Gottes.

In der christlichen Ikonographie ist es eine Menschengestalt in Kleinformat, also ein Wesen mit seinen leiblichen und weltlichen Merkmalen, die den Sterbenden verlässt, nicht eine gestaltlose, abstrakte Wolke. Oft wird diese Gestalt wegen der Verkleinerung als Kind gesehen. Gemeint ist aber der ganze erwachsene Mensch, der aus der irdischen Hülle schwebt. Diese Seele ist es, die alles, was diesen Menschen ausmacht, seine leibliche und geistige Geschichte, zur Persönlichkeit integriert; diese tragen die Engel in Gottes Ewigkeit. Religiös gesprochen ist es Gott, der das Wesen des Menschen aus dem Verfall in seine Ewigkeit holt. Wen Gott einmal in seiner Liebe geschaffen, wem er seinen Lebensatem eingehaucht hat, den lässt er nicht wieder ins Nichts fallen. Wen Gott als seinen »Dialogpartner« (Ratzinger 1986: 296) ins Leben gerufen hat, der ist und bleibt unsterblich bei Gott. ›Unsterblichkeit der Seele‹ meint also die von Gott gegebene Existenz des Menschen, die im Tod gerettet wird und den Tod überdauert.

Was die Vorstellung von der Seele für die Praxis bedeutet

Sich ein Bild vom Menschen machen

Es ist für die Begegnungspraxis der helfenden Berufe ausschlaggebend, welches Bild vom Menschen sie prinzipiell haben. Eine spirituelle Einstellung zum Menschen denkt grundsätzlich über den körperlichen und physischen ›Apparat‹ hinaus. Ob sich für ein ›Darüber-hinaus‹ ein naturwissenschaftlicher Beweis liefern lässt in Form einer neurobiologischen Substanz, oder ob der Seelenbegriff ›nur‹ den Eindruck eines persönlichen Zentrums wiedergibt, ist für die berufliche Begegnung nicht entscheidend. Es ist vielmehr eine vernünftige Form der Sinnstiftung, jedem Menschen die ›gute alte Seele‹ zu glauben und nicht von einem durch die objektiven Wissenschaften immer weiter reduzierten Verständnis vom Menschen auszugehen.

Auch Helfer, die nicht religiös sind oder eine reflektierte Spiritualität haben, können mit Ludwig Wittgenstein sinngemäß sagen: »Ich habe vielleicht nicht die Überzeugung, dass der Mensch eine Seele hat, aber wenn ich ihm begegne, dann ist meine Einstellung zu ihm eine Einstellung zur Seele.« (Vgl. Wittgenstein 1971: 283) Der Seelenbegriff ist dann ein – zumindest alltagssprachliches – Symbol für den Menschen in seiner inneren und äußeren Ganzheit. Niemand käme auf die Idee, hier an einen bestimmten Ort im Gehirn zu denken. Dem Menschen eine Seele zu glauben, ist eine kulturelle Einstellung zu seiner Existenz.

Seele als Dialog-Organ
Ein Zugang zur Seele im Menschen geschieht in der beruflichen Begegnung natürlich nicht ›direkt‹, sondern durch die Berührung in Bild und Gleichnis:
- Was ist es beruflich oder privat für eine beglückende Erfahrung, mit einem Menschen »von Seele zu Seele« in Kontakt zu kommen, »so dass meine Seele mit ihren Fühlern die des Anderen berühren kann und umgekehrt« (Carl Rogers). Bei solchen Erfahrungen kann man so etwas wie ›Begegnungsspiritualität‹ (zu diesem Begriff s. 2.1) erleben.
- Mit der Einstellung zur Seele kann der Helfer allen Äußerungen, Erzählungen, Erinnerungen des Patienten ablauschen, was letztlich dessen Seele sagen will.
- Wenn die Helfer bei ihren physischen Behandlungen, bei ihren Gesprächen, bei emotionalen Reaktionen der Patienten die Seele dieses einzigartigen Menschen vor Augen haben, dann ist all ihr berufliches Tun Leib- und zugleich Seelsorge.
- Ärzte, Pflegende, Besucher begegnen vielfach Menschen,
    - die nicht zureichend über ihre Gefühle und ihr existentielles Befinden sprechen können,
    - deren Sprache und Kultur sie nicht verstehen,
    - deren Psyche durcheinandergeraten ist,
    - die eine Demenzerkrankung haben,
    - die im Koma oder tief sediert sind.

Jedem Menschen seine Seele glauben, heißt dann zu unterstellen, dass jedes menschliche Lebewesen noch einen anderen Sinn hat als der unmittelbar zugängliche.

Auch wenn der Helfer die sinnlichen Qualitäten nicht aktivieren kann, auch wenn Patienten und Sterbende nicht alles mental und psychisch nachvollziehen können, sind sie Adressaten von Liebe. Seele ist die Fähigkeit, Liebe zu empfangen und Liebe zu senden, auch wenn der Empfänger nicht voll bei Bewusstsein ist. Seele ist die Möglichkeit, ›schön‹ zu sein, auch wenn man durch Lebensumstände oder Krankheit entstellt ist.

❖ Wenn ein Mensch gerade verstorben ist oder – im Kontext der Organspende – nach der Organentnahme, ist es höchst sinnvoll, auch den toten Körper als ›Haus‹ zu sehen, das ein Mensch mit einmaliger Lebensgeschichte bewohnt hat. Auch dann ist Seele eine anthropologisch, nicht erst religiös, unersetzbare Metapher.

Seele: das Bild, das Gott vom Menschen hat
Es ist religiöse – zumindest christliche – Grundüberzeugung, dass jeder Mensch, gleich wie krank, behindert, verwirrt oder bewusstlos er ist, eine Seele ›hat‹. Diese ist mehr als eine Bewusstseins-Substanz; sie ist die von Gott geschenkte Lebenssubstanz. Von daher hat jedes menschliche Wesen

ein einzigartiges Selbst und eine Würde. Von daher auch hat jedes menschliche Wesen seine letzte Unverfügbarkeit. Es ist an den Grenzen des Lebens, an denen die Helfer arbeiten, manchmal nicht einfach, das Bild von der Seele im Anderen zu sehen. Die ›Vorderseite‹ ist oft verstellt. Um so wichtiger ist es dann, der Seele ihre ›Rückseite‹ zu glauben, kraft derer sie mit einer anderen Dimension in Verbindung steht.

Die Seele ist – das ist gleichsam ihre Rückseite – das Bild, das Gott vom Menschen sieht und zu dem Gott Beziehung hat. Das Geheimnis dieses Menschen hat dort seinen tiefsten Grund.

❖ Wenn ein Patient im Koma ist, wenn ein Mensch ›nicht sterben will‹, sagt Seelsorge manchmal zu den ratlosen Angehörigen: »Seine Seele ist im Gespräch mit Gott. Sie entscheidet mit ihm zusammen, wie der Weg weitergeht – ob zum Leben in dieser oder in der anderen Welt.«

Es ist christliche Glaubensüberzeugung, dass Gott mit dem Menschen auch in der tiefsten Bewusstlosigkeit im Dialog ist. Gott sieht das Schicksal dieses Menschen; er sieht auch die verborgene Persönlichkeit, auch des Menschen mit Demenz.

Wenn der Helfer nicht an die Seele des Patienten drankommt, wenn er aufgeben, zurücktreten, loslassen muss, dann darf er der Seele ihre ›Rückseite‹, ihre Gott zugewandte Seite glauben. Und dass Gott mit diesem Menschen in Beziehung steht – und über den Tod hinaus bleibt.

Teil II
Konkretisierungen

2. Spirituelle Begleitung – wie geht das konkret?

»Wenn ich all jene Wege sehe, die die Menschen gehen, muss ich dieser Tatsache erst einmal mit dem entsprechenden Respekt begegnen.« (Charles Taylor)

Spirituelle Einstellungen sind bei vielen Menschen heute nicht mehr so offensichtlich, dass man sie an heiligen Bildern auf dem Nachttisch oder zu Hause über dem Bett erkennen könnte. Noch vor einigen Jahrzehnten konnte das medizinische Personal Patienten beim Rosenkranzbeten oder Bibellesen antreffen und so auf religiöse Ressourcen schließen. Körperliche Funktionen sind mit medizinischen und biologischen Mitteln darstellbar. Wie aber ist das bei der spirituellen Orientierung? Die für die Praxis entscheidende Frage ist ja, wie die Helfer Zugang zu spirituellen Ressourcen im Menschen finden können, wenn diese nicht in dessen Frömmigkeitspraxis zu beobachten, sondern mit der ganzen Lebenskonstruktion verwoben sind und nicht isoliert auftreten.

Gibt es also eine ›Logik‹ – ähnlich der Physio-logik für die körperliche oder der Psycho-logik für die psychische Dimension, also eine Verstehensmöglichkeit für Spiritualität? Und gibt es auch eine ›Agogik‹ – wie bei der Pädagogik – also methodische und praktische Verfahren, so dass die Begleiter Zugang zur Spiritualität bei Klienten und Patienten finden und zur Erschließung dieser Ressource beitragen können?

Es werden im Folgenden Methoden diskutiert, mit denen die therapeutischen Berufe Patienten direkt nach ihren spirituellen und religiösen Einstellungen fragen können. Viele Menschen jedoch, die uns begegnen, haben heute kein bewusst ausgearbeitetes spirituelles Gedanken- und Wertegebäude mehr, das ihnen Hilfe bietet und doch leben auch sie aus einem inneren ›Geist‹, der sie inspiriert. – Im Folgenden sollen also auch Möglichkeiten vorgestellt werden, wie die Begleiter zu dieser ›anonymen‹, der weniger strukturierten spirituellen Dimension ihrer Patienten Zugang finden und sie dort unterstützen können.

2.1 Das grundlegende Medium: Die mitmenschliche Begleitung

»Ich bin fast genötigt anzunehmen, dass ich die Wichtigkeit der mystischen, spirituellen Dimension von Beziehung und Liebe eher unterschätzt habe.« (Carl Rogers)

Die Dimension ›Spiritualität‹ kommt – wenn auch zunächst nicht explizit – zuallererst über die Zuwendung und Fürsorge der Helfenden ins Spiel. Patienten und ihre Zugehörigen können bereits durch die Art und den ›Geist‹ der Begegnung eine spirituelle Erfahrung machen. Jede Form der

Begegnung zwischen Patient und Angehörigen der helfenden Berufe wird dann zu einem Moment der Begleitung, wenn sich die Betroffenen in ihrer Situation und zugleich als Menschen, die eine solche Situation durchzustehen haben, nicht nur behandelt, sondern auch ernst genommen und emotional unterstützt fühlen.

In diesem Sinn ist ›Begleitung‹ auch in der Kurzzeitbegegnung möglich, wie sie heute gerade für die Situation des Krankenhausaufenthaltes typisch ist. Die Patient-Helfer-Beziehung geschieht heute wegen der arbeitsteiligen Funktionsabläufe und fraktionierten Behandlungsphasen immer öfter im ›Querschnitt‹ einer Begegnung und seltener im Längsschnitt eines Krankheitsprozesses. Anders als im Hospiz oder auf einer Palliativstation ist die so verstandene Begleitung nicht unbedingt an längere Zeit- oder Erlebensräume gebunden. Auch in diesen kurzen, meist rein funktionsbedingten Momenten, ist ein echter Kontakt möglich, bei dem der Patient spürt: Er ist jetzt selbst gemeint. In vielen Momenten der Begegnung mit den medizinischen Berufen ist der Patient, sind dessen Zugehörige großer Spannung und innerer Erregung ausgesetzt. Ein Patient fühlt sich auch bei einer ausschnitthaften Begegnung ›gut‹, wenn die Behandler ihn nicht als Standard-Modell oder neutralen Träger einer Krankheit (vgl. Labisch, Paul 1989: 633) sehen, sondern als eine einmalige Person, die etwas Schwieriges zu verarbeiten hat.

Präsent sein – unter Alltagsbedingungen

Es ist für die Helfer sicher nicht einfach, in ihren beruflichen Abläufen sich auf immer wieder andere Menschen und deren einmaliges Erleben einzulassen und bei jedem einzelnen Patienten ›ganz‹ da zu sein. Ob Worte oder Handlungen, für den Patienten ist spürbar, ob der Behandler für ihn aufmerksam ist. Es gibt in den letzten Jahren viele Anregungen und Praktiken, die dem Helfer helfen, in der Begegnung präsent zu sein. Man muss dazu nicht erst meditative Techniken beherrschen.

> Es genügt, sich in jeder neuen Situation mit einem inneren Satz oder Wort auf die Präsenz hier und jetzt einzustellen oder auf den eigenen Atem zu achten oder den Sitz oder den Boden unter den Füßen zu spüren, um sich ganz dem Patienten zuwenden zu können.

Es genügt bei jeder Visite – an jedem Bett – oder beim Hereinkommen des Patienten in der Praxis den Merksatz in sich aufzurufen »Ich möchte diesem Patienten jetzt zuhören«.

»Mitfühlende Präsenz«

Nach Carol Taylor (2010) ist eine gute Präsenz (Compassionate Healing Presence) bereits eine »Intervention«: Bevor die Angehörigen der therapeutischen Berufe den Patienten diagnostizieren und behandeln, müssen sie für ihn in qualifizierter Weise präsent sein. Solches Sich-zur-Verfügung-Stellen beginnt nicht bei der anderen Person, sondern beim Helfer selbst. Vor jeder Begegnung mit einem kranken Menschen gilt es, den eigenen inneren Raum für den Anderen freizumachen, sich von seinen eigenen Erwartungen, wie der Patient sein und was er tun soll, freizumachen. Erst dann kann der Helfer ihm in dessen Würde und Wert begegnen und dessen Individualität,

Besonderheit und ›Heiligkeit‹ schätzen. Es gilt also, liebende Akzeptanz, Mitgefühl und Selbstlosigkeit in sich zu erwecken und dem Anderen zu glauben, ihm auf dessen Weg zu folgen und die Hoffnung zu behalten.
Das Konzept »Compassionate Healing Presence« ist sicher anspruchsvoll und will eigens trainiert sein. Aber es macht auf eine Grundhaltung aufmerksam, die den Fokus zuerst auf den Helfer richtet, damit dieser seinen Fokus für den Hilfsbedürftigen freimachen und ihm besser zur Verfügung stehen kann. Ist das nicht gerade das, was jeder Helfer sich im Grunde seines Herzens als sein Ethos wünscht und im Laufe seiner beruflichen Tätigkeit eher vertiefen als durch Routinen verlernen möchte?

Empathie als Brücke
Das entscheidende Medium, das eine funktionelle Handlung zu einem Begleitmoment werden lässt, ist natürlich die Empathie der Behandler. Nur wenn die Professionellen auf die Befindlichkeit, die Sorgen und Fragen des Patienten empathisch eingehen, können sie ihn auch funktionell angemessen behandeln. Eine Vertrauen-schaffende Kommunikation ist die eigentliche Brücke zwischen Behandler und Patient. Erst über diese Brücke gelangen die Auskünfte des Patienten über seinen Zustand an die Behandler, und umgekehrt kommen nur so die fachlichen Handlungen und Informationen beim Patienten an; nur so gehen sie nicht an ihm vorbei oder ins Leere. Also auch in rein funktioneller Hinsicht ist Empathie keine beliebige Zugabe des Helfers, sondern ein notwendiger integraler Bestandteil der Profession: Nur dann geht der Patient in Resonanz mit der Hilfe des Helfers.

›Begegnungsspiritualität‹
Erst recht ist es in spiritueller Hinsicht für den Patienten entscheidend, dass er sich als dieser Mensch mit seiner existenziellen Befindlichkeit wahrgenommen sieht. Ein Mensch, der durch eine schwerwiegende Diagnose oder einen schwierigen Krankheitsprozess aus der normalen Welt herausgefallen ist, kann sich durch diese einfache Geste, die Zuwendung der Helfer, wieder in der Welt beheimatet fühlen. Der Helfer, der versteht, wird für Patienten und Angehörige dann zu einem Ort in der Welt, der nicht fremd ist, an dem sie wieder zu sich kommen können. Das kann eine zutiefst spirituelle Erfahrung sein: Spiritualität in Form gelungener Begegnung. Empathie ist also keine reine Technik und keine beliebige Zugabe des Helfers, sondern eine wichtige Brücke zwischen der Fremdheitserfahrung der Betroffenen in ihrer Krankheit und der Welt, in der man mit seiner Krankheit oder seinem Sterben Heimat finden kann. Solche spirituelle Erfahrung resultiert nicht erst aus den »großen Momenten der Liebe ..., aus großartigen ästhetischen Momenten ..., aus großen Momenten der Erkenntnis und Entdeckung«, die Abraham Maslow »peak experiences« nennt (1962: 9 ff.). Viel eher verdanken sie sich unspektakulären und doch für die Betroffenen bedeutsamen und in ihrem Leid lebenswichtigen Begegnungen.
Man kann solche ›stillen‹ Transzendenzerlebnisse nicht herstellen, und doch ereignen sie sich als ›heilige‹ und geglückte Momente in den alltäglichen Beziehungen.

Ich nenne das bei qualifizierter Begegnung erfahrbare tiefere Berührtsein und das dabei mögliche Transzendenzerleben ›Begegnungsspiritualität‹.

Fenster zur Innenwelt
In einer weiteren Hinsicht ist die Empathie ein Zugang zur Spiritualität. Wenn der Patient sich in seiner Befindlichkeit und in seinem emotionalen Erleben verstanden sieht, öffnet er dem Behandler überhaupt erst weitere Fenster zu seiner Innenwelt und seinen – auch spirituellen – Ressourcen. Nur dann wird der Behandler etwas davon wahrnehmen können, *wes Geistes Kind der Patient ist* und wie dieser mit seiner Krankheit und seinem Leid umgeht. Und nur dann werden die Helfer den Patienten in dessen Spiritualität der Verarbeitung begleiten und unterstützen können.

Empathie kann gelernt werden
Zum Thema ›Empathie‹, zur Gestaltung der Beziehung zwischen Arzt und Patient, zu Theorie und Methode der Begleitung gibt es längst eine große Zahl von Publikationen, Lern- und Trainingsprogrammen.
Ebenso gibt es hilfreiche Literatur und Schulungsprogramme, in denen Möglichkeiten einer gelingenden Kommunikation auch in schwierigen Gesprächssituationen und bei knapp bemessenem Zeitbudget aufgezeigt werden (vgl. z. B. Maguire, Pitceathly 2002; Weber, Müller, Ewald 2005; Weber, Werner, Nehring, Tentrup 1999 – dort jeweils ausführliche Literaturangaben).
Es kann kein Zweifel darüber bestehen, dass solche kommunikativen Kenntnisse und Fähigkeiten durch geeignete Methoden erworben werden können (Weber, Böhler, Kohler 2003; Spiro 1992; Suchman et al: 1997). Immer geht es dabei zunächst um die Einübung von Gesprächshaltungen, die den Nöten und Bedürfnissen des Patienten gerecht werden und erst in zweiter Linie um Gesprächstechniken. Bei einem ›kalten‹, technisch angewandten Gesprächsverhalten wird auch das Fenster zur Spiritualität blind bleiben.

Psychosozial versus spirituell? Aber in einem noch tieferen Sinn kann bei der Begleitung von Kranken und Sterbenden die Spiritualität ins Spiel kommen: In der achtungsvollen Zuwendung der Helfer entsteht für den Patienten ein Raum, in dem er sich über seine Krankheit hinaus mit seinen oft schwer erträglichen Gefühlen, seinem anderen Geruch, seiner Unansehnlichkeit, seinem veränderten Körpergefühl, seinem Verstört- und Sich-selbst-Fremdsein wertgeschätzt empfinden kann. Aus welcher spirituellen Einstellung die Helfer auch zum Schwerkranken gehen und sich dem nicht Machbaren aussetzen und damit auch dieser Seite des Menschen Wert und Würde zuerkennen oder diese Seite für unnötig zur Beachtung und nicht lohnend sehen, das kann eine spirituelle Wirkung auf den Krankheits- und Sterbeprozess des Patienten haben.

Auch die Gestaltung der psychosozialen Betreuung ist also nicht einfach nur ›psychosozial‹, sondern von – meist impliziter – Spiritualität oder Nichtspiritualität bestimmt. Die Erfahrung des Angenommenseins mit dem schwer Annehmbaren, Unansehnlichen und vielleicht Abstoßenden zusammen kann der Patient als Angenommensein in der Welt und als Gutaufgehobensein durch – die soziale Dimension transzendierende – Kräfte und Mächte deuten: Das Spirituelle in der Sterbebegleitung kommt in der Überzeugung derer zum Vorschein, »die aufrichtig glauben, dass Gott immer an unserer Arbeit beteiligt ist, weil es sowieso schon von Anfang an seine Arbeit war« (Saunders 1999).

Spirituelles Ethos. Solche Zuwendung aus einer eigenen Spiritualität heraus muss und soll gar nicht besonders betulich und übertrieben aufmerksam geschehen (etwa in der Absicht: »Spüren Sie nicht meine spirituelle Einstellung?«). Gerade in der Art, wie der Arzt Blut abnimmt oder wie die Pflegekraft wäscht, soll der Patient erfahren: Das ist ›normal‹, was die an mir machen, also ist auch meine Inkontinenz oder sind meine offenen Beine ›normal‹ und zum Leben gehörig. Zuwendung und Einfühlung haben eine – natürlich unausgesprochene – spirituelle Komponente: Ich als Patient erfahre, dass meine Situation durch andere Menschen einfühlbar ist. Ich erfahre dabei, dass nicht ein absurdes Schicksal über mich gekommen ist, sondern dass ich auch mit diesem meinem Schicksal zur Ordnung des Lebens und zur Menschheitsgemeinschaft gehöre.

> Wenn sich andere Menschen meine Situation für einen Augenblick empathisch zu Eigen machen können, dann falle ich mit meinem Schicksal nicht aus dem ›Sinn‹ des Lebens heraus. Ich gehöre auch dann zum Sinnganzen der Welt und des Lebens.

Die Helfer stellen ja auch durch die Tatsache, dass sie gerade diesen Beruf ergriffen haben, implizit eine Form der Spiritualität dar. Sie haben sich eigens dafür entschieden, sich Menschen in Not zuzuwenden, und sie tun das in diesen Berufen an immer wieder anderen Menschen in deren je einmaligem Leid. Viele Patienten unterstellen deswegen den Angehörigen dieser Berufe ein spirituelles Ethos, aus dem auch sie – auf nichtausdrückliche Weise – spirituelle Kraft schöpfen können.

Angehörige ›mitbegleiten‹. An dieser Stelle sei eigens betont, dass für die Begleitung der Angehörigen und deren Mitbetroffensein von der Krankheit ihres Patienten dieselben Gesichtspunkte wie für den Patienten selbst gelten: Auch ihre Spiritualität wird durch die Helfer berührt. Denn auch sie kämpfen mit Gefühlen von Kontrollverlust und persönlicher Verletzbarkeit. Sie brauchen daher Potenziale, die sie selbst am Leben halten und die ihnen die Betreuung ihres Kranken ermöglichen. Was sie z. B. in der Zeit der Betreuung ihres sterbenden Angehörigen als ›gut‹, erfüllend und spirituell ergreifend erleben, das wird sie über die Krankheitszeit hinaus auch in der Trauerzeit später begleiten und ihnen eine Hilfe sein (s. Kapitel 6. 2).

Begleitung als Medium für Spiritualität. In einer so verstandenen Begleitung stellen die professionellen Helfer mit dem Medium ihrer Person, aber auch in der Art, wie sie ihre Kompetenz und ihre Rolle anbieten, in eher impliziter, also nicht ausdrücklich geöffneter Form die Dimension ›Spiritualität‹ zur Verfügung. Die ›Begegnungsspiritualität‹ kann eine Wirkung darauf haben, wie Patienten mit ihrer Krankheit und ihrem Sterben leben.

Ehrfurcht vor dem Geheimnis des Patienten, Liebe und Vertrauen der Begleiter greifen ähnlich tief in die Physiologie des Menschen ein wie Medikamente. So kann z. B. auch das Begleitkonzept einer Palliativstation implizit ›Spiritualität‹ vermitteln: Nicht die Palliativstation selbst oder deren Techniken sind spirituell, sondern der Geist, den Patienten und Angehörige dabei spüren. Alle Helfer und deren Funktionen können zum Medium von Spiritualität werden, auch wenn sie persönlich kein ausdrückliches und durchstrukturiertes Spiritualitätskonzept haben.

So soll hier der *erste Grundsatz des Beistandes* bei Krankheit und Sterben formuliert werden (vgl. Weiher 1999 b: 34):

> Die Begegnungs- und Begleitungs-Dimension gehört zu den elementaren Stützfunktionen, die von der Menschheitsgemeinschaft für die Bewältigung von schwerer Krankheit und Sterben vorgesehen sind. Sie ist nicht nur ein Medium für psychosozialen, sondern auch spirituellen Beistand. Die dabei ermöglichte Form spiritueller Erfahrung ist die ›Begegnungsspiritualität‹.

2.2 Das zweite Medium: Spirituelle Kommunikation

»Spiritualität ist eine Lesekunst. Es ist die Fähigkeit, das zweite Gesicht der Dinge wahrzunehmen.« (Fulbert Steffensky)

Die berufliche und persönliche Beziehungsgestaltung ist eine wichtige Bedingung dafür, dass über die Heilungsbemühungen hinaus Heilsames geschehen kann. Im Angesicht von Krankheit und Lebensbedrohung braucht es Aufmerksamkeit für die Spiritualität der Betroffenen und spirituelle Unterstützung aber nicht nur in der Weise liebevoller Begegnung. Es muss neben der unspezifischen Begegnungsspiritualität auch ausdrückliche Möglichkeiten der spirituellen Begleitung geben. Es werden Methoden gebraucht, mit denen die Helfer in spezifischer Weise mit den inneren Ressourcen der Patienten in Kontakt kommen können. Wenn diese zur Sprache gebracht werden, können die Helfer mit dem Kranken darüber in einen Prozess eintreten.

Mit den spirituellen Ressourcen im Patienten in Beziehung kommen

Gesucht werden also Schlüssel zur Innenwelt. Natürlich ist die Beziehungsgestaltung zwischen Betreuer und Patient auch für die spirituelle Kommunikation eine Basisqualifikation. Ohne eine Vertrauen ermöglichende Beziehung lässt der Patient die Helfer nicht an seine spirituelle Schatztruhe, an seine ›Seele‹ dran. Die Frage ist also nicht nur, wie der Helfer mit seiner Präsenz einen Begegnungsraum ermöglicht, es fragt sich auch, wie *in diesem Raum* Spiritualität kommuniziert und in einen fruchtbaren Austausch gebracht werden kann.

In der beruflichen Begegnung geht es ja nicht darum, als nichtseelsorglicher Behandler und Helfer eine bestimmte Spiritualität an den Patienten heranzutragen, sondern darum, mit dem spirituellen Potenzial im Patienten in Resonanz zu kommen.

Wie aber ist dies in der Berufsdynamik möglich, die ja zunächst von medizinischer und anderer fachlicher Behandlung bestimmt ist?

Zwei grundsätzliche Methoden

Im Folgenden werden zwei grundlegende Zugangswege vorgestellt, die allen therapeutisch Tätigen zur Verfügung stehen:
- die direkte Form mit **Instrumenten der Befragung**. Hier werden die professionell Tätigen initiativ, indem sie Patienten unmittelbar auf ihre Glaubensüberzeugungen und spirituellen Bedürfnisse ansprechen;
- die **Form der symbolischen Kommunikation**, bei der alle, auch die nichtprofessionellen Begleiter, in nicht vorstrukturierter Weise auf das hören, was Patienten von sich aus von ihrer existenziellen und spirituellen Innenseite zu erkennen geben.

Zwischen beiden Wegen gibt es charakteristische Unterschiede
Die direkte Befragung (»Spirituelle Anamnese«) steht ausschließlich dem therapeutischen Personal zu, dem der Patient bei der Aufnahme in Krankenhaus, Palliativversorgung, Altenheim und bei Diagnose und Behandlung begegnet. Sie erfasst aufgrund der Befragungsmethode in erster Linie die bewussten spirituellen Einstellungen und Bedürfnisse der Patienten, über die diese sprachlich direkt Auskunft geben können (der benennbare Glaube, die ausdrückliche Suche nach Sinn und Zielen, die religiöse Praxis und deren Rituale). Zugleich vermittelt solches Interesse des Interviewers, dass in diesem fachlich bestimmten Kontext überhaupt spirituelle Anliegen und Themen eine Rolle spielen können und diese von den Berufen geachtet und wertgeschätzt werden. Nachdem dieser Raum geöffnet ist, ist zudem die Chance gegeben, dass Patienten über die strukturierte Anamnese hinaus auf spirituelle Fragen und Probleme zu sprechen kommen können.

Die Form der symbolischen Kommunikation geht davon aus, dass Spiritualität – gerade wenn sie jedem Menschen zugesprochen werden muss – bei weitem nicht nur in Form benennbarer Einstellungen, Zugehörigkeiten und konkreter Bedürfnisse anzutreffen ist.

> Die Erfahrung in der beruflichen Begegnung mit Patienten und ihren Angehörigen zeigt vielmehr: Die spirituelle Dimension erscheint viel häufiger in *impliziter* als in expliziter Form.

Viele Normalverbraucher, die in der Postmoderne unsere Patienten sind, haben keine festen Vorstellungen, über die sie so Auskunft geben können, wie das ihrem spirituellen Empfinden und ihrer ganz persönlichen ›Melodie‹ entspricht. In weitaus häufigerem Maß ist Spiritualität in die ganze Lebensgestalt eines Menschen eingewoben und in viel persönlicherer und subtilerer Weise vorhanden, als dass sie mit Befragungsinstrumenten erfasst werden könnte. Dennoch oder gerade deswegen begegnet sie den Professionellen ebenso wie den nichtprofessionellen Begleitern im Alltag – sogar in der kurzen Zeit von Funktionshandlungen, z. B. beim Verbinden einer Wunde, beim Waschen oder beim Querschnittsbesuch. Auch von dieser Form spiritueller Kommunikation geht für den Patienten das Signal aus: Hier wirst du auch mit deinem tiefen inneren Lebensreichtum und deinen sehr persönlichen Erfahrungen und Quellen wahrgenommen und auf diese wird in Diagnose und Therapie geachtet.

Beide Methoden der spirituellen Begegnung werden im Folgenden vorgestellt: Dem Grundanliegen der spirituellen Unterstützung dienen beide – wenn auch auf unterschiedliche Weise und in verschiedenen Perspektiven, wo und wie die spirituelle Dimension bei unseren Patienten, Angehörigen (und uns Begleitern!) verwurzelt ist und wie sie von innen nach außen kommt.

2.2.1 Erster Zugang: Die explizite Befragung

Die Suche nach beruflichen Methoden. Wohl angestoßen – oder zumindest entscheidend nach vorne gebracht – durch die Entwicklung der Palliativ-Versorgung sind Modelle zu spiritueller Anamnese und Assessment. Seit zwei Jahrzehnten kommt ja von einer Sparte der Medizin und der Pflege selbst die Forderung, schwerkranke Menschen und ihre Angehörigen möglichst ganzheitlich, also auch spirituell, zu begleiten. Alle patientenbezogenen Berufe sollen danach zu dieser Aufgabe fähig sein. Um dies möglich zu machen, mussten Konzepte entwickelt werden, die im Setting der jeweiligen Berufe einsetzbar sind. Um aber spirituelle Einstellungen in eben diesen Settings dokumentieren, in den Behandlungsteams austauschen und in die Gesamtversorgung einbeziehen zu können, müssen *subjektive* spirituelle Einstellungen und Bedürfnisse *objektiviert* und begrifflich erfasst werden.

Was durch die Palliativmedizin initiiert wurde, stößt inzwischen auf ein wachsendes Interesse auch in anderen therapeutischen Kontexten und findet Eingang in Aus- und Fortbildung der therapeutischen Berufe überhaupt. Auch dort also sind Methoden zur Einbeziehung der Spiritualität gefragt.

2.2.1.1 Modelle der Erfassung spiritueller Einstellungen

Direkt auf die Erhebung der spirituellen Ausrichtung von Patienten und der Hilfen, die sie dadurch haben, aber auch der Probleme, die ihnen daraus erwachsen, zielen Instrumente der Anamnese. Hier wird ›Spiritualität‹ eher in ihren begrifflich benennbaren Aspekten erfragt. Ein ausgearbeitetes Konzept zur Erfassung und Beachtung spiritueller (und religiöser) Bedürfnisse wurde 2009 bei einer Konferenz einer repräsentativen Auswahl führender Fachleute aus Medizin, Pflege, Psychologie, Sozialarbeit, Klinikseelsorge und anderen spirituellen Versorgern in den Vereinigten Staaten (Consensus-Conference) formuliert. Dabei wurde ein Konsens über ein Verständnis von Spiritualität und deren Einbindung in die Strukturen des Gesundheitswesens (Puchalski et al. 2009) erzielt. In diesen Empfehlungen werden zur Abklärung der spirituellen Belange von Patienten drei Stufen der Erfassung vorgestellt.

(1) In einem ›spiritual screening‹, das alle klinischen Berufe vornehmen können, sollen bei der Aufnahme eines Patienten im Rahmen einer Gesamterhebung gravierende spirituelle Krisen und Nöte erkannt und ggf. an ausgebildete geistliche Versorger verwiesen werden. In dieser ersten Sichtung wird dann auch deutlich, welche Patienten ein vertieftes Eingehen auf ihre spirituellen Belange brauchen. Dazu dienen Fragen wie: »Ist Spiritualität oder Religion wichtig in Ihrem Leben?« – Es ist allerdings fraglich, ob ein solches Screeninig, das schon gleich den Fokus auf spirituelle Belange richtet, weil es von vornherein einer Ganzheitlichkeit Rechnung tragen will, im deutschen Kontext möglich und denkbar ist. Interviews, die in der amerikanischen Szene viel selbstverständlicher sind, müssten auf unseren Kulturraum übertragen werden. Will man dem Anliegen eines ersten Screenings dennoch gerecht werden, dann könnte dies mit Fragen geschehen wie:

➢ Gibt es etwas, worüber Sie sich in existenzieller Hinsicht besonders Gedanken machen?
➢ Beschäftigt Sie im Zusammenhang mit Ihrer Krankheit etwas besonders, was mit Ihrer Lebensauffassung zu tun hat?
➢ Haben Sie eine spirituelle oder religiöse Einstellung? (Wenn ja:) Macht Ihnen in dieser Hinsicht etwas sehr zu schaffen?

Solche Interventionen sind allerdings eher im Verlauf eines Klinik- oder Palliativaufenthaltes sinnvoll, wenn neue Stadien der Krankheit eintreten und zudem ein Vertrauen in die Helfer gewachsen ist, also nicht bei der Erstbegegnung mit den klinischen Fachleuten.

(2) **Eine spirituelle Anamnese.** Die nächste Stufe dient der genaueren Erfassung spiritueller Einstellungen, Bedürfnisse und Ressourcen. Anders als beim Screening wird hier ein breiteres Spektrum von Fragen eingesetzt. – Was in der deutschen Praxis für viele Patienten ungewohnt und vielleicht irritierend ist, sollte im Zusammenhang mit der medizinischen, pflegerischen und sozialen Anamnese geschehen und so den Charakter des Normalen und Selbstverständlichen bekommen. Vorschläge aus dem anglo-amerikanischen Kontext lauten:

- FICA® (**F**aith, **B**elieves, **I**mportance, **C**ommunity, **A**dress in care) (Puchalski 2006).
- SPIRIT (**R** = **R**ituals, **R**estrictions, **T** = **T**erminal Events) (Maugans 1996).
- HOPE (**H**ope, **O**rganized Religions, **P**ersonal Spirituality, **E**ffects of care and Decissions) (Anandarja 2001)

Vergleichbar ist das deutsche Interview-Modell SPIR. Dabei sind die Hauptfragen (Borasio 2009; Riedner, Hagen 2009):

S: **S**pirituelle und Glaubensüberzeugungen:
Würden Sie sich im weitesten Sinn des Wortes als gläubigen Menschen bezeichnen?
P: **P**latz und Einfluss, den diese Überzeugungen im Leben des Patienten einnehmen:
Sind die Überzeugungen, von denen Sie gesprochen haben, wichtig für Ihr Leben und für Ihre gegenwärtige Situation?
I: **I**ntegration in eine spirituelle, religiöse, kirchliche Gemeinschaft/Gruppe:
Gehören Sie zu einer spirituellen oder religiösen Gemeinschaft (Gemeinde, Kirche, spirituelle Gruppe)?
R: **R**olle des Professionellen:
Wie soll ich als Ihr Arzt/Seelsorger mit diesen Fragen umgehen?

Ein ähnliches Assessment wird auch von der Pflegewissenschaft (Dossey et al. 2001) und der Sozialarbeit (Nelson-Becker et al. 2006) vorgestellt.

(3) Im **spirituell assessment** lassen sich weiter- und tiefergehende spirituelle Nöte, Bedürfnisse und Quellen erkunden. Es versteht sich offener und nicht an einem Fragekatalog ausgerichtet. Der Interviewer, der den Empfehlungen der amerikanischen Consensus-Conference nach ein trainierter und zertifizierter spiritueller Begleiter sein sollte, hört sich dabei tiefer in die Lebensgeschichte(n) und -auffassungen ein und kommuniziert Wichtiges in geeigneter Weise mit dem Behandlungsteam.

Sorgfalt im Umgang mit spirituellen Einstellungen. Bei diesen drei Methoden der Erkundung spiritueller Bedürfnisse müssen folgende Punkte beachtet werden:

➢ Im europäischen Kontext muss der Fragende dem Patienten zuvor erklären, warum er solche Fragen stellt und welche Bedeutung dies für die gesamte Begleitung hat. Er sollte sich daher mit dem Patienten verständigen, ob dieser darüber sprechen möchte. So kann der Befragte spüren, dass nicht nur medizinische, psychische und soziale, sondern auch spirituelle Belange zu einer ganzheitlichen Betreuung gehören und er eine entsprechende Rücksicht darauf erwarten kann.
➢ Alle Anamnesegespräche dürfen nicht ›mal nebenbei‹ geführt werden. Für den Patienten muss deutlich werden, dass solche intimen und komplexen Themen nicht nur der Abarbeitung eines Fragekatalogs dienen, sondern in sich bereits einen Eigenwert haben und ›Begegnungsspiritualität‹ enthalten können.
➢ Ein Anamneseraster ist nicht nur eine Sammlung objektivierender Fragen, sondern sollte auch eine Gelegenheit sein, bei der der Patient über spirituelle Belange sprechen kann, die nicht darin vorgesehen sind.
➢ Screening und Anamnesegespräche sollten dem Patienten eine Atmosphäre vermitteln, die es ihm auch in späteren Stadien seiner Krankheit ermöglicht, weiterreichende und anders geartete existentielle und spirituelle Themen und Probleme zu äußern.

➢ Es muss dem Patienten auch transparent gemacht werden, was von dem Gespräch wie ins Behandlungsteam gelangt und wie man in dieser Einrichtung damit umgeht.

Nicht alles muss erfasst werden. Achtung: Routinemäßiges Screening, Anamneseerhebung und Assessment dürfen die Helfer nicht zu der Vorstellung verführen, jeder Patient müsse – weil es zur ganzheitlichen Betreuung gehöre – seine spirituelle und religiöse Einstellung öffnen und keiner dürfe ohne ›spirituelle Behandlung‹ oder Lebensbilanz sterben. Es muss nicht alles Innere durch die Kontrolle und das Urteil von Fachleuten gehen. Es ist zudem zu bezweifeln, ob es ethisch vertretbar ist und ob es dem Respekt vor dem Geheimnis des Menschen und seines Sterbens entspricht, alles Unausgeglichene ans Licht holen und einer Lösung zuführen zu wollen.

Es entspricht zudem einer zumindest christlichen Spiritualität, dass nicht alle Probleme und Fragen gelöst werden, nicht alles versöhnt und befriedet werden muss. Lebensqualität heißt nicht, dass alles spirituelle Leid am Ende beseitigt sein muss. Krankwerden, Sterben und Trauer sind schwierig und nicht nur physisch und psychisch, sondern auch existenziell schmerzhaft.

So ist auch ›gutes Sterben‹ nicht machbar und es kann nicht Ziel von Behandlungs- und Versorgungsplänen sein, es herzustellen.

2.2.1.2 Zur Kompetenz der Helfer in Spiritual Care

Spirituelle Versorgung gehört im Palliativkontext zu den Grundaufgaben. Inzwischen gibt es Bemühungen, Spiritual Care auch in andere Versorgungskontexte (z. B. Alten- und Pflegeheime, klinische Stationen, ambulante Situationen, häusliche Versorgung) einzubeziehen. Wenn alle Teammitglieder zumindest im Palliativzusammenhang eine »Grundkompetenz in Spiritual Care haben sollen« (Borasio 2009), dann muss der Frage nachgegangen werden, was dies für die Zurüstung der Helfer bedeutet.

➢ Sowohl die qualifizierte Erhebung der spirituellen Anamnese als auch andere Formen der spirituellen Unterstützung setzen beim Fragenden eine geschulte Kommunikations- und Resonanzfähigkeit voraus. Psychische, soziale und spirituelle Themen sind sehr intim und verletzlich. Die Patienten müssen daher eine wertschätzende Atmosphäre spüren, damit sie sich öffnen, authentisch reagieren und bereits in diesen Gesprächen erfahren können, dass sie in ihrer Ganzheit respektiert und angenommen sind. Eine so erfahrene Vertrauensbasis wird es dem Patienten auch später ermöglichen, auf die Frage des Arztes, der Ärztin »Wie geht es Ihnen?« sich auch in existenziellem und nicht nur medizinischem Sinne zu äußern.

➢ Die Helfer müssen spirituelle und religiöse Einstellungen als grundsätzlich zum Menschen gehörig und wertvoll erachten. Sie dürfen keine eigenen negativen oder übertrieben positiven Projektionen darauf machen (›Das will ein gläubiger Mensch sein?‹ ›Kein Wunder bei dieser religiösen Einstellung …‹) und keine (Quasi-)Analyse vornehmen (»Sorge um meinen Mann«? – ›Das ist wohl eine symbiotische Beziehung.‹ – »Der Garten ist mein Ein und Alles.«? ›Da gibt es doch sicher jetzt Wichtigeres‹. oder ›Das ist doch nur Verdrängung‹.)

➢ Es bedarf ebenfalls einer Qualifizierung der Helfer, damit sie einschätzen können, wie mit den in der Anamnese geäußerten spirituellen Belangen und Problemen auch bei späteren Begegnungen weiter umzugehen ist:

  ❖ Ob die Bemerkungen des Patienten allein schon dadurch, dass sie geäußert werden können (»Ich bin an die Grenzen meines Glaubens geraten.« – »Warum?« – »Warum ich?« – »Das Beten hat doch alles nichts genützt.« – »Ich hadere mit dem da oben.«) und beim Helfer nicht auf taube Ohren stoßen, zunächst keine weitergehende Bearbeitung brauchen und ob das interessierte und wertschätzende Zuhören genügt. Wertschätzendes Zuhören ist mehr als das reine Verbalisieren und ›Spiegeln‹ (»Ich höre, dass Sie sagen ...«, »Und das ist schwierig für Sie?«).

  ❖ oder ob das Team dem Patienten zunächst seinen eigenen Prozess mit seinen Themen und Sorgen zutraut und doch weiter aufmerksam bleibt. Das heißt, dass der Betreuer der Versuchung widerstehen kann, die Äußerungen als ›Probleme‹ und daher behandlungsbedürftig überzudeterminieren oder sie gleich weiterzudelegieren (»Ich schicke Ihnen dann mal den Pfarrer (oder Psychotherapeuten)«) und damit von der eigenen Berufsrolle abspaltet.

  ❖ Kranke und Sterbende sind nicht nur ›Kranke‹. Sie haben bis zuletzt auch gesunde Anteile in ihrer Persönlichkeit, mit denen sie ihr Schicksal durchstehen können. Die Helfer dürfen ihrerseits von der spirituellen Vorstellung ausgehen, dass Menschen bei schwierigen Themen nicht gleich verzweifeln. Es gilt daher, sie durch mitmenschliche Begleitung – also auch implizit – zu stärken.

  ❖ Oder ob die Carer auch bei dramatisch klingenden Äußerungen (»Ich bin doch noch so jung.« »Ich will noch nicht sterben.« »Das macht doch alles keinen Sinn mehr.«) mit aushalten, dabei bleiben und den Patienten spüren lassen, dass er auf der mitmenschlichen Ebene mit seinen Fragen nicht einsam ist, obwohl sie in sich die Versuchung spüren, einen Damm gegen die Wucht existenzieller Fragen aufzubauen oder eine alles lösende Antwort zu geben.

  ❖ Oder wenn die Helfer spüren, dass der Patient sich öfter damit herumschlägt, dass sie dann für biographische Ansätze im Patienten aufmerksam sind, die sie in Resonanz bringen und so dem Patienten helfen, an vorher nicht erreichbare Ressourcen heranzukommen (z. B. »Wollen Sie mehr über Ihren Glauben erzählen?«, »Sorge um Ihren Mann ...?«).

  ❖ Geschulte Carer können auch eigene berufliche Erfahrungen mit dem Erleben des Patienten in Beziehung setzen, die es ihm erlauben, eigene gangbare Wege zu suchen (»Ich habe schon erlebt ...«, »Aus meiner beruflichen Erfahrung kann ich sagen ... . Wie hören, empfinden Sie das?«) Das Einbringen eigener beruflicher oder biographischer Erfahrungen durch den Helfer verlangt allerdings, dass er das

Eigene so darzubieten vermag, dass es den Patienten zu dessen Selbsterschließung befähigt. Die Erfahrungen des Helfers müssen als symbolhaft erkennbar sein; sie dürfen für den Patienten nicht als Maßstab wirken, sondern nur als Symbolraum, der diesen zu seinem eigenen Prozess anregt. Sie dürfen nur ›Starter‹ sein, bis der ›Motor‹ des Patienten wieder selbstständig läuft.

❖ Wenn die Helfer spüren, dass ein Kranker sich weiter quält und sie selbst mit dessen Problemen überfordert sind oder ein weiteres ›Mitgehen‹ zu keiner Veränderung führt, dann sollten sie ein Angebot machen: »Ich überlege mir, mit wem Sie einmal darüber ausführlicher sprechen könnten.« Oder: »Sind Sie einverstanden, wenn jemand von der Seelsorge (die gehören hier zum Team, die verstehen etwas von solchen Fragen, wie sie Sie bewegen) Sie besucht?«

Die Befähigung zur spirituellen Anamnese bedeutet per se noch keine Kompetenz in Spiritual Care! (Eine klare Unterscheidung zwischen den Möglichkeiten und Kompetenzen der Gesundheitsberufe und denen von befähigten geistlichen Begleitern nimmt H. G. Koenig (2012) in seinem Leitfaden zur Spiritualität in den Gesundheitsberufen vor.) Für die medizinischen Berufe sind die wichtigsten Haltungen und Fähigkeiten bei der spirituellen Anamnese:

- verstehen, was man schon mit Fragen auslösen, wie man aber auch verletzen kann;
- gutes Zuhören und Wertschätzen;
- verstehen, was die Äußerungen für die Betroffenen zutiefst bedeuten können;
- einschätzen, wie mit spirituellen Belangen weiter umzugehen ist: was beim Helfer aufgehoben ist, was er selbst mit dem Patienten achtsam kommunizieren kann, was er nicht weiter vertiefen und ausdrücklich begleiten kann und wie weiterzudelegieren ist.

Die Erfassung von ›Bedürfnissen‹ und benennbaren Einstellungen kann sicher nur einen (vielleicht gar nicht mal entscheidenden) Teil der spirituellen Erfahrung erreichen, die durch Krankheit und Krise in Mitleidenschaft gezogen wird und die zugleich den Reichtum des Patienten ausmacht. Zudem ist die Frage, wie die festgestellten Bedürfnisse dokumentiert und an die anderen Teammitglieder weitergegeben werden, wie sie auf diesem Weg – anders als bei medizinischen Daten möglich – interpretiert und umgedeutet werden und wie und von wem sie dann weiter ›bedient‹ werden. Die Consensus-Conference in den USA verlangt für eine Differentialdiagnose und eine weitergehende ›Behandlung‹ eigens trainierte und zertifizierte spirituelle Begleiter.

Die eigene spirituelle ›Frequenz‹ kennen. Grundsätzlich ist zur Kompetenz der Helfer in Sachen Spiritualität zu sagen: Wenn man von der Voraussetzung ausgehen darf, dass jeder Mensch von (s)einem inneren Geist zum Leben inspiriert ist, dann gilt dies auch für den therapeutischen Begleiter. Verstehen, was die spirituelle Einstellung eines Patienten für diesen bedeutet, setzt voraus, dass auch der Helfer sein eigenes spirituelles Berührtsein reflektiert. Die Fähigkeit zur spirituellen Begleitung ist keine Naturbegabung. Sie verlangt mehr als Anwendung von Methoden und objektivierenden Fragen. Der Helfer muss die Schwingungsebene (›Spiritualität‹) in sich selbst kennen, wenn er auf dieser Ebene anderen hilfreich begegnen will. Er sollte klar haben, wo er selbst steht. Und er muss zugleich von der eigenen Schwingungsfrequenz abstrahieren können, um für alle möglichen Frequenzen von Klienten empfangs- und begleitungsbereit zu sein. – Neben der Beziehungsgestaltung gehört im Grunde auch eine persönliche Erschlossenheit für die spirituelle Dimension zu jeder patientenbegegnenden Tätigkeit und eine gewisse Selbstreflexion und Selbstpflege, die die Lebenserfahrung des Helfers vertiefen und diesen Beruf ja auch befriedigender machen.

2.2.2 Zweiter Zugang zur spirituellen Innenseite: Die symbolische Kommunikation als Königsweg

»Ohne Symbole hat die Seele keine Sprache.« (Jörg Zink)

Dies ist – methodisch gesehen – das Herzstück der Darlegungen dieses Buches. Dieser Zugang ist eine überraschend niederschwellige Möglichkeit der spirituellen Unterstützung. Diese Wahrnehmungs- und Begleitungsmethode geht davon aus, dass der ausdrückliche Begriff ›Spiritualität‹ bei weitem nicht so vielen Menschen etwas sagt, wie der gesellschaftliche Diskurs denken lässt. Zudem reicht das mit ›Spiritualität‹ Gemeinte zu tief in das Geheimnis eines Menschen hinein, als dass dieser selbst so einfach explizit darüber Auskunft geben könnte. ›Geheimnis‹ heißt aber nicht, dass es hier um eine verborgene Wirklichkeit ginge, die mit dem normalen Leben nichts zu tun hätte. Charakteristisch für ›Spiritualität‹ ist gerade, dass das einem Menschen Wertvollste und Höchste und die alltägliche Lebenserfahrung einander nicht ausschließen, sondern eng miteinander verwoben sind und sich gegenseitig erschließen und bereichern. Von dieser Grundannahme geht der Entwurf »Spiritualität in der symbolischen Kommunikation« aus.

Der folgenden Argumentation wird hier eine weitere Umschreibung von Spiritualität vorangestellt:

Vom Patienten/Klienten her gesehen ist Spiritualität das (bewusste und nicht bewusste) Potential an: • Selbst- und Weltempfinden,   • Selbst- und Weltverständnis,   • Lebenseinstellungen und -haltungen,   • Sinnerfahrung und Sinngestaltung,   aus dem heraus   • Person, Leben und Welt Bedeutung *erhalten*;   • Menschen dem Leben Bedeutung *geben*.

2.2.2.1 Wie Menschen Spuren zu ihrem Inneren legen

Die spirituelle Dimension wird nicht erst dann greifbar, wenn Patienten Visionen von Engeln oder ekstatische Emotionen haben oder mit meditativen Praktiken vertraut sind. Zu ihrer persönlichen Spiritualität gewähren die Menschen uns Helfern einen Zugang meist auf ganz alltägliche Weise in der ganz normalen Realität. In fast jeder Begegnung legen Menschen auf narrative Weise Spuren zu ihrer Innenseite. Sie tun das nicht erst, wenn sich der Helfer für ihre Religion oder ihren Glauben ausdrücklich interessiert, sondern im Berufsalltag, bei Untersuchungen, bei der Mitteilung von Ergebnissen, dem Anlegen einer Infusion oder beim Bettenmachen.
Einige Alltagsbeispiele sollen dies verdeutlichen:

- ❖ So sagt eine Patientin: »Am meisten Sorge mache ich mir um meinen Hund.«
- ❖ »Dieses Jahr bin ich zum ersten Mal nicht in meinem Schrebergarten.« (Ein Mann mit einem inoperablen Tumor)
- ❖ »Jedes Jahr habe ich um diese Zeit den Blumensamen ausgesät. Ich frage mich, wie das dieses Jahr gehen soll.«
- ❖ Eine schwerkranke Patientin empfängt den Seelsorger mit dem Worten: »Sie waren einige Tage weg auf einer Tagung? Hat es da wenigstens gut zu essen gegeben?«

Nebensächlichkeiten? Diese wenigen Aussagen stehen für zahllose Beispiele, wie sie den Helfenden im Berufsalltag begegnen. Warum sagen Menschen das beim Helfer? Warum gerade das? Das sind doch Nebensächlichkeiten gegenüber der Schwere ihrer Krankheit! »Frau X, jetzt machen Sie sich mal keine Sorgen um Ihren Hund. Sie haben ja jemanden, der sich darum kümmert. Jetzt geht es erst einmal um Sie und dass Sie wieder zu Kräften kommen«, möchte man als Helfer antworten. Und in der Tat: Gibt es nicht Wichtigeres als den Hund zu Hause oder den Blumensamen oder das Essen oder das Brötchen, das halb gegessen auf dem Teller liegt? Aber so äußern sich nun einmal Patienten – und alle Menschen tun das: Sie öffnen etwas von ihrem Inneren, nicht in abstrakten Erklärungen, sondern sinnlich-konkret. Über solche – scheinbar äußerlichen – Dinge legen sie Spuren zu ihrem Inneren: in Gesten, Worten, in der Art, wie sie etwas betonen oder nur beiläufig bemerken. – Zunächst gilt für sprachliche Äußerungen überhaupt:

»Alle Sprache, soweit sie irgendetwas aussagen will, das nicht unmittelbar anschaulich ist, redet in Bildern.« (Zink 2007: 172) Das gilt also gerade auch da, wo ein Mensch etwas aus seiner Innenwelt äußern will.

Wohin könnte zum Beispiel die Spur in der Bemerkung führen: »Hat es da wenigstens gut zu essen gegeben?« Zunächst könnten im Helfer die eigenen Deutungen anspringen:

- ○ Gibt es hier im Krankenhaus so schlechtes Essen?
- ○ Ist die Patientin so verwöhnt?
- ○ Ist ja verständlich, dass sie als Schwerkranke wenig Appetit hat.

- o Vielleicht ist sie ›neidisch‹ auf den gesunden Besucher: »Sie haben es gut, Sie können es sich gut gehen lassen.«
- o Oder ist sie vorwurfsvoll und wütend: »Während es mir hier schlecht geht, haben Sie es sich schön gemacht«?

Dies alles mag die Patientin bewegen – und da würde einiges auf die zweite oder dritte Phase in der Theorie von Elisabeth Kübler-Ross hindeuten: aufbrechende Gefühle oder Feilschen um »noch mal gut essen dürfen«.

Auf vier Ebenen ›hören‹

Wie der Fortgang bei solchen Gesprächen zeigt, geht es jedoch den Patienten – und den meisten Menschen – mit ihren Bemerkungen und Fragen um mehr als um die Sache und um mehr als nur Gefühle. Die ›Spuren-Suche‹ ist nach Gert Hartmann (1993: 63 ff.) wesentlich ergiebiger und weiterführend, wenn man vier Ebenen unterscheidet:

(1) Sachebene. Auf dieser Ebene könnte obige Aussage z. B. beinhalten: schlechtes Essen im Krankenhaus; sie hat keinen Appetit; sie selbst kann nichts mehr bei sich behalten; sie legt Wert auf gutes Essen … .

(2) Gefühlsebene. Auf dieser zweiten Ebene könnte das heißen: Ich entbehre den einfachsten Genuss, ich bin neidisch auf die Gesunden. Ich bin traurig, dass ich nichts mehr essen kann. Ich sehne mich danach, wieder genießen zu können … .

(3) Identitätsebene. Eine solche Aussage enthält aber noch mehr: Da will ein Mensch auch etwas über sich selbst sagen. So könnte dieser kurze Satz z. B. andeuten: Sehen Sie, daran denke ich zurzeit; ich bin stolz darauf, so etwas vorweisen zu können; so jemand bin ich; mir ist ›Essen‹ wichtig. – Vielleicht fehlt ihr etwas Wesentliches, was außer der Nahrungsaufnahme noch zu ihr gehört; vielleicht kann sie gut genießen, versteht etwas von gutem Essen, ist eine gute Köchin, hat das immer gerne für andere getan … .

(4) Spiritualitätsebene. Als vierte Dimension kündigt sich in dieser Aussage ein spiritueller Hintergrund an: die spirituelle Ebene. Z. B.: Beim Kochen oder gut Essen war ich immer mit dem Leben verbunden; da (ist) war die Welt in Ordnung; wir haben gerne Gäste gehabt, und da war ich stolz, dass ich zu einem schönen Abend beitragen konnte. Bei einem guten Essen habe ich erfahren, dass das Leben gut ist.

Was hier als ›Inhalt‹ einer solchen Aussage skizziert ist, sind zunächst *mögliche Bedeutungen*. Was von diesen Möglichkeiten tatsächlich zutrifft, das kann sich nur im engen Feedback-Kontakt mit den Gesprächspartnern zeigen. Da darf der Helfer nichts zu schnell hineindeuten.

Es geht um den Reichtum der Seele. Viele Aussagen von Patienten (das heißt natürlich von Menschen überhaupt) haben in diesem Sinn eine spirituelle Dimension:

> In jeder Kommunikation geschieht es, dass Menschen etwas von dem anklingen lassen, was ihnen in ihrem Leben Bedeutung gibt – ja, was ihnen ›heilig‹ ist.

Im Erzählen vergewissern sich Menschen ihrer Identität. In dem, was sie betonen oder nebenbei sagen, was ihnen dazu einfällt und wo sie sich verstanden fühlen, geht es letztlich darum, den eigenen Selbstwert zu spüren und zu vertiefen. Sie tun das in eher nicht reflektierter Absicht. Es braucht zu dieser Bedeutungsgebung auch keine strukturierte und absichtsvolle Biographiearbeit.

Meine These ist: Um etwas von dem zu äußern, was ihnen zuinnerst bedeutungsvoll ist, nutzen die Menschen die Bühne des Alltags: das Wetter draußen, das Buch auf dem Nachtisch, das Bild an der Wand, den Film im Fernsehen, die Fotos von der Familie, den Sport, die Operationswunde, die Kastanie, die der Enkel mitgebracht hat, ihre Reisen, ihren Beruf, Erinnerungen und aktuell Erlebtes. Im Gewand des Alltags kann alles eine Rückseite haben. Es kann zum Symbol für den Reichtum der Seele werden.

Spiritualität aufwecken
In jedem Menschen wohnt bereits ein spirituelles Potenzial. Es ist keine spirituelle Quelle, die ich von außen an ihn herantragen oder ihm verabreichen müsste. Das spirituelle ›Material‹, dem die Helfer begegnen, ist weitestgehend schon im Patienten. Im Gespräch mit dem Helfer, in dessen Art der Wahrnehmung und Resonanz können die spirituellen Ressourcen wacher werden, so dass sie dem Patienten nach der Begegnung besser und gefüllter zur Verfügung stehen als vorher. Diese sind sozusagen ein Depot-Medikament; eine Quelle, die durch die Begegnung mit dem Helfer aktiviert, eine Leitung, die freigeschaltet wird; ein Brunnen, der dann besser sprudelt; eine bedeutungsvolle Melodie, die noch länger nachklingt. Diese aufgeweckte Quelle bleibt beim Patienten, auch wenn der Helfer wieder weggeht. Sie ist im sozialen Kontakt aufgewacht, ist aber nicht an die ständige Anwesenheit des Helfers gebunden. Sie ist im Patienten verwurzelt, weil in seinem persönlichen Lebensprozess erworben. In die Bedeutung des Gemeinten können sich die Helfer einfühlen. Aber als vom Patienten authentisch durchlebt und durchlitten, ist sie dessen ureigen Heiliges.

Symbolisch das Leben deuten. Der spirituelle Gehalt ist dem Patienten oft selbst nicht unmittelbar bewusst; er wird als ›Schatz‹ oft erst im Moment der intensiven Beschäftigung, im Gespräch mit anderen deutlich – oder in Todesnähe oder Trauer, wo Dinge und Ereignisse des Lebens sich als tiefe Symbole der Lebensdeutung erweisen. Manchmal braucht es nur einen kleinen Anlass (im Beispiel der sterbenden Frau: Der Seelsorger war ›ein paar Tage weg‹), den die Patientin nutzt, um ihre tiefere Quelle mit dem Kontext hier zu verbinden. In dieser Weise der ›Alltagskommunikation‹ lassen Menschen also etwas von ihrer Lebenssicht und zugleich etwas vom Ganzen ihres Lebens spüren. Die Helfer dürfen also nicht warten, bis vielleicht ein Patient in der viel zitierten und bewunderten Form das bevorstehende Sterben andeutet (vgl. Hermann 1999): »Die Koffer sind gepackt.«; »Wo sind meine Wanderschuhe?«; »Ist noch genug Öl für den Winter im Keller?«; »Der schwarze Vogel hat an mein Fenster gepickt«. Es gilt vielmehr, auf die vielen ›kleinen‹ Zeichen zu hören, mit denen Menschen den Augenblick und ihr Selbst transzendieren und ihnen eine größere Bedeutung geben. Menschen tun das mit manchmal verschämt geäußerten Dingen, die, gemessen an den wichtigen Symbolen der großen Welt, unbedeutend und nicht der Rede wert erscheinen.

❖ Die Patientin gibt dem Seelsorger als Spende einen Euro und sagt: »Ich habe nur diesen Pfennig.« Und dann lässt sie ihn über dieses Geldstück einen Blick in ihre Lebensgeschichte tun: Sie waren arme Leute, ihre Brüder sind alle im Krieg gefallen. Das Leben war schwer ... und doch haben sie mit diesem ›Pfennig‹ als ihrem ›Vermögen‹ das Leben gemeistert.

So zeigen Menschen vielleicht nur eine kleine Münze vor, aber die steht für etwas Großes, Heiliges, dessen Größe nur sie selbst ermessen können. Bei weitem nicht immer muss das ganze Leben erzählt und ›neu konstruiert‹ werden und doch meint das ›Kleine‹ oft das Wesentliche des Lebens und im Fragment zeigt sich ein Ganzes.

Eine Grundthese dieses Buches ist:

> Die Spiritualität (und damit die spirituelle Ressource) von Patienten und Angehörigen zeigt sich wesentlich häufiger in *impliziter* als in expliziter Form.

Die Helfer kommen in ihren beruflichen Begegnungen mit der spirituellen Dimension nicht erst dann in Beziehung, wenn sie die Einstellung ihrer Patienten ausdrücklich in einer Anamnese erheben. Es bleibt ja bei einer solchen Erhebung die Frage, ob dabei die ins Leben eingewobene und im Lauf des Lebens mitgewachsene Spiritualität ausreichend zur Sprache kommt. Der innere Geist, der einem Menschen innewohnt, kommt viel eher *narrativ* und ›*symbolisch inszeniert*‹ als begrifflich benennbar zum Ausdruck. In diesem Sinn kommt die Einstellung nicht erst dann ins Spiel, wenn sie in einem ausdrücklichen Assessment erkundet und methodisch erhoben wird. Letzteres ist eher die Aufgabe von Fachseelsorgern und spirituellen Begleitern. Aber auch für sie ist wie für alle Berufe die implizite Form ein wesentliches Medium, über das Spiritualität in die Begleitung einbezogen werden kann.

2.2.2.2 Zu Sinn und Gebrauch von Symbolen
»Das ist ja nur symbolisch«?

❖ Auf der Intensivstation kommt der Seelsorger mit der jungen Frau ins Gespräch, die ihrem schwerkranken Vater beisteht. Er ist nicht (mehr?) ansprechbar. Die Tochter: »Ich streichele ihn die ganze Zeit an der Wange. Wissen Sie, ich habe früher nie viel Zärtlichkeit von meinen Eltern erfahren. Nur einmal, als es mir mal ganz schlecht ging, hat mein Vater mich hier gestreichelt. Diese Erfahrung habe ich nie vergessen. Jetzt, wo ich sowieso nicht viel tun kann, gebe ich ihm das zurück.«

Die Geste der Tochter könnte man als hilflosen und letztlich nutzlosen Versuch deuten, dem Vater etwas Gutes zu tun. Damit würde man die kleine Szene aber völlig missverstehen: Die junge Frau legt in ihre Zuwendung nicht ›ein bisschen Liebe‹, keinen Ersatz für Liebe, sondern im Gegenteil ihre *ganze* Liebe hinein. Ihr Zeichen steht für etwas Unaussprechliches, Kostbares und Bedeutungsvolles, das im Vordergrund unscheinbar, im Hintergrund aber ein unschätzbares ›Mehr‹ enthält.

Was hier unter ›Symbol‹ verstanden wird

Symbol und Sprache. Wenn in der Öffentlichkeit von Symbolen die Rede ist, dann wird dieser Begriff oft abwertend gebraucht: »nur ein Symbol«, »reine Symbolpolitik«, »das hat nur symbolischen Wert«. Das obige Beispiel von der Geste der Tochter zeigt, dass in Handlungen und Äußerungen von Menschen gerade ein Mehr und nicht ein Weniger gemeint ist. Bereits unsere Sprache verweist darauf, dass der Mensch Möglichkeiten hat, ein Mehr an Bedeutungen über den reinen Austausch von sachlichen Informationen hinaus zum Ausdruck zu bringen. Unsere Sprache ist voll von Worten, die aus der dinglichen Anschauung genommen und im übertragenen Sinn verwendet werden und so den gemeinten Sinn transportieren können (so stammen die eben benutzten Worte ›ver-*weisen*‹, ›Be-*deutung*‹, ›Aus-*tausch*‹, ›Aus-*druck*‹, ›über-*tragen*‹ aus der anschaulichen Welt, werden aber bildhaft für das nicht sinnlich Greifbare gebraucht). Dies gilt rein formal für jede Art lautlicher und sprachlicher Verständigung. Erst recht gilt dies, wenn Menschen Bedeutungsvolles von ihrem Leben, von ihrem Schicksal, von ihrem Selbst- und Weltverständnis aus ihrem Inneren nach außen bringen wollen. In diesem Sinn ist jede Verständigung über existenzielles und spirituelles Erleben auf das Kommunikationsmittel ›symbolischer Ausdruck‹ angewiesen. Als ›symbolisch‹ wird hier das Medium zur Vermittlung dessen verstanden, was die Seele eines Menschen bewegt, was ihm wichtig und letztlich sogar ›heilig‹ ist. Für dieses ›Heilige‹ benutzen Menschen das anschauliche, begriffliche oder erzählerische Material, das ihnen gerade zur Verfügung steht, das aber nur die Außenseite der sehr subjektiven Innenseite ist.

Alltagspoesie. Unter ›Symbolen‹ werden hier also nicht erst die kulturellen und religiösen Sinnträger verstanden, die Sinnerfahrungen und -gebungen von Menschen aus anderen Zeiten und von anderen Orten ins Hier und Heute transportieren. Auch das Symbolverständnis der alten Psychoanalyse ist auf dem Hintergrund der unspezifischen Begegnung mit kranken Menschen nicht angebracht. Symbole können bei weitem nicht nur als verschlüsselte Botschaften aus dem Unbewussten gelesen werden. Diese vorwiegende Lesart würde den Kommunikationsabsichten der sich uns anvertrauenden Menschen nicht gerecht. Psychologie und Psychotherapie haben ihr Symbolverständnis seit Längerem weitergedacht und die Bilderwelt ihrer Klienten offener zu deuten und zu nutzen gelernt. – In der ›Alltagspsychologie‹ lebt das eingeschränkte Symbolverständnis allerdings noch fort, z. B. in der populären Traumdeutungsliteratur. Danach werden den Traumsymbolen weitgehend feste Bedeutungen zugewiesen. Diese

Sicht schränkt die Bedeutungsgebung durch den Träumer aber ein. Denn nur der Träumer kann auf dem Hintergrund seiner Gefühls- und Assoziationswelt die Symbole verstehen und sie in seinen Lebenskontext einordnen. Am nächsten kommt ein offenes Verständnis des Symbolbegriffs noch der Bedeutung, die er in Dichtung und Bildender Kunst hat. Ein Schriftsteller verwendet bewusst eine bildhafte Sprache, um seiner Vorstellungs- und Gedankenwelt Ausdruck zu verleihen. – In abgewandelter Weise kann man sagen:

> Menschen äußern Wichtiges aus ihrem Inneren in Alltagspoesie und sie hoffen dabei (eher insgeheim), dass ihre ›Dichtung‹ verstanden wird.
> Im Kontext der Begegnung mit Menschen in existenziellen und spirituellen Krisen gilt es, Symbole als unspektakuläre Transportmittel zu lesen und ihnen zu ›glauben‹, dass sie einer reichhaltigeren Innenseite entspringen als es im Vordergrund zunächst erscheint.
> Der Begriff ›Symbol‹, wie er in diesem Buch verwendet wird, bezieht sich also nicht erst auf die in Bilder gefassten Sinngehalte der Kultur und der Religion, die ›großen Symbole‹. Mit gleicher Wichtigkeit wollen auch die Ausdrucksformen der Menschen respektiert werden, in die diese ihre kleinen und großen Lebenserfahrungen und Sinngebungen kleiden und mit denen sie verstanden werden wollen.

Vordergrund und Hintergrund

Die ›Wirklichkeit‹ der Dinge und der Lebensereignisse ist immer mehr als ihre Faktizität: ›Wirklich‹ sind sie, weil sie bereits auf einen Menschen gewirkt haben und dieser ihnen einen Platz in der Welt seiner Sinngebungen zugewiesen hat. Das Wort »Hat es da gut zu essen gegeben?« entpuppt sich als Äußerung, die auf einen – zunächst nur erahnbaren – Hintergrund verweist. Diese Wirklichkeit ist in der Regel weit größer als das Material, mit dem es vorgezeigt wird. Die Patienten, die Symbolbringer, sprechen sicher nicht in dem Bewusstsein, hier symbolisch zu reden. Sie tun es einfach. Wie anders soll man auch vom Hintergründigen, das ihr Leben wesentlich mehr ausmacht als der Vordergrund, wie anders soll man von der eigenen Identität und dem, was einen zutiefst ausmacht, reden – erst recht in einer Momentanbeziehung?

Das Zeichen ist das Äußerbare, aber in größerem Maß steht es für ein zunächst nicht anders Äußerbares. Es steht also für etwas, was es selbst nicht ist. Die Sache selbst ist nicht das, was damit gemeint ist:

❖ Die Patientin in der Frauenklinik würde sich zutiefst missverstanden fühlen, wenn ich sie ab jetzt mit ›Essen‹ identifizieren würde.

❖ Die längst erwachsene Tochter, deren Vater vor zwei Jahren gestorben ist, erzählt, dass sie jedes Mal, wenn sie den Hammer des Vaters aus dem Keller holen will, um z. B. ein Bild aufzuhängen, in Tränen ausbricht.

❖ Der schwerkranke Patient hat einen Reiseführer ›Italien‹ auf dem Nachttisch liegen. Ich frage ihn, ob er dorthin reisen möchte. Er antwortet: »Nein – nach Russland«.

Das ›Essen‹ ist für die Patientin die ersehnte gute Ordnung des Lebens, die durch dieses Symbol auch jetzt in ihr ist, obwohl sie zurzeit nicht – und vielleicht nie mehr – real essen kann. Der ›Hammer‹ steht für die Trennung vom Vater, aber auch für das Verbundensein über den Tod hinaus. In der Kraft dieses Verbundenseins und in der Kraft, die der Vater darstellt, wird sie eines Tages selbst den ›Hammer‹ für die weitere Lebensgestaltung gebrauchen können. Und der Patient, der den Krieg in Russland überlebt hat, wird von der Hoffnung getragen, auch diesmal ›durchzukommen‹, um nach Italien, dem Land seiner Sehnsucht, fahren zu können.

Das Geheimnis in Symbolform. Das ›Geheimnis‹ des Gemeinten ist aber durch das Symbol da und wirksam, obwohl das Vorgezeigte nicht selbst das Geheimnis ist. Im Hammer, im Schrebergarten, im »gut zu essen gegeben« ist das Vermisste gerade da. Als Ersehntes ist es jetzt anwesend und als Ressource wirksam, obwohl das Gemeinte ›nur‹ bildlich da ist. Das also ist die unersetzliche Wirkung des Symbols: Indem es erinnert und in der Kommunikation geäußert wird, findet das früher Erlebte Zugang ins Hier und Jetzt. Der Patient könnte alle möglichen Lebensereignisse erzählen, aber er wählt das Bedeutsame aus und inszeniert es im Jetzt. Dann ist er jetzt im Geheimnis seines Schrebergartens, jetzt beim Geheimnis des Vaters mit dessen Hammer, jetzt beim Geheimnis des Essens. Das Geheimnis ist im heutigen Augenblick anwesend und ist die Ressource des Patienten auch über den Augenblick hinaus.

Das Symbol enthält eine Differenz. Im Umgang mit symbolischen Äußerungen muss auf eine wichtige Differenz aufmerksam gemacht werden, die oben schon genannt wurde: Das Vorzeig- und Benennbare ist nicht identisch mit dem mitgemeinten Gehalt. Die mitgemeinte Wirklichkeit steht hinter dem Zeichen; dieses stellt etwas dar, worauf es nur verweist. Die Differenz zwischen dem Bedeutungsträger und der inneren Bedeutung ist ein wesentliches Charakteristikum im Symbolverständnis. Das, worauf das Zeichen verweist, ist wesentlich reichhaltiger an Bedeutung als das Zeichen selbst. Wollte man die Differenz vorzeitig aufheben, indem man versucht, das Zeichen an die Stelle der Bedeutung zu setzen, würde der Sinngehalt auf das Vordergründige zusammenschrumpfen und weitgehend entwertet.

> - Würde man der Tochter raten, doch in Zukunft den Handwerker zu bestellen und den Hammer des Vaters gar nicht mehr anzufassen, würde sie von der Bedeutung des Vaters für ihr Leben (und nicht nur von der Trauer) nichts integrieren können. Der ›Hammer‹ steht nicht nur für Trauer, sondern auch für einen Sinn, der sich nicht einfach einlösen lässt.
> - Würde man dem schwerkranken Patienten ermöglichen, noch mal nach Russland zu fahren und die einzige Erfüllung seines Wunsches in der Realisierung einer Reise sehen (oder gleich ein Ticket für eine Reise nach Italien besorgen), dann würde vermutlich die Kraft seiner Hoffnung entwertet.
> - Würde man den Patienten, um seine Trauer zu lindern, in seinen Schrebergarten bringen, dann würde man die Essenz vieler Jahre in diesem Garten auf einen einzigen Besuch reduzieren. Er bekäme das Signal, dass

wesentliche Erfahrungen seines Lebens mit einer Aktion aufzuwiegen wären und als ob die Vielfalt an Schönem, aber auch Schwierigem, das Gelingen und Misslingen am Ende nur mit etwas Schönem zu beantworten wäre.

Manchmal ist die Erfüllung letzter Wünsche durchaus erwägenswert. Aber wenn man vorzeitig, bevor der Bedeutungsgehalt im Patienten sich entfalten kann, daran denkt, das symbolisch Gemeinte einzulösen, dann wird der Sinn, von dem Geist, Herz und Seele bewegt sind, schnell entwertet. Dann ist zwar dem *Zeichen* im Symbol Genüge getan, aber dem Symbol die Kraft genommen und das Geheimnis daraus geschwunden.

Symbole als ›Container‹
In diesem Sinn ist das relativierende Wort ›nur‹ letztlich keine Ab-, sondern gerade eine Aufwertung des Gebrauchs von Symbolen. Ein Symbol vermag den vielfältigen Reichtum des Lebens aufzunehmen. Hell und Dunkel, Gelingen und Versagen, Trennung und Heimatlichkeit werden über die Zeit hinweg transportiert und gerettet. So ist sein Reichtum in der jetzigen Krise, in der Suche nach Sinn hier und heute verfügbar.

Menschen reden auch über ihr Sterben weit öfter in indirekter als in ausdrücklicher Form. Dies mag man als ›Nicht-wahrhaben-wollen‹ und Verleugnung interpretieren. Es kann aber auch sein, dass mit dem Wort des Schwerkranken »Ich mache mir mehr Sorgen um meine Frau als um mich« mehr gemeint ist, als wenn der Begriff ›Sterben‹ benutzt würde. Es steht dann nicht für *die Tatsache* des baldigen Sterbens, sondern für dessen *existenzielle Bedeutung* und für dessen Geheimnis. Menschen sind höchst kreativ, wenn es um die Äußerungen aus dem Inneren geht – und das sollten die Helfer wertschätzen, auch wenn sie dafür kein Standardverfahren an Deutungen und Antworten zur Verfügung haben. Wenn Patienten in ihren Symbolisierungen auf die Vergangenheit, gar auf die Kindheit zurückgreifen, dann darf das nicht automatisch als Rückfall (›Regression‹) in kindliche Gefühle und Flucht vor dem Ernst des Lebens in eine heile Kinderwelt interpretiert werden.

Für viele Menschen ist zum Beispiel ›Weihnachten‹ mit einer hohen Bedeutung aufgeladen. Wenn sie diese aufrufen, dann fallen sie nicht einfach in die Kinderzeit zurück, sondern sie rufen im Heute den damals erfahrenen Gehalt auf. Der wurde zwar in der Kinderzeit gelernt, aber er wird heute wieder gebraucht im neuen Kontext von Krankheit und Sterben. Die in dem Symbol deponierte Urerfahrung wird heute verflüssigt, weil sie jetzt als Trostressource wichtig ist. Menschen brauchen das in den Urbeziehungen Gelernte und Erfahrene ein Leben lang. Symbole stellen dies zeitlebens als Unterstützung bei der Selbstfindung zur Verfügung (vgl. Wahl 1999: 460).

Die Symbolisierungen der Patienten dürfen auch nicht zur Idealisierung oder zum Schönreden verwendet werden.

❖ Der ›Sonnenuntergang von gestern Abend‹ meint nicht einfach nur eine traumhafte Urlaubserinnerung, sondern er kann auch für die möglicherweise sorgenvolle Nacht stehen oder für beides zugleich. – Der Schrebergarten, von dem der Patient im Krankenhaus erzählt, steht ja nicht nur für geordneten Jahreslauf, romantische Natur und gute Ernte, sondern auch für Mühe und Last der Arbeit, für Bangen um gutes Wetter und dafür, was aus all dem an Leben gewonnen wurde.

Symbole sind ›Container‹, Gefäße für Ambivalenzen, für anders nicht Sagbares, für die Vieldeutigkeit des Lebens. Es ist in erster Linie natürlich das Subjekt selbst, das für die Auslegung seiner symbolischen Rede zuständig und kompetent ist. Die Dinge haben ihre Bedeutung ja nicht an sich, sondern für das Subjekt. Durch das Symbol darf ich als Helfer das Geheimnis dieses Menschen betreten – und ich muss mit dieser Erlaubnis sorgfältig umgehen: Es ist ›heiliger Boden‹. Da gilt es, die ›Schuhe auszuziehen‹, nicht alles öffnen und bereden zu wollen. Das Geheimnis hat seine eigene spirituelle Tragekraft. Die entfaltet es nicht erst, wenn es analytisch oder psychologisch ausgedeutet und kontrolliert wird. Sehr wohl aber will es in Resonanz kommen und berührt werden. Der Helfer kann beim Verstehen nur unterstützen, er weiß es nicht ›besser‹. Letztlich geht es ja um den Patienten selbst, dass der sein Inneres besser verstehen und ordnen und so zu seinen Ressourcen gelangen kann. Dadurch kann der Begleiter dem Patienten helfen, in einem volleren Sinn mit seiner Spiritualität in Beziehung zu kommen.

2.2.2.3 Symbol und Transzendenz

Spiritualität – zunächst einmal formal als Selbsttranszendenz gesehen – ist nur in vermittelter Gestalt aussagbar. Sie meint gerade das ›Transzendierende‹ und nicht das Selbst, das von diesem Anderen erfüllt und inspiriert ist.

Den Augenblick transzendieren. Wenn jene Patientin das ›gut zu essen gegeben‹ als sie jetzt bewegendes Thema aufgreift, dann meint sie natürlich auf der sachlichen Ebene das reale Essen und auf der Gefühlsebene Entbehrung von Genuss und Sehnsucht nach Wohlbefinden. Aber auch wenn die reale Erfüllung dieser Wünsche nicht (mehr) möglich ist, so ist dennoch die Erfahrung des bei solchem Zubereiten und Essen möglichen Genusses und der guten Ordnung des Lebens auch jetzt in ihr. Die Essenz von Erleben und Fähigkeiten ist über die Erinnerung jetzt da und nicht in der Vergangenheit zurückgeblieben. Erinnerungen sind eine Wiederkehr des einmal erfahrenen Gehaltes im Hier und Heute – meist freilich nur in vermittelter Form. Aber der Gehalt ist es ja, auf den es jetzt ankommt: das die Situation transzendierende Substrat. Und das ist – im Beispiel – nicht die Materie selbst, sondern was sie transzendiert.

Sich selbst transzendieren. Auch unmittelbare oder erinnerte Beziehungserfahrungen, der Besuch von Freunden, des Ehepartners, der Enkel haben über ihren sozialen Wert (Ich bin nicht allein, ich habe lebenspraktische Unterstützung, ich gehöre zu einem Netz) hinaus auch ein symbolisches Potenzial. Dieses ist nicht auf den realen sozialen Kontakt beschränkt, sondern bekommt seine Kraft auch aus der spirituellen Dimension: Andere beachten mich, nehmen Anteil an meinem Schicksal; ich muss mich nicht alleine tragen; ich gehöre zur Welt und Gemeinschaft der Menschen; ich bin gemeint; ich habe innere Qualitäten, auch wenn meine äußeren Fähigkeiten beschränkt sind oder immer geringer werden.

In der Kraft dieser Qualitäten kann ein Mensch leben und vielleicht auch einmal sterben. Oder wenn – in einem anderen Beispiel – ein Patient ›stolz‹ ist auf seine Kinder, dann ist ›stolz‹ nicht nur auf der Gefühlsebene eine Qualität, sondern auch auf der Ebene von Identität und Spiritualität. Wenn sich der Begleiter auf die Gefühlsebene fixiert und dort die eigentliche Bedeutung für den Patienten sucht, verpasst oder verstellt er möglicherweise die spirituelle Dimension. Letztere könnte nämlich bedeuten: Ich habe zur Weitergabe des Lebens beigetragen; ich bin froh, dass das gelungen ist; es erfüllt mich, dass das Leben weitergeht; ich spüre darin ein Geschenk und eine Gnade. Darin eingeschlossen sind natürlich auch die Sorgen und Entbehrungen, die mit diesen Kindern verbunden sind.

Nicht die Dinge sind ›heilig‹. Das bedeutet gerade nicht, dass das Vorzeigbare selbst heilig ist. Die Enkel sind nicht heilig, der Sport ist es nicht, die Blumen, der Hund, der Krieg, das Essen – sie sind es alle nicht. Sie sind jedoch Formen, Orte, Räume, Zeiten, in denen dieses ›Heilige‹ erfahren wurde und wird. Im Symbol wird dieser heilige Hintergrund darstellbar und lebendig spürbar. Über den ›Hund‹, das ›Essen‹ ist der durch die Krankheit heimatlos gewordene Patient in der Welt beheimatet. Der Hintergrund steht für einen Überschuss an Lebenstiefe und -sinn, der im Vordergrund nicht einholbar und doch anwesend ist. Im Kontext der Lebensdeutung hat das Mitgeteilte grundsätzlich eine spirituelle Unterschwingung.

Die drei Transzendenzen

Es hilft im Umgang mit symbolischen Äußerungen deutlich weiter, wenn man folgende Unterscheidungen vornimmt:

(1) Subjekttranszendenz. Die Äußerungen enthalten zunächst die Eigendeutung des Patienten: So sehe ich mich. Das ist eine ›erste Transzendenz‹. Ein Patient will zum Beispiel als mehr gesehen werden, denn als Mensch mit Stützstrümpfen, OP-Hemd oder mit Schlaganfall. Menschen sagen mit ihren Gesten und Inszenierungen: Ich habe Bedeutung über das hinaus, was Du an mir siehst und feststellst. Meine Identität speist sich noch aus anderen Quellen als den sichtbaren. – Ich nenne diese erste Art die ›Subjekttranszendenz‹.

(2) Menschheitliche Transzendenz. Symbole haben aber auch eine zweite Transzendenz: Sie haben ihre Bedeutungskraft nicht alleine aus der privaten Biographie und dem selbst Erlebten. Sie sind vielmehr aufgeladen mit Bedeutungen aus dem Schatz der Menschheit, sonst wären sie für die Mitmenschen unbetretbare Inseln. So haben Gärten, Enkel, Wandern, Essen und Hunde ihre Bedeutung aus dem Lebenssinn und dem Beziehungskontext vieler Menschen. In Märchen, Romanen, Kunst, Fotografie, Musik sind solche Bedeutungen deponiert und verflüssigt. Es gibt Grunderfahrungen, die in Kunst und Kultur zeitlose Metaphern gefunden haben und die für immer neue Generationen zu Quellen werden. Aber genauso wichtig und reichhaltig ist das unspektakuläre und wenig strukturierte Menschheitswissen, das Menschen einander weitergeben und das sie spüren lässt, sie gehören in einen Strom von bewussten und unbewussten Sinnerfahrungen, der das individuelle Leben trägt. – Diese zweite Art nenne ich die ›menschheitliche Transzendenz‹.

(3) Überweltliche Transzendenz. Es gibt aber noch eine dritte, die absolute und ›überweltliche Transzendenz‹: Wenn Menschen in ihrem privaten Symbol etwas von der heiligen Wirklichkeit spüren, wenn sie darin sich mit dem Geheimnis allen Lebens in Verbindung wissen, dann wird im eigenen Bild die Kraft einer anderen Transzendenz erfahren. Hinter den vorgezeigten und erinnerten ›Dingen‹ meint der Patient ja irgendwie eine tiefere ersehnte Wirklichkeit, einen größeren Wert, eine höhere Ordnung. Hier, im ›Kleinen‹, ereignet sich etwas vom Größten, das es überhaupt gibt: von einem absolut Heiligen. Dies mag der Symbolisierende bei seiner Äußerung nicht reflektiert zur Verfügung haben. Aber im Gespräch mit spirituellen Begleitern oder beim Nachdenken über sein Leben, beim Meditieren oder Beten wird der Mensch dessen innewerden können. Ebenso kann die Begegnung mit den Worten, Bildern, Geschichten, Gebeten, Liedern der Religion oder einer strukturierten Spiritualität eine Resonanz anregen, die das Heilige im persönlich Erfahrenen plötzlich aufscheinen und bewusst werden lässt. Dabei kann der individuell wichtige Gehalt mit dem Reichtum und der Tiefe erfüllt werden, die vom Höchsten und absolut Heiligen kommt.

❖ Mit der dritten, der großen Transzendenz kommt zum Beispiel die Patientin in Verbindung, wenn die Seelsorgerin im obigen Beispiel das ›Essen‹ in Anlehnung an Psalm 23 in das Gebet aufnimmt: »Gott, wirst du mir noch einmal den Tisch decken – mit einem guten Essen und dem Genuss erfüllten Lebens – und wenn es in deiner Ewigkeit ist?«

Religion bietet für die erste und zweite Transzendenz die Kraft der ›Hochpotenz‹: Was im Wirkbereich des Heiligen steht, ist – so unbedeutend es aussehen mag – geheiligt und mit höchstem Sinn erfüllt. Religiöse Symbole sind ein Medium für eine überweltliche Wirklichkeit. Sie vermögen den persönlichen Gehalt aufzunehmen und ihm größeren Sinn zu geben.

Symbole enthalten Spiritualität. In den Aussagen der Patienten sind also nicht nur psychische (Da bin ich froh, traurig …) oder intellektuelle (Das erkläre ich mir so …) und soziale (In solchen Beziehungen stehe ich …) Ressourcen enthalten, sondern diese sind in der Regel auch mit impliziten und expliziten spirituellen Ressourcen verwoben. In der Begegnung mit den Helfern können tiefreichende Kräfte in Resonanz kommen und potenziert werden, die mit dem in Beziehung stehen, was schon im Patienten verankert ist. Sie sind Ressourcen, die über das hinausgehen, was der Begleiter durch seine sachlich-funktionalen Angebote beim Patienten bewirken kann. In der religiösen Begleitung können sie sogar mit transzendentem Sinn aufgeladen werden. In christlicher Perspektive kann die ganze Schöpfung, können alle Dinge der Welt zu Sinnbildern für den und das Heilige werden: »Gott in allen Dingen finden.« (Ignatius von Loyola) Alles Weltliche kann transparent werden für die überweltliche Wirklichkeit Gottes.

Auf diesem Hintergrund können auch die psychotherapeutisch eingesetzten Fragen, die Harvey Chochinov (2004) vorschlägt, in spiritueller Perspektive verstanden und von spirituellen Begleitern in ihrer Rolle genutzt werden. Themen wie: Wann fühlen Sie sich am meisten lebendig; die wichtigsten Rollen in Ihrem Leben; worauf sind Sie am meisten stolz; was haben Sie über das Leben gelernt und was davon möchten Sie an andere (Sohn, Ehefrau, Freunde) weitergeben? – ›Lebendig‹, ›Rolle‹, ›stolz‹, ›gelernt‹ usw. sind nicht nur auf der Sach- und Emotions-, sondern auch auf der Spiritualitätsebene zu lesen. Diese Erfahrungen bekommen im Horizont der mittleren und überweltlichen Transzendenz eine umfassende Bedeutung vor der Menschheit, vor dem Heiligen, in Gottes Welttheater und vermögen so zur Lebensabrundung beizutragen und zugleich als Übergangshilfe zu dienen.

So heißt ein *zweiter Grundsatz der Begleitung* – aus spiritueller Sicht:

> Menschen kleiden ihre Sinnerfahrungen und Sinngestaltungen in symbolische Sprache. Das Verstehen der Bedeutung von (oft alltäglichen) Identitäts- und Sinnsymbolen durch die Helfer ist eine elementare Stütze.
> Die dabei mögliche spirituelle Erfahrung, die durch die Resonanz der Helfenden auf die Selbst- und Sinnbekundungen zustande kommen kann, nenne ich »Resonanzspiritualität«.

2.2.2.4 Wie ›Sinn‹ zur Sprache kommt

Die symbolische Kommunikation des Patienten – und es sei immer wieder erinnert: von Menschen überhaupt – muss aber noch weiter entfaltet werden, um ihrer vollen Bedeutung gerecht werden zu können. Sie ist auch ein konkreter Schlüssel zur sogenannten Sinnfrage. Zugleich ist sie für die Patienten eine anschauliche Weise, die Helfer am Geheimnis ihres Lebens teilhaben zu lassen.

Sinn und Identität

Wie suchen Menschen konkret Sinn in ihrem Leben? Menschen sprechen selten direkt vom – umfassend gemeinten – ›Sinn des Lebens‹. Sie sprechen eher vom ›Sinn‹ einer medizinischen Maßnahme oder »was das alles noch für einen Sinn machen soll«. Hier hat ›Sinn‹ eine eher kurzfristige Perspektive im Kontext einer Behandlung. ›Sinn‹ mit der großen Perspektive – was hatte oder hat mein Leben für einen Sinn – nimmt meist den Weg über die Erfahrung der eigenen ›Identität‹: In der Alltagsvorstellung erscheint ›die‹

Sinnfrage in der Regel als viel zu grundsätzlich und damit als der normalen Kommunikation nicht zugänglich. Auf die Weise, wie Menschen sich über ihre Identität äußern, wird sie aber aus unerreichbaren Höhen in das konkrete Leben geholt: Sinn- und Identitätsgestaltung korrespondieren miteinander. Sie verweisen wechselseitig aufeinander.

Identitätsgestaltung

Patienten sprechen in der Regel über die Elemente ihrer Identität: Wer bin ich jetzt noch mit dieser Krebsbehandlung, mit diesem Herzinfarkt? Wer bin ich bisher gewesen? Wer werde ich in ferner oder naher Zukunft sein? Die ›wahre‹ Identität, das tiefere ›Selbst‹ eines Menschen ist letztlich ein Geheimnis: Wer ich genau bin, das ist nicht nur anderen, sondern auch mir selbst nicht voll zugänglich. Wenn man aber wie H. Petzold (1984) die Identität als Bündel von Identitätsmomenten auffasst, dann ergibt dies ein konkretes Bild (wie in Abb. 2. 2-1 in einer Doppelpyramide dargestellt).

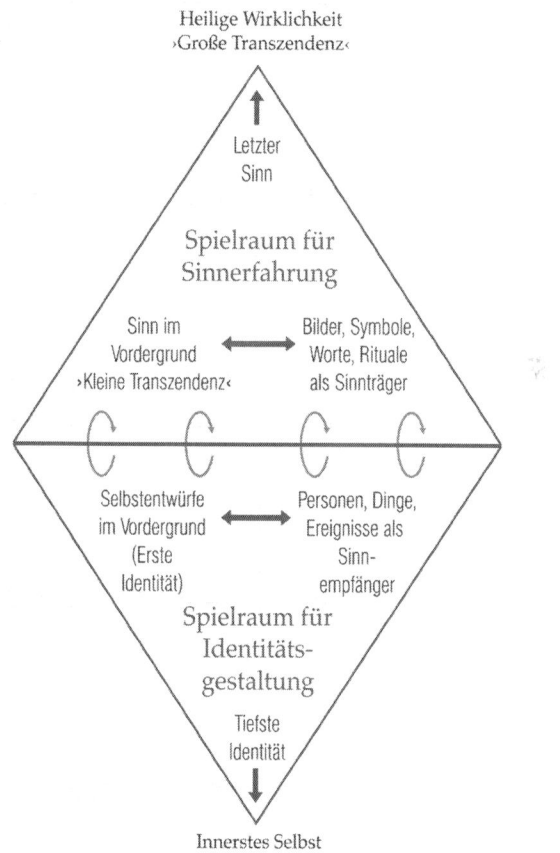

Abb. 2. 2-1: Sinn und Identität legen sich gegenseitig aus

Menschen identifizieren sich über die ›Säulen‹ der Identität, also über:

- den Leib (dazu gehören auch die Gestalt und das Geschlecht);
- die sozialen Beziehungen (diese dürfen nicht allein mit denen der Familie gleichgesetzt werden);
- Haus, Heimat und Besitz (aber auch Wohn- und Zeiträume: Wohnort und Wohnung sind mit Zeitstrukturen, persönlichen und familiären Alltagsritualen, Festen usw. verbunden);
- Fähigkeiten (die sich in Beruf, Hobby, gesellschaftlichem Engagement ausdrücken);
- die Ideen- und Wertewelt eines Menschen (dazu gehören auch die spirituelle und religiöse Orientierung, auch z. B. das Autonomiebewusstsein eines Menschen);
- das Eingebundensein in Geschichte, Ökologie, Zeitgenossenschaft, Tradition, Religion, spirituelle Heimat. (Abweichend von Petzold füge ich den fünf ›Säulen‹ diese sechste hinzu.)

Bei einer Krankheit, erst recht beim Sterben, droht dieses Bündel auseinanderzubrechen (Ich bin nicht mehr der, der ich einmal war). Sterbende machen zum Beispiel die Erfahrung, dass ihr Leib verfällt, sie ihren Beruf nicht mehr ausüben können, sie vielleicht nicht mehr in ihre Wohnung zurückkehren können, dass sie aber noch ihre sozialen Beziehungen und ihre inneren Wertvorstellungen und ihre spirituelle Heimat haben oder dass auch diese erschüttert sind. In der Alltagskommunikation mit dem Patienten, dem Sterbenden, dem Trauernden läuft das Gespräch über solche Identitätsmomente.

Die Addition der Teilmomente ist aber noch nicht ›die Identität‹ des Menschen. Es ist daher sinnvoll, zu unterscheiden zwischen:

- **einer ›ersten Identität‹**, also den alltäglichen Identifizierungen mit Haus, Wohnung, Familie, Hobby, Religion usw., und

einer ›tiefsten Identität‹, die im Geheimnis der Person verwurzelt ist. Die benennbaren Identitätsmomente münden sozusagen in die innerste Identität, das Selbst. Diese ist die ganz persönliche Melodie, die durch die identifizierbaren Dinge hindurchklingt. Sie gehört auch dann zu einem Menschen, wenn sie nicht direkt hörbar ist: auch bei Sterbenden mit reduziertem Bewusstsein, auch bei Menschen im Koma.

Wie Identitätsstützen und tiefste Identität aufeinander bezogen sind, veranschaulicht Abb. 2. 2-2:

In Theologie und Seelsorge wurden die alltäglichen Identifizierungen mit Haus, Motorrad oder Fußball oft als zu äußerlich und rein materiell abgewertet. In der ständigen Begegnung mit Patienten lernt man jedoch, was ihnen daran ›heilig‹ ist und dass ihre tiefere Identität selten nur an den ›vordergründigen‹ Dingen hängt.

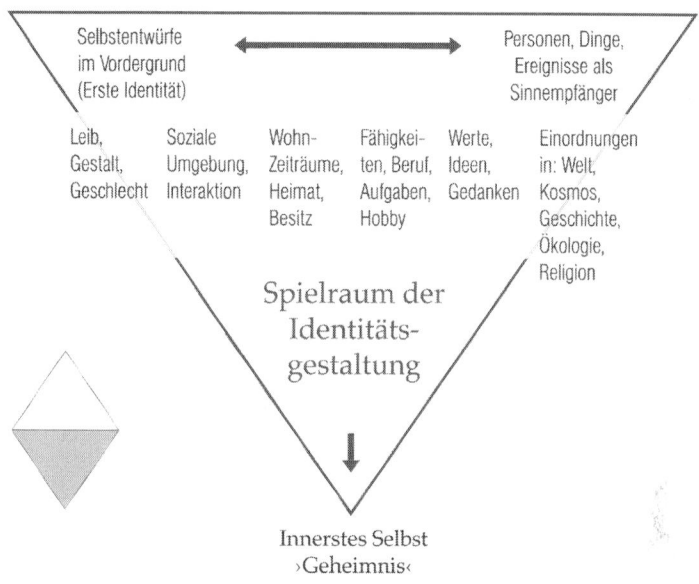

Abb. 2. 2-2: ›Erste‹ und ›tiefste‹ Identität

Sinngestaltung

Hier schließt die Sinndimension an: Sie ist sozusagen die ›Rückseite‹ der Identitätserfahrung: Die Dinge, Personen und Ereignisse des Lebens sind mit Bedeutungen aufgeladen; sie tragen damit etwas vom Sinnentwurf der Menschen: Die Menschen entwerfen Sinn ganz konkret, indem sie ein Auto kaufen, ein Haus bauen oder einen Beruf anstreben. Ich unterscheide zwischen

- einem ›ersten‹ Sinn: dem ›Sinn im Vordergrund‹, der im alltäglichen Leben erfahren wird, und
- einem ›tiefsten‹ Sinn, dem ›Sinn im Hintergrund‹: Wer bin ich über meine Funktionen hinaus vor dem Welthintergrund, vor dem Kosmos, im Angesicht einer höheren Macht, im Horizont Gottes, also vor der ›Sonne‹ im Hintergrund, die dem Vordergrund des Lebens das Licht und die Wärme gibt? Dieser Bezug zwischen Alltagssinn und Hintergrundsinn erlaubt eine anschauliche Vorstellung von ›Sinn‹:

Sinn ergibt sich aus dem Zusammentreffen von Selbstentwürfen (z. B. ein Auto kaufen) mit einer Sinn-›Antwort‹, die das Leben, die Welt, das Schicksal auf die eigenen Entwürfe gibt. ›Sinn‹ entsteht als positive Resonanz zwischen der Bedeutungsgebung durch das Subjekt und dem, was das Subjekt dabei findet: Wie weit das Gefundene mit dem zusammenpasst, was es von sich aus in die Welt setzt. Sinn ist das Resultat eines dialogischen, eines Resonanzgeschehens zwischen dem Subjekt und dem Hintergrund aller Wirklichkeit.

Indirekt oder direkt wird bei dieser Art der Kommunikation der Begleitende zum Helfer bei der Sinnsuche und der Lebensbedeutung des Patienten. Die Vermittlung von Sinn muss (und kann weitgehend) nicht vom Helfer in gleicher Weise geleistet werden, wie er behandelt, pflegt, therapiert oder versorgt. Letzteres ist eher eine ganz indirekte Form von Sinnvermittlung. Die eigentliche Leistung erbringt der Patient selbst, indem er – vom Helfer als Katalysator unterstützt – auf der Basis der vergewisserten Identität einen ›ersten Sinn‹ findet.

Wenn Menschen durch den Sinn im Vordergrund – z. B. mit Hilfe spiritueller Begleiter – hindurchschauen, dann können sie der tieferen Wirklichkeit und der Werte inne werden, die sie eigentlich ersehnen. In den bedeutungsvollen Identitätselementen kann sich dann etwas vom tieferen Sinn der Wirklichkeit offenbaren, der den Menschen inspiriert und ihm hilft, mit seiner Krankheit zu leben. (Ausdrücklich wird das Sinn-Thema in Kapitel 5.4 entfaltet.)

Alltagsspiritualität – Glaubensspiritualität

Die Zuordnung von Sinn zum Identitätsraum gibt die Möglichkeit, auch Spiritualität für die Berufspraxis anschaulich darzustellen.

Hilfreich ist die Unterscheidung zwischen einer ›Alltagsspiritualität‹ und einer ›Glaubensspiritualität‹.

- **Alltagsspiritualität** meint die Art, wie Menschen den Dingen und Ereignissen des Lebens über sich hinaus Bedeutung geben, den ›Geist‹ ihrer Beziehungsgeschichte mit der Wirklichkeit. Dort, in der alltäglichen Lebensgestaltung (z. B. dass er seinen Garten liebt), wird mittelbar etwas von dem erfahren, was für sie das Heilige ist, was sie zutiefst bewegt und inspiriert.

- **Zur Glaubensspiritualität** wird diese indirekte Spiritualität, wenn Menschen sich über diese implizite Bedeutungsgebung hinaus ausdrücklich mit dem Geheimnis des Lebens in Verbindung wissen. Wenn sie diese Verbundenheit dem absoluten, gar dem heiligen Geheimnis aller Wirklichkeit, dem umfassenden göttlichen Sinngrund zuschreiben, dann ist das eine Spiritualität mit großer Transzendenz.

Abb. 2. 2-3 auf der folgenden Seite veranschaulicht, wie Alltags- und Glaubensspiritualität zusammenhängen.

Abb. 2. 2-3: ›*Sinnräume*‹ *und* ›*Spiritualität*‹

Die nichtseelsorglichen Helfer werden in der Regel mit der Alltagsspiritualität von Patienten und Angehörigen in Beziehung kommen. Wie sie darauf eingehen können, wird im übernächsten Abschnitt vorgestellt.

Exkurs (3): Was heißt hier ›heilig‹?

Das Heilige: ein höchster Wert

An dieser Stelle soll der in diesem Buch öfter verwendete Begriff ›heilig‹ umschrieben werden.

Spiritualität und Religion beziehen sich immer auf etwas ›irgendwie Heiliges‹, was über den Horizont der alltäglichen Erfahrung hinausreicht. Auch wenn man sagt, dies oder jenes ist einem Menschen heilig, so ist damit eine Beziehung zu einem ›Anderen‹ verbunden, das so wertvoll ist, dass es als unantastbar und in höchstem Maß zu schützen gilt. So können zum Beispiel persönliche Symbole, wie ein Erinnerungsstück oder ein Geschenk oder der Hund oder die Natur, ›heilig gehalten‹ werden; nicht weil das Ding selbst höchsten Wert besitzt, sondern weil es für einen höchsten Wert steht und diesen repräsentiert. Natürlich muss dann auch das ›Ding‹, an dem das Heilige hängt, geachtet und geschützt werden, weil es nun einmal diese andere Qualität besonders intensiv vermittelt. Insofern wird schon an diesem Alltagsgebrauch des Wortes sichtbar, dass es um etwas ›hinter‹ den Dingen geht, auch wenn wir es für den Vordergrund benutzen.

❖ Eine junge Frau besucht täglich auf der Intensivstation ihren schwerverletzten Freund. Im Kühlschrank der Station hat sie einen Cola-Dosen-Kühler deponiert, den sie öfter beredet. Mit Cola aus diesem Kühler benetzt sie seine Lippen. Als der Freund plötzlich verstorben ist, wird dieser Gegenstand von der Station weggeworfen. Die Freundin ist ganz unglücklich, weil dieser Cola-Kühler von ihrem ersten gemeinsamen Rendezvous stammt und ihr seitdem heilig ist. Für die junge Frau begegnen sich im Gegenstand Zeitliches und Überzeitliches.

Die Qualität des Göttlichen

›Heilig‹ bedeutet im Religiösen aber natürlich mehr: Es ist das unbegreiflich Größere und Ergreifende, die unbeschreibliche Macht des Göttlichen (vgl. Hoff 2005). In diesem Sinn ist ›heilig‹ einerseits etwas absolut Jenseitiges, aber zugleich ist es nicht völlig außerhalb der Welt und der Dinge. Es ist nicht nur in hohen Augenblicken erfahrbar, nicht als seltener Glanz jenseits des Alltags. Vielmehr leben Mensch und Dinge aus der »Urkraft des Heiligen« (Zink 2003: 91). Diese Kraft ist zwar nicht verfügbar; sie berührt uns aber als Heiliges. Sie ist als Unverfügbares gerade entscheidend anders und größer als wir Menschen und vermag uns so mit etwas zu beschenken, wozu wir aus uns selbst heraus nicht imstande sind. Als ›Numinoses‹ hat diese Urkraft sowohl etwas zutiefst anziehend Faszinierendes als auch etwas Erschreckendes. (Otto 1931)

Im Kontext von Schicksal, Sterben und Tod muss das ›Heilige‹ auf jeden Fall auch das Erschreckende und Abgründige in der Begegnung mit dem Geheimnis umfassen (vgl. Girard 1987: 378). Mit der Idee einer absoluten Macht hinter und über aller Wirklichkeit könnte sich im Prinzip ja auch die Vorstellung verbinden, das Absolute sei grausam und vernichtend. ›Heilig‹ heißt aber gerade das Gegenteil: Das Absolute und Höchste ist Heil-ermöglichend, das Dasein heilend und nicht zerstörend.

›Heilig‹ bedeutet die positive, heilschaffende Qualität des Absoluten.

Dabei sind ›Heil‹ und ›heilend‹ nicht harmlos gemeint; sie umfassen durchaus auch schwierige und erschreckende Erfahrungen. Aber als Kategorie der Ganzheit bedeutet ›heilig‹: Der Mensch ist nur mit der zwar undurchschaubaren, aber zugleich mit positiver Strahlkraft erfüllenden höchsten Macht zusammen ›heil‹ und ganz. Er ist nur ›ganz‹ mit dem Schwierigen und Unverstehbaren des Lebens zusammen, wobei dieses Unverstehbare in dieser ganz anderen Macht aufgehoben ist. Nur weil das (im Sinn der Religion) Absolute mit Liebe verbunden ist und diese Liebe alles durchwärmt und umfängt, kann sich der Mensch diesem Heiligen anvertrauen. Er kann dann in seinem Leben heilige Momente erleben oder sein ganzes Dasein als Geschichte mit dem Heiligen verstehen. Von daher lässt sich das Verständnis von Spiritualität in einer weiteren Variante umschreiben:

> In diesem Sinn ist Spiritualität: die Beziehungsgeschichte des Menschen mit der heiligen Wirklichkeit. Diese Beziehung zum Heiligen kann ganz in der Wirklichkeit verborgen erlebt werden, in eher impliziter Spiritualität. Sie kann aber auch explizit in Leben und Sterben in ausdrücklicher Beziehung zum Heiligen erfahren und gestaltet werden.

Das Heilige und die Würde
Werte bestimmen das Selbstgefühl und die Identität eines Menschen ein Leben lang und bis zuletzt auch im Sterben. (Vgl. Petzold 1984: 441) Das innere spirituelle System gehört in genau diesen Wertebereich, durch den sich Sterbende auch bei Wegfall vieler Identitätsstützen noch bei sich selbst und mit ihren innersten Quellen in Verbindung fühlen. Außerdem zeigen Untersuchungen aus den USA, dass Menschen in der Nähe des Todes zu ihren ursprünglichen spirituellen oder religiösen Quellen zurückkehren (Eisenbruch 1984a), auch wenn sie über viele Jahre wenig oder keinen expliziten Kontakt dazu hatten.

Wenn ein Mensch in Einklang mit seinem Wertvollsten und für ihn Heiligen stirbt, dann gibt ihm das eine innerste und tiefste Würde. Dann wird ihm Menschenwürde nicht nur von außen zugesprochen, von den Menschen der Umgebung und den behandelnden Fachleuten, sondern vor allem von dem, was ihn zuinnerst würdigt, von einem für ihn letzten und gültigen Sinn her. Das Heilige verbürgt den heiligen Kern eines Menschen, der nach außen hin vergänglich, vor dem absolut Heiligen aber unvergänglich und unzerstörbar ist.

Der Mensch stirbt dann je nach spiritueller Ausrichtung in der Liebe Gottes oder verbunden mit einer höheren Ordnung oder er fühlt sich ›eins mit dem All-Einen‹ oder hat Teil am ›Ewigen Leben‹. Die Bedeutung dieser Übereinstimmung mit dem innersten oder alles übersteigenden Heiligen gilt nicht nur für den Patienten, sondern auch für die Angehörigen und ihr ›Wissen‹, dass ihr geliebter Sterbender oder Verstorbener in diesem Heiligen aufgehoben ist.

2.2.3 Wie geben die helfenden Berufe spirituelle Unterstützung?
Seelsorge im weiteren Sinn
Die im Patienten wohnende Spiritualität wartet nicht, bis die Seelsorge ihn im Krankenhaus oder Hospiz besucht. Sie kann sich bei allen Helfern melden und diese zum Reagieren herausfordern. Zum Beispiel suchen die meisten Krebspatienten (86%) nach Sinn und Halt in ihrem Leben. »Fast alle Krebspatienten (95%) kommen durch ihre Krankheit dazu, darüber nachzudenken, was ihnen in ihrem Leben wichtig ist.« (Büssing 2005 b: 45)

Alle medizinischen Berufe haben daher implizit auch eine seelsorgliche Aufgabe: Eine ›Sorge für die Seele‹ in einem unspezifischen Sinn.
Solche ›Seelsorge‹ bedeutet aber eine besondere Herausforderung für die Begleitenden. Für die Aufgabe einer Begleitung, die auch die spirituelle Dimension einzubeziehen gestattet, bietet sich die symbolische Kommuni-

kation in besonderer Weise an. In der heutigen Zeit ist dies die Methode der Wahl, weil viele Patienten, zumindest im europäischen Raum, eine Scheu haben, über derart persönliche Dinge wie ihre Spiritualität ausdrücklich zu sprechen, obwohl es sich viele durchaus zu wünschen scheinen, wie zumindest amerikanische Untersuchungen nahelegen. (Ehman et al. 1999; King, Bushwick 1994; Murray et al. 2004) Wie aber können die im Patienten vorhandenen Ressourcen im Krankenhausalltag in der Berufsrolle bewusst aufgenommen und einbezogen werden?

Im Vordergrund: Die Behandlung. Zunächst steht ja bei den medizinischen und pflegerischen Maßnahmen die Fachdynamik im Vordergrund. Diese ist ja fast ausschließlich der Anlass für eine Begegnung mit dem Patienten: die körperliche Untersuchung, das Fiebermessen, das Röntgen, die Medikation. Aber bei jeder dieser Behandlungen der ›Außenseite‹ wird auch die Innenseite des Patienten berührt – zumindest die Identitätsebene. So fragt sich der Patient beim Blick des Arztes auf die Röntgenbilder: »Werde ich meinen geliebten Sport weiter ausüben können?«

Wenn sich der Hintergrund meldet. Der Fokus der Professionellen ist natürlich ihre Funktionshandlung. Aber der Hintergrund schwingt mit und kann sich jederzeit melden. Der Helfer wird den Hintergrund zwar in der Regel abblenden und dem Patienten eine fachbezogene Antwort geben. In jeder Profession aber kann der Hintergrund in den Vordergrund umspringen, wenn der Patient nicht nur rein sachliche Bemerkungen macht.

- ❖ Ein schwerkranker Patient sagt beim Waschen durch die Pflege: »Meine Beine sind ja nur noch Schaschlik-Stäbchen.«
- ❖ Der sterbende Patient bemerkt beiläufig zur Ärztin: »Am meisten Sorge mache ich mir um meine Frau.«
- ❖ Oft sagen Patienten zum Arzt: »Herr Doktor, Sie sehen hier ja auch viel Schweres.«

Bei solchen Fragen und Aussagen geht es bei den Patienten um die ganze Existenz. Und da ist die entscheidende Frage: Wofür brauchen die Patienten dann den Professionellen? Hier erwarten Schwerkranke ja nicht ernstlich, dass der professionell Tätige ihren Krankheitsprozess völlig umkehren kann. Aber auch wenn sie keine Lösung erwarten, brauchen sie den Helfer sowohl in seiner Fachrolle wie auch über seine Behandlungsrolle hinaus. Bei allen solchen Äußerungen betreten die Patienten die Identitätsebene und wünschen sich, dass der Helfer sie auf dieser Ebene beachtet und wertschätzt.

Spiritualität in der Begleitung nutzen
Die emotionale, die existenzielle und die spirituelle Dimensionen kommen bei allen Berufen in – durchaus auch starke – Schwingung. Auf dem Resonanzboden der beruflichen Rolle kann diese aufgenommen werden und so zur Gesamtmelodie eines Menschen beitragen. Die ›Tonsequenzen‹ und ›Takte‹, die der Patient in der beruflichen Begegnung anklingen lässt, kann der Helfer in seiner weiteren Begleitung mitlaufen lassen, sie bei Gelegenheit in Erinnerung bringen oder in den Vordergrund holen. Dann kann der

Patient die spirituelle Aufmerksamkeit des Helfers spüren. Seine Melodie kann voller und umfangreicher werden und der Helfer kann sie als wichtige Ressource in den weiteren Krankheitsprozess einbeziehen.

Wie die Helfer reagieren können

Folgende Aufgaben stellen sich dem Professionellen, wenn er auf diese Ebene eingehen und gleichzeitig der eigenen Rolle angemessen reagieren will:

➢ Es gilt in erster Linie wahrzunehmen, zuzuhören und zunächst einmal die Aussagen des Patienten **wertfrei auf sich wirken** zu lassen. Die »Sorge um meine Frau« muss nicht heißen: Die ist ohne mich hilflos, weil ich immer die Steuererklärung gemacht und die Bäume im Garten beschnitten habe. – Der Helfer muss akzeptieren, dass Menschen auch anders fühlen und ihr Leben konstruieren als das seinen Vorstellungen entspricht.

➢ Die Äußerungen des Patienten verlangen vom Helfer einen behutsamen Umgang: Er darf **nicht gleich seine eigene Deutung** hineinlegen (aha, sie denkt jetzt an die letzte Reise; sie will sicher nur das Schöne sehen und das Unangenehme verdrängen; sie flieht vor ihrem Sterben), sich ihrer nicht bemächtigen, sie nicht zur Erziehung oder Umpolung des Patienten verwenden (wenn der Patient vom ›Blühen‹ in seinem Garten spricht, darf der Helfer ihn nicht schon vom Vergehen und Loslassen überzeugen wollen), sie nicht dramatisieren oder idealisieren. Zuerst weiß der Patient am besten, was seine symbolischen Äußerungen für ihn bedeuten. Auf seine Konstruktion gilt es zu hören; die Einfälle und Deutungen der Helfer müssen zunächst im Hintergrund bleiben.

➢ Dann ist es wichtig, sich zu interessieren und **nachzufragen**, damit der Patient das Interesse des Helfers spürt (z. B. »Wollen Sie mehr davon erzählen?« »Ihre Frau …?«) Der Patient öffnet in seinen Identitätssymbolen sein ›Lebenshaus‹ und lädt den Begleiter ein, etwas von dem zu erahnen, der dieses Haus bewohnt. Der Einladende darf erwarten, dass der Helfer sich in den so geöffneten Räumen auch wirklich umsieht und eine teilnehmende Aufmerksamkeit zeigt.

➢ Der Helfer sollte **einschätzen**, was diese Aussage für den Patienten bedeutet und was für ein Gewicht sie hat. Oft ist er dabei nur auf seine eigenen Einschätzungen angewiesen, z. B. bei sehr geschwächten Patienten. Der Begleiter muss sich bewusst machen, dass auch ›kleine‹ Bemerkungen für das Wesentliche dieses Menschen stehen können. (Also nicht: »Jetzt machen Sie sich mal nicht zu viele Gedanken um Ihre Frau, die kommt sicher auch mal alleine zurecht.«) Das Gesagte zeigt zwar nur einen Ausschnitt vom Menschen. Aber auch über die Würdigung des Ausschnitthaften fühlt sich der Patient in seiner ganzen Persönlichkeit angesehen.

➢ Eine weitere Aufgabe ist, auf das ›Symbol‹ des Patienten **Resonanz zu geben** und **es ›zu berühren‹**. (Z. B. »Sie machen sich Gedanken um Ihre Frau? Ihr macht es sicher viel aus, dass Sie so krank sind?«) Dadurch kann der Patient spüren, dass auf dieser Station auch der Hintergrund

des Menschen geachtet wird und dass sein ›Heiliges‹ hier gut aufgehoben ist.
> Der Begleiter darf **nicht darauf fixiert** sein, die Sorge oder das Erschrecken der Patienten sofort beseitigen zu müssen. Empfindungsäußerungen von Patienten brauchen zuerst einmal ›Raum‹ und nicht gleich Gegenmaßnahmen – worauf die ärztlichen Berufe besonders trainiert sind. Der Helfer kann vielmehr ›Halt geben‹ in der Art, wie er auffangend und nicht eindringend oder korrigierend damit umgeht. Z. B. kann er sagen: »Sie sind mit ihrer Frau sehr verbunden und ihr geht es jetzt auch nicht gut?« Oder beim Beispiel »meine Beine sind ja nur noch …«: »Sie sind erschrocken, wie die Krankheit Sie verändert hat?« So kann er das ›Symbol‹ des Patienten – bildlich gesprochen – für einen Moment wie ein bedürftiges Kind in seine ›Arme‹ legen und es einmal ›*wiegen*‹, das heißt verbal Resonanz darauf geben. Dann kann sich dieses ›Sorgenkind‹ angenommen und gehalten empfinden. (Zu diesem Thema s. ausführlicher Abschnitt 4. 3)
> Am wichtigsten aber ist es, **den Gehalt des Symbols zu würdigen**. Dadurch bekommt der Mensch ›Bedeutung‹. Bedeutung entsteht nicht erst, wenn wir als Außenstehende die Metapher übersetzen oder sie aufzuschließen und ihren Gehalt tiefer zu ergründen versuchen. In der Reaktion »Sie haben Ihre Frau gern und machen sich auch um sie Gedanken?« bekräftigt der Helfer, dass auch die ›Sorge‹ letztlich auf eine spirituelle Ressource im Patienten verweist.

Der Patient ist nach solchen Begegnungen etwas ›größer‹, bedeutungsvoller. Er kann mehr Subjekt seiner Krankheit, seines Sterbens sein. Die Resonanz des Helfers potenziert die leise Spiritualität und macht sie voller und kräftiger. So geschieht spirituelle Unterstützung auf indirekte Weise auch durch die nichtseelsorglichen Berufe. Dies geht über das hinaus, was die Helfer durch ihre fachlich-funktionalen Angebote beim Patienten bewirken können. So wird die Ziel- und Sinnsuche des Patienten unterstützt, so dass er auch seine Belastungen und seine Trauer besser tragen kann.

Das Geheimnis ›nur‹ berühren
Die eben aufgezählten Punkte – *hören, sich interessieren, einschätzen, Resonanz geben, ›wiegen‹, würdigen* – sollen nur eine innere ›Merkliste‹ darstellen und nicht eine Reihe von wirklichen Reaktionen des Helfers. Die reale Resonanz auf die Alltagsspiritualität des Patienten ist im Kontext der beruflichen Begegnung eher kurz und einfach. Es gilt also, in erster Linie einem Menschen zuzuhören, wie er über seinen Beruf, über wichtige Beziehungen, über Familie, Garten und Enkel spricht und was diese für ihn bedeuten. Es ist eher nicht sinnvoll, dass der nicht geschulte Helfer das Geheimnis des Patienten im Symbol weiter aufdeckt. Aber er kann durch sein interessiertes (›aktives‹) Zuhören dem Patienten Raum für dessen Selbsterschließung und Selbstordnung bieten. Wenn der Begleiter fragt: »Wie meinen Sie das?« oder »Schön, was Sie von ihrem Garten erzählen«, dann kann der Patient selbst entscheiden, ob er die Bedeutungs- und Spiritualitätsebene weiter verfolgen und vertiefen will. Ob der Patient mit seiner »Sorge um meine Frau« letztlich sein Sterben meint, muss der Begleiter offen lassen; er darf ihn nicht

dahin drängen; er darf ›nur berühren‹. ›Bestätigen‹ und ›würdigen‹ heißt nicht, mit dem Symbol ›arbeiten‹. Wenn es berührt wird, dann wird seine Wichtigkeit und sein Wert im Patienten ›höher gebracht‹ und als Ressource wirksam. Wenn sich der Begleiter so für den Menschen interessiert, dann ist auch ein Sterbender ein Mensch mit seiner Lebensleistung und seinem Lebensentwurf. Z. B. ist das ›Motorrad‹ für den vielleicht hirntoten jungen Mann sicher auch ein Symbol von Freiheit und Eroberungsdrang und nicht einfach ein Symbol für Leichtsinn oder für den Tod. Es kann für den Trauerprozess der Eltern erheblich sein, ob sie den Tod ihres Sohnes in spiritueller Perspektive sehen können.

Die Berufe haben für Spiritualität eine ›Felddynamik‹

Um zu klären, was die Aufgabe der spirituellen Begleiter für die jeweiligen professionellen Rollen bedeutet, ist es wichtig, die ›Felddynamik‹ der einzelnen Berufe zu beachten. Jede berufliche Rolle bietet dem Patienten eine spezifische Ebene an, zu der er sich in Beziehung setzen kann. So wird ein Patient auf die Frage des Arztes »Wie geht es Ihnen?« eher auf der somatischen Ebene antworten. Das ›Feld‹ des Arztberufs wird eher eine ›Dynamik‹ in Richtung körperliches Befinden, Wirkung von Medikamenten usw. auslösen. Bei der Pflegekraft oder der Sozialarbeiterin wird auf dieselbe Frage wieder eine andere Dynamik in Gang kommen.

> In diesem Sinn hat Spiritualität eine ›Felddynamik‹: Die spirituelle Ebene wird bei den verschiedenen Berufen in jeweils eigener Weise wach; also z. B. bei der Ärztin anders als etwa bei der Seelsorge.

Konkret heißt das, dass zum Beispiel die nichtseelsorglichen Berufe die Spiritualität des Patienten über den Identitäts-Raum erreichen, also im Modell von der Doppelpyramide (s. Abb. 2. 2-1) über den unteren Teil. Der Patient wird nicht erwarten, dass die Mediziner seine existenziellen Äußerungen explizit auf die spirituelle Dimension hin weiter öffnen. Letzteres ist das Kerngeschäft der Fachseelsorge. Spirituelle Begleitung in der nichtseelsorglichen Begegnung bezieht sich vorwiegend auf die Alltagsspiritualität und zunächst nicht auf die Glaubensspiritualität (letztere wird in 3.3. entfaltet).

> In der Regel ist der obere Teil der Doppelpyramide, der Sinnraum, nicht im Fokus der medizinischen Berufe. Dieser wird eher indirekt einbezogen: Durch die Koppelung von Identitäts- und Sinnraum gerät mit dem Wachrufen der *Identitätsmomente* in der unteren Pyramide *gleichzeitig* der obere Teil, *die Sinn- und Deutungsebene*, in Resonanz.

In der Felddynamik der helfenden Berufe wird das Geheimnis des Patienten berührt und auf indirektem Weg seine Alltagsspiritualität aktiviert. Wenn die Helfer den Patienten auf der Identitätsebene würdigen, bekommt diese ihren ›Segen‹. Ein Mensch erhält nicht nur dadurch seine Würde, dass wir ihn gut betten und höflich zu ihm sind, sondern vor allem dadurch, dass wir mit dem ihm Heiligsten und Wertvollsten respektvoll umgehen.

›Resonanzspiritualität‹

Spirituelle Begleitung ist also die Kunst, die dem Patienten eigene Beziehung zu dem, was er als Geheimnis verspürt, anzuerkennen, bei Bedarf auf sie einzugehen und sie zu würdigen, ohne sie zunächst verändern oder bereits kanalisieren zu wollen. Dann kann dieses für den Patienten ›Heilige‹ seine tragende Kraft entfalten.

> Die dabei geweckte Form spiritueller Erfahrung kann man ›Resonanzspiritualität‹ nennen. Sie ereignet sich, wenn sich Menschen tief in ihrem Bedeutungsvollen und Heiligen verstanden und berührt empfinden und ihre innere Quelle dadurch stärker sprudelt.

Auf den Spuren zum Heiligen
Wenn die therapeutischen Begleiter qualifiziert auf die Spuren des Patienten und der Angehörigen eingehen, dann sind sie
- auf der Spur zum Heiligen im Menschen (Transzendenz erster Ordnung: ›Subjekttranszendenz‹);
- auf der Spur zum Heiligen des Lebens (Transzendenz zweiter Ordnung: ›menschheitliche Transzendenz‹);
- auf der Spur zur ›höchsten Transzendenz‹, die in das einzelne Leben und in das Leben überhaupt hineinreicht und diesem seinen höchsten und tiefsten Sinn gibt.

2.2.4 Die berufliche Rolle hat auch Symbolkraft

Die Frage, wofür der Patient den Begleiter über dessen fachliche Funktion hinaus braucht, hat eine mehrfache Perspektive.
Die erste Perspektive: Der Patient entwirft in der Begegnung mit den Begleitern ein Bild von sich selbst. Diese Selbstdeutung ist ein dialogisches Geschehen: Sie braucht ein Gegenüber, ein Du, an dem das ›Ich‹ zu sich kommt. Der Mensch versteht sich selbst besser, wenn er sein Inneres äußert und er in der Resonanz des Gegenübers ein klareres Bild entwickeln kann.
Die zweite Perspektive ist in der Wertschätzung durch die Rollenträger enthalten. Diese Perspektive ist immer noch eine weit unterschätzte Ressource der Helfer in der Unterstützung des Patienten.

> In der Wertschätzung durch das medizinische und helfende Personal erfährt der Patient seinen Wert nicht nur über seine Eigenleistung in der Selbstreflexion und Selbstkonstruktion, sondern über sein Selbst hinaus.

Wenn diese Rollenträger den hilfsbedürftigen, durch eine Krankheit seiner normalen Kompetenzen beraubten Menschen würdigen (oder nicht beachten), dann fühlt sich dieser von wichtigen Vertretern der Gesellschaft wertgeschätzt (oder nicht geachtet) – nämlich von denen, denen die Gesellschaft diese menschheitlich bedeutungsvolle Funktion zutraut. Die Rolle potenziert Wertschätzung (und natürlich auch deren Mangel). Arzt, Krankenschwester, Psychologe, Seelsorger, Ehrenamtliche sind keine Privatpersonen. Die Begegnung mit ihnen ist für den Hilfsbedürftigen nicht irrelevant. Sie sind auch nicht nur ›Spiegel‹, in denen der Patient sich selbst erkennt. Sie haben vielmehr Rollen, denen die Gesellschaft Menschen anvertraut, wenn diese krank oder in Krisen sind. Dies drückt sich in der Berufskleidung, in beruflichen Ritualen und Titeln (Herr Dr., Schwester …) aus.

Diese Wertschätzung ist für den Patienten eine unersetzliche Hilfe in Situationen, in denen die Eigenkräfte geschwächt sind oder der Kranke den Glauben an sich selbst zu verlieren droht. – Häufig wird nicht gesehen, dass auch die Angehörigen von Intensivpatienten oder Sterbenden solche Wertschätzung brauchen. Wenn deren Lebens- und Unterstützungsleistung gewürdigt wird, dann bleiben sie weiterhin fähig, diese Aufgaben zu leisten und an den Sinn ihrer Bemühungen zu glauben.

Eine dritte Perspektive in der spirituellen Unterstützung muss aber eigens hervorgehoben werden: Eine Funktion der Rolle neben ihrer sozialen Bedeutung (man weiß, mit welchen Zuständigkeiten und Kompetenzen man es zu tun hat) ist ihre Symbolwirkung. Die Patienten und ihre Angehörigen vertrauen ihre biographischen Erzählungen und Identitätsmomente den helfenden Berufen ja nicht nur wegen deren fachlichen und kommunikativen Fähigkeiten an, sondern vielleicht noch viel mehr wegen der Bedeutung dieser Rollen.

Die Fachleute stehen nämlich nicht nur für Behandlung, sondern auch dafür, dass man mit einem Leiden aufgefangen wird. Sie sind auch Vertreter der Menschheit, zu denen man geht, weil sie für Hilfe ausgebildet sind und Berufserfahrung mit Kranken und Sterbenden haben. Ihre Rollen sind auf zentrale menschheitliche Werte bezogen: auf Gesundheit, auf körperliche und seelische Integrität, aber auch auf Fürsorge, wenn man sich nicht (mehr) selbst helfen kann. Sie sind dann zuständig, wenn ein Mensch in seiner Leiblichkeit existenziell verunsichert und abhängig ist. Letztlich liefert sich der Patient diesen Berufen mit seiner intimsten körperlichen, psychischen und seelischen Wirklichkeit aus. Die helfenden Berufe haben daher über ihre Fachkompetenz hinaus eine *menschheitliche Bedeutung*.

Die Rolle potenziert die Bedeutung.
Wenn also die Helfer auf meine, des Patienten, Identitätsaussagen hören und sie würdigen, wird deren Bedeutung durch die menschheitliche Rolle potenziert. Dies zeigen schon unwesentlich erscheinende Beispiele:

> ❖ Während der junge Mann auf der Intensivstation lag, starb seine Mutter im Nachbarkrankenhaus. »Stellen Sie sich vor«, sagt er zum Besucher »hier auf der Station haben sie mir noch nicht mal ›Herzlich Beileid‹ gewünscht.

> ❖ Wenn der Arzt, die Ärztin auf die Aussage des Schwerkranken »Ich habe drei Söhne, die sind alle was geworden.« antworten: »Sie sind stolz darauf, dass Ihre Kinder etwas geworden sind? Darin hat sich auch etwas von dem erfüllt, was Sie sich von Ihrem Leben vorgestellt haben?«, dann bekommt das Gesagte und damit der Patient in einem sehr wesentlichen Sinn Bedeutung.

So werden die Professionellen zu Seelsorgern durch ihre Rollen. Der Begleiter muss die Äußerungen des Patienten nicht in ihrer ganzen Komplexität begreifen und schon gar nicht psychologisch aufschlüsseln. Eine qualifizierte Berührung genügt. ›Berührung‹ geschieht nicht nur verbal, sondern auch durch Handlungen, Gesten und Mimik. Die Begleiter geben also auch durch ihre Rolle ›Sinn‹ und Bedeutung in einem größeren – und nicht nur sozialen – Horizont, also in der Dimension mit der zweiten, der menschheitlichen Transzendenz. Die Helfer, die einfach durch Ihre Tätigkeit vielen Menschen in existentieller Betroffenheit begegnen, werden in einer menschheitlichen Rolle gesehen, die etwas von Essen und Enkeln, von Sorgen und Beziehungen, von Gärten und Hobbys verstehen. Letztlich wird in ihnen gesehen, dass sie etwas Wesentliches von Leben und Sterben repräsentieren.

Die Helfer ›arbeiten‹ also in erster Linie auf der Ebene der zweiten, der überpersönlich-menschheitlichen Transzendenz.

Natürlich weiß der Patient, dass der einzelne Arzt oder die Schwester nicht alle Möglichkeiten des Lebens am eigenen Leib und der eigenen Seele durchgemacht hat. Aber die Rolle steht – symbolisch – für das Geheimnis des ganzen Lebens. Die symbolische Seite der Rolle ist es, mit der der Helfer das persönliche (vielleicht gefährdete) Symbol des Patienten auffängt und es in die ›Schale menschheitlicher Bedeutung‹ legt, wie Abb. 2. 2-4 verdeutlichen möchte.

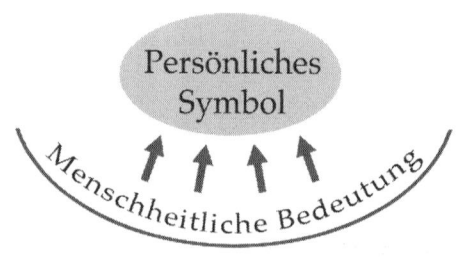

Abb. 2. 2-4: ›Schale‹ der Welt- und Menschheitserfahrung

Über die ›Rolle‹ gerät das persönliche Symbol mit dem menschheitlichen Reservoir an Lebenserfahrung und Lebensweisheit sozusagen virtuell in Resonanz. Solche Resonanz gibt dem Identitäts- und Sinnsymbol größere Tragkraft; die in ihm liegenden Bedeutungen werden dann auf wesentliche Weise aufgewertet.

Die spirituelle Funktion der Helferrolle ist den Rollenträgern oft selbst nicht bewusst. Es sei eigens betont, dass die Übertragungskraft beruflicher Rollen keineswegs eine Angelegenheit der Vormoderne ist. Die Berufe sind heute dabei, das autoritäre Gehabe und den Hierarchiedünkel früherer Zeiten abzulegen. Bei aller Demokratisierung: Wenn es um Leben und Tod geht, haben sie nach wie vor weit mehr als nur fachliche und soziale Bedeutung. Sie haben eine eigene Symbolkraft. Mit ihr zusammen aber erweitern sie ihre beruflichen Ressourcen um eine entscheidende – und zudem kostenlose – Dimension. In Kapitel 4 wird diese Ressource weiter entfaltet.

2.3 Ein drittes Medium: Rituale als spirituelle Begleitung
»Rituale sind Konstrukte der Verlässlichkeit.« (Gotthard Fuchs)

Es gibt noch weitere Wege der spirituellen Unterstützung – neben der achtsamen Begleitung und der Bedeutung erschließenden Kommunikation. Zu den Möglichkeiten der Helfer gehören auch die Rituale und symbolischen Handlungen. Diese tragen meist unausdrücklich die spirituelle Dimension, können aber auch bewusst die Spiritualität der Beteiligten ausdrücken.

2.3.1 Rituale: nicht nur in der Religion

Ritualisierungen und Rituale werden seit einigen Jahren auch außerhalb von Religion und Kirchen zunehmend entdeckt und geschätzt. Seit den 70er Jahren des 20. Jahrhunderts bekommt das Ritual durch die Humanwissenschaften ein neues Image. (Vgl. Post 2003: 26. Zur Ritualtheorie: Belliger et al. 2006; Caduff et al. 1999). Zwar ist der Begriff ›Ritual‹ inzwischen in Gefahr, inflationär verwendet zu werden. Aber angesichts der Tatsache, »dass nach einer Zeit der Ritenkrise das Zutrauen zu den Ritualen in den letzten Jahren gewachsen ist« (Kranemann 2006: 205), sollte man in diesem neu erwachenden Bewusstsein das darin aufscheinende menschliche Grundbedürfnis erkennen und ernst nehmen.

Was bis in das späte 20. Jahrhundert unter ›Ritual‹ verstanden wurde, war mit Kirche, Religion und gesellschaftlichen Gestaltungen verbunden. Im Lauf der Moderne wurden diese Handlungen als starr und zudem langweilig und bevormundend erlebt und als leere Formalismen abgetan. Die Moderne brauchte keine weihevollen Handlungen mehr. Zudem setzten die Rituale der Kirchen bei vielen Menschen kaum noch spirituelles Erleben frei. So wurden innerhalb weniger Jahrzehnte nicht nur einzelne rituelle Vollzüge für überflüssig erklärt, sondern gleich das ganze Haus der rituellen Gestaltungen ausgeräumt.

In der Postmoderne aber meldet sich neu eine Sehnsucht, nicht nur vom Augenblick und von der Beliebigkeit der Dinge der Welt zu leben, sondern Strukturen zu haben, die Bedeutsamkeit, Beständigkeit und Beheimatung vermitteln. Dies gilt erst recht, wenn Menschen Lebensumbrüche bewältigen müssen. Hier und im erwachten Bedürfnis nach ergreifender Spiritualität wurzelt die Suche nach Ritualen, die Verlässlichkeit und gelingendes Leben versprechen.

Rituale als Sinnträger
> Unter ›Ritual‹ kann man jede regulierte Aktivität verstehen, die nicht nur einen Zweck verfolgt, sondern zugleich einen Sinn tragen soll. (Vgl. Martin, Doka 2000: 151)

Nach dieser Definition sind alltägliches und gesellschaftliches Leben von unzählig vielen Ritualisierungen durchzogen. Eine Gesellschaft hat offensichtlich mehr solcher verbindenden und ordnenden Strukturen, als es auf den ersten Blick erscheint: Der Ablauf eines Fußballspiels, eines Konzerts, einer politischen Versammlung, einer Nachrichtensendung ist nicht nur von Regeln bestimmt, sondern wesentlich auch von symbolischen Handlungen.

Alltagsrituale. Erst recht ist die persönliche Alltagsgestaltung nicht nur von regelhaften praktischen Handlungen durchzogen, sondern von Handlungen, denen der Mensch einen Sinn beilegt – und Letzteres macht die Handlung zum (›kleinen‹) Ritual: Der beigelegte Sinn kann ganz unscheinbar sein (Ich möchte meinen Autoschlüssel nicht lange suchen müssen, daher lege ich ihn immer an dieselbe Stelle). Er kann aber auch eine ›höhere‹ Bedeutung tragen. So sind auch angeblich ›bloße Gewohnheiten‹ wie die Tagesgestaltung (Aufstehen, Essen, Zubettgehen, Begrüßung, Verabschiedung) für viele Menschen mit einer Sinnerwartung verbunden: Wenn ich es heute wieder so mache wie gestern und wenn heute die Anderen so mit mir umgehen wie sonst, dann wird auch der heutige Tag gut gehen. So ist das Leben in Ordnung.

Alltagsspiritualität ausdrücken. Bereits über die kleinen Rituale setzen Menschen – indirekt – etwas von ihrem Lebensentwurf in die Welt und legen unreflektiert etwas vom Sinn des Lebens aus. Denn so bekommt das alltägliche Leben Sinn; etwas vom Sinnhintergrund wird im Vordergrund gelebt und als tragend empfunden. Man könnte auch jeden Tag völlig anders anfangen und zu Ende gehen lassen; man könnte sich bei jeder Begegnung einen neuen Gruß ausdenken. Die Ritualisierung aber befreit von der ständigen Neuerfindung des Lebens und gibt diesem Struktur und Vertrautheit. Rituale geben der Alltagsspiritualität Ausdruck und bekräftigen sie. In ihnen wird etwas inszeniert, was sich anders nicht ausdrücken lässt: dass das Leben auch jetzt Sinn hat, auch wenn ich diesen Sinn gerade nicht reflexiv erklären kann.

2.3.2 Rituale im medizinischen Alltag

Im Kontext der beruflichen Begegnung mit Menschen in Krankenhaus, Hospiz, Arztpraxis ist es wichtig, die persönlichen Rituale der Patienten zu achten und wertzuschätzen. Sind diese doch in die ganze Lebensgestalt eines Menschen hineingewachsen und für ihn nicht sinnneutral. Wenn man Patient wird, ist man oft von den persönlichen Alltagsritualen abgeschnitten. Die vorgegebenen Abläufe in der Facheinrichtung haben eine völlig eigene Logik und damit auch rituelle Struktur. Sie verlangen vom Patienten, dass er seine persönliche Struktur aufgibt und sich an die fremde anpasst. Im Krankenhaus, beim Umzug ins Altenheim gibt es zudem kaum neue ›Sinnträger‹, die die Patienten autonom besetzen und gestalten können.

❖ Wie der Patient an seinem Geburtstag im Hospiz beglückwünscht wird, das ist ganz anders, als es ihm vertraut ist. Die Helfer dürfen ihn nicht kreativ überfordern. Sie sollten ihn eher fragen, was es für ihn zum besonderen Tag machen würde. Dann lässt sich vielleicht etwas davon verwirklichen. Dadurch kann der Patient seine Erinnerung betreten und aus dem Vertrauten Kraft für das Hiersein schöpfen. Der Helfer ermöglicht dabei die Erinnerung des anderen, er stört nicht mit eigenen Erinnerungen den Raum des Patienten.

❖ Die desorientierte Patientin auf der Intensivstation »muss jetzt unbedingt einkaufen und das Essen vorbereiten, weil mein Mann gleich nach Hause kommt«. Statt »Aber Frau N. ...« sollten die Helfer zunächst das Spiel der Patientin mitspielen und ihr so helfen, mit ihrer gewohnten Realität hier zu sein und mit dieser zusammen in der neuen Realität anzukommen.

Die Alltagsrituale mit ihrer kleinen Transzendenz verweisen letztlich auf eine größere Transzendenz. Das Leben hat nicht nur an den großen Abbrüchen, sondern auch täglich sein Unverfügbares und sein Geheimnis im Gewöhnlichen. Die Mutter bringt ihr Kind an jedem gewöhnlichen Tag mit einem Ritual ins Bett, weil Tag und Nacht und Fürsorge und Loslassen ihr Geheimnis haben. Insofern drücken Rituale ein Vertrauen in eine höhere Ordnung aus.

Das Geheimnis begehen
Ich verwende den Begriff ›Ritual‹ hier in einer erweiterten Bedeutung:

> Unter ›Ritual‹ verstehe ich im Kontext von Krankenhaus und Medizin eine Tätigkeit, die den Sinn hat, die kleinen und großen Unverfügbarkeiten des Lebens als Geheimnis – unausdrücklich oder ausdrücklich – zu begehen.

Zu dieser Definition korrespondiert *ein dritter Grundsatz der spirituellen Begleitung:*

Gemeinschaftliche und religiöse Rituale sind anthropologisch angelegte Stützfunktionen, die es ermöglichen, das Geheimnis des Lebens, des Sterbens und des Todes zu ›begehen‹. (Weiher 1999 b: 47)

Handeln können im Angesicht des Unvermeidlichen
Die medizinische Welt des Krankenhauses ist zunächst von Funktion und Zweck bestimmt. Ihre Organisation ist auf Optimierung von Handlungsabläufen (Pathways) und auf kontrollierbare Abläufe zum Zweck der Qualitätssicherung (Algorithmen) angelegt. Zugleich sind Krankenhäuser, Arztpraxen, Altenheime auch Orte, an denen Menschen – Patienten wie Mitarbeitende – tiefe existentielle Erfahrungen machen (müssen). Schwere Krankheit, Sterben und Tod sind existentielle Ereignisse, für die es letztlich keine adäquate Routine gibt. Hier sind die Begleiter außer mit der Faktizität auch mit der unverfügbaren Dimension dieser Ereignisse konfrontiert. Daher stellt sich hier die Frage, wie die Helfer im Angesicht des Unabwendbaren handeln können und nicht hilf- und tatenlos bleiben müssen. Diese Funktionen aber haben Rituale: Sie sind Möglichkeiten, sich im Angesicht des Unvermeidlichen dennoch ›sinnvoll‹ zu verhalten. Auch die medizinischen Berufe, die ja auf Handeln trainiert sind, können jetzt etwas tun: Durch rituelles Handeln können auch sie eine Dimension der Wirklichkeit ausdrücken, an der man zwar nichts machen kann, die auch kognitiv nicht

zu erfassen und explizit zu erklären geht und die dennoch Ausdruck finden und nicht vermieden werden will.

Rituale: Medien der Spiritualität
Wenn man im anfangs beschriebenen Sinn nicht nur den durchstrukturierten ›großen‹ Ritualen, sondern auch den rituellen Handlungen im Alltag einen sinngebenden Charakter zuspricht, dann können auch die Alltagshandlungen von Pflegenden, Ärzten und anderen helfenden Berufen zu Ritualen werden. Diese sind dann ein Medium der Kommunikation, das durch Handlungen und Gesten mehr aussagt als der rationale Inhalt von Worten und Begriffen. Gerade in der Hospiz- und Sterbebegleitung muss den Professionellen bewusst sein, dass im Prinzip alle ihre fachlichen Handlungen zu ›kleinen‹ beruflichen Ritualen werden können. Berufliche Handlungen dienen natürlich erst einmal einem praktischen Zweck. Sie können aber auch zu ›Gefäßen‹ für eine andere Logik werden: Sie können implizit zu Trägern von Spiritualität und Sinn werden.
Der ärztliche Beruf hat schon von seiner Tradition her eine Fülle von regulierten Handlungen, von denen er einigen ohne großen Aufwand die Qualität von beruflichen Ritualen geben kann. Es genügt, ›nur‹ die Routinen gut zu beginnen, sie mit Zuwendung zu füllen und sie gut abzuschließen – und sie so aus dem Gewöhnlichen und rein Zweckhaften herauszuheben.

Auch das Sterben begehen. Allein schon durch die Form, wie Arzt und Ärztin einen Menschen begrüßen und verabschieden (Haferlach 1994), verbindet sich der Zweck einer beruflichen Begegnung mit einem Sinn.
Schon die ›rein‹ körperliche Untersuchung kann der Arzt mit einer persönlichen Beziehungskomponente versehen und so aus dem Alltäglichen ein Ritual werden lassen. Das Fühlen des Pulses oder das Messen des Blutdrucks, das sorgfältige Abhören der Lunge können wichtige Rituale für den Patienten sein. Auch und gerade wenn der Kampf gegen die Krankheit bereits aufgegeben wurde, wird der Mehrwert von Handlungen umso wichtiger. Der Arzt, der in der Visite genauso liebevoll und regelmäßig zu dem Sterbenden wie er zu anderen Patienten geht, ›begeht‹ mit ihm auf ganz unspektakuläre Weise die Sterbezeit. Es wird einfach nur ›getan‹, mit kleinen Ritualen begangen. Es wird nicht alles in letzter Konsequenz aufgedeckt und beredet; denn man kann nicht ständig existenziell reden.

Würde vermitteln. Für Patienten – und manchmal noch mehr für die Angehörigen – kann es ein Zeichen der Wertschätzung sein, wie der Arzt auch am Ende des Lebens – wenn angezeigt – noch den Brustkorb abhört, den Leib abtastet und dabei den Patienten nicht behandelt, sondern berührt. Auch diese Handlungen können letztlich zum Ritual werden: Der Fachmann wendet sich mit aller Sorgfalt und Achtsamkeit ganz persönlich, mit Händen und Sinnen, jenem tödlich verwundeten, oft entstellten Menschen zu und würdigt ihn – und das geschieht durchaus im Rahmen seiner fachlichen Tätigkeit. Natürlich darf er das nicht wortlos tun. Es braucht auch Beziehungsworte und empathische Kommunikation; die aber können ganz einfach und alltäglich sein. Die instrumentelle Begegnung darf kein Ersatz für die mitmenschliche Begegnung sein. Mit solcher Achtsamkeit ist nicht nur der Patient als soziales Wesen gemeint, sondern sie würdigt auch die existenzielle Situation, die dieser zusammen mit seinen Angehörigen durchmachen muss. Sie strahlt aber auch auf die Behandler zurück; sie geben damit ihrem Beruf an der Lebensgrenze auch eine Würde.

In gleicher Weise können Pflegehandlungen als kleines Ritual qualifiziert werden: wie das Bett gemacht, die Wunde verbunden, der Körper gewaschen, wie überwacht, eingerieben und berührt wird, das vermittelt dem Patienten, dass das, was er erleidet und zu durchleben hat, nicht mal nebenbei zu erledigen ist, sondern eine – wenn auch nicht weiter erklärbare – Bedeutung hat.

Rituale helfen begleiten

➢ Gesellschaftliche Rituale und Feste begehen den Rhythmus des Lebens. Pflegende können den Rhythmus der Woche zum Patienten ›mitbringen‹, zum Beispiel am Sonntag das Wecken, Betten, Essen-hinstellen mit einer entsprechenden Bemerkung qualifizieren. Ebenso können sie an religiösen Festen des Jahreslaufs (Advent, Weihnachten, Fastnacht, Ostern, Erntedank, Allerheiligen, Ewigkeitssonntag) beim Waschen den Patienten fragen, welche Erinnerung er mit diesem Fest verbindet und ihn so mit den Rhythmen der Gemeinschaft in Beziehung bringen.

➢ Die Nachtschwester kann sagen: »Ich bin heute Nacht für Sie da. Ich schaue öfter nach Ihnen; ich werde es ganz leise tun.« Bei manchem Patienten wird dann vielleicht sogar ein Gute-Nacht-Ritual der Kindheit wachgerufen und jetzt wirksam.

➢ Die Art, wie der Pfleger beim Kernspintomografen den Patienten durch diese Prozedur begleitet, hilft diesem, die kleine Krise zu bestehen. Durch das Begehen dieser kleinen Krise wird im Hintergrund auch etwas von der ›großen‹ Krise (was wird dabei herauskommen? – eine Frage auf Leben und Tod) begangen.

➢ Die kleine Geste am Ende des Verbindens »Sitzt es gut?« macht die Handlung der Schwester zu einem Zeichen für mehr: dass es mit dir, Patient, gut geht.

➢ Die Art, wie die Pflegeperson nach der Operation dem Patienten die erste Mahlzeit hinstellt, wie sie die letzte einer Serie von Infusionen anhängt oder abnimmt, strukturiert den Weg des Patienten.

Durch solche tätigkeitsbezogenen rituellen Handlungen und Rituale spüren Patienten, ob in einem Krankenhaus oder in der Arztpraxis nur routiniert und funktionell gehandelt wird oder ob hier die Lebens-, Leidens- und Sterbelandschaft mit ihren Schicksalen begangen wird. – Auch ehrenamtliche Helfer können ihre Besuche mit rituellen Elementen gestalten: Regelmäßigkeit der Besuche, feste Vereinbarungen, ein Lied, ein Gedicht, eine Musik mitbringen, immer zuerst die Blumen versorgen usw. Rituale können auch in diesem Alltagssinn für alle Beteiligten zu kleinen Oasen in der Wüste des Rationalen und Pragmatischen werden.

Symbolische Handlungen
Über die funktionsbezogenen Rituale hinaus können auch nichtseelsorgliche Begleiter Bedeutungen bewusst ins Spiel bringen. Symbolische Gesten und Handlungen drücken etwas vom spirituellen Geheimnis aller Beteiligten aus:
- beim stark entstellten Patienten ein Bild aus guten Tagen über sein Bett hängen: »Das ist (nicht nur ›war‹) er auch.«
- im Umkreis des Todes eine Kerze anzünden: Die Bedeutung dieses Zeichens muss nicht in vollem Umfang erklärt werden;
- nach Eintritt des Todes im Beisein der Angehörigen dem Verstorbenen die Augen schließen und diesen Augenblick so würdigen;
- die Fotos von den Enkeln oder anderen aus der Familie auf dem Nachttisch bewusst zurechtrücken: »Die sind jetzt auch dabei.«

Das Begehen hat Deutefunktion
Symbolische und rituelle Handlungen vermitteln dem Patienten und seinen Angehörigen einen Sinn, nicht auf die Weise, dass Leiden beredet oder gar erklärt würde (›Leiden hat den Sinn …‹), sondern indem der existenzielle Raum des Ereignisses begangen wird. Das rituelle Begehen hat eine eigene Logik. Das Handeln gegen Krankheit und Sterben bezieht sich auf den behandelbaren Vordergrund der Ereignisse. Im Hintergrund gibt es aber noch eine andere Seite der Wirklichkeit: die unverfügbare. Diese schließt nicht aus, dass sich auch dann Leben vollzieht, das auf Sinngebung wartet. Die Helfer können der Überzeugung Ausdruck geben, dass auch im Faktischen des Lebens ein Geheimnis liegt, ohne dass sie ein solches Geheimnis auslegen müssen. Man kann versuchen, Umbrüche des Lebens zu verhindern oder sie rein pragmatisch abzuhandeln und sie damit zu ›umgehen‹. Mit rituell verstandenen Handlungen geben die therapeutischen Berufe nicht nur dem Zweckhaften Bedeutung, sondern zeigen auch ihre Achtung vor dem Pathischen des Lebens, vor dem Nichtmachbaren und am Ende auch vor dem Sterben. Das Begehen folgt also einer anderen Logik: Sterben und Tod werden bedeutungsvoll dadurch, dass man sie dem Weitermachen entzieht und sie stattdessen ›begeht‹. Die Helfer bleiben dann auf Tuchfühlung mit den Ereignissen, damit der Patient und seine Angehörigen ›gut‹ in das Geheimnis ihrer Lebenssituation hinein- und durch es hindurchgehen können. In diesem Sinn brauchen religiöse wie nichtreligiöse Menschen rituelle Unterstützung. – Rituale machen all das Schwere nicht weg; sie wecken und kanalisieren aber die spirituellen Energien, mit denen das Schwere zu tragen ist.

Rituale geleiten auch die Begleiter
Das Begehen hilft aber nicht nur dem Patienten, sondern auch den Helfern: Es gibt den Begleitern etwas zu ›tun‹ – gerade da, wo nichts mehr zu machen ist. Sie können dadurch etwas vom Sinn ihres Berufes in diese Handlungen hineinlegen. Angesichts des Unsagbaren braucht nichts Bedeutungsschweres gesagt zu werden. Wenn nichts mehr gegen den Tod zu machen ist, können sie ihre Fürsorge und ihre spirituelle Hoffnung diesem

›Tun‹ anvertrauen. Sie sind nicht zu Hilflosigkeit und Ohnmacht im Angesicht des Unabänderlichen und Unwiederbringlichen verurteilt; sie können sinnlich handeln und damit zugleich symbolisch Sinn geben und selbst Sinn aus der Begegnung schöpfen, ohne selbst ein reflektiertes Sinngebäude zur Verfügung zu haben. Rituale transportieren – ganz indirekt – Sinn zwischen allen Beteiligten. Das kostet kaum mehr Zeit beim Patienten. Es geht vielmehr darum, aus welcher Haltung, aus welchem ›Geist‹ heraus auch der Raum von Sterben und Tod begangen wird.

2.3.3 Übergangsrituale – Brücken über den Abgrund

Im beruflichen Alltag werden pflegende und andere Helfer-Berufe eher auf die indirekte Weise ritueller Handlungen auf die existenzielle Situation von Patienten, Pflegeheim- und Hospizbewohnern eingehen. Es gibt aber auch Umbrüche und Abbrüche des Lebens, für die die Gesellschaft seit Urzeiten ausdrückliche Rituale zur Verfügung stellt: Für einschneidende Lebensübergänge gibt es Übergangsrituale. Diese sind in Bedeutung und Struktur inzwischen vielfältig beschrieben (van Gennep 1909; Turner 1966; Bowie 2000).
Bei Übergangsritualen legt es sich im Krankenhaus- und Hospizkontext nahe, an den Eintritt des Todes und die Beerdigung zu denken. In der Tat: Neben den klassischen Lebensübergängen wie Geburt, Erwachsenwerden und Hochzeit ist der Tod das am tiefsten einschneidende Ereignis: Er trennt unwiderruflich zwischen Vorher und Nachher, zwischen Gerade-noch und Nie-wieder, lebend und leblos, Ordnung und Auflösung, fassbar und unfassbar. Aber auch andere Übergänge gibt es im Begegnungsfeld der medizinischen Berufe und Begleiter: der Übergang z. B. vom Zeitgenossen zum Altenheimbewohner, vom Gesunden zum Kranken, vom (Schwer-)Kranken zum Hospiz- oder Palliativpatienten.

Sinnverheißung
Hier haben Übergangsrituale eine wichtige anthropologische – und auch spirituelle – Funktion: Sie fügen zwei Zustände des Lebens aneinander, die zunächst in der Sinnkonstruktion eines Menschen nicht zusammenpassen. Sie bauen eine Brücke über den Abgrund, den eine Krankheit oder der Tod aufreißen. Sie haben also die Aufgabe, den Menschen von einer mehr oder weniger vertrauten Landschaft in eine noch unbekannte zu geleiten und Sinn und Kraftreserven zu wecken, damit er die Reise bestehen kann. Das Ritual stellt hier einen symbolischen Durchgang dar, der – wiederum implizit und nicht primär erklärend – das Gelingen der Reise verspricht: Du Mensch musst jetzt persönlich diesen Durchgang machen; aber wir glauben, dass du wie alle Menschen vor dir da durchkommst. Das drücken wir mit einer rituellen Begehung aus, mit der die Gemeinschaft im Prinzip alle Menschen begleitet. Auch dein Weg hat in der Ordnung des Lebens Bedeutung; er ist sicher schwierig und gefahrvoll, aber sinn- und verheißungsvoll. – Von der Gemeinschaft bewahrte Rituale beziehen frühere Sinnhaftigkeiten auf die neue Situation; sie schöpfen aus dem sozialen und

spirituellen Gedächtnis der Menschheit und bringen so Sinn ins Jetzt, für das sie gebraucht werden.

So werden inzwischen die Nahtod-Erlebnisse als von der Kultur zur Verfügung gestellter ›Passageritus‹ verstanden: Der Mensch wird – ohne sein aktuell bewusstes Dazutun – über die Schwelle des Todes geleitet (Kellehear 1996: 43).

Übergangsrituale haben also konkret den Sinn, die Betroffenen durch diese schwierige Erfahrung symbolisch-verheißend hindurchzuführen.

> Den Betroffenen werden die Schwierigkeiten des Durchgangs nicht erspart bleiben. Es wird ihnen aber implizit zugesagt, dass sie in ein großes Geheimnis hineingenommen sind, das wir nicht näher erklären können, für dessen guten Sinn im Ganzen des Lebens wir aber bürgen.

Im Kontext medizinischer und begleitender Berufe argumentiere ich hier bewusst anthropologisch und nicht von der Religion her. Die spirituell und religiös ausdrücklichen Rituale und die im Umkreis des Todes werden in den Kapiteln 3 und 6 vorgestellt. Hier ist zunächst die Frage, welche Übergangsrituale die Nichtreligionsbeauftragten selbst anbieten und welche sie vermitteln können.

Am Abgrund Halt geben

Wichtig für das Bewusstsein der Begleiter ist, dass sie das Unvermeidliche nicht wegmachen, das Leben und Sterben irgendwann nicht mehr aufhalten und das Verlorene nicht wieder zurückgeben können. Rituale habe gerade die Funktion, das Unabänderliche zu begehen und dem Menschen so Würde im Unvermeidlichen zu geben. Auch der Durchgang durch das Unabänderliche hat seine Würde.

Die Rolle des Helfers ist hier primär die des Zeugen, der die Not und die Würde dieses Übergangs bezeugt. So wie sich der Mensch nicht selbst ›gute Nacht‹ sagen kann (Fulbert Steffensky), so bekommt er zeichenhaft Sinn auch bei diesem Übergang zugesprochen, auch wenn sich ein Sinn eines Lebens mit Krankheit und Abschied ihm persönlich erst auf vielen weiteren Wegen und Umwegen – hoffentlich – erschließen wird. Alles, was ein Ritual aus- und zusagt, müssen (und können oft) die Betroffenen nicht in seiner vollen Bedeutung sich sofort psychisch aneignen. Sie können aber ihren Weg in die Krankheit, in den Tod, in die Trauer in der Kraft einer Bedeutung gehen, die ein neues Licht auf ihr Schicksal wirft und so allmählich in eine tiefere Bedeutung hineinwachsen. Das Übergangsritual stellt also einen Symbol-Raum dar, in dem der Betroffene aufgefangen und gehalten ist und dessen Sinnverheißung er zugleich auf dem weiteren Lebensweg sicher erst noch einholen muss.

Übergänge begehen – Möglichkeiten für die Helfenden

Im Krankenhaus, Altenheim und Palliativbereich gibt es viele Übergänge, die durch ein Ritual explizit begangen werden können.

> ➤ Schon die Aufnahme auf eine Normalstation im Krankenhaus, die auf eine Palliativstation oder in ein Hospiz ist für die Betroffenen vielfach eine Zeit großer Unsicherheit, Desorientierung und des innerlichen Chaos. Hier kann die medizinische und pflegerische Anamnese dazu

dienen, nicht nur routiniert Stichworte abzufragen oder anzukreuzen, sondern den Menschen auch bei seinen Gefühlen und Phantasien abzuholen und ihm empathisch zu begegnen. Dann wird er die Anamnese auch als Raum der Selbstvergewisserung nutzen und als Subjekt die neue Situation leichter betreten können.

➤ In Altenheim und Hospiz kann man die neuen Bewohner nach einer ›spirituellen Verfügung‹ fragen und mit ihnen ihre religiösen rituellen Gewohnheiten besprechen. (Rest 2003)

➤ Alle Gespräche mit Arzt und Ärztin am Ende und am Beginn von Behandlungsschritten sind für den Patienten ›kleine‹ Übergänge, mit denen er seinen ›großen‹ Durchgang durch das Geheimnis seiner Krankheit oder seines Sterbens vollzieht. Die Mediziner sollten sich der Bedeutung von Gesprächen an solchen Knotenpunkten bewusst sein und sie nicht nebenbei erledigen.

➤ Ebenso können Entlassungen aus dem Krankenhaus mit einem ausdrücklichen Abschiedsgespräch und einer Abschiedsgeste begangen werden.

➤ Wenn ein Patient am Todes- oder Beerdigungstag eines nahen Angehörigen im Krankenhaus bleiben muss, ist es gut, ihn z. B. in der Stunde der Beerdigung zu begleiten und ihn mit einem Ritual an die Beerdigung oder die Totenfeier anzuschließen. Die Seelsorge ist darin geschult, hier rituell zu begleiten.

➤ Auch bei einer anderen besonderen Situation sollten die medizinischen und pflegerischen Helfer rituelle Unterstützung durch die Seelsorge vermitteln: vor und nach der Organentnahme bei Hirntod. Da die Umstehenden den hirntoten Patienten subjektiv noch lebend wahrnehmen und sie ihm bei der Explantation, also bei seinem – in ihren Augen eigentlichen – Tod nicht beistehen können, brauchen sie ein Ritual. Das hilft ihnen, ihn aus den Händen ihrer Fürsorge zu entlassen und in die Hände anderer zu übergeben. Das Ritual wird hier zum Träger ihrer weitergehenden Fürsorge und der Vergewisserung ihrer Verbundenheit (vgl. Weiher, Feldmann 2010).

➤ Die Feststellung des Todes, die Mitteilung ›Hirntod‹, kann der Mediziner als reine Sachangelegenheit betrachten, er kann sie aber auch als Arzt als Teil eines Übergangsrituals sehen, bei dessen eigentlicher Durchführung er in der Regel vielleicht nicht mehr anwesend sein wird. Aber wie er auf die Zurückbleibenden zugeht, wie er kondoliert und würdigt, das qualifiziert diesen Augenblick als Ritual.

➤ Wenn die Professionellen nach Eintritt des Todes den Angehörigen ein ›Herzlich Beileid‹ oder eine ähnliche Formel sagen, dann erfahren die Betroffenen durch dieses kleine Ritual über das Faktische hinaus etwas von der Bedeutung des Todes. Die Angehörigen können dadurch und durch viele weitere Kondolenzen den Tod ›begehen‹ und in die Realität des Todes allmählich hineinwachsen.

➤ Viele Palliativ- aber auch Intensivstationen laden inzwischen Hinterbliebene zu Erinnerungstreffen oder Gedenkfeiern ein. Durch solche Rituale können die Trauernden erfahren, dass sie noch an das öffentliche Leben und an die Trostgemeinschaft der Menschheit angeschlossen sind. Das Stationspersonal gibt hier nicht nur soziale und emotionale Unterstützung. Die Helfer repräsentieren dann auch etwas von der ›höheren Ordnung des Lebens‹, an die die Betroffenen angeschlossen bleiben, auch und gerade, wenn sie ein schweres Schicksal zu tragen haben.

Bei all solchen Ritualen ist es wichtig, die persönliche Religiosität der Betroffenen und die symbolischen Repräsentationen ihrer Spiritualität in die Gestaltung und in die Kommunikation einzubeziehen und so das Ritual persönlich zu adressieren. Es erweist sich auch immer mehr als notwendig, bei Menschen mit Migrationshintergrund die kulturelle Einbettung der Betroffenen zu beachten und ihnen Gestaltungsräume dafür zu eröffnen.

Grundsätzlich gilt: Die Helfer dürfen sich bewusst machen, dass Rituale (ob sie sie selbst vollziehen oder sie vermitteln) die Not und Unvermeidlichkeit der Durchgänge tragen helfen. Sie müssen dies alles nicht selbst tragen, sondern dürfen es der höheren Ordnung anvertrauen, der Menschen sich durch Rituale schon immer anvertrauen mussten und anvertraut haben. – Gelegentlich sagt eine Krankenschwester, ein Pfleger nach einem Ritual der Seelsorge am Totenbett: »So etwas bräuchten wir eigentlich immer, wenn jemand verstorben ist.«

2.4 Statt einer Zusammenfassung: Ein Modell für die spirituelle Begleitung

Ein anschauliches Modell für die spirituelle Unterstützung ist der Drei-Pass (Weiher 1999 a), eine Endlosfigur (Abb. 2. 4), wie man sie im oberen Abschluss der Fenster gotischer Kirchen findet. Das Spiel mit den drei Schleifen und der umspielten Mitte gibt den drei Grundfunktionen der spirituellen Begleitung einen dynamischen Zusammenhang:

(1) **die mitmenschliche Begleitung**, die von Spiritualität inspiriert sein und indirekt spirituelle Erfahrung ermöglichen kann;
(2) **die Bedeutung erschließende Begleitung**, bei der Helfer in der Kommunikation auf die sinngebenden Deutungen und Bedeutungen des Patienten ausdrücklich eingehen und sie würdigen, vertiefen und ihre Tragekraft verstärken können;
(3) **die rituelle Begleitung**, bei der mit beruflichen Alltagsritualen implizit oder Übergangsritualen explizit die Lebens- und Sterbelandschaft begangen wird und Menschen in einen Sinnzusammenhang eingebunden werden.

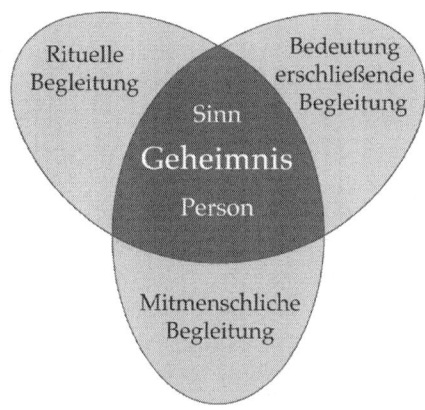

Abb. 2. 4: Der Drei-Pass der spirituellen Begleitung

In dieser Endlos-Schleife steht jeder Flügel für eine Möglichkeit, spirituelle Unterstützung zu geben. Dabei ist die teilnehmende Begleitung die Basisfunktion, ohne die die beiden anderen Möglichkeiten beziehungslos bleiben. Die medizinischen Berufe vermitteln selbstverständlich auch mit ihren fachlichen Handlungen Zuwendung zum kranken Menschen. Auch diese kann die Spiritualität des Behandlers ›tragen‹ und den Patienten spüren lassen. Das geschieht erst recht, wenn sich die funktionelle Tätigkeit mit der rituellen Perspektive verbindet. Beim rituellen Handeln muss nicht alles verstanden, nicht alles erschlossen werden und doch ist damit eine Bedeutungsgebung verbunden: die in menschheitlich-spiritueller Form. Die rituelle Ausdrucksform ist auf jeden Fall angezeigt bei Patienten, die sehr geschwächt sind oder deren kommunikative Verarbeitungsmöglichkeit eingeschränkt ist, wie z. B. bei verwirrten und desorientierten Menschen. Rituale gelten aber auch für Menschen im Koma oder bei Hirntod, zumal sie auch deren Unterstützungssystem erreichen: die Angehörigen. Der Helfer kann mal auf dem einen, mal auf dem anderen Weg seine Spiritualität ins Spiel bringen oder die des Patienten berühren.

Die ›Mitte‹ im Modell

Die drei Schleifen lassen noch eine Mitte frei. Dieser freie Raum im Zentrum steht dafür, dass das Leben sein Unverfügbares, sein Geheimnis hat. Es ist wie beim leeren Raum eines Hauses: Die Wände haben zwar eine wichtige Funktion; aber bewohnbar wird das Haus, weil die Wände Zwischenräume offen halten, in denen sich das Leben entfalten kann. Die Wände halten nur funktionell das Haus zusammen. In spiritueller Perspektive ist es umgekehrt. Es ist die Mitte und das Leben darin, die den Wänden Sinn geben. So ist es auch mit den drei Schleifen: Sie sind letztlich nur Methoden. Zu Transportmitteln von Spiritualität werden sie erst durch den Anschluss an eine Mitte. Begleiten, Symbolisieren und Begehen sind nämlich von anderer Art als die Mitte: Sie sind nur ein Medium für das Geheimnis und bekommen nur vom Geheimnis her Bedeutung.

›Spiritualität‹ ist selbst als Symbol zu verstehen: als Beziehung des Menschen zu einer höheren Wirklichkeit. Sie folgt einer anderen Logik als die Welt des Faktischen. Sie bezieht sich auf ein Darüber-Hinaus, das rational, gefühls- und handlungsmäßig nicht einholbar ist: auf das Geheimnis des Lebens. Dieses Geheimnis ist keine black-box, sondern es ist das Innerste, von dem alle Motive, Konzepte, Bedeutungen und Erfüllungen ihren Sinn bekommen. Es entzieht sich allen Zugriffen, ist aber zugleich als deren innerster Grund anwesend. Das ist charakteristisch für ein Symbol: Es verbirgt sich darin die Energie, die man nicht unmittelbar haben kann. Das Symbol steht für den nicht fassbaren Hintergrund, der im Vorzeigbaren zugleich anwesend ist. Die tiefste Identität (die Mitte der Person) wie der höchste Sinn (der Grund und das Ziel allen Seins) entziehen sich allen Methoden – denen der Medizin ebenso wie denen der Religion. Und doch ist das Geheimnis zugleich die Grundmelodie des Daseins, die auch in der Dunkelheit des Lebens klingt und in der spirituellen Erfahrung mal deutlicher hörbar oder mal weniger deutlich vernehmbar ist.

Ein Angebot an die Medizin. Der Drei-Pass der spirituellen Begleitung mit seiner Mitte ist ein Angebot an die Welt von Medizin und Krankenhaus:
Mit der Endlos-Schleife wird die bizarre Auf- und Arbeitsteilung Außen – Innen, Wissenschaft – Spiritualität, Rationalität – Glaube, bei der wesentliche Fragen des Menschseins übergangen werden, durch ein dynamisches Bild aufgehoben.

3. Das Geheimnis deuten: Religion in der Begleitung

»Die Weitergabe spiritueller Weisheit dürfte die älteste Disziplin der Menschheitsgeschichte sein.« (Ewert Cousins)

Wenn hier religiöse (und nicht nur allgemein-spirituelle) Begleitung thematisiert wird, dann bewegen mich dabei verschiedene Motive:
- Die religiöse Einstellung von Patienten ist eine Wirklichkeit, die multiprofessionelle Beachtung – also die jeder Berufsgruppe – verdient. – Patienten werden ja auch sonst multiprofessionell behandelt.
- Auch die säkularen Berufe sollten eine Ahnung davon haben, wie die für viele fremde Kategorie ›Religion‹ konkret wird und was für ein Potenzial darin steckt.
- Die nichtseelsorglichen Berufe sollten eine Vorstellung davon haben, wie die Seelsorge arbeitet und wie sie dieser Profession ihre Patienten anvertrauen können.

Natürlich kann es im multiprofessionellen Kontext nicht um eine volle Entfaltung des Potenzials der Religionen gehen, sondern nur um Grundzüge des Phänomens Religion. Diese allgemeine Beschreibung geht natürlich auf Kosten einer differenzierten Betrachtung nach einzelnen Religionen. In diesem Rahmen kann auch die Frage ›Macht Religion gesund oder krank?‹ nicht diskutiert werden (vgl. 1. 3). Das Zusammenspiel von Religion auf der einen und kulturellen und sozialen, aber auch individuell-psychischen Bedingungen auf der anderen Seite ist zu komplex, als dass man pathogene Wirkungen nur einer Seite allein zuweisen könnte (vgl. Seiler 2007). Religion muss sich zudem immer wieder vor der Wissenschafts- und Geistesgeschichte verantworten. Letztlich aber muss sich jede Religion – und jede Spiritualität – vom absolut Heiligen her in Frage stellen lassen und sich reinigen, um dem Geheimnis der höchsten Liebe und des umfassend Heiligen gerecht zu werden.

Religion versus Spiritualität?
Spiritualität findet man innerhalb und außerhalb von verfassten Religionen und Kirchen. Viele Menschen suchen eine lebendige, sie ergreifende Spiritualität, und die glauben sie, immer weniger in den Kirchen und eher jenseits der Kirchen zu finden. Die Dogmen und die Moral der traditionellen Religionen scheinen eine frei fließende persönliche Spiritualität zu behindern. Die Zurückhaltung gegenüber den organisierten Religionen gilt aber offensichtlich mehr der strukturierten Seite dieser Lehr- und Regelgebäude. Wie Studien zeigen (z. B. Europäische Werte-Studie: Zulehner, Denz 1993), sind viele Menschen nicht antikirchlich eingestellt; sie schätzen Symbole und Rituale der traditionellen Religion durchaus, auch wenn sie keiner Kirche oder Religion angehören. Sie verstehen sie als tradierte Weisheit, aus der sie etwas für sich frei auswählen und als Module für die persönliche Lebensdeutung verwenden können. Ebenso viele Menschen aber, die wir als Patienten treffen, sind nach wie vor mit ihrer religiösen Muttersprache und einer Glaubensgemeinschaft als ihrer Heimat verbunden.
Die großen Religionen sind also für die einen eine unmittelbare Quelle, für viele aber nur ein mittelbarer Quellhinter- und -untergrund für die Sinndeutung.

3.1 Was will und kann Religion?

Die großen Religionen haben (immer noch und wohl immer) eine wichtige Funktion und Bedeutung, weil sie es wagen, den Welt- und Lebenszusammenhang im Ganzen zu deuten und ihn mit einem höchsten und letztlich überweltlichen Prinzip in Verbindung zu bringen. Sie sind davon überzeugt, dass die Einzelerfahrungen des Menschen – also auch Unglück, Leid und Tod – von einem Sinnganzen her zu verstehen sind. Menschen haben Religion nicht nur, weil sie die Endlichkeit um das Unendliche erweitern wollen (Schmid 2008: 13), sondern weil sie dem Unendlichen den Sinn für alles Endliche zutrauen. Das jeweils Einzelne und Endliche hat in sich nicht einen letzten Sinn. Das und der Einzelne ist nur von einem Letzten und Höchsten her ›ganz‹: Nur mit Gott zusammen ist das Endliche vollständig. Symbolwelten – vor allem religiöse – gehören zu den frühesten Ideen, die den Menschen geholfen haben, die gestörte Welt zu ordnen und sie so – mit neuem Verständnis – bewohnbar zu erhalten. Auch nicht verstehbare Ereignisse können, weil sie im Horizont einer höheren Macht stehen, Sinn erhalten.

Verbindung mit dem Heiligen. Religion beansprucht nun allerdings nicht nur – sozusagen funktional –, die Welt zu interpretieren und damit der Seele ein geistiges ›Obdach‹ (Zulehner 1995) zu geben. Ihr eigentlicher Kern ist es – das ist das substanzielle Verständnis von Religion –, den Menschen am Heiligen teilhaben zu lassen: Der Gläubige wird in einen heiligen Zusammenhang hineingenommen, der ihn nicht nur mental und gefühlsmäßig, sondern bis in die Existenz hinein ergreift und ihm eine Sinnhaftigkeit von einem überweltlichen Prinzip her verheißt. Das ist zutiefst religiöse Spiritualität: den Menschen mit dem Heiligen in Beziehung zu bringen, das er sich nicht selbst schaffen kann. Diese Verbindung mit dem Heiligen gibt dem Leben, dem Kranksein, dem Sterben eine durch nichts Anderes zu ersetzende eigene Qualität und Bedeutung.

Religion als Quelle von Spiritualität
Freilich kann Religion solchen Sinn nur vorschlagen. Sie kann ihn nicht mechanisch zur Wirkung bringen und ihn auch nicht normativ vorschreiben. Genau dies aber entspricht dem Ethos heutiger religiöser Begleitung. Im Feld von Krankenhaus, Hospiz und Palliativsituation geht es zuerst um den Menschen, sein Befinden und seine spirituelle Einstellung. Religiöse Deutung muss ›passen‹, sonst vermittelt sie keinen Sinn; sie muss ihre Erfahrung mit der der Patienten in Beziehung bringen. Solche ›Passung‹ aber gelingt Religion nur, wenn sie mehr ist als ein System von moralischen Vorschriften und genauen Verhaltensregeln. Außenstehende beurteilen die Bedeutung von Religion leicht nach ihrer Außenseite. Hauptanliegen jeglicher Begleitung aber ist die Innenseite: Begleitet werden müssen Menschen in ihrer Spiritualität, also in dem, was sie sich von ihrer Religion zuinnerst angeeignet haben und aneignen wollen. Diese innere Quelle ist es ja, die in ihrer Ressourcenqualität – im Dialog mit Religionskundigen – eventuell tiefer verstanden, weiter erschlossen und vom Heiligen her bereichert werden will.

Der vorzeigbare Reichtum einer Religion ist der Schatz an seelischer Erfahrung, den sie in unendlich vielen Geschichten, Bildern, Symbolen, Schriften, Worten, Liedern und Bräuchen aufbewahrt. Die spirituellen Begleiter müssen wissen, wie dieser Schatz immer neu zum Glänzen kommt und seinerseits bereichert wird, wenn er mit den konkreten Situationen von Menschen in Austausch gerät. Religiöse Deutekultur enthält unendlich viele Erfahrungen von Menschen, die selbst aus dieser Quelle geschöpft und sie weitergegeben haben. Über Religion kann sich der Einzelne mit der Erfahrung vieler Menschen verbinden und damit seine Eigendeutung in einen großen Horizont stellen. Er muss nicht alles aus der eigenen Biographie oder aus kurzfristigen Zeitströmungen erwerben. Er begegnet vielmehr in Bildern und Sinngebungen, die von einem langen Strom getragen, von vielen Generationen existenziell ausgelotet und geprüft sind. Gerade existenzielle Erfahrungen beanspruchen den Menschen ja oft über seine bisherige Lebenserfahrung hinaus und rufen nach überpersönlichen Deutungshilfen.

Spirituelle Symbole werden durch die Verbindung mit den Heiligen potenziert. Religion ist zunächst nur Medium, Verstehensraum. Dieses Medium hat die Form von Geschichten, Worten der Weisheit und Sinnbildern. Religiöse Erfahrung kann zwar unmittelbar erzählt (»Da habe ich gespürt, dass Gott mich trägt«, »Ohne meinen Glauben hätte ich das nicht geschafft«), aber kaum ›direkt‹ übertragen werden. Das Ganze und Letzte kann im Grund nur vermittelt präsentiert werden. Erfahrung ist in Sinnbildern verdichtet, die beim Adressaten neuen Sinn freisetzen, wenn die verdichtete Erfahrung mit der individuellen Erfahrung in Resonanz kommt: Die Symbole sind ›Klangschalen‹, mit denen sich die Schwingungen der Betroffenen verbinden und zu einem tieferen Klangerleben führen können: Menschen fühlen dann ihr Lebensgeheimnis mit dem Geheimnis hinter aller Wirklichkeit in Beziehung und von diesem höchsten Geheimnis ergriffen.

Aus dem jüdisch-christlichen Fundus sind solche ›Klangschalen‹ z. B. die Geschichte von der Arche Noah, das Wort »Ich habe dich bei deinem Namen gerufen« (Jesaja 43,1), »Der Herr ist mein Hirte« (Psalm 23), die Geschichte vom Seesturm, das Geschick Jesu Christi, um nur wenige Beispiele zu nennen. Hier werden Grunderfahrungen von Gefährdung und Rettung weitergegeben, die elementar sind und die die persönliche existenzielle Erfahrung in den Horizont Gottes stellen. Mit diesem Deutungsgut kann sich die persönliche Spiritualität verbinden und ihr damit langen Atem und menschheitliche Tiefe geben und sie auf den weiten Horizont Gottes öffnen. Nochmals sei betont: Religion ist dabei ›nur‹ Symbolraum. Entscheidend ist die in diesem Raum erahnte oder erfahrene Beziehung zum Heiligen selbst, den viele Religionen Gott nennen. – Menschen, die sich mit der Quelle von Religion und Spiritualität verbunden wissen, empfangen ihre tiefste Würde dann nicht aus sich selbst heraus oder von der zufälligen Gunst der Umgebung, sondern von einem überweltlich Höchsten her. Das ist der tiefste Grund für Würde.

3.2 Wie begleiten die Religionsbeauftragten?

Im Laufe des letzten Jahrhunderts hat sich in der westlichen Gesellschaft die religiöse und weltanschauliche Szene erheblich verändert. Das früher christlich geordnete Weltbild wurde von der Wirklichkeit der Einstellungen der Menschen überholt: Die Gesellschaft entwickelt sich zunehmend in eine multireligiöse, multikulturelle und multispirituelle.

Das heißt jedoch nicht, dass Menschen bei Krankheit und Sterben nicht nach Sinngebung suchen würden und sich Begleiter wünschen, die ihnen in dieser Zeit beistehen. So hat zum Beispiel eine Studie (Plüss, Schenker 2002) ergeben, dass 94% der Befragten Seelsorge im Krankenhaus für wichtig halten, 75% sogar für sehr wichtig.

Wie aber begleiten in Krankenhaus und ähnlichen Einrichtungen die mit der Seelsorge Beauftragten Patienten und Angehörige,

- die sich bewusst religiös verstehen,
- die sich eher allgemein-religiös verstehen,
- die ganz ohne Bezug zu einer Religion sind und die keine geprägte Spiritualität mitbringen?

Für Religion Beauftragte
In Deutschland ist es den großen christlichen Glaubensgemeinschaften gestattet, ihren Begleitungsdienst im Prinzip allen Menschen in Altenheim, Krankenhaus und Hospiz anzubieten. Mittlerweile gibt es auch erste Ansätze von muslimischer, buddhistischer und humanistischer Seelsorge. In den meisten Einrichtungen wird die Seelsorge von ausdrücklich Beauftragten angeboten, die in der Regel pastoraltheologisch und -psychologisch gut ausgebildet sind. Seelsorger sind nicht nur Pfarrer, von denen ein ganz spezifischer Umgang mit religiösen Bedürfnissen, wie zum Beispiel Gebet, geistlicher Zuspruch und rituelles Handeln, erwartet wird. In erster Linie sind es Seelsorger und Seelsorgerinnen, die von ihrer Ausbildung her auf die unterschiedlichsten existenziellen und spirituellen Bedürfnisse von kranken Menschen, Angehörigen und therapeutischem Personal eingehen können. Die mit der Seelsorge Beauftragten müssen sich in dem breiten Spektrum zwischen der Hochform der Religion und den religiös unspezifischen Alltagseinstellungen der Zeitgenossen bewegen können. Patienten und Angehörige kommen ja zuallererst wegen der Medizin und der Pflege in eine Einrichtung des Gesundheitswesens. Seelsorge kann daher bei ihrem Besuchsdienst zunächst nicht von einem religiös-kirchlichen Kontrakt ausgehen. Sie muss begegnungsoffen und begegnungswillig für alle möglichen Formen der Sinnsuche von Menschen sein und herausfinden, zu welchem Kontrakt mit dem Patienten sich ihr Begegnungsangebot entwickelt.

Seelsorge ist spiritual care. Auch an die Adresse der christlichen Seelsorge sei daher gesagt: Sie sollte sich auf dem Hintergrund des weltanschaulichen Pluralismus konstruktiv und nicht defensiv mit dem heutigen Phänomen ›Spiritualität‹ auseinandersetzen. Sie sollte ihre Arbeit als »spiritual care« begreifen und Menschen so begegnen, wie diese sich mit ihrer je eigenen spirituellen Ausrichtung verstehen. Die spirituelle Unterstützung als Teil einer ganzheitlichen Begleitung erwarten die im Gesundheitswesen Verantwortlichen mehrheitlich immer noch eher von der kirchlichen Seelsorge und nicht von neutralen Spiritualitätskundlern. Damit wird den eigens Beauftragten allerdings zugetraut, dass sie nicht nur mit religiös klar deklarierten Einstellungen hilfreich und verantwortlich umgehen können. Sie sind also herausgefordert, ihren Auftrag im heute offenen gesellschaftlichen Feld neu abzustecken.

Wenn Religion gefragt ist. Es gibt natürlich religiöse Gemeinschaften, deren Angehörige nur einen Geistlichen ihrer Religion rufen, wenn sie religiöse Bedürfnisse haben. Religiöse Ideen- und Symbolsysteme sind so mit der inneren und äußeren Kultur eines Menschen verbunden, dass nur jemand mit den Schätzen der Religion umgehen kann, der in dieser Kultur steht und sie authentisch vertreten kann. So wird z. B. ein gläubiger Moslem die stärkste religiöse Kraft von den authentischen Worten und Riten des Islam empfangen können und nur diese werden ihn trösten. In Notsituationen wollen Patienten und Angehörige möglichst die Religion als Beistand haben, mit der sie noch am ehesten vertraut sind. Manche Patienten erwarten vom Beauftragten ihrer eigenen Religion eher rituellen Beistand und die vertrauten Weisheiten und Gebete. Wenn sie aber den Seelsorgenden in erster Linie gerufen haben, um mit ihm in Lebens- und Glaubenskrisen ihre Situation zu verarbeiten, dann genügt es nicht, nur die üblichen Sprach- und Deutemuster aufzurufen. Die Glaubenskommunikation mit religiös verankerten Menschen ist dann eine ebensolche Herausforderung wie die mit nicht ausdrücklich religiösen Menschen. – Die spirituelle Begleitung solcher Krisen wird in den späteren Kapiteln thematisiert.

3.2.1 (Klinik-)Seelsorge als spirituelle Begleitung

Die Klinikseelsorge der christlichen Kirchen versteht sich seit Jahrzehnten nicht nur als Seelsorge am Krankenbett, sondern als KrankenHausSeelsorge. Sie bringt ihre spezifische Sicht und Arbeitsweise nicht nur in die Einzelbegegnung mit Patienten und Angehörigen, sondern auch in verschiedene Arbeitsbereiche und in die Gesamtorganisation ein, zum Beispiel durch Mitarbeit bei einer Leitbildentwicklung, in Qualitätszirkeln, medizinischen Zentren, Ethikkomitees oder Fortbildungen. Im Kontext dieses Buches soll hier allerdings nicht das ganze Spektrum der Seelsorge dargestellt werden. Vielmehr soll auf der Mikroebene skizziert werden, wie Seelsorge auf dem Hintergrund heutiger gesellschaftlicher und weltanschaulicher Entwicklungen mit der religiösen und spirituellen Dimension umgeht und wie sie sich den anderen Berufen gegenüber versteht.

›Seelsorge – machen das nicht alle?‹
Ist nicht die ›Sorge für die Seele‹ Aufgabe aller patientennahen Professionen? In der Tat haben alle therapeutischen und unterstützenden Tätigkeiten eine seelsorgliche Qualität, nicht nur die der ausdrücklich mit der Seelsorge Beauftragten. Alle Handlungen der Mediziner, Pflegenden, Physiotherapeuten, Sozialarbeiter erreichen mit der ›Außenseite‹ eines Menschen zugleich auch dessen Innerstes. Was dem Körper des Patienten medizinisch-pflegerisch, was seiner sozialen und emotionalen Welt gut tut, das tut auch seiner ›Seele‹ gut. (Zu ›Seele‹ s. Exkurs (2))
Weil Leib, Psyche, Geist und Seele eine Einheit bilden, gilt die Sorge aller Helfer im Prinzip auch der Seele. Auch wenn der Arzt den Patienten ›nur‹ in seiner Körperlichkeit behandelt, übt er zwar seine Fachdisziplin aus; aber dies gilt natürlich dem Menschen als ganzem. Wenn die behandelnden Professionen sich zudem über die fachmethodische Seite hinaus dem Patienten qualifiziert zuwenden, ihn mit seinen Gefühlen, seinem Erleben und seiner spirituellen Ausrichtung ernst nehmen, dann ist das Leib- und Seel-Sorge zugleich. In dieser Hinsicht machen sie zwar ›Seelsorge‹, aber dies ist in einem unspezifischen Sinn zu verstehen: Sie haben den kranken Menschen

ganzheitlich im Blick, haben aber einen anderen Fokus. Zudem haben sie nicht die spezifische Übertragungskraft der geistlichen Rolle und die geschulte Befähigung spiritueller Versorger. (Zu den Möglichkeiten der spirituellen Unterstützung durch die Nichtseelsorger s. 2.2.3)

Zum Profil der Fachseelsorge

Seelsorge ist dabei, ihren spezifischen Auftrag (wieder) zu entdecken. Bis vor wenigen Jahren hat die Seelsorge als Reaktion auf eine rein körper- und krankheitsbezogene Medizin die Betreuung des Menschen als Kranken (und nicht als Träger von zu behandelnden Krankheiten) als ihre Hauptaufgabe gesehen. Ihr wurden zunehmend neben ihrer im engeren Sinn religiösen vor allem die emotionale und soziale Begleitung angetragen, die vom medizinischen Personal nicht mehr geleistet werden konnte. Dieses hatte aufgrund zunehmender Spezialisierung und höherer medizinisch-pflegerischer Anforderungen dafür kaum noch Zeit – und auch kaum eine geschulte Befähigung. Heute wird die Beachtung der psychosozialen Aspekte zunehmend wieder als Aufgabe aller versorgenden Berufe gesehen; sie wird modellhaft im hospizlichen und palliativen Kontext verwirklicht. Es wird immer mehr wahrgenommen, dass jede Kranken- und Altenversorgung (und nicht nur die Sterbender) in diesem Sinn eine ›palliative‹ Komponente, das heißt eine ganzheitliche Struktur haben muss. Im Gegenzug beginnt die Seelsorge ihrem ursprünglichen Auftrag – allerdings in neuer Form – wieder gerecht zu werden.

Auch Seelsorge hat einen ganzheitlichen Blick. Natürlich wendet sich auch Seelsorge in ganzheitlicher Form kranken Menschen zu. Selbstverständlich hat sie den Menschen mit seiner körperlichen, emotionalen, mentalen und sozialen Befindlichkeit und Not im Blick. Aber anders als bei den anderen Berufen, deren Fokus primär jeweils das Körperliche, Psychische oder Soziale ist und die die jeweils anderen Dimensionen berücksichtigen, sie aber nicht ausdrücklich ›behandeln‹, richtet Seelsorge ihre Aufmerksamkeit primär auf die existenzielle und seelische Verfasstheit des Menschen. Dies bedeutet keineswegs, die anderen Dimensionen, das Leibliche, Psychische und Soziale außer Acht zu lassen oder auszuklammern. Die existenzielle Befindlichkeit wird bei Krankheit und Trauer ja gerade vom Körperlichen und Psychosozialen wesentlich bestimmt. Die Dimensionen sind miteinander verschränkt und wirken aufeinander ein. Das Leid eines Menschen geht zwar vom Körperlichen aus, aber es zieht alle anderen Dimensionen in Mitleidenschaft und reicht so natürlich auch in sein Identitätsempfinden und in sein spirituelles Zentrum hinein.

Auf der Spur der Spiritualität

Das Spezifische der Seelsorge ist dabei, dass sie ihre Aufmerksamkeit bewusst auf die im Selbstempfinden und in den Selbstbekundungen des Patienten eingewobene Spiritualität richtet. Sie geht der Spur zu dem ›inneren Geist‹ nach, der darin anklingt. Die Kernaufgabe der Seelsorge im spezifischen Sinn kann man daher so beschreiben:

> Seelsorge begibt sich auf die Spur der Spiritualität der Menschen, die sie besucht und sorgt in dieser Perspektive für den ›ganzen‹ Menschen. Ihr geht es letztlich darum, Patienten zu helfen, mit ihren eigenen spirituellen Ressourcen in Beziehung zu kommen, sodass sie nicht nur medizinisch und psychosozial, sondern auch von ihrer Spiritualität oder Religiosität her gestärkt werden und mit ihrem Kranksein und dessen existenziellen Herausforderungen besser umgehen können.

Seelsorge ist davon überzeugt, dass Krankheit, Sterben und Trauer nicht nur mit den Mitteln der therapeutischen Fachberufe, sondern auch mit spirituellen und religiösen Medien be- und verarbeitet werden können. In diesem Sinn leistet Seelsorge ›spirituelle Diakonie‹ für alle Menschen, die sich über die rationale und instrumentelle Logik hinaus mit Krankheit, Altsein und Sterben auseinandersetzen wollen.

Wenn das Existenzielle im Hintergrund bleibt. Der Spur der Spiritualität nachzugehen bedeutet natürlich nicht, dass Seelsorge sofort und ausschließlich ›Spiritualität an sich‹ und die religiöse Dimension ›an sich‹ in den Fokus rückt. Es gehört auf jeden Fall zum Ethos der aufsuchenden Seelsorge, dass sie die Begegnung mit dem Patienten offen gestaltet und nicht möglichst schnell zu einem ›Eigentlichen‹ eines Menschen gelangen will. Seelsorge geschieht zuallererst patientenzentriert. Es geht immer zuerst um die Selbstdarstellung der Betroffenen und wie sie den Kontrakt mit dem Besucher definieren und gestalten. Der Besucher muss sich immer fragen, wofür der Patient ihn braucht und wie er dem Patienten am besten nutzen kann. Natürlich bringt auch Seelsorge bei ihren Besuchen ihrerseits Übertragungsbilder mit, mit denen der Patient bewusst oder weniger bewusst in Beziehung geht und mit denen er seine Vorstellungen, seine Hoffnungen, aber auch seine Befürchtungen in Verbindung bringt.

In einer ersten Hinsicht geht Seelsorge zu kranken Menschen, einfach weil sie Menschen sind. Sie hat – anders als die therapeutischen Berufe – keine Diagnose- und Behandlungsabsicht. Insofern beginnt Seelsorge oft ganz unspezifisch und alltäglich. Und es bleibt eventuell auch bei einer unspezifischen Begegnung von Mensch zu Mensch, wenn sich der Patient nicht tiefer einlassen, sondern ›nur‹ sein alltägliches Erleben zur Sprache bringen und darin verstanden werden und damit nicht einsam bleiben will. Irgendwie ist damit sein existenzielles Alltagsempfinden verbunden, mit dem er von seelsorglichen Begleitern wahrgenommen werden will und auf das er eine gute Resonanz zu bekommen hofft. Seelsorge geht davon aus, dass es nicht unbedingt ›tiefere‹ und explizit spirituelle Gespräche sein müssen, damit Menschen mit ihrer Seele mehr in Kontakt kommen und als Personen so gestärkt werden, dass sie mit ihrer Situation und ihrem Schicksal besser leben können. Auch bei anderen Berufen können Patienten Erfahrungen dieser Art machen.

Wenn das Existenzielle in den Vordergrund rückt. Bei schwerer Krankheit und erst recht angesichts des Todes aber rückt bei vielen Menschen das ›irgendwie Existenzielle‹ vom Hinter- in den Vordergrund. Wenn Seelsorgende das Zimmer eines Patienten betreten und sich mit ihrem Beruf vorstellen, dann wird dieses Existenzielle berührt. Manche Patienten wollen dann gerade nicht, dass dies vertieft zur Sprache kommen soll. Vielleicht wollen sie dem Ernst der Krankheit nicht so richtig ins Auge sehen, vielleicht sind sie aber auch nicht gewohnt, sich mit solchen Herausforderungen sprachlich bewusst auseinanderzusetzen. Andere lassen sich auf die Dynamik ein, die durch den seelsorglichen Besuch ausgelöst wird. Vielfach werden existenzielle Fragen und Themen nicht gleich direkt zur Sprache gebracht: Vielmehr begegnen dem Begleiter solche Themen bei den Patienten eingekleidet in ihre Ängste, Sorgen und Hoffnungen, in ihren alltäglichen Lebenserzählungen und Identitätssymbolen (z. B. ››Ich kann noch nicht mal [mehr] alleine auf die Toilette gehen‹‹). In diesen Alltagsäußerungen klingt jedoch auch das an, was man ›Alltagsspiritualität‹ nennen kann. In ihnen ist auch etwas vom ›inneren Geist‹ eines Menschen wahrnehmbar. Seelsorge fokussiert dann nicht gleich auf diesen ›Geist‹, sondern bleibt, solange es dem Patienten wichtig ist, bei seiner Alltagsspiritualität. Zu dieser geht sie so in Resonanz, dass sie sich narrativ weiter entfalten kann.

Spiritualität höherer Ordnung

Patienten aber suchen erst recht bei schwerer Krankheit und drohendem Tod – eher indirekt als direkt – nach tieferen Quellen und grundlegenden Bedeutungen für die Auseinandersetzung mit ihrem Schicksal. Seelsorge belässt es daher nicht bei den ›normalen‹ Quellen der Sicherheit, die das Leben bisher getragen haben. Schwere Krankheit und Krisen bringen den Menschen an Grenzen, an denen die Alltagsbilder »ihre schützende Hülle« verlieren (Roy 1997: 33). Seelsorge sieht ihre Aufgabe daher darin, die Alltagsspiritualität der Menschen behutsam weiter zu erschließen auf das hin, was ihnen zutiefst bedeutsam ist, was sie persönlich existenziell erfüllt und was ihr Lebensverständnis wesentlich ausmacht. So suchen Seelsorgende mit dem Patienten zusammen nach der ›Spiritualität höherer Ordnung‹.

Spiritualität mehrstufig sehen. Danach gibt es über diese Spiritualität erster Ordnung hinaus auch die höherer Ordnung, ähnlich wie in der ethischen Reflexion Werte erster und solche höherer Ordnung angenommen und unterschieden werden. Auch in der Ethikberatung bleibt man nicht bei Werten erster Ordnung stehen, sondern versucht, zu Werten höherer Ordnung zu gelangen, die einer ethischen Entscheidung erst ihre volle Bedeutung geben. Davon angeregt plädiere ich für die mehrstufige Sichtweise ›Spiritualität erster‹ und die ›höherer Ordnung‹. Bei der Bewältigung von Krankheit und existenziellen Krisen hat letztere die größere Kraft und das größere Ressourcenpotential.

❖ Herr L. erzählt, dass er als Fachmann für Weinbau in mehreren Kellereien gearbeitet und ein gutes Gespür für Qualität und Genuss entwickelt hat. Der Begleiter ist in Versuchung, die Genussfähigkeit und was Herr L. als Fachmann zu einem guten Leben beigetragen hat als wesentlich für seine Spiritualität zu sehen. Auf die Frage, *was er dabei für ein Mensch geworden sei*, wird aber erst seine Spiritualität höherer Ordnung deutlich: Er berichtet von Unregelmäßigkeiten in einem Weinbaubetrieb, derentwegen er gekündigt hat und eine Zeitlang arbeitslos war. »Dass es gerecht zugeht«, das sei ihm ganz wichtig. Mit dem Seelsorger zusammen findet er in sich einen Menschen, der aufrecht und gerade bleiben wollte und sieht, dass ihn das mehr ausmacht als seine fachlichen Qualitäten und seine Genussfreude. – Mit dieser spirituellen Entdeckung ist er bereit, sich dem weiteren Weg durch die Krankheit zu stellen.

❖ Der schwerkranke Patient, der es »im Leben zu nichts gebracht« hat und der darüber ziemlich verzweifelt ist, erzählt von vielen großen Reisen mit seiner Frau zusammen. Er will jetzt einen Wohnwagen anschaffen, um ihr noch etwas zu bieten. Für die Begleiter ist nun die Versuchung, Herrn M. immer wieder auf diese Reisen anzusprechen. Hier würde man bei der Alltagsspiritualität stehen bleiben. Die Liebe zu seiner Frau hervorzuheben, bringt ihn aber auch nicht entscheidend weiter. Erst als er über die Frage nachdenken kann, wen Gott wohl in ihm sieht, kann er seine Selbstbewertung erweitern und tiefere Quellen in sich wahrnehmen.

Auch Religiosität mehrstufig sehen. Bei religiös-basierter Spiritualität ist es ebenfalls wichtig, für Stufen höherer Ordnung aufmerksam zu bleiben.

❖ »Ich habe jedes Jahr eine Wallfahrt nach Marienthal gemacht« erzählt die krebskranke Patientin dem Seelsorger voller Stolz. Im Gespräch kann sie immer wesentlicher werden: »Bei der Gottesmutter konnte ich alle Sorgen und Ängste loswerden.« »Bei ihr habe ich mich geborgen und geschützt gefühlt«. »Sie wird mich auch weiter beschützen, egal was kommt.‹›

❖ »Ich bin jeden Sonntag in die Kirche gegangen«, aber jetzt könne er das ja nicht mehr wegen der Krankheit, sagt der Patient mittleren Alters. Was er dabei erfahren habe, fragt die seelsorgliche Begleiterin. Dass er im Gottesdienst und im Gebet Kraft gespürt habe. »Kraft …?« führt die Seelsorgerin weiter. »Ja, weil ich mich dann in Beziehung zu Gott wusste. … Irgendwie hat er mich immer geführt.« Die Begleiterin: »Und wenn die Krankheit weitergeht?« »Da wird er mich noch weiter bringen, auch wenn es noch schlimmer kommt.«

❖ »Sie kommen mir gerade recht«, sagt erregt die 55-jährige Patientin auf der Palliativstation. »Gestern habe ich das Lourdeswasser weggeschüttet. Alle Gebete haben nichts genützt. Der Krebs ist weitergegangen.« – Bisher hat sie Spiritualität gegen die Krankheit eingesetzt. Vielleicht findet sie in der Begleitung zu einer Gebetshaltung ›höherer Ordnung‹, die ihr hilft, das Geheimnis des Unabänderlichen bewohnen zu lernen.

Auch religionsbezogene Aussagen müssen nicht per se schon der Weisheit letzter Schluss sein. Auch sie bedürfen möglicherweise einer weiteren Vertiefung, damit sie den existenziellen Herausforderungen Stand halten können. Seelsorge wird auch bei einer nicht weiterführenden ›Religiosität erster Ordnung‹ nicht sofort mit einem belehrenden Gegenprogramm antreten oder Deutungen zu entkräften suchen. Sie muss sich zunächst dafür interessieren, was diesen Menschen bewegt, was dessen eigene religiöse Innenwelt ist und was er bisher damit für Erfahrungen gemacht hat.

Alltags- und Glaubensspiritualität
Bei aller Behutsamkeit in der Begegnung mit Menschen, die keiner geschlossenen Glaubenswelt mehr angehören oder die zu den tradierten religiösen Welten keine Beziehung haben, darf Seelsorge nicht gänzlich darauf verzichten, die spirituellen Überzeugungen ihrer Religion anzubieten. Sie würde sonst den Patienten, der sich auf ein Gespräch einlässt, um Übertragungsmöglichkeiten bringen, mit denen er sich auseinandersetzen, die eigenen Vorstellungen vertiefen und ihnen Sprache und Gestalt geben könnte.

Transzendente Sinnräume. Wenn Menschen in Krankheit oder gar an der Lebensgrenze in Gespräche mit der Seelsorge hineingehen, dann erwarten sie von dieser einen entscheidenden Schritt über das Angehört- und Wertgeschätztwerden hinaus: Ob bewusst oder weniger bewusst wird die Seelsorge dann mit einer ›tieferen‹ oder ›höheren‹ Weisheit und einer transzendenten Welt in Verbindung gebracht. Von dieser erhoffen sich Menschen Sinn und Wert in einem größeren, umfassenden Horizont. Irgendwie möchten sie, dass auch ihr Leben und ihr Schicksal letztlich sein Heiliges hat und vielleicht von einem Heiligen umfangen ist. Auch Menschen der Postmoderne suchen ›irgendwie‹ eine Lebensauffassung, die ihr Leben orientiert und zentriert, auch wenn sie diese Suche nicht unbedingt explizit formulieren. Zur Kunst der Seelsorge gehört es also einerseits, vielfältig anschlussfähig zu sein und sich auf die einem Menschen eigene Spiritualität einzulassen und sorgfältig damit umzugehen. Andererseits steht Seelsorge für ein Mehr, für einen ›Sinn höherer Ordnung‹. Sie bringt mit ihrem Kommen transzendente Sinnräume mit in die Beziehung. Bei ihr ist die spirituelle Dimension im Hintergrund mit dabei und sie kann schnell in den Vordergrund rücken. Dem ›großen‹ Horizont möchte sich der Patient letztlich mit seinen Lebensgeschichten, seinen Hoffnungen und Ängsten anvertrauen, wenn er in die Begegnung mit der Seelsorge einwilligt. – Auch viele mit dem religiösen Glaubensrepertoire unvertraute Menschen schätzen es überraschenderweise, wenn Seelsorge ihre Glaubens- und Hoffnungsperspektive aus dem Schatz der Überzeugung ihrer Religion anbietet und damit zu denken und sich zu verstehen gibt.
Es ist daher eine spezifische Aufgabe der Seelsorge, aus der Alltagsspiritualität heraus, die sich in den Identitätssymbolen und Lebensempfindungen zeigt, die tiefere ersehnte Wirklichkeit zu erkunden und den größeren Horizont ins Spiel zu bringen. Während die Nichtseelsorger die Selbstbekundungen des Patienten – gemäß ihrer Felddynamik – eher in die ›Schale‹ menschlicher Empathie und Kultur als unmittelbar in die der

Religion legen (s. Abb. 2. 2-4), geht geistliche Begleitung einen spezifischen Schritt weiter.

Wie in Abbildung 3.2 verdeutlicht, hilft sie
- die persönlichen Symbole in den Horizont des Heiligen zu stellen,
- in ihnen einen Brunnen zu entdecken, der zum tiefsten Geheimnis aller Wirklichkeit führt,
- über ihnen den Himmel Gottes aufscheinen zu lassen.

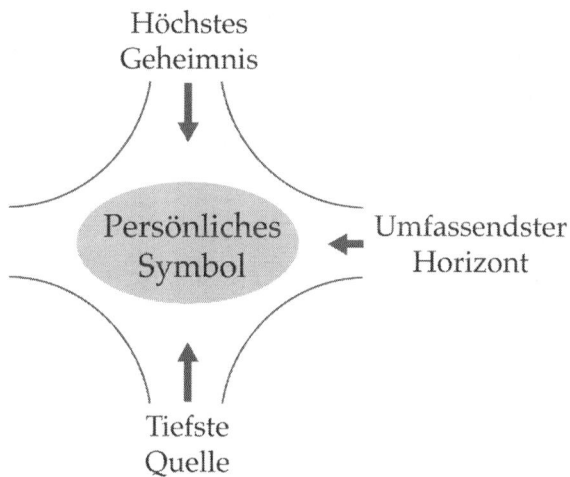

Abb. 3. 2: Das persönliche Symbol in das Feld der großen Transzendenz stellen

Das ›kleine‹ Heilige – das ›große‹ Heilige. Die Seelsorgenden helfen also, im Alltagsbild, in der Alltagserzählung das darin erfahrene Heilige zu entdecken. Es ist zugleich das, was den Menschen transzendiert, das, weshalb gerade dieses Alltagsphänomen für ihn so wert- und bedeutungsvoll ist. Menschen meinen, ohne dass sie das mit dem Terminus ›Spiritualität‹ benennen würden, mit ihrer Alltagsspiritualität auch etwas Transzendentes. Dieses kann in der Kommunikation mit dem spirituellen Begleiter ausdrücklich Anschluss an die ›große‹ Transzendenz der Religion finden. Dann kann sich die Energie der Religion mit dem persönlich Bedeutungsvollen verbinden und die Tragfähigkeit der persönlichen Geschichten und Sinnbilder verstärken. Es kann im Gespräch mit dem seelsorglichen Begleiter bewusst werden, wie sich das ›große Heilige‹, das die Religion meint, im konkreten und ureigenen Leben eines Menschen als Heiliges gezeigt hat. Wenn der Patient einen religiösen Hintergrund hat, kann sein ›kleines‹ Heiliges durch ein Gebet, ein Segens- oder Weisheitswort mit dem ›großen‹ Heiligen in Verbindung kommen und so von diesem her eine höchste Würdigung erfahren. Dann kann das in den persönlichen Lebenserfahrungen aufscheinende Heilige auch das Schwerste und Letzte mittragen: das Sterben.

Es ist Überzeugung der christlichen Seelsorge, dass das Heilige in den Erfahrungen des Lebens anwesend ist und dass seine Dynamik entdeckt und für den Patienten geöffnet werden kann. Die Religion erschließt die Erfahrung des Heiligen, sie weiß dafür Namen und Bilder. So vermittelt sie die Kraft der Transzendenz.

❖ Deinen Schrebergarten, der eine so große Bedeutung für dich hat, in dem du wegen deiner Krankheit jetzt nicht (und vielleicht nie mehr) sein kannst, kannst du wiederfinden im großen Bild vom »Paradies« oder vom »Ruheplatz am Wasser« (Psalm 23). Nicht der Schrebergarten selbst trägt dich; dieser Boden wird im Sterben verloren gehen. Es ist aber z. B. das »Paradies«, das dein persönlich Wertvolles tragen und ihm Tiefe und Fülle geben kann – mag der Sinn einer spirituellen Kommunikation der Seelsorge sein. Oder es ist der den »Ruheplatz am Wasser« gewährende Gott, der das im Schrebergarten zuinnerst Gemeinte und Ersehnte in Erfüllung gehen lässt.

Der ›Glaubensraum‹ hat seine eigene Kraft

In vielen Religionen, auch der christlichen, bleibt es nicht bei der Erfahrung des ›irgendwie Heiligen‹. Sie gehen vielmehr davon aus, dass in diesen Erfahrungen nicht nur ›etwas‹ Heiliges, sondern ›der‹ Heilige selbst am Werk ist, der Geist Gottes. Alle religiösen Bilder, Worte, Gebärden, Lieder und Rituale haben ihre Kraft nicht aus sich selbst, sondern weil sie im Horizont Gottes stehen und dessen Kraft vermitteln.

❖ Die Mutter weint und ist besorgt um ihr Baby, das gleich nach der Geburt gestorben ist: »Es ist so ungeschützt.« Wir überlegen miteinander, wer es schützen kann: die Uroma, die »schon da oben ist«, sein Namenspatron und sein Schutzengel, die auch im Dunkel des Todes bei ihm sind. Die Mutter wird ihm ein heiliges Bild auf den Weg durch die Pathologie und bis zur Beerdigung mitgeben.

Die persönliche lebensbegleitende Spiritualität kann durch die Beziehung zu der kräftigen, weil transzendenten Metaphorik der Religion eine vollere Kraft entfalten. Die tradierten Träume und Gestalten der Religion geben nicht nur einen privaten Sinn; sie sind Sinnbilder der alles – also auch dich – tragenden Wirklichkeit. In der christlichen Religion ist die Erde und das Leben auf ihr erst mit dem ›Himmel‹ zusammen ganz und heil. Mit den Geschichten von Abraham und Sarah, Jakob und Josef, Jona und Job, mit Petrus und Maria Magdalena, mit den Symbolen von Hoffnung und Rettung, dem Walfisch, dem Regenbogen, den Geschichten der Heiligen, den Engeln an Krippe und Grab, dem Kreuz wird der Mensch ›größer‹, weil der Reichtum der Erfahrung des Heiligen und die Utopien und Verheißungen der Religion ihn größer machen als er selbst durch eigene Erfahrung je werden könnte. Wenn der Mensch Beziehung zu den ›großen‹ Symbolen mitvollziehen kann, dann gelangt er in einen größeren ›Raum‹. In dessen Weite und Kraft kann er sein Leben neu sehen lernen und es von einer größeren

Dimension her oder in eine transzendente Dimension hinein entwerfen. (Zur Praxis der religiösen Sinnvermittlung vgl. auch Kiworr 2005.)

Christliche Seelsorge: Für ein ›Letztes‹ Stehen
Dementsprechend kommt der Seelsorgende nicht als Privatperson mit einer privaten Glaubensüberzeugung zum Patienten. Er nimmt bei seinen Gesprächen und Ritualen vielmehr die Gemeinschaft der Glaubenden und das Glaubensgut der verfassten Kirche in Anspruch, die eine lange Geschichte der Lebensdeutung tradiert. Die Seelsorgeperson muss zwar mit dem Glaubensgut ihrer Kirche zusammen zu ihrer je eigenen Überzeugung finden. Aber die Hoffnungsverheißung, auf die sie sich beruft und die das Versprechen enthält, dass sie das Schicksal tragen kann und es dort gut aufgehoben ist, kann sie nicht im eigenen Namen vertreten und nicht aus sich selbst und aus eigener Lebens- und Glaubenserfahrung schöpfen.

Die religions-basierte Seelsorge wird wohl auch deswegen geschätzt, weil sie die ganze Tiefe des Heiligen und Absoluten repräsentiert. Den Religionsvertretern wird zugetraut, dass sie nicht nur ›psychologisch‹ mit existenziellen Krisen umgehen können, sondern auch bei existenziell, erst recht ›letzten‹ Fragen Sinnräume mitbringen, die auch diesem Letzten ›gewachsen sind‹. Der Patient kann die Rolle (nicht nur die Privatperson) der Seelsorgenden nutzen, um auf seine Weise mit der höchsten Dimension und einer unüberbietbaren Sinnverheißung in Beziehung zu kommen.

> Das ist im eigentlichen Sinn das Besondere der Seelsorge: Dass sie die Dimension des Heiligen in die Beziehung mitbringt, in dessen Horizont die Lebens-, Liebes-, Leidens- und Sterbegeschichte des Menschen eine höchstmögliche – eben eine heilige – Bedeutung bekommen.

3.2.2 Zur Arbeitsweise der Seelsorge – eine Skizze

Die hier umrissene symbolische Kommunikation ist zweifellos der Königsweg auch der religiös-spirituellen Begleitung. Aber bei weitem nicht bei jedem Besuch der Seelsorge kommt es zur direkten Resonanz mit religiösen Bildern, Geschichten und Gebeten. Die Seelsorge muss ja zu allererst die Zugangswege achten, die ihr die Patienten anbieten. Sie geht natürlich auch ihrerseits in Resonanz und gestaltet die Beziehung zu Patienten mit, so dass dieser die Ressource ›Seelsorge‹ möglichst gut für sich nutzen kann.
Spirituelle Resonanz entsteht auf vielerlei Weise. Hier seien die Möglichkeiten und Medien der Seelsorge kurz skizziert, die ihrer spezifischen Felddynamik entsprechen: Wenn SeelsorgerInnen den Patienten besuchen, dann bekommt man es irgendwie mit tieferen Lebensfragen und dem Horizont der Religion zu tun.

Auch wenn diese besondere Dynamik beim Kommen des Arztes oder der ehrenamtlichen Besucherin nicht entsteht, so kann die folgende Skizze die anderen Helfer sicher anregen, ihre Rolle und ihre Resonanzmöglichkeiten zu reflektieren.

- Natürlich baut auch die Fachseelsorge auf den Grundfunktionen aller Begegnungsberufe auf: **Beziehungsgestaltung** und Begleitung, Empathie und verstehende Kommunikation. Das gebietet ihr allein schon der Auftrag ihres Religionsgründers: »Ich war krank und ihr habt mich besucht ... . Was ihr für einen der geringsten Brüder getan habt, das habt ihr mir getan.« (Matthäus 25) Es ist für die Seelsorge seit langem selbstverständlich, für den Patienten einen Raum zu schaffen, in dem er sich verstanden und angenommen empfinden kann. Das ist das Basismedium für jegliche geistliche Sorge. Auch das Spirituelle und Religiöse ist nicht losgelöst vom Psychosozialen zu erreichen. Die Sprache der Seele kann man nicht verstehen ohne das sonstige Empfinden des Menschen. Der Kranke wird auch nichts von seinem Innersten öffnen, wenn er sich nicht als Mensch verstanden fühlt mit alldem, was ihn beschäftigt.
- Selbstverständlich muss Seelsorge **offen** sein **für alle Äußerungen** von Befinden, Gefühlen, Sorgen, Krankheits- und Lebensgeschichten der Patienten und ihrer Angehörigen. Diese Äußerungen stehen ja nicht nur für ihre Faktizität, sondern sie stehen auch für das existenzielle Empfinden des Menschen.
- Es gehört zum Kerngeschäft der Seelsorge, auf die **Ebene der existenziellen Betroffenheit** zu hören. Darin impliziert sind ja die Lebensverwerfungen, die Sinnentwürfe und die spirituellen Sinngebungen, die Menschen damit verbinden.

   ❖ Der schwerkranke Patient auf der Intensivstation ist ganz verzweifelt. Seit Wochen gibt es keine wirkliche Besserung. »Wo wären Sie jetzt am liebsten?« fragt der Seelsorger.
   »Zu Hause« antwortet der Patient spontan. »Mir geht es nicht ums Haus«, fügt er sofort hinzu. »Da habe ich meine Familie. Ich hinterlasse kein Chaos, wenn ich einmal gehen muss«, sagt er tief zufrieden.

   Das Feld, das sich bei der Seelsorge auftut, ist nicht nur ein Ort, ›das Haus‹, sondern das, wofür dieses steht. Und auch was zunächst wie eine soziale Unterstützung aussieht, ist mehr als das: Irgendwie geht es um die Essenz des Lebens, die sich als spirituelle Ressource erweist.
- Seelsorge wird bei Patienten sowohl mit als auch ohne religiöse Verbundenheit versuchen, in den Selbstaussagen und Lebenserzählungen die **Spiritualität höherer Ordnung** zu entdecken und mit ihnen diese Bedeutung zu erschließen. Diese stellt eine wesentliche Ressource eigener Art dar. Bei nicht religiösen Menschen wird Seelsorge dies als Ressource bekräftigen und mit einer Wertschätzung des dem Patienten ›Heilige‹ das Gespräch abrunden.
- Erst dann, wenn Seelsorgende sich **auf die ›Seele‹ des Patienten abgestimmt** haben, werden sie etwas vom Schatz der religiös-spirituellen Ressourcen anbieten: das Angebot, hier oder später für ihn zu beten, eine berührende Geste oder ein Ritual, ein Segenswort, ein Wort aus der heiligen Schrift, aus der Weisheitstradition der Religion, aus ihren Liedern und Psalmen.

- ➢ Wenn Patienten gewissensbelastende Ereignisse aus ihrem Leben erzählen, kann die Seelsorgerin auch den nichtkirchlichen Patienten am Ende fragen: »Möchten Sie das als eine Art Beichte verstehen?« und mit ihm um Vergebung beten.
- ➢ »Darf ich für Sie eine Kerze in unserer Kirche anzünden?« Viele Patienten gehen gerne auf dieses Angebot ein.
- ➢ Während die Patientin im Krankenhaus operiert wurde, ist ihre Mutter gestorben. Mit der Seelsorge kann im Krankenzimmer eine rituelle Begleitung für die Beerdigungsstunde vereinbart werden.

Hier kommen Beichte, Kerze in der Kirche, Gebet und Ritual in ihrer überreligiösen Bedeutung zum Tragen.

- Auch Menschen, die sich einem religiösen System verbunden fühlen, haben **eine ›Alltagsspiritualität‹**. Sie finden etwas vom Heiligen, nicht nur in kirchlichen Handlungen oder Glaubenssätzen, sondern auch in der Natur, in den Enkeln, im Sport, in einem Konzert, in einer philosophischen Idee symbolisiert. Darin wollen sie auch von den Vertretern der Religion verstanden werden und nicht erst, wenn sie sich in religiöser Begrifflichkeit ausdrücken können oder konkrete Glaubensfragen haben. Es ist dann die Aufgabe und zugleich Kunst der Seelsorge, das ihnen Heilige darin zu erspüren und zu würdigen. Auch dezidiert gläubige Menschen sind heutzutage nicht unbedingt darin geübt, in der Hochform einer Theologie zu kommunizieren. Und dennoch vertrauen sie sich der Religion mit deren Symbolen, Werten und Ideen an in der Hoffnung, dass dadurch das persönlich Heilige explizit oder implizit mit dem absolut Heiligen in Verbindung kommt.
- Auch mit Menschen, die eher allgemein-religiös sind oder die keine strukturierte Spiritualität erkennen lassen, kann durchaus ein **spiritueller Kontrakt** am Krankenbett zustande kommen.

Der transzendente Horizont kann mit Fragen aufgerufen werden wie
  - ➢ »Haben Sie einen Glauben, der Ihnen auf Ihrem Weg helfen könnte?«
  - ➢ »Gibt es für Sie eine höchste Instanz? Was könnte sich von diesem höchsten Prinzip her jetzt für eine Aufgabe stellen?«
  - ➢ »Angenommen, es gibt ein Mysterium auch in Ihrem Leben (oder ein Mysterium des Daseins, der Welt, des Kosmos). Was könnte dieses Geheimnis Ihnen sagen?«
  - ➢ »Was denken Sie, will Ihr innerstes Selbst, auch wenn sich diese Krankheit nicht besiegen lässt?«

In der dann entstehenden Kommunikation kann die wenig strukturierte Spiritualität zu einer deutlicheren Form finden und einen Menschen zu einem bewusst-spirituellen Lebensentwurf anregen.

- Es kann die Sinnmöglichkeiten auch nicht- oder schwach religiöser Menschen entscheidend erweitern, wenn Seelsorge eine transzendente Dimension dadurch einspielt, dass sie ›**Gott**‹ **als Symbol** ins Gespräch bringt. (Weiher 2010, Hartmann 2010) Allerdings muss der Begleitende dabei all die Kriterien beachten, die einen seelsorglichen Dialog qualifizieren. Will das nicht um des Patienten und seiner Spiritualität willen gewagt sein, ›Gott‹ als Metapher anzubieten, die eine Dynamik eigener Art auslöst? Eine implizite Spiritualität kann dann Übertragungsmöglichkeiten finden, die es gestatten, die eigene Existenz im Spiegel des höchsten Vorstellbaren zu sehen. Z. B. »Wie sehen Sie Ihr Leben, wenn Sie es vor dem verantworten möchten, den die Religion Gott nennt?«

Die Gottesdimension ist ja nicht nur eine Beziehungsgröße, so dass sie nur denen etwas sagt, die zur vollen Glaubenshingabe bereit sind. Sie ist auch eine archetypische Idee, die den höchsten denkbaren Hintergrund von allem Woher und Wohin darstellt. – Seelsorge kann also davon ausgehen, dass die Metapher ›Gott‹ etwas ›sagt‹ und auch ein areligiöser Patient sie für die Deutung seiner Lebenswirklichkeit – allerdings auf seine ganz persönliche Weise – nutzen kann. Obige Interventionen können in dieser Hinsicht ebenso mit der Symbolik ›Gott‹ verbunden werden.

- In der Begleitung von Schwerkranken kommen natürlich auch **weitergehende** Fragen und Themen zur Sprache wie: negative Bewertungen des eigenen Lebens, schuldig geworden zu sein, die Warum-Frage, Sinn- und Hoffnungslosigkeit, »Ich kann nicht mehr beten«, »Dieser Krebs ist sicher eine Strafe Gottes«, nicht sterben zu können, weil man die Lebensaufgabe noch nicht erfüllt hat ... . Bei solchen Themen braucht es Begleiter mit einer geschulten hermeneutischen Kompetenz. Seelsorge wird dann eher selten in eine theologische Diskussion oder Belehrung einsteigen. Wie bei anderen Lebensfragen auch, wird sie die Motive und die Bedeutung solcher Fragen mit dem Patienten zusammen zu verstehen suchen. Und dann einschätzen, was dieser jetzt braucht: ob ein stilles Mittragen oder ob hier ein ›Nest‹ aus der spirituellen Ernte des Lebens gebaut werden will oder ob das ›Nest‹ die Kraft des religiösen Glaubens ist, die hilft, auch ohne Antwort mit dem Unauflösbaren zu leben und nicht zu verzweifeln.

- Seelsorge ist auch darin geschult, glaubwürdig Menschen zu begleiten, die **keiner religiösen Kultur angehören**. Auch Menschen, die sich dezidiert von Religionen und deren Gottesvorstellung distanzieren, wie Humanisten und Atheisten, haben das Recht, spirituell begleitet zu werden. Wenn diese es wollen, sucht die Seelsorge mit ihnen Wege durch Krankheit, Sterben oder Trauer, aber immer im sensiblen Kontakt mit den inneren Werten des Gesprächspartners. Auch Atheisten sind alles andere als spirituell arm. (Comte-Sponville 2008) Sie haben genauso wie Gläubige die Fähigkeit, sich dem Geheimnis des Lebens zu stellen. – Seelsorge muss fähig sein, auch das Heilige im Menschen zu erkennen, das nicht auf Formen und Deutesysteme beschränkt ist.

- Selbstverständlich ist Seelsorge auch darauf eingestellt, **pathogene Zusammenhänge** zwischen Religion oder spirituellen Einstellungen und seelischer Gesundheit zu erkennen und mit den Patienten zu bearbeiten. Ebenso wird sie negative Erfahrungen mit Kirche und religiösen Institutionen um des Patienten und seiner spirituellen Gesundheit willen ernst nehmen.

3.2.3 Die Symbolwirkung der Seelsorge-Rolle

Zu den Charakteristika der Seelsorge gehört aber noch ein Medium, das von den Trägern dieses Berufs oft selbst nicht gesehen und in seiner Wirkung unterschätzt wird: das Symbolpotenzial der Rolle.

Wenn SeelsorgerInnen Kranke und ihre Angehörige besuchen, dann ist es nicht in erster Linie die Privatperson des Besuchers, sondern die Rolle, mit der der Patient in Beziehung tritt. Natürlich ist es auch wichtig, wie der Besucher seine Persönlichkeit ins Spiel bringt und mit welcher Farbe und Tönung er seine Rolle füllt. Hauptsächlich aber ist es die Rollendynamik, die der Patient für die Anliegen seiner Seele nutzt. Gleich, ob er diese Bühne zum Gespräch oder zur Ablehnung (warum auch immer) dieses Angebots braucht, hier wird das ›irgendwie Heilige‹ wachgerufen.

Für viele Menschen steht Seelsorge als Vertretung des Heiligen. Und wenn sie dieser Symbolfigur eine Befindlichkeit, ein Stück Lebensgeschichte, eine Klage, eine Dankbarkeit, eine Selbstbewertung mitteilen, dann ist dies dem Heiligen anvertraut. Dann bekommen diese Mitteilungen eine Bedeutung im spirituellen Raum, auch wenn nicht explizit von Gott oder Glaubensinhalten die Rede ist. Bei dem Beruf ›Seelsorge‹ geht bei vielen Menschen eine spirituelle Tür auf, die religiöse Quelle wird berührt und kommt in Fluss. Nicht zuletzt deswegen bedanken sich Patienten oft am Ende eines seelsorglichen Besuchs herzlich, weil sie mit diesem Raum in Beziehung kommen und ihn betreten konnten, ohne dass die Besuchsperson vielleicht größere Impulse eingespielt hat.

Vom Heiligen Würde erfahren

Es ist also die Rollendynamik, die die Wirkung des Seelsorgegesprächs vom Hintergrund her ermöglicht und wesentlich mitträgt. Im Unterschied zu anderen begleitenden Berufen arbeitet Seelsorge natürlich auch explizit, aber oft eher implizit auf dem Hintergrund der religiösen Dynamik. Wenn sie die Lebensgeschichte und den Krankheitsprozess der Patienten würdigt, dann dürfen diese sich von höherer Warte her gewürdigt sehen. Auch die anderen Berufe würdigen – allerdings in je verschiedenen Horizonten. Die religiöse Seelsorge nimmt dafür den überweltlich-transzendenten Horizont in Anspruch, so dass dieser zur Ressource wird, die zur Heilung beiträgt. Sie legt das Leiden und Sterben in die ›Wiege‹ der Religion und gibt so vom Transzendenten her Halt und Trost.

> Als spezifisch für die Rolle der Seelsorge gilt also:
> - welchen Horizont sie für den Patienten repräsentiert,
> - in welchem Sinnhorizont Leben, Leiden, Fragen Bedeutung bekommen,
> - auf welchem Sinnhintergrund Seelsorge Resonanz gibt und würdigt.
>
> Horizont und Sinnhintergrund der Seelsorge ist ›das Heilige‹ und ›der Heilige‹.

Nicht das Medium tröstet, sondern das Heilige

Was hier mit ›Symbolwirkung‹ der Rolle eher von außen formal beschrieben wird, weist aber auf den eigentlichen Kern der Kernaufgabe der Seelsorge hin: Was Menschen zutiefst mit Spiritualität meinen, ist nicht nur eine erhebende Stimmung, nicht der Glaube als Placebo, das zur Beruhigung dienen soll. Nicht die angewandte Methode befriedet die Seele, nicht ein religiös gefärbter Optimismus, sondern die Haltung und das Erleben in Verbindung mit einem Inhalt des Geglaubten. Nur dem Allerhöchsten und Heiligsten kann die Kraft des Glaubens zugeschrieben werden, sonst ist sie eine flüchtige Stimmung. Ihm wollen sich die Menschen letztlich anvertrauen. Es ist die Ausrichtung auf das geglaubte Heilige, die ihr inneres Potenzial freisetzt, weil sie dann ein höheres Prinzip bei sich wissen.

In christlicher Lesart heißt das: Nicht das Beten hilft, sondern der im Gebet angerufene vertrauenswürdige Gott, der auch dann trägt, wenn das Beten nicht mehr ›hilft‹. Beim Leben mit Krebs oder einem Schlaganfall, mit Tod und Trauer leben Menschen ›heiler‹, wenn sie mit einem höchsten Prinzip – mit Gott – an eine gerechte Welt glauben können (Lamers 2003). Für Glaubende heißt ›gerecht‹ nicht: eine Welt ohne Leiden und Trauer, sondern eine ›gute‹, von Gott gehaltene Welt, in der man auch sterben, den Tod erleiden und trauern kann.

Glauben tröstet nicht nur: er provoziert auch

Glauben ist also letztlich keine Gesundheitsmechanik. Er dient auch nicht nur der Krisenbewältigung, indem er emotionale Geborgenheit schenkt. Vielmehr enthält er auch eine Provokation: Im Glauben bekommt es der Gläubige mit dem ganz Anderen zu tun. Der Glaube aktiviert zwei Beziehungspartner: den Menschen und den höchsten Archetyp, Gott. Glauben ist nur der Ort, an dem Gott und Mensch zusammenkommen. Diese Grundbestimmung von Glauben führt dann auch zu einem vertieften Verständnis von Spiritualität:

> Spiritualität ist mehr als ein Ergriffensein wie bei einem Konzert. Spiritualität in einem anspruchsvollen Sinn generiert und verdichtet sich beim Zusammentreffen von eigenen, individuellen Sinnentwürfen mit der Sinn-›Antwort‹, die dem Menschen vom ganz Anderen, vom Geheimnis, vom Heiligen her entgegenkommt. Am Crashpunkt entsteht Spiritualität.

Es ist gerade die ständige Erfahrung der Berufe in der Welt von Krankheit und Gesundheit, dass Menschen ihre Sinnentwürfe in die Welt setzen, dass aber zum Sinnentwurf des Menschen die Sinnantwort des Daseins kommt. Viele Sinnentwürfe werden von der Welt und vom Schicksal nicht positiv beantwortet und bestätigt.

> **In christlicher Terminologie ist Spiritualität:**
> die Beziehungsgeschichte des Menschen mit seinem Gott. Die innere Gestalt, zu der ein Mensch in der Auseinandersetzung mit Leben und Tod und zugleich in Beziehung zu seinem Gott findet, das ist nach religiösem, nicht nach alltagspraktischem Verständnis seine Spiritualität.

Religion ist also nicht einfach eine Methode zum Gesundbeten; sie ist immer eine Beziehungskategorie: Rückbindung (re-ligio) des Menschen an ein höchstes Prinzip. Die abrahamitischen Religionen – Judentum, Christentum, Islam – sehen als Beziehungspol des Menschen einen persönlichen Gott. Das Geheimnis allen Seins hat eine Gestalt: Es ist Person. Im Sterben droht der Mensch, jede Beziehung zu verlieren und haltlos abzustürzen. Gerade dann vertraut die Religion die Person des Menschen einer transzendenten Person an. Das ist im Sterben überlebenswichtig: Dann bleibt der Mensch auch im Tod und darüber hinaus in der Liebe Gottes. Nur eine Person kann lieben.

Als Vertreter einer Religion möchte ich die These wagen: Der Glaube an eine überweltliche Transzendenz ist und bleibt eine Herausforderung für die spirituellen Strömungen der Postmoderne. Religion bietet sowohl Provokation wie Perspektive für innerweltliche Spiritualitäten.

Exkurs (4): Zum Verhältnis von Seelsorge und Spiritual Care
- Ein Plädoyer in Thesenform -

Um die These ›Seelsorge muss sich heute auch als Spiritual Care verstehen‹ zu erläutern, muss von der Gesamtdiskussion um Spiritual Care ausgegangen werden.
Es ist höchst begrüßenswert, dass zur ganzheitlichen Versorgung von Patienten und Angehörigen bei Krankheit, Sterben, Tod die spirituelle Dimension gehört. Diese Dimension in die Palliativbetreuung einzubeziehen, soll Aufgabe aller patientennahen Berufe sein, nicht nur die der palliativen Versorgung.

- Entscheidend für den Diskurs um Spiritual Care ist zunächst zu **klären**, auf welche Ebene sich die Diskussion bezieht und zweitens, von welchem Verständnis von Spiritualität man in der Diskussion ausgeht.
- **Auf der Ebene von Forschung und Diskurs** und in der öffentlichen Debatte geht es um die ›Unterscheidung der Geister‹: zum Beispiel, ob nahezu jede positive menschliche Erfahrung Spiritualität genannt werden kann oder ob differenzierter argumentiert werden muss; ob Spiritualität nicht doch ein Phänomen ist, das mit psychologischen Beschreibungen zureichend erfassbar ist oder ob es ein spezifisches Merkmal gibt; wie weit Religion und Spiritualität sich überschneiden und unterscheiden; ob Spiritualität Religion ein- oder ausschließt.
- Dagegen muss im **Kontext der Begegnung** mit und der Begleitung von Menschen in Krankheit, Sterben und Trauer der Begriff Spiritualität möglichst weit gefasst werden. Es geht hier darum, den Menschen gerecht zu werden, die die Betreuer konkret antreffen. Mit ihnen können sie nicht erst über Begriffe diskutieren. Auch reichen die Kategorien nicht aus, die in Fragebögen zur spirituellen Anamnese vorgeschlagen werden, um das vielfarbige Phänomen Spiritualität zu erfassen. Die

Arbeit mit einem breiten und ziemlich unspezifischen Begriff enthält natürlich die Gefahr, um der Anwendbarkeit willen Spiritualität als zu leichtgewichtig anzusetzen. Am Kranken- und Sterbebett aber geht es nicht um wissenschaftliche oder theologische Kriterien. Das Qualitätskriterium ist die persönliche existenzielle Erfahrung, die Menschen in der Auseinandersetzung mit Schicksal und Weltdasein zur Verfügung steht.

- Um dem klinischen Kontext gerecht zu werden, wird daher in diesem Buch Spiritualität zunächst **sehr formal definiert** als das Potential eines Menschen (also auch eines Helfers) an
    - Selbstempfinden (Ver- oder Entwurzeltsein, Ge- oder Ungeborgensein in Leben und Welt),
    - Sinnerfahrungen und Sinngestaltungen,
    - Lebensvorstellungen und -haltungen,

  aus dem heraus
    - Leben, Person, Welt Bedeutung *erhalten,*
    - Menschen dem Leben und der Welt Bedeutung *geben.*

- **Substanziell-inhaltlich** ist Spiritualität zu verstehen als Erfahrung
    - der Selbsttranszendenz (s. S. 27),
    - eines Ergriffen- oder Erfülltseins von Höherem, Tieferem,
    - des Verbundenseins mit sich selbst, mit Mitmenschen, Welt, Transzendenz,
    - mit dem Heiligen des Selbst, des Daseins, der Welt
    - und der Suche nach oder Beziehung zu einem ›irgendwie‹ Heiligen oder dem absoluten Heiligen einer Religion oder einer als sinngebend erfahrenen letzten Wirklichkeit, die für Transzendenz offen ist.

  In diesem Sinn umfasst der Begriff Spiritualität das ganze Spektrum zwischen unreflektierter spiritueller Anmutung und Alltagsspiritualität auf der einen und der Hochform eines religiösen Glaubens auf der anderen Seite.

- Grundfunktion einer jeden spirituellen Betreuung ist natürlich **die empathische Zuwendung**, das absichtslose Umsorgen, Respektieren und Wertschätzen der Menschen, denen die Helfer in Krankenhaus, Altenheim oder Hospiz begegnen. Die dabei mögliche spirituelle Erfahrung ist die hier beschriebene ›Begegnungsspiritualität‹. Sie ist nicht an eine bestimmte Lebensausrichtung der Betreuten, aber auch nicht der Betreuenden gebunden. Sie ist eine anthropologische Möglichkeit, die spirituell qualifiziert werden kann.

- Legt man als Kriterium zugrunde, dass Spiritualität im spezifischeren Sinn nur dann vorliegt, **wenn Menschen von sich selbst sagen**, sie seien spirituell oder religiös, dass sie also Einstellungen bewusst und ausgearbeitet bei sich haben und daher benennen können oder die weder den Begriff Spiritualität noch Religion für sich gelten lassen, dann muss man selbstverständlich die These ›alle Menschen sind spirituell‹ zurückweisen (so z. B. Heller B 2014: 28 u. 67).

- Um jedoch offen zu sein für **jede Form der Erfahrung von Selbsttranszendenz** und existenzieller Bedeutsamkeit eines kranken, sterbenden oder trauernden Menschen gilt es, jedem Patienten (s)eine spirituelle Dimension zu glauben, ob diese mit einer Religion verbunden ist oder sich ganz unabhängig davon versteht, ob er diese reflektiert bei sich trägt oder implizit in seine Lebensauffassung eingewoben ist und keine explizite Ausdrucksform hat. Zwar ist nicht jede menschliche Erfahrung ›spirituell‹, aber jedem Menschen muss man einen innersten Geist und eine ganz persönliche Sinnausrichtung zugestehen, aus denen heraus er sein Leben empfindet und gestaltet.

- Versteht man Spiritualität also in letzterer, sehr weiter, aber deswegen nicht unanschaulicher Begrifflichkeit, dann können alle Helfer bei jedem Patienten und Angehörigen (und letztlich bei sich selbst) der Spiritualität begegnen. Nach diesem Verständnis ist ›Spiritual Care‹ nicht exklusiv Sache der Seelsorge. Vielmehr brauchen **alle Gesundheitsberufe** eine Basiskompetenz bezüglich der spirituellen Dimension. Dieser Aspekt der Begleitung darf nicht vom eigenen Beruf gänzlich abgespalten werden. Zugleich gilt: Nicht jeder Beruf kann und muss alle Dimensionen des Menschlichen vollumfänglich ›bedienen‹. Spiritual Care darf ja auch nicht, nur um für alle Helfer zugänglich zu sein (»das können doch alle«) oder weil Leitlinien es verlangen, seine anspruchsvollen und tiefgehenden Möglichkeiten aufgeben. (Zu Kompetenzen und Grenzen der spirituellen Begleitung durch die Gesundheitsfachberufe s. Kap. 2.2).

- In diesem Sinn können alle Helfer also ›Spiritual Care‹ in ihren Beruf einbeziehen, indem sie die spirituelle Einstellung ihrer Patienten wahrnehmen und in ihrer Betreuung angemessen berücksichtigen. Allerdings gilt: Spiritual Care erschöpft sich bei weitem nicht im Erheben einer spirituellen Anamnese. Entscheidend ist die **Frage, in welcher beruflichen Rolle** und Beziehung spirituelle Themen und Probleme wie aufgenommen werden und wie ihnen vertieft nachgegangen wird, so dass Menschen Krankheit, Sterben, Trauer auf diese Weise besser bestehen und ihren Weg gehen können. In aller Regel werden nur – z. B. auch pastoralpsychologisch – ausgebildete Seelsorger mit den komplexen existenziellen, psychologischen und spirituellen Situationen und Bedürfnissen, die mit der Krise oder Notlage eines Menschen verbunden sind, umgehen können (s. auch Koenig 2012).

- Von ihrer eigentlichen Intention her geschieht Spiritual Care ›absichtslos‹ um der betroffenen Menschen willen und nicht, um neben medizinischen und therapeutischen Behandlungsformen einen weiteren – eben den spirituellen – Zugriff auf Menschen zu haben und sie den Interessen des Krankenhausbetriebes zu unterwerfen.

- Ein Qualitätsmerkmal des **Spiritual Care durch nicht geschulte** und nicht spezifisch beauftragte Gesundheitsfachberufe ist die strikte Orientierung an dem, was Patienten und Angehörige selbst wollen. Die Spiritualität eines Menschen ist ein sehr persönliches und verletzliches Gut. Hier darf der Helfer nicht seine individuellen Vorlieben zum

Maßstab machen und seine spirituellen Ideen dem Patienten aufdrängen. – Wie gemäß der Rolle verantwortlich mit der spirituellen Dimension umzugehen ist, welche Möglichkeiten, aber auch Grenzen die nicht seelsorglichen Helfer haben, so dass sie vor Überforderung durch immer weitere Aufgaben geschützt sind, ist in den vorhergehenden Kapiteln ausgeführt.

- Christlich gesprochen ist **das Menschliche auch als das Spirituelle zu deuten**. Deutungen sind also nicht vorab durch feste Transzendenzvorstellungen ein- oder auszugrenzen. Das Menschliche ist sehr wohl verschieden deutbar; die Antworten, die ein Mensch oder eine Glaubensgemeinschaft auf das Existenzielle gibt, sind unterschiedlich. Für Christen, die an den Gott der Welt und jedes Menschen glauben, ist das Spirituelle so weit wie die Welt und das menschliche Herz. Christen nehmen bei ihrer Deutung und Orientierung Maß an Jesus Christus und an der religiösen Tradition, die aus seiner Botschaft hervorgegangen ist.

- So gesehen hat zumindest **christliche Seelsorge** von ihrem theologischen Selbstverständnis her den Auftrag zu Spiritual Care. Insofern ist das Konzept ›Spiritual Care‹ eine immanente Notwendigkeit für die Seelsorge, das mit Seelsorge Gemeinte jedem Menschen anzubieten, um mit ihm in spirituelle Beziehung und Kommunikation eintreten zu können. Zugleich aber ist dies auch eine Herausforderung für die Seelsorge, sich auf die Spiritualität im Prinzip eines jeden Menschen einzulassen. ›Spiritual Care‹ ist also nicht per se eindimensional rein auf psychische Wellness ausgerichtet, sondern der umfassendere Begriff, der geistliche Sorge beinhaltet, die keinem Menschen vorenthalten werden darf.

- Wenn spirituelle Begleitung sich nicht in der Haltung der Helfer erschöpft, sondern auch spirituelle Kommunikation und rituelles Handeln umfasst, dann muss Seelsorge **zu spiritueller und ritueller Diakonie** bei jedem Menschen fähig und bereit sein, und zwar nicht, um sich an den Zeitgeist anzupassen, sondern um den Menschen zu dienen. ›Diakonie‹ bedeutet aber nicht, dass Seelsorge jede Form von Spiritualität mit vollziehen und sich inhaltlich zueigen machen muss. Seelsorger können sehr wohl »unterscheiden zwischen dem eigenen Glauben und dem anderer Menschen, weshalb trotz aller Unterschiede dennoch eine gemeinsame Expedition möglich wird« (Nauer 2007: 254). Von Spiritualitäten, die dem christlichen Menschenbild total widersprechen, wird sich Seelsorge argumentativ distanzieren, den betreffenden Patienten aber als Menschen nicht im Stich lassen. Im unmittelbaren Angesicht des Todes wird sie auf jeden Fall mitmenschlich begleiten, die eventuell inhumane Einstellung aber letztlich nicht dem eigenen Urteil überlassen, sondern dem Gericht Gottes anheim stellen.

- Die **Seelsorge verschiedener Religionsgemeinschaften** richtet sich auf das, was dem Menschen existenziell und spirituell wichtig ist. Die Seelsorgepraxis aber ist jeweils spezifisch an eine bestimmte Kultur, ein Ideen-, Symbol- und Ritualsystem gebunden. Dieses spiegelt wider, wie die letzte Wirklichkeit gesehen wird und was als heilig gilt.

- Als ›**Religious Care**‹ muss dann die konkrete seelsorgliche, ethische und rituelle Unterstützung gesehen werden, die zu einer etablierten Religion gehört.
- Als ›**Pastoral Care**‹ ist jede konkrete seelsorgliche, ethische und rituelle Unterstützung zu sehen, die ausdrücklich oder unausdrücklich in Kommunikation, rituellem und rollengemäßem Handeln sich auf den Fundus christlicher Glaubensüberzeugungen bezieht und daraus schöpft.
- Als ›**Chaplaincy Care**‹ wird im englischsprachigen Raum die professionelle Seelsorge bezeichnet, die von ihrer jeweiligen Religionsgemeinschaft beauftragt ist.
- Professionelle Seelsorgende sind in aller Regel **von einer Glaubensgemeinschaft beauftragt**. Dieser ist die Seelsorge verpflichtet. Die Religionsgemeinschaft ist der Träger der Glaubenstradition nach Form und Inhalt.
- »Seelsorgende müssen sehr wohl **in einer spirituellen Tradition verwurzelt** und davon geprägt sein, die sie befähigt, in einem Feld existenzieller Belange zu arbeiten und Menschen gerecht zu werden, auch wenn sie den spezifischen Glauben nicht teilen, mit dem sie in Beziehung treten.« (Swift et al. 2012: 188) Seelsorgende müssen also fähig sein, über die Grenzen einzelner Glaubenssysteme (auch des eigenen) hinaus zu denken und in Grenz- und Krisensituationen zu helfen. Zugleich dürfen sie ihre Begleitung nicht in erster Linie an ihrem privaten Glauben orientieren, sondern am überlieferten (aber sehr wohl persönlich angeeigneten) Glauben ihrer entsendenden Gemeinschaft. Zwar ist das Bild Gottes nicht auf das eines Kirchen-Gottes festgelegt. Die Deuteformen jedoch müssen der spirituellen Tradition und Praxis einer Glaubensgemeinschaft entstammen. Die Sprach- und Symbolformen einer religiösen Tradition haben ja ihre eigene Kraft; sie sind in vielfältigen existentiellen Bezügen erprobt und durchlebt und als solche überliefert.
- Auch in Sachen ›Spiritual Care‹ und ›Religious Care‹ geht es genauso wie bei den anderen professionellen Kompetenzen nicht nur um Amt und Zuständigkeit, sondern um **geschulte Kompetenzen und Fähigkeiten**. Es ist Sache der beauftragenden Organisationen, sowohl die persönlichen wie die fachlichen Fähigkeiten der Seelsorgenden zu gewährleisten, denen sich Menschen in Krankheit und Krisen anvertrauen sollen.
- Die Herausforderung für die christlich-kirchliche Seelsorge in unseren Breiten ist heute, wie sie **den Anschluss zwischen den Spiritualitäten ihrer Patienten und der religiösen Tradition** findet. Der Königsweg wurde mit dem Konzept ›symbolische Kommunikation‹, dem Erschließen der ›Spiritualität höherer Ordnung‹ und der ›Glaubenskommunikation‹ weiter oben beschrieben. Wenn Seelsorge sich daran orientiert, ist Spiritual Care keine Minderform geistlicher Versorgung, sondern mindestens genauso anspruchsvoll wie die religiöse Betreuung religiöser Patienten. Qualität hängt nicht an begrifflichen Unterscheidungen, sondern an der geistlichen Tiefe eines Begleitungsprozesses.

Fazit

›Spiritual Care‹ ist der Oberbegriff für jede Form spiritueller Unterstützung durch die Gesundheitsberufe, durch die Seelsorge und durch externe Anbieter, sofern Klienten und Patienten das wünschen. Die Möglichkeiten, Spiritual Care zu gewährleisten, sind aber je nach der Felddynamik der Fachberufe unterschiedlich: Nichtseelsorger werden spirituelle Einstellungen und Bedürfnisse wahrnehmen und ihnen in ihrem Beruf angemessen begegnen. Was aber über das ›Raum-geben‹ und über das Eingehen auf »die einfachsten [sic!] spirituellen Bedürfnisse hinausgeht« (Koenig 2012: 61), nämlich das vertiefte Arbeiten mit existenziellen und spirituellen Problemen und Themen und die Erfüllung spezifischer spiritueller oder religiöser Bedürfnisse, ist in der Regel Sache ausgebildeter spiritueller Begleiter und Seelsorger. – Seelsorge selbst muss sich heute auf das ganze Spektrum spiritueller Einstellungen einlassen können und muss dennoch nicht darauf verzichten, ihr eigenes Glaubensgut ins Spiel zu bringen. Auf die Begegnung mit der Seelsorge lassen sich auch Menschen ein, die keiner Kirche oder Religion angehören. Das bedeutet jedoch nicht, dass sie nicht mit Gedankengut oder Bildern aus der Religion implizit oder explizit begleitet werden könnten. Dies muss allerdings strikt dialogisch geschehen. Seelsorge braucht nicht zu fürchten, dass sich ihre Substanz verflüchtigt, wenn sie sich als »Spiritual Care« versteht. Im Gegenteil: Es ist höchst qualität- und reizvoll, sich auf der Basis des Glaubens an einen unbegrenzt beziehungsreichen Gott weit zu öffnen für die Begegnung mit der Vielfalt spiritueller Einstellungen. In diesem Sinn gilt: Seelsorge ist als Religious und Pastoral Care *auch Spiritual Care* und zugleich über diese hinaus auch Spiritual Care für Einstellungen jenseits religiös-kirchlicher Zugehörigkeit und Transzendenzkategorien.

Zugleich aber ist Seelsorge *nicht identisch mit Spiritual Care*. Sie muss zwar alle Formen spiritueller Systeme und Praktiken in ihren Begegnungen achten, darf aber nicht alle möglichen Formen gut heißen oder mit vollziehen, die der Sinnmarkt anbietet. Seelsorge darf nicht ihre Glaubensbasis aufgeben, nur um in der Konkurrenz der Sinnanbieter mithalten zu können und akzeptiert zu sein. Zudem muss Seelsorge auf der Diskursebene ›zur Unterscheidung der Geister‹ beitragen, indem sie auf destruktive, manipulative und pervertierte Aspekte von religiösen und spirituellen Ideen und Praktiken aufmerksam macht. Nicht alles, was Religion und Spiritualität heißt, ist positiv und ermöglicht »einen Zugewinn an Existenz« (Gerd Theißen). Der Beitrag der Seelsorge zu einer vertieften Auseinandersetzung gehört zu ihrem Dienst am Heiligen. Es gehört also auch zu diesem Dienst, im Krankenhaus Menschen vor destruktiver religiöser Beeinflussung zu schützen. Zugleich hat die Spiritual Care der Seelsorge die anspruchsvolle Aufgabe, am Krankenbett die persönlichen Mythen und spirituellen Praktiken von nicht religiösen Menschen christlich zu verstehen und vielleicht sogar respektvoll christlich zu entziffern.

3.3 Wie begleiten Nichtseelsorger religiöse Menschen?

Gemäß der Felddynamik medizinischer Berufe werden Patienten über ihre spirituelle und religiöse Lebensauffassung – zumindest im mitteleuropäischen Kulturkreis – eher selten mit ihrem Arzt, einer Pflegeperson oder einem Psychologen reden. Ebenso scheuen sich die Professionellen, von sich aus den Patienten darauf anzusprechen. Zugleich lehren die Erfahrungen in Palliativ- und Hospizversorgung, wie wichtig Formen der Sinnfindung bei der Verarbeitung von Leiden und Sterben sind. Wenn Patienten es begrüßen, dass vor allem ihr Arzt etwas von dem wüsste, was ihnen spirituell bedeutsam ist (King, Bushwick 1994), dann ist die Frage, wie die beiden Seiten – medizinische Professionen und Patienten – auf dem Gebiet von Spiritualität und Religion zusammenfinden.

3.3.1 Wie die Helfer Zugänge finden können

Spirituelle und religiöse Anamnese

Die religiösen Ressourcen des Patienten können ausdrücklich zur Sprache kommen, wenn die Gesundheitsfachberufe die spirituelle Orientierung des Patienten in Assessment und Anamnese erfragen und sie klinisch erfassen. Wie unter 2.2.1 dargestellt, können diese Instrumente den Raum für die spirituelle Dimension öffnen und dem Patienten signalisieren, dass er ganzheitlich wahrgenommen und wertgeschätzt wird. Schon hier kann er spüren, dass er auch im weiteren Verlauf seines Krankheitsprozesses mit seinen spirituellen Fragen und religiösen Bedürfnissen gehört und eventuell weiter vermittelt wird. Assessment-Instrumente haben aber auch ihre Grenzen. Ein Katalog mit spezifischen Fragen und entsprechenden Antwortmöglichkeiten reicht nicht aus, um auch der impliziten Spiritualität von Patienten gerecht zu werden. Daher muss es für den Begleiter mehrere Zugangswege zu den spirituellen und auch religiösen Ressourcen der Menschen geben.

Weitere Zugänge zur Spiritualität

- **Die implizite Form.** Die symbolische Kommunikation und Ritualisierung, wie sie in Abschnitt 2.2.2 und 2.3 vorgestellt wurde, ist in der heutigen Zeit bei der zunehmenden Vielfalt und Diffusität spiritueller und religiöser Einstellungen ein wirkungsvoller und zugleich niederschwelliger Weg der Begleitung. Hier kommen zudem religiöse und spirituelle Erfahrungen und Einstellungen (der ›innere Geist‹) ins Spiel, die nur schwerlich in einer Anamnese erfasst werden, weil sie ins Leben integriert und damit ›implizit‹ sind. Auch bei Menschen mit einer eindeutig religiösen Orientierung ist die Spiritualität nicht nur in ihrem Glaubenssystem, sondern wesentlich auch in ihrer persönlichen Erfahrung eines ›Heiligen‹ enthalten. Auch klar religiös gebundene Menschen wollen zunächst über ihre Lebenserzählungen und ihre persönlichen Symbole verstanden werden und sich nicht gleich in religiöser Sprache äußern. Erst wenn sie die Erfahrung machen, dass ihr Behandler dazu in gute

Resonanz gehen, werden sie auch auf existenzielle Themen zu sprechen kommen – wenn ihnen danach ist. Dann können Ärzte und Pflegepersonen sich für Glaubenseinstellungen und religiöse Hintergründe interessieren und mit ihnen überlegen, wer dafür geeignete Gesprächspartner sind. Vielleicht wählt der Patient dafür dann den nichtseelsorglichen Helfer selbst.

- **Religiöse Zeichen.** Der religiöse Dialog kann sich auch daraus ergeben, dass die Professionellen religiöse Zeichen (Figuren, Bücher, Medaillen, Spruchkarten, Gottesdienst im Fernsehen) des Patienten aufmerksam wahrnehmen und ihm signalisieren, dass man sie wahrgenommen hat und dass in dieser Einrichtung sorgfältig damit umgegangen wird.
  ➢ Wenn der Helfer ihm fremde religiöse Symbole beim Patienten und seinen Angehörigen sieht, sollte er sich genauso, wie das bei anderen Zeichen (Fotos auf dem Nachttisch, Reiseführer) möglich ist, dafür interessieren: Gehört das zu Ihrer Religion? Was bedeutet das für Sie? Wie macht man das (versteht man das, denkt man dazu) in Ihrer Religion? Was ist das für ein Fest, das Sie heute feiern? Was für Erinnerungen verbinden Sie damit? Was würden Sie jetzt tun, wenn Sie in Ihrem Heimatland wären? Was brauchen Sie, damit das auch in diesem Land möglich ist?
  Solches Interesse, das nicht nur Sachfragen im Auge hat, ermöglicht eine Kommunikation zwischen verschiedenen spirituellen Welten. Dann kann der Helfer dem Patienten Hilfestellung anbieten, damit dieser sich in seiner religiösen Einstellung gewürdigt sieht und sich in seinen Bräuchen ausdrücken kann.
- **Angebot von Sinnträgern.** In der spirituellen Begleitung haben die im Patienten verankerten symbolischen Potenziale Vorrang vor Symbolen, die der Helfer von sich aus dem Patienten anbietet. Aber es ist zum Beispiel für Seelsorgende oder ehrenamtliche Besucher selbstverständlich auch möglich, dem Patienten ›Sinnträger‹ mitzubringen: eine Spruchkarte, ein Kalenderbild, eine Musik- oder Text-CD, eine Kastanie, eine Ähre, ein besonderes Blatt. In jedem Fall sind dabei die Regeln der symbolischen Kommunikation zu beachten: Der Helfende interpretiert zunächst nicht von sich aus den Inhalt, sondern regt den Patienten zu dessen Resonanz an. Er wartet, welche ›Musik‹ im Anderen entsteht. Das will dann verstanden, begleitet und vertieft werden. Licht, Kerze, Musik, Gedichte können durchaus dem Patienten als Hoffnung stiftende Sinnbilder des Lebens ›hingehalten‹ werden. Dazu gehören auch Bilder aus dem Schatz der Religionen, sofern sie allgemein menschlich und kulturell anschlussfähig sind (z. B. Jona im Bauch des Fisches, das Labyrinth, Bilder von Engeln). Bilder und Texte jedoch, die den spezifischen Inhalt einer Glaubensrichtung darstellen, bedürfen eines Kontraktes zwischen Patient und Helfer.

3.3.2 Wenn religiöse Themen und Nöte direkt zum Thema werden

Seine religiöse Einstellung ins Spiel bringen?
Was für Zurückhaltung spricht. Noch vor einem halben Jahrhundert wurde vorausgesetzt, dass Arzt und Krankenschwester Trost aus ihrem christlichen Glauben geben konnten. Die religiöse Szene hat sich inzwischen aber grundlegend gewandelt. Der damals noch für die meisten Menschen gemeinsame Glaubenshorizont hat sich aufgelöst. Die spirituelle Landschaft ist vielfältig geworden – bei Betreuern ebenso wie bei Klienten. Da im klinischen Kontext selbstverständlich die Fachdimension im Vordergrund steht – ergänzt und eingebettet in mitmenschliche Zuwendung – sind Gespräche über Religion gar nicht selbstverständlich. Aufgrund der klinischen Rolle und der Angewiesenheit des Patienten kann ein Gespräch, bei dem z. B. der Arzt initiativ wird, zur Verunsicherung des Patienten führen: Warum kommt der jetzt mit solchen Themen? Steht es so kritisch um mich? Weiß der selbst nicht mehr weiter? Oder: Ist der Arzt überzeugt religiös und will meine Situation für sein gutes Gewissen ausnützen? (Vgl. Lütz 2007: 45) Ist er vielleicht ein Charismatiker und will andere für seinen Glauben gewinnen? Glaubt er, dass schwach Gläubige nur so ›gerettet‹ werden können? Umgekehrt: Wenn der Arzt religiösen Themen ausweicht: Vielleicht ist der nicht religiös und ich kann ihm als Patient nicht voll vertrauen. – Hier ist die Gefahr gegeben, dass der Patient Fachberuf und Glaubensüberzeugung vermischt.
Dazu kommt, dass auch mit ihrer Religion verbundene Helfer nicht wissen, wie sie im beruflichen Kontext die eigene Glaubensüberzeugung so übersetzen können, dass sie hilfreich und nicht missverständlich beim Betreuten ankommt. Zugleich weiß man um die existentielle Verletzungsgefahr, gerade bei so sensiblen Themen. Die Sprache des Berufs kennt man; aber in einer spirituellen Sprache, die dem Beruf angemessen wäre, ist man nicht geübt.

Was für mehr Mut spricht. Wenn Untersuchungen zeigen, dass Patienten es gerne hätten, dass ihre Betreuer mehr um ihre spirituelle Innenseite ›wissen‹, dann spricht dies dafür, dass auch diese Dimension eine Rolle spielen darf. Das Zeugnis des Arztes kann in Krisenzeiten oder angesichts des Todes eminent wichtig und ein nachhaltiger Trost sein. Auch Menschen in der Postmoderne gehen davon aus, dass ihre Betreuer eine spirituelle Innenseite haben. Wieso dürfte ein Trostwort an einen Leidenden nicht mit dem religiösen Hintergrund des Betreuers verknüpft sein? Dieser darf gerade in einem so existenzbezogenen Beruf ruhig durchklingen, wenn gewährleistet ist, dass man als Klient sich dem gegenüber frei fühlen kann.

Kriterien für den religiösen Dialog

❖ Ein Ehepaar verlässt nach dem Tod der Mutter und Schwiegermutter gerade die Klinik. Am Ausgang begegnet ihnen ein persischer Arzt, der dem Bahai-Glauben angehört. Da sie diesen Arzt kennen, erzählen sie ihm, was gerade geschehen ist. Dieser sagt ohne lange Rechtfertigung: »Unserem Glauben nach ist die Seele Ihrer Mutter jetzt unterwegs in der ersten oder vielleicht schon in der zweiten Sphäre des Himmels.«

Auf diese Weise zeigte der Arzt Anteilnahme und gab den beiden ein tröstliches Bild aus seiner Religion mit. – Dies hat die Betroffenen nicht gestört, sie fanden es durchaus angemessen. (Berichtet von Gert Hartmann, mündlich)

Einige Kriterien für den religiösen Dialog sind:

➢ An obigem Beispiel ist entscheidend die spürbare Authentizität. Der Arzt wollte sicher weder missionieren noch gezielt trösten. Es war einfach seine Art, in seiner spirituellen Sprache zu reagieren.
➢ Eine bildhafte Sprache (›unterwegs‹, ›zweite Sphäre des Himmels‹) ist eher geeignet als theoretische Erklärungen. Die Sprache sollte sich am Sprach- und Vorstellungshorizont der Betroffenen orientieren und auf spezifisch theologische Redewendungen verzichten.
➢ Es gibt durchaus Schnittmengen auch bei verschiedenen Glaubenstraditionen. Es gibt eine zutiefst menschheitlich spirituelle Ebene, die in authentischer Rede mitschwingt und in der Beziehung implizit anwesend ist.
➢ Der religiös Begegnende muss seine eigene spirituelle Position klären; zugleich muss er fähig sein, auf das Vorstellungssystem des Patienten einzugehen. Auch wenn ihm dieses nicht gefällt, ist das Kranken- und Sterbebett kein Ort für Kontroversen, Diskussionen und Überzeugungsarbeit.
➢ Professionelle sind durch ihren Beruf darauf trainiert, nicht einfach spontan aus dem Bauch heraus zu reagieren. Wenn sie ihre Abstraktionsfähigkeit bei sich haben, ist ihre Authentizität nicht frei flottierend, sondern eingebunden. Therapeutische Berufe müssen über eine Übersetzungsfähigkeit verfügen, wie sie ja auch bei medizinisch-pflegerischen Themen gebraucht wird.
➢ Ärzte und Pflegende mit einem dezidiert religiösen System (z. B. aus charismatischem, fundamentalistischem oder spezifisch esoterischem Gedankengut) dürfen ihre Überzeugung nur nach einem Kontrakt mit dem Patienten ins Gespräch bringen: »Ist es Ihnen recht, wenn ich Ihnen sage, wie das meine Religion sieht?« Dann kann der Patient entscheiden (und muss er frei entscheiden können), inwieweit er mit dem Helfer in einen spirituellen oder im engeren Sinn religiösen Dialog treten will oder ob die spirituelle Einstellung unausgesprochen in der Beziehung anwesend sein darf. Ohne einen solchen Kontrakt kann das religiöse Bekenntnis zur Belästigung des Patienten werden. Das wäre unethisch.

➢ Jeder, der religiös unterstützen will, muss dafür sorgen, dass er mit seinen eigenen Anschauungen allgemein anschlussfähig bleibt. Auch religiöse und spirituelle Einstellungen müssen anthropologischen und humanwissenschaftlichen Kriterien gehorchen. Sie gehören – wie das bei anderen beruflichen Kompetenzen selbstverständlich ist – ständig reflektiert und weiterentwickelt.

➢ In der Alltagspraxis sollten Professionelle mit ihrer eigenen religiösen Einstellung eher zurückhaltend sein, wenn sie nicht vom Patienten danach gefragt werden oder sie von einem stillschweigenden Einverständnis ausgehen können.

Konkretisierungen

Es kommt immer wieder vor – erst recht bei Schwerkranken und Sterbenden – dass Patienten und Angehörige ihren Arzt, ihre Krankenschwester oder andere Begleiter direkt mit Glaubensfragen befassen.

Vor solchen Fragen sprachlos? Wenn z. B. der Kranke fragt: »Herr Doktor, Schwester X, wie denken Sie eigentlich darüber, was nach dem Tod kommt?«, dann neigen viele Helfer dazu, sofort eine sachliche Antwort zu geben, um aus der für sie unangenehmen Situation herauszukommen: »Das weiß keiner«, »Dazu kann ich Ihnen nichts sagen«, »Da müssen Sie den Pfarrer fragen«. Die klinischen Berufe sind darauf trainiert, auf Fragen ihrer Patienten mit klaren Antworten zu reagieren. Wenn das aber – wie bei spirituellen Themen – nicht möglich ist, sind sie schnell sprachlos. Die Sprachlosigkeit überwinden kann der Helfer, wenn er wissen will, welche ›Aussage‹ hinter der ›Frage‹ des Patienten steht. Vielleicht denkt der Patient über sein Sterben nach und bringt das auf diese Weise ins Spiel. Oder er will den Helfer testen: wenn der so schwierigen Fragen nicht ausweicht, wird man auch mit anderen existenziellen Themen kommen können. Es wird also in der Regel nicht sofort darum gehen, negative oder positive Theologie zu treiben.

Die Antwortversuche des Patienten begleiten. Der Helfer sollte sich vielmehr zuerst dafür interessieren, was den Patienten zu dieser Frage bewegt und was dieser selbst dazu denkt. Sonst gehen auch gut gemeinte religiöse Antworten an ihm vorbei. Ein vorschneller Griff in das philosophische oder religiöse Repertoire kann die Frage des Patienten auf einem so sensiblen Gebiet schnell verfehlen und den Fragesteller verletzen oder unverstanden zurücklassen.

Die Frage zunächst einmal an den Patienten ›zurückzugeben‹, darf natürlich kein Ausweichen sein. Das verständnisvolle Nachfragen regt vielmehr im Patienten Ansätze an, die es ihm erlauben, für sich das Richtige zu finden. Diesen Prozess gilt es, authentisch zu begleiten und zu moderieren. Und dabei spürt der Begleitete, ob sich der Helfer auf den Prozess einlässt und sich nicht entzieht.

Bei einer schwerwiegenden Diagnose. In der Regel sollte der Helfer sparsam damit sein, Menschen von sich aus auf ihre religiösen Bewältigungsformen anzusprechen. Es ist grenzwertig, wenn der Arzt bei einer schwierigen

Diagnose schon bald fragt »Haben Sie einen Glauben oder eine religiöse Bindung, die Sie in der kommenden Zeit unterstützen?« Dies könnte der Betroffene als verunsichernde zweite Botschaft verstehen, die ihm den eigentlichen Ernst der Krankheit verdeutlichen soll. – Die Frage nach religiösen Ressourcen ist sehr wohl möglich, wenn der Patient Arzt oder Schwester in die Suche nach Bewältigungsmöglichkeiten einbezieht. Hören wir dann aber auf die dem Patienten eigene Spiritualität und ergänzen sie höchstens, bekräftigen sie oder stellen sie behutsam in Frage. Denken wir daran, es geht immer um den Patienten und dessen System. Die Leitfrage ist, wie die Begleitenden diesem dienen können. Denn der Patient muss mit dem leben (und sterben), was er selbst vermag, nicht mit dem, wohin die Gesunden ihn gerne bringen möchten.

Das Glaubenszeugnis des Helfers. Der Begleiter muss seinen Glauben nicht völlig ausklammern.

- ❖ Als der Patient nach einer riskanten Herzoperation von der Intensivstation verabschiedet wurde, wollte er der Ärztin dafür danken, dass sie ihm eine neue Lebensperspektive eröffnet habe. Die Ärztin: »Danken Sie nicht uns Ärzten, sondern dem da oben.«
Der Patient gehörte keiner Religion an, aber er war tief bewegt und hat den Seelsorger bestellt, um einen Vermittler seines Dankes zu »dem da oben« zu haben.

Das Zeugnis der Helfer sollte also einfach und unprätentiös sein wie das dieser Ärztin, die den Dank des Patienten an Gott weiterleitete, oder das des iranischen Arztes.

Krankheit als Strafe? Alle Berufe, auch der seelsorgliche, begegnen aber auch befremdlich erscheinenden religiösen Ideen.

- ❖ Die Patientin bemerkt: »Dieser Krebs ist sicher eine Strafe Gottes.«

Der Helfer ist in der Versuchung, dann gleich ein Gegenprogramm zu entwerfen: ›Gott liebt Sie doch, er straft doch nicht.‹ Oder: ›Diesen Zusammenhang sollten Sie sich aus dem Kopf schlagen.‹ Vielmehr sollte sich der Helfer auf die Welt des Patienten einlassen: »Wie kommen Sie dazu, so zu denken?« Oder: »Erzählen Sie mir mehr von Ihrem Glauben.« Oder (später): »Was denken Sie, wofür Sie bestraft werden sollen?« Dann kann der Begleiter die Zusammenhänge besser verstehen und sein Verständnis für solche Gedanken zu erkennen geben, ohne sie dadurch zu bestätigen oder gar zu verstärken. Erst wenn der Begleiter die Deutungen des Patienten gehört und in die Biographie des Patienten hineingehorcht hat, kann er entscheiden, ob es sich hier um ein religiöses oder psychologisches Problem handelt und ob in der Biographie des Patienten etwas angeschaut werden will. Erst dann, wenn das dann noch nötig ist, kann der Arzt (oder ein Angehöriger einer anderen Profession sagen): »Auch ich als Arzt frage mich, wie Gott so was zulassen kann.« Und weiter: »Wir wissen heute, dass Krankheiten viele Ursachen haben. Solche Tumore bekommen auch Menschen, die keine Strafe verdient haben.« Das wäre zunächst eine Antwort aus professioneller, nicht privater Perspektive (Ich *als Arzt, wir* wissen heute ..., auch *andere Menschen* ...), die aber zugleich nicht neutral und distanziert ist.

Will der Helfer aber beim religiösen Thema bleiben und nicht an die Seelsorge delegieren, dann ist es eine Möglichkeit zu sagen: »Ich als Arzt glaube nicht, dass Gott Menschen mit einer so schweren Krankheit straft. Wir verstehen oft nicht, warum ein Mensch gerade diese Krankheit bekommt.« Und weiter: »Mein persönlicher Glaube ist, dass Gott jedem Menschen hilft, auch durch ein schweres Schicksal zu gehen. Wir werden mit unseren Möglichkeiten das Unsere tun. Ihnen wünsche ich, dass Gott Ihnen in dieser schwierigen Zeit beisteht.« Ein weiter in die Tiefe gehender Prozess sollte an die professionelle Seelsorge verwiesen werden.

Anders könnte die Reaktion in der palliativen oder terminalen Situation sein. Vielleicht ist es für die Patientin hilfreicher, die Sinngebung »Strafe« gelten zu lassen, als sie von dieser Rettungsinsel zu vertreiben. Die Deutung »Strafe«, die die Patientin selbst gibt, kann immer noch erträglicher sein als ein für sie völlig unerklärliches Schicksal, mit dem zusammen sie abstürzen würde. (Zu den Themen »Warum?«, Krankheit und Schuld s. 5.4 und 5.5).

3.3.3 Begegnung mit fremden Spiritualitäten und Religionen

Dem Helfer fremde Religionen

Ein professioneller Helfer muss nicht den Inhalt eines spirituellen Systems oder einer Religion mit dem Patienten teilen können, er muss sich nicht auskennen im Bedeutungsreichtum der anderen Spiritualität. Denn spirituelle und religiöse Vorstellungen und Werte sind kulturell und biographisch angeeignet und können nicht ›einfach mal‹ auch von Fremden verstanden und nachvollzogen werden. Wohl brauchen die Fachleute in Gesundheitsberufen ein »Basiswissen von den religiös-kulturellen Traditionen bezogen auf den Umgang mit Sterben, Tod und Trauer« (Heller, Heller 2003: 15), um in der Patienten- und Angehörigenversorgung darauf zu achten und nichts falsch zu machen. Die spirituellen Bedürfnisse und religiösen Gepflogenheiten von Menschen anderer Kulturen sollten daher bereits bei der Anamnese mit der Absicht erfragt werden, dem Patienten bei der Umsetzung zu helfen.

Die Nichtreligionsbeauftragten können allerdings nicht aus der inneren Logik und Autorität einer ihnen fremden Religion heraus unterstützen, beten oder fremde Riten vollziehen. Auch sogenannte Faktenkataloge (Gunaratnam 2003), in denen die religiös-kulturellen Praktiken aufgelistet sind, geben keine Handlungsautorität, die im Krisenfall wirksam wäre, sondern nur eine Orientierungshilfe. Es gibt schon lange Publikationen, in denen die religiösen Überzeugungen und rituellen Praktiken verschiedener Religionen und Denominationen beschrieben sind und die der Orientierung dienen (z. B. Puchalski 2006; Heller 2003; Hoheisel 2001).

Ein Dialog zwischen verschiedenen Welten?

Zwischen Begleiter und Patient kann allerdings ein Vertrauen und ein emotionaler Kontrakt entstehen, in dem z. B. ein Christ mit einer Muslimin über deren religiöse Krankheitsbewältigung sprechen kann und darüber, was deren Religion über das Leiden sagt. Es gibt durchaus Berührungspunkte zwischen verschiedenen religiösen Welten, so dass Symbole miteinander in Resonanz kommen können. Religiöses Suchen und Nachdenken ist den Menschen vieler Religionen gemeinsam, auch wenn die Formen dafür kulturell bedingt sind. So ermöglichen auch religiöse Zeichen, die zur Umgebung des Patienten gehören, eine Kommunikation zwischen verschiedenen spirituellen Welten. – Wenn der Patient oder seine Angehörigen allerdings konkrete Hilfe aus der eigenen Religion wünschen und erst recht bei spirituellen Krisen (spirituell bedingten Ängsten, Schuldempfinden, Fragen nach Glaubensinhalten, Übergangshilfen beim Sterben), müssen in einer Gesundheitseinrichtung Kontakte zu Glaubensgenossen und Religionsvertretern hergestellt werden; das sind in der Regel die Fachleute, die auch über die authentische Kraft dieser Religion verfügen, die allein zum Frieden der Seele beitragen kann.

Statt einer Zusammenfassung: ein bildhafter Vergleich

In einer Metapher (diesen Vergleich verdanke ich R. Smeding) sei die Aufgabe der verschiedenen Professionen noch einmal zusammengefasst: Die verschiedenen Fachmethoden kann man mit verschiedenen Fremdsprachen vergleichen: Medizin zum Beispiel mit Französisch-Sprechen, Pflege mit Englisch-, Sozialarbeit mit Italienisch-, Seelsorge mit Spanisch-Sprechen. Wenn aber der Patient oder seine Angehörigen sich in der auf den ersten Blick seltsamen Sprache der Spiritualität oder der Religion ausdrücken, dann sprechen sie nicht eine Sondersprache aus einem abgelegenen Teil der Welt, sondern menschlich, also anthropologisch, genauso wie die Sprache der Gefühle oder der Ergriffenheit oder der Liebe menschlich ist, also eine Elementarsprache, keine Fremdsprache.

Nur ›passive‹ Sprachkenntnisse. Jede professionelle Disziplin spricht ihre Fachsprache fließend. Aber der Patient muss das Gefühl haben, dass die Fachleute seine anthropologische Sprache verstehen, auch wenn sie diese nicht fließend sprechen. Wenn ein Patient verwirrt ist, versuchen die Professionellen ja auch, auf die Sprache des Landes ›verwirrt‹ einzugehen und nicht bei ihrer beruflichen Fremdsprache zu bleiben. Jeder Beruf muss also auch ein bisschen die (für den eigenen Beruf) fremde Sprache ›anthropologisch-spirituell‹ lernen. Das bedeutet, dass die Helfenden einschätzen können, was der Patient braucht, ob er in einer spirituellen Krise ist, ob sie als Helfer mit ihren oft geringen Sprachkenntnissen aushelfen können oder ob es genügt, dass der Patient sich in den Verständigungsbemühungen ›passiver‹ Sprachkenntnisse des Helfers wiederfindet oder ob der Helfer den konsiliarischen Dienst ›Seelsorge‹ einschalten muss.

Die Bedeutung für den Patienten verstehen. Die in Sachen ›Spiritualität‹ Nichtfachleute müssen nicht auf die Fragen und Themen des Patienten fließend antworten können, aber sie können auf der mitmenschlichen Ebene dessen Einsamkeit aufheben, indem sie ihre ›Fremdsprachen‹-Kenntnisse einsetzen – bis vielleicht ein religiöser ›Landsmann‹ kommt, der die Eigensprache des Patienten verstehen und sprechen kann. Solange ist das spirituelle Problem des Patienten zwar noch nicht gelöst, aber es hat zwischenzeitlich einen Resonanzraum bei den Professionellen gefunden. Eine ›Fassung‹ für Spiritualität geben, das können im Prinzip alle Helfer, weil nicht nur ein Fachmann, sondern ein Mensch einem Menschen begegnet. Das ist immer heilsam beim Leben und beim Sterben. Eine gesamtmenschliche Begegnung schließt die spirituelle Ebene mit ein.

3.4 Religiöse Rituale

Im Kapitel über spirituelle Begleitung wurde die Bedeutung von rituellen Handlungen im beruflichen Kontext erörtert. Dabei wurde das Rituelle bewusst anthropologisch verortet und in seinen Möglichkeiten für den Berufsalltag erschlossen. Solche Rituale tragen Spiritualität in eher impliziter Form. Rituale, die sich explizit auf eine transzendente Wirklichkeit beziehen, werden in der Literatur meist ›religiöse Riten‹ genannt. Die ›Riten‹ der Religion (vgl. z. B. Bowie 2000) erfüllen selbstverständlich auch alle Basisfunktionen, die auch für säkulare Rituale charakteristisch sind: Sie geben Gelegenheit, mit grundlegenden Problemen der Existenz umzugehen und ermöglichen es einer Gemeinschaft, sich in kritischen Situationen und bei Umbrüchen des Lebens neu zu ordnen und sich neu aufzustellen.

3.4.1 Sinn und Bedeutung religiöser Rituale

Religiöse Rituale haben nun aber nicht nur eine den Menschen würdigende und Gemeinschaft generierende Bedeutung, sondern sie drücken bei krisenhaften Übergängen das Vertrauen in eine höhere Ordnung aus: Mit religiösen Ritualen wird das Geheimnis von Leben, Krankheit, Sterben als heiliges Geheimnis gedeutet und bewusst spirituell qualifiziert. Es werden jedoch nicht die Leidsituationen oder der Vorgang des Sterbens selbst direkt zu spirituellen Vorgängen erklärt. Vielmehr werden diese Lebenswirklichkeiten in einen transzendenten Horizont gestellt und diesem anvertraut: Auch das zerbrechende und leidvolle Leben fällt aus diesem Sinnganzen nicht heraus. Der Kranke, der Sterbende, der Trauernde soll erfahren, dass er auch in so gefährlichen Zeiten an die Treue und Verlässlichkeit Gottes angeschlossen bleibt. Auch dann steht der Mensch nicht vor dem Nichts, sondern im Wirkungsbereich Gottes und damit auf der Seite der Hoffnung.

Rituale ›sagen‹ etwas durch ›Tun‹
Grundsätzlich ›sagen‹ Rituale auf symbolische Weise etwas Bedeutungsvolles, indem sie es ›tun‹. Sie reden nicht nur vom Heiligen und von Gott,

sondern sie vollziehen die Anwesenheit der heiligen Wirklichkeit. Am Kranken- oder Sterbebett scheint ja alles Verlässliche ferner denn je. Irdischer, auf seine zerbrechliche materielle Existenz mehr zurückgeworfen, scheint der Mensch nirgends. Rituale sind gerade jetzt eine wirkliche Kommunikation mit dem Heiligen, ein Medium für den Grenzverkehr zwischen dem Irdischen und dem Heiligen (vgl. Höhn 2006: 608), zwischen dem Zeitlichen und dem Ewigen. Durch Rituale, Gottesdienste, Gebete treten Menschen mit dem Überweltlichen in Verbindung. Alle Religionen der Welt vollziehen Praktiken, durch die sie die Abwehr von Unheil und die Suche nach Heil ausdrücken. (Vgl. Riesebrodt 2007).

Rituale versetzen in einen neuen Zustand
Rituale bewirken eine Verwandlung. So wie man bei einer Begrüßung Zuwendung und Wohlwollen nicht nur mit Worten ausdrückt, sondern diese Nähe auch durch eine körperliche Berührung (z. B. Handgeben) wirklich vollzieht, so wird die Anwesenheit des Heiligen symbolisch rituell vollzogen. Ein religiöses Ritual gibt dem Vorhandenen eine andere, eine neue Bedeutung, die es vom Überweltlichen her empfängt; das Vorhandene steht durch die Anwesenheit des Heiligen in dessen verwandelnder Macht. So drücken das Ja-Wort und der Ringtausch bei einer Trauung nicht nur den Wechsel einer Lebensform (›verheiratet‹) aus, sondern jetzt betrachtet alle Welt die Partner als verheiratet. Sie sind jetzt wirklich andere. Wenn ein Kind getauft, wenn ein Mensch gesalbt wird, dann sind sie in der Sphäre Gottes. Menschen sind dann ›ergriffen‹ – allerdings in einem anspruchsvolleren Sinn als der nur emotionalen Ergriffenheit: Sie lassen sich von der Wirklichkeit des Transzendenten ergreifen und in einen neuen Zustand versetzen. Gegen den Anschein eines rein materiellen Geschehens sagen religiöse Rituale: Die neue Bedeutung bekommt ihre Wichtigkeit und Richtigkeit vom heiligen Gott selbst. Sie wollen gerade nicht den alten Zustand – z. B. vor der Geburt, vor der Heirat, vor dem Examen oder vor dem Sterben – magisch erhalten.

Paradoxe Logik?
Das ist die paradox erscheinende Logik religiöser Inszenierungen: Das Gute ist mit seiner ganzen Wirkmacht da, auch wenn es als solches erst noch eingeholt werden muss. Rituale machen Menschen zu dem, was sie noch nicht sind und doch durch den Ritus im Grund werden (Wulf 2006): auch im Unheil zu heilen Menschen. Wenn der Religionsvertreter den Segen zuspricht, ist der Segen Gottes jetzt da. Menschen, die – unter dem Segen Gottes – gegenwärtiges Unheil anerkennen, sind heile Menschen; sie werden dann eher fähig, mit ihrem Unheil in diese heilversprechende Zukunft hineinzugehen. Religiöse Rituale erklären nicht nur die (glücklichen) Aufbrüche bei Geburt, Erwachsenwerden, Hochzeit, sondern auch die Abbrüche des Lebens zu Durchgängen in ein anderes Leben. Sie legen einen ›Balken‹ über den Abgrund, über den der Mensch auch wirklich gehen kann: wie Petrus in der Heiligen Schrift der Christen auf das Wort Jesu hin über das Wasser geht (Matthäus 14,22–33). Obwohl Rituale nichts auflösen, geben sie ›Lösungen‹ vor und zeigen Lösungen an.

Riten für Unreligiöse?
Selbstverständlich müssen die Helfer bei allen religiösen Inszenierungen beachten, dass Rituale mit der kulturellen Einbindung eines Patienten und seiner Angehörigen verwoben sind. Es gilt aber auch: Viele Menschen in den westlichen Gesellschaften haben die kulturell verankerten Formen der religiösen, aber auch der säkularen Gemeinschaft vergessen oder bewusst verlassen. Viele verstehen auch nicht, was für eine Chance und ein Reichtum in den oft über viele Jahrhunderte tradierten Formen liegen und haben dennoch in unübersichtlichen Lebenssituationen eine Sehnsucht nach einer höheren Ordnung. So wünschen auch manche kirchenferne Menschen und Atheisten religiöse Feiern (Zulehner, Denz 1993: 44). Viele Angehörige finden es zum Beispiel angemessen, dass auf der Palliativstation nach dem Tod eine Aussegnung durch die Seelsorge stattfindet. – In den christlichen Kirchen wird das Thema ›rituelle Diakonie‹, also rituelle Begleitung für Menschen, die nicht der Kirche angehören oder Rituale für Angehörige, wenn deren Patienten nicht religiös sind, diskutiert. Zum Beispiel nehmen 80% der Medizinstudenten am Ende des Anatomie-Kurses an einem Gottesdienst zur Verabschiedung ›ihrer Leichen‹ teil. Das Abschlusstestat macht sie zu ›Medizinern‹; aber erst ein Ritual verwandelt sie in ›Arzt-Anwärter‹.

3.4.2 Kleine Skizze christlicher Rituale

Wenn im Folgenden einige relevante christliche Rituale skizziert werden, dann aus mehreren Gründen:
- Erstens können rituelle Vollzüge authentisch nur von Personen dargestellt werden, die damit vertraut sind. Diese können sie dann auch für weniger in dieser Religion beheimatete Menschen übersetzen und auf deren Situation anwenden.
- Zweitens vertraut ein Großteil von Menschen im Umkreis des Todes seine transzendenten Bedürfnisse der christlichen Religion an. Bei vielen Menschen in Europa und Amerika ist die kulturelle Identität mit Erinnerungen und Bildern aus der christlichen Religion verbunden. Auch wenn sie sich nicht mehr explizit dazu bekennen, verstehen sie in der kulturell und spirituell vielsprachigen Welt immer noch den christlichen Dialekt.
- Drittens soll mit dieser Skizze den anderen Professionen modellhaft etwas von der Bedeutung von religiösen Ritualen vorgestellt werden. Das ergibt wegen ihres Modellcharakters die Möglichkeit, sich vielleicht auch in die Welt der Rituale fremder Religionen einzufühlen und sie wertzuschätzen.
- Zudem können die anderen Professionen etwas vom Sinn religiöser Rituale verstehen und sie vielleicht aus eigener Wertschätzung heraus den Betroffenen vorschlagen.

Es gilt aber auch Folgendes zu beachten: Religiöse Rituale kann man nicht ›einfach mal so‹ anwenden. Wer mit Kranken und deren Angehörigen ein Ritual feiert, kommuniziert nicht nur mit Gott; er gibt auch Signale an die

Betroffenen: Wie der Ritualträger dem Befinden, dem Identitäts- und Sinnerleben des Patienten Ausdruck gibt, welche Gesten und Formen er wählt, hat eine Deutewirkung. Daher verlangen ausdrückliche Rituale eine hohe Aufmerksamkeit und Deutekompetenz. – Zugleich fordert die Kooperation mit den anderen Berufen die Religionsvertreter heraus, ihre ›alten‹ Riten angemessen in den interprofessionellen Kontext einzubringen und sie transparent und kommunikabel zu machen.

Segnen
Seelsorge greift die Situation des Patienten mit allen Sorgen und Hoffnungen auf und stellt den Menschen unter den Segen eines ganz Anderen. Damit wird nicht magisch vermittelt, dass jetzt die körperliche Heilung eintritt. Vielmehr heißt das Segnen: dass dein Leiden nicht bedeutungslos und leer ist, dass das Schicksal auch in schwierigen und leidvollen Zeiten unter einem guten Stern steht, weil es – wenn auch nicht änderbar – beim Höchsten, bei Gott selbst aufgehoben ist. (Zu Bedeutung und Praxis des Segnens s. 3. 6)

Salbung
In den letzten Jahren wurde als Zeichen der besonderen Zuwendung Gottes (»Du salbst mein Haupt mit Öl«, Psalm 23) zum kranken Menschen die Salbung wiederbelebt, wie sie im Neuen Testament beschrieben ist: »Wenn einer von euch krank ist ...« (Jakobus 5,13–16). Mit Salböl wird dem Kranken ein Kreuzzeichen auf die Stirn und in die Handflächen gezeichnet. – Als besonderes Zeichen in der Krankheit ist diese Salbung aber für viele Menschen ein Signal, dass sie doch wohl ernstlich krank sind und die ›Salben‹ der Medizin nicht mehr ausreichen. Deswegen gehen viele Patienten – auch Sterbende – nicht oder nur zögernd auf dieses Angebot der Seelsorge ein. Andere jedoch gehen offen darauf ein, weil sie ihre Krankheit bewusst annehmen und ihren weiteren Weg Gott überlassen wollen. – Die Seelsorge ist heutzutage darin geschult, die Krankensalbung so anzubieten, dass sie nicht mehr mit den Ängsten früherer Zeiten belastet, sondern eine wirkliche spirituelle Hilfe ist.

Abendmahl und Kommunion
Auch die Feier des Abendmahls oder der Kommunion mit einem kleinen Gottesdienst im Krankenzimmer bringt den Patienten sinnlich-spürbar mit Gott in Verbindung. Hier wird der ›Herr über Leben und Tod‹ unmittelbar in das Schicksal dieses Menschen einbezogen in Form von Brot und Wein. Dazu gehören in der Regel auch Worte der Heiligen Schrift, das Vater unser und der Segen. Damit wird der Beistand Gottes und die Verheißung des Auferstandenen in jedem dieser Gottesdienste erneuert und dem Patienten zugesprochen. Viele Patienten fühlen sich jetzt unmittelbar vom Heiligen berührt und in dessen Schutzmantel gehüllt.

Wegzehrung
Sie ist die letzte Heilige Kommunion, das ›letzte Abendmahl‹, wie es Jesus vor seinem Tod mit seinen Jüngern gefeiert hat. Für viele Sterbende ist die Kommunion ein Zeichen, das sie auf dem ganzen Lebensweg begleitet hat

und das jetzt die Verheißung realisiert, dass sie in der Kraft Gottes auch die letzte Wegstrecke schaffen und ›gut hinüber kommen‹. Die Wegzehrung ist allerdings nur möglich, wenn Sterbende zum Empfang in der Lage sind – was bei den heutigen Sterbeprozessen nur selten möglich ist. (Zur Diskussion vgl. Weiher 1999 b: 66 f.) – Das katholische Sakrament der Salbung können dagegen auch Patienten ohne eigene Aktivität, also auch bei eingeschränktem Bewusstsein, im Koma oder bei Hirntod empfangen.

Beichte

Mit einem von der Kirche Beauftragten werden Aspekte des Lebens angeschaut, abgewogen und im Kontext der eigenen Biographie bewertet. Hier werden noch belastende Themen besprochen, nach Wegen der Versöhnung mit sich selbst und anderen, am Ende auch mit Gott gesucht. Seelsorge kann dazu anregen, noch einmal einen Kontakt herzustellen, einen Brief zu schreiben, das Testament zu überdenken, dem Partner zu sagen, dass man ihn liebt, dass man verzeiht …. Sich selbst und anderen vergeben – und Vergebung erfahren – kann gerade für Schwerkranke und Sterbende eine große Hilfe sein. – In der formellen Beichte spricht der Pfarrer dem Patienten konkret und ausdrücklich zu, dass Gott die Schuld vergibt und dass vor Gott jetzt alles gut wird.

Nottaufe

Eltern erbitten für ihr Kind, das nur eine kurze Lebenserwartung hat, aber auch für ein totgeborenes oder kurz vor dem Tod stehendes Kind die Taufe. Hier geht es nicht (heute nicht mehr) um die Bewahrung des Kindes vor der Verdammnis. Eltern brauchen dann vielmehr ein Zeichen, dass auch dieser ›Hauch von Leben‹ einen Namen hat, dass auch dieses Leben zur Sphäre Gottes gehört und einen unvergänglichen Wert hat.
In der Regel ist die Taufe von Neugeborenen mit der Namensgebung verbunden. Es ist für die Eltern und die Geschwister wichtig, dass auch das verstorbene Kind einen Namen hat und als Familienmitglied wertschätzend benannt und erinnert werden kann. Hilfreich ist eine Taufkerze, die auch später noch an die ›kleine Flamme‹ erinnert, die mit diesem Leben aufgeleuchtet ist, die zwar physisch erloschen ist, in unserem Herzen aber immer brennt. – Die Nottaufe kann jeder selbst Getaufte mit Wasser und den Worten »Ich taufe dich im Namen des Vaters, des Sohnes und des Heiligen Geistes. Amen.« vornehmen.

Sterbesakramente

Die katholische Kirche hat über weit mehr als ein Jahrtausend in der Nähe des Todes eigene Rituale praktiziert. Neben der Wegzehrung in Todesgefahr wurde die Salbung für die Kranken erst kurz vor dem Tod gespendet. Aus vielerlei Gründen (Weiher 1999 b) erbitten Schwerkranke und Angehörige heutzutage die Krankensalbung nicht in der Zeit der Krankheit, sondern wünschen sie als Übergangs- und Abschiedsritual erst kurz vor dem Tod. Dann allerdings hat sie eine eminente Bedeutung: Die Salbung wird dann zur ›Letzten Ölung‹. Alle gehen dann bis zur Tür des Todes, hinter der Gott und seine Engel den Menschen abholen und ihn in das andere Leben geleiten. Der Ritus vermittelt also zwischen dem Leben und dem Abgrund des Todes, zwischen dem diesseitigen und einem jenseitigen Leben und realisiert die Verlässlichkeit Gottes über den Abgrund hinweg.

Ein Ritual, das ausdrücklich die Sterbezeit begeht, wie das die ›Letzte Ölung‹ ermöglicht, gibt es meines Wissens nur in der katholischen Kirche. Dieses Sakrament hat über viele Jahrhunderte das existentielle Gewicht von Sterben und Tod getragen. Der Zeitpunkt (kurz vor dem Tod) und das Auftreten des Priesters hat das Sterben im engeren Sinn angekündigt und damit die Schwelle zum Tod begehbar gemacht. Es ist schwer vorstellbar, wie diese hohe existenzielle ›Ladung‹ auf ein säkulares Ritual übertragen und ein Sterberitual erfunden werden könnte. Die ›Weisheit‹ eines Sterbesakraments lässt sich wohl kaum durch psychologische oder soziale Rituale ersetzen.

Sterbesegen
In der katholischen Kirche gibt es ein Weiterdenken über die ›Letzte Ölung‹ hinaus: Ein Sterbesegen z. B. mit Weihwasser (Wiederaufleben der Taufe angesichts des Todes) oder mit dem ›letzten Abendmahl‹ der An- und Zugehörigen kann als Ritual den Übergang zwischen Leben und Tod ermöglichen. (S. 3.6.3 und 6.5.3)

Abschied am Totenbett (›Aussegnung‹)
Die spirituelle Begleitung hat nicht nur den Patienten im Blick, sondern sie gilt – direkt oder indirekt – auch den Angehörigen. Dadurch, dass diese ihren Patienten einer höheren Dimension anvertrauen können, werden sie auch selbst unterstützt und getröstet. Zur Begleitung gehört also auch die rituelle Unterstützung am Totenbett, wenn der Einbruch des Todes begangen werden muss. – Die spirituelle und rituelle Begleitung in der Todesstunde ist in Kapitel 6. 5 entfaltet. (Vgl. auch: Feldmann 2009)

Zwei besondere Themen der religiösen Begleitung: Beten und Segnen

3.5 Beten als spirituelle Praxis

»Die Fähigkeit zum vielfältigen Beten ist universal verankert.« (Wassilios Klein).
»Nichts spricht dem Tod so sehr sein Recht ab wie das Gebet.« (Fulbert Steffensky).

Ein Thema für alle Berufe?
Bei den Überlegungen zum Beten als spirituelle Praxis im Leben, aber besonders auch an Grenzen des Lebens dürfen sich alle Helfer und Berufe angesprochen fühlen. Hauptzeuge für dieses Thema ist natürlich die Seelsorge, weil sie mit der »merkwürdigen Tätigkeit des Betens« (Utsch, Ehm 2005: 15) häufig befasst ist und dieses Thema ständig reflektieren muss. Weil Seelsorge erfährt, wie bedeutsam Beten für Menschen ist und weil sie überzeugt ist, dass es hier um einen Grundvorgang des Menschlichen geht, sollen hier Möglichkeiten und Vorschläge für dieses religiöse Ritual erkundet werden, die auch anderen Berufen zur Verfügung stehen.

3.5.1 Zur Funktion des Betens

Beten ist ein elementares Medium von Religion und die populärste religiöse Handlung überhaupt. Es ist hier nicht der Ort, die spezifische Gebetspraxis der Religionen und der kirchlichen Seelsorge zu entfalten. Dafür gibt es eine umfangreiche und immer wieder aktuelle Literatur – auch zur Praxis bei Krankheit, Sterben und Trauer. In der amerikanischen Literatur wird das Beten im Krankheitszusammenhang ausführlich unter der Frage behandelt, ob der religiöse Glaube zur körperlichen und seelischen Heilung beiträgt. Aber auch wenn man das Beten nicht unter dem Heilungsaspekt betrachtet, so lassen sich positive Wirkungen beobachten: »Je persönlicher sich die Beziehung [zu Gott] gestaltete, desto mehr Wohlbefinden stellte sich bei den Untersuchungspersonen ein« (Utsch, Ehm ebda.: 16): innerer Frieden, das Gefühl, sich von Gott jederzeit gehört und von ihm geführt zu wissen. Beten als Versuch, Belastungen zu verarbeiten, hat sich als hilfreich erwiesen. Dass es eine spirituelle Ressource in Krankheit und Trauer ist, ist vielfach belegt: Menschen haben weniger Angst, Depressivität und eine höhere Lebenszufriedenheit. (Grom 2006: 11 f.; Koenig et al. 2001) Eine Studie der Universität Bonn über religiöse Entwicklung im Erwachsenenalter findet heraus, dass das persönliche Gebet oft nach einer Phase ohne diese Praxis im Laufe des Lebens immer bedeutender und im Alter zur wichtigsten religiösen Praxis wird. (Fürst, Wittrahm et al. 2003)

Der Erfahrung der Seelsorge nach beten Patienten und ihre Angehörigen weitaus häufiger und selbstverständlicher in ihrer privaten Sphäre als sie nach außen – also auch im Krankenhausalltag – zu erkennen geben. Schließlich ist diese Tätigkeit eine »adaptive Strategie« (Martin, Doka 2000: 142), erst recht in Situationen, in denen Menschen wenig alternative Möglichkeiten haben, aus sich heraus ihrem Schicksal gegenüber noch anders handlungsfähig zu bleiben.

Beten als religiöse Praxis
Es ist eine der großen Stärken von Religion und spirituellen Strategien, eine ganz andere Dimension betreten zu können als die von rationalen und nützlichen Handlungen.

> Beten hat nicht den Zweck, ein Produkt herzustellen, sondern es öffnet wie ein Lied oder ein Gedicht einen Raum, in dem sich die Seele aufhalten, in dem sie ihre Wirklichkeit anschauen und in dem sie ihre Deutungsmöglichkeiten erweitern kann.

Die Soziologin Margret Poloma (1991) beschreibt vier Gebetstypen:
- das Bitt- und Dankgebet,
- das rituelle und formelhafte Gebet,
- das meditative Sich-Versenken in das Jenseitige,
- das intime Gespräch mit Gott als Freund, den man in sein Innerstes einbeziehen und dem man sein Herz ausschütten kann.

Diese formale Beschreibung wird natürlich dem nicht gerecht, was in einem Menschen bei dieser höchst intimen Tätigkeit vorgeht: Ein Mensch setzt sich mit der heiligen Wirklichkeit ausdrücklich in Beziehung. Im Beten erlebt er die Transzendenz real; sie wird im Lebensalltag präsent. Natürlich ist mit all diesen Formen irgendwie auch das Bitten um eine positive Wendung des Schicksals verbunden. Aber letztlich ist das Bitten nur Teil der Grundfunktion, mit der heiligen Wirklichkeit über das eigene Schicksal ins Gespräch zu kommen und es diesem Höheren anzuvertrauen. Wer betet, inszeniert die Wahrheit, dass das Geheimnis aller Wirklichkeit berührbar ist, dass es Herz und Gefühl hat. »Ein Gebet wird immer in der Überzeugung gesprochen, dass es gehört wird – ob es erfüllt wird oder nicht« (Steffensky 1999: 44). Das gilt für das Beten des Patienten selbst wie für die, die einen Menschen ›ins Gebet nehmen‹ oder ihm ›die Daumen drücken‹ im Angesicht dessen, der uns hört.

3.5.2 Wie passt das Beten in die Landschaft der helfenden Berufe?

Sollen medizinische Helfer beten?

Bei der heutigen Tabuisierung von persönlicher Religion und religiöser Praxis in Westeuropa werden die nichtseelsorglichen Professionen wohl eher selten mit dem Wunsch des Patienten nach einem Gebet befasst. Das wird in der säkularen Kultur auch weiterhin ein spezifisches Thema der kirchlichen Seelsorge bleiben. Aber die Helfer sollten sich bewusst machen, dass Beten nicht ein Spezialthema der etablierten Religionen, sondern ein anthropologisch verankertes Sich-Wenden an ein Höheres ist. Bei diesem Thema ist es aus ethischen Gründen besonders wichtig, die Feld- und Rollendynamik der jeweiligen Berufe zu beachten. Christina Puchalski macht ausdrücklich auf die ethische Seite der Rollenfunktion aufmerksam (Puchalski 2006: 241 ff.), die sie auch im religionsfreundlicheren Amerika betont. Grundsätzlich gilt, dass der Patient und sein religiöses System vorrangig vor dem der Helfer ist. Ebenso grundsätzlich muss beachtet werden, dass die Beziehung zwischen den medizinischen Professionen und dem System des Patienten nicht gleichrangig ist. Was Arzt, Schwester, Psychologe, aber auch die Hospizhelferin über mich, den Patienten, wissen, das hat mit Leben und Tod zu tun. Der Patient ist durch seine Krankheit und sein Schicksal höchst hellhörig und zugleich verletzlich. Die Beziehung zu den Professionellen steht unter formalen Vorzeichen, die deren Signale beim Empfang durch den Patienten völlig verzerren können.

Es braucht einen Kontrakt

Unmittelbar behandelnde Berufe sollten in der Regel nicht von sich aus mit dem Patienten beten, sondern nur auf dessen Bitten (s. auch die gründliche Reflexion bei Koenig 2012). Weil Beten eine symbolische Kategorie ist, fließen leicht Übertragungen in dieses Geschehen ein, die dann ja vor dem ›Höchsten‹ gelten und hinterher schwer zu korrigieren sind. Unabgesprochenes Beten kann zu negativer Autosuggestion führen. Wenn die Ärztin ein Gebet anbieten würde, könnten sich viele Menschen fragen: Steht es um mich so schlimm, dass nur noch Gebete helfen? Oder: Hat diese Medizinerin so wenig Kompetenz, dass sie auf eine höhere Macht zurückgreifen muss? – Auch kann der Patient sich in seiner anderen oder geringeren

Spiritualität beschämt oder nicht wertgeschätzt fühlen. Wohl können Arzt, Schwester und Psychologe still dabeistehen, wenn der Patient betet. Grundsätzlich gilt: Die Initiative und die Entscheidung muss beim Patienten liegen. Diese Einschränkung gilt auch, wenn der Professionelle bestimmte Meditationstechniken gelernt hat, die er auf die Seele des Patienten anwenden will, um diese z. B. in ›einen höheren Zustand‹ zu führen. Das ist ohne Kontrakt mit dem Patienten unethisch. Gegen die Ethik verstößt es dagegen nicht, wenn Professionelle in ihrem religiösen Innenleben für ihre Patienten beten und sie Gott anvertrauen und dieses dem mutmaßlichen Willen des Patienten nicht widerspricht.

Der Helfer als Übersetzer

Wenn diese ethischen Grenzen beachtet werden, ist es natürlich sinnvoll, dass auch Nichtseelsorger mit Patienten beten. Die Ausgangsfrage ist dabei: In welcher Beziehung brauchen Patienten oder Angehörige uns Helfer? Mit oder ohne Helfer hat der Mensch ja seine Beziehung zu Gott – und Gott zum Menschen. Aber es braucht auch den Gebetshelfer als Resonanzkörper und Übersetzer für ›meine‹ Gebete. Durch den Über-setzer werden die Alltagsgedanken und -gefühle des Patienten in ein bedeutungsvolles Beten übersetzt; mit dem Helfer zusammen bekommt es ein volleres Volumen und durch die Rolle eine höhere, menschheitlich unterstützte Geltung.

Oft ist der Helfer – vor allem der Seelsorger – für den Patienten, der ›zurzeit‹ nicht beten kann, der Bote, der Stellvertreter und Übermittler seines Betens; der trägt es vor Gott. Das gilt auch dann, wenn Menschen hadern und nach einem Schicksalsschlag nicht mehr glauben können. Helfer müssen wissen, dass das für viele Sterbende und Trauernde nicht einfach heißt, dass sie jeden Glauben an Gott verloren haben. Sie fühlen sich vielmehr von Gott, an den sie glauben wollen, abgeschnitten und sogar noch mehr des Brückenbauers und Stellvertreters bedürftig. Auch sind Menschen oft an der Oberfläche nicht religionsgebunden und haben darunter dennoch eine Sehnsucht nach Religion und einer Gottesbeziehung. Allerdings hat solches Stellvertreten nur Sinn, wenn ein irgendwie religiöser Kontrakt zwischen Helfer und Patient zustande gekommen ist, wenn also klar ist, dass beide sich im selben ›Raum‹ bewegen.

Wie geht das konkret – beten?

Was ist nun konkret der Inhalt der Hilfe durch Gebete? Im Gebet geht es den Patienten um den Wunsch, gesund zu werden, noch eine Weile am Leben teilhaben zu dürfen, die Zuversicht nicht zu verlieren oder ein wichtiges Ereignis noch erleben zu dürfen. Es geht aber auch um die Enttäuschung, dass man nicht mehr so beten kann wie früher oder dass man lange inständig um eine Wendung des Schicksals gebetet hat und ›alles nichts genützt hat‹, oder auch um den Wunsch, gut sterben zu können.

Im Grund sind die Themen des Gebets elementar. Auch die Seelsorger werden nicht ausführliche Theologien und Philosophien am Krankenbett entwickeln, sondern ganz einfach dieses Elementare, die tiefen Wünsche, Gefühle und Sehnsüchte der Heiligen Macht vortragen und Übermittler zu dieser Macht hin sein. Im Grund ist das Beten nicht kompliziert – auch in der Wortwahl nicht, wenn der Helfer auf die tieferen Anliegen hört, wie sie in der symbolischen Redeweise des Patienten zum Ausdruck kommen.

- ❖ »Mein Mann ist ein Autonarr«, sagt die Ehefrau.
- ❖ »Mein Hund ist mein Ein und Alles«, sagt die sterbenskranke Patientin im Beisein ihres Mannes. Und ihr Mann strahlt dazu, wohl wissend, dass diese Aussage ihre innige Paarbeziehung mit umfasst.

Der Helfer kann alles im Gebet vor Gott tragen, denn der Religion darf nichts Menschliches fremd sein:
- die Fakten (medizinisch, körperlich, Lebensumstände)
- die Gefühle (Trauer, Lebensfreude, Sorge),
- die Identitätsebene (was jemand aufgebaut hat, was er liebt, was zu ihm gehört)
- die Spiritualität (z. B. die innere Freiheit, die obiger Mann beim Autofahren erlebt, die Sehnsucht nach Beweglichkeit und Selbstständigkeit und die Verbundenheit mit seiner Frau, mit der weiten Welt ...)

Der Gebetsbegleiter ist zu allererst aktiver Zuhörer, der darauf hört, was das Erzählte für den Patienten bedeutet. So kann er sagen: »Gott, du weißt, wie sehr sich Herr N. danach sehnt, wieder im Kreis der Familie zu sein. Die Enkel hängen doch so sehr am Großvater. Wir bitten dich, dass er es noch mal schafft.« Oder: »Gott, Frau K. hat zurzeit sehr zu kämpfen. Gib doch bald wieder Zeiten der Erleichterung.«

Zum Zeugen werden
Der Helfer wird für den Patienten auch zum Zeugen: Leiden, Krankheit, Sterben, Beziehung – all das ist Lebensarbeit, für die der Helfer vor Gott Zeuge ist. Bezeugtes Leben wird bedeutungsvolles Leben.
Schon wenn der Helfer in Krisenzeiten sagt: »Ich denke an Sie«, wird er für den Patienten zum Zeugen vor einem Höheren: Das Leid und die Sehnsucht bleiben nicht ungehört, sie werden weitervermittelt.
Aber umgekehrt wird der Helfer auch zum Zeugen einer höheren Ordnung, in der der Sterbende steht. Vor Gott gilt auch die Unruhe des Patienten, sein Stöhnen, seine Klage, seine Zweifel als Lebensäußerung und Beten (Puhlheim 1992).

- ➢ Wenn der Sterbende schwer atmet, dann kann dies zum ›Bild‹ werden. »Gott, sei du der Atem meiner Seele.« Oder: »Sei du die Luft, die mir nie ausgeht, in Ewigkeit nicht.«
- ➢ Selbst »eine der schlichtesten Formeln des Arztes: ›Wir schaffen das schon‹«, wie Dietrich Rössler bemerkt (2004: 191), kann Gebet sein. Denn: Wer alles kann das ›Wir‹ sein?, was alles kann ›es schaffen?‹ und was alles ›das‹ heißen!

Sprache, die offenhält
Hier zeigt sich, dass gerade durch Andeuten, durch berührende Sprache nichts auf den theologischen und medizinischen Begriff gebracht, sondern eher symbolisch-offenhaltend etwas Größeres gesagt wird. So kann auch –

in Anlehnung an Peter L. Berger (1970) – das Wort »Es wird alles gut« ein Gebet sein: Ist es wirklich ›alles‹, das ›gut‹ wird? Ja, denn am Ende wird alles gut vor dem höchsten und letzten Sinn.

Die Helfer müssen sich bewusst sein, dass Beten eine rituelle Handlung ist. Die Form, das Ritual trägt das Anliegen mit, nicht erst eine persönliche Inbrunst oder eine tiefe Beziehung. Deshalb ›genügt‹ die Alltagssprache des Mitmenschen im Helfer, die ausdrückt, was den Patienten bewegt.

➢ »Gott möge Ihnen helfen, dass jetzt alles gut geht, dass Sie durch diese schwierige Zeit gut durchkommen.«
➢ »Gott möge Ihnen zur Seite stehen, egal, wohin Ihr Weg Sie jetzt führt.«

Solche Gebete gelten auch dem verwirrten Menschen, dem Menschen im Koma, dem Patienten in Narkose, dem unmittelbar Sterbenden.

Das »Vater unser« ist in vielen Fällen das Gebet der Wahl. Auch schwach und säkular denkende Menschen können es als Gebet akzeptieren, weil es dabei weniger auf den Inhalt ankommt als auf die Tatsache, dass hier Beten als solches stattfindet. Das »Vater unser« ist eine Form, der Menschen über viele Jahrhunderte ihr ›Beten‹ anvertraut haben. Es ist ein Gefäß, in das viele Menschen immer noch ihre ureigene Sehnsucht hineinlegen können, weil es existenzielle und spirituelle Grundthemen berührt, für die es nicht unbedingt ein rationales Nachvollziehen braucht.

Kriterien für die Begleiter

Das Beten der Helfer sollte folgenden Kriterien gehorchen:

➢ Dem Begleitenden muss das Beten selbst etwas ›sagen‹, er sollte eine gewisse eigene Gebetspraxis haben.
➢ Er sollte die Regeln der Kommunikation beherrschen, damit er nicht überdeutet, nichts dramatisiert oder verharmlost. Im Gebet darf auch keine neue medizinische Wahrheit oder Prognose durchklingen und dem Patienten auf diesem Weg sein Zustand mitgeteilt werden.
➢ Der Begleitende sollte nicht seine eigene (dem Patienten vielleicht zu fremde) Spiritualität in das Gebet hineinlegen, sondern an der des Patienten anknüpfen. Im Zweifel sollte er eher die Seelsorge rufen, denn diese ist in diesem Anknüpfen geschult.
➢ Der Begleitende sollte kein religiöses Sondergut und keine Extremposition vertreten, sondern im Anschluss an eine verantwortete und reflektierte Spiritualität handeln. Auch darf er nicht seine eigenen Wissens- und Bedeutungsdefizite in Sachen Religion auf den Patienten übertragen.
➢ Der Begleiter sollte in seiner Sprache auf die unterschiedliche Nähe von Menschen zu religiöser Lebens- und Weltdeutung achten. So kann man drei (und wohl auch mehr, z. B. bei Religionen ohne persönliche oder ohne jegliche Gottesvorstellung) Gruppen unterscheiden, auf die der Begleiter in seiner Ausdrucksweise achten sollte (Schäfer 2009: 54 ff.):
➢ Bei den *stark Religiösen* kann die Gebetsbitte Gott direkt ansprechen: »Bitten wir Gott, dass Sie bald wieder …«.

- *Schwach Religiöse* können sich in dem Wunsch »Möge Gott Ihnen in dieser Zeit beistehen« wiederfinden.
- *Weltlich denkende* Menschen werden respektiert, wenn der Begleiter ihnen nicht nur privat etwas wünscht, sondern dieser Wunsch in einem überpersönlichen Horizont steht: »Mögen Sie durch diese schwierige Zeit gut hindurchkommen.«
- Gerade bei frei formulierten Gebeten ist besonders darauf zu achten, dass der ›Stellvertreter‹ die Betroffenen nicht durch Gebete vereinnahmt (»Gott, wir wollen doch jetzt alle ...«) oder zu erziehen versucht (z. B. Gebet um Geduld, wenn der Patient sich gerade auflehnt) oder durch eine im Gebet versteckte Predigt belehrt. Viele Gebete thematisieren das ›Loslassen‹. Aber was weiß der Helfer, was ›loslassen‹ für den Patienten wirklich bedeutet?
- Der Helfer darf auf keinen Fall aus einer möglichen antireligiösen oder kirchenkritischen Haltung heraus den Patienten konfrontieren. Ans Bett des Schwerkranken gehören keine Kontroversen.
- Gebete können immer nur begleitend sein, nicht Heilung bewirkend oder versprechend.
- Es gibt unendlich viele veröffentlichte Gebete für Kranke und Sterbende. Der Helfer kann sich aus solcher Literatur viele Anregungen holen. Aber er muss sich immer fragen, ob und wieweit das Vorformulierte für diesen Patienten passt und sein Gebet darauf abstimmen.

3.5.3 Wie betet Seelsorge?

Seelsorge als Mystagogie

Die ›natürlichen‹ Beziehungspartner für Gebetswünsche des Patienten und für Gebetsangebote an ihn sind die Seelsorgenden. Während der nichtseelsorgliche Begleiter seine Inhalte im Wesentlichen aus dem ›Identitäts-Raum‹ des Patienten nimmt, beziehen die Religionsbeauftragten die Sinn- und Glaubensdimension explizit mit in die Inhalte ihrer Gebete ein. In ihrer Rolle ist es selbstverständlich, dass sie das ›Gefäß‹ Gebet mitbringen, dem der Patient seine Wünsche und Gedanken anvertrauen kann.

Wenn Seelsorgende sagen »Ich denke an Sie«, dann weiß ›man‹, dass das Drandenken auch das Beten beinhaltet. Die Rolle trägt das Geheimnis: Sie ist Verstärker für das Geheimnis des Menschen vor Gott und für Gottes Geheimnis diesem Menschen gegenüber. Das ist die wichtigste Rolle des und der Religionsbeauftragten: Sie sind Mystagogen, das heißt, bei ihnen bekommt man es mit dem Geheimnis des Lebens zu tun, dem großen Geheimnis, in das mein kleines wohl eingeborgen ist. Es kommt – nach Karl Rahner – der Mystagogie darauf an, das Geheimnis, das jeder Mensch vor Gott immer schon ist, zugänglich zu machen und bewohnen zu helfen.

Gebet setzt sich über die Verhältnisse hinweg.

Auf diesem Hintergrund erweitert sich noch einmal die Funktion des Betens: Es ist oft im Vordergrund Bitt- und Fürbittgebet. In einem umfassenderen Sinn aber geht es um mehr: Beten öffnet den Horizont der individuellen und situationsbezogenen Wünsche und sucht Leben und Sterben von einem Sinnhorizont her zu verstehen, den Gott garantiert.

> Insofern ist Beten keine Wunscherfüllungsstrategie und kein hochpotentes Medikament gegen die Widerfahrnisse des Lebens. Und dennoch gestattet es, wie alle Religionen, sich über die Ereignisse des Lebens »hinweg-zusetzen«, sie zu »trans-zendieren« (Höhn 2003: 45).

Beten setzt die persönliche Lebensgeschichte mit der Gottesgeschichte in Beziehung und gestaltet das Lebensdrama als Gottesdrama. Das heißt ›Hochpotenz‹ im religiösen Sinn. Deshalb ist es zu einfach, das religiöse Beten danach zu beurteilen, ob es direkt zu einer medizinischen Besserung führt. Für viele Menschen ist – oft im Nachhinein gesehen – das Ergebnis einer gelungenen Gebetserfahrung auch, dass sie negativen Entwicklungen und auch dem Sterben gefestigter begegnen können. Beten hält die Hoffnung hoch, auf den Wegen, die letztlich jeder Mensch gehen muss, heil hindurchzukommen: durch die Krise, durch schwere Krankheit, durch Sterben und Tod. Es ist die Hoffnung, dass Gott nicht vor Leid und Tod bewahrt, sondern dass er mich in meinem Innersten bewahrt.

Beten ist nicht einfach Magie.
Das Gebet der Religion ist also im Tiefsten kein magischer Versuch, Gott zu manipulieren, sondern es enthält beides: Widerstand und Ergebung, Bitte um Abwendung eines Schicksals und Zustimmung (Frick 2004). Für den Betroffenen ist das psychologisch gesehen selten gleichzeitig, im mystagogischen Sinn aber sehr wohl. Auch das ›Geheimnis‹ vermag ja beides darzustellen: die völlige Unverständlichkeit von Lebensereignissen und zugleich einen letzten verborgenen Sinn. Der Mensch kann Gott anstöhnen, anklagen, ihn mit tausend Mal ›Warum‹ belagern und mit ihm verhandeln, ihn loben oder fluchen. Doch damit er bezieht er diesen dunklen, unergründlichen Gott zugleich in seine Geschichte ein. Die Liebe verträgt jede Sprache, die sich in existenzieller Weise mit dem Beziehungspartner auseinandersetzt.

Klage als Gebet
Auch Anklage, Bedürftigkeit und Gefährdetsein müssen im Gebet Platz haben. Zur Tradition christlichen Betens gehört daher ausdrücklich auch die Klage: Gott und der Welt sein Leid klagen. Klage gegen Gott ist keine Entgleisung oder falsche Projektion, sondern eine Gebetsform. Was in den Psalmen der Bibel und im Buch Job noch selbstverständlich ist, in der Neuzeit allerdings mit dem Versuch, ›Gott‹ zu verteidigen, als Gebetspraxis fast verloren gegangen ist, wurde in den letzten Jahren wieder entdeckt (Fuchs, O. 1987). Das Klagegebet ist ein Urlaut des Menschen: Einerseits gibt er dem Schmerz und der Fassungslosigkeit eine Stimme, andererseits hält er damit an seiner Hoffnung auf Gott fest. Klage kommt aus der Verletzung und Verlorenheit des Lebens, und zugleich lässt sich der Klagende nicht von seiner Hoffnung auf besseres Leben abbringen.
Lebensgeschichte wird im Beten ›heilige‹ Geschichte, egal wie fragmenthaft und gescheitert sich ein Mensch vorkommt.

Zur Praxis der Seelsorge

Was heißt das nun konkret? Auch die religiösen Begleiter müssen die oben genannten Kriterien beachten, die für alle Helfer gelten. Zugleich haben sie natürlich aufgrund ihrer Rolle mehr Möglichkeiten: Sie können beim Beten auf das große Gedanken- und Ideengebäude der Theologie, der Tradition und deren spirituelle Bilderwelt zurückgreifen und diese mit der Identitätsebene des Patienten in Verbindung bringen. Ebenso können sie auf die – meist symbolisch ausschnitthaft geäußerte – Lebensbilanz reagieren.

Die rituelle Dimension des Betens trägt die Mystagogie oft genauso gut wie die wohlformulierten Inhalte. Beten ist auch nicht Psychotherapie, so dass alle Inhalte psychologisch angeeignet werden müssten. Untersuchungen (Simon 1985) zeigen, dass Menschen, die vorübergehend krank oder in Krisen sind, durchaus das geistliche Gespräch suchen und dass sie dabei etwas von ihrem Leben durcharbeiten und verstehen wollen. Sterbenskranke jedoch suchen, auch wenn sie noch bei Kräften sind, vorwiegend Unterstützung durch Ritual und Gebet. Sie wollen sich leiten lassen von Symbolen und Riten; diese sind eine eigene Art der Lebens- und Sterbenshilfe.

Bewusstseineingeschränkte Menschen vertrauen sich oft dem Beten wie in Trance an. Es kommt nicht auf jedes Wort an, sondern darauf, dass es geschieht, dass also gemurmelt, geseufzt, gebetet, gesungen wird. Auch Schweigen kann ein Symbol für Beten sein. Schweigen allerdings aus reiner Verlegenheit muss kommuniziert werden, sonst lasse ich den Patienten im Ungewissen.

- Bei kommunikationsfähigen Patienten kann der Begleiter fragen: »Gibt es ein Gebet, ein Lied, das Sie selbst gerne beten?« Oder: »Wofür, worum sollen wir beten?«
- Der Gebetsbegleiter fragt auch nach denen, für die der Patient beten will. Dann kann dieser von seinem Bett aus etwas für die tun, die er liebt und sein Fürsorgebedürfnis ins Gebet hineinlegen.
- Der stellvertretende Beter wird nicht von sich aus ein Klagegebet initiieren. Er wird aber in die Klage des Patienten und der Trauernden einstimmen und die Not und Enttäuschung aufgreifen und ins Gebet nehmen: »Gott, wir können nicht verstehen, dass … .« »Warum hast du …?« »Frau N. ist doch noch jung, sie gehört doch in die Mitte ihrer Familie… .« »Es ist ungerecht, dass du … .« – Der Beter sollte allerdings die Hilflosigkeit nicht noch weiter vertiefen, indem er dramatisiert und die Klage verstärkt. Besser ist es dann, sich auf die ›Geschwister im Glauben‹ zu stützen und z. B. mit den Psalmen der Bibel sich in die Trostgemeinschaft einzureihen und sie zum Zeugen vor Gott zu nehmen.
- Wenn Menschen in ihren Äußerungsmöglichkeiten sehr eingeschränkt sind, kann der Helfer sagen: »Ich bete das ›Vater unser‹ mit Ihnen. Vielleicht können Sie es in Ihrem Herzen mitbeten.«
- Wenn der Seelsorger »mit« Menschen in Sedierung betet, kann er sagen: »Sie machen jetzt mit Ihrem Gott aus, wie es weitergeht. Ich möchte mit Ihnen darum beten.«

➤ Der Begleiter kann mit dem Atem oder dem Stöhnen des Sterbenden ›mitgehen‹ und dabei Wiederholungsgebete sprechen: »Ja, so ist es«; »Gott, es ist gut.«
➤ In der Trauer um verlorene Menschen kann der Beter Beziehung zu den Verstorbenen über den Himmel, also über die heilige Sphäre, aufnehmen und so mit ihnen Verbindung herstellen.

Das Beten mit den und für die Patienten ist nicht nur für den Kranken hilfreich, sondern es tut auch den Helfern gut. Es kann eine spirituelle Möglichkeit der Psychohygiene werden, wenn die Professionellen, die ständig dem Leiden von Menschen begegnen, den Patienten und seine Angehörigen an eine höhere Ordnung abgeben und ihr anvertrauen können.

3.6 Segnen: Ein spiritueller Grundgestus

»Und Gott sah, dass es gut war.« (Genesis)
»Es gibt einen ursprünglichen Segen, von dem alle Wesen stammen.« (Matthew Fox)

Nicht ›machen‹, sondern segnen

Das Segnen gehört zu den Grundgesten der Religion (vgl. z. B. Greiner 1999, dort reiches anthropologisches und theologisches Material). Aber auch in einem nicht explizit religiösen Verständnis hat das Wort eine Bedeutung.

So müssen sich auch die Nichtseelsorger klar machen, dass ihre Art der Begegnung und ihre Worte und Gesten für Patienten und Angehörige ›zum Segen werden‹ können.

Hier wird der Professionelle nicht als Privatperson, sondern durch die Kraft seiner Symbolrolle zum Segnenden. Patienten und Klienten erfahren Achtung und Anerkennung (oder auch nicht) von denen, denen die Gesellschaft diese menschheitlich wichtigen Rollen zuspricht. Zugleich sind es ja die, denen sich ein Mensch nicht nur mit einem körperlichen Defekt, sondern im Ganzen in seiner Schwäche und Würde anvertraut. Angehörige empfinden es als ›Segen‹, wenn ihre Besuche beim Kranken nicht nur geduldet, sondern ihre Anwesenheit oder ihr regelmäßiges Kommen anerkannt und gewürdigt wird. Und Patienten fühlen sich dann mitgesegnet.

Bereits dieses Segensverständnis erster Ordnung verweist auf eine grundlegende spirituelle Logik, die wesentlich die Logik der Machbarkeit ergänzt: Nicht die Fach-, sondern die Bedeutungsfunktion aller therapierenden Berufe kann etwas Heiles zusprechen, ohne dass die Helfer darüber verfügen. Arzt, Schwester, Therapeut brauchen dann nicht selbst ›Gott‹ zu sein. Sie brauchen das Heilige nicht zu garantieren und können das auch nicht. Sie müssen nicht Macher des Lebens sein und können doch den Segen und das Wohlwollen spenden, dem auch sie selbst das Leben und all ihr Können verdanken. Diese noch andere Bedeutung der Rolle verpflichtet, aber noch mehr entlastet sie die Helfer: Sie können ihre Patienten dem Segen einer ganz anderen Ordnung anvertrauen. – Religion ist davon überzeugt, dass die menschliche – also auch berufliche – Kraft zum Segnen sich dem ursprünglichen Segen verdankt, von dem alle Wesen stammen (Matthew Fox).

3.6.1 Zur Etymologie von ›Segen‹

Zu Sinn und Bedeutung des Segnens führen zwei Spuren:
das lateinische Wort ›benedicere‹ und das deutsche Wort ›segnen‹.

›Benedicere‹ lautet übersetzt: ›gut heißen‹. Das ist etwas Anderes als ›schönreden‹. Für die Helfer ist die Versuchung groß, eine Situation, die Schwäche eines Patienten in seinem Beisein zu erleichtern und schöner erscheinen zu lassen als sie ist. Einen Menschen segnen bedeutet aber, ihm nicht nur persönlich wohlwollend begegnen, sondern ihm auch die Kraft des Guten bringen: Auch wenn deine Situation nicht ›gut‹ ist und Behandlungen misslingen, sagen wir, dass du und dein Schicksal in einem heilen Zusammenhang stehen.

❖ Wenn ein Sterbender seine Kinder segnet, kann dies für deren weiteres Leben eine unschätzbare Bedeutung haben. Solches Segnen kann durch ein gutes Wort oder einen Zuspruch (»Ich bin stolz auf euch«, »Gott behüte dich«) oder Gesten (ein wohlwollender Händedruck, eine zärtliche Berührung) geschehen. Vielleicht kann der Helfer bei einem gewachsenen Vertrauen den Patienten zu einer solchen Geste anregen, weil er aus seiner beruflichen Erfahrung weiß, wie ›gut das tut‹.

Die Kraft des Segnens hängt nicht am Augenblick, sie bleibt bei dem Gesegneten. Das ist keine mechanische oder magische Kraftübertragung, sondern hier wird nach der Logik symbolischer Handlungen ein nicht anders darstellbarer Wert zugesprochen, der aus dem Inneren kommt und ins Innere zielt. Ein Kind, ein Partner fühlt sich dann ermutigt und aufgerichtet; man geht unter einem bleibenden Wohlwollen.

Das deutsche Wort ›segnen‹ leitet sich von dem lateinischen ›signare‹ – bezeichnen – ab. Der Segnende bezeichnet den Anderen mit einem heiligen Zeichen und stellt ihn damit unter den Schutz und in das Wohlwollen des Heiligen selbst. Der Gesegnete wird »positiv signiert« (Fuchs, G. 2007: 27). Wenn die Mutter das Kind mit einem Segenszeichen jeden Abend in die Nacht gehen lässt, dann darf sie hoffen, dass dies mit dem Zeichen Gemeinte bei dem Kind bleibt und es begleitet, auch wenn sie sich selbst zum Schlafen zurückzieht.

❖ Seelsorger ermutigen die Angehörigen am Totenbett zu einem Segenszeichen für den Verstorbenen. Dann wissen diese ihn auch im Dunkel des Todes geschützt und bleibend begleitet, auch wenn sie äußerlich nicht weiter mit ihm gehen können. Zugleich macht dieser Segen für sie selbst die Schwelle in die Trauer begehbar.

3.6.2 Segnen: der religiöse Sinn

Segnen im religiösen Sinn greift diese beiden Spuren auf: Der aus seiner Religion heraus Segnende bezeichnet den Menschen rituell und ruft zugleich die Sympathie und die Kraft des Allerhöchsten auf den Menschen herab: Der Höchste meint es gut mit dir, und er bleibt mit seiner Liebe bei dir, egal was geschieht.

> Ein ritueller Segen stellt den Kranken, den Sterbenden, den Verstorbenen in den positiven Lebensstrom des Heiligen: Hinter dem Negativen gibt es eine letzte Positivität, in der auch dein Leben und Sterben steht.

Jeder Mensch ist von Anfang des Lebens an darauf angewiesen, dass er bejaht wird, dass Mutter und Vater ihr ›Angesicht über ihm leuchten lassen‹. Eltern, die sich vorwiegend abwenden, hinterlassen einen Fluch, keinen Segen. Gläubige haben dieses Bild auch für das Heilige: Es ist zutiefst Gottes Angesicht, das über jedem Menschen aufstrahlt und sich ihm segnend zuwendet. Unter dem Leuchten des göttlichen Angesichts blüht das Leben auf; es wird ermutigt; es wird ihm jene Lebensfülle verheißen, die nie aufhört.

Segen heilt

Segen signalisiert damit neben dem Schutz und dem Wohlwollen noch eine dritte Bedeutung: die Heilung. Im Kraftfeld des Heiligen, des Höchsten, Gottes wird ›alles gut‹, weil es im Heiligen aufgehoben ist. Obwohl vieles ungut ist, steht alles unter einem guten Stern. Dann kann das Unabwendbare und was ich aus eigener Kraft nicht ändern kann »mit Segen getragen werden« (Hartmann 1993: 113). Unter dem Segen Gottes kann ein Mensch mit seinem Schicksal einig werden und am Ende selbst alles gut heißen und heil werden.

So sagen wir von einem Sterbenden: »Er segnet das Zeitliche«, wenn er ›gut gehen‹ kann und am Ende ›alles gut geworden ist‹. Sein Sterben steht dann für ihn selbst unter einem guten Zeichen, und das ›Gute‹ (nicht unbedingt Schöne) dieses Sterbens geht als Segen mit in die Trauerzeit der Weiterlebenden und hat dort heilsame Wirkung.

Die spirituelle Logik des Segnens

Das Segensverständnis der Religion enthält eine wichtige Charakteristik: Segen aktiviert den guten Energiefluss von Gott her zu diesem Patienten in dieser Situation. Der Mensch verfügt nicht über diesen Segensfluss, und er kann als Segnender auch nicht garantieren, dass zugesprochene Lebensfülle sich dann auch nachkontrollierbar einstellt. Der Segnende spendet etwas, was er nicht hat (Steffensky 1999: 33). Er kann von sich aus nicht die Fülle versprechen. Und doch verspricht er sie, weil Gott sie versprochen hat. So ist ›Segnen‹ anders als ›Beten‹ ein durch Gesten und Zeichen unterstütztes wirkliches Zusagen des göttlichen Wohlwollens und seiner Fülle. Die sinnlich erlebbare Handlung bewirkt das Gemeinte: dass das Heilige herabfließt auf diesen Menschen und er so in dessen Strahlkraft steht.

Zum Segnen braucht es immer den – greifbar oder ungreifbar – Anderen. »Man kann sich nicht selbst segnen, wie man nicht sein eigener Vater und seine eigene Mutter sein kann.« (Fulbert Steffensky) Segen ist nichts Privates, sondern er hat eine menschheitliche und transzendente Dimension. Der Gesegnete wird in die Kraft gesetzt, die aus einem anderen Bereich kommt: aus dem heiligen Geheimnis. Nur dadurch hat der Segen seine Wirkung. Er vermittelt: Nicht die schwierige Situation, in der du, Patient, jetzt bist, ist als solche schön und gut, sondern du bist in einen größeren Zusammenhang hineingestellt; der ist gut und in dem bist auch du als Verwundeter heil. Es geht hier um metaphysische Heilung.

Eine Priesterrolle
Auf dieser Basis beruht auch die Segenskraft der Religionsbeauftragten: Sie haben die autoritative Kraft ihrer Rituale nicht aus sich selbst, sondern sie sind ›Priester‹ und ›Priesterinnen‹ einer höheren Macht, die den Segen spendet. Ein ritueller Segen sollte daher nicht zu viel privates Gedankengut enthalten. Es ist im Sinn des ›Signierens‹, dass die Geste und die Formel wirken. In der tradierten Formel greift der Segnende auf den Urgrund zurück, aus dem aller Segen fließt – und das ist nicht der Liturge selbst. Das Plädoyer für die ›Formel‹ spricht nicht grundsätzlich gegen die Fülle der Segensgebete, wie sie in den letzten Jahren auf den Markt kommen. Wenn der Segnende sie verwendet, ruft er über das Medium Literatur die menschheitliche Dimension auf, die seine spontanen Einfälle übersteigt und seinen Gestus entprivatisiert.

3.6.3 Konkretisierungen

Das förmliche Segnen ist jedoch an eine spezifische Religion gebunden. Es ist z. B. nicht erlaubt, dass ein christlicher Seelsorger einen lebenden oder verstorbenen Muslimen ohne Zustimmung z. B. der Angehörigen segnet. Einem Angehörigen einer nichtchristlichen Religion ein Kreuzzeichen machen, kann als Entweihung verstanden werden. – Ein christlicher Geistlicher segnet, indem er dem Patienten, dem Angehörigen die Hand auf Kopf oder Schulter legt und dabei betet (z. B. »Es segne dich Gott, der Vater, der dich erschaffen hat, es segne dich Gott, der Sohn, der dich erlöst hat, es segne dich Gottes Heiliger Geist, der auch im Schwersten bei dir ist.«). Mit dem Segensgestus kann der geistliche Begleiter auch das Kreuzzeichen auf die Stirn des Patienten zeichnen. Gerade das Kreuzzeichen greift als Segensform die ganze Realität des Lebens mit ihrer leidvollen Seite (das ›Kreuz‹) auf, und zugleich trägt es die Verheißung, dass du wie Jesus Christus da durchkommst und wie er gerettet und zur Auferstehung gerufen wirst (›Im Kreuz ist Heil und Hoffnung‹). Das christliche Kreuzsymbol hat eine unersetzliche Bedeutung: Wo der Lebenswunsch und das Leiden weit auseinanderliegen, bringt es die Ohnmacht des Menschen und die Macht Gottes zusammen. Das lässt das Kreuz zum überzeugenden Symbol bei Lebenskrisen und -übergängen werden. – Katholiken beziehen auch Weihwasser mit ein als Zeichen, dass von der Taufe an dein Leben bleibend und unwiderruflich – also auch über Sterben und Tod hinaus – unter der Macht Gottes steht.

In den letzten Jahren hat die kirchliche Seelsorge den Zuspruch des Segens für viele Situationen wiederentdeckt, vor allem in Wendezeiten und in Übergängen. »Was da neu kommt, soll gesegnet sein und zum Segen werden.« (Fuchs, G. 2007: 25).

> Seelsorge kann den Eltern anbieten, das **Neugeborene** (vor allem bei Frühgeburt) noch in der intimen Situation bald nach der Geburt zu segnen. Die Taufe kann dann später als größeres Fest mit der Gemeinde gefeiert werden. (Zu Segensfeiern von Kindern, die [noch] nicht getauft werden sollen, s. Kranemann, Fuchs, Hake 2004.)
> Ein **totgeborenes Kind** sollte nicht mehr getauft werden, aber ein Segen hilft den Eltern, ihr Kind auch im Tod im Schutz und im Wohlwollen Gottes und seiner Engel und Heiligen zu wissen.
> Am **Ende eines Besuchs** kann Seelsorge beten: »Gott gebe, dass auch diese Zeit (die man erleiden muss, die so sinnlos erscheint, in der es nicht vorangeht, in der man so wenig tun kann …) ihren Segen hat.« Der Seelsorger kann dem Kranken, dem Trauenden zusagen: »Gott ist bei dir und wird auch die weiteren Schritte mit dir gehen.« – »In der Kraft Gottes kannst du dem Kommenden entgegengehen.« – »Sei gesegnet, damit du tragen kannst, was du zu tragen hast.«
> ›**Sterbesegen**‹. Bei der ›Letzten Ölung‹ oder bei einem letzten Ritual kann der spirituelle Begleiter eine Hand des Sterbenden berühren und dabei sagen: »Gott segne alles, was du berührt hast, alles, was du zustande gebracht und aufgebaut hast, womit du tätig warst und mitgeholfen hast zum Gelingen des Lebens. – Gott segne aber auch alles, was du nicht zustande gebracht hast, was du verletzt oder falsch angepackt hast, alles, was dir aus der Hand geglitten ist. Gott nehme es in seine Hand. In seiner Hand wird es heil und gut. – Und Gott nehme auch in seine Hand, was du in deinem Leben Schweres tragen musstest (die Last deiner langen Krankheit, den Schmerz der Scheidung, die Trauer über das früh verstorbene Kind …), aber auch das Glück, das du mit deiner Frau, deinen Kindern aufbauen durftest, das ganze gemeinsame Leben. Gott nehme es in seine Hand und er segne es. – Und Gott nehme auch in seine Hand, was du wohl nicht lange mehr (was du zurzeit nicht …) tragen kannst. Leg es Gott in die Hände – dein ganzes Leben; Gott segnet und vollendet, was du begonnen hast. Er bringt es zu einem guten Ende. Amen.« (Weiher 1999 b: 86)
> Lange Zeit gab es für die Situation unmittelbar nach Eintritt des Todes – also **noch am Totenbett** – keinen Ritus. Heute steht an dieser Stelle die »Aussegnung«: ›Segen‹ steht hier für das Rettungshandeln Gottes. Weil er durch seinen Segen von Anfang an seine Treue versprochen hat, lässt er ›dich nicht im Abgrund, sondern holt dich heraus, wie er das auch an Jesus Christus getan hat‹. (Zur Situation am Totenbett und den Handlungsmöglichkeiten der Begleiter s. 6. 5)
> Der Seelsorger bezieht am **Ende der Aussegnung** die Angehörigen mit ein. Z. B. beim Tod eines Elternteils kann er zu Sohn und Tochter sagen: »Es gibt eine Zeit, da segnen die Eltern die Kinder. Es kommt aber auch eine Zeit, da segnen die Kinder die Eltern.«

➢ In Krankenhäusern und Hospizen werden **Segensgottesdienste** gefeiert, an denen Patienten mit ihren Angehörigen (und eventuell den Mitarbeitern) teilnehmen können. Jeder Einzelne wird dabei durch Handauflegung gesegnet. (Mehr zu Segensfeiern und Segensgesten und Literatur hierzu: Bundschuh-Schramm 1999.)

3.7 Wenn Menschen außersinnliche Erlebnisse haben

»Dieses veränderte Welterleben ist für mich immer noch entscheidend. Ich habe den Eindruck, dass es der Wahrheit näher kommt als unser normales Weltgefühl.« (Eine Patientin nach einem solchen Erlebnis)

3.7.1 Das Phänomen verstehen

❖ »Und dann ziehen die und ziehen und ziehen ...«, sagt die Schwerkranke fast verzweifelt. Wer zieht wohl? Die Mitbewohner im Altenheim oder Angehörige, die schon längst verstorben sind? Oder sind es Geister und Dämonen, die die Patientin bedrängen?

❖ »Ich war wie in einem Feuerofen« erzählt der alte Mann nach einer behandelten Hyperkalzämie, »jetzt fühle ich mich transformiert« – ein Wort, das bisher nicht zum Wortschatz des Patienten gehörte.

❖ »Da sind immer wieder zwei Engel – ein dunkler und ein heller, strahlender«, berichtet die Patientin in den Tagen einer schweren gesundheitlichen Krise – und sie sagt es leise und unsicher, weil sie fürchtet, als verrückt zu gelten.

Immer wieder erzählen Schwerkranke und Sterbende von fremdartigen Erfahrungen, die über die Grenzen rationaler Vorstellungen hinausgehen und in eine spirituelle Dimension hineinzureichen scheinen. Das sind allerdings keine Sondererfahrungen von Sterbenden; vielmehr erleben das viele Menschen, nur kommunizieren sie nicht so selbstverständlich darüber. Schwerkranke scheinen die rationalen und sozialen Leitschienen leichter zu verlassen, so dass auch andere als die vertrauten Ideen zum Vorschein kommen. So gesehen können auch sogenannte Nahtod-Erlebnisse zu den visionären Erfahrungen gezählt werden. Auch wenn sie nur Menschen zugeschrieben werden, die klinisch tot waren und wieder belebt werden konnten, müssen die Inhalte des Erlebten nicht strikt von denen Sterbender unterschieden werden. (Vgl. Knoblauch 1999: 275 f.)

Für die Helfer, die den Patienten begegnen, erscheint das Gesehene gleich fremd und ungewöhnlich. Für die Betroffenen jedoch sind dies reale Sinneswahrnehmungen: Sie sehen, hören und fühlen wirklich. Auch Trauernde hören, sehen und spüren einen Verstorbenen noch nach langer Zeit sinnlich-körperlich (vgl. z. B. Hoyt 1980, Rees 1971), wobei Trauernde darum wissen, dass der Verstorbene beerdigt ist und nicht mehr real da sein wird. Visionen, die bei Sterbenden am häufigsten beobachtet wurden, waren begleitende Personen, die bereits gestorben waren, Verwandte oder nahe Freunde, gelegentlich Engel oder religiöse Figuren (Samarel 2003: 141). – Im Kontext von schwerer körperlicher Krankheit und Sterben soll hier nicht auf das Phänomen ›Besessenheit‹ eingegangen werden, bei dem ein Mensch völlig von einem übermächtigen Geist beherrscht erscheint (ICD-10 der WHO-Klassifikation). – Spirituellen Erfahrungen im mystischen Sinn geht die ›Neurotheologie‹ nach: Sie versucht, Gefühle der Einheit mit dem Göttlichen oder Ergriffensein vom Ewigen bestimmten physiologischen Vorgängen im Gehirn zuzuordnen (Newberg 2003). Es gibt allerdings neuere Hinweise dafür, dass die neurotheologischen Erklärungen der vergangenen Jahre zu voreilig waren (Schnabel 2008).

Halluzination versus Spiritualität?

Zu all diesen Phänomenen muss gesagt werden: Solche Erlebnisse heißen ›außersinnlich‹, weil ihnen kein äußerer Sinnesreiz zugrundeliegt, dem sie entsprechen. Gleichwohl sind sie ›sinnlich‹, weil sie mit sensorischen Eindrücken (auditiven, visuellen, taktilen) verbunden sind, die denen von realen Erlebnissen entsprechen. Grundsätzlich gibt es darüber hinaus keine Möglichkeit der Unterscheidung, ob es sich dabei um Erfahrungen handelt, die nur vom Gehirn produziert werden oder um spirituelle Realitäten (Puchalski 2002: 809).

> Paranormale Erlebnisse möchte ich dann als ›spirituell‹ bezeichnen, wenn sie nicht nur über die Grenzen des Rationalen und Kontrollierbaren hinausgehen, sondern zugleich in eine als transzendent empfundene Sphäre verweisen oder von dort zu kommen scheinen.

Menschen, die solche Erlebnisse haben, bestehen darauf, dass sie diese nicht bewusst herbeigeführt haben und dass diese sich nicht zureichend mit Begriffen der Gefühlswelt beschreiben lassen. Sie empfinden sie vielmehr als unaussprechlich und ganz anders.

Verstehen, was im Menschen vorgeht

Wie auch immer solche Erfahrungen gedeutet werden – ob spirituell, religiös, außersinnlich oder psychopathologisch – für die Begleiter ist in der Begegnungspraxis nicht in erster Linie die Frage, wie sie den Realitätsgehalt dieser Phänomene bewerten, sondern wie sie verstehen können, was in Menschen vorgeht, denen solches begegnet. Außernormale Wahrnehmungen können zunächst grundsätzlich als Ausdruck der Stressverarbeitung gesehen werden. Im Menschen geht gerade in Stresssituationen vieles vor, was er für sich – im Rahmen seiner ureigenen Möglichkeiten – integrieren muss. Ein hilfreiches Erklärungsmodell ist, dass der Betroffene rational ungesteuert aus einer Fülle von Möglichkeiten seines im Gehirn deponierten ›Wissens‹ schöpft, um der Stresserfahrung begegnen zu können. Im Gehirn wird sozusagen automatisch das an Bildern und Erinnerungen herangezogen, was als angemessene Antwort den Stressmächten entgegengesetzt werden kann.

Ein Pfleger auf der Anästhesie-Intensivstation sagt ganz ergriffen: »Ich staune immer wieder darüber und es berührt mich sehr, was für Ideen

Menschen haben, mit denen sie ihre Situation in ihrer inneren Welt verstehbar zu machen versuchen«.
Bei allen Bedrohungen des Selbst (z. B. beim Erleben völligen Ausgeliefertseins auf der Intensivstation und erst recht in Todesgefahr) kämpft die Seele gegen eine bodenlose Verunsicherung und sucht Ressourcen gegen den drohenden Bedeutungsverlust. Auch psychotische Zustände lassen sich so interpretieren (zur Diskussion vgl. z. B. Metzinger 2006: 47; Klessmann 1996). Dass als Gegengewicht gegen extreme Bedrohungen das dem Menschen Bedeutungsvollste, also wichtige Personen und spirituelle Figuren, aber auch transzendente und religiöse Vorstellungen aufgeboten wird, ist dann plausibel.

Nicht per se pathologisch
Veränderte Bewusstseinsformen sind also nicht per se krankhaft und auch nicht per se Folgen einer Stoffwechselentgleisung, sondern ein kreatives Potenzial, das in einer Extremsituation sinn- und bedeutungsvolle Erfahrungen ermöglicht. Was für den Betroffenen sinnvoll ist, das reflektiert er wohl selbst nicht und ist von ihm nicht steuerbar. Auf jeden Fall wirken in ihm Inhalte, die ihn zutiefst erfüllen und die ihm aus seinem ganz persönlichen Lebens- und Seelenmaterial zur Verfügung stehen. So sind es bei Menschen mit Demenz Inhalte aus dem weit zurückliegenden Leben, bei Menschen mit Halluzinationen aktuelle Neukombinationen aus allen Möglichkeiten seines Inneren. Es ist wohl nicht verwunderlich, dass bei hohem seelischem Stress wegen der schwachen rationalen Kontrolle auch ganz ungereimte Ideen am Grund der Seele aufgewühlt und hochgespült werden können. Schließlich wird kein Mensch sich auf alle Eindrücke seiner Lebensgeschichte und die damit verbundenen Assoziationen je einen endgültigen Reim machen können.

Wie ein Traum
Für die Helfer ist vielleicht noch eine zweite Vorstellung hilfreich: Man kann die paranormalen Äußerungen in ihrer inhaltlichen Qualität auch wie Träume verstehen. Im Wachzustand sind wir Menschen der Moderne nur mit dem kontrollierbaren Teil der Wirklichkeit verbunden. Im Traum jedoch fließt vieles zusammen, was im Gehirn noch alles an Eindrücken schlummert. Dabei werden Erlebnisse und Bilder aufgerufen, die mit der emotionalen und mentalen Qualität des aktuellen Problems verwandt sind, und als bekannte Erfahrung oder Ressource herangezogen. So sind die Träume der Nacht offensichtlich dazu da, die im Gehirn deponierten Ideen und Erinnerungen zu nutzen, um das Unausgeglichene des Tages in eine neue, für den Träumer ›plausible‹ Ordnung zu bringen. Träume werden nicht nur seit langem in der Psychoanalyse, sondern inzwischen auch von der nichtfachlichen Öffentlichkeit zunehmend als notwendige Lernform des Menschen anerkannt.

Hilfen aus einer anderen Welt
Vorstellungen von dem, was für Außenstehende so schwer verständlich ist, wie ›Stressreaktion‹ oder ›Traum‹ können dazu dienen, das, was tief im Inneren eines Menschen geschieht, leichter zu akzeptieren. Für die Reise

durch ein unbekanntes Land – wie in Krisensituationen, beim Sterben und in der Trauer – nützt der Mensch Kräfte, die Außenstehenden oft fremd sind. Dass dabei Menschen über die alltäglichen Vorstellungen hinausgehen und das Jenseitige mit einbeziehen, gehört zur kulturellen Leistung der Menschheit. Wenn in Krisenzeiten die Wand des Kontrollierbaren dünner wird und sogar aufgelöst ist, dann kann in vielen Menschen das Jenseits dieser schützenden Hülle erscheinen. Religion und Spiritualität aber haben schon immer dieses unsagbar Andere denk- und sagbar gemacht und ihm Namen gegeben. So erinnert die Aussage des obigen Patienten vom ›Feuerofen‹ an eine alttestamentliche Szene (die drei Jünglinge, die unversehrt dem glühenden Ofen entstiegen sind, Daniel 3,1 ff.) oder an das Fegefeuer der katholischen Tradition (Paulus: »Wie durch Feuer hindurch wird er gerettet«, 1 Korinther 3,15). Nach Forschungen von Walach und Kohls (2004) haben Menschen, die solche Erfahrungen in einen religiösen und spirituellen Horizont einordnen können, einen positiven Interpretationsrahmen dafür. Die stressreichen Erfahrungen scheinen für sie weniger bedrohlich und weniger ängstigend zu sein. Eher sind fehlende Möglichkeiten der spirituellen Einordnung ein Risikofaktor für die seelische Gesundheit (Walach 2005: 33). – Visionen von heiligen und religiösen Mächten, von Engeln oder Teufeln sind Ausdruck von tiefen menschlichen Erfahrungen. Weil wir heute kulturell nicht mehr mit vielen dieser elementaren Bilder zurechtkommen, wurden sie verschwiegen oder für verrückt erklärt. Dann aber sind wichtige spirituelle Grunderfahrungen nicht mehr benennbar, was die seelische Not eher noch vergrößern kann.

3.7.2 Möglichkeiten für die Helfer

Mit außergewöhnlichen spirituellen Erfahrungen umzugehen, ist eine interprofessionelle Aufgabe: Alle Helfer müssen sich über ihre jeweiligen Diagnosen und Zugänge austauschen.

Für den Umgang mit solchen Erfahrungen bietet sich das Modell der vier Ebenen an (s. Abschn. 2.2.2.1).

(1) Einordnung auf der Sachebene
Für die Helfer kann es belastend sein, dass die Äußerungen des Patienten kaum rational zugänglich sind. Der »Freund«, den die sterbende Patientin »eben gerade im Wald getroffen« hat, ist schon lange tot, wie sich herausstellt. Da hilft kein Versuch des Helfers »Aber Frau N., der lebt doch gar nicht mehr« oder »Das haben Sie sicher nur geträumt«, um die Patientin von der Unwirklichkeit ihres Erlebens zu überzeugen. Dennoch ist es natürlich sinnvoll, einem möglichen realen Hintergrund nachzugehen: Der Freund ist vor zwei Jahren gestorben. Er ›sagt‹ der Patientin, dass sie »ruhig herüberkommen kann«, es sei »gut hier«.
Psychopathologisch versus religiös? Natürlich müssen die Professionellen auch der Möglichkeit einer psychotischen Reaktion nachgehen. Dabei hilft oft die Anamnese einer psychiatrischen Vorgeschichte. Es ist aber auch für

die Angehörigen und die Begleiter entlastend, wenn die unverständlichen Reaktionen des Patienten auf physiologische und pharmakologische Vorgänge z. B. infolge einer Narkose oder einer schweren Sepsis zurückgeführt werden können. Dann ist dessen Wesensveränderung vielleicht nicht so erschreckend. Für die Fachleute gilt aber auch dann:

> Die Auslöser für fremdartiges Verhalten sind zwar medizinisch erklärbar, die Inhalte aber entstammen dem ureigenen Seelenmaterial des Patienten und sind nicht wegzudeuten.

Im Übrigen ist es nicht einfach, spirituelle Visionen von psychopathologischen Phänomenen zu unterscheiden. Anton Bucher stellt einige Kriterien für die Unterscheidung zwischen spirituellen und psychotischen Erfahrungen zusammen. (Bucher 2007: 139 f.) So weisen visuelle Halluzinationen eher auf spirituelle, auditive dagegen eher auf psychotische Phänomene hin. Entscheidend aber ist, »ob die Person die Kontrollmöglichkeit behält« und ob das Erleben »positiv gedeutet und integriert werden kann« (ebda.). Freilich sind spirituelle Erfahrungen, auch Todesnäheerlebnisse, nicht alle angenehm und tröstlich. Sie können mit Unruhe und Stress verbunden sein. Vielleicht sind die Umstehenden geneigt, sofort den psychiatrischen Dienst einzuschalten. Aber gerade bei Sterbenden ist die Frage, ob die Zeit für eine differenzierte Diagnose und Behandlung ausreicht. Zudem muss abgewogen werden, wieweit Medikamente eine angemessene Lebensqualität versprechen.

Eine These. Außergewöhnliche Wahrnehmungen werden von vielen medizinisch Tätigen immer noch schnell als pathologisch eingestuft. Im Kontext spiritueller Begleitung möchte ich als Orientierung eine andere Sichtweise vorschlagen:

> Im Zweifel – und solange keine Differenzialdiagnose gestellt worden ist oder werden kann – soll gelten: für eine spirituelle oder religiöse und nicht für eine psychopathologische Deutung.

Was für den Patienten am besten ist. Diese Empfehlung lässt sich mit der Logik der religiösen Dimension begründen: Religion stellt generell außergewöhnliche Erfahrungen – also auch möglicherweise psychotische – in den Horizont einer höchsten Macht. Religiöse und spirituelle Weltbilder vermögen dann gerade die Energien der außersinnlichen Mächte und Kräfte zu bändigen und einzubinden. Bilder und Visionen entfesseln einerseits starke Energien und zugleich geben sie dem höchsten Wesen, Gott, die absolute Macht über diese Energien, so dass sie letztlich nicht zerstörerisch und vernichtend werden können. – Auf jeden Fall sollte nicht das Ziel sein, die Äußerungen des Patienten als Ausdruck reiner Verwirrtheit und damit als wertlos wegzudrücken; es sei denn, dies ist durch die psychiatrische Diagnose angezeigt. Die Begleiter müssen sich fragen, was für den Patienten am besten ist und darauf verzichten, alles unter ihrer medizinischen oder psychologischen Kontrolle zu halten. Dann können sie diesen auf seinem sehr persönlichen Lebensweg begleiten, den er durch seine Krankheit geht.

(2) Verstehen auf der Gefühlsebene

Die Helfer sollten sich als erstes klarmachen, was für Gefühle die Äußerungen des Patienten bei ihnen selbst auslösen, damit sie dem Kranken möglichst ohne Vorurteile beistehen können. In der Regel ist es hilfreich, sich nicht als Erstes auf den – möglicherweise irritierenden – Inhalt des Gesagten und dessen rationale Einordnung zu konzentrieren, sondern auf die emotionale Botschaft zu hören, die in den Halluzinationen mitschwingt. Dann kann der Helfer die Not oder die Freude dahinter besser verstehen.

In der Begleitung helfen Fragen wie: »Macht Ihnen das Angst oder ist das schön?« »Wie empfinden Sie das?« Oder: »Haben Sie so etwas früher schon einmal erlebt?« Wenn man bedrängende Gefühle sich entfalten lässt, wird bei vielen Menschen die Unruhe nicht schlimmer. Eher findet der Gefühlsstau einen Abfluss. Der Betroffene kann sich entlasten, weil er einen verständnisvollen (Helfer-)›Container‹ findet. Das gilt gerade auch bei dunklen und schweren Gefühlen. Diese brauchen nicht unbedingt eine therapeutische Auflösung; die ›Lösung‹ besteht eher darin, dass das Schwere beklagt, beweint, betrauert werden kann.

(3) Die Identitätsebene

Außergewöhnliche Wahrnehmungen erschöpfen sich selten in der Gefühlsdimension. Sie betreffen ja die ganze Erlebniswelt dieses Menschen und gehören für ihn zur existentiellen Wirklichkeit. Menschen, die Außersinnliches zum ersten Mal erleben, stellen sich oft die Frage: Wer bin ich, dass mir so etwas passiert, dass ich so etwas Überwältigendes oder Bedrohliches gesehen habe? Bin ich verrückt? Das darf ich niemandem erzählen. – Auch Menschen, die öfter solche Erlebnisse haben, sind tief geprägt von ihrer als Begabung oder Belastung empfundenen Fähigkeit. Die meisten Menschen, die schon einmal ein positives Nahtod-Erlebnis hatten, sind für die Zeit ihres Lebens tiefgreifend geprägt: »Ich habe seitdem keine Angst mehr vor dem Sterben« sagen viele.

Positives Interesse. Hier ist vor allem die Haltung des Helfers wichtig: ist er doch für den Patienten Resonanzkörper für etwas höchst Intimes. Er ist oft Zeuge von Äußerungen des Patienten, die dieser selbst nicht kontrollieren kann (wie z. B. beim Durchgangssyndrom nach einer Operation) oder die er uns Helfern anvertraut. Viele Menschen sind überrascht, dass auch so etwas zu ihnen gehört. Auch wenn ihnen solche Erfahrungen nur wenige Male begegnen, ringen sie damit und versuchen, ihnen einen Platz in ihrer Identität zu geben.

Da tut es ihnen gut, wenn sie sich mit Gesprächspartnern ihrer Identität versichern können. So erlebt obige Patientin die Erfahrung: »Und dann ziehen die und ziehen …« als Einbruch in das Allerheiligste ihrer Identität. Das ist sicher mit beruhigenden Worten oder verscheuchenden Gesten nicht abzutun, sondern es braucht das positive Interesse des Begleiters. Wenn das ›Ziehen‹ von schon verstorbenen Verwandten ausgeht, dann kann der Helfer den Patienten darin begleiten, was die denn wollen, woran die ziehen und was die Patientin ihrerseits von ihnen will. – Natürlich ist bei lang anhaltender Bedrängnis auch an therapeutische Hilfe zu denken.

(4) Wertschätzung auf der Spiritualitätsebene

Menschen können in den letzten Wochen und Tagen ihres Lebens ›noch hier‹ und zugleich ›schon woanders‹ sein: »Ich weiß nicht«, sinniert der alte Mann, »ob ich noch in diesen Raum gehöre oder in den anderen«. Für spirituell offene Menschen ist es keine Frage, dass sich das Jenseitige zeigen und ihnen in dieser Welt erscheinen kann: als Personen, die die diesseitige Welt bereits überwunden haben; als Geistwesen, die den Abstand zwischen hier und dort überbrücken können; als Lichterscheinungen aus der anderen Welt; als allumfassende Liebe; als alles lösende Einheit; aber auch als böse Mächte und Gewalten, als Teufel und bedrängende Hölle. Solche Vorstellungen – auch die ängstigenden – sind psychologisch gesehen ein Medium der Auseinandersetzung mit Krisen, Sterben und Tod. Für den religiösen Menschen aber gibt es gute und böse Mächte, mit denen er wie Jakob im ersten Buch Genesis im Morgengrauen kämpfen und denen er am Ende den Segen abringen kann. Offensichtlich ist das Sterben nicht einfach ein trostloses Verlöschen. Zumindest gibt es Bilder und Erscheinungen von Helfern aus der anderen Welt, die das Sterben nicht einsam machen. Und es gibt Erlebnisse, die über die Schwelle des Todes hinweghelfen.

Raum zur Entfaltung bieten. Der Begleiter muss sich klarmachen, ob sein Weltbild für solche Vorstellungen offen ist. Sonst projiziert er seine persönlichen Vorlieben und Abneigungen (Der Teufel? Ein Engel? Das gibt es doch gar nicht) auf das Erleben des Patienten und verschließt seinen ›Seelenraum‹ für die tiefergehenden Erfahrungen des Anderen. Der Begleiter kann sich vielmehr für das Erlebte interessieren: »Der Teufel? Der Engel? Eine weiße Gestalt? – Was haben die gemacht, gesagt, wie haben die ausgesehen, wie Sie angeschaut?« Wenn das Erleben Wertschätzung und Raum zur Entfaltung erhält, verliert es meist seinen dämonischen oder zerstörerischen Charakter.

Bei allen positiven Bemühungen aber gilt auch: Das Geheimnis von Leben und Sterben ist eben erschreckend und heilig zugleich. Die Religion deutet dieses Geheimnis als ›schrecklich gut‹. Das Weltbild der Christen ist nicht dualistisch: Gott ist hell und er ist dunkel, und im Ganzen ist er umfassend gut (vgl. Funke 2000: 207). So sind die Dämonen und Mächte mit dem Kommen Jesu Christi entthront. Sie sind ein- und untergeordnet in Gottes Machtbereich.

In der seelsorglichen Begleitpraxis kann der Ambivalenz von erschreckend und heilig nicht mit theologischen Erklärungen und Belehrungen begegnet werden. Vielmehr sind Rituale, Gebet und Segen adäquate ›Container‹: Sie geben dem Geheimnis Fassung, ohne es zu fassen. – Wenn die bedrohlichen Bilder übermächtig werden, dann sollte die professionelle Seelsorge und eventuell der Psychotherapeut eingeschaltet werden.

Anhang:

Die Kontrakte der spirituellen Begleitung. Ein Überblick.

Unter dem Begriff ›Kontrakt‹ ist die Übereinkunft zwischen Patient und Helfenden darüber zu verstehen, worauf sich beide Seiten in der beruflichen Begegnung einlassen. In Gesundheitseinrichtungen muss der Basis-Kontrakt über medizinische Diagnosestellung und Behandlung, über Pflege, soziale und psychologische Beratung usw. in der Regel nicht eigens geschlossen werden. Innerhalb dieser Grundvereinbarung aber müssen Kontrakte in vielfältiger Form für jeden Behandlungsschritt neu umrissen und formuliert werden.

Auch existenzielle, spirituelle und religiöse Themen bedürfen einer Vereinbarung: Der Patient muss frei entscheiden können, welche Angebote über die medizinisch indizierte Behandlung hinaus eine Rolle spielen dürfen. Auch beim Besuch von Seelsorgenden und Religionsvertretern bedarf es einer gewissen Vereinbarung zwischen Patient und Besuchenden. Da für viele Patienten Seelsorgende nicht selbstverständlich zum Behandlungsteam gehören, müssen die Patienten entscheiden können, ob und wieweit sie deren Angebote nutzen wollen. Kontrakte dieser Art aber werden meist nicht sofort am Anfang eines Besuchs förmlich geschlossen, sondern sie ergeben sich im Verlauf der Entwicklung einer Beziehung eher indirekt. Patienten zeigen z. B. durch Zu- oder Abwendung, durch stärkeres oder geringeres Interesse oder durch die Wahl von Themen und Erzählungen, wieweit sie die spirituelle oder religiöse Dimension ausdrücklich in die Begegnung einbeziehen wollen, ob diese eher implizit anwesend sein oder gar keine Rolle spielen soll.

In Abb. 3 werden die möglichen Kontrakte, die sich in der spirituellen Begleitung ergeben, schematisch aufgelistet.

Erläuterungen zu den Kontrakten und Folgerungen für die spirituelle Begleitung

I. Spiritualität: implizit

(1) **Kontrakt: mitmenschliche Zuwendung.**
 Spiritualität ›schläft‹, spirituelle Dimension bleibt im Hintergrund.
 Begleiter berührt Symbole nur, erschließt sie nicht explizit.
 Geistliche Dienstleistung geschieht in mitmenschlicher Zuwendung.

(2) **Kontrakt: existenzielle Dimension.**
 Spiritualität passiv; Patient suchend, offen. Patient kennt spirituelle Erfahrungen; Spiritualität ist aber nicht strukturiert.
 Spirituelle Kommunikation wird durch Rolle und Begleitung aktiviert.
 Geistliche Dienstleistung möglich: Begleiter greift Symbole auf und gibt bewusst Resonanz darauf.
 Symbol-Erschließung ist Facharbeit.
 (Rolle des Begleiters: Resonanzinstrument und Übersetzer für Spiritualität)

II. Spiritualität: explizit

Kontrakt: aktive Spiritualität.

(3) **Religionsungebundene Spiritualität:**
individuell auswählend, unabhängig von religiöser Tradition; auch: bewusste Distanz dazu.

(4) **Allgemein-religiös:**
nicht auf religiöses System festgelegt.

Für beide gilt: innerweltliche und überweltliche Transzendenzvorstellungen möglich.
Geistliche Dienstleistung: Achtung vor und Interesse für die spirituelle Einstellung, Suche nach Verbindung zwischen der Situation und dem Lebenskonzept. Symbolische Kommunikation.

Kontrakt: religionsgebundene Spiritualität
(Glaubensgemeinschaft, vereinbartes Ideen- und Symbolsystem)

III. Dem Begleiter fremde Religion

(5) **Wenig entfaltete Spiritualität.**
Patient kaum vertraut mit religiösen Symbolen und Glaubensinhalten. Religion und Spiritualität werden eher von Kultur und Zugehörigkeit zu einer Gemeinschaft getragen.
Geistliche Dienstleistung: Achtung vor und Interesse für Kultur, Biographie und persönliche Krankheitsverarbeitung.

(6) **Entfaltete Spiritualität.**
Geistliche Dienstleistung:
- Religionsvertreter: Rituale und tradierte Weisheit;
- Nicht-Religionsvertreter: Begleitung, Achtung und Dialog (»Was bedeutet das in Ihrer Religion?«);
- symbolische Kommunikation möglich.

IV. Angehörige der eigenen Religion

(7) **Spiritualität wenig erschlossen,**
eher in Gestalt von Formen, Zugehörigkeit, Kultur.
Symbole und Rituale unreflektiert, Glauben eher ›mythisch‹.
Geistliche Dienstleistung in formaler Form (Gebet, Sakrament, als Insider geachtet werden; Traditionen und Werte sind wichtig.)

(8) **Glaubensspiritualität**
Patient erwartet geistliche Dienstleistung in sprachlich, symbolisch und rituell bewusster Form zur Verarbeitung seiner Situation.

Bei Schwerkranken und Sterbenden: eher geistlich-rituelle Unterstützung, weniger strukturierte ›Verarbeitung‹.

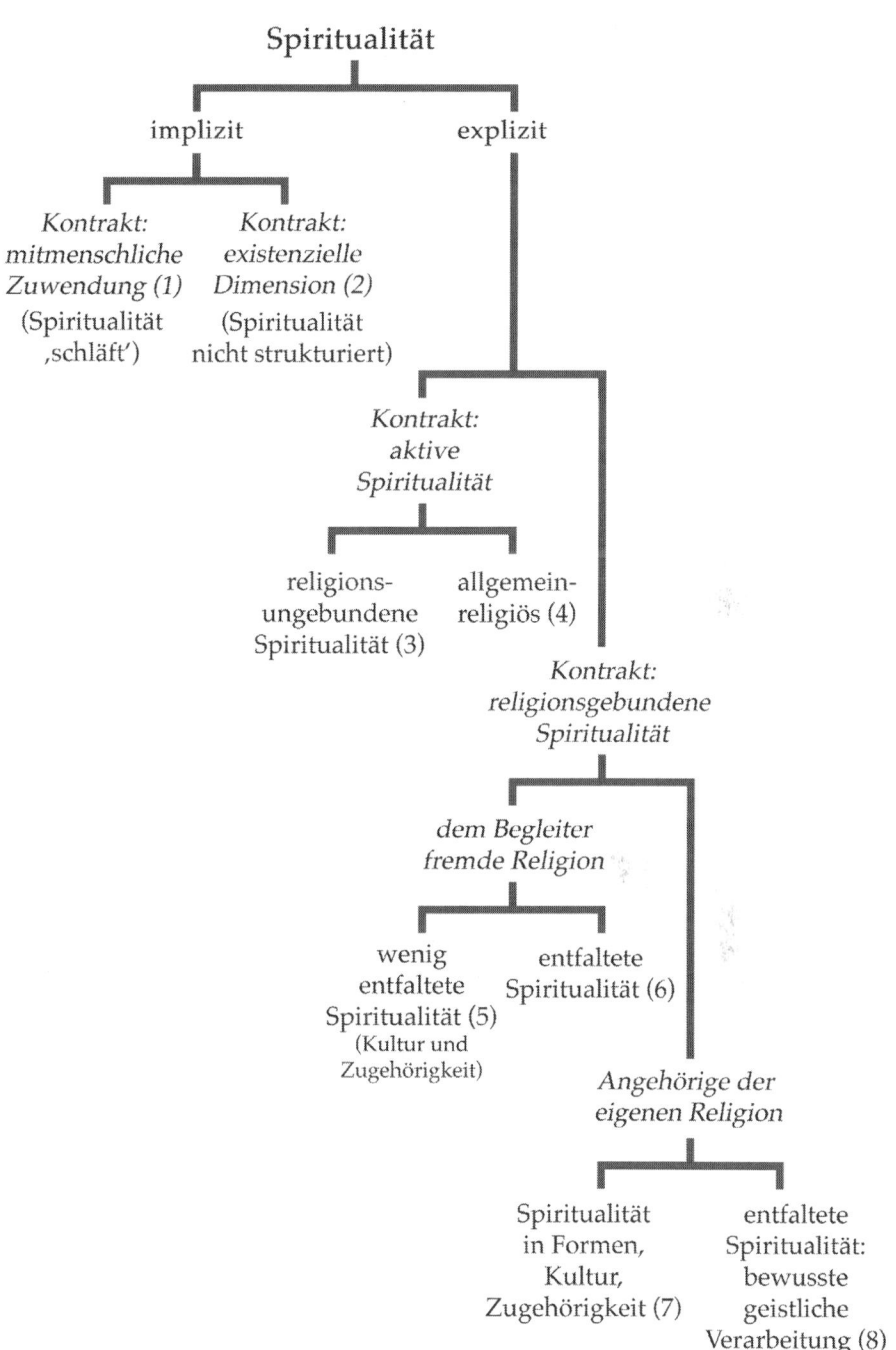

Abb. 3: (Anhang) Die Kontrakte der spirituellen Begleitung

Teil III
Themen der spirituellen Begleitung

Während es in den beiden ersten Teilen dieses Buches um Begriffsbestimmungen und Verortung von Spiritualität und um die Methoden der Begleitung im Begegnungsfeld der Helfer ging, greift der dritte Teil Themen der spirituellen Begleitung auf. Für die Helfenden ergeben sich in der Begegnung mit schwerer Krankheit und Sterben Herausforderungen und Fragen, die mit einer anderen Logik angegangen werden müssen als der von Funktionalität und Machbarkeit. Die Frage, wie die Helfer dem Leiden begegnen, wie sie trösten und wie sie spirituelles Leid begleiten können, was ›Wahrheit‹ als Prozess bedeutet und wie Hoffnung sich vermittelt, reicht weit in die spirituelle Dimension hinein.

4. Dem Leid anderer begegnen. Leidende trösten.

»Was tun wir denn, wenn wir keine Sprache finden, innerhalb derer wir die Unsicherheiten zusammen erleiden können?« (David Roy)

»Wir wissen, dass die gesamte Schöpfung bis zum heutigen Tag seufzt und in Geburtswehen liegt.« (Römer 8,22)

4.1 Die Helfer und das Leid

Wer im Feld von Krankheits- und Gesundheitseinrichtungen arbeitet, wird auf vielfältige Weise mit dem Leiden von Menschen befasst. Die Tatsache, dass Menschen leiden und sterben müssen, ist für sich genommen keine Krankheit. Das gehört viel mehr zur existentiellen Verfasstheit allen Lebens. Kranksein, Sterben und Trauern mussten Menschen zu allen Zeiten bestehen. Zu allen Zeiten aber gab und gibt es Unterstützungssysteme, die helfen, mit dieser Grundverfassung zu leben. Es gehört also auch zur Verfasstheit der Helfer-Berufe, dass sie ständig neu mit dem Leid von ständig anderen Menschen konfrontiert sind. Dies festzustellen ist keineswegs trivial: Die Helfenden in Krankenhäusern, Pflege- und Hospizeinrichtungen müssen sich bewusst machen, dass ihr Beruf nicht nur dem Gesundmachen gilt, sondern dass sie als allererstes dem Leid von Menschen begegnen, auch wenn sie natürlich in vielen Fällen dieses Leiden beseitigen oder zumindest lindern können.

4.1.1 Was kann der Helfende ›gegen‹ das Leid aufbieten?

Eine wichtige Unterscheidung

Der Pflegewissenschaftler Franco Rest nimmt eine hilfreiche Unterscheidung zwischen ›den‹ Leiden und ›dem‹ Leid vor (Rest 1985):

- **Die Leiden.** Die mehr oder weniger behandelbaren Symptome einer Krankheit nennt Rest ›die Leiden‹: Körperliche Schmerzen, physische

Beeinträchtigungen, Folgen eingreifender Behandlungen, Nebenwirkungen von Medikamenten, Begleiterfahrungen von Krankheit und Sterben wie Schwäche, Atemnot, Übelkeit. Die Medizin versucht, so viel objektive Aspekte einer Krankheit wie möglich herauszufiltern und Störungen in ›Schmerzen‹ und ›Symptome‹ zu verwandeln, um sie behandeln zu können.

- **Das Leid.** Leben, Krankheit und Sterben jedoch sind auch mit Leid verbunden, das man nicht wegtherapieren kann. Das Leben ist mit Wandlungsprozessen, Krankheit mit existenzieller Betroffenheit, Sterben mit Zerfallsprozessen, Trauer mit Schmerz verbunden, die zu durchleiden sind – ob mit oder ohne Therapie. Alle diese Prozesse sind grundsätzlich leidvoll. Die Erfahrung von Begrenztheit, die Sorge um das eigene Leben, die Unheilbarkeit einer Krankheit lassen sich letztlich nicht beseitigen.

Gegen die Leiden kann man die Methoden von Medizin, Pflege und Psychotherapie aufbieten, das Leid können wir Helfer den Betroffenen jedoch nicht abnehmen. Da wird der Helfer wie beim Fußballspiel zum Torwart: Er steht im Tor, sieht, was und wie da gespielt wird, kann aber selbst keine Tore schießen (Wiedemann 1996: 115) und gegen das Leid gewinnen. Und doch ist seine Funktion nicht sinnlos. Die Helfer werden nämlich außer zu ›Weg-Machern‹ von Leiden auch zu ›Zeugen des Leids‹ (Bowlby 1983: 7). Das gehört zur Rolle der Gesundheitsberufe: die Zeugenschaft bei Lebensumständen, die die Helfer den Betroffenen nicht abnehmen oder nicht wieder ausgleichen können. Das erleben die Begleiter in ihrer Tätigkeit in vielen Begegnungs-Querschnitten, bei vielen und immer wieder anderen Schicksalen.

Sind die Helfer dann – wie es oft stereotyp heißt – ›total ohnmächtig und hilflos‹? Sie können das ›Loch‹ ja nicht zuschütten. Trotzdem versucht es die Medizin in vielen Fällen mit noch einer weiteren Chemotherapie oder noch einer Bluttransfusion – aber ab einem gewissen Punkt fließen solche Bemühungen in ein Fass ohne Boden.

Wie leben die Helfer mit Fässern ohne Boden?
Es soll bei diesen Erörterungen zunächst nicht der Frage nachgegangen werden, wie die Helfer das für sich privat verkraften oder welche psychohygienischen Hilfen es gibt. Die Frage, die hier in erster Linie zu verfolgen ist, ist die nach den spirituellen Ressourcen in der beruflichen Rolle selbst. In früheren Zeiten wurde das Durchleiden als Grunderfahrung von der Kultur aufgefangen und mitgetragen. In der medizinisch bestimmten Struktur der Moderne aber sind das Leid und das Sterben weitgehend zum Privatproblem der Betroffenen geworden. Dennoch begegnen die Helfer natürlich den Menschen mit ihrer vielfältigen Erfahrung von Leid.

❖ Der Seelsorger wird in die Notaufnahme gerufen. Dort ist gerade ein älterer Mann eingeliefert worden. Er fragt tief erschrocken: »Ist es schon soweit, Herr Pfarrer?« Obwohl der Seelsorger die Diagnose nicht kennt, möchte er sofort »Nein, nein« sagen.

Der Helfer hat Instrumente und ist ›Instrument‹. Was beim Pfarrer sofort an die Oberfläche kommt, das meldet sich natürlich aus dem Untergrund des Patienten auch bei Arzt und Schwester: seine Todesangst. Er wird diese Angst bei den Behandlungs-Berufen eher verschweigen und seine Hoffnung auf Behandlung setzen. Aber ob bei Arzt oder Pfarrer – für das Aufwachen der Todesangst müssen alle Berufe mit ihrer Rolle einstehen. Denn die Helferberufe sind auch Resonanz-Instrumente, die der Patient für seine Angst benutzen kann. Dieses Instrument, das ›Leiden‹ spielen kann, muss im Orchester besetzt sein; es muss menschheitlich besetzt sein. Oder um es mit dem Bild vom Sport zu sagen: Im ›Tor‹ müssen beruflich erfahrene Menschen stehen. Der Patient muss wissen, ob es auf dem Spielfeld des Lebens und des Sterbens ein Tor gibt, auf das er seinen Ball schießen kann oder ob das nur ein grenzenlos anonymes Feld ist, auf dem er sinnlos hin und her rennt.

Keine Berufsgruppe wird also auf das Erschrecken des Patienten sofort mit ›ja‹ oder ›nein‹ antworten.

> Der Arzt kann in dieser Erstbegegnung sagen: »Ja, wenn man so etwas erlebt, denkt man gleich, es ist soweit.«
> Oder: »Wir tun jetzt alles, damit es nicht so weit kommt.«
> Die Schwester wird vielleicht sagen: »Herr X, Sie sind jetzt hier erst mal in guten Händen … .«
> Der Seelsorger: »Gelt, wenn der Pfarrer kommt, denkt man an das Schlimmste. Wann es wirklich soweit ist, das weiß nur Gott. «

Der Helfer: Torwart oder Stürmer? Die Begegnung mit der anderen Seite des Lebens kann für die Helfer verwirrend sein: Sind sie doch als Weg-Macher von Leiden und Künder des Lebens ausgebildet. Die medizinischen Helfer haben auf der Vorderbühne ihres Berufs eine gesellschaftlich definierte und organisierte Rolle – und daran knüpfen sich klare Funktionserwartungen: nämlich alles Wissen und alle Instrumente gegen ›die‹ Leiden einzusetzen. Das bestimmt total das Spiel auf der Vorderbühne.

Aber auf der Hinterbühne läuft auch ein Stück: Die berufliche Rolle hat auch einen symbolischen Teil: Der Arzt, die Schwester, die Seelsorgerin, der Therapeut stehen auch für die Bewahrung des Lebens, für Fürsorge und Aufgefangenwerden im Leid. Dort findet man Halt in der Haltlosigkeit. Es kann also für die Helfer verwirrend sein: Spielt das Spiel gerade auf der Vorder- oder auf der Hinterbühne; sind sie Torwart oder Stürmer?

Der Helfer als ›Tanzkundiger‹

❖ Eine junge Ärztin muss dem Patienten mitteilen, dass man einen Tumor in der Lunge entdeckt hat. Mitten im Gespräch kommen ihr die Tränen und sie redet unter Tränen weiter.

Wofür braucht der Patient die Ärztin in diesem Augenblick? Natürlich, dass sie ihm sagt, dass man den Tumor wegoperieren kann und dass dann alles gut ist. Das ist die Erwartung auf der Vorderbühne. Aber auf der Hinterbühne wird jetzt ein anderer ›Tanz‹ getanzt: der der Betroffenheit. Wer ist getroffen? Natürlich der Patient. Der braucht jetzt einen Tanzpartner, mit dem er den Tanz dieses Schocks tanzen kann. Der Helfer ist ein Rollenträger, der aus vielen Querschnittsbegegnungen mit Patienten viele Tänze kennt. Er ist ein Tanzkundiger. (Die Metapher vom Tanz und Tanzkundigen ist im Austausch mit Dennis Klass, St. Louis, 2002 entstanden.)

So stellt sich der Helfer dem Patienten zur Verfügung, damit dieser seinen Takt, seine Schritte in der Auseinandersetzung mit dieser Nachricht finden kann. Er tanzt die Schritte des Patienten mit. Er hilft durch sein Mittanzen, dass der Patient zu seinem eigenen Rhythmus und seiner eigenen Kompetenz finden kann. Dafür stellt die Medizin dann ihrerseits, etwa in Form der Palliativmedizin, alle medizinischen, pflegerischen, sozialarbeiterischen Möglichkeiten bereit, damit der Patient zum Tanzen fähig ist und nicht durch Schmerzen oder andere Störungen davon abgezogen ist.

Der Patient vertraut sich dem Helfer nicht als Privatperson an, etwa weil das eine so nette Ärztin ist, sondern er vertraut sich der Helfer- und Heiler-Rolle an. Die Heiler-Rolle ist nicht identisch mit der Wegmacher-Rolle. Der Patient sucht ja auch Heiles im Unheilen, Halt im Bedrohtsein.

Der Helfer als ›Container‹
Mit einem anderen, allerdings weniger dynamischen Bild als dem Tanz lässt sich diese Funktion der Helfer-Rolle noch besser verdeutlichen. Der Helfer stellt sich als Auffanggefäß, als ›Container‹ zur Verfügung. Der Begriff ›Container‹ stammt aus der Entwicklungspsychologie. Die Vorstellungen, die Wilfred Bion (1962) für das Geschehen zwischen Mutter und Kind heranzieht, werden hier in analoger Weise auf Haltung und Möglichkeiten des Helfers übertragen. Das kleine Kind braucht einen Beziehungsraum, um sein Selbst zu finden und auszubilden, also ein lebendiges Gegenüber, das tragend und haltend, freilassend und Resonanz-gebend als Lebens›wecker‹ begegnet. (Für das hier zugrunde gelegte Verständnis s. Wahl 1994.)

Im Grund braucht jeder Mensch lebenslang und immer wieder solche Gegenüber, erst recht bei Lebensbedrohungen, erst recht bei Sterben und Trauer. Im ›Raum‹ des Anderen kann er sich freier und ungehinderter umschauen als in seinem eigenen Seelenraum. Denn in diesem ist es zu gefährlich; da bringt die Angst alles durcheinander; da lauert der Tod; da fühlt er sich entwertet und in seinem Selbstwert angeschlagen. Wenn er im ›Seelenraum‹ des Helfers auf annehmende Resonanz stößt und sich verstanden und wertgeschätzt findet mit allem, was in ihm ist, dann entsteht für ihn ein verlässlicher Pol, an dem er sich aufrichten und wieder zu sich finden kann. Dann kann er seine z. B. durch eine ungünstige Diagnose erschütterte Identität neu suchen und aufbauen.

Heilen und verletzen. Die Helfer repräsentieren für den Patienten also nicht nur ›Medizin‹ und deren Rationalität, sondern auch den Wunsch nach Ganzsein, Bei-sich-sein, sich als Person kompetent fühlen. Letztlich repräsentieren die Helfer die ›gute Ordnung des Lebens‹, in der Menschen mit ihrer Krankheit eingebettet sind. Patienten wissen im Grund ihres Herzens, dass die Helfer ihnen das Durchleiden nicht ersparen können. Sie sagen das indirekt z. B. in dem Satz: »Da muss man durch.« Pflegende, Ärzte, Seelsorgende haben eine menschheitlich symbolische Rolle, deren Wirkung zu ihrem Beruf dazugehört.

❖ In einem Seminar äußern Medizinstudentinnen und -studenten die Hemmung, sich jung, gesund und lebensfroh den Patienten auf der Palliativ- oder Intensivstation zuzumuten. Zumindest muss man sich doch schwere Gedanken machen und sich vom Leid der Menschen tief betreffen lassen. Dieses Betroffensein könne man doch nicht einfach abschütteln. Zumindest dies sei man dem Ernst des Leids schuldig.

Diese Äußerungen der jungen Mediziner bringen eine Verwechslung zutage: Der Helfer *ist* nicht die gute Ordnung des Lebens, er *ist* nicht der heile Raum. Er repräsentiert das aber. Er ist das sehr wohl symbolisch. Ein Symbol ist nicht das Ganze, aber es steht für das Ganze. Auf dieses ›Ganze‹ kann der Patient alles projizieren, was er braucht, um sich mit seiner Krankheit, seinen Verlusten und letztlich seiner ›Wahrheit‹ auseinanderzusetzen. Der Arzt repräsentiert ja auch schwere körperliche Eingriffe, Grenzen und Tod. Die Ärztin hat die Diagnose ›Lungentumor‹ nicht er-funden, sondern gefunden. Ärzte sind Heilkundige und zugleich stehen sie für die Begrenztheit des Lebens. Das ist eine wesentliche Dimension dieser Berufe.
Die Zumutung der Grenze erleben gerade Palliativärzte immer wieder: Sie müssen dem Patienten bei der Aufnahme mitteilen, dass hier nichts mehr gegen die Krankheit gemacht wird. Die Patienten waren aufgeklärt, und doch scheint es, als würden sie diese Wahrheit zum ersten Mal hören und sind schockiert.

4.1.2 Ein Container für die Helferrolle

Sind die Helfer dem Unabwendbaren gegenüber nur ›nackt‹, wie Sheila Cassidy die Begegner-Rolle beschreibt (1995: 97), und ohnmächtig? Auf dem Hintergrund einer spirituellen Logik wird hier die These vertreten:

> Die Begleiter sind für den Patienten nicht nur Auffanggefäße (Container) für dessen Auseinandersetzung mit seinem Leid. Ihnen steht selbst ein Container zur Verfügung, aus dem sie ihrerseits die beruflichen Ressourcen schöpfen können, um schwerer Krankheit, Sterben und Tod zu begegnen.

Der Container des Helfers ist nicht voller hilfloser Ohnmacht (und damit leer), sondern weit über das fachlich-funktionelle Denken und Handeln hinaus gefüllt mit Inhalten, die das Leid von Menschen tragen helfen, so dass die Helfer das Wesentliche nicht mit eigener Kraft tragen müssen.
Die Inhalte sollen im Folgenden in Form von ›Schichten‹ vorgestellt werden. Hier wird die Container-Metapher Bions in analogem Sinn auf die Frage übertragen, was den Helfer ›hält‹, wenn er dem Leiden begegnet (s. Abb. 4. 1).

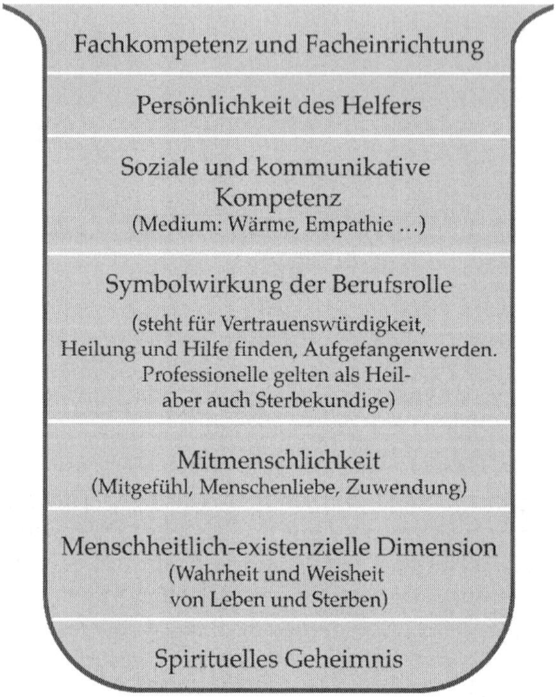

> Fachkompetenz und Facheinrichtung
>
> Persönlichkeit des Helfers
>
> Soziale und kommunikative Kompetenz
> (Medium: Wärme, Empathie ...)
>
> Symbolwirkung der Berufsrolle
> (steht für Vertrauenswürdigkeit,
> Heilung und Hilfe finden, Aufgefangenwerden.
> Professionelle gelten als Heil-
> aber auch Sterbekundige)
>
> Mitmenschlichkeit
> (Mitgefühl, Menschenliebe, Zuwendung)
>
> Menschheitlich-existenzielle Dimension
> (Wahrheit und Weisheit
> von Leben und Sterben)
>
> Spirituelles Geheimnis

Abb. 4 1: Der Container und seine Auffangstruktur

(1) Fachkompetenz

Die oberste Schicht des Behälters ist zunächst einmal mit dem fachlich-methodischen Handeln und Behandeln bestückt. Dies ist nämlich die primäre Zuwendung zum Leid des Menschen im Krankenhaus. Selbstverständlich will der Patient, dass ihm von der physischen Seite her aufgeholfen wird. Diese materielle Dimension gehört entscheidend zum Menschen. Und Arzt und Schwester wenden sich dieser Seite mit allen zur Verfügung stehenden Mitteln zu. Mit der Fachkompetenz steht der Helfer zudem nicht alleine da: Er steht im Verbund einer Facheinrichtung. Das Setting Medizin, Pflege etc. bildet einen Verbund und damit einen ›Platz‹, der für die physischen Leiden zuständig ist. Diese Facheinrichtung ist Teil der Gesellschaft, die die Helfer beauftragt, an dieser Stelle von Not und menschlicher Endlichkeitserfahrung zu stehen.

(2) Rolle und Persönlichkeit

Natürlich begegnet der Professionelle auch mit seiner Persönlichkeit. Dazu gehört die persönliche Ausstrahlung, das Alter (»ach so ein junger Arzt ...«), das Geschlecht (»Gott sei Dank, eine Frau ...«, mag die Patientin denken), das Auftreten; dann aber auch die Lebenserfahrung und das innere Lebenskonzept des Helfers. Diese Eigenschaften geben der beruflichen Rolle Farbe und ein persönliches Gesicht, machen die Beziehung aber auch von Sym- und Antipathie und stimmiger ›Chemie‹ abhängig.

(3) Beziehungskompetenz
Unterhalb der Fachebene muss eine dritte Auffang-Ebene existieren. Wenn der Arzt dem Patienten eine schwerwiegende Diagnose mitteilt, dann dringt er ja entscheidend in das Lebenskonzept der Person ein. Dass die Helfer mit der Bedeutung solcher existenzieller ›Eingriffe‹ in die Innenseite des Menschen gut umgehen können, ist heute als Teil der Berufskompetenz unbestritten. Die kommunikative, empathische und soziale Kompetenz ermöglicht dem Patienten, in der Haltlosigkeit auf eine spürbare Resonanz zu stoßen und dadurch den Kontakt zu seiner Innenwelt, aber auch zu seinem Gegenüber und damit zur Außenwelt nicht zu verlieren.

(4) Die symbolische Bedeutung der Rolle
Eine weitere Schicht im Container-Modell ist die Symbolwirkung des Berufs. Die berufliche Rolle enthält mehr als nur Fachkompetenz. Sie gibt dem Patienten und seinem Leiden Bedeutung: Die Frau, der Mann, denen die Gesellschaft diese Rolle anvertraut, die kümmern sich um mich, die verstehen wohl etwas von der Bedeutung von Kranksein. Aber auch wenn die Professionellen dem Idealbild nicht entsprechen, so lösen sie doch diese Erwartung aus. Denn sie haben einen Querschnittsberuf, bei dem sie vielen Menschen in Belastungen begegnen und von daher im Umgang damit als erfahren gelten. Ein Krankenhaus, eine Pflegeeinrichtung verkörpert ja auch eine Sinnstruktur: Wenn jemand krank wird, dann sagt die Gesellschaft nicht: »Sieh zu, wie du zurechtkommst«, sondern sie stellt eine symbolische Auffangstruktur zur Verfügung. ›Symbolisch‹, weil man da zwar nicht alles wegmachen kann, wo man sich aber hinwenden kann, wenn man ein Leid hat. – In Kapitel 2 wurde ausgeführt, wie die Professionellen den symbolischen Teil ihrer Rolle ins Spiel bringen können.

(5) Die Kraft der Mitmenschlichkeit
Die nächste Ebene im Modell ist die der Mitmenschlichkeit. Mit dem Helfer kommt ein Mensch zu einem Menschen. Dieser Helfer ist kein Diagnosegerät, das Daten ausspuckt, sondern ein Mensch mit seiner Wärme, seiner Fühl- und Einfühlungsfähigkeit. Der Professionelle kommt zu mir nicht nur, weil er etwas messen will, sondern aus Interesse an mir als Teil der Menschheit. Umgekehrt wendet er sich mir nicht nur dann zu, wenn ich ihm sympathisch bin oder eine erotische Ausstrahlung habe. Mitmenschlichkeit und Einfühlungsfähigkeit hängen nicht an Gefühlen, sie sind Qualitäten, die man vorsätzlich und nicht nach Lust und Laune einzusetzen hat. Auch ein Mensch, der ›kein Blut sehen‹ kann, darf am Unfallort nicht davonlaufen. Er muss wenigstens eine Hilfe organisieren, die Blut sehen kann.

❖ In einer Fortbildung äußert ein Arzt, dass er es nicht schafft, einem gerade Verstorbenen die Augen zu schließen. – Ein Weg wäre, dass er seine persönliche Betroffenheit in den Hintergrund stellt und die Funktion ›Mitmenschlichkeit‹ in seinem Container einschaltet: Ein Mensch hilft einem Menschen in dessen größtem Ausgeliefertsein.

(6) Eine Wahrheit unabhängig von der Person

In dem Container ist aber noch mehr deponiert: die Schicht ›menschheitlich-existenzielle Grunderfahrung‹. Leiden, Sterben und Tod gehören zur existenziellen Verfasstheit allen Lebens. Die hat der Helfer nicht erfunden. Darüber verfügt er letztlich nicht. Im Leiden und Sterben vollzieht sich eine menschheitliche ›Wahrheit‹. Diese Wahrheit ist nicht nur zufällige und tragische Beigabe des Lebens, sondern sie ist ein entscheidender Faktor, der das Leben im Ganzen überhaupt erst möglich gemacht hat: Ohne die unendlich vielen Versuche der Natur mit unendlich vielen Lebewesen und deren Leben und Tod – und damit ohne das Sterben – gäbe es kein höheres Leben auf der Erde – also auch den Menschen nicht (Markl 2003). Allerdings ist diese Wahrheit mit viel, viel Leid verbunden. Die Helfer dürfen aber darauf vertrauen, dass Menschen von ihrer Grundausstattung her sterben und trauern können. Die Fähigkeit, mit Leid und Tod zu leben, gehört von Anfang der Schöpfung an zur Natur der Lebewesen.

Mit dieser Wahrheit sind die Helfer in ihren Berufen ständig konfrontiert. Aber genau das ist ein Teil der Rolle: hier, an diesem Ort des Lebens Zeuge zu sein für diese allgemeine Wahrheit. Ein Zeuge ist nicht einfach passiv und hilflos: Der Helfer kann diese Zeugenschaft sehr aktiv in sich wachrufen und seinem Beruf von daher Bedeutung und Motivkraft geben. Betroffene brauchen auch menschheitliche Zeugen für ihr Leid, damit dieses gesehen wird und Resonanz findet und nicht in einem ungeheuren Nichts verhallt. Die Zeugenschaft ist keine Ohnmachtsrolle, sondern eine spirituelle Ressource für den Beruf.

(7) Das Leid dem Geheimnis anvertrauen

Die unterste, die Basis-Schicht im Container-Modell aber reicht explizit in die spirituelle Dimension: Leben, Leiden, Sterben und Tod sind in dem Geheimnis allen Lebens verankert. Dieses Geheimnis ist anthropologisch denkbar – und es ist spirituell deutbar. (Zum Geheimnisbegriff s. 1. 2) Auch wenn der Mensch nicht über das Geheimnis des Lebens verfügt, ist es offensichtlich so reizvoll, dass Menschen es immer wieder wagen, sich ihm anzuvertrauen und es zu bewohnen, obwohl am Ende der Tod steht. Das Geheimnis muss nicht spirituell gedeutet werden, aber es ruft förmlich danach: ob es nicht doch von einer überweltlichen Macht, von Gott, ermöglicht und mit seinem Geist erfüllt ist?

Container für das Leid

Die medizinischen, aber auch die ›nur‹ begleitenden Helfer begegnen also dem Leid der Menschen nicht ohnmächtig, wenn sie sich des ganzen Containers bewusst sind. Dieses berufliche Gefäß ist voller Resonanzmöglichkeiten, von denen man manche lernen und trainieren kann; andere sind unverfügbar und doch können sie wachgerufen werden und in der Begegnung mit Leidenden ›aktiv‹ unterstützend dabei sein. Gerade wenn nichts mehr zu ›machen‹ ist, beim Unausweichlichen, wird der symbolische und spirituelle Aspekt der Rolle, also die unteren Bereiche im Modell, in seiner Tragkraft um so wichtiger. Nur ein so verstandener Container vermag der pathischen Dimension allen Lebens standzuhalten und diese zu tragen.

❖ In der Supervision schildern Pflegekräfte einen Fall: Ein junger Mann, 23 Jahre, liegt mit unerträglichen Schmerzen auf ihrer Station. Alle Schmerzmedikation versagt, tagelang krümmt er sich und stöhnt vor Schmerz. Kaum noch jemand will das Zimmer betreten. – Dennoch können die Helfer etwas Entscheidendes tun: diesem Menschen einen Platz einräumen, an dem er mit seinen Schmerzen sein kann und ›gehalten‹ ist. Wo soll ein Mensch denn sonst einen Halteraum finden, wenn nicht im Container der Helfer und der Facheinrichtung?

Das Sich-zur-Verfügung-stellen ist in seiner Passivität eine höchst anspruchsvolle spirituelle Arbeit. Zugleich macht das Bewusstsein von einem Container, dessen er sich bedienen darf, den Helfer freier, gelassener und ausgeglichener: Er muss nicht alle Probleme lösen, das Sterben nicht verhindern können. Er hat für das Unlösbare noch einen anderen Horizont: den spirituellen.

4.2 Die Helfer und das Mitleid

»Warum ich fühle, was du fühlst.« (Joachim Bauer)

4.2.1 Mitleid versus Neutralität?

Haben jene Medizinstudenten, hat jene Ärztin nicht Recht, die Leiden ihrer Patienten in gewissem Sinn in sich aufnehmen, das Leid mit ihnen ›teilen‹ zu wollen, um diesem so erst richtig gerecht werden zu können? Verführt andererseits das Container-Bild nicht zu professioneller Neutralität, die, gemessen an der Schwere menschlichen Leidens, in objektivem Abstand bleibt? Ist nicht die Gefahr gegeben, dass individuelles Leid ins allgemein Menschliche und Theoretische verschoben wird? Wo bleibt das persönliche Mitleid der Helfer, das – wenn überhaupt – einzig für die existenzielle Kategorie ›Leid‹ als humane Antwort taugt?

Unprofessionelle Nähe
Es ist unbestritten, dass die Begegnungsberufe auf der Ebene der rein medizinischen Kompetenz und der privaten Nähe eine neutrale Haltung einnehmen müssen, damit sie selbst handlungsfähig bleiben und gleichzeitig ein Gegenüber für den Patienten darstellen können. Unleugbar ist die Beziehung zwischen professionellem Helfer und Patient nicht symmetrisch; alle »gut gemeinten Phrasen von Partnerschaft« und Menschlichkeit können diese Tatsache nicht beseitigen (Wahl 1997: 310). Der Helfer muss bei dieser abstinenten Haltung seinen ganzen Einsatz nicht aus seinem eigenen ganz

persönlichen Haushalt aufbringen und den Patienten als privaten Beziehungspartner ansehen. Wohl stellt der Begleiter dem Patienten seine Persönlichkeit zur Verfügung, sein Alter, seine Ausstrahlung, seinen Charakter. Nur nutzt der Helfer diese Eigenschaften nicht für sich, nicht für eine unprofessionelle Nähe, etwa weil er die Distanz nicht aushalten kann und vielleicht selbst anerkennungs- und liebebedürftig ist: Habe ich noch Dein Wohlwollen?; Bin ich nicht ein guter Mensch, auch wenn ich dir eine ungünstige Diagnose mitteile?

Wann ist die Beziehung wechselseitig?
Würde die Haltekraft des Berufscontainers nur auf der Fachmedizin basieren, dann wäre er eine rein monopolare Angelegenheit: Der Professionelle untersucht den Patienten und behandelt die identifizierbaren Symptome. Die Beziehungsdynamik ginge nur in eine Richtung: vom Arzt zum Patienten.
Will man aber den anderen Dimensionen von persönlichem Leid gerecht werden, die sich nicht medizinischen Diagnosen zuordnen lassen, dann muss die Funktion des Containers für beide Seiten gelten: Das Gefäß des Patienten hat ja auch seinen Inhalt; es ist gefüllt mit dessen Befinden, aber auch mit dessen Deutungen und Bedürftigkeit. Je mehr Container-Schichten in den Blick kommen, desto weniger einseitig ist die Beziehung. Container sind genauer betrachtet kommunizierende Röhren, nicht voneinander getrennte, in sich geschlossene Gefäße, wie Abb. 4. 2 verdeutlichen möchte.
Um es mit dem Konzept von den ›Spiegelneuronen‹ zu sagen: Verstehen und Verstandenwerden beruhen auf wechselseitiger Spiegelung (Bauer 2005). Spiegelneurone vermitteln gegenseitiges Verstehen. Bereits wenn der Helfer dem Patienten zuhört, lässt er etwas vom anderen in sich ein: Er ist dann ein psychisches Gefäß, in das der Klient alles einbringen, in dem er alles unterbringen kann, was ihn bei dieser Krankheit belastet und umtreibt. (Wahl ebda.: 311), damit beide miteinander weitere Perspektiven entwickeln können. Zudem sind beide Seiten über die Mitmenschlichkeit, erst recht aber über die existenzielle Dimension und darin verbunden, dass sich hier ein unverfügbares und doch nicht absurdes Geheimnis vollzieht. So hängen Distanz und Nähe, fachliches Handeln und Mitgefühl zusammen.

Mitleid oder Empathie?
Die Helfer bringen ihr Mitleid in der Regel nicht unmittelbar in die Beziehung ein. Hier ist die Unterscheidung zwischen Affekt, Gefühl und bewusster Reaktion hilfreich. (Vgl. Krause 2007: 69 f.)
- **Ein Affekt entsteht** bei der Begegnung mit leidenden Menschen unwillkürlich, das heißt, es springen Reaktionen an, die mental nicht bewusst sind. Auf diesen Vorgang weist auch die Theorie der Spiegelneurone hin, wonach beim Beobachten anderer in unserem Gehirn intuitiv Nervenzellen aktiv werden, als ob man selbst betroffen wäre. Der Beobachter fühlt also in sich, was der Andere in ähnlicher Weise empfindet. Spiegelneurone wären dann die Repräsentation der Empathie im Gehirn (Bauer 2005).

Abb. 4. 2: Der Container des Helfers und der des Patienten: ›kommunizierende Röhren‹

- **Ein Gefühl** ist dann die wahrgenommene Seite der Reaktion, die aber noch nicht bewertet und kognitiv zugeordnet wird. ›Mitleid‹ wäre also ein ›Gefühl der Rührung‹.
- **Die Empathie** schließlich ist die bewusste Wahrnehmung von Gefühlen und die Einfühlung, die in die Beziehung zum Gesprächspartner eingebracht wird.

Das ›reine‹ Mitleid kann sich als Gefühlsansteckung bei jeder Begegnung melden; es ist menschheitlich angelegt. Aber es bedarf der mentalen Einordnung, damit es sich nicht affekthaft verselbstständigt, sondern bewusst in die berufliche Begegnung einbezogen werden kann. Nur dann auch wird der Helfer als hilfreiches Gegenüber erlebt, der nicht nur mit sich selbst beschäftigt ist, sondern sich für den Patienten öffnen und ihm dienen kann. »Man kann keinem Menschen helfen, wenn man sich nicht psychisch getrennt von ihm erlebt.« (Bauriedl 2005: 176).

Empathie ist dann: mit seiner Fühlfähigkeit zum Anderen gehen und ihn aus dessen eigenem Bezugssystem heraus sehen, verstehen und ihn dieses Verstehen spüren lassen.

Drei Perspektiven der Einfühlung
Empathie muss auf dem Hintergrund von Spiritualität erweitert gesehen werden:

- **Die erste Einfühlung** gilt natürlich der in die unmittelbare Situation dieses einzelnen Menschen.
- **In einer zweiten Perspektive** muss sich der Helfer auch in den Menschen mit seinem Beziehungssystem, was er für andere und was andere für ihn bedeuten, einfühlen und sein Mitfühlen in das Gespräch mit dem Patienten einspielen.

    ❖ Die Patientin hat für die Zeit nach ihrem Tod schon alles vorüberlegt: Sie will eine Seebestattung, die Angehörigen sollen nach der Bestattung keine Last mehr haben. – Als der Helfer auch die Sicht der anderen in der Familie einbringt, denkt die Patientin noch einmal neu über die Bedeutung ihrer ersten Entscheidung nach.

- **Aber auch in einer spirituellen Perspektive** braucht es Einfühlung:

    ❖ Der Patient ist bei der Aufnahme auf die Palliativstation sehr verzweifelt und möchte ›einfach nur Schluss machen‹. Die Begleiter versuchen, den Patienten aus seinem langfristigen Werte- und Ideensystem heraus zu verstehen und mit ihm auch ›in die Zukunft hinein zu fühlen‹, wer er im weiteren Prozess noch werden kann und wer er einmal gewesen sein möchte; auch in das, was der Patient noch nicht zulassen und so sehen kann.

Mitleid als Motiv?
Das Mitleid ist also ein wichtiges Medium für den Helfer selbst. Als primäre Identifikation treibt es die Beziehung an, öffnet das Herz, weckt es Energien und drängt zum Engagement. Es ist sozusagen ein Basismotiv, um nicht davonzulaufen (Puchalski 2006: 44).

Mitleid allein als Affekt kann ein guter und schlechter Ratgeber sein: Mitleidsgründe können auch für die Euthanasie in Anspruch genommen werden. Man kann vor Mitleid zerfließen oder in Panik oder Abwehr geraten. Leidende wollen nicht, dass aus Mitleid über sie bestimmt wird und sie so ihre Autonomie verlieren. Erst in der sekundären Identifikation wird Mitleid also zu Empathie und damit zum beruflichen Medium. »Der Patient sucht nicht den Arzt, der mit ihm weint, sondern der ihn beim Weinen hält.« (Aulbert 1997: 743)

Zwischen Mitleid und Distanz – ein Zwischenergebnis

Für den Patienten ›Tanzpartner‹ sein, bedeutet also gerade nicht einen Seiltanz, in ständiger Gefahr abzustürzen, oder einen Eiertanz in übertriebener Vorsicht zu vollführen. ›Tanzen‹ heißt viel mehr:
- Ich komme dir als Helfer **so weit nahe**, dass du mich fühlen kannst und dass ich mich in dich ausreichend einfühlen kann und so Vertrauen entsteht. Du kannst spüren, dass jemand in deiner Nähe ist und dich zu verstehen versucht.
- Und ich gehe **so weit in Distanz**, damit du spüren kannst, dass ich noch bei der Sache bin. Ich brauche auch so viel Distanz, dass ich nicht in deinem Problem versinke, dass ich den Überblick behalte und dich und dein Leiden kompetent wahrnehmen kann. So kann ich dir als ein anderer und als Fachperson beistehen und dein Begleiter bleiben.

4.2.2 Mitleid: Was dient dem Patienten?

Ist damit der Bedeutung des Mitleids Genüge getan? Findet es nur als Funktion der beruflichen Empathie seinen Ort oder muss es nicht als humane Qualität neu seine Würdigung erfahren? Schließlich empfinden viele Helfer Mitleid mit ihren Patienten, sehen ihre Sensibilität als spirituellen Teil ihres Berufs und spüren zugleich, wie das Mitleiden sie sehr, wenn nicht über ihre persönlichen Grenzen hinaus beansprucht. Es geht ja bei den Berufen, die mit Kranken und Sterbenden befasst sind, um existenzielle Erfahrungen von Menschen, denen gegenüber Helfer auch mit existenziellem Ernst und eigenem Berührtsein begegnen und nicht gleichgültig bleiben wollen.

Bei diesen Reflexionen muss auch von der Gegenseite her gefragt werden, was wohl dem Patienten am meisten dient. Der Helfer kann sich also fragen, welches und wieviel Mitleid ihm selbst helfen würde, wenn er Patient wäre. Diesem dient sicher am meisten, wenn der Helfer zu allererst nicht sein privates Energiereservoir zur Verfügung stellt. (Ich begegne als Patient dem Helfer ja beruflich und nicht privat.)

Mitgefühl als Instrument

In erster Linie bietet der Professionelle seinen Container ›Menschsein‹ als Resonanzinstrument an, das der Patient für sein ›Spiel‹ nutzen kann. Der Patient probiert in diesem Resonanzraum seine Töne aus und versucht, eine sinnvolle Melodie darin zu finden. Der Begleiter nimmt all diese Töne auf, lässt sie in sich klingen, wiederholt den einen oder anderen, summt mit und der Patient spürt, dass sein Suchen verstanden und begleitet wird. Der Begleiter legt zunächst nicht seine eigenen Lieder in diese Beziehung, er kennt vielleicht in seinem eigenen Repertoire gar nicht so hohe oder tiefe oder schräge Töne wie die, die der Patient äußert. Sein Mitleid bringt er nicht so in Beziehung, dass die Melodie ›Gerührt-sein‹ seinen ganzen inneren Raum ausfüllt und er nicht mehr resonanzfähig ist für die Melodien des Patienten. In ›Mitfühlen‹ gewandeltes Mitleid ist kreativer, hat ein größeres Reservoir an Resonanzen, um auf den Patienten eingehen und ihm zu seinem Lied verhelfen zu können. Im Patienten sind ja meist mehr Empfindungen als nur ›Leid‹. Auch der Wille zu kämpfen, die Freude über einen geschafften Schritt, die kleinen und großen Sinngebungen gehören ja zu dessen Potenzial, das man ›vor lauter Mitleid‹ leicht überhören könnte.

Es gilt aber auch umgekehrt: Wenn der Helfer fähig ist, das Leiden des Anderen einmal ›ganz‹ in sich einzulassen, um es mit seinen eigenen (mitmenschlichen) Möglichkeiten zu fühlen, dann kann das auch mehr Kreativität freisetzen. Die Hypothese von den Spiegelneuronen sagt ja, dass auch im Helfer die Neurone für das Leidempfinden mitschwingen. Die Gefühle sind also ohnehin auch im Helfer wach, sofern er sich nicht dagegen abstumpft. Wenn er sich also im ›Haus dieses Schmerzes‹ umsieht, kann er dessen Tiefendimension ahnen und auf der Basis dieses Fühlens und seiner beruflichen Erfahrung auf Ideen kommen, wohin es noch gehen könnte und dem Patienten seinerseits Wege vorschlagen.

Das Leid des Patienten ist nicht das des Helfers

Bei allem humanen und moralischen Anspruch des Helfers darf allerdings etwas Grundlegendes nicht übersehen werden: Vom ›Leid‹ sind Patient und Helfer keinesfalls in gleicher Weise betroffen: Immer noch ist es das Leid und das Sterben des Patienten, das ihn bis in seine Existenz hinein in Anspruch nimmt. Die Helferexistenz ist anders betroffen. Der Helfer kennt aus seiner eigenen Biographie (vielleicht ist er z. B. einmal nur knapp einem Unfall entgangen, vielleicht ist ein nahes Familienmitglied gestorben) existenzielle Betroffenheit. Er weiß, was ›existenziell‹ bedeutet, weil er ein Mensch ist, aber er durchleidet hier und heute nicht dasselbe wie der Patient. Der Helfer hat aus seiner privaten wie beruflichen Erfahrung viele Saiten auf seinem Instrument, die werden aber nur als Resonanzgeber für den Patienten gebraucht, nicht für die Bewältigung desselben eigenen Leids, nicht für das eigene Sterben in der eigenen Biographie. In das ureigene Leiden anderer Menschen kann man sich nur über die Imagination (der Patient erinnert vielleicht in Alter, Lebensphase, Familienstand an die Verletzlichkeit des Helfers) einfühlen: ›als ob‹ es ihm selbst zustieße.

Nur Instrument sein
Insofern ist der Begleiter auf seine Weise ergriffen von eigener Angst, eigener Verletzlichkeit. Aber er ist jetzt nicht in der bedrohlichen Situation; er kann – anders als der Patient – sich seiner Gesundheit erinnern, abends nach Hause gehen und Sport treiben. Der Helfer kann sich also mit allen – auch den existenziellen – Saiten einlassen, aber die klingen nicht primär, sondern nur sekundär mit. ›Sekundär‹ heißt nicht unbeteiligt, unwirklich. Er ist beteiligt – aber als ›Symbol‹. Er ist vom Symbolisierten unterschieden. Es kann sein, dass er durch und durch ergriffen ist – dann werden Symbol und Bedeutung identisch (›So war das auch bei meinem Kind.‹). Wenn er aber dem Patienten helfen will, muss er wieder aus dieser Identifikation herausgehen können und sich bewusst sein, dass er ›nur‹ Instrument ist, die Töne des Patienten aber die ursprünglichen sind. Während also das ganze existenzielle Gewicht beim Patienten bleibt, kann der Helfer sein Instrument wieder mitnehmen und es dem nächsten Patienten für dessen Hoffnung auf Heilung, für Freude oder für Dankbarkeit zur Verfügung stellen.

Mit dem eigenen Sterben konfrontiert werden?
Der Arzt, die Schwester müssen sich auch nicht, wie die Psychologisierung ab den 60er Jahren suggerierte, bei jedem Sterbenden mit ihrem eigenen Sterben auseinandersetzen. Sie können sich nicht auf dieselbe existenzielle und emotionale Ebene begeben wie der Patient. Sie müssen ›nur‹ lernen auszuhalten, dass der Patient Todesangst hat und sie ihm diese nicht abnehmen können. Freilich müssen Professionelle lernen, sich in ihrem eigenen Erleben, ihren eigenen Ängsten auszukennen, um zu wissen, wann und wie ihre eigenen Gefühle anspringen. Dann brauchen sie diese nicht in die Begegnung mit dem Patienten hineinzutragen. Erst dann können sie sich für die des Patienten öffnen und ihm empathisch beistehen.

4.2.3 Die spirituelle Dimension des Mitleids

Begegnungsspiritualität
Mitleid als Anrührung ist zunächst keine spirituelle Kategorie, es ist als Gefühlsansteckung menschheitlich angelegt. Eine spirituelle Tönung bekommt das Mitleid, wenn es als empathische Zuwendung den Patienten und seinen Angehörigen so zur Verfügung gestellt wird, dass sie sich über ihr Selbst hinaus verstanden und mit einem Höheren in Verbindung fühlen (›Begegnungsspiritualität‹). Spirituell ist, das eigene Instrument dem Patienten zur Verfügung stellen, obwohl es dabei über seine normalen Resonanzen hinaus arg beansprucht werden kann. Ein spirituell motivierter Helfer geht ›aktiv‹ zum Patienten, sagt sich nicht, »Was Du hast, ist nicht mein Problem«, sondern lässt sich auf menschliches Leid ein, auch wenn er dabei in unbekannten Tiefen angerührt wird und er manchmal vom Ausmaß möglichen Leides überwältigt werden kann.

Dem Leid seine Würde lassen
Spirituell ist aber auch, anzuerkennen, dass ich als Helfer das Leiden des Anderen jetzt nicht leide, dass das dafür viel zu ernst und zu eigen ist. Mitleid, das das Leiden des Anderen zum eigenen Leiden zu machen versuchte, würde jenem die Würde nehmen. Es ist das Geheimnis des Patienten und seines Systems, das sich hier vollzieht. Der Patient muss letztlich alle Teile zu seinem Schicksal fügen. Das ist das Heilige des Patienten, das der Helfer ihm nicht abnehmen darf, indem er es mit ihm ›teilen‹ will. Leiden und Schmerzen kann man letztlich nicht mit dem unmittelbar Betroffenen ›teilen‹. ›Anteilnahme‹ bedeutet genaugenommen: den Patienten spüren lassen, dass ich zu ihm, zu seinem Erleben und seinen Gefühlen in Beziehung bleibe und so ›Teil‹ seiner Situation und seiner Auseinandersetzung damit bin. Der Helfer kann dabei die Erfahrung machen, dass er ein Geheimnis mitermöglichen und ihm beiwohnen darf. – Gelten zu lassen, dass das Eigentliche die ›Arbeit‹ des Patienten ist und dies zur Würde dieser ›Arbeit‹ gehört, ist spirituell.

Menschheitlich ergriffen sein
Es kann sein, dass man als Helfender angesichts des Schicksals eines Menschen tief ergriffen und vielleicht den Tränen nahe ist. Der Helfer sollte sich in der Supervision psychische Ursachen klar machen. Vielleicht meldet sich alte Trauer oder ein Trauma oder man neigt zu übergroßer Identifikation. Aber nicht alles lässt sich psychologisch deuten. Der Helfende steht auch am Ort des Leidens als Vertreter der Menschheitsgemeinschaft. »Wenn ein Glied leidet, leiden alle mit.« (1 Korinther 12,26) Im unteren Teil des Containers ist er menschheitlich und letztlich spirituell mit dem Kranken verbunden. Hier kann sich also das Bewegtsein, die Trauer, die Erschütterung melden, die zum Schicksal des Menschseins gehört und spirituelle Bedeutung hat.
Zugleich muss der Helfende lernen, Mitleiden in diesem Sinn professionell zu regulieren. Er darf etwas davon die Betroffenen merken lassen, aber in dem Wissen, dass diese der Sicherheit und Hilfefähigkeit des Begleiters bedürfen. Das Mitleiden des Begleiters darf nicht zum Problem und zur Hemmung für die Betroffenen werden.

Mit dem Geheimnis in Berührung kommen
Für den Helfer kann aber auch zur spirituellen Erfahrung werden, dass er in seinen beruflichen Begegnungen selbst mit dem Geheimnis des Lebens tiefer in Berührung kommt: mit dem des eigenen Lebens und dem menschheitlicher Existenz überhaupt. Er kommt dann mit etwas vom Göttlichen in sich selbst und im anderen in Verbindung. Dann kann er sein eigenes Instrument immer neu stimmen und seinen Resonanzumfang erweitern. Er kann dann auch noch an das Geheimnis des Menschen glauben, der sich nicht äußern kann, der im Koma ist oder hirntot. Und er kann aus dieser spirituellen Haltung heraus sprechen, Gesten finden, schweigen und damit stellvertretend die Anwesenheit eines heiligen Geheimnisses darstellen.

4.2.4 Mitleid als Tugend – eine Rehabilitation

Das was Mitleid menschheitlich bedeutet, muss aber auch über den Helfer-Kontext hinaus gewürdigt werden. Nicht umsonst wird es in vielen Philosophien und Religionen als elementare Tugend gewertet. Wenn man vom Leiden anderer berührt wird, taucht die Gefühlsansteckung in jedem Menschen auf. Entscheidend aber ist doch, wie dieser Affekt aufgenommen und gedeutet und in Handlung übersetzt wird. Gefühle können ja auch rational abgewehrt werden; gegen Leiden kann man sich immunisieren, ihm auch aus dem Weg gehen.

Eine Tugend ist nicht affektiv, sondern vorsätzlich
Religionen begründen daher das Mitleid als vorsätzliche Haltung und Handlung. Diese müssen (und dürfen) nicht allein auf Sympathie und angenehmen Gefühlen beruhen. So versteht das Christentum die Zuwendung zum leidenden Menschen als Tat, bei der Gott selbst betroffen ist: »Was ihr einem der Geringsten getan habt, das habt ihr mir getan.« (Matthäus 25) Es ist die Leidenschaft Gottes für den Menschen auch in dessen Gebrochenheit und Verletzlichkeit, die ansteckt und aus Mitleid(en) nicht passives Mit-Erleiden, sondern aktive Barmherzigkeit macht. Jeder Einsatz für andere kostet zunächst auch etwas vom eigenen Wohlergehen. Es bedeutet ein Verlassen des ›Ich‹ – aber eben nicht als ein Verschwinden des Ich in eine gestaltlose Leere (Metz 2006), sondern in eine mystische Gemeinschaft zwischen Gott und den Menschen.

Mitleidenschaft
In spiritueller Logik werden die ›Kosten‹ nicht in Form unmittelbarer Befriedigung zurückgezahlt. Sie werden vielmehr als Mitleidenschaft in das Wohlergehen aller, das Gottes Leidenschaft ist, eingezahlt. Mitleidenschaft führt den Menschen über sich hinaus in einen höheren Sinn, der im Geheimnis allen Lebens – und daher auch Gottes – aufgehoben ist. Mitleid in diesem Sinn liegt als Grundtugend allem Helfen zugrunde. Als Tugend ist sie mehr als nur moralische Verpflichtung. Die beruflichen Helfer bedürfen also gerade einer ausgearbeiteten Reflexion von Mitleid(en), Mitgefühl und Empathie, wie sie oben beschrieben wurde. Sie sollen ja aus einem Gefühlsmechanismus eine Kultur machen, damit diese Tugend sinnvoll gelebt werden kann.

4.3 Wie können die Begleiter trösten?

»Komm her, mein Bub!« (Meine Oma, wenn ich mir weh getan hatte)
»Trösten kann, was und wer uns im irdischen wie im überirdischen Sinn wieder Vertrauen in das Leben gibt.« (Ulrich Beer)

Trost spenden ist für alle Helfer, nicht nur für die Seelsorge als Fachdienst, eine zentrale Kategorie. Eine solche Feststellung findet sicher in ihrer unspezifischen Bedeutung sehr schnell Zustimmung. Aber melden sich nicht bei einem konkreten Herangehen an eine Praxis des Tröstens unendlich viele Fragen, Unsicherheiten und negative Assoziationen? Das Trösten hat in der Moderne den Beigeschmack vom billigen Versuch bekommen, den Leidenden und Sterbenden zu beruhigen und ihm ›ein bisschen‹ über die Trostlosigkeit seiner Lage hinweg zu helfen. In der Heilungseuphorie des letzten Jahrhunderts suggerierten die Methoden von Medizin und Psychotherapie, alles Leid, auch das seelische, sei bearbeitbar; Trösten sei also durch Therapie zu ersetzen (vgl. Schmidt-Rost 1988). Trösten galt als unprofessionell und als Abwehr der schwierigen Auseinandersetzung mit den Ursachen des Leids. In der Postmoderne mit ihrer Einsicht in die Begrenztheit von Heilungsmöglichkeiten und mit dem Aufkommen einer neuen Sterbekultur scheint der Trost rehabilitiert zu werden. (S. z. B. Meerwein, Leuenberger 1981; Leist 1980; Scheuchenpflug 2005; Langenhorst 2000; das Novemberheft von Diakonia 2003, Wagner-Rau 2004, Schäfer 2009).

4.3.1 Zu Logik und Dynamik des Tröstens

Was tut man als Helfer bei der Begegnung mit Verlusten, die unwiederbringlich sind, und mit Leid, das man gerade nicht abschaffen und den Menschen ersparen kann? Genau das ist der Ort für die Kategorie ›Trost‹, und genau hier meldet sich auch wieder eine Handlungsweise mit der eigentümlichen Logik, die die Reflexionen dieses Buches durchzieht: Hier werden ›Lösungen‹ gesucht, ohne dass es eine Auflösung gibt. Was taugt gegen die Wahrheit einer tödlich verlaufenden Krankheit, gegen Trauer und Kummer als Strategie und Gegengewicht, das das »innere Gleichgewicht wieder herstellt« (vgl. Beer 2003: 399)?

Halt suchen
Um die Tätigkeit des Tröstens zu verstehen, ist es hilfreich, die Herkunft des Wortes zu befragen. ›Trost‹ ist verwandt mit dem englischen ›trust‹, Vertrauen, und letztlich mit der indogermanischen Bedeutung ›Kernholz‹, einem Symbol für Festigkeit und Stärke. Trost entsteht also aus dem heraus, was Festigkeit und Halt gibt. Daraus kann dann eine Ermutigung zum Leben und eine Lebensgewissheit erwachsen, die den Menschen hilft, mit dem Unausweichlichen zu leben und mit ihm zusammen in die Zukunft zu gehen. Trost wirkt also »im Gegensatz zu Hilfe nicht primär auf leidverursachende äußere Faktoren« ein, »sondern auf den Prozess des Erlebens im Bewusstsein der leidenden Person« (Kohler 2002: 150).

Der Helfer bietet seinen ›Seelenraum‹ an
Die Ursituation von Trost, die uns jedes Mal einfällt, »ist die Mutter, die den Jammer ihres Kindes stillt, das sich wehgetan hat, indem sie es in ihre Arme nimmt« (Gestrich 1991: 75). Die Mutter redet dem Kind nichts aus, sondern gibt Raum für Klage und Leid. Wenn wir als Kinder ein Spielzeug verlieren und Trost brauchen, machen wir so ein erstes Mal die Erfahrung, was es heißt, einen Trostraum zu finden. Erst recht beim drohenden Verlust des Lebens oder bei gravierenden Verlusten durch Tod brauchen die Betroffenen nicht nur mitmenschliche Zuwendung – also soziales Dabeisein –, son-

dern so etwas wie den ›Seelenraum‹ eines Anderen. In schweren Lebenskrisen und erst recht beim Sterben droht das Ich zu zerfallen; die vertrauten Bewältigungsstrategien können die Identität nicht mehr sichern. Der Mensch braucht einen Anderen als ›Selbstobjekt‹ (Wahl 1994: 90 ff.), einen Beziehungsraum, in dem er seine Identität neu suchen und ertasten kann. Auch wenn Menschen Trost einfach dadurch spenden, dass sie den Bedürftigen in den Arm nehmen, ihn behutsam berühren, dem Kind übers Haar streichen, so stellen sie damit nicht nur Körper-, sondern primär Seelenkontakt her.

Halt geben
Halte-Funktion hat dabei der Seelenraum des Helfers, in den der verunsicherte Mensch eintreten und in dem er sich angenommen fühlen kann. Diesen Raum darf er vorübergehend ›bewohnen‹ und erleben, so dass er mit all dem Chaotischen und Erschreckenden verlässlich gehalten ist. In diesem ›heilen‹ Raum darf er sich ausweinen, ausklagen, seine Ängste und chaotischen Gedanken äußern und seine Hoffnungen entwerfen. Seine Gedanken und Gefühle verhallen dann nicht im Leeren, sondern er kann mit allem, was ihn bewegt, in diesem Raum umhergehen und Resonanz erhoffen. Er erfährt einen Widerhall, nicht das Nichts; es gibt eine ›heile‹ Ordnung, in der er zornig sein, klagen und suchen darf, ohne dass er fürchten muss, dass auch diese zerbricht. Der Schmerz ist beim Begleiter in dessen spürbarer Zuwendung gut aufgehoben. Das empfundene Leid ist ›wahr‹ und nicht absurd. Die Situation selbst ist nicht leichter geworden, aber der Betroffene ist sich als Person seiner Identität sicherer geworden; er ist wieder Subjekt, das die Trauer an sich zu nehmen vermag. Durch diese Erfahrung kann der, der sich aus der Welt vertrieben fühlt, mit seinem Leid in der Welt eine Herberge finden.

Das Leid ›wiegen‹
Der Klient kann aber noch eine weitere Erfahrung machen: Er wird nicht nur gespiegelt und gehalten, sondern ein anderer Mensch fühlt sich in sein Leiden ein; dieser lässt es sogar spürbar in seinen eigenen Seelenraum herein. Dieser Andere ist kein neutrales, seelenloses Gefäß, sondern ein menschheitlich tragendes, wärmendes Medium. Der Tröstende nimmt die Ängste, Ohnmächte, Schmerzen, die der Patient noch nicht selbst durchleben kann – im Bild gesprochen –, in seine Arme. Er hält die Not in seinen Armen, wie ein verletztes und bedürftiges Kind, spürt sie, streichelt sie und ›wiegt‹ sie liebevoll. Weil der Helfer das nicht als Privatperson tut, sondern in seiner menschheitlichen Rolle, kann der Leidende erfahren, dass sein Leid menschenmöglich aus-haltbar und tragbar ist. Denn ein anderer Mensch hat es selbst für kurze Zeit in seinen Armen gehalten. Dieser darf dann das ›gewiegte Kind‹ dem Patienten wieder in dessen Arme legen, damit der es als sein eigenes wärmen und vielleicht annehmen kann.
In der Beziehung zwischen Patient und Begleiter kann sich das Leiden verwandeln, es ist mitteilbar geworden und wurde liebevoll angeschaut, und wie ein fremder Seelenteil kann es jetzt zur Identität dazugehören. Was sich vorher übermächtig über die ganze Existenz legen konnte, das hat durch

das Anschauen und ›Wiegen‹ eine Kontur bekommen. Der Patient kann in seinem eigenen düsteren Seelenraum wieder Vertrauen finden. Er kann wieder Vater und Mutter seines eigenen ›Kindes‹ werden. Und er kann auch wieder seine anderen inneren ›Kinder‹ entdecken, die vorher vom Gift der Angst und Trostlosigkeit gelähmt und in der Dunkelheit nicht zu erkennen waren. Die Macht der negativen Gefühle wird durch die ›gute‹ Erfahrung im Raum des Helfers geschwächt; jetzt können auch wieder andere – auch positive – Gefühle und Ideen auftauchen. So kann sich der Klient als Subjekt eines Lebens mit der Trauer und dem Leid entdecken.

Trösten ist schwer und ganz leicht

Das grundlegende Medium des Tröstens ist also die Raum und Halt gebende Begegnung. Das Medium selbst ist aber nicht schon die Wirkung: Trösten ist nämlich ein zutiefst spirituelles Geschehen. Trösten gibt keine Lösungen vor, wohl aber heilsame und sinnstiftende Potenziale. Was von den Potenzialen wirkt, entzieht sich zwischenmenschlicher Planung und Machbarkeit und auch religiöser Strategie. Echter Trost entsteht durch die Beziehung mit einem Anderen als etwas Neues, als ›Drittes‹, eine Kraft, die – oft unerklärlich – am Grund der Seele auftaucht. Der Helfer weiß oft nicht, was er selbst zu dieser Tröstung beigetragen hat, er ist nur Katalysator. Aber Katalysatoren sind für viele – nicht nur chemische – Prozesse unverzichtbar.

Trösten ist also ungeheuer schwer und zugleich ganz leicht.

- **Schwer ist das Trösten,** weil es den eigenen Seelenraum für fremdes Leid zur Verfügung stellen muss. Da kann im Helfer vieles in Schwingung kommen, und er kann in Versuchung geraten, durch Erklären, Überspielen, Vertrösten, Entschuldigen die Schwingungen vorzeitig zu dämpfen. Auf Abwehrstrategien aber zu verzichten und ganz mit allen Sinnen und aller Empathie zur Verfügung zu stehen, ist höchst aktives Tun. Das Unveränderliche am Leid will zunächst einmal ausgehalten werden. Der Helfer muss ertragen, dass es dem Patienten so geht, und zugleich muss er für sich ertragen, dass er nichts verändern kann. Es ist auch Rollen-Arbeit, auf eigene Veränderungswünsche zu verzichten, zu schweigen und das nicht Machbare zu respektieren.

- **Zugleich ist aber Trösten auch ganz leicht:** Das Leid wie ein Kind zu wiegen ist eine Fähigkeit, die menschliches Leben von Anfang möglich gemacht hat (zum ›Halten‹ als Urerfahrung: Auchter 2000). So können Menschen, wenn sie ins Leben treten, Vertrauen finden; und so können Menschen, wenn sie mitten im Leben bedroht sind, Vertrauen zu ihren eigenen Kräften entwickeln.

❖ Eine achtzigjährige sterbende Patientin ist unruhig und stöhnt die ganze Zeit. Mit Schmerzmitteln ist sie gut versorgt. Da kommt ihre eigene leibliche Schwester zu Besuch und tröstet sie mit den Worten: »Margotchen, Margotchen, ich bin doch bei dir.« Das sagt sie immer wieder. Die Patientin wird ruhig und entspannt. – Die leibliche Schwester leistet hier nicht nur sozialen Beistand, sie bringt auch den ganzen Container des Familiensystems mit, in dem ›Margotchen‹ die frühe Erfahrung des Geborgenseins gemacht hat, die sie auch heute, als längst erwachsene Frau, wieder braucht.

❖ Wenn Sterbende nach der ›Mutter‹ rufen, dann fallen sie nicht zurück in ihre Kindheit, als ob sie sich nie weiterentwickelt hätten. Sie sind vielmehr erwachsene Menschen, die *jetzt* am Ende ihres Lebens ausdrücklich die spirituelle Grunderfahrung brauchen, die sie bereits als Kind machen durften. Die Erfahrung mit der Mutter wird *jetzt erinnert und steht jetzt zur Verfügung.* Es werden die positiven Erfahrungen und Gefühle aufgerufen, die schon in früheren Situationen stärker waren als die bedrohlichen, negativen.

Was hilft dem Helfer halten?
›Leicht‹ ist das Trösten auch, weil der Helfer nicht selbst der Halt des Patienten ist und es nicht bleibt. Er ist nicht das Gegengewicht gegen Leid und Kummer. Er stellt sich – auch gestützt durch hilfreiche Methoden – dafür ›nur‹ präsent. Er ist dabei also Symbol: Trost lässt sich nicht wie eine Nahrung zuführen, sondern nur mit Unterstützung finden. Der Helfer ist die ›Krücke‹, an der sich der Betroffene nach der Amputation wieder hochziehen und stabilisieren kann.
Das Unerträgliche tragen helfen, das muss der Helfer zudem nicht alleine leisten, er hat im Hintergrund seinen beruflichen Container. Er ist kein lösungssuchender Berater oder Therapeut, sondern er ist in erster Linie mit seiner Rolle das Halte- und Auffang-Gefäß für die Not des Patienten. Sogleich darf er aber auch alle Containerinhalte bei sich wissen, die mittragen helfen: die fachliche Hilfe genauso wie die Symbolrolle von Fürsorge und Beistand. Wie bei ›Margot‹ haben alle System-Inhalte ein Potenzial, das den Trost mitträgt, verstärkt und ihm ein größeres Gewicht gibt.

4.3.2 Beispiele für die Trostpraxis

Trösten im Alltag
Im beruflichen Alltag tröstet der Helfer selten mit dem ›richtigen‹ Wort, er hat auf die meisten existentiellen Fragen keine befriedigende Antwort. Er reagiert eher mit »tzz … tzz«, »ja – ja«, mit verständnisvollem Seufzen und betroffenem Schweigen, um das Gewicht des Erschreckenden aufzufangen und gelten zu lassen. Wichtiger als kluge Einfälle und Ratschläge, die es mit dem Leiden unmittelbar aufnehmen wollen, ist die Zuwendung und das – meist symbolische – In-den-Arm-nehmen und Wiegen. Zu schnelle körperliche Berührung kann auch vertröstend und verharmlosend wirken. Trost ist ja auch die Trauer selbst. Angesichts der Schwere eines Verlustes ist sie oft das einzig Angemessene. Sie hat ihre eigene Würde. – Der Helfer kann auch nicht bei aller Bereitschaft alles verstehen, was einen Menschen umtreibt. Auch wenn er bis an die Grenzen seiner Identifikationsfähigkeit geht, kann er sich nicht in alle Dunkelheiten (z. B. Depression (Nauer 2003) oder Schuld) einfühlen. Er muss akzeptieren, wie anders die Welt des Anderen

sein kann; er muss die Welt der Ideen und Werte des Klienten nicht teilen. Er kann oft auch nicht alles begreifen, was Patienten etwa nach einer Operation unverständlich oder bruchstückhaft sagen. Der Helfer kann dann nur erahnen, was die Äußerungen hinter ihrer inhaltlichen Logik für eine emotionale und spirituelle Bedeutung für diesen Menschen haben. Wenn die Einfühlung in das konkrete Leid nicht möglich ist, dann sind das Mitgefühl mit diesem Menschen als Menschen und das spürbare Da- und Zugewandtsein die einzigen Trostmedien.

Symbolische Trostquellen
Trösten geschieht in dieser ersten Perspektive des Haltgebens mehr implizit als explizit. Dieses ist allerdings die Basisfunktion für das Trösten. Nun haben aber der Patient und seine Angehörigen auch ›schlafende‹ Trostpotenziale in sich selbst, die ihnen aber oft in der Krise nicht voll zur Verfügung stehen: die in die Innenwelt des Menschen eingewobenen Symbole und Rituale. Diese passen zur Logik des Tröstens: Es sind die Symbole und Rituale, die auch schon im bisherigen Leben ein Sinnpotenzial tragen. Jeder Mensch hat in seiner Schatztruhe Dinge, Erlebnisse und Personen, ›Objekte‹, die mit hoher positiver Bedeutung aufgeladen sind.

❖ »Bisher konnte ich wenigstens noch etwas in meinem Garten machen. Aber vielleicht kann ich noch nicht mal mehr das«, sagt der schwerkranke Patient.

Hier könnte sich der Helfer für den Inhalt des Gartens weiter interessieren oder direkt auf die Gefühle von Befürchtung, Trauer und Abschied lossteuern und bei den Emotionen bleiben. Aber das ist es letztlich nicht, was tröstet. Schließlich geht es bei dem »noch nicht mal mehr« nicht um ein Hobby, sondern um Identität und Existenz. Der Begleiter kann also durchaus den Patienten bitten: »Erzählen Sie mir von dem, der gerne seinen Garten macht«.

Sinnpotenziale aktivieren. Im Erzählen fügen Menschen die entgleitenden Elemente ihrer Identität zusammen und vergewissern sich ihres Selbst. Menschen bekommen wieder ein Gefühl für ihre Integrität und werden fähig, hilfreiche Ideen zu entwickeln. Sie versichern sich ihrer Lebensleistung, dessen, was ihnen gelungen ist und was sich nicht erfüllt hat. Sie erzählen von zu Hause und spüren dabei den Geruch und die Heimatlichkeit, auch wenn sie diese jetzt vermissen. Sie lassen den Besucher an ihren Reisevorbereitungen und Phantasien, an ihren Alltagsritualen (dem wöchentlichen Gang zum Friedhof, dem abendlichen Glas Wein, dem Spaziergang mit dem Hund), an ihren ›heiligen Orten‹ (dem Lieblingsplatz oben am Wald) und an bergenden Lebenssituationen teilnehmen. So treten sie mit dem Sinnpotenzial in Beziehung, mit dem das Erzählte aufgeladen ist. Auf dem Weg über die symbolische Kommunikation, wie sie in Kapitel 2 beschrieben wurde, kann der Begleiter mithelfen, dass der Trost-Gehalt ins Hier und Heute gelangt. Die Erfahrungen waren nicht nur damals bedeutungsvoll, die Phantasien und Sehnsüchte sind es nicht in einer unerreichbaren Zukunft, sondern sie entfalten implizit ihren Trost auch heute.

Auf der Suche nach dem verlorenen Selbst

❖ »Sehen Sie mal: Meine Beine sind ja nur noch Schaschlik-Stäbchen«, sagt der schwerkranke junge Mann beim Waschen zur Krankenschwester.

Mit der Reaktion »Sie sind erschrocken darüber, wie die Krankheit Sie verändert hat?« fängt der Gesprächspartner zunächst einmal die Gefühle auf und sucht nicht nach einem künstlichen Trost. So lässt er die anbrandende Gefühls›welle‹ an Land auslaufen und stoppt sie nicht durch eine Mauer, die man dem Zerfall der Identität am liebsten entgegenstellen möchte. Wenn die Welle ausschwingen kann, dann findet die Seele einen Ansatz von Vertrauen und kommt ein erstes Mal zu sich. – Der Mann erzählt, dass er in seiner Jugend Dreisprungmeister war und stolz auf seine Kraft. Auch hier kann sich die Pflegende durchaus noch für seine sportlichen Erfolge interessieren. Aber dort ist letztlich kein wirklicher Trost zu finden. Die Gesprächspartnerin wird angesichts der existenziellen Not als Seelenraum für die Suche nach der verschwindenden oder verlorenen Identität gebraucht. Sie könnte sagen: »So kennen Sie sich gar nicht?« Und später: »In Ihnen ist noch ein ganz anderer als der mit den dünnen Beinen? Möchten Sie mehr von dem erzählen?«

Ein solches Trostgespräch berührt durchaus die Gefühle, bleibt aber nicht auf der emotionalen Ebene. Denn es geht hier um die Seele, nicht um die Psyche. Es geht um das tiefste Selbst und die Existenz.

Kann man Trost zusprechen?

Schwieriger als die symbolische Kommunikation erscheint der tröstende Zuspruch. Helfer suchen doch auch nach Worten, um dem Leid zu begegnen. Sie haben ja auch eine spirituelle Lebens- und Berufserfahrung, aus der heraus sie reagieren möchten. Der tröstende Zuspruch wird im beruflichen Alltag in der Regel eher eine haltgebende Funktion haben, als dass er mit Trostargumenten den Verstand des Anderen zu erreichen sucht. »Was objektiv richtig sein mag, ist subjektiv oft falsch.« (Langenhorst 2000: 22) Auf jeden Fall müssen die Betroffenen zuerst vorbehaltlos ihr Leid aussprechen, beklagen und eine Herberge für ihren Schmerz finden können. Erst dann kann ein aufmunterndes Wort den Menschen erreichen. Erst dann auch wirkt eine Bekräftigung oder Würdigung der ›Arbeit‹ dieses Menschen (»Sie machen das gut.« »Diesen Schritt hast Du schon geschafft.« »Ich freue mich mit Ihnen.«) nicht als Wegloben der Realität und billige Vertröstung. Es ist auch eine psychische Leistung des Helfers, auf billigen Trost zu verzichten und doch nahe beim Menschen zu bleiben.
(Einen Leitfaden für eine Trostpraxis mit sehr konkreten Modellen und Vorschlägen bietet Schäfer 2009.)

Wenn der Helfer sich selbst helfen will. Tröstende von vertröstenden Reaktionen zu unterscheiden ist nicht einfach. Manches gut gemeinte Wort (»Sie schaffen das schon.«) kann je nach Sprachmelodie und begleitender Mimik aufmunternd, überspielend oder überfordernd wirken. Ungeschickt gesagter Trost kann voller Anteilnahme sein und geschickt gesagter kann ohne Trostwirkung bleiben. Ein Kriterium für den Begleiter ist, dass er sich in seinem eigenen psychischen Haushalt auskennt und prüft, ob das Gesagte vor allem ihm selber auf- und seiner Ohnmacht abhelfen soll oder ob der Patient sich daran aufrichten kann. (Wie Vertröstung und Unverständnis sich anhören, das beschreiben viele Autoren, die Trost thematisieren: z. B. Leist 1980: 74 ff.; Langenhorst 2000; Nauer 2003.) Längst hat auch die christliche Seelsorge die philosophische und psychologische Kritik an der religiösen Trostpraxis aufgenommen (z. B. Scheuchenpflug 2005; Schockenhoff 2001: 135 f.) und selbstkritisch verarbeitet.

Wie Betroffene sich selbst trösten. Wenn der Helfer dem Patienten Bilder, Spruchkarten oder Bücher aus der Weisheitstradition der Menschheit mitbringt oder ihn auf Trostmöglichkeiten in Natur, Kunst und Umwelt aufmerksam machen will, dann sollte er zunächst auf das hören, was im Patienten selbst bei diesen Symbolen aufsteigt – und seien es Klage, Trauer oder nur die Sehnsucht nach dem Guten. Das gilt es zuerst zu begleiten, bevor er seine eigenen Gedanken ins Spiel bringt. Anders ist natürlich die Situation, wenn Klienten den Begleiter um dessen Wort bitten. Dann ist eine authentische Antwort gefragt, die der Helfer aus der eigenen Erfahrung und aus seiner spirituellen Schatzkammer heraus anbietet. Der Patient wird sie dann aber auf seine ganz persönliche Weise interpretieren und nutzen.

❖ Es ist erstaunlich, welche Trostworte Patienten in sich selbst tragen. Worte, die nicht dem Begleiter zustehen, sondern nur dem, der sie in sich selbst finden kann: dem Betroffenen. »Wenn ich andere Patienten auf dieser Station sehe, dann denke ich, es geht dir ja noch gut.« »Es hätte alles noch viel schlimmer kommen können.« »Wir alle müssen einmal sterben.« »Jeder hat sein Kreuz zu tragen.« »Da muss man durch.« Der Begleiter sollte solche Worte nicht kritisch in Frage stellen. Er kann ihnen nur verstehend und würdigend begegnen.

4.3.3 Wie tröstet Religion?

Trösten hat also mehr Dimensionen, als ›nur‹ empathisch Resonanz zu geben – was selbst schon eine hohe Begegnungsfähigkeit verlangt. Neben den Trostquellen, die in den Identitäts- und alltäglichen Sinnsymbolen eher indirekt deponiert sind, enthalten religiöse und spirituelle Systeme ausdrücklich eine Trostperspektive.

Ein Anderer gibt Halt
Eine Religion weitet den Horizont für Haltfinden und Gehaltensein um eine entscheidende Dimension: Es ist eine transzendente Macht, die Halt gibt, die nicht nur das große Ganze überwölbt, sondern ausdrücklich auch jeden einzelnen Menschen in ihren Händen hält. Religionsgebundene Spiritualitäten interpretieren die alltägliche Wirklichkeit von einer heiligen Wirklichkeit her, die allem Alltäglichen, auch dem Leidvollen, einen tröstenden Hintergrund gibt.

Eine aufgeklärte Spiritualität verschiebt den Trost längst nicht mehr in ein fernes Jenseits. Nach der christlichen Religion ist Gott selbst Mensch geworden, und von daher ist alles Diesseitige von Gottes Geist erfüllt; es ist ›gotthaltig‹. Das bedeutet aber nicht, dass Religion deshalb jedes Leid und jeden Schmerz als sinnvoll erklären würde. Vielmehr sieht sie alle Menschen mit ihrem Leid und ihrer Trauer gehalten von einer umfassenden Liebe. Im ›Raum‹ dieser Liebe ist das ganze Lebensgeheimnis des Menschen gut aufgehoben, und es empfängt von daher seinen Trost. – Auch der ›allmächtige‹ Gott gibt nicht das Verlorene zurück. Er erspart das Leiden nicht. Der Gott der Religion gibt vielmehr seinen Geist, der im Geheimnis des Lebens anwesend ist und es von daher tragbar und bewohnbar macht. Im Halte-Container Gottes ist kein Gegenmittel, keine Bearbeitungsmethode, sondern heiliger bergender Geist. Nicht umsonst ist ein Name des Heiligen Geistes der Christen der Paraklet, ›der Tröster‹.

Und das Untröstliche?
Weil Religion sich auf das umfassende Heilige beruft, kann sie auch dem Untröstlichen einen Platz geben: Auch das Ungetröstete hat dann seine Würde (Steffensky 2007: 66). Gott wird es sein, der einmal alle Tränen abwischt (Offenbarung des Johannes 7,17). Letztlich wird nur eine solche religiös begründete Hoffnung aushalten können, dass wir Menschen die Widersprüche dieses Lebens nicht auflösen können. Nur eine weltübersteigende Spiritualität ist imstande, auch die auswegslosen und absurden Situationen zu ›halten‹ und sie dem unbegreiflichen und doch bergenden Geheimnis anzuvertrauen.

Religiös Trost geben: in Symbolform
Religionen behaupten dieses heilige Geheimnis nicht abstrakt und dogmatisch, sondern sie haben einen unerschöpflichen Schatz an Symbolen und Ritualen, die den heiligen ›Hintergrund‹ in den Vordergrund des Lebens holen. Es gibt »viele tausend Weisen zu retten aus dem Tod« (Wagner-Rau 2004). Die Symbole der Religion sind ›Selbstobjekte‹, die sich dem Patienten ›probeweise‹ zur Identifikation anbieten. Er kann sich an ein ihm vertrautes Psalmwort erinnern wie »Der Herr ist mein Hirte.« (Psalm 23), sich davon in den Arm nehmen und ›wiegen‹ lassen. Dabei kann er etwas von der Tragekraft des ›Hirten‹ auch »in dunkler Schlucht« spüren.
Symbole und Rituale der Religion geben keine Ratschläge, sondern enthalten Weisheiten, die man bewohnen kann. Sie holen den Menschen von seiner privaten Insel, auf der er vielleicht in guten Zeiten zufrieden leben konnte. In Zeiten der Krise bieten sie umfassendere Räume an; stammen sie doch aus durchlebter und durchlittener und deswegen tradierter Erfahrung einer Trostgemeinschaft. Sie stellen verdichtete Trosterfahrungen zur Verfügung und bieten sie zur eigenen Erfahrung an. So kann ein Mensch zum Beispiel »das Boot auf dem See« (Markus 4,1 ff.) als eigenes ›Boot‹ besteigen und sich im Vertrauen auf Gott auf das gefahrvolle Meer seines weiteren Schicksals hinauswagen. »Das Boot im Seesturm« ist keine rein psychotherapeutische Möglichkeit der Identifikation. Dahinter steht vielmehr die Geschichte Jesu Christi mit Untergang und Rettung. Es ist also nicht ›das

Boot‹, nicht der heilige Georg oder der Engel, die trösten, sondern die heilige Wirklichkeit, auf die sich diese Geschichten und Figuren berufen. Die religiöse Metaphorik bietet weniger Tankstellen als viel mehr ›Landschaften des Trostes‹ an, die bewandert und deren nährende Kraft erlebt sein wollen.

- **In den Psalmen** oder im Buch Hiob finden Trostsuchende Klage und Bitte, die ihnen vom heiligen Hintergrund her Resonanz auf ihre Klage und Bitte geben. –

    ❖ Die Patientin mit Demenz liegt im Sterben. Sie hat sich seit Wochen ganz in sich zurückgezogen und kein Wort mehr gesprochen. Der Altenheimseelsorger, der vieles aus ihrer Biographie kennt, liest ihr Psalmen vor. Er wiederholt manche Verse, die besonders eindrücklich die Lebenserfahrung dieser Frau spiegeln. Die demente Patientin kommt immer mehr aus ihrem Rückzug heraus. Sie brabbelt an vielen Stellen mit und stimmt so in die Dramatik und den Trost der Psalmen ein.

- **In geistlicher Musik und Liedern** wie »O Haupt voll Blut und Wunden«, im Blick auf das Kreuz im Krankenzimmer kann ein Mensch sein eigenes Leid verstanden und mitgetragen fühlen. Viele Menschen begegnen im Kreuz der tröstenden Gegenwart von Leiden, Tod und Auferstehung Jesu Christi.
- **Gebete** greifen Leid und Schmerz auf und vertrauen sie dem ›Seelenraum‹ Gottes an. Der christliche Gott geht ganz in die Lebens- und Passionsgeschichte des Menschen mit hinein. Gott ist dem Menschen zutiefst innerlich, so wie ein Mitmensch das nie sein kann.
- **Religiöse Rituale** nehmen den leidenden Menschen in die kollektive Erinnerung der Trostgemeinschaft auf. Sie sind die mütterlichen Gesten, die das verstörte und trauernde Menschenwesen in die Arme nehmen und das Chaos bannen und so die Verlässlichkeit Gottes bezeugen.
- **Auch der symbolische Raum**, den die Seelsorge durch ihre Rolle ins Kranken- oder Sterbezimmer mitbringt, vermittelt Trost. In Patienten, in den Umstehenden wird der ›heilige Raum‹ wachgerufen und letztlich ihm und nicht der Person des Seelsorgers das Leid anvertraut. Dort finden alle Angst und aller Schmerz ein überirdisches ›Containment‹, ein übermenschliches Gehaltensein. Dieser Container vermag dem zerbrechenden und gebrochenen Leben Halt zu geben. Weil er der Raum des heiligen Gottes ist, wird er dabei nicht selbst zerbrechen, sondern unverbrüchlicher Halt sein.

Trost nimmt eine höhere Ordnung in Anspruch

Aus der Sicht von Spiritualität und Religion ist das Trösten letztlich kein rein psychologisches oder soziales Geschehen. Wer tröstet, nimmt immer irgendwie auch den heiligen Horizont in Anspruch, in dem alles Leben seit Urzeiten gehalten ist. Wer trösten will, kann die Trostperspektive, die ja über den Augenblick und die momentane Beziehung hinausgehen soll, nicht aus sich heraus behaupten. Er ist nicht selbst die Festigkeit, an der sich andere aufrichten können. Er ist ein Mensch, der selbst vielleicht Probleme hat und in Trauer ist. Manche Sterbende können selbst überzeugend trösten. Wer Trost spendet, nimmt implizit oder explizit immer ›eine gute Ordnung des Lebens‹ und die Treue der Schöpfung in Anspruch. Peter L. Berger hat mit seinem Trostwort der Mutter an ihr verstörtes Kind »Es ist alles gut.« (Berger 1970: 82 ff.) diese Perspektive aufgegriffen. Das ›alles‹ und das ›gut‹ sind nur in einem Horizont vertretbar, den eine transzendente Macht garantiert.

Auch wenn also die Helfer selbst nicht explizit religiös sind, können sie doch bei ihrer Arbeit im Vordergrund einen transzendenten Trosthintergrund in Anspruch nehmen. Sie müssen dann nicht alleine aus ihrem eigenen Fundus heraus Trost ›geben‹. Berufliche Helfer repräsentieren, ob ihnen das bewusst ist oder nicht, immer mehr als ihr persönliches Können: Sie stehen für eine menschheitlich realisierte, aber transzendental begründete Ordnung. Die Liebe im Vordergrund – so unvollkommen sie ist – nimmt ›Liebe überhaupt‹, ›Vertrauen überhaupt‹ in Anspruch und gibt so Trost über das persönlich Einlösbare hinaus.

4.4 Wohin mit all dem Leid?
Vorschläge für eine spirituelle Hygiene

»Ich akzeptiere die Mysterien von Leben und Tod.« (Christina Puchalski)

Die im Gesundheitswesen Tätigen arbeiten an Orten, an denen das Leidvolle des Lebens in großer Dichte und Häufigkeit zum Vorschein kommt und abgeladen wird. Was sonst ›statistisch‹ über ein größeres Gebiet verteilt ist, hier fließt alles zusammen, was es an körperlichem Leid gibt und was dazu noch mit anderen ›Schmerzen‹ verbunden ist. Ärzte, Pflegende, Seelsorger, Hospizhelfer bringen in Fortbildung und Supervision schwere Schicksale mit, mit denen sie konfrontiert sind! Was hilft Helfenden, dies alles zu ertragen – und es kommen ja ständig andere Menschen mit oft komplexen Problemen zu ihnen. Diese Menschen verschwinden zwar meist wieder aus ihrem Blickfeld. Was aber nicht verschwindet, ist das ständig neue Betroffenwerden. Wie können die Helfer sich immer neu offenhalten für immer neue Begegnungen? Wie können sie gute Ärzte, liebevolle Pfleger und mitfühlende Begleiter werden und bleiben? Auf was für Ressourcen können sie zurückgreifen, um es in ihrem Beruf mit dem Leiden und Sterben aufnehmen zu können? Müssen sie die Kraft aus dem eigenen inneren Haushalt heraus aufbringen?

Hier muss wieder vom Container-Modell die Rede sein, weil es die Ressourcen-Basis für die Helferberufe um eine entscheidende Dimension bereichert: die spirituelle. Damit kommen grenzüberschreitende Möglichkeiten in den Blick, die die Logik der Helferberufe erweitern: Sie sollen ja Kranken und Sterbenden qualifiziert begegnen und zugleich ihren eigenen Seelen-Haushalt im Gleichgewicht halten können.

4.4.1 Unzureichende Möglichkeiten

Wenn die Fachkompetenz die einzige Ressource ist

Die medizinische Zivilisation verlangt, dass die Professionellen selbstverständlich und zu allererst ihr fachliches Können, ihre Instrumente und das fachliche Setting als Auffangstruktur einsetzen. Sie sind als Kämpfer gegen Sterben und Tod ausgebildet und ausgestattet. Die Therapierenden und Begleiter können aber gar nicht die Kraft in der Begegnung mit Endlichkeit und Tod aufbringen, wenn sie nur auf ihre Fachkompetenz angewiesen sind. Untersuchungen (Schaerer 1993) zeigen, dass die Professionellen, die nur gelernt haben, mit der instrumentellen Vernunft zu arbeiten, ihren Seelenraum mit Trauer füllen, die ihnen nicht bewusst ist, die sie nie angeschaut, mit der sie nicht ›getanzt‹ haben. Da bleiben Frust, Schuld- und Versagensgefühle.

o Viele Ärzte räumen ein, dass sie den Tod eines Patienten selbst als Niederlage empfinden.
o Der Arzt, die Pflegende, die Psychologin müssen dem Menschen vieles antun und ihn verletzen, um ihn heilen zu können.
o Patienten, die sich bisher gut gefühlt haben, werden durch Diagnose und Behandlung erst ›richtig krank‹.
o Der Notarzt, der von einem Notfall zum nächsten eilen muss, kann keine Begegnung ausklingen lassen.
o Bei der Aufnahme auf die Palliativstation realisieren Patienten erst, wie ernst es um sie steht.

Die Liste der Beispiele ließe sich beliebig fortsetzen. Den Helfern und Helferinnen ist nicht bewusst, dass sie darum trauern, dem Leiden und Sterben letztlich nicht gewachsen zu sein. Wenn sie nur darauf trainiert sind, ihre wissenschaftlich fundierte Technik und organisatorische Rationalität einzusetzen, dann bleiben entscheidende Dimensionen des Erlebens offen und unausgeglichen. Da entsteht verborgene Trauer, wenn der Professionelle nur eine einzige Art von Tanz kennt oder tanzen darf. Wenn aber Menschen nicht als ganze Personen lebendig bleiben können, dann droht die Gefahr der Depression, es werden wichtige Anteile de-primiert, weggedrückt.

Wenn der eigene Seelenhaushalt die Hauptressource ist

Weil viele Helfer diesen Mangel empfinden, versuchen sie, mit ihrer eigenen Seele das aufzufangen, was in der instrumentellen Rationalität übergangen wird oder verloren geht. Weil ihnen neben dem fachlichen Training nichts Anderes zur Verfügung zu stehen scheint, versuchen sie, sozusagen ihre ganze Person in die Waagschale zu legen, um mit ihrem persönlichen Gefühlshaushalt das Leiden und Sterben aufzuwiegen. Den Helfenden, die ja gute Begleiter sein wollen, ist diese Dynamik in der Regel nicht bewusst. Sie ›tanzen‹ voller Hingabe mit den Leidenden, verbrauchen dabei aber ihre seelische Energie. Auch dann bleiben Trauer und Erschöpfung, weil man mit den Anforderungen an die eigene Person nicht mitkommen kann und zugleich keine adäquate Antwort auf das Leiden und Sterben findet.

4.4.2 Die spirituelle Dimension in Anspruch nehmen

Hier wird der Vorschlag gemacht, die Wahrheit und Weisheit des ganzen Containers als Berufsmodell in Anspruch zu nehmen:

> Dem Leiden der Menschen können die medizinisch Tätigen und die Begleiter nur einen adäquaten Platz in ihrer Fachrolle wie in ihrem persönlichen Leben geben, wenn sie sich auch auf die menschheitlichen und spirituellen Dimensionen ihrer Berufsrolle beziehen.

- **Kurz- und längerfristige Entlastung**
  So gesehen enthält die Arbeit am Ort von Leiden und Sterben bereits eine spirituelle Logik, die helfen kann, diesen Beruf zu bestehen. Natürlich ist allen Helferinnen und Helfern zu empfehlen, dass sie für sich selbst entlastende Medien zur Verfügung haben, von der kurzfristigen Entlastung durch ein Stück Schokolade oder ein gutes Essen, durch Urlaub und Hobbys, Kunst und Natur bis hin zu einer bewusst gelebten und gepflegten Spiritualität, die eine längerfristige Perspektive enthält und auch Lebensentwürfe und Ideale umfasst. Die Helfer brauchen auch kleine (Alltags-) und große (Fest-)Rituale und bewusst gestaltete Zeiten, um sich bei allem Leid des Lebens zu versichern und die eigene Lebendigkeit zu spüren. Diese Art von ›Hygiene‹ soll hier nicht vertieft werden. Im Übrigen gibt es dazu inzwischen eine Fülle von Ratgeber-Literatur und Lebenshilfe-Programmen.

- **Kann Supervision alles auffangen?**
  Das Thema ›Begegnung mit Leiden und Sterben‹ liegt auch nicht allein in der Perspektive von Psychohygiene oder Supervision. Supervisorische und therapeutische Arbeit kann nicht die existenzielle Herausforderung, das ›übertragene‹ Leid abarbeiten oder auflösen. Sie helfen zwar mit, das Instrument des Begleiters wieder neu zu stimmen. Aber das Instrument nutzt sich ja auch ab und verbraucht sich. Das ›Instrument‹ Mensch fragt – anders als ein Werkzeug – nach dem Sinn des Einsatzes; es wird durch den sinnvollen Gebrauch eher zu vollerem Klang und kreativerem Spiel befähigt.

- **Sich auf das Geheimnis berufen**
  Der spirituelle Container (s. 4. 1) öffnet neben den psychologischen Methoden noch andere Dimensionen für den ›Tanz‹. Der Helfer, der alle Schichten des beruflichen Containers aktiviert und bei sich weiß, ist nicht hilflos: Er kann mit dem Leid des Patienten mittanzen. Mittanzen heißt, dass der Patient seine Schritte finden kann und so zum Tänzer seines Schicksals wird, zum Subjekt seiner Lebens- und Sterbegeschichte.

> Das ist die spirituelle Aufgabe des Helfers: Menschen ›zum Tanz‹ mit ihrem Lebensgeheimnis zu befähigen. Der Helfer ist nicht die Ressource der Patienten. Er ist nur dafür Ressource, dass der Patient mit seinem Geheimnis tiefer in Beziehung kommt.

Der Professionelle hat das Leid der Welt nicht erfunden, auch wenn dem Menschen der Postmoderne suggeriert wird, für sein Schicksal ganz verantwortlich zu sein und alles am Leben neu konstruieren zu können. Der

Helfer darf sich vielmehr auf das spirituelle Geheimnis berufen, das allem Leben zugrunde liegt. Dieses Geheimnis hat er nicht zu verantworten, wohl aber hat er die Verantwortung dafür, es zu repräsentieren.

- **Alle Container-Ebenen beinhalten Spiritualität**
  Natürlich müssen auch die oberen Container-Schichten mit ihrem spirituellem Gehalt gewürdigt werden. Der Helfer ist ja in ein ganzes Unterstützungssystem eingebettet. Er ist Teil eines Systems, das dem leidenden Menschen einen Platz in der Welt gibt und eine Ordnungs- und Sinnstruktur dafür anbietet. Wohin soll der Mensch mit seinen Schmerzen sonst gehen, wenn nicht zu denen, die diesen Beruf verkörpern?
  Alle Schichten des Container-Modells haben ihre spirituelle Dimension:

  ➢ die Fachkompetenz, die dem Leidenden vom Körperlichen her aufhilft und damit dem ganzen Menschen dient;

  ➢ die eigene Persönlichkeit, weil sie ein ›Instrument‹ mit Gesicht, Herz und Charakter ist und so ein Medium der Beziehungsgestaltung ist;

  ➢ die bewusste Kommunikation und Empathie, die Medium für die Seelenarbeit des Patienten ist. Es wird inzwischen immer mehr entdeckt, dass das Beziehungsvertrauen zwischen Helfer und Patient eine eigene therapeutische Wirkung auf Psyche und Physiologie des Patienten hat (vgl. z. B. Albrecht 2006). Darauf kann auch der Professionelle vertrauen: Diese Dimension hilft ›mittragen‹. Sie hilft dem Patienten und dem Helfer;

  ➢ erst recht die Ebenen ›Symbolwirkung‹, Mitmenschlichkeit, Vertretung einer existenziellen Wahrheit transzendieren das berufliche Können und die persönlichen Fähigkeiten und Grenzen und haben transzendentalen Charakter. Die Professionellen haben hier eine ›Priester‹-Rolle: Sie stehen für eine Wahrheit, bei der sie nur Vermittler sind – so schwer das bei ungünstigen Diagnosen und Ergebnissen sein kann. Zugleich stehen sie – wie die archetypische Priester-Figur – an der Schwelle von ›hier‹ nach ›dort‹ und vermitteln zwischen dem Jetzt und einem unbekannten ›Dann‹ zum großen Geheimnis hin.

Den Container mit all seinen ›tragenden‹ Schichten in Anspruch nehmen, ist professionell. Sich seiner Rolle in deren vielfältiger Bedeutung bewusst zu sein, gehört zur professionellen Haltung. In diesem Sinn gibt es vor dem Leiden und dem Tod kein ›Versagen‹ und keine Schuld. Der Helfer selbst ist natürlich fehlbar. Aber zum Menschenmöglichen gehören nicht nur Technik, Wissen und guter Wille, sondern auch die symbolische Sinnstruktur. Der medizinische Helfer ist nicht die Garantie des Lebens, er ist nicht ›Hoherpriester‹. Wohl aber steht er – symbolisch – für eine Garantie: dass nämlich auch Leiden und Tod im Geheimnis allen Lebens aufgehoben sind.

4.4.3 Einige Folgerungen für die spirituelle Hygiene

- Seine Haltung einschalten, das spirituelle Medium ›Container‹ bei sich wissen, verändert die Begegnungssituation: Wer den Kranken in einer höheren Ordnung aufgehoben weiß, kann die Abschaffung des Leides aus der eigenen Verantwortung entlassen und dem Menschen voller zur Verfügung stehen. Es macht gerade frei, sich im inspirierenden Symbol aufhalten zu können, ohne es einlösen zu müssen. Der Helfer kann sich beim Patienten tiefer einlassen, mehr von seiner beruflichen Erfahrung abrufen – und von den Ressourcen des Patienten – ohne sich zu verausgaben. In der beruflichen Begegnung nimmt er ja selbst am guten und oft schrecklichen Geheimnis des Lebens teil.

- Der symbolische Anteil der Berufsrolle verheißt, dass das Schicksal des Patienten im Ganzen gut aufgehoben ist. Der Helfer kann nicht selektiv jedes Detail, nicht jeden bei der Behandlung zugefügten Schmerz, nicht jede Phase einer Chemotherapie oder im Sterbeprozess für gut erklären. Er stellt aber dar, dass es im Ganzen gut geht – auch mit dem Sterben. Der Helfer kann nur drauf vertrauen, dass seine Zuwendung, seine Geste, seine reale wie symbolische Nähe das ausstrahlt und dass im Exemplarischen für den Patienten das Ganze aufscheint und ihn tröstet. Der Helfer darf darauf vertrauen, dass sich im Zeichenhaften das Ganze vollzieht.

- Es ist für Pflegende, Ärzte und Begleiter der Palliativstation oft schwer, Erfolge in der Symptombehandlung zu sehen und mitzuerleben, wie der Patient durch die Behandlung zwar wieder auflebt, die tödliche Krankheit aber fortschreitet. Gerade hatte der Patient doch so viel Zuversicht ausgestrahlt, die möchte man doch erhalten. Dann ist es schwer, die Illusion aufzugeben, man hätte ihn gerettet, und diese Hoffnung zu enttäuschen. Es ist dann umso schwerer, ihn ›erneut‹ sterben zu lassen. Der spirituelle Container hilft, diese Not zu tragen.

- Die Helfer müssen immer wieder die Blicke des Patienten und der Angehörigen aushalten, die zu sagen scheinen: Warum kannst du das Äußerste, das Sterben nicht abwenden? Hast du persönlich versagt, sind es die Grenzen der Medizin, die doch so viel versprochen hat und über die du doch verfügst, oder sind es die Grenzen, die von der Endlichkeit des Lebens gesetzt werden? Hätten andere Fachleute in anderen Kliniken besser helfen können? – Es ist letztlich der spirituelle Grund des Containers, der die Scham der Helfer über ihre Unzulänglichkeit angesichts des Unausweichlichen auszuhalten hilft.

- Gerade auf der Palliativstation, auf der der Kampf gegen den Tod aufgegeben werden muss, haben die Helfer oft den Anspruch, die Verhältnisse des Patienten umfassend in Ordnung zu bringen. Lange Zeit haben wir alle Ungereimtheiten der Menschen zu Problemen erklärt, die mit psychologischen, sozialen und eventuell theologischen Methoden aufgearbeitet werden müssten. In spiritueller Perspektive lernen wir inzwischen zu akzeptieren, dass der Patient mit seinem spirituellen Symbol

›im Arm‹ (was auch immer das für ihn ist: seine Biographie, seine Erfolgs- oder Versagensgeschichte, sein Familiensystem, sein Gott) sterben darf. Warum soll sich nur ein Kind mit seinem Lieblingsobjekt trösten und ein erwachsener Mensch nicht auch – im übertragenen Sinn – auf diese elementare, im ganzen Leben immer wieder nötige Erfahrung zurückgreifen dürfen?

- Auch berufliche Rituale stellen Containerinhalte dar: Das zuverlässige Kommen und Gehen der Besucher hat Bedeutung. Es ›sagt‹ etwas: »Es hat Sinn, was Du durchmachst, das ist nicht Existenzmüll oder Quatsch.« Wenn niemand mehr zum Sterbenden oder Schwerbehinderten geht, dann signalisiert das Unsinn, Unwürdigkeit von Leiden.
- Manche Stationen in Krankenhaus, Altenheim und Hospiz entwickeln gemeinschaftliche Rituale. Dort kann mancher Tanz zu Ende getanzt werden. Beim Kaffeetrinken z. B. schließen sich die Helfer nach dem Tod eines Patienten wieder an das Reservoir der Menschheit an und geben die persönliche Bewegtheit dorthin ab. Sie machen sich die Ordnung des Lebens bewusst, der sie mit ihrem Beruf dienen. Zu einer festen Zeit gibt es z. B. eine institutionell gesicherte Abschiedsmöglichkeit. Dann gibt auch die Institution das Signal: Ja, bei uns wird auch gestorben. Was sich dabei bei den Begleitern ablagert, braucht auch wieder seine Entlastung und seine Reinigung.

(Zur Vertiefung des Themas ›Wie viele Sterbende verträgt ein Mensch?‹ s. Weiher 2011.)

Ein Traum vom Tod

Ich hatte einen Traum. Mir ist der Tod begegnet: eine hoch aufragende Gestalt in einem schwarzen Kapuzenmantel. Aus der Kapuze wandte sich mir ein elfenbeinernes Gesicht zu; eine so integre, unbestechliche, lautere Gestalt, wie sie mir noch nicht im Leben begegnet ist. Er schaute mich nicht unfreundlich an, wohl aber trug er in sich ein großes Geheimnis. – Ich hatte keine Furcht, vielmehr fragte ich ihn im Halbschlaf, ob er mir meinen Tod ankündigen wolle. Er verneinte dies und bedeutete mir: »Tu Du im Vordergrund, am Patientenbett, in der Klinik, das Deine. Ich, der Tod, tue im Hintergrund das Meine. Ich vollziehe das Geheimnis, nicht Du.«

Diese Gestalt hat mich seither bei meiner Arbeit begleitet. Mir ist klar geworden: Der Tod ist Teil und Diener der Schöpfung. Er ist nicht mir Rechenschaft schuldig, sondern nur Gott. Dieser Gott ist letztlich der Container für alles Leben, Leiden, Sterben. Von ihm, dem transzendenten Container habe ich meine berufliche Rolle und den Sinn meines Berufs.

5. Spirituelles Leid

»Alles Große im Leben ist mit Schmerzen verbunden.« (Mutter auf die Frage ihres Kindes, ob Sterben weh tut)

Wenn Spiritualität der innerste integrierende und motivierende ›Geist‹ im Menschen bedeutet, dann reicht jede Leiderfahrung auch in dieses Zentrum des Menschen hinein. Was die Menschheit schon immer wusste, glaubte erst die Moderne vernachlässigen zu können: Krankheit und Sterben sind mit mehr Leid und Schmerz verbunden, als sich im Verstehensrahmen der naturwissenschaftlichen Medizin erfassen lässt.

Gesamtschmerz

›Leiden‹ ergibt sich aus dem Zusammenwirken aller Dimensionen des Menschen. Es betrifft nicht nur den physischen, sondern auch den mentalen, den emotionalen, sozialen und seelischen Bereich. Wenn Menschen von schwerer Krankheit bedroht sind, dann werden sie bis in ihre Existenz hinein erschüttert und damit auch bis in ihre spirituellen Vorstellungen hinein herausgefordert. Bis ins späte 20. Jahrhundert gingen die Professionen in der Begegnung mit dem Leiden getrennte Wege. Jede Disziplin ging davon aus, dass der Mensch mit Leiden und Sterben zurechtkomme:

- die Medizin, wenn sie mit ihren Mitteln alles ihr Mögliche tue;
- die Religion, wenn der Mensch nur einen starken Glauben und genügend Vertrauen habe;
- die anderen Helfer, wenn das Emotionale und Soziale gut aufgefangen würde.

Als erste hat Cicely Saunders vom ›total pain‹, von einem ›Gesamtschmerz‹ gesprochen und gefordert, dass in der Palliativversorgung alle Disziplinen Teil eines integrierten Konzeptes sein müssen (Saunders 1967). Die Weltgesundheitsorganisation hat daher die Palliativmedizin in ein Gesamtkonzept eingebunden: Palliative Care. Die Vorstellung von einem Gesamtschmerz darf allerdings nicht auf den palliativen Kontext beschränkt bleiben. In der Begegnung mit leidenden Menschen muss man überhaupt von einer Vieldimensionalität des Schmerzes ausgehen. – Im Gefolge der Definition von Palliative Care hat allerdings eine Form von Leid einen Namen bekommen, die vorher nicht benennbar war: der ›spirituelle Schmerz‹.

5.1 Spirituelle Schmerzen

Objektive Ursachen – subjektives Empfinden

Im Laufe der Entwicklung von Psychologie und Psychosomatik konnte immer mehr gezeigt werden, dass Schmerz ein weitaus komplexeres als nur ein physiologisches Phänomen ist. Die körperlichen Faktoren spielen mit Erinnerungen, Motiven, Affekten zusammen und verursachen so das, was als Schmerz empfunden wird. Nicht jeder Mensch, der Krankheit und Schmerz zu erleiden hat, ›leidet‹ auch in gleicher Weise. Die Stärke der Leidensempfindung hat viel mit der Persönlichkeit, der emotionalen, sozialen, kulturellen (vgl. Heller 2006: 434) und religiösen Lerngeschichte zu tun. Schmerzen können einen Menschen total beherrschen, müssen dies aber nicht notwendigerweise. Weil der Mensch nicht ein selektiv empfindendes, sondern immer auch ein – implizit oder explizit – interpretierendes und integrierendes Wesen ist, müssen auch Schmerzsymptome, die sich medizinisch auf konkrete Ursachen zurückführen lassen, vom subjektiven Erleben her verstanden werden. Schon körperlicher Schmerz löst immer mehr aus als einen elektrischen Reiz. Er ›reizt‹ die ganze Innen- und Umwelt des Menschen.

> ❖ »Es ist so elend, ich kann nicht schlafen vor Schmerzen ... seit drei Wochen geht das so. Wenn ich wenigstens einmal wieder zur Ruhe käme ... . Da will man einfach nicht mehr, glauben Sie mir. Und dabei bin ich zu meiner Frau so ungerecht. Ich fahre sie immerzu an. Dabei meint sie es doch so gut. Aber der geht es doch auch schlecht. – Wenn ich heute überlege, hat das mit 20 schon angefangen ... als mein Vater starb. Seit der Zeit konnte ich nie mehr so richtig lustig sein ... . Vielleicht kommt das alles von daher,« stöhnt der 60-jährige Mann.

Leiden will also in seiner Komplexität gesehen werden. Bei diesem Patienten heißt das zum Beispiel:
o Da ist natürlich zunächst das physische Schmerzerleben.
o Aber es tut auch ›weh‹, sich selbst so missmutig und unkontrolliert zu erfahren.
o Es tut dem Patienten auch leid, die eigene Frau so belastet zu sehen und sie als Prellbock für viele Missempfindungen und seine Ungeduld zu benutzen.
o Er, der »nie so gedacht hat«, will auf einmal nicht mehr; er denkt ans Aufgeben und will nicht mehr leben.
o Und es melden sich frühere Schmerzen: Die ganze Lebensgeschichte wird mittelbar mitaufgerufen. Lange überwunden geglaubte schwere Erfahrungen oder Trauer können sich jetzt, bei der aktuellen Bedrohung, erneut melden.

Schmerzen haben Anziehungskraft
Der körperliche Zustand wird oft zum Magneten, der sowohl die vielen aktuellen Leiden als auch die Trennungsschmerzen aus der Lebensgeschichte an sich zieht und in heftige Schwingungen versetzen kann. Im Innersten bilden viele Impulse zusammen einen Gesamtschmerz. Das ›Selbst‹ leidet. Was bei obigem Patienten beobachtbar ist, das wird von neuesten Untersuchungen bestätigt (Lenzen-Schulte 2005): Das Gehirn verarbeitet existenzielles Leid im selben Zentrum wie physische Schmerzen. Die eine Leidform trifft im Gehirn auf andere Leiderfahrungen und verbindet sich mit ihnen. Dass etwas Schweres zu Herzen geht oder einem das Herz zerreißt, ist also nicht reine Poesie und sentimentale Begleitmusik, sondern ist auch in der Struktur des Gehirns begründet. Für die Helfer ist es wichtig,

sich diesen Zusammenhang klarzumachen. Sind sie doch sonst schnell von der Komplexität des Leidens überwältigt und werden in den Sog des ›total pain‹ hineingezogen. Die Helfer können diese Erfahrung immer wieder machen. Wenn Menschen sehr leiden müssen, dann kommen mit den aktuellen Empfindungen wesentliche Leiderfahrungen aus dem Leben und deren Deutungen mit in Resonanz (Morris 1994). Da hilft es nicht zu sagen: Das sollte man doch auseinanderhalten. Vielmehr ist gerade dies das Leiden des Patienten.

Genau genommen, sind die Schmerzebenen nicht voneinander zu trennen. »Wenn wir einen Schmerz mit unseren Erfassungsinstrumenten zu quantifizieren versuchen, so messen wir immer den totalen Schmerz des Patienten. Kein Mensch kann sein subjektives Schmerzerleben unterteilen in verschiedene Dimensionen.« (Kunz 2006: 226) Zudem kann bei dieser Sicht des Gesamtschmerzes jede Dimension, die körperliche, die emotionale, die mentale, die spirituelle die Oberhand gewinnen und dementsprechend Symptome zeigen, die man nicht voreilig einer einzigen Ursache zuordnen kann.

5.1.1 Spirituelle Schmerzen: eine Phänomenologie

Schmerz und Alltagsspiritualität

Letztlich ist das innerste Motiv für viele Leiden die spirituelle Lebensvorstellung und -einstellung des Menschen.

- Dass sich obiger Patient so missmutig erlebt (emotional), das kränkt auch seine Vorstellung von sich selbst (»So war ich noch nie.«).
- Dass er mit seiner Frau ungerecht umgeht, tut ihm selbst weh: Sozialer Schmerz ist zutiefst Symbol für Liebe und Liebebedürftigkeit.

Bei mentalen, emotionalen und sozialen ›Problemen‹ ist die Spiritualität mit betroffen, wenn auch nicht unbedingt im Vordergrund. In der beruflichen Praxis ist es dennoch durchaus sinnvoll, die Schmerzebenen zu unterscheiden und entsprechend zu ›behandeln‹.

> ❖ Der ältere Mann musste vom Notarzt plötzlich auf die Intensivstation der Klinik gebracht werden. Weil er alleinstehend ist, ist sein Hund zu Hause unversorgt. Er ruht nicht eher, bis man ihm versichern kann, dass sich die Nachbarn um den Hund kümmern. Erst jetzt kann er sich auf die weitere Behandlung einlassen.
>
> ❖ Wenn es der Frau des Patienten N. nicht gut geht, hat er selbst auch mehr physische Schmerzen.
>
> ❖ Die Appetitlosigkeit des Patienten, dass er an so vielen Schläuchen hängt, die Rasselatmung des Sterbenden beunruhigt die Angehörigen sehr. – Meist wird diese Sorge als ›Problem‹ der Angehörigen gedeutet. Aber könnte sie nicht genauso gut als Ausdruck ihrer Liebe und damit ihrer Spiritualität betrachtet werden?

Spiritueller Schmerz: eine Definition

Der Begriff ›Spiritualität‹ ist als Beziehungskategorie zu verstehen:

> Wenn Spiritualität die Beziehung ist, durch die sich der Mensch mit dem Geheimnis des Lebens als heiligem Geheimnis in Verbindung weiß, dann entstehen spirituelle Schmerzen in einem impliziten Sinn überall da, wo sich der Mensch in seiner Verbindung zum Geheimnis des Lebens bedroht oder abgeschnitten sieht.

Spirituelle Schmerzen lassen sich also nicht nur als fehlende, vermisste oder ersehnte Verbundenheit mit dem All-Einen interpretieren, so, als ob der Schmerz behoben sei, wenn der Patient sich mit der unendlichen Liebe oder dem ewigen Sein eins fühlte (so z. B. Saalfrank 2002: 10). Spirituelles Leid muss weiter und unspezifischer definiert werden. Erst wenn man es in seinen vielfältigen Dimensionen sieht, kann man dem Erleben von Menschen gerecht werden. Es hängt ja auch sehr von der Persönlichkeit, dem biographischen Kontext und der Lebenseinstellung eines Menschen ab, was er als Schmerz in diesem Sinn empfindet. Der eine Patient kann den Zerfall seines Körpers, der andere seine Schwäche und sein Angewiesensein auf andere, ein dritter seine eingeschränkte Selbstverfügung als wesentliche Verletzung seines Innersten erleben.

Weil die Alltagsspiritualität eines Menschen sich auf alle seine Identitätsmomente beziehen kann, also nicht nur auf die Verbindung zu anderen Menschen, sondern auch auf die zu seinen Fähigkeiten und Hobbys und die zur Schöpfung (Tiere, Haus, Heimat, Natur), können alle Bedrohungen dieser Verbindungen – auch die zum ›Hund‹ – die spirituelle Dimension betreffen. Das prägt zutiefst ihre Bedeutung über die reine Sach- und Gefühlsebene hinaus. Das gilt es immer wieder für die Helfer, sich bewusst zu machen, um angemessen mit den Äußerungen des Patienten und mit seinem Beziehungssystem umgehen zu können.

Existenzielle Schmerzen am Lebensende

Besonders herausgefordert ist die existenzielle und spirituelle Dimension an der endgültigen Grenze des Lebens, beim Sterben. Der Tod trennt alle Beziehungen – zuletzt auch die des Menschen zu sich selbst. Weil der Mensch sein Leben durch die Beziehungen zu anderen Menschen, zu Orten, Zeiten, Schöpfung zu einer einzigartigen Geschichte macht, sind alle diese Beziehungsmomente relevante »Selbstobjekte« (Wahl 1994: 90 ff.) in dem Sinn, dass der Mensch über sie zu seinem Selbst findet. Als Selbstobjekte darf man – im Kontext von Sterben und Tod erst recht – ganz sicher mehr sehen als die konkreten identifizierbaren ›Objekte‹ außerhalb des Menschen. Auch nichtmaterielle Lebensinhalte können zu ›Objekten‹ werden, die der Mensch aus seinem Inneren sozusagen herausstellen kann. Sie können so zu einem vorgestellten bedeutsamen ›Gegenüber‹ werden, das bedroht ist, das beeinträchtigt werden kann oder von dem er sich abgeschnitten sieht. Solche Selbstobjekte können sein:

o der eigene Leib, in dem man wohnt und der einen bei schwerer Krankheit immer mehr im Stich lässt;

- die Selbstkontrolle, die Menschen bei Parkinson, ALS und anderen neurologischen Krankheiten immer mehr verlieren;
- die eigene ›Lebenserzählung‹, die man rückblickend wie ein Muster anschauen kann;
- der innere Lebensauftrag, den man in sich gespürt hat und dem man gefolgt oder nicht gefolgt ist;
- die Träume, die man in sich trägt;
- die Kontur des eigenen Selbst, die man in sich ahnt und deren man sich bewusst werden kann;
- die Autonomie, die man ein Leben lang probiert und erworben hat und die man beim Sterben zu verlieren droht oder unbedingt verteidigen will;
- die wohlwollende Nähe des Lebens, an der man ›ein Leben lang‹ teilhatte, aus der man wohl bald verschwinden wird;
- und endlich die eigene Existenz, zu der der Mensch – anders als das Tier – ein Verhältnis haben kann und die einem immer weniger zu gehören scheint.

Sie alle können als höchst bedeutsame ›Objekte‹ gesehen werden, von denen schwere Krankheit den Menschen abzuschneiden droht. Damit können alle diese Beziehungen von Verlust betroffen und verletzt werden und so Schmerzen – vor allem spirituelle – verursachen. So kann auch das Wartenmüssen auf den Tod, das Aushaltenmüssen von Schwäche als Angriff auf die Autonomie als innersten Wert und damit implizit auf das spirituelle Lebenskonzept empfunden werden.

Beim drohenden biologischen Zerfall des Menschen werden auch die ›Selbstobjekte‹, mit denen zusammen er seine Identität konstruiert hat, relativiert: Einerseits braucht man sie gerade jetzt als stabile Faktoren, andererseits geschieht ein totaler und schmerzhafter Umbau in dieser Lebenskonstruktion. Die Objekte müssen einen neuen Platz im Identitätsentwurf finden oder verlieren ihre bisher hilfreiche Kraft. Die Auseinandersetzung mit den Lebenssymbolen kann zu einem schwierigen, aber auch lohnenden Prozess werden.

In der Nähe des Todes können elementare Erfahrungen besonders schmerzlich ins Bewusstsein treten. Weil das Geschehene unumkehrbar ist, wird es als besonders leidvoll erlebt.

Besonders schmerzhaft kann sein:
- als Schwerkranker seine Familie nicht (nie mehr?) versorgen, seiner Lebensaufgabe nicht mehr nachgehen zu können;
- als Sterbender den Partner, die minderjährigen Kinder so früh, in dieser Lebensphase, mit diesen Aufgaben verlassen und ihnen die Trennung und die Trauer zumuten zu müssen;
- als ungerecht empfundene Brüche in der Lebenslinie;
- mit offen gebliebenen Wünschen und Grundsehnsüchten gehen zu müssen;
- schwere Differenzen mit Nahestehenden nicht auflösen zu können;

- das Empfinden von Schuld und Versagen sich selbst, den Mitmenschen und dem Leben gegenüber;
- das Empfinden, sein Leben nicht gelebt zu haben;
- und schließlich die Enteignung des Selbst, das ja das Dasein-Können überhaupt ausmacht.

Eine Liste für spirituelle Schmerzen?
Es ist wenig sinnvoll, eine vollständige Merkliste für spirituelle Schmerzen zu erstellen. Das würde letztlich den Begleitern suggerieren, diese Form des Leids sei ähnlich wie in der Medizin objektiv erfassbar. Diese Einstellung würde vom guten Hinhören und aufmerksamer Wahrnehmung ablenken. Fallbeispiele und Listen können aber auf die Vielfalt seelischen Leids aufmerksam machen und den inneren Wahrnehmungshorizont erweitern.
Um ›spirituelles Leid‹ handelt es sich dann, wenn Menschen existenziell betroffen sind und dabei ihr innerster spiritueller Horizont in Mitleidenschaft gezogen wird. Dieser Horizont ist oft eine innere Überzeugungswelt, die zwar weniger bewusst mitspielt, die aber doch eine innere Kraftquelle ist oder ein spirituelles Grundempfinden, das keine ausgeprägte Gestalt und eine mehr oder weniger namenlose Qualität hat.

Schmerz mit transzendenter Perspektive
Angesichts des Lebensendes kommt allerdings Spiritualität auch ausdrücklicher zur Sprache, zum Beispiel wenn Menschen bei einem Lebensrückblick fragen und zweifeln:

- Warum passiert das mir? Wieso soll ich jetzt schon sterben?
- Soll das alles gewesen sein? Das Leben war so kurz.
- Werde ich im Gedächtnis bleiben? Wird die Welt mich vermissen?

In religiös adressierter Form sind es Fragen wie:
- Will Gott wohl, dass ich so leide?
- Wieso hilft mir jetzt mein Glaube so wenig? Wieso lässt er mich im Stich?
- Soll das eine gerechte Welt, ein gerechter Gott sein, wenn man so viel leiden muss?
- Was geschieht nach dem Tod mit mir? Gibt es überhaupt ein Leben nach dem Tod?
- Ob das alles auch jetzt noch wahr ist – auch im Sterben – was ich immer geglaubt habe?

Ein Zwischenergebnis:

›Spiritueller Schmerz‹ ist eine eigene – wenn auch nicht immer isolierbare – Dimension des Leides. Auch bei der besten Palliativmedizin, die die körperlichen und viele Begleitsymptome reduzieren kann, bleiben Leiden anderer Art: »dass mich so etwas überhaupt trifft; dass man sterben, sich verabschieden, andere gehen lassen muss ... .« Diese Art Leiden kann ein Element des ›total pain‹ sein, es kann aber auch die dominierende Leidform sein. Leid ist ja in gewissem Sinn die Rückseite der Liebe und hat auch von daher seine eigene Würde. Deshalb ist es auch nicht einfach unter der Perspektive zu betrachten, wie man es möglichst schnell wegmachen kann. Die Perspektive ist vielmehr, seine Bedeutung zu verstehen und es von daher zu begleiten. Innerpsychische und spirituelle Belastungen erfordern dann andere Strategien als die körperlichen Symptome.

5.1.2 Was tröstet bei spirituellem Schmerz?

Einen Verstehensraum anbieten
Bei existenziellem und spirituellem Leid gilt es in erster Linie, den Betroffenen so zuzuhören und ihnen Raum zu geben, dass sie sich verstanden sehen. ›Verstehen‹ ist die Grundform der Nächstenliebe. Das erfordert viel Einfühlungsvermögen, weil Patienten oft zunächst selbst nicht genau ihr Leid benennen können. Für die Begleitung bedeutet dies, nicht zu schnell zu analysieren, sondern auf die unterschiedlichen Signale des Patienten zu achten und seine Ausdrucksweise zu verstehen. Dann kann der Patient von selbst auch tiefere Schichten dieses Schmerzes erreichen, ihn anschauen und für ihn Namen oder Bilder finden.

❖ Die Patientin erzählt beim Seelsorgebesuch, dass die Ärzte immer noch keine richtige Ursache für ihre Beschwerden gefunden haben, dass der Sohn keine Zeit für Besuche hat, dass sie starke Kopfschmerzen hat, Tag und Nacht, dass sie inkontinent ist ... . Und dann: »Wissen Sie, ich fühle mich wie eine kleine Nussschale auf hoher See. Ich werde einfach so umhergetrieben, ziellos.«

Kranke und ihre Angehörigen erzählen oft detailliert ihren Weg durch Arztpraxen und Krankenhäuser. Das Erzählen der Leidensgeschichte vermag die Not und die Ohnmacht der Betroffenen zu lindern. Erst eine völlige Hilf- und Sprachlosigkeit macht den Schmerz so qualvoll. Im Erzählen vermögen Menschen zu Subjekten ihrer Geschichte(n) zu werden und wieder zu ihrer Würde zu finden, die ihnen zu entgleiten droht. So findet die Patientin in obigem Beispiel von sich aus (oder angeregt durch den Begleiter) ein integrierendes Bild für ihre Identität, an der der Begleiter anknüpfen kann. Bereits im eigenen Erzählen formen sich im Menschen oft neue Varianten zu seinen bisherigen Interpretationen, die helfen, dem Schmerz die Macht über das Subjekt zu nehmen. Nicht der Patient gehört dann dem Schmerz, sondern dieser dem Subjekt.

Keine Lösung, sondern Halt gegeben
Der Helfer darf sich nicht dem Druck aussetzen, eine direkte ›Ant‹-wort geben (»Aber Sie haben doch noch ...«) oder ein alles linderndes Schmerzmittel finden zu müssen. Der Begleiter wird ja nicht als Antwortgebender gebraucht, sondern als einer, der die schweren Fragen des Patienten aushält, vor der Trauer nicht ausweicht, sondern durch seinen ›Seelenraum‹ als Rollenträger Halt gibt. Dann erst können Fragen helfen, wie: »Was macht es Ihnen so schwer ..., was würde es Ihnen leichter machen?«, so dass der Patient mit dem Helfer zusammen Möglichkeiten durchspielen und Perspektiven entwickeln kann. – Die Helfer dürfen getrost auch auf die spirituelle

Vorstellung zurückgreifen, dass Menschen an schwierigen Themen nicht gleich zugrunde gehen, sondern auch Fähigkeiten haben, damit klarzukommen.

Auch die Nichtseelsorger begegnen spirituellem Schmerz
Patienten sollten auch über ausdrücklich spirituelle Nöte bei ihren Ärzten, Pflegenden und Betreuern sprechen können. (Puchalski 2002: 800) Die Professionellen sollten ihre Patienten eher dazu ermutigen zu offenbaren, was ihnen Sorgen bereitet und auch bei Wut und Verzweiflung sich emotional nicht zurückziehen. Umgekehrt können alle Helfer auf Ängste, ungelöste Konflikte, unerledigte Aufgaben und Verzweiflung bei ihren Patienten stoßen. Es geht dann nicht darum, dass die Professionellen Lösungen anbieten können. Wenn sich der Patient vielmehr gehört und verstanden sieht, wird er für sein Problem zunächst einen menschlichen ›Container‹ und damit einen ersten Trost finden. Auch die nichtseelsorglichen Helfer können den Patienten nach dem fragen, was ihm zutiefst wichtig ist, in welchen bedeutsamen Beziehungen er steht, welche Werte und Träume sein Leben leiten und was für einen Glauben er hat. Dann kann dieser sich auf sein inneres spirituelles System beziehen und sich seiner Ressourcen bewusst werden, ohne dass der Helfer ›damit arbeitet‹. Der Helfende kann dann entscheiden, ob diese erste Hilfe genügt oder ob er dem Patienten vorschlägt, seine Nöte mit erfahrenen Begleitern weiter zu besprechen. Diese können nach fachlichen Kriterien beurteilen, was das tiefergehende Bedürfnis des Patienten ist, was hier Linderung und ›Lösung‹ bedeutet, was im Geheimnis des Patienten bleiben und womit er in spiritueller Hinsicht sterben darf.

Wann es Facharbeit braucht
Wenn Schwerkranke über das Ergebnis und das Bild ihres Lebens enttäuscht sind, wenn sie ungelöste Konflikte und Ideen in sich tragen, wenn sie sich selbst negativ bewerten oder ihr Leben als gescheitert ansehen, dann helfen keine beruhigenden Trostworte (»Aber Ihre Kinder sind doch alle was geworden«, »Sie konnten doch nichts dafür, dass … .«). Bei solchen Themen braucht es psychotherapeutische oder seelsorgliche Fachleute. Diese werden tiefer in die Lebenstheorien des Patienten hineinhorchen, die Zweifel und Fragen mehr vom Lebenshintergrund her erfassen können. Dann erst werden sie mit dem Patienten nach wirklich passenden Gegengewichten suchen können.

5.1.3 Schmerz und religiöse Begleitung

Interdisziplinär beachten
Die mehrdimensionale Perspektive des Schmerzes muss natürlich auch bei der ausdrücklich spirituellen Begleitung beachtet werden. Religiöse Begleiter dürfen sich z. B. nicht dazu verleiten lassen, dem Patienten von der Spiritualität her aufhelfen zu wollen, solange körperliche Schmerzen die ganze Person beherrschen. Es versteht sich von selbst, dass physische Schmerzen zuerst medizinisch behandelt werden und das Spirituelle nur ergänzend hinzutritt. Diese Reihenfolge gilt auch umgekehrt: Bevor emotionales und

existenzielles Leid medikamentös gedämpft wird, muss den eigentlichen Ursachen – auch spirituellen – nachgegangen werden.

Sein Leid klagen dürfen
Auch die Seelsorgenden und Religionsbeauftragten werden auf viele spirituelle Nöte und Zweifel keine Antworten ›geben‹ oder haben. Auch sie werden in erster Linie seelsorgliche Container (zum Containerbegriff s. 4. 1) sein, in die der verzweifelte oder deprimierte Patient seine Wut auf Gott oder seine Enttäuschung über nichterhörte Gebete wirft.

> ❖ Die Seelsorge wird auf die Intensivstation der Kinderklinik gerufen. Der Vater steht verzweifelt am Bett seines erst zwei Tage alten Kindes, das mit einem schweren Herzfehler geboren wurde. »Gott hat mir vor einem halben Jahr meinen Vater genommen. Wenn er jetzt auch noch mein Kind nimmt, will ich nichts mehr mit ihm zu tun haben.«

Man kann die tiefe Verzweiflung spüren, die Menschen dann mit der höchsten Macht in Verbindung bringen, um nicht ganz in der Tiefe zu versinken, die sich hier auftut. Die Helfenden können nicht erwarten, dass spirituell erschlossene oder religiöse Menschen gelassen trauern oder sterben und durch ihren Glauben ein ›schönes Sterben‹ haben. Menschen brauchen auch ihre Wut und ihre Klage über die Ungerechtigkeit des Lebens, über die Zumutung des Sterbens. Letztlich muss auch die Wut und das Aufbegehren spirituell gesehen werden. Sie sind nicht nur psychologisch als verständlicher Teil des Sterbe- oder Trauerweges zu lesen. Wer wütend ist und klagt, geht – implizit – von der Überzeugung aus, dass es irgendwo eine Gerechtigkeit gibt und über den Schmerz hinaus eine Erfüllung, die man das Recht hat, vom Höchsten einzufordern. Religion gestattet es, die tiefsten Fragen und Antworten zu formulieren, die ein schweres Schicksal oder der Tod auslösen und die keiner menschlichen Intelligenz standhalten. Dafür reicht der Seelenraum des Helfers – auch des Religionsbeauftragten – nicht aus. Hier wird der ›höchste Archetyp‹, der umfassende Container gebraucht, der alles aufnehmen kann, was es an Liebe und Trennung gibt. Nur ein höchstes Prinzip, nur Gott, kann die Last und die Verantwortung für das Unausgleichbare übernehmen, nicht der Mensch. Die christliche Religion sagt nicht einfach ›Ja‹ zum Leiden. »Die Unbegreiflichkeit des Leides ist ein Stück der Unbegreiflichkeit Gottes« Der Glaube kann allerdings Ja sagen zur »Unbegreiflichkeit Gottes selbst, ohne die er nicht Gott wäre.« (Rahner 1983: 42)

Gott verteidigen?
Deswegen wird Seelsorge in einer konkreten Situation heute nicht mehr mit Argumenten für das Leid oder zur Verteidigung Gottes antreten. Sie wird eher mit den elementaren Gesten (Klage-)Gebet und Segen den ›Gott-Container‹ hinhalten und für ihn einstehen. Es ist Überzeugung der christlichen Religion, dass es den Schmerz nicht nur in der Welt – als Fakt eben – gibt, sondern dass er »bis in die Tiefen Gottes hineinreicht« (Heimler 1988: 1096). Zur Gottesauffassung der Christen gehört das Kreuz: Gott hat das Leidens-

und Todeswerkzeug als wesentliches Merkmal in sein Gottsein aufgenommen und damit seine Leidenschaft auch für das leidvolle Leben offenbart.

›Stellvertretungs-Spiritualität‹
An Gott glauben und ihn zugleich ablehnen sind – psychologisch gesprochen – integrierende Handlungen des Menschen, für die er den Gott-Container in Anspruch nimmt.

> Geistliche Begleiter werden als Repräsentanten des Heiligen oft stellvertretend den Glauben des Patienten vorübergehend ›tragen‹, so dass dieser sich von einem Größeren gehalten weiß, auch wenn ihm selbst der Zugang dazu jetzt nicht möglich ist. Die hier mögliche Erfahrung nenne ich ›Stellvertretungs-Spiritualität‹.

❖ Auch verzweifelte Patienten stimmen oft zu, wenn Seelsorgende vorschlagen zu beten oder eine Kerze in der Kirche für sie anzuzünden.

Wenn Patienten sagen, dass sie »Gott verloren haben«, dann verkörpern die geistlichen Begleiter dennoch das ›ganze‹ Geheimnis des Heiligen: die dunkle und unverständliche, zugleich aber auch die bergende und rettende Seite. Letztere ist im Hintergrund mit anwesend und Halt gebend, auch wenn der Betroffene von sich aus zurzeit keinen Zugang dazu hat. Der Begleitende steht dafür ein, dass das Geheimnis nicht nur erschreckend ist, sondern zutiefst auch seinen Segen hat.

❖ »An diesen Gott kann ich nicht mehr glauben, der mir meine Frau genommen hat.« sagt tief getroffen der Ehemann beim Ritual des Seelsorgers am Totenbett. – Und bald darauf: »Aber beten Sie bitte weiter.«

Den Weg ins Geheimnis begleiten
Bei Sterbenden repräsentieren Seelsorgende das ›Jenseits‹ der Grenze: dass auch dort Raum des Heiligen und dort der Schmerz der Verlorenheit aufgehoben ist.
Natürlich wird Seelsorge im Gespräch mit Patienten auch spiritualitätsbasierte Medien anbieten. Seelsorgende werden sich Worte vom Ringen Hiobs mit seinem Gott, von der Auseinandersetzung Jesu mit seinem Leid, Worte der Psalmen als Seelenraum der Glaubensgemeinschaft, Worte der Klage derer, die in ihrem Leid an der Hoffnung festgehalten haben, oder Rituale als ›stille‹, aber ausdrucksstarke Sinngeber ausleihen.

> Spirituelle Begleiter können bei einer vertrauensvollen Beziehung den Patienten durchaus fragen, ob er sich vorstellen kann, das Geheimnis der Zukunft als das Geheimnis Gottes zu sehen und es *bewohnen zu lernen*. Auch diese Zeit des Lebens kann nicht nur ein psychischer und sozialer, sondern auch ein spiritueller Weg werden.

Das Gespräch über die mystische Verbundenheit, aber auch Distanz zwischen Mensch und Gott gehört zum Tiefsten, was Seelsorge zu begleiten hat, nicht zuletzt, weil es nicht ohne schmerzhafte, aber auch große Erfahrungen ist.

Spiritualität kann wachsen
Die geistlichen Begleiter dürfen bei aller Konfrontation mit spirituellem Leid aber auch eine längerfristige Perspektive sehen: Sie dürfen hoffen, dass des Patienten erste Enttäuschung und Verbitterung darüber, dass das Leben eine solche Wendung nimmt oder Gott das Fortschreiten einer Krankheit nicht verhindert, von der Trauer und der Erfahrung abgelöst wird, dass das bisherige Lebenskonzept oder der Glaube nicht *vor* dem Sterben, sondern *im* Sterben bewahren kann. Der Helfer darf darauf vertrauen, dass Spiritualität und Glauben keine starren Einstellungen sind, sondern sich mit dem Prozess des Patienten verändern und weiter wachsen können.

Sich mit dem Leid versöhnen?
Als großes Ziel einer spirituellen Sterbebegleitung gilt, dass sich der Mensch mit dem Schmerzhaften am Ende versöhnen kann. Die spirituellen Begleiter werden dieses Ziel wohl in ihrem inneren Blick behalten und den Patienten zu dem damit Gemeinten behutsam anregen: »Ist noch etwas zwischen Ihnen und dem Herrgott?« »Gibt es etwas, was Ihnen wichtig ist zu sagen oder zu regeln?« »Können Sie gut auf Ihr Leben schauen?« Dann kann der Patient offen Gebliebenes anschauen und dazu Beziehung aufnehmen. Es entspricht aber der Logik von Spiritualität und Religion, dass Versöhnung nicht als ausdrückliche Zustimmung geleistet werden muss.
Schön ist es, wenn sich dies für alle Beteiligten nachvollziehbar miterleben lässt. Der Mensch aber muss nicht alles ›be-wältigen‹. Er darf mit seinem Geheimnis sterben. Auf jeden Fall gilt: Er bleibt im Geheimnis Gottes und dahinein stirbt er.

5.2 Angst und Ängsten begegnen

»Die ursprüngliche Erschließungsmöglichkeit des Daseins aber ist die Angst.« (Joachim Ringleben mit Bezug auf Martin Heidegger).
»In Ängsten – und siehe, wir leben!« (Nach 2 Korinther, 6)

5.2.1 Dimensionen der Angsterfahrung

Theorien über die Angst und Strategien im Umgang mit ihr gelten längst als Domäne der Psychologie und der Verhaltenswissenschaften. Diese scheinen in Bezug auf das Phänomen Angst die Philosophie und Theologie abgelöst zu haben. Angst aber ist wesentlich ein existenzielles Thema, das von vielen Seiten her betrachtet werden muss.

Im Folgenden wird sich zeigen, dass die spirituelle (und am Ende auch die religiöse) Perspektive wesentliche Deutungs- und Begegnungsmöglichkeiten zu diesem Thema beisteuern kann. Natürlich muss sich auch die spirituelle Sicht an der Anthropologie und den Erkenntnissen anderer Wissenschaften orientieren. Außerdem versteht sich auch spirituelle Arbeit – erst recht im Kontext schwerer Krankheit – multidisziplinär und -professionell. Die folgenden Überlegungen wollen aber auch zeigen, dass diese spirituelle

Perspektive nicht den Spezialisten von Seelsorge und Religion vorbehalten ist, sondern allen Betreuern Möglichkeiten des Verstehens und der Begleitung eröffnet. Im Fokus steht dabei der Umgang mit Angst im Begegnungsalltag, der auch nicht psychologisch oder theologisch Geschulten möglich ist.

Angst als Grunderfahrung
Wenn Angst zu den Grunderfahrungen des menschlichen Daseins gehört, dann ist diese erst recht mit der Erfahrung von schwerwiegenden Diagnosen und begrenzter Lebenszeit verbunden. Der Zusammenhang zwischen drohendem Tod und Angstreaktionen ist aber nicht automatisch gegeben. »Furcht ist keinesfalls die einzige Reaktion auf den Tod, auch nicht die weitverbreiteste, was gemeinhin unterstellt wird.« (Ochsmann 1991: 120)
In der Begegnung mit Kranken und Sterbenden spielen Ängste dennoch häufig eine Rolle. Gibt es doch weit mehr Anlässe, die Angst auslösen, als die direkte Konfrontation mit dem Tod: Es droht ja nicht nur das Ende der persönlichen Existenz; verbunden damit sind ja auch vielfältige physische Einschränkungen und Therapiefolgen, mögliche psychische und soziale Veränderungen und Verluste. Ängste treten zudem nicht nur bei den Patienten auf, sondern auch bei denen, die ihnen begegnen (vgl. z. B. Ochsmann 1993, Wittkowski 2003).

Angst – anthropologisch
Angst durchzieht die Biographie jedes Menschen; sie gehört einfach zum Leben. »Angst ist ein hochkomplexes und vielschichtiges Phänomen.« (Ratsak 2007: 1090) Sie meldet sich nicht erst dann, wenn Krankheiten Leib und Leben gefährden und physische Veränderungen eintreten. Sie ist vielmehr eine Emotion, die die meisten unserer Lebensbewegungen begleitet, weil solche Bewegungen mit Unsicherheit und Veränderung verbunden sind. Erst recht ist sie ein Begleitsymptom bei existenziell einschneidenden Grenzerfahrungen und »somit als natürlich und nicht als ›psychopathologisch‹ anzusehen« (Ratsak 2007: 1090).
Schon die ursprüngliche Funktion der Angst ist es, das physische Dasein zu schützen und zu retten. Sie ist in der Evolution schon bei den Tieren instinkthaft angelegt. Beim Menschen aber ist sie komplexer, weil er anders als das Tier die Zukunft vorwegnehmen und damit viel mehr Möglichkeiten der Gefährdung in sein Denken einbeziehen kann. Zudem geht es bei ihm nicht nur um die physische, sondern auch um die psychische, soziale und spirituelle Existenz.

Angst – belastend und notwendig. Weil Angst in der Regel mit unangenehmen Gefühlen verbunden ist, gilt sie verständlicherweise als Zustand, den der Mensch – auch der Helfer sowohl beim Patienten wie bei sich selbst – vermeiden möchte. Dieser ›negativen‹ Sichtweise der Angst stellen längst alle Disziplinen, die sich mit dem Phänomen befassen, grundsätzlich ›positive‹ Effekte gegenüber. Einerseits treten Ängste »in Situationen auf, denen wir uns nicht oder noch nicht gewachsen fühlen« (Ratsack 2007: 1091) und werden somit zusätzlich als hemmend und belastend empfunden. Andererseits aktivieren sie Aufmerksamkeits- und Kreativitätspotentiale. Sie locken im Menschen produktive Kräfte hervor, die letztlich Entwicklungen im Leben des Einzelnen wie der Menschheit im Ganzen voranbringen.

Es erweitert entscheidend den Blick auf die Angst, wenn diesem Affekt über die biologische (Reaktion auf Bedrohung) und psychologische (Suche nach Sicherheit und Impuls zur Entwicklung) Funktion hinaus eine spirituelle Bedeutung zugemessen wird. Angst reicht immer in die Existenzerfahrung des Menschen hinein. Damit berührt sie immer auch den ›innersten Geist‹ eines Menschen und reizt ihn, aus diesem Innersten heraus Antworten auf die Bedrohung zu finden.

Angst – spirituell

Die Begrenztheit des Daseins. Die Art und Weise, der Angst zu begegnen, hängt wesentlich davon ab, wie man sie versteht. Natürlich ist sie zunächst mit negativer Bedeutung verbunden: Geht doch schon das Wort etymologisch auf ›eng‹ und ›bedrängend‹ zurück. Im Blick auf die ganze Existenzerfahrung weist die Angst nachdrücklich auf die Begrenztheit und Endlichkeit allen Daseins in der Welt hin, der sich der Mensch nicht entziehen kann. Er ist konfrontiert mit der Alterität und Widerständigkeit der Welt, seines Leibes, der Mitgeschöpfe und der Dinge; dabei erfährt er, dass er nicht unbegrenzte Macht hat, sondern schon dadurch eingeschränkt wird. Krankheit und Krisenerfahrungen signalisieren, dass das Leben nie ganz sicher ist und ständig neu herausfordert. Erst recht grenzt die Endlichkeit allen Lebens und der voraussehbare Tod die Zukunft prinzipiell ein. Letztlich steht das Selbst und das Dasein in der Welt auf dem Spiel: Der Mensch erfährt, dass er in dieser Welt nie ganz aufgeht.

Die Kostbarkeit des Daseins. All dies kann aber nun spirituell gelesen werden: Diese Erfahrungen haben nicht nur eine Defizit-, sondern auch eine Ressourcenseite: Macht nicht der Angstaffekt auf genau das aufmerksam und schärft er nicht den Blick dafür, worum Angst zu haben sich lohnt? Es geht nicht nur um das biologische Leben, sondern wir werden auch dazu verlockt, die Einmaligkeit des Daseins in ihrer Kostbarkeit schätzen zu lernen. Spirituell gesprochen gehört die Angst um der Wichtigkeit und der Würde meines Lebens und des Lebens der Mitgeschöpfe zum Weltdasein dazu. Sie gehört zur natürlichen Grundausstattung. Wenn also Menschen, denen wir als Helfer begegnen, Angst haben, dann will das grundsätzlich auch in seinem Ressourcencharakter anerkannt sein: Es geht den Betroffenen um mehr als die bare Existenz; es geht um die Kostbarkeit eines Lebens und den Wert einer Lebens- und Beziehungsgeschichte, letztlich um das darin wohnende Geheimnis.

So hat die Angst auch ihre Weisheit – zumindest aber ihre Würde. Symptome der Angst und Äußerungen von angsterfüllten Menschen scheinen oft gerade würdelos (›jämmerlich‹, der Mensch scheint sich nicht kontrollieren und beherrschen zu können). Aber auch wenn es wie das Gegenteil aussieht, Angst-haben-Können gehört gerade zur Würde des Menschen, macht ihn erst menschlich. Das gilt es in allen Begegnungen mit Geängstigten –

aber auch mit den eigenen Emotionen – sich bewusst zu machen, um so begegnungsoffen und sogar wertschätzend mit diesem Affekt umgehen zu können. Würdigung und Wertschätzung sind also bereits ein erstes ›Gegengewicht‹ für die Angst – und das ist noch nicht einmal wenig. Freilich: Diese Sichtweise und solche Wertschätzung ist letztlich nur in einer transzendentalen Perspektive zu gewinnen.

Angst – phänomenologisch
Wichtige Unterscheidungen helfen, das Phänomen Angst für die Begegnungsmöglichkeiten weiter zu erschließen.

Angst und Furcht. Von Sören Kierkegaard stammt die berühmte Unterscheidung zwischen Furcht und Angst. Von ›Furcht‹ spricht man, wenn sich die Reaktion auf eine identifizierbare Gefährdung, ein konkretes Übel bezieht. ›Angst‹ dagegen geht von einer unbestimmten, objektlosen Bedrohung aus. In ihr fühlt sich das Ich selbst in einem existenziellen Sinn bedroht. Streng genommen ist die Todesangst prinzipiell gegenstandslos, weil jedem Menschen das Erleben des eigenen Todes fehlt.
Unter Einbeziehung der Psychologie unterscheidet man mittlerweile zwischen vier Formen (Ringel 2000: 674):

(1) Die **reale Angst** beruht auf der evolutionär angelegten Reaktion auf reale Gefahren. Reale Ängste treten verständlicherweise im Zusammenhang mit einer einschneidenden medizinischen Diagnose bei Vorstellungen, wie diese Krankheit sich wohl entwickeln wird, bei unerklärlichen Schmerzen, bei befürchtetem Rezidiv, bei schwierigen und schmerzhaften Eingriffen, bei Erstickungsgefühlen, vor dem Auftreten starker Schmerzen, als Sorge um Angehörige oder in Trauer auf – um nur einige von unendlich vielen Möglichkeiten zu nennen.

(2) Die **irreale Angst** wird in der Regel den psychiatrisch einzuordnenden Wahnvorstellungen zugeordnet. Sie gilt als objektiv unbegründet. Diese Zuordnung lässt allerdings leicht die symbolische Funktion von geäußerten Ängsten übersehen, die für ansonsten kaum benennbare oder nachvollziehbare Sorgen und Wertvorstellungen stehen.

(3) Die **neurotische Angst** und **Angststörungen** erscheinen zunächst als irrational. Sie werden mit der Verdrängung von das Ich gefährdenden Erfahrungen erklärt: Weil sie das Ich unendlich beunruhigen würden, hält dieses sie mit Abwehrmechanismen nieder. Diese Form der Angst wird in diesem Buch nicht weiter verfolgt. Wenn eine Behandlung nötig ist, dann gehört diese in die Hand von Fachleuten.

(4) Der **existentiellen Angst** wird hier im Zusammenhang mit der Spiritualität eine größere Aufmerksamkeit gewidmet.

Die genannten Formen können natürlich nicht scharf voneinander abgegrenzt werden. Es gibt dazwischen fließende Übergänge.

Was unter ›existenzieller Angst‹ zu verstehen ist

Mit der Spiritualität am engsten verknüpft ist die Grundlage aller Befürchtungen und Ängste: die existenzielle Angst. »Angst wird existenziell, wenn der Mensch sich in Bezug auf elementare, das heißt für die Erhaltung seiner Existenz unmittelbar notwendige Voraussetzungen bedroht fühlt«, auch wenn diese Bedrohung nur befürchtet oder gedanklich vorgestellt ist (Jost, Jost 2009: 51).

Zu dieser Angstform zählen im Wesentlichen:

- Die Angst vor **Verletzung der körperlichen Unversehrtheit**. Sie tritt naturgemäß bei der Bedrohung durch Krankheit und Tod auf – auch wenn Nahestehende davon betroffen sind oder schwere Verluste eintreten.
- Die Angst vor **Verlust an Sicherheit und Geborgenheit** ist eng mit der um Leib und Leben verbunden, z. B. wenn das Familiensystem durch einen Todesfall radikal verändert wird, wenn Lebensrollen nicht mehr gelebt werden können, wenn Lebensrhythmen gestört sind, wenn ein Tumor sich im eigenen Körper ausbreitet.
- Die Angst vor **Verlust von Liebe und Zuwendung**. In spiritueller Hinsicht geht es dabei nicht nur um einen sozialen Aspekt; die Gefährdung lebenswichtiger Beziehungen, die Angst vor dem Verlassenwerden gehört elementar und vom Lebensanfang an zur Kreatürlichkeit des Menschen.
- Die Angst vor **Verlust der Kontrolle**. Der Mensch braucht grundlegend das Gefühl, Einfluss auf die Gestaltung seines Lebens nehmen zu können. Es ist bedrohlich, anderen Mächten – konkreten Menschen, aber auch Institutionen, auch transzendenten Gewalten oder einem blinden Schicksal – ausgeliefert und dagegen (vermeintlich) hilflos zu sein. So wird Autonomieverlust vom heutigen Menschen ganz besonders gefürchtet; deshalb wollen sie »bis zuletzt kämpfen« und »alles tun« oder ihrem Leben selbst ein Ende setzen.
- Die Angst vor dem **Verlust von Sinn**. Das Gehirn ist angelegt auf Orientierung in der Welt und auf Sinngebung des Daseins. Menschen brauchen das Gefühl, dass ihr Leben einen Zusammenhang ergibt, der ihnen Identität, Selbstwert und Selbstachtung verleiht. Gerade durch schwere Krankheit kann dieser Selbstwert elementar bedroht sein. Diese existenzielle Angst äußert sich in existenziellen Äußerungen wie: »Ich kann noch nicht mal mehr …«, »Warum ich?«, »Soll mein Leben so kurz sein?«, »Ich habe doch nichts Unrechtes getan!«, »Was bringt das alles noch …?«.

Die Angstmöglichkeiten sind so vielfältig, wie das Leben mit und in dieser Welt vielfältig ist. »Allgemein kann man sagen, dass existenzielle Angst der Boden ist, auf welchem jede andere konkret fassbare (aber auch irreale und neurotische) Angst entstehen kann.« (Jost, Jost 2009: 54)

5.2.2 Begegnung mit Angst in der beruflichen Praxis

Die Unterscheidungen und Differenzierungen bei diesem Thema bieten eine wichtige Orientierung auch für die Begegnungspraxis. Helfen sie doch, die Dimensionen dieser grundlegenden und zugleich lebens- und krisenbegleitenden Emotion in ihrer lebenswichtigen Bedeutung zu verstehen. Um die Begegnung mit Angstemotionen weiter erschließen und Möglichkeiten des Umgangs damit überlegen zu können, soll hier wieder das Modell der vier Ebenen (s. 2.2.2.1) herangezogen werden. Das Analysieren nach diesen Ebenen gilt natürlich nur für den inneren Blick des Helfers. Es wird sich zeigen, dass dieses Orientierungsinstrument durchaus sinnvoll ist. Zugleich aber wird sichtbar, dass die einzelnen Ebenen sich auch gegenseitig erschließen: Was z. B. sachlich qualifiziert behandelt wird, hat positive Auswirkungen für das Identitätsempfinden. Und eine Stärkung der Identität macht den Blick freier für eine sachliche Sicht der Dinge.

Vorab muss natürlich für jede Begegnung mit angsterfüllten Menschen gesagt werden: Sprechen wir jedem Menschen ein Innenleben zu, dann ist jede Angst berechtigt (vgl. Kast 2008 b: 14), weil sie dort wirkt. Die Helfer sollten nicht vorschnell zwischen begründeten und unbegründeten Emotionen unterscheiden wollen. Es kann aufgrund aller bisherigen Überlegungen nicht das Ziel der Begleiter sein, Ängste völlig zum Verschwinden zu bringen.

(1) Umgang mit der Angst auf der Sachebene

Die **Unterscheidung zwischen Angst und Furcht** bietet sich hier als Leitgedanke an. Denn viele Befürchtungen stehen im Zusammenhang mit medizinischen Problemen. Wenn die Angst auf benennbare Gefahrenquellen oder antizipierte Möglichkeiten eingegrenzt werden kann, dann sind die Helfer mit ihrem ganz konkreten Fachrepertoire gefragt. Dazu gehört Wahrhaftigkeit in der Aufklärung, Offenheit für die Fragen und Befürchtungen des Patienten, sachlich und mental ausreichende Information, Verzicht der Fachleute auf vorschnelle Beschwichtigungen und die Einbindung des Betroffenen in Entscheidungen über weitere Schritte und Therapien. Wenn die therapeutischen Berufe transparent vorgehen, kann der Patient mitdenken und mitarbeiten; dann wird sein Kontrollbedürfnis ernst genommen und er kann sich kompetent fühlen. Das hilft, Ängste und Hilflosigkeiten einzudämmen. Dies gilt erst recht für Menschen, die einen kognitiven Bewältigungsstil haben, also ihre Stärke in der gedanklichen und »instrumentellen« (Martin, Doka 2000) Verarbeitung von schwierigen Situationen haben.

Mehr Furcht vor dem Sterben. Die Suche nach konkreten Objekten der Angst geht auch mit der Beobachtung einer, dass viele Patienten in der Regel mehr Furcht vor dem Sterben und seinen Begleitumständen haben als vor dem Tod. »Die Angst vor dem Tod ist eher abstrakt und unbestimmt.« (Ratsack 2007: 1093)

Die **Schmerzforschung** der letzten Jahre hat auf den Zusammenhang von Schmerz und Angst aufmerksam gemacht: Angst kann Schmerz und Begleiterscheinungen von Behandlungen erheblich steigern. Und umgekehrt können traumatische Erfahrungen ein erhebliches Angstpotenzial bilden. Hier ist die Medizin mit ihrem Fachwissen gefragt.

Differenzierung als erste Maßnahme. Die übliche Anwendung der Unterscheidung zwischen Angst und Furcht auf die Begegnung mit Schwerkranken und Sterbenden kann allerdings verführerisch sein. Kann sie doch dazu verleiten, sofort nach benennbaren Übeln zu forschen und die tieferliegende Angst und damit das Gesamtphänomen zu überblenden. Die Erfahrung am Krankenbett zeigt indes, dass beide Formen in der Regel gemischt auftreten. In der Angst vor einer Operation oder bei unerklärlichen Symptomen kommt die Furcht schnell mit der unbestimmten Todesangst in Resonanz. Dennoch kann sich diese Differenzierung als sinnvolle erste Maßnahme erweisen: Wenn medizinisch eingrenzbare Faktoren besprochen werden, kann schon dadurch ein erstes Gleichgewicht beim Patienten ermöglicht werden. Dann kann er auch mit dem existenziellen Bedrohtsein besser leben.

Angststörungen. Wie alle lebensermöglichenden Energien im Menschen können diese auch lebensbehindernd oder gar erheblich Leben einschränkend werden, wenn sie die Abwehr- und Bewältigungsmöglichkeiten eines Menschen deutlich überschreiten. Sie können sich in ›Angststörungen‹ zeigen. Weil allerdings auch hier die Grenzen zwischen ›krankhaften‹ und ›normalen‹ Reaktionen fließend sind und zudem beim Angstempfinden viele Persönlichkeitsfaktoren mitspielen, sollten die Helfer im Berufsalltag nicht zu schnell die Verdachtsdiagnose ›pathologisch‹ stellen. In begründeten Fällen müssen natürlich Fachleute eingeschaltet werden, die genaue Diagnosen und Behandlungsvorschläge liefern können. Hier kann darauf verwiesen werden, dass Ängste sehr wohl auf die vielfältigen Therapiemöglichkeiten ansprechen, die es heute gibt. »Ängste sprechen besser auf Therapien an als jede andere psychische Erkrankung.« (Trippel 2003: 183) In der palliativen Situation ist – auch in spiritueller Hinsicht – zu fragen, ob es angebracht ist, bei übersteigerten oder neurotischen Ängsten nach früheren Ursachen oder Abwehrmechanismen zu forschen. Die Psychotherapie hat heute – neben Psychopharmaka – nicht nur aufdeckende, sondern auch einhegende und abpuffernde Möglichkeiten der Behandlung (Petzold 1999: 19 ff.).

Psychopharmaka bei Angst. Auf der Sachebene ist auch zu diskutieren, wie eine medikamentöse Therapie der Angst auch in spiritueller Hinsicht zu bewerten ist.

Bei dieser Diskussion ist Folgendes zu bedenken:
➢ Die versorgende Umgebung des Patienten sollte sich fragen, ob es nicht vorwiegend der Wunsch der Helfer ist, der Sterbeangst des Patienten auszuweichen. Zum Sterben muss auch diese existenzielle Reaktion gehören dürfen.

➤ Aber genauso gut gilt: Ähnlich wie physische Schmerzen von der Medizin weitgehend in Schach gehalten werden können, sollten die Behandler auch bei übermäßigen Angstzuständen der Bitte des Patienten um pharmakologische Hilfen entsprechen oder ihm das Angebot dazu machen. Alle Begleitsymptome werfen die Frage nach Linderung auf; da macht die Angst im Sterben keine Ausnahme. Sie ist kein besonderer Zustand, der aus philosophischen oder religiösen Gründen unter allen Umständen in seiner ganzen Härte ertragen werden und von der Linderung ausgenommen sein müsse. Auch hier also ist die heutige Medizin eine Hilfe zur Gestaltung des Sterbeprozesses.

➤ Allerdings sollte die Möglichkeit einer medikamentösen Behandlung zwar erwogen werden, »aber nur zum Einsatz kommen, wenn der zu erwartende positive Effekt die zu erwartenden negativen Nebenwirkungen bei weitem übersteigt« (Husebø, Klaschik 1998: 272). Die wichtigste Hilfe wird die (auch fachliche) psychosoziale Betreuung sein, in deren Rahmen dann auch leichter beurteilt werden kann, wie Medikamente zu dosieren sind, so dass die Kommunikations- und Bewusstseinsfähigkeit des Patienten erhalten bleibt, vielleicht durch die anxiolytische Behandlung überhaupt erst hergestellt wird.

Zudem zeigen Erfahrungen mit der Palliativversorgung, dass die Wirkung von Psychopharmaka und die Anwendung therapeutischer Methoden oft erst ›greifen‹, wenn der Patient spürt, dass er einen sicheren ›Ort‹ in seiner Krankheit und für sein Sterben hat und im Ganzen gut versorgt ist.

(2) Die Gefühlsebene

Auch wenn medizinisch bedingte Faktoren, die Angst auslösen, ausreichend im Blick sind, dürfen die zusätzlichen psychischen Belastungen nicht übersehen werden, denen Patienten ausgesetzt sind.

Das Grundmedium, mit dem die Helfer diesen hilfreich begegnen können, ist die Annahme des Patienten mit seiner Angst. Für die ärztliche Profession heißt dies, in allen Gesprächen dem Patienten genügend Zeit und ›Raum‹ zu geben, damit auch tieferliegende existenzielle, aber auch ungewöhnliche Befürchtungen und ängstigende Phantasien zur Sprache kommen können. Wenn Menschen darüber sprechen können, reduziert sich das Angstpotential oft schon dadurch, dass sie geäußert werden können, bei einem Gegenüber auf verstehende Resonanz stoßen und der Betroffene vom Beherrschten wieder zum Subjekt seiner Ängste werden kann. Betroffene werden dann eher wieder frei, Relativierungen und neue Sichtweisen zu finden. Der verstehende Dialog zwischen Patient und Begleiter ist das A und O jeder ›Behandlung‹. Eine qualifizierte Beziehungsaufnahme hebt deren angstverstärkende Einsamkeit auf und reduziert die Eigendynamik der emotionalen Prozesse.

Auch der Helfer ist betroffen. Um belasteten Menschen begegnen zu können, müssen die Helfer nicht die Angst des Patienten aushalten. Sie müssen ›nur‹ aushalten, dass der Patient solche Gefühle hat und sich daran erinnern, dass dies zur Verfasstheit des Menschen gehört und in den meisten Fällen ›normal‹ ist. Zudem sollten sie lernen, sich ihre eigenen Ängste in solchen Situationen einzugestehen, damit sie die des Patienten nicht dramatisieren oder im Gegenteil: sie herunterspielen oder ihnen ausweichen. Natürlich darf der Helfer bei solchen Begegnungen selbst Angst haben, begegnet er doch dem körperlichen oder geistigen Verfall eines Menschen, vielleicht gar in einem ähnlichen Alter wie er selbst oder eigene Angehörige.

Dem Bedrohlichen ins Auge sehen? Untersuchungen haben gezeigt, dass Patienten, die vor einer Operation den angstmachenden Möglichkeiten offen ins Auge sehen, kurzfristig zwar erhöhte Stressreaktionen zeigen. Die Tatsache, dass sie sich dadurch mit den schwierigen Ereignissen vertraut gemacht haben, ist langfristig aber hilfreich für den Genesungsprozess. Die Helfer dürfen also den Betroffenen im Allgemeinen zutrauen, dass diese durchaus Kräfte haben, mit belastenden Gefühlen zu leben und nicht gleich daran zu Grunde gehen. Man darf davon ausgehen, dass Gefühle, die fließen können, auch wieder von anderen Gefühlen und Gedanken abgelöst werden.

Angst verdrängen? Menschen haben im Laufe ihres Lebens gelernt, ihre persönlichen Abwehrmechanismen gegen existenzielle wie gegen bedrohliche Konstellationen anzuwenden. Diese darf der Helfer nicht leichtfertig unterlaufen. Auch wenn dabei offensichtlich neurotische Reaktionen sichtbar werden, sollen diese Strategien zunächst einmal als kreative Möglichkeiten dieses betroffenen Menschen, sein Gleichgewicht zu erhalten, angesehen und geachtet werden. Auch die Verdrängung von Angst ist eine sinnvolle, (meist unbewusste) Strategie, mit den Gefahren des Lebens umzugehen (Petzold 1990: 8). »Ängste zu verdrängen ist [sogar] der Normalzustand. Ohne diese Fähigkeit würde jeder von uns ständig in Angst leben. Denn wir werden alle einmal krank und müssen irgendwann sterben und die Welt ist voller Gefahren.« (Schmidtbauer 2008: 22) (S. auch 6.3.2) Bei allen Idealen, Menschen helfen zu wollen, dass sie ihren Ängsten offen Ausdruck verleihen können, gilt also auch: Nicht alles ist besprechbar, nicht alles will besprochen werden. Hier gilt es für den Helfer, den (äußeren wie inneren) Zustand eines Menschen still mitzutragen.

(3) Angst – die Identitätsebene

Letztlich kreisen alle Ängste um die Erhaltung des Selbst – auch die Sorge um Angehörige und, nach deren Tod, die Trauer. Die Sorge um das Selbst entspricht nicht einer egozentrischen Moral. Sie verdankt sich vielmehr der prinzipiellen Ungesichertheit aller Kreatur. Wenn die eigene Existenz und

Identität nicht immer grundsätzlich mit auf dem Spiel stünde, gäbe es keine Angst.

❖ Eine 48jährige Patientin auf der Intensivstation äußert ihre Angst um ihre beiden Söhne: »Schaffen die das ohne die Mutter?« – Diese Befürchtungen könnte man rein auf der Sach- und Gefühlsebene ansiedeln. Im weiteren Gespräch aber wird dabei auch ihre Identität als Mutter und überhaupt ihre Lebensrolle berührt: dass sie mit ihren Lebensthemen längst nicht fertig ist, dass sie vieles unabgeschlossen zurücklassen muss und dass dies eine unumstößliche und unrevidierbare Tatsache ist.

An diesem Beispiel zeigt sich, dass Menschen ihre todesbezogene Angst oft indirekt ansprechen über Identitätsmomente (Sorge um den Ehemann, die Wohnung, die Katze; dass man vielleicht noch im Rollstuhl auf den Campingplatz fahren kann). Die Beziehungen, die in diesen Identitätsaspekten enthalten sind, münden letztlich in die tiefste Identität, das innerste Selbst (s. Abb. 2.2). Schwere Krankheit und Sterben bedrohen die unendlich vielen zentralen und weniger zentralen materiellen, geistigen und spirituellen Identitätsmerkmale und damit letztlich den Selbstwert und das mit dem Dasein verbundene Selbstgefühl. Das völlige Nichtsein kann sich der Mensch nicht vorstellen. Auch deshalb ist die Angst vor dem Sterben, dem Prozess, bei dem Lebensmöglichkeiten immer weiter eingeschränkt werden oder wegfallen, größer als die vor dem – unvorstellbaren – eigenen Tod. Mit dieser ›letzten‹ Wirklichkeit konfrontiert heutzutage oft erst der Palliativarzt. – Hier zeigt sich, dass die Begleitung auf der Sach- und Gefühlsebene nicht ausreicht. Die Konfrontation mit dem Ende der medizinischen Heilungsbemühungen löst neue und oft tiefere Ängste aus, für die offen zu sein und auf die einzugehen ein weitergehendes Verständnis von Begleitung notwendig wird.

Nur wenn ich als Begleiter etwas von der Identität – und Spiritualität – eines Menschen verstehe, kann ich seine Gefühle und Befürchtungen nicht nur als psychische Mechanismen, sondern in ihrer tieferen Bedeutung verstehen und würdigen. Erst wenn ich etwas von der Kostbarkeit dieses bedrohten Selbst ahne, kann ich die Angst als existenzielle sehen und nach passenden Gegengewichten (nicht nach Gegenmitteln!) suchen, die diese Angst erträglich machen.

(4) Die Spiritualitätsebene

Spiritualität und »Terror-Management«. Angst – auch die bei scheinbar harmlosen Gefährdungen – reicht immer in das Existenzielle und damit spirituelle Zentrum des Menschen hinein. Sie berührt die Frage, in welcher Weise ein Mensch mit dem Geheimnis seiner Existenz, seines Schicksals und des Daseins in der Welt in Beziehung steht. Zugleich wird damit auch der ›Geist‹ angeregt, dieser existenziellen Befindlichkeit mit einer spirituellen Perspektive zu begegnen. Was hier auf der spirituellen Ebene gesagt ist, das findet sich in der »Terror-Management-Theorie« (skizziert bei Ochs-

mann 1991: 131 ff.) bestätigt: Der Mensch hat als einziges Lebewesen ein Bewusstsein von seiner Verletzlichkeit, Bedeutungslosigkeit und Sterblichkeit. Die Vorstellung von seinem ständig möglichen absoluten Ende enthält ein ›Terror-Potenzial‹, das die menschliche Kultur zu beschwichtigen sucht. Der Mensch ist in jeder Kultur mit einem Selbstwert ausgestattet, der sozusagen als Angstpuffer fungiert und ihm das existenzielle Überleben ermöglicht.
Hier möchte ich die These wagen:

> Dem ›Terror-Potenzial‹ der Endlichkeitserfahrung steht das Potenzial der Spiritualität als auffangende und sinngebende Bewältigungsdimension gegenüber.

Gestaltungsmöglichkeiten

Aufgrund ihrer Verwobenheit sollen hier die Möglichkeiten und Strategien, der Angst auf der Identitäts- und Spiritualitätsgestaltungsebene zu begegnen, gemeinsam vorgestellt werden.

Begegnungskultur. Grundsätzlich ist zur ›Angst-Therapie‹ zu sagen: Bei weitem nicht alles, was einen Patienten bewegt, muss ausdrücklich verbalisiert und verarbeitet werden. Eine gute Kommunikationskultur überhaupt fängt vieles von dem existenziellen Angstpotential auf, auch wenn die Gefühle selbst nicht thematisiert werden. Das gilt erst recht für die bedrohte und geminderte Selbstwerterfahrung. Bereits ›Beziehung‹ enthält ein hohes, das Selbstgefühl stabilisierendes Potential. Hier kann sich angstlösende ›Begegnungsspiritualität‹ ereignen.

Sinnerfahrung. Die Suche nach dem Lebenssinn und die entsprechenden Konstruktionen sind ein neurobiologisch fundiertes Korrektiv gegen Ängste (Damasio 2003). (Zu Sinn- und Selbstwertfindung s. 5.3 und ansonsten dieses ganze Buch.) Bereits im (oft symbolischen) Erzählen von Lebensgeschichte ›produzieren‹ Menschen Sinn. Wenn sie dabei im Begleiter auf einen Resonanzraum stoßen, dann können sie dort haltende ›Wände‹ spüren, dies hilft, die Angst einzuhegen und der drohenden Bodenlosigkeit entgegenzuwirken.
Die »Aneignung der Lebensspanne« (Petzold 1984: 462) hilft dem Menschen, sich nicht zu verlieren (s. unter 6.1.2). Im biographischen Erzählen eigenen sich Menschen die »Welt an«; dann bekräftigen sie, dass sie zur Welt gehören und sie mit ihrer Lebensleistung diese Welt mit belebt haben. Sie können dann in einer belebten Welt sterben; dann wird die Angst geringer, in einem Nichts verloren zu gehen.

Das Ureigene mitnehmen dürfen. Im Sterben muss der Mensch nicht immer leerer und bedeutungsloser werden. Er nimmt letztlich sein Ureigenes mit sich in den Tod. Dann ist er beim Sterben nicht ›allein‹ – erst recht nicht bei der religiösen Vorstellung, dass seine Identität in der Welt zwar verschwindet, er sie aber vor Gott bringen und dort bewahrt wissen kann.

Begleitung bei der **bewussten Lebensabrundung** angesichts des Todes ermöglicht eine letzte ›Selbstverwirklichung‹, in der Menschen eher zum Sterben bereit sind (s. v. a. 5.3.4). Sie sind dann dem Sterben nicht hilflos ausgeliefert; ihr Leben wird ihnen nicht einfach weggenommen. Sie können sich dann von der Welt verabschieden. Bei bewussten Sterbeprozessen kann die Lebensabrundung in ein Vermächtnis an die Weiterlebenden und die nächste Generation münden. In der Hospiz- und Palliativarbeit werden solche letzten Liebesdienste, die zugleich die Angst vor dem Tod reduzieren, zunehmend angeregt.

Dankbarkeit. Heutzutage gibt es immer mehr Menschen, die ohne Angehörige eine schwere Krankheit oder ihr Sterben bewältigen müssen. Wenn es keine konkreten Adressaten für ein Vermächtnis gibt, kann der Begleiter den Patienten zu der Frage anregen, was er gelebt hat und wofür er dankbar sein kann. Dann kann der Wert des gelebten Lebens die Angst vor der Vergeblichkeit aufwiegen helfen. Die Perspektive ›Dankbarkeit‹ kann die Sicht auf das eigene Leben wesentlich vertiefen. Ins Religiöse gewendet kann eine ›Liste der Dankbarkeiten‹ auch in eine Gabe an Gott verwandelt werden.

Die **spirituelle Tradition der Menschheit** hat einen reichen Schatz an Bildern, Geschichten, Texten, Filmen, Liedern, die geängstigten Menschen Mut machen und sie zu Vertrauen verlocken können. In den Kulturen der Menschheit sind Weisheiten von anderen Generationen und anderen Zeiten deponiert, die – allerdings in überzeugender Weise – in den Dialog mit Betroffenen eingebracht werden können.

In Rituale einbetten. Nicht zu unterschätzen ist die angstreduzierende Funktion von Ritualen. Nicht nur in religiöser Form, sondern auch als Aspekt des beruflichen Handelns stellen Rituale die ›gute Ordnung des Lebens‹ dar. Gerade beim Verlust von Sicherheit und Kontrolle bearbeiten sie existenzielle Ängste nicht direkt. Sie nehmen vielmehr eine höhere Ordnung in Anspruch und geben dem Geängstigten eine – letztlich transzendente – Einbettung (s. Kap. 2.3 und 3.4).

5.2.3 Die Angst und die Religion

Die negative wie positive Beziehungsgeschichte zwischen Angst und Religion kann hier nur angedeutet werden. Religionen *machen* Angst und *lindern* Angst. Es kann aber heute nicht mehr ernsthaft behauptet werden, die Angst sei wesentlich ein Produkt der Religionen: »Ohne Religion keine Angst.« Vielmehr muss Angst als universales Prinzip der Lebendigkeit betrachtet werden (Michaels 1998: 497). Natürlich haben über eine lange Zeit der Geschichte – neben vielen weltlichen Mächten und Kräften! – Religionen ein Geschäft mit der Angst betrieben. Sie war lange Macht- und Erziehungsmittel in Religion und in den umgebenden Gesellschaften und Kulturen.

Sünde, Hölle, Geister. Sünde, ewige Strafe, Weltuntergang, Hölle, Satan, Gericht, Ahnen, Geister, unbefriedete Tote – das sind Stichworte für religionsbezogene Ängste. Aber bereits hier muss gesagt werden: Alle diese Droh-Vorstellungen waren (und sind?) nicht nur Angsterzeuger und -verstärker, sie waren (und sind ?) auch – in jeder Zeit anders – Projektionsfiguren für die unvermeidliche Angst, die in die Struktur des Menschen eingewoben ist. Projektionsflächen dienen auch dem ›Terror-Management‹. Sie machen Existenzängste projizierbar, geben ihnen ein Gesicht und können so der Sinngebung dienen. – Im Übrigen vermögen nur spirituelle oder therapeutische Fachleute einzuschätzen, was radikale Vorstellungen bei einem konkreten Menschen für eine Funktion haben. Es gilt dabei wahrzunehmen, was ein Betroffener aus den Vorgaben und Umständen seiner Lebens- und Lerngeschichte gemacht hat und mit welchen Mitteln er ein Gleichgewicht mit der existenziellen Angst gesucht hat. Auch religionsbezogene Ängste sind in der Regel nicht rein religiös bedingt, sondern mit Dispositionen der Persönlichkeit verbunden.

Religion: ›Sinn gegen Angst‹ Die Rezeption der humanwissenschaftlichen Aufklärung hat inzwischen die – zumindest christliche – Religion von ihren neurotisierenden Impulsen weitgehend befreit, zum Teil sogar so weit, dass die Religion die Angst zusammen mit einem konfrontierenden Gott und mit der Ehrfrucht vor dem Heiligen aus ihrem Repertoire genommen hat. Inzwischen gibt es – auch in Bezug auf das Angst-Thema – eine neue Wertschätzung der Religion: »Die großen Religionen und Denksysteme – auch die nicht theistischen –, die zu den bedeutendsten kulturellen Leistungen der Menschheit gehören, vermitteln das Bewusstsein einer Geborgenheit, eines Eingebettetseins und einer Hoffnung. In ihren Ritualen und Symbolen […] wurde ein Raum von Geborgenheit bereitgestellt, deren Kraft durch die Todesangst trägt.« (Petzold 1984: 466) Dies bestätigt die Forschung immer wieder neu (vgl. z. B. Bucher 2007: 129), wenn auch die Beziehung zwischen religiöser Überzeugung und Einstellungen zum Tod »alles andere als einfach ist« (Neimeyer, Moser, Wittkowski 2003: 119; dort auch die Diskussion der Forschung). Religion geht von einem unendlichen Geist aus, der ein Leben mit Endlichkeit und Sterblichkeit mit einem unendlichen Himmel überspannt. So wird der Mensch zu einer – auch der Todesangst gegenüber – vertrauensvollen Lebensgestaltung befreit. Für Eugen Drewermann ist es der menschliche »Geist, der alle Angst der Kreatur ins Unendliche treibt und nur zur Ruhe kommen lässt, wenn es eine religiöse, aus dem Unendlichen kommende Antwort« gibt. (Drewermann 1991: 21) Religion ist damit nicht erst für die Todesfurcht, sondern für die existenzielle Angst überhaupt eine Dimension, in der diese sein darf und sogleich zur Ruhe kommen kann. Als Glaube an ein alles Endliche und Sterbliche überwölbendes Prinzip gibt Religion dem Dasein in der Welt – auch mit seinem Leid, seiner Angst, seinem Tod – einen Sinn.

Religiöser Glaube als Gegengewicht
Untersuchungen (Watzke 2010) zum Einfluss von Spiritualität/Religiosität ergeben: Je höher das spirituelle/religiöse Wohlbefinden bei Krebspatienten,

umso geringer sind Angst und Depression. Auf vielfache Weise kann ein religiöser Glaube die Lebens- und Todesfurcht mindern.

- Religion ermöglicht ein Leben mit der Angst nicht erst in Todesgefahr, sondern von Anfang des Lebens an. Der christliche Glaube steht dafür ein, dass der Mensch das Lebensvertrauen nicht aus sich selbst aufbringen muss. Das Leben ist vielmehr transzendent begründet in Gottes vorgängigem Ja zum Menschen.
- Die Angst, dem Leben nicht gewachsen zu sein, wird von der Religion relativiert: Der Mensch ist von Natur aus nicht allem gewachsen, er ist von Gott auch mit seiner Schwäche und seinem Versagen angenommen.
- Wer an Gott glaubt, für den bekommt auch die radikale Einsamkeit als »eine der stärksten Angstquellen Sterbender« (Speidel 2007: 33) einen anderen Stellenwert: Wer in Gott hinein stirbt, der ist diesseits und jenseits der Todesgrenze in Beziehung und nicht verlassen.
- Religion bietet mit der überweltlichen Transzendenz die umfassendste Sinngebung, die auch dem sinnlos erscheinenden und sinnzerstörenden Tod ein tiefes Geheimnis zuspricht.
- Es ist für das menschliche Selbst- und Weltgefühl tröstlich, angesichts von Leid und Tod an eine letzte Gerechtigkeit glauben zu können. (Ochsmann 1991: 134) Religiöse Menschen trauen eine solche nicht der Welt selbst zu, sondern allein einem weltübergreifenden Gott.
- Der Glaube an ein Geborgenbleiben in Gott und somit an ein Weiterleben nach dem Tod macht das Sterbe-Leid erträglicher. Das Wissen, dass meine Identität, die durch den Tod total in Frage gestellt wird, bei Gott bewahrt bleibt, gibt Hoffnung über die Endlichkeit der Welt hinaus.
- Es gibt heute zunehmend mehr Menschen ohne einen Glauben an ein Leben nach dem Tod, die aber dennoch ein Vertrauen in transpersonale Mächte, in eine höhere Transzendenz, eine größere Weisheit, ein ewiges Sein haben.

Möglichkeiten der religiösen Begleitung

Grundsätzlich ist zu sagen: Religion und Glaube tragen zur Relativierung und Entschärfung der existenziellen Ängste bei, nicht notwendig zu deren Beseitigung. Überhaupt ist spirituelle und religiöse Begleitung nicht wie therapeutische Methoden auf Intervention aus. Ihr geht es mehr darum, die Angst zu berühren, aufzufangen und in den ›Container‹ des Menschlichen und Göttlichen zu legen. Auf diesem Hintergrund muss sich religiöse selbstverständlich als Teil der interdisziplinären und -professionellen Begleitung verstehen und realisieren. Religion stellt eher einen ›Raum‹ zur Verfügung, weniger Methoden, um Ängste zu diagnostizieren und zu beschwichtigen; Religion selbst ist ja auch weniger ein System von einzelnen Ideen und Weisheiten, die man einfach auf belastete Menschen anwenden könnte. Vielmehr ist sie ein Symbol- und Beziehungsraum, in dem nicht einzelne Ängste bearbeitet werden, sondern das ›Medium die Botschaft‹ ist: In diesem Raum kann der Mensch Vertrauen finden, Sinn auch des Unverstehbaren und Leidvollen, Trost entdecken und Hoffnung entwickeln.

- So stützt sich Religion auf all die Möglichkeiten, die auch der spirituellen Begleitung eigen sind. Viele – auch säkulare – Medien lassen sich auch religiös interpretieren und mit der Tradition und Weisheit religiösen Glaubens erfüllen.
- In der konkreten Begegnung mit Patienten lässt sich religiöses Empfinden nicht verabreichen. Begleitung muss an die religiöse Lerngeschichte des Menschen anknüpfen. Und wenn diese fehlt, muss sie nach Anknüpfungspunkten in der impliziten oder expliziten Spiritualität suchen und ihr religiöses Angebot dazu machen.
- Religion tradiert einen Weisheits- und Ritualschatz, der es mit der existenziellen Angst des Menschen, auch der Todesangst, aufnehmen kann. Die Geschichten aus der christlichen Glaubenswelt, die von den Talenten, vom verlorenen Sohn, vom Seesturm, erst recht das Geschick des leidenden und auferstandenen Gottessohnes seien hier stellvertretend genannt. Seit der Auferstehung Jesu wissen Christen, dass Gott sich auch von der äußersten Angst berühren lässt und mit uns Menschen durchzugehen bereit ist und auch im Äußersten noch in Beziehung bleibt.
- Im Beten aktiviert und realisiert der Mensch (Patient, aber auch Begleiter) (s)ein anfänglich vielleicht noch schwaches Vertrauen gegen die existenzielle Angst. Dieses kann im Beten wacher und tiefer werden und zu neuer Zuversicht führen, die die tiefliegende Angst einbettet und ihr so ihre beherrschende Kraft nimmt. Die Wirkung des Gebets liegt nicht in der Beseitigung der Ursache der Furcht, sondern in der Aktivierung des Vertrauens, das die Furcht tragen hilft.
- Wenn Menschen Angst vor Gottes Strafe äußern oder glauben, vor Gott im Gericht nicht bestehen zu können, dann spiegelt das nicht in jedem Fall ein spezifisch religiöses Problem wider. Oft sind solche Selbstbewertungen mit einer Lerngeschichte verbunden, die den Begleiter fragen lassen kann: »Wie kommen Sie zu dieser Vorstellung? Wie, von wem haben Sie gelernt, so streng mit sich selbst zu sein? (oder: Gott so zu sehen)?« Dann erst, wenn die Szene angeschaut ist, kann der spirituell geschulte Begleiter Gott so vorstellen, dass er auch in seiner Richterfunktion als zutiefst liebende und annehmende Macht erfahren werden kann.
- Im Übrigen ist die Angst eines Menschen, vor Gott nicht bestehen zu können, in religiöser und spiritueller Hinsicht nicht nur als unnötige und lebensverderbende Belastung zu verstehen. Recht verstanden kann sie einen anspruchsvollen Symbolraum für Lebensbilanz eröffnen. So kann sie als existenzielle Grundbewertung durchaus auch ihre Würde und in der Auseinandersetzung mit Leben und Tod eine heilige Bedeutung haben.

Auch bei der religiösen Angstbewältigung ist grundsätzlich auf das zu verweisen, was bereits oben auf der Sachebene zur medizinischen Behandlung gesagt wurde. Es gibt (aus christlicher Sicht) keine religiösen Empfehlungen oder Anweisungen, die es gebieten, Sterbe- und Todesangst um Gottes Willen zu ertragen: weder asketischer Art (Beweis von unbedingtem Vertrauen oder Achtung vor der existenziellen Bedeutung des Todes,

Standhalten in der ›letzten Versuchung‹, Nachfolge im Leiden Jesu), noch aus dem Gedanken der Buße für die Sünden des Lebens. Auch religiöse Begleitung muss sich – neben den medizinischen, psychotherapeutischen und eventuell psychiatrischen Möglichkeiten – als Teil eines multidisziplinär bedachten und verantworteten Konzeptes verstehen.

5.2.4 Die Angst der Helfer

Das System des Helfers wird bedroht. Selbstverständlich sind die beruflichen, aber auch freiwilligen Helfer vielfältigen Ängsten ausgesetzt. Das beginnt mit der Angst, medizinisch-fachlich zu versagen, reicht über die Angst, die hohen Erwartungen an die Rettung von Leben und an Fürsorge nicht erfüllen zu können und betrifft letztlich die Angst vor eigener Erkrankung und eigenem Sterben. Begegnen die Helfer doch allen denkbaren Krankheits- und Sterbeverläufen, sehen, was im ungünstigsten Fall auch ihnen zustoßen kann. Zudem erleben sie dies alles ja am jeweiligen Schicksal konkreter Menschen: Neben dem körperlichen Verfall gibt es ja auch vielfache Einschränkungen der Lebensqualität und Einbrüche in die Sinnvorstellungen der Betroffen. Nach der Terror-Management-Theorie bedroht gerade Letzteres das gegen die eigene Todesangst aufgebaute Sinnsystem des Helfers, das er als stabile Konstruktion braucht, um in Patienten-Begegnungen selbst im Gleichgewicht bleiben zu können.

Sich identifizieren. Es ist inzwischen allgemeine Auffassung, dass – sozusagen psychologisch – es für die Helfer wichtig ist, sich eigene Ängste konkret einzugestehen:

o beim Anblick körperlicher Einbrüche: die Furcht selbst körperlich betroffen zu werden,
o das Mitgefühl mit einem vertraut gewordenen Sterbenden und dem bevorstehenden eigenen Abschied,
o die Vorstellung von eigenen Kontrollverlusten,
o die Identifizierung mit dem Sterbenden, wenn man daran denkt, was das für die eigene Familie und die eigene Lebensrolle bedeuten würde,
o die Angst vor dem eigenen Sterben.

Ängste wahrnehmen – Ängste abblenden. Das ›Psychologische‹ aber ins Spirituelle gewendet bedeutet dann, dass der Helfer nicht bei jedem Patienten die ganze Bandbreite der Ängste durchleben muss, um das Ideal eines existenziell aufgeschlossenen Helfers zu erfüllen. Er darf durchaus auf konkrete Identifikationen und Befürchtungen fokussieren und andere abblenden. Die anderen Angstquellen darf er beiseite schieben; davon gerät vielleicht ein Aspekt beim nächsten Sterbepatienten in Resonanz und will dann eingestanden werden. Überhaupt müssen die Begleiter nicht bei jedem Patienten sich mit ihrer eigenen Todesangst konfrontieren, nach der Vorstellung, erst wenn sie sich damit auseinandergesetzt hätten, seien sie begegnungsfähig. Wohl sollen sie ihre eigenen Ängste im Lauf eines Berufslebens kennenlernen und im konkreten Fall realisieren, dass sie jetzt

hier und dort berührt sind. Dann aber dürfen sie ihnen einen – auch spirituellen – ›Ort‹ geben, z. B. in der Einsicht, dass Ängste
- prinzipiell zur menschlichen Natur gehören und dass sie Teil des Verarbeitungsprozesses von Patienten und damit normal sind;
- in ihrer Berufsrolle vermehrt geweckt werden;
- gelindert werden können, aber weder einer sofortigen, noch grundsätzlichen Abhilfe bedürfen.

Eine höhere Ordnung in Anspruch nehmen. Eine noch ziemlich unterschätzte Einsicht ist aber im Rollenbewusstsein des Helfers möglich: Auch die soziologisch definierte ›Rolle‹ kann ins Spirituelle gewendet werden: Der Helfer muss nicht auf alle existenziellen Erlebenszustände von Kranken, Sterbenden und Trauernden eine Antwort haben. Bereits die mitmenschliche Aufmerksamkeit des Pflegers, der Ärztin hat ihre Qualität. Die Berufsrolle hat auch Container-Funktion, die auffängt und tragen hilft. In unseren Lebensrollen nehmen wir immer auch eine höhere Ordnung in Anspruch, die im Geheimnis des Lebens überhaupt wohnt und die letztlich transzendent verankert ist. Diese Einsicht kann vom Kampf gegen die Angst entlasten und freimachen für die Entdeckung von Gegengewichten, wie sie weiter oben genannt wurden. So kann gerade ein so mit Ängsten konfrontierender Beruf das eigene Leben bereichern, den Selbstwert des Helfenden eher noch stärken und die spirituelle Lebensauffassung vertiefen.

5.3 Die Erfahrung von Sinn und Sinnlosigkeit

»Existenz wird durch Sinn organisiert.« (Hilarion Petzold)
»Fast alle Krebspatienten suchen nach Sinn und Halt in ihrem Leben.« (Arndt Büssing)

Charakteristisch für spirituelle Schmerzen ist die Erfahrung der Bedrohung oder Trennung von lebenswichtigen Beziehungspartnern. ›Partner‹ in diesem Sinn können identifizierbare Personen und Dinge sein, aber auch innere Vorstellungen und Gestalten, zu denen sich der Mensch ins Verhältnis setzen kann. Wichtig ist, dass darin Wert und ›Sinn‹ gefunden werden und dass solche Beziehungen Halt und ein Selbstgefühl geben.

Sinn als Passung

Auch Sinn enthält wesentlich eine Beziehungsdimension: ›Sinn‹ meint die Passung zwischen dem, wie sich das Subjekt in die Welt hinein entwirft und dem, was Welt und Umwelt ihm zurückmelden. Solche Rückmeldungen geschehen explizit, aber viel öfter implizit einfach durch das Zusammenspiel zwischen Mensch und umgebender Welt. Wenn die Suche nach Passung aber negativ ausgeht, wenn nicht nur einzelne Ereignisse nicht mehr in das Lebens- und Weltbild hineinpassen, sondern die großen Linien oder gar die Gesamtbilanz keinen befriedigenden Zusammenhang mehr zu ergeben scheinen, dann bricht die Lebensbasis ein: Menschen erleben alles als sinnlos.

Ist Sinn etwas Abstraktes?

Solange der Fluss des Lebens einigermaßen ungestört verläuft, ergibt sich Sinn implizit, ohne dass er bewusst reflektiert werden müsste, einfach in der Selbstverständlichkeit des Normalen und Gesunden. »Die Sinnfrage taucht [explizit] erst auf, wenn der Strom des Lebens an eine Barriere stößt.« (Zijlstra 1993: 478) Es verwundert daher nicht, dass in vielen Erörterungen zu Krisen- und Sterbebegleitung gerade die ›Suche nach Sinn‹ ein häufig benutzter Begriff ist. Allerdings bleibt das mit ›Sinn‹ Gemeinte oft sehr allgemein und unanschaulich. ›Sinn‹ ist dann etwas ziemlich Abstraktes, wenn der Begriff nicht gar so überhöht erscheint, dass sich die Begleiter für den Umgang mit der Sinnfrage nicht kompetent fühlen und ihn ausschließlich der Seelsorge zuweisen.

Sinn: ein ganzes Themenfeld

Dabei ist die Sinn-›Suche‹ eines Menschen nicht gleich an einem alles umfassenden ›großen‹ Sinn orientiert. Bei der Mitteilung jeder medizinischen oder therapeutischen Diagnose fragen sich Menschen ausdrücklich oder unausdrücklich »... und was bedeutet das jetzt für mich?« Damit können Sie den Sinn des vom Arzt Gesagten meinen: also den ›Sinn‹ seiner Worte; sie können aber auch damit verbinden ›Was bedeutet dies jetzt für mein weiteres Leben, für meine Familie, meine Berufsausübung?‹. Das heißt: Wie greift dies in meine bisherigen Sinngebungen ein? – Oder, bei einer schwerwiegenden oder lebensbedrohlichen Diagnose: Was bedeutet dies für mein Auf-der-Welt-Sein überhaupt? Wird jetzt alles, was mir bisher Ordnung und Erfüllung gegeben hat, in Frage gestellt und sinnlos? Und später: Macht diese Operation, diese Behandlung überhaupt noch einen Sinn? Hat das noch einen Zweck, wenn mir niemand einen kurz- oder längerfristigen Gewinn damit versprechen kann? – Oder eine ältere Frau, die keine nahen Angehörigen hat, die ein Leben lang sehr beschäftigt war und die jetzt keiner nützlichen Tätigkeit mehr nachgehen kann, sieht keinen Sinn mehr in ihrem Leben. Sie wünscht sich Sterbehilfe, obwohl sie nicht sterbenskrank ist. – Zur ›Suche nach Sinn‹ gehört also ein ganzes Themenfeld, das sich vom ›Sinn im Alltag‹ bis zu ›Sinn des Lebens und der Welt überhaupt‹ erstreckt.

Reinhard Tausch bemerkt: »In der Psychologie sind Sinnerfahrungen [...] bisher wenig beachtet und kaum empirisch« untersucht worden (Tausch 2003: 86). Dabei zeigen Forschungen der letzten Jahre, dass Menschen, die von schwerer Krankheit oder von Verlust betroffen waren, deutlich weniger seelisch beeinträchtigt waren, wenn sie in ihrem Leben einen Sinn sahen oder an ihn glaubten (Tausch 2003). – Hier soll das Verständnis von ›Sinn‹ so entfaltet werden, dass es für die Berufs- und Begegnungspraxis der Begleiter anschaulich und zugänglich wird.

5.3.1 Dimensionen der Sinnfrage

Sinnsuche in der Moderne
Die Aufgabe, Sinn zu finden, stellt sich für die Menschen der Moderne anders dar als in früheren Kulturphasen. Sinnfindung ist in der Neuzeit zu einer individuellen, wenn nicht gar privaten Angelegenheit geworden. Je mehr der Gesamtzusammenhang von Leben und Welt u. a. durch die naturwissenschaftliche Betrachtungsweise in isolierbare und beherrschbare Teile zerlegt werden konnte, desto mehr muss sich jeder Mensch aus den vielfältigen Teilen und Informationen seine persönlich stimmige Welt erst zusammensetzen. Ein Sinn des Lebens wird nicht mehr von einer allgemein anerkannten Kultur oder Religion und deren sinnenhaftem Erleben ›vorgeschrieben‹, so dass das einzelne Subjekt den Sinn daraus nur zu entziffern oder nachzuvollziehen brauchte. Sinn ergab sich in früheren Kulturphasen durch das Zusammenspiel des Individuums mit dem umgebenden System, das mit Sinn durchtränkt war. Der Einzelne konnte aus dem gemeinschaftlichen Reservoir schöpfen. Dieser allgemein wirksame Sinnhintergrund hat sich zunehmend abgeschwächt und gibt immer weniger stützende Hilfen. Zu dieser »Sinnschwäche« (Hahn 1974) kommt es auch, weil der moderne Mensch nicht nur auf vorgegebene Sinnstrukturen verzichten muss, er will auch seinerseits Sinn in eigener Regie erfahren und nicht vorgesetzt bekommen. Der Mensch ist heute sein eigener Sinnstifter geworden.

Sinngebung geschieht ständig
Aber auch wenn Sinnstrukturen kulturell bereits vorliegen, verhält sich der Mensch grundsätzlich sinngebend den Ereignissen des Lebens gegenüber. Er tut das, wie das ja auch bei der Bedeutungsgebung durch Sprache geschieht, ständig, indem er bei jedem Gedanken, jedem gesprochenen Satz und jeder Alltagshandlung ›kleine‹ Sinngebungen vornimmt. Indem er in diesem Augenblick sich so verhält und nicht anders, legt er den ›großen‹ Sinn seines Lebens in vielen kurz- und mittelfristigen Schritten aus und konkretisiert ihn. Der Mensch kann gar nicht anders, als ständig durch sein Verhalten und seine Stellungnahme zur Wirklichkeit – bewusst oder unbewusst – einen Sinn zu konstruieren. Sinn wird dann erfahren als persönlich stimmiger Kontakt mit sich selbst und der umgebenden Welt.

Sinn durch Übereinstimmung
Dem Menschen ein Bedürfnis nach Sinn zu unterstellen, ist keine idealistische Spekuliererei. Der Mensch ist das Lebewesen, das ständig die Fakten um sich herum deuten *muss*. Dafür ist sein Gehirn ausgelegt. Es ist ein Organ, das für Musterbildung und Ordnungssuche im Chaos der Welt der Fakten konstruiert ist. Die Welt also zu deuten und sich Sinnbilder davon zu machen, ist eine Strategie, die im Menschen grundsätzlich angelegt ist und ihm ein ›sinnvolles‹ Überleben ermöglicht.
Zu einem stimmigen Kontakt gehören also zwei Partner: das Selbst, das eine Stimmigkeit sucht, und die Umgebung, die Mitmenschen und die Welt, die auf das Subjekt, auf dessen Beziehungsaufnahme und Bedeutungen reagieren. »Sinn wird gefunden durch Kon-sens« (Petzold 1979: 114): Der einzelne Mensch ist ständig auf diesen Austausch zwischen Innen und Au-

ßen angewiesen, um sein Leben in einen Zusammenhang stellen zu können und seine Sinnkonstruktion nicht nur in seinem Innern leisten zu müssen. Zur Sinnfindung des Einzelnen gehört daher wesentlich die Gemeinschaft. Sinn ist auch »eine Produktion der Sozietät« (Steffensky 1997: 25). Die Gemeinschaft, die umgebende Welt, melden dem Subjekt ›Passung‹ zurück und verhelfen ihm so zu Sinnerfahrung. Die Gemeinschaft interpretiert den Sinn des Lebens auf vielfältige Weise durch Bilder, Wertsetzungen und Institutionen, Rhythmen und Rituale. Menschen finden also – bei allen Tendenzen zur Individualität – Sinn auch dadurch, dass sie sich vom gemeinschaftlichen Sinn ergreifen lassen, diesen ergreifen und so zur eigenen Konstruktion von Sinn fähig werden. Auf diese Weise vermitteln auch religiöse und spirituelle Gemeinschaften Sinn.

Es ist durchaus diskussionsbedürftig, wenn in der Literatur (s. bei Schnell 2011: 260) Sinn vorwiegend in der Perspektive Bedeutungs*gebung*, die das Subjekt vornimmt, gesehen wird. Danach ist Sinn die Bedeutung, die der einzelne Mensch einer Sache, einer Handlung oder einem Ereignis von sich aus beilegt. Wenn Sinn aber wesentlich als ›Passung‹ und Übereinstimmung verstanden wird, dann gehört zur Sinnerfahrung ein Geben und ein Vernehmen: Sinn wird gefunden, wenn die subjektiven Entwürfe auch auf Resonanzen treffen, die das Leben, die Welt und das Schicksal auf die Entwürfe ›gibt‹. Sinn findet der Mensch danach nicht willkürlich. Sinnempfinden ist zwar höchst subjektiv. Aber das Subjekt findet Bedeutungsgebungen nur dann als Sinn-voll, wenn diese auch mit einer positiven Sinnresonanz verknüpft sind. Sinn entsteht also erst aus dem Zusammenspiel zwischen den Deutungen des Menschen und dem ›Vernehmen‹ von ›Antworten‹, die er vom ›Gegenüber‹, von den Geschehnissen des Lebens erhält.

5.3.2 Drei Perspektiven der Rede von Sinn

Um im Kontext von Krankheit und Schicksal der Bedeutung von ›Sinn‹ gerecht zu werden, wird hier eine dreifache Perspektive vorgestellt:

(1) Sinn als Stimmigkeit

Sinngebung ist in einer ersten Perspektive die als persönlich stimmig erfahrene Wirklichkeitskonstruktion. Dabei erlebt der Mensch einerseits eine persönliche Erfüllung und andererseits, dass die eigenen inneren Werte und Überzeugungen Anschluss finden zu Welt und Mitmenschen und von daher bestätigt oder modifiziert werden (vgl. Held 1998: 47).

Charakteristisch für Sinn ist, dass diese Stimmigkeit und Zugehörigkeit grundsätzlich mit einer positiven, die eigene Lebensbewegung bestätigenden Tönung verbunden ist. – Solche Sinnerfahrung reicht von der sinnlich-körperlichen Berührung bei Pflegehandlungen, bei denen der Schwerkranke über das leibliche Selbstgefühl empfindet »Ich spüre mich, ich bin da«, über die Erfahrung, in seinen Gefühlsäußerungen verstanden zu werden, bis zu den tiefen Erfahrungen der Verbundenheit mit Gott und dem Göttlichen.

(2) Sinn in der großen Linie

Die zweite Perspektive ergibt sich aus der etymologischen Ableitung: ›Sinn‹ meint ursprünglich ›Weg‹, ›Richtung‹, ›Ziel‹, aber auch (etymol. später) ›reisen‹, ›trachten nach‹. In dieser Sicht ist Sinn die Übereinstimmung mit der großen Linie der eigenen Lebensvorstellung, mit »zielhaftem Ankommenwollen« (Gerl-Falkovitz 2001: 111). – Die Diskussion um Sinnfindung in Krankheit, Sterben und Trauer krankt oft an der Idee, dass jedem Einzelereignis (also zum Beispiel dem Sterbeprozess oder einem Verlust selbst) von außen ein positiver Sinn zugesprochen werden soll. Viele alltägliche – auch religiöse – Tröstungen bestätigen dies: »Er ist doch jetzt erlöst.« »Dieser Unfall hat sicher den Sinn, dass ...« »Wer weiß, was ihm erspart geblieben ist.« »Es ist vielleicht am besten so.«

Sinn und Werthaltung. Sinn in dieser zweiten Perspektive hat eine größere Reichweite: Er vermag auch schwierige, negativ getönte Lebenserfahrungen zu integrieren, wenn sie in der Richtung der grundlegenden Lebensüberzeugungen liegen. Lebensereignisse werden dann um so sinnvoller erlebt, je höher der Wert ist, den wir für gut und erstrebenswert halten, also z. B. soziales und ökologisches Handeln um eines überpersönlichen oder religiösen Wertes willen wie Engagement, Fürsorge, Liebe (vgl. die Untersuchungen von Schnell 2004: 12). Sinn wird dann empfunden, wenn sich um eines höheren Gutes willen das Leben auch mit seinen Mühen und Rückschlägen lohnt und gelohnt hat. Sinn meint dann nicht die persönliche Erfüllung in jedem Augenblick und bei jedem Ereignis, sondern die große Linie. Sinn kann dann auch erfahren werden, wenn ein Ereignis gerade mal nicht angenehm ist oder ›Sinn macht‹.

Sinn durch Anknüpfen. Menschen versuchen auch zunächst, das Leben verstörende und erschütternde Erfahrungen mit ihrem bisher als sinnvoll erlebten Lebensfaden in Beziehung zu bringen und so eine erste Orientierung zu gewinnen. Solche Sinnversuche äußern sich z. B. über Erinnerungen an andere Ereignisse der Lebensgeschichte; im Erinnern von Verletzungen und Niederlagen, von Geleistetem und Überstandenem; über Schuld- und Versagensgefühle; über Symbole der Selbstvergewisserung und das Entdecken alter und neuer Kräfte.

Sinn im Rückblick. Menschen können aber auch bei einem Rückblick auf ihr Leben eine persönliche Sinnhaftigkeit als Gesamtbilanz empfinden. Ausdrücklich Sinn vermögen Menschen oft nicht im Augenblick eines verstörenden Ereignisses zu sehen, sondern meist erst im Rückblick, wenn es einen Platz in der weiteren Lebenskonstruktion gefunden und zu dieser Konstruktion mit positiver Wichtigkeit beigetragen hat. Die Deutung dieser gemachten Lebenserfahrung gilt dann nicht dem Einzelereignis, sondern der positiven Erfahrung, dass man die Kraft fand, es zu integrieren. Diese

Erfahrung von Standhalten und Integrationsfähigkeit wird dann ihrerseits zu einer nicht gering zu schätzenden Kraft für Sinnvertrauen in Gegenwart und Zukunft. So gesehen enthält Sinn auch die Zukunfts- und damit eine Hoffnungsperspektive.

(3) Sinn in spiritueller Perspektive

Unter Sinn muss aber auch verstanden werden – und das ist entscheidend für die Existenzdeutung – ›Sinn im Ganzen‹. Das meint die Frage, ob das Ganze von Existenz und Welt einen sinnvollen Zusammenhang hat, so dass der Mensch von daher sein Dasein verstehen und sich einem solchen Sinn auch anvertrauen kann. Das beinhaltet eine Perspektive, die sowohl die jeweilige Stimmigkeit als auch die eigenen Sinnkonstruktionen einschließt und doch zugleich den Einzelsinn einem übergeordneten Ganzen zutraut, das ihm übergeordneten Wert und eine Gesamtstimmigkeit verleiht.

Spiritualität und Sinnerfahrung kommen denn hier auch zusammen:

> Spiritualität ist das Empfinden und die Überzeugung, dass der persönliche Lebenssinn sich aus höheren oder tieferen Bedeutungen und Quellen speist, als der Mensch aus sich allein hervorbringen und realisieren kann.

Wenn man dem Verständnis von Spiritualität den Geheimnisbegriff zugrunde legt, dann kann man den Zusammenhang zwischen Sinn und Spiritualität wie folgt umschreiben:

> Sinnerfüllung wird tiefer empfunden, wenn sich der Mensch mit seinen Lebensbedeutungen »mit dem Geheimnis des Lebens« in Verbindung weiß. Umgekehrt wird solche spirituell vertiefte Sinnerfahrung zu einer reichhaltigeren Quelle von Sinnstiftung.

Sinn durch Reifungsprozesse. Durch Krankheit, schwere Lebensereignisse und durch den drohenden Tod können Sinnkonstruktionen erheblich erschüttert werden. Menschen können am Sinn ihres Daseins und der Welt zweifeln. Sie müssen dann unter den veränderten Gegebenheiten Sinn neu suchen, der z. B. die Erkenntnis beinhaltet, dass das Leben endlich und ein Fragment ist. Dass nicht jeder Mensch zu einer solchen Integration gelangt oder fähig ist, spricht nicht gegen die grundsätzliche Möglichkeit, dass Sinn wesentlich auch in der Auseinandersetzung mit Leiden und Schicksalsschlägen gefunden werden kann und Menschen daran reifen. Die Kraft der Spiritualität kann von den Begleitern besonders eindrucksvoll miterlebt werden, wenn ein Mensch sich zu einer tief empfundenen Zustimmung zu seinem Schicksal durcharbeitet, wenn er also zu einer Einstimmung in das Ganze des Lebens findet, auch wenn er selbst nur Fragmente davon realisieren konnte. – Religiöse Überzeugung ist es aber, dass auch Menschen, die nicht zu solcher Einstimmung gelangen, im transzendenten Sinnraum Gottes aufgehoben sind und so am umfassenden Sinn teilhaben.

Religion präsentiert einen höchsten Sinn

Im Angesicht des Todes erhalten spirituelle und religiöse Überzeugungssysteme eine hohe Bedeutung. Denn diese greifen über die eigene Endlichkeit und über die persönlichen Integrationsmöglichkeiten hinaus und nehmen Sinn von einem absoluten Prinzip her in Anspruch. Weil Religion einen letzten und höchsten Sinn repräsentiert, ist sie eine Quelle, aus der Glaubende tieferen und ertragreicheren Sinn schöpfen können, als sie selbst herzustellen vermögen.

Religiöser Sinn ist zudem nicht in erster Linie eine rationale Erklärung von Welt und Leben. Vielmehr vermittelt er die Erfahrung von Schutz und Geborgenheit bei der höchsten Instanz. Nach soziologischen Befunden heißt die zentrale religiöse Zielvorstellung heute weder ›Heil‹ noch ›Erlösung‹, sondern ›Geborgenheit‹ (Wahl 2007: 358). Reinhard Tausch bestätigt mit seinen Untersuchungen, dass Menschen in ihrer Religion zwar oft keine Antworten auf ihre Sinnfragen finden, dass aber zumindest 46% der Untersuchten angeben, dass ihr religiös-spiritueller Glaube ihnen ›seelischen Halt‹ gibt. (Tausch 2004: 97)

Vertikale Sinnausrichtung. Die Sinnforschung zeigt, dass die *empfundene* Sinnfülle auch in der heutigen Zeit am stärksten bei einer *vertikalen* Erfahrung von Selbsttranszendenz (zum Begriff Selbsttranszendenz s. 1.1.3) ist, stärker als bei einer Selbsttranszendenz mit horizontaler Ausrichtung (Schnell 2011: 267 ff.).

Vertikale Selbsttranszendenz (als explizite Religiosität wie als religionsungebundene Spiritualität) zeichnet sich aus durch

- die Zugehörigkeit zu einem *übergeordneten Ganzen*, bei dem nicht nur ›ich‹, sondern ›alles‹ einen Sinn hat;
- den Bezug zu einem persönlichen Gott oder zu einer höheren Macht, bei der die Bedeutungshaftigkeit der eigenen Person nicht an menschliche Fähigkeiten und Zulänglichkeiten gebunden ist, sondern Anerkennung von einem *ganz Anderen her* gewährt wird;
- die Zugehörigkeit zu einer über lange Zeit gelebten Überlieferung von Lebensweisheit und Sinn und einer *Gemeinschaft* von Menschen, mit deren Lebenskonzepten man sich identifizieren kann;
- die Tradierung letztgültiger Werte, die als *Orientierungswissen* der persönlichen Lebensführung eine Richtung zeigen;
- Stiftung von *Kohärenz*, also eine integrative Lebensphilosophie, die eine hohe Zentrierung der Lebensausrichtung ermöglicht.

Sinn, der es mit dem Tod aufnimmt. Man darf also gerade auch das Unverstehbare und Sinnlose bei einem letzten Sinn aufgehoben wissen. Zugleich gibt eine transzendente Glaubensvorstellung dem Menschen eine, weil vom Absoluten und Heiligen geschenkte, höchstmögliche und letztgültige Bedeutung für sein Leben. Spirituelle und religiöse Überzeugungen enthalten das Versprechen, es gerade auch mit der Härte und Wucht existenzieller Grundgegebenheiten, wie Schicksal, Scheitern, Abschied, Sterben, Tod und Trauer, aufnehmen zu können. Danach behält das Leben seinen Sinn, auch wenn ihm im Tod die Vernichtung droht. Mit Gott, mit dem transzendenten Sinn der Existenz, kann sich der Glaubende über den Tod »hinwegsetzen«, ihn »trans-zendieren« (Höhn 2003: 45). Religiöse Sinnfindung ermöglicht die Einstimmung in das Ganze des Lebens mit seinem Tod, weil sie dieses Ganze in den Händen Gottes weiß.

Sinn, der das Ganze meint. Glaubens- und Religionssysteme zeichnen sich dadurch aus, dass sie sich auf das Ganze von Wirklichkeit beziehen und alle Teilerfahrungen von einem umfassenden Absoluten her verstehen. So vermögen sie im Prinzip, auch das Dunkle, nicht Verstehbare und als sinnlos Erfahrene zu integrieren. Sie müssen dann aber gut geschliffene ›Linsen‹ sein, die alle, auch die widerständigen und bizarren Strahlen der Existenz zu bündeln und einer letztlich ›guten Ordnung‹ zuzuweisen vermögen. Dazu gehört, dass überzeugende Glaubenssysteme nicht nur die persönlichen Sinngebungen bestätigen, vielmehr stellen sie diese gegebenenfalls auch in Frage, fordern sie heraus und korrigieren sie. Denn sie sollen ja nicht nur vor den privaten und kurzfristigen Interessen, sondern auch vor dem ewigen Forum Bestand haben, das den Sinn des Ganzen garantiert: vor dem Absoluten und Heiligen. – Meine Überzeugung ist, dass die christliche Religion eine vorzüglich geschliffene Linse ist, die in Symbol und Wirklichkeit von Kreuz und Auferstehung die menschliche Existenz auslegen kann. Dann ist der letzte Horizont für die Geschichte des Menschen Gott, dessen Beziehung in den Krisen des Lebens und auch im Tod nicht endet.

Sich Sinnmuster aneignen? Dass es Glaubenssysteme und Weltdeutungen gibt, die Sinn präsentieren und ›vorschlagen‹, muss nicht dem Bedürfnis des modernen Menschen widersprechen, Sinn in eigener Regie zu finden. Auch als Menschen der Postmoderne wachsen wir in Sinnbilder hinein, die wir zum größten Teil nicht selbst erzeugt haben. Wir leben in vielen Zusammenhängen, die wir uns angeeignet haben. Es gilt also bei nicht religionsbezogenen (bei persönlichen und menschheitlichen) Sinnmustern dasselbe wie bei spirituellen: Man muss sich auch in Sinnzusammenhänge hineindenken und -fügen; einen Sinn herauslesen, den wir nicht selbst erfunden haben, der seine Plausibilität vor allem dadurch hat, dass er von vielen Menschen der Geschichte erprobt und von glaubwürdigen Zeugen überliefert ist. Man kann sich also von menschheitlichen und religiösen Gestalten an der Hand nehmen, Sinnbilder zeigen und in sie hineinführen lassen. Freilich muss der persönliche Sinn dann immer noch aus den Bildern herausgelesen werden.

5.3.3 Die Sinnfrage nicht überhöht sehen

Wichtig für die Begegnung mit Menschen in Krankheit und Sterben ist, dass die Sinnfrage in der Begegnungspraxis bei weitem nicht so abstrakt und ›hoch‹ vorkommt, wie diese grundsätzlichen Überlegungen zu suggerieren scheinen.

Sinnerfahrung geschieht meist implizit
Die Helfer dürfen sich klarmachen, dass viele Menschen Sinn weit weniger explizit und reflektiert als vielmehr implizit erfahren. Sie empfinden Sinn im Kontext gelungener Lebenserfahrungen, in der Verwirklichung persönli-

cher Wertvorstellungen oder indem sie sich auf vielfältige Weise (Familie, Natur, Beruf, Lebensaufgaben) im Ganzen der Welt eingebettet sehen. Die Erfahrung, dass das eigene Dasein mehr oder weniger sinnvoll ist, ist das Ergebnis eines lebenslangen Lernprozesses. Der Mensch hat oft eher ein ›Gefühl‹ und ein Gesamtempfinden vom Sinn des Lebens als reflektierte Vorstellungen (vgl. auch die Untersuchungen von Tausch 2004: 91). Viele können kaum darüber Auskunft geben. Zum Beispiel wurden ältere Menschen gefragt, »ob es ein überragendes sinnstiftendes Leitmotiv in ihrem Leben gegeben habe. Die große Mehrheit konnte keines nennen.« (Ernst 2010: 21) Die Frage nach dem Sinn des Lebens muss also nicht jeden Tag neu und nicht bei jedem Ereignis ausdrücklich gestellt und beantwortet werden. Und die Antwort muss auch nicht – wie das ja auch für die Spiritualität gilt – in einer explizit benennbaren Idee oder bewussten Konstruktion liegen.

Sinnfindung im Berufsalltag begleiten

Für die Helfer gibt es eine einfache Möglichkeit, Kranke, auch Schwerkranke, bei ihrer Sinnsuche zu begleiten, indem sie deren lebensgeschichtliche Sinngebungen aufmerksam wahrnehmen, beim ›Spurensuchen‹ begleiten und auf die Bedeutung Resonanz geben, die diese für einen Menschen hat. ›Sinn‹ steuern Menschen in ihrem Leben selten direkt an. Stimmige Lebensbewegungen ergeben sich über Identitätsbausteine (Beruf, Familie, Kunst, Pflicht, Neigungen, soziales Engagement, Wertschätzungen, Weltansichten). Von ›dem Sinn‹ haben Menschen nur selten eine klare Vorstellung. Aber in ihrer Identitätsgestaltung entwerfen sich Menschen in die Welt hinein und *geben* und *finden* Sinn im Konkreten und Alltäglichen, wenn sich ›kleine‹ Sinnmomente zu einem irgendwie sinnvollen Ganzen zusammenfügen. Und das ist »gar nicht wenig« (Taylor 2009). – Wie diese niederschwellige Weise der Begleitung von Sinnfindung im Berufsalltag integriert und zur Hilfe für Patienten und Sterbende werden kann, ist in Abschnitt 2.2.2.4 beschrieben.

Sinngebungen gelten lassen

Im Übrigen kann der Außenstehende letztlich einem Leidenden den Sinn nicht ›geben‹. Er kann nur dessen Sinnsuche begleiten und die Sinnentwürfe gelten lassen, die der Betroffene selbst gibt. Sicher passt dem Begleiter manches nicht, was der Andere für sich so sieht. Es gilt aber, zunächst einmal Menschen bei den Sinngebungen zu belassen, die sie für sich gefunden haben – solange die sie nicht von ihrem Leben abziehen und mehr Leid erzeugen als das, dem sie mit ihrer Art von Sinn begegnen wollen. (Vgl. auch 5.5.3 ff.)

Sinn als Symphonie

Auf die Frage nach dem Sinn ihres Lebens antworten Menschen mit Sequenzen ihrer Lebensgeschichte. »Schau her, das ist aus den Vorgaben und Ereignissen meines Lebens geworden; das habe ich daraus gemacht«, ist die innere Botschaft solcher Erzählungen. Im Erzählen formen sich viele Einzelheiten, Geschehnisse, aber auch Bruchstücke zu Sinngestalten. Der

Sinn ist für einen Menschen ein Gesamtbild: eine Landschaft, in der er Pfadfinder und Gestalter zugleich ist; eine Sammlung von Erzählungen und Geschichten; eine Bildergalerie, deren Künstler er ist; ein Biotop, dessen Bewohner und zugleich Gärtner er ist; eine Symphonie mit unendlichen Variationen.

Sinn durch Vertrauen
Die Helfer dürfen davon ausgehen, dass im Patienten weit mehr Sinnempfinden vorhanden ist, als dieser reflektiert zu erkennen geben kann, und meist mehr, als er in einer aktuellen Krise sofort in sich zu aktivieren vermag. Auch religiöse Menschen können bei schwierigen Lebenserfahrungen nicht ›den Sinn‹ erkennen, und dennoch können sie ein Vertrauen und eine Hoffnung haben: zum Beispiel, sich bei Gott aufgehoben zu wissen mit allem, was geschieht. Dann *erfahren* sie Sinn, obwohl sie keinen Sinn erkennen.

Wandlungen der Sinnfrage
Menschen finden Sinn auf vielerlei Weise. Sie haben eine Fülle von persönlichen, lebensgeschichtlich entdeckten und gepflegten Quellen. Ist die Suche nach Stimmigkeit zwischen dem Subjekt und seinen Erfahrungen der ›normale‹ Weg, so wandelt sich die Sinnfrage, wenn die bisherigen Quellen durch schwere Krankheit und das Schwinden der Kräfte immer mehr entfallen. Viele Menschen suchen dann mit dem Medium der Erzählung eine integrative Idee und eine befriedigende Gesamtüberschrift für die unterschiedlichen und widersprüchlichen Erfahrungen der Lebensgeschichte.

> ❖ Der ältere Mann erzählt nach einer schweren Herzoperation des Längeren von seinem Leben: Was er alles erlebt, geleistet, durchgemacht, erreicht hat. Der Seelsorger fragt: Welche ›Überschrift‹ er heute dem allem geben würde? – Dann sucht der Seelsorger mit ihm zusammen, was für eine ›Unterschrift‹ er unter sein Leben setzen könnte.

Bei Menschen mit religiöser Perspektive wird im Angesicht des Todes aber auch diese Suche nach überzeugenden Mustern und Deutungen abgelöst. Es geht dann viel mehr um Sinn als Beziehungs- und Zielerfahrung: Werde ich, wenn ich alle Güter hinter mir lassen muss, letztlich bei etwas Gutem und sogar Beseligendem ankommen, bei Gott, dem Ursprung und Ziel alles Guten? Kann ich mich in diesen tiefen Sinn hineinfallen lassen?

Ein Zwischenergebnis

Sinn kann man nicht von außen ›geben‹ oder wie ein Medikament verabreichen. Auf die Frage nach dem Sinn des Lebens gibt es kaum eine explizite und schon gar keine allgemeingültige Antwort, die den Suchenden zufriedenstellt. Wohl aber können die Helfer Sinnerfahrungen ermöglichen und Menschen bei der Entdeckung von Sinn begleiten. – Es ist die Absicht des ganzen Buches, vielfältige Möglichkeiten und Methoden aufzuzeigen, wie Sinn in unterschiedlichen Kontexten geweckt werden kann. (Zur Logik des Zusammenhangs von Identität, Sinn und Spiritualität s. 2.2.2)

5.3.4 Bei Erfahrungen von Sinnlosigkeit begleiten

Halt geben

Wenn Schwerkranke »alles als sinnlos«, auch das Leben unter dem Vorzeichen des Sterbens und des Endes aller Möglichkeiten empfinden, dann ist die grundlegende Haltung der Helfer gefordert: das Halt-Geben. Die spürbare Präsenz der Begleiter stellt eine Sinnstruktur dar, die nicht auf Erklärungen und Appelle an den Verstand beruht, sondern auf vertrauengebender Nähe. Dann kann der Patient eine implizite Resonanz auf seine Lebensbewegungen und dabei seine Äußerungen und Gefühle als ›sinnvoll‹ beantwortet erfahren. Sinn wird durch die Anwesenheit der Begleitenden implizit interpretiert, wenn diese beim verzweifelnden Patienten aushalten. Sie stellen dann ein Gegengewicht dar, das oft als einziges gegen diese Sinnlosigkeitserfahrung aufgeboten werden kann. Das Erleben von Zuwendung und Resonanz knüpft an die grundlegenden Vermittlungen von Lebenssinn an, die der Mensch von Anfang seines Lebens an und im Lauf des Lebens immer neu braucht.

Trauern und ›opfern‹

Die Behandler (Ärzte, Pflegende, Sozialarbeiter, Seelsorgende) können Patienten auf ihre Lebensziele und Träume ansprechen und mit ihnen zusammen herausfinden, wo Grenzen sind, was aber auch durch bestimmte Behandlungen so möglich ist, dass der oder jener Wunsch erfüllt werden kann: Z. B. hilft der Pneumologe der Klinik, den ›alten Bergwanderer‹ soweit aufzubauen, dass dieser noch einmal seine geliebten Berge aufsuchen kann. Dabei wird es mehr der Part der Seelsorge sein, die Grenzerfahrung zu begleiten und auch auf das zu hören, was eventuell umgewandelt oder losgelassen und betrauert werden muss. Auch wichtige Träume, die nicht (mehr) zu erfüllen sind, können in Gebet, Ritual und Segen der transzendenten Macht anvertraut oder um eines höheren Sinnes willen vielleicht sogar »geopfert« werden (Kast 1994, 45). Auch die Menschen, die klagen und Wut auf ihr ungerechtes Schicksal haben, gehen ja davon aus, dass nicht alles sinnlos sein darf. Sie unterstellen in gewisser Weise dem Leben im Ganzen einen Sinn, auch wenn sich ihnen dieser zurzeit nicht erschließt.

Kontrafaktisches Denken: »was wäre gewesen, wenn ...«

Beim Thema ›Sinn durch Erzählen‹ ist ein amerikanisches Forscherteam zu erstaunlichen Beobachtungen gekommen, wie in Psychologie heute (Ernst 2010) berichtet wird. Wenn Menschen in Bezug auf wichtige Ereignisse in ihrem Leben aus heutiger Sicht über Alternativen zu dem nachdenken, was wirklich geschehen ist, dann erhöht sich im Heute der Sinngehalt der damals real eingetretenen Ereignisse. Interessanterweise ist es nicht so, dass Menschen – im Nachhinein – in alternativen Möglichkeiten das größere Glück sehen und sich am liebsten in diese hineinträumen. Vielmehr wird in den einmal wirklich gefällten Entscheidungen ein höherer Sinn gesehen als in den früher vielleicht möglichen Alternativen. Im Nachhinein versöhnen sich Menschen also mit der eingetretenen Gegenwart, wenn die Betroffenen mit der Methode »Was wäre gewesen, wenn ...« über ihr Schicksal nachdenken. Der eingeschlagene Lebensweg wird dadurch als der vom Schicksal bestimmte Weg gesehen; das macht das reale Schicksal erträglicher und gibt ihm einen Sinn. – Die Methode »kontrafaktisches Denken« ist sicher kein Allheilmittel gegen Verlorenheit und Verzweiflung. Aber sie könnte einen Weg eröffnen, auf dem Menschen sich mit ihrem Schicksal versöhnen, so dass sie den Mut finden, auf ihrem Lebensweg weiterzugehen und diesem auch in Zukunft Sinn zuzutrauen.

Spirituelle Interventionen

Sterben und Tod entwerten die Lebensleistung, wenn ein Mensch nicht sehen kann, wofür er gelebt hat. Hier braucht es geschulte spirituelle Begleiter, die mit den Patienten zusammen herausfinden, was sich zutiefst in dieser Lebensleistung erfüllt hat und in welchem Horizont sie Sinn macht.

❖ Wenn ein Mensch sein Leben als verpfuscht sieht (»Bei mir ist alles schiefgelaufen«, »Alles war gegen mich.«), kann der Begleiter im Verlauf des Gesprächs fragen: »Wer wären Sie denn gerne geworden? Wer steckt zutiefst in Ihnen, den Sie nicht entfalten konnten?« – Dann kann die Sehnsucht eine Gestalt bekommen. Auch diese ist dann im Patienten anwesend und eine Wirklichkeit, die auch zu ihm gehört und zu einer bedeutungsvollen Ressource werden kann.

In Anlehnung an die Vorschläge des Therapeuten Wayne Muller (1994) können die Begleiter den spirituellen Horizont mit Fragen eröffnen wie:
- Wie möchte ich einmal auf mein Leben schauen können, wenn ich mir vorstelle, ich würde in 20 Jahren (am Ende meines Lebens ...) darauf zurückblicken?
- Was liebe ich, habe ich geliebt?
- Was können Sie für sich und andere noch tun?
- Was hat sich erfüllt, nicht erfüllt in meinem Leben?
- Wo hat sich etwas von mir erfüllt, was nur dadurch möglich war, dass ich genau dieser Mensch bin und kein anderer?
- Was denke ich, wer ich bin? Was habe ich auf den Altar des Lebens zu legen?
- Womit bin ich zutiefst verbunden?
- Was wird man einmal in der Asche meiner Inkarnation finden, wenn sie vorüber ist?
- Was ist meine Gabe an die Erdenfamilie?
- Was denke ich, ist der tiefste Sinn des Lebens, auch wenn er sich bei mir nicht erfüllt hat?
- Was ist das Höchste, an das ich glaube?

Übrigens: Die Fragen, die der Helfer an den Patienten richten kann, können von den Helfern ebenso für ihre eigene spirituelle Hygiene genutzt werden. Schließlich kann die ständige Begegnung mit so viel Leid und Sterben auch in den Begleitern Sinnlosigkeitserfahrungen auslösen, die nur in einem größeren Horizont zu ertragen sind. – Bevor nichtgeschulte Begleiter solche

Fragen an den Patienten richten, sollten sie damit bei sich selbst bereits Erfahrung gemacht bzw. sie in Supervision oder Begleitgruppen ausprobiert haben.

Religiöse Interventionen
Spirituelle Begleiter können Patienten auch direkt auf ihre Spiritualität oder Religion ansprechen:
- Was könnte sich von Ihrer Spiritualität oder Ihrem religiösen Wertesystem her jetzt für eine Aufgabe stellen?
- Was denken Sie, was Gott als Sinn Ihres Lebens will? Was könnte Gott wohl jetzt von Ihnen wollen?
- Was könnten Sie Gott überlassen, weil der auch das Sinn- und Zwecklose in seiner Bedeutung schätzen und würdigen kann – anders als die Menschen das tun?
- Was denken Sie, ist Ihr Platz in Gottes Welttheater?

Sinn durch Stellvertretung
Es gibt viele Menschen, die zwar über ihr Leben klagen und schimpfen, aber nicht gewohnt sind, in der hier vorgeschlagenen Weise zu sprechen und über ihre innersten Werte Auskunft zu geben. Zudem können die Begleiter nicht davon ausgehen, dass am Ende des Lebens dann doch eine Sinnerfahrung erreichbar ist. Menschen dürfen auch mit Wut und Ablehnung sterben. Wie bei allen Themen der spirituellen Begleitung stellen die Helfer dann das Sinnsystem dar, das auch sie selbst stützt und motiviert. Sie bieten ›Sinnergänzung‹ (Müller 2004: 25), wo der Sterbende in sich keinen Sinn zu entdecken vermag. Ihre Rolle trägt ›Stellvertretungs-Spiritualität‹, an die sich der Kranke anlehnen kann.

Eine Patientengeschichte soll am Ende dieses Abschnitts stehen.

> ❖ Der Seelsorger wird zu einer jungen Frau gerufen, die im Sterben liegt. Er bringt beim letzten Sakrament den Vers: »Du salbst mein Haupt mit Öl, du füllst mir reichlich den Becher« aus Psalm 23 in Erinnerung. Auf die Frage, ob ihr Becher reich oder nicht doch viel zu wenig gefüllt sei, antwortet sie: »Es ist leider nur ein kleiner Becher, aber der ist reichlich gefüllt.«

5.4 Die Frage ›Warum?‹

»Dasjenige Bewusstsein, das diese Frage stellt, ist nicht die Art von Bewusstsein, die eine schlüssige Antwort hören kann.« (Arthur Deikmann)

5.4.1 Zur Phänomenologie

»Warum passiert das gerade mir?« Alle Helfer können von ihren Klienten mit dieser Frage konfrontiert werden, Ärzte ebenso wie Pflegekräfte, Seelsorgende oder Trauerbegleiter. Auch wenn die so Fragenden je nach Berufs- und Begleitungskontext eine andere Resonanz auf das ›Warum?‹ erwarten, so hören die Helfer darin doch eine sehr elementare Anfrage – und das Elementare darin macht sie meist sprachlos.

Vorschnelle Deutungen
Es ist wichtig, sich klar zu machen, was wir als Helfer aus dieser Frage heraushören:
- Oft wird sie sofort auf der logischen Ebene angesiedelt. Man meint, der Patient suche konkrete Gründe für sein Schicksal.
- Die Psychologie hat die Frage lange Zeit in die Kategorie ›Abwehr‹ eingeordnet: Der Patient suche irgendwelche Gründe außerhalb seines Selbst, um den Schmerz nicht als eigenes Schicksal annehmen zu müssen.
- Wer sofort die grundsätzliche Frage nach dem Sinn von Krankheit und Lebensbedrohung darin gestellt sieht, den macht die Frage sprachlos, erst recht, wenn man sie als Frage nach dem letzten Sinn, nach Gott, hört. Dafür glauben sich viele Helfer sowieso nicht kompetent.
- Religion und Theologie verstehen sie oft sofort in der Verbindung ›Gott und das Leid‹.
- Helfer sind weniger auf Prozessbegleitung und mehr auf Problemlösung trainiert und ›haben‹ keine Antwort.

Entsprechend ihren Hypothesen sagen viele Helfer spontan: «Darauf gibt es keine Antwort» und übergehen die Frage schweigend. Die Antwort »Das weiß ich auch nicht« wird oft viel zu schnell gegeben, bevor der Helfer überhaupt weiß, was ›das‹ für den Patienten alles bedeutet.

❖ Die Angehörige spricht mehrere Ärzte an: »Herr Doktor, warum hat mein Mann das gekriegt? Unsere Tochter hat vor einem halben Jahr Suizid begangen. Könnte das daher kommen, dass dies meinen Mann zu sehr belastet hat?« – Die Frau deutet das schweigende Übergehen ihrer Frage als Arroganz und Machtgebaren.

Eine spirituelle Frage
Auf welchem Hintergrund könnten Betroffene diese Frage stellen? – Leiden trifft beziehungslos: Da standen Menschen vorher in gutem Kontakt mit dem Dasein, und plötzlich ist diese Beziehung abgerissen. Alle Menschen in ihrer Umgebung scheinen weiter in gutem Kontakt mit dem Leben zu sein – nur bei ihnen selbst ist der in Frage gestellt. Im Kopf weiß jeder Mensch, dass das Leben endlich ist und dass jederzeit etwas passieren kann, aber »Warum jetzt?« und »Warum gerade bei mir?«.

> Wenn Spiritualität die Erfahrung ist, dass sich der Mensch mit dem Geheimnis des Lebens in Verbindung weiß, dann ist das ›Warum?‹ zutiefst spirituell.

In ›normalen‹ Zeiten erfahren Menschen die Verbindung mit dem Geheimnis über das Medium der Personen, der Dinge und der Ereignisse ihres Lebens. Wenn aber plötzlich oder langfristig diese Verbindung bedroht ist, dann suchen sie nach einer Passung zwischen ihrer bisherigen Lebenserfahrung und den neuen Ereignissen. Die Warum-Frage ist zunächst eine Frage aus der Lebens- und Sinnerfahrung heraus: Wie passt das alles jetzt noch zusammen? Wo es doch bisher (meist) gepasst hat? Warum passe ich da nicht (mehr) hinein?

5.4.2 Das Warum? in der beruflichen Praxis

Auch wenn das Warum? auf dem Hintergrund obiger Sicht von Spiritualität gelesen werden muss, so muss diese Frage in der beruflichen Praxis jedoch auch im Vordergrund mit ihren verschiedenen Motiven gehört werden. Sieht man das Warum? als Zeichen für die Auseinandersetzung des Menschen mit dem Unbegreiflichen und Unausweichlichen, so kann das Modell der vier Ebenen (s. 2.2.2.1) helfen, den unterschiedlichen Dimensionen darin gerecht zu werden.

(1) Die Sachebene in der Warum-Frage

Eine Stresshilfe. Es ist zunächst völlig normal, bei einer schwerwiegenden Diagnose nach sachlich nachvollziehbaren Gründen für ein Schicksal zu fragen und das Warum? durchaus auch rational zu verstehen. Vielleicht gibt es ja Zusammenhänge, die verletzt wurden und die man bisher so nicht gesehen hat. Das Nachgrübeln über Gründe ist zugleich eine Art Stresshilfe: Im Unerklärlichen und in der Erfahrung, dass plötzlich der Boden unter ihnen weggezogen wird, versuchen die Betroffenen, sich auf Inseln rationaler Erklärungen zu retten, um den Überblick in der Welt nicht zu verlieren. Auch wenn das Fortschreiten der Krankheit sie bald wieder davon vertreibt, finden sie doch zeitweilig Haltepunkte. Terry L. Martin und Kenneth J. Doka (2000) haben bei ihren Untersuchungen von Bewältigungsstrategien bei Krise und Trauer zwei Typen von Menschen gefunden.
- Die einen trauern »intuitiv«, gehen also eher ihren Gefühlen nach und lassen sich davon leiten.
- Die anderen trauern eher »instrumentell«, das heißt, sie suchen eine Bewältigung mit Hilfe von Denken und Aktivität.

Folgt man dieser Typisierung, so sind es die ›Denker‹ und ›Tuer‹ – also die ›Instrumentellen‹ unter ihnen, die nichts unversucht lassen wollen, um ›hinter‹ diese Krankheit zu kommen: Vielleicht lassen sich dann Ursachen finden, gegen die man etwas machen kann. Vielleicht findet man sogar eine Ursache, die man bisher nicht beachtet oder übersehen hat und die noch Handlungsmöglichkeiten zulässt. Selbst wenn ein Mensch um die Unerklärlichkeit seines Schicksals weiß, so hilft es ihm doch – zumindest vorübergehend – gedanklich in die Zeit vor dem Schicksalsschlag zu gehen, um es wenigstens mental damit aufnehmen zu können: Wenn es konkrete Gründe gäbe, wäre wenigstens gedanklich die Ordnung der Welt gerettet, in der man ja weiterleben will. Die ›Verstehbarkeit‹ der Welt ist eine wichtige Stresshilfe. (Antonovsky 1998) Keine Hilfe ist es, wenn Professionelle Ursachen nennen (»Weil Sie nicht genügend Ballaststoffe ...«), die zum weiteren Prozess des Patienten nichts beitragen.

Sachliche versus existenzielle Dimension? Die Helfer werden als Fachleute auch zur gedanklichen Verarbeitung gebraucht. Die Geschichte der Medizin zeigt, dass die Menschheit von den archaischen Kulturen an bis in die heutige Medizin hinein die Warum-Frage ganz rational und praktisch ausgelegt hat. Auch die Begleiter müssen sich fragen, ob sie im Umgang mit dem Leid eher zu den ›instrumentell‹ Reagierenden gehören und das Warum des Patienten gerne auf dieser Ebene lokalisieren möchten. Dann antworten sie vielleicht ganz sachlich, obwohl der Betroffene auf der instrumentellen Ebene gar nicht anzutreffen ist. Oder sie wissen gar nichts zu sagen, weil es keine sachliche Antwort gibt, weichen dem Klienten aus oder wechseln abrupt das Thema.

Wenn sich das Warum? an den Arzt richtet. Aber auch wenn Patienten der Frage auf der logischen Ebene nachgehen, so wissen sie meist, dass es dort keine letztlich befriedigende Antwort gibt. Bei obiger Familie, die die Ursache für den Krebs des Vaters in der Trauer um die Tochter sieht, taucht ja hinter der Ursachen-Frage das Warum? in vertiefter Form wieder auf: »Warum ist uns das alles überhaupt passiert?« – Obwohl die Wissenschaft den Zusammenhang zwischen Trauer und Krebs heute nicht mehr ausschließen kann, wird der Arzt den Stand der Wissenschaft berücksichtigen und doch zugleich verstehend reagieren. Er kann sagen:
»Sie wollen sicher allen Gründen für die Krankheit Ihres Mannes nachgehen? ... Wir wissen heute noch zu wenig über solche Zusammenhänge.« (Die sachliche Seite in Empathie eingebettet.) Und später: »Es ist schwer, was Sie zurzeit alles verkraften müssen.« (Halt geben und ›wiegen‹)

Viele Patienten wollen von den Ärzten konkret wissen, warum so etwas gekommen ist. Der Arzt kann dann sagen: »Wir Mediziner wissen zwar vieles über die Entstehung solcher Krankheiten. Aber das ist noch keine Antwort auf Ihre Frage, warum gerade Sie diese Krankheit bekommen haben.« – Damit geben Arzt und Ärztin das Signal, dass sie die Frage des Patienten durchaus ernst nehmen, dass sie aber der existenziellen Dimension darin im Rahmen ihrer Wissenschaft nicht gerecht werden können. Arzt und Ärztin werden andererseits unbedingt als sachliche Aufklärer gebraucht: Patienten und Angehörige haben oft die absonderlichsten Theorien und Phantasien, mit denen sie sich mehr quälen als letztlich beruhigen. Hier müssen die Fachleute helfen, Abwegiges auszuschalten und unbegründete Theorien zu relativieren.

(2) Das Warum? auf der Gefühlsebene

Auf der Ebene der Gefühle ist die Warum-Frage natürlich auch als Ausdruck der Unfassbarkeit und der Unsicherheit zu hören: Kann man da gar nichts machen? Soll das wirklich wahr sein? Wie soll ich das überhaupt schaffen? – Sicher ist sie dann auch als Klage und Ausdruck des Protestes gegen das Schicksal zu hören. Sie könnte übersetzt lauten: Das kann doch nicht richtig sein; das ist doch ungerecht! Das passt doch nicht in die Vorstellung von einer gerechten Welt, an die man bisher geglaubt hat.

❖ »Warum gerade meine Frau?« stöhnt der Ehemann. »Warum muss gerade sie so viel leiden? Sie hat doch immer nur Gutes getan. Sie war doch immer gut.«

Hier hilft dem Fragenden keine hilflose Weisheit »Ja, so ist das Leben.« Viel mehr braucht der Klagende die Zeugenschaft und den Seelenraum des Helfers für die Ohnmacht vor dem Schicksal und letztlich für seine Liebe und für die Trauer. – Eltern, die erleben müssen, dass ihr Kind tot zur Welt kommt, können ihre Betroffenheit und Trauer oft nur mit dem Warum? ausdrücken. In der akuten Krise ist dann kein vertieftes Begreifenwollen angesagt. In der unmittelbaren Betroffenheit können die meisten Menschen sowieso nicht ›verarbeiten‹. Hier können die Helfer nur mit ihrer ›Haltefunktion‹ reagieren.

(3) Das Warum? auf der Identitätsebene

Auch wenn die sachliche und die Gefühlsebene auf jeden Fall wichtig sind, so klingt im Hinter- und Untergrund des Warum? die Dimension ›Identität‹ und ›Sinn‹ mit.

Das ›Warum‹ durch ein ›Wozu‹ ersetzen? In fast allen neueren Erörterungen zu dem Verarbeitungsmodus Warum? wird empfohlen, der Suche nach Gründen und dem Zurückgehen in die Zeit vor dem schlimmen Ereignis nicht nachzugeben. Vielmehr sollen die Frager von der Vergangenheitsperspektive weg in die Zukunft gelenkt werden und das Warum? in ein ›Wozu?‹ verwandeln. Auch wenn bei dieser Strategie sicher nicht gemeint ist, dass die Klage und die Verzweiflung übergangen werden sollen, so scheint mir die fast automatische Ablösung durch das Wozu (könnte das Leben den Betroffenen jetzt herausfordern)? nicht angemessen.

- **Wann es für das Wozu? zu früh ist.** Der Helfer ist in Versuchung, durch das zielorientierte Wozu? zu früh von der Dramatik wegzulenken und dem Gewicht der Frage auszuweichen. Zudem gehen Betroffene dann, wenn ihre ursprüngliche Frage zu schnell umgewandelt wird, davon aus, dass ihre Krankheit und sogar das Sterben oder der Verlust eines Menschen einen verborgenen Sinn haben, den andere Menschen wohl zu unterstellen scheinen. Sie verstehen das Wozu? als Aufforderung, bei sich selbst ein schlüssiges Konzept zu finden und fühlen sich überfordert oder empfinden ein Versagen. Trauernde z. B. grübeln und zermartern sich den Kopf, um herauszufinden, wozu ihre Trauer sie führen soll – während sie diese doch gerade als Ausdruck der Verbindung mit dem Verlorenen brauchen. Sie wollen gerade nicht zu schnell aus der Vergangenheit herausgeholt werden, weil dort noch unersetzliche Quellen sind. Erst im Verlauf einer weiteren Trauerbegleitung kann die Wozu-Frage besonders für instrumentell Trauernde hilfreich sein (»Ich helfe jetzt in dem Kindergarten mit, in dem meine verstorbene Tochter … «). Die oft viel zu früh gestellte Frage Wozu? greift eher störend in die Trauer ein.

- **Suche nach Ressourcen.** Das Suchen in der Vergangenheit ist notwendig, um in die Zukunft gehen zu können. Menschen, die Warum? fragen, wollen sich ihrer selbst, ihrer Identität vergewissern (»Bin ich das noch?«), um das Ringen mit dem Schicksal aufnehmen zu können. Die Frage, wer man bisher war und was einem dabei ›heilig‹ ist, zielt auf tiefere Ressourcen, die der Mensch für seine Sinnsuche braucht.
- **Wo das Wozu? seinen Platz hat.** In der Hand ungeschulter Helfer wird die Empfehlung des Wozu? schnell zu einem Abwehrinstrument und zu einer populären Strategie, die entweder an der Oberfläche bleibt oder in Tiefen führt, die der Helfer nicht begleiten kann. Sehr wohl ist die Verwandlung in ein Wozu? angemessen bei vertiefter psychotherapeutischer oder geistlicher Begleitung.
- **Das Warum? führt in die Lebensgeschichte hinein.** Auf der Ebene von Identität und Sinn ergibt sich eine Strategie für die Begleitung der Warum-Frage, die weder von der Klage- noch der Vergangenheitsperspektive ablenkt. Der Weg einer expliziten Sinnsuche führt in der Praxis meist über die Identitäts-Elemente. Es gilt also, dem Patienten durch moderierende Reaktionen und Fragen für sich ›Antworten‹ und Sinnmomente zu erproben und so eine ›Selbstordnung‹ zu ermöglichen.
- **Deutungen zusammen abwägen.** Für einen Einstieg kann der Helfer die Warum-Frage durchaus auch einmal wörtlich nehmen und fragen: »Was sollte es für einen Grund geben, dass so etwas Schweres Sie getroffen hat – wo Sie doch sicher Ihr Leben, so gut es geht, geführt haben?« Meist äußern Patienten dann in Kurzform Gründe, die ihnen durch den Kopf gehen, die sie mit dem Helfer zusammen anschauen können, um sie abzuwägen, sich daran festzuhalten oder sie zu relativieren oder sie ganz zu verwerfen.
- **Das Warum? umkreist die Identität.** Auch wenn so offensichtliche Ursachen vorliegen wie bei Lungenkrebs – Rauchen, führt die Begleitung ja tiefer in die Lebensgeschichte und die Identitätserfahrung hinein. Denn ›warum‹ konnte der Patient von dieser Sucht nicht lassen? Das Warum? kann natürlich auch mit Schuldgefühlen zusammenhängen, die den Patienten belasten und die er auf diese Weise äußert. (Auf den Umgang mit Schuldgefühlen wird im nächsten Abschnitt eingegangen.)
- **Gerechtigkeit einklagen.** Wenn das Warum? eher anklagend und verzweifelt klingt und Aggression mitschwingt, kann der Helfer reagieren: »Sie finden es ungerecht, dass …?«, »Sie können nicht verstehen, dass Sie so etwas trifft?« »Sie sind doch so jung, Ihr Leben ist doch noch lange nicht am Ziel?« – Dann gehen Patienten in ihrem Leben auf die Suche, bewerten es, bekräftigen ihre Identität, vergewissern sich des Reichtums und beklagen die Mängel und das Schwierige ihres Lebens (»Da hat man ein Leben lang geschafft, keinem was getan und dann so was.«).
- **Früheres Leid wird aufgerufen.** »Mussten Sie sich diese Frage in ihrem Leben schon öfter stellen?« Dann findet der Patient Gelegenheit, über Unerklärliches (»Warum trifft es mich so oft?«), über lang zurückliegendes Leid, über Traumatisches und Unbewältigtes zu sprechen, so dass

das Warum? nicht nur seine jetzige Situation, sondern etwas vom Sinn der ganzen Lebensgeschichte darstellt.

Leben einsammeln – Leben betrauern. Wird die Frage »Warum ich?«, »Warum jetzt?« auf der Identitätsebene weiter begleitet, dann werfen Menschen ausschnitthaft-vermittelt einen Blick auf das ganze Leben mit allem, was ihnen gelungen, aber auch entglitten ist. Sie entdecken dann oft Fenster, die ihr Leben in anderem Licht, mit tieferer Bedeutung erscheinen lassen. Wenn der Begleiter die Frage Warum? am Ende wiederholt, dann hat der Schmerz bereits eine Gestalt gefunden. Die Frage klingt dann anders und voller, auch wenn sie zu keiner konkreten Antwort geführt hat.

Oft wird dann das in der biographischen Erzählung bewusst gewordene ›ganze Leben‹ – indirekt – zu einer Ressource für den weiteren Weg mit dem Warum. Es ist also wichtig, dass der Helfer auf der biographischen Ebene mitgeht und so zum Entstehen kleiner und großer Sinngestalten beiträgt.

Das nachdenkliche Warum? mündet dann oft in eine stille Trauer. Aber diese Trauer und das unbeantwortbare Warum? sind auf der Basis der in Erinnerung gerufenen Ressourcen eher erträglich. Dann erst sollte der Begleiter den Patienten fragen: »Was denken Sie, welche Aufgaben Ihnen das Leben (oder Gott) jetzt stellt?« Oder: »Wie werden Sie jetzt weitergehen?«

(4) Das Warum? auf der Spiritualitätsebene

Die Begleitung der Warum-Frage über die Sach- und Gefühlsebene hinaus führt bereits in die Nähe der Spiritualität eines Menschen oder schon mitten in sie hinein. »Warum ich?«, fragen nicht erst Menschen, die ihr Schicksal mit einer transzendenten Macht in Verbindung setzen. Auch Menschen ohne Gottesbeziehung fragen so: Passungen zwischen dem aktuell Erlebten und der bisherigen Lebensvorstellung versuchen Menschen immer herzustellen. Und wenn es nicht passt, dann fragen sie indirekt oder direkt »warum?«, »wieso?«.

Die Frage nach der Verlässlichkeit. Nun sieht die Deutegemeinschaft Menschheit in den Ereignissen schon immer nicht nur ein technisch-neutrales Passen oder Nichtpassen, sondern sie deutet das Leben auf einer spirituellen Ebene: Wenn mir etwas Schlimmes begegnet, ist dann das Leben (noch) verlässlich oder nicht mehr verlässlich?

> Das Warum? ist zutiefst die spirituelle Frage nach der Verlässlichkeit der Wirklichkeit (Hartmann 1993: 83 ff.): Warum, wie kommt es, dass ich mich auf einmal nicht mehr so auf das Leben verlassen kann, wie ich das bisher konnte oder glaubte zu können?

Der Helfer kann also in spiritueller Perspektive reagieren und z. B. sagen: »Da ist auf einmal alles so fragwürdig, wo Sie doch bisher auf Ihr Leben vertrauen konnten?« Oder: »Da möchte man verstehen, was das alles bedeutet? Das können Sie mit ihrem bisherigen Leben nicht in Einklang bringen?« – Klienten und Patienten erzählen dann von ihren Lebens- und Glaubensvorstellungen, von schlimmen Ereignissen und was sie denen in ihrem Lebensentwurf für einen Platz gegeben haben, worauf sie vertrauen und was sie all dem für einen Sinn zu geben versuchen. Dabei wird ›Sinn‹ kaum als theoretisches Konzept verstanden, sondern es werden Lebenserfahrungen in Beziehung zueinander gesetzt und es wird versucht, darin ein erträgliches Bild des Lebens zu finden.

> ❖ »Sehen Sie mal, ich bin 50 und hatte bisher ein einigermaßen gutes Leben. Ich habe mich mit meinem Mann nach einer Zeit der Distanz wieder neu arrangiert. Und jetzt so was! Warum nur?«, fragt die nichtreligiöse Patientin beim Palliativ-Konsil.

Spiritualität vertiefen. Letztlich will hier ein Mensch das Geheimnis des Lebens verstehen: das Geheimnis seines Lebens, aber damit auch das Geheimnis von Leben überhaupt. Wenn Kranke oder Sterbende den Brief zu öffnen versuchen, der etwas vom Geheimnis ihres Lebens enthält, dann braucht es erfahrene Begleiter. Denn dabei geht es um mehr als die Alltagsspiritualität: Mit der Warum-Frage reibt sich das bisherige Lebensvertrauen mit noch nicht gekannten Erfahrungen. Dann wird die Alltagsspiritualität herausgefordert, neue Sinn- und Denk-Versuche werden nötig. Ein noch fremdes Land will bereist werden.

> In der Begegnung mit dem Unabänderlichen kann sich Spiritualität verdichten, fortgeschrieben werden und möglicherweise zu einer vertieften Spiritualität entwickeln. Vielleicht wächst dabei ein neuer Ast am Baum der Spiritualität, und die Krone wird voller und die Lebensgestalt stattlicher.

Vielleicht haben sich am Ende einer Warum-Begegnung für den Patienten keine neuen Erkenntnisse ergeben, die sein Warum? aufheben können. Dennoch machen so Fragende dabei einen inneren Prozess,
- wenn sie auf Resonanz gestoßen sind; wenn sie sich verstanden fühlen und so wieder etwas von der Verlässlichkeit der Welt spüren
- und wenn sie dafür den Seelenraum des Helfers benutzen dürfen.

5.4.3 Die Religion und das ›Warum‹

Selbstverständlich stellen auch religiöse Menschen die Warum-Frage. Solche Fragen werden in den Religionen sicher verschieden beantwortet.

Einen verlässlichen ›Grund‹ suchen
Charakteristisch für wohl jede Religion ist aber, dass sie ›Passungen‹ der Wirklichkeitskonstruktion nicht als neutrales Probieren sieht, sondern ein transzendentes Gegenüber für die Suche nach Passungen anbietet. In dieser Perspektive richtet sich die Warum-Frage an einen Adressaten oder eine religiöse Idee. Das Warum? fragt in das große Geheimnis hinein, von dem her Menschen die Verlässlichkeit des Lebens erwarten. Auch heutige Menschen fragen über ihr begrenztes Ich hinaus, weil sie das Unbegreifliche des Schicksals nicht allein aus sich heraus und im Selbstgespräch, sondern ›selbsttranszendent‹ begreifen wollen.

»Warum tut Gott mir das an?«, »Warum lässt der gute Gott uns leiden?« Menschen, die so rufen, gehen nicht in die Depression, sie bleiben angesichts schlimmer Erfahrungen nicht stumm. Sie wollen auch in der Weite des Kosmos nicht allein bleiben. Sie hoffen, dass das Geheimnis allen Lebens eine Gestalt und ein Herz hat, an die man appellieren und es so mit der Ungerechtigkeit des Schicksals befassen kann. Letztlich suchen sie dabei den verlässlichen Grund des Daseins, den sie in der aktuellen Situation gerade nicht zu spüren vermögen. Auch Menschen, die über längere Zeit ihre Ursprungsreligion verlassen haben, kehren im Alter oder in der Nähe des Sterbens zu ihrer Religion zurück. (Eisenbruch 1984 a, b; Fürst, Wittrahm et al. 2003) Der religiöse Muskel, der über lange Zeit geruht hat, wird jetzt neu gebraucht. Oft hat sich in dieser Zeit auch das religiöse Denken und Fragen weiterentwickelt. Patienten brauchen dann Hilfen, um sich im fremden Gelände zurechtzufinden und die Stütze spiritueller Begleiter, um spirituell wieder gehen zu lernen.

Das Warum? und die Gottesfrage
Die Religion und ihre Theologie haben sich eine Menschheitsgeschichte lang mit der Frage der Passung zwischen Gott und dem Leid auseinandergesetzt. Theologie und religiöse Reflexion können gar nicht anders, als die Frage der Vereinbarkeit des höchsten Guten mit dem Leid in der Welt zu stellen. »Ist zu diesem Thema nicht schon alles geschrieben worden?« (Brantschen 1986: 49) Aber auch wenn alle Gedanken dazu schon durchdacht sind, müssen Philosophie und Theologie die Frage grundsätzlich offen halten. Letzte Erklärungen wären eine zusätzliche Beleidigung der unschuldig Leidenden. Kein theoretisches Konstrukt kann den mit dem Warum? gemeinten Erfahrungen gerecht werden und sie damit erledigen.

Gott mit dem Leid befassen
Nichtsdestoweniger hält die christlich-jüdische Religion auch angesichts des Übels an der Behauptung Gottes fest, dem der Mensch die Ungerechtigkeit des Schicksals anlasten kann. Der Mensch kann sich nicht aus sich selbst heraus begründen. In diesem Sinn ist er letztlich für sein Schicksal nicht verantwortlich. Er muss das Geheimnis von außerhalb seines Selbst her verstehen. Der Gottesglaube erlaubt es, die höchste Macht zur Verantwortung zu ziehen, sonst würde »die ganze Last der Schuld und des Bösen auf den ungerechtfertigt leidenden Menschen zurückfallen« (Gellner 2003: 33). Religion vertritt das Paradox, dass im Grund nur Gott es ist, den der Mensch einerseits zur Verantwortung ziehen und zu dem er andererseits zugleich flüchten kann. (Vgl. in äußerster Gestalt die jüdische Überlieferung, nach der die Rabbiner im KZ Gott wegen seiner Schuld am unsäglichen Leid zum Tod verurteilen und anschließend zu ihm beten.) Religion ist keine Kategorie des Denkens, sondern eine der Beziehung: Wenn der Mensch mit Gott hadert und ihn anklagt, dann zieht er ihn in das Drama seiner Leidensgeschichte herein. Gläubige Menschen klagen daher Gott an und suchen zugleich Geborgenheit bei ihm. Das ›Recht‹ dazu haben sie aus dem christlichen Glauben: Der allmächtige Gott, den man für das unverschuldete Leid der Welt verantwortlich machen kann, ist zugleich der

Menschgewordene, der am Kreuz das Leid durchlitten hat. Den hat der Allmächtige auferweckt und ihn zum Zeichen seiner mitleidenschaftlichen Liebe gemacht.

Gott: Licht und Dunkel

Eine Religion, die diesem Paradox gerecht werden will, muss in ihrem Gottesbild auch das Dunkle und Absurde zulassen. Der Gott-Container muss beides umfassen: Licht und Dunkel – dann kann der Mensch alles darin abladen und aufgefangen wissen, was es an Sinnvollem und Sinnlosem gibt. »Gott ist das Gedächtnis allen Sinns« (Berger 1996: 34); bei ihm geht keine Geschichte, keine Leiderfahrung, keine Verzweiflung vergessen und verloren. Wo sonst sollte all das seine tiefste Würde finden, wenn nicht beim Heiligen, beim Ewigen selbst?

Wenn Gläubige sich in diesem Gott-Container ausgeklagt und ausgetrauert haben, dann können sie darin – oft von selbst – auch wieder zu der Hoffnung gelangen, die sie auch diesem Gott zutrauen.

❖ Seelsorgende fragen oft ganz bewusst Patienten: »Stellen Sie solche Fragen manchmal auch direkt an Gott?« – Die Gespräche, die dann folgen, führen oft über die Alltagsspiritualität hinaus tief in die Glaubensspiritualität der Menschen hinein.

Im Krisenfall hat es wenig Sinn, dass der Helfer direkt mit Wahrheiten seiner Theologie argumentiert. Es gilt vielmehr zu hören, mit welchem Gottesbild der Patient seine Erfahrungen in Beziehung bringt, ob mit einem bedrückenden oder einem lebensfreundlichen (das ist mehr als ein ›lieber Gott‹). Auch Religionsbeauftragte werden ihre Theologie im Hintergrund halten und den Patienten dabei begleiten, was dieser selbst an ›Probedeutungen‹ (Hartwig von Papen) versucht.

Im Grund kann man die Warum-Frage nur ›begehen‹. Im Gebet trägt der Patient oder stellvertretend der Begleiter das rätselhafte Schicksal vor Gott. Mit allen Fragen und Klagen umkreist der Mensch das große Geheimnis seiner und das aller Existenz und sucht mit dem Echolot, dessen Tiefen zu ergründen. Dabei stößt er nicht auf Antworten, sondern findet an der Hand der Religion Wege durch die Untiefen und Abgründe des Daseins.

Religiöse Menschen dürfen hoffen, dass sie wie Jakob am Fluss Jabbok (Genesis 32) dem heiligen Geheimnis am Ende den Segen abringen können, auch wenn sie verwundet aus diesem Ringen hervorgehen.

Fazit: Wenn das Geheimnis selbst die Antwort ist

Für alle begleitenden Berufe ist es oft schwer auszuhalten, dass sie bei der Warum-Frage nicht ein probates Gegenmittel anbieten können. In aller Regel ist diese Frage einer von vielen kreativen Schritten des Patienten. Sie darf also gar nicht mit probaten Mitteln zum Schweigen gebracht werden. Schwerkranke entwerfen und verwerfen ständig Sinnkonstruktionen, mit denen sie ihren Weg pflastern. Das gilt es für alle Helfer auszuhalten.

Oft ist die ›Lösung‹ der Frage erst am Ende eines Lebens-, Sterbe- und Trauerweges wahrzunehmen. Der Patient gibt nämlich durch die Art, wie er seinen Weg gestaltet, wie er kämpft und sich einlässt, letztlich selbst die Antwort auf das Warum. Diese Antwort ist selten explizit (»Jetzt weiß ich, was das soll.«).

Das Warum findet seine Ruhe, wenn der Mensch zu der – meist impliziten – Einsicht gelangt: So vollzieht sich das Sein – auch an mir. Der Mensch findet seinen Frieden selten in einer schlüssigen Erklärung, sondern erst, wenn er in einem dramatischen Auf und Ab mit Hilfe seiner Spiritualität mit seinem Schicksal als seinem Geheimnis einig geworden ist.

5.5 Schuldgefühle entziffern
»Was ist denn so schlimm an Schuldgefühlen?« (Harlan Wechsler)

5.5.1 Zur Problemstellung

Wie die Warum-Frage kann die Äußerung von Schuldgefühlen als existenzielles und spirituelles Leid verstanden werden. Während das Warum? zwar auch eigenes Versagen und die Suche nach Ursachen für eine Krankheit mitmeinen kann, ist es jedoch anonymer zu verstehen als die vielgestaltige Anfrage an das Schicksal. Bei Schuld dagegen geht es um die Beteiligung am Schicksal, die man selbst oder ein anderer zu verantworten hat, die also mit dem menschlichen Zutun oder Unterlassen verbunden ist.

Schuld im Diskurs der Postmoderne
In den letzten Jahrzehnten waren Schuld und Vergebung nicht nur im öffentlichen Bewusstsein, sondern auch in den Verhaltenswissenschaften fast ein Tabu-Thema. Das psychoanalytisch-therapeutische Denken betrachtete Schuldgefühle als etwas Neurotisches, was man als gesunder Mensch nicht zu haben brauche und auch nicht haben sollte (Bauriedel 2005: 117). In den letzten Jahren wird diese reduktionistische Sicht zunehmend in Frage gestellt, und es bahnt sich eine Wandlung an (Bauriedel ebda.). So wird auch die lange von Psychologie und Psychotherapie ignorierte Dimension ›Vergebung‹ (McCullough at. al. 2000), die ja im Kontext von Krankheit und Lebensrückblick ein wichtiges Thema ist, wieder in den Fokus von Begleitung und Therapie gerückt. (Einen Überblick dazu bietet Schwennen 2004; vgl. auch den ausführlichen Entwurf von Enright 2006.) Schuldgefühle werden auch von der Hirnforschung, die in einem ersten Überschwang die Möglichkeit von freien menschlichen Entscheidungen und damit von Schuldigwerden grundsätzlich zu widerlegen schien, zumindest als Konstrukt anerkannt, das für die Funktion menschlichen Zusammenlebens nützlich ist. Die Beweggründe unserer Handlungen unterliegen »nicht immer [sic!] unserer bewussten Kontrolle« (Singer, Prinz 2005).
Was von Theologie und Philosophie nach wie vor als »grundlegendes anthropologisches Datum« (Sievernich 2005) und zur grundsätzlichen Verfas-

sung des Menschen gehörig gesehen wird, ist auch in der Postmoderne mit der Aufwertung der Beziehungsdimension ein nicht zu vernachlässigendes Thema: Wenn heute nicht mehr Traditionen und feste Lebensformen das Leben regeln, werden die persönlichen Bindungen zum Ort erhöhter Verantwortung und vielfachen direkten Schuldigwerdens dem Partner, seinem Kind, den alten Eltern, aber auch der eigenen Gesundheit, der Umwelt usw. gegenüber.

Das Thema ist wichtig.

Schuld äußern Menschen mit einem schweren, möglicherweise unabwendbaren Schicksal in zwei Formen:

- Sie fühlen sich selbst schuldig an ihrer Krankheit oder an der Situation, wie sie eingetreten ist; sie stellen einen *primären* Zusammenhang her.
- In ihnen melden sich Schulderfahrungen und Versagensgefühle aus ihrem Leben, die sich *sekundär* mit ihren aktuellen existenziellen Schmerzen verbinden. Sie bekommen ihre Bedeutung im Blick auf das ganze Leben, das man zu verantworten sucht.

Das Schuldthema hat es in jedem Fall verdient, angemessen behandelt zu werden, ganz einfach, weil Menschen es äußern und sich damit herumschlagen. Im Zusammenhang mit Lebensschicksal und Sterben ist allerdings nicht zuerst die Frage, wieweit objektiv Schuld vorliegt, sondern das zentrale Thema ist die Deutung durch die betroffenen Menschen, also was sie dabei beschäftigt.

Für die Begleiter ist es wichtig, bei ihren Begegnungen mit Schuldäußerungen von Kranken und Sterbenden grundsätzlich um die Schuldfähigkeit des Menschen zu wissen, auch wenn – wie später noch zu differenzieren sein wird – Unterscheidungen zwischen rational zugänglicher realer Schuld und anderen Schuldempfindungen notwendig sind, um dem Schuldempfinden angemessen begegnen zu können.

Worum es im Folgenden geht

Hier möchte ich phänomenologisch und in spiritueller Perspektive an das Thema ›Schuld‹ herangehen. In diesem Zusammenhang bleiben psychiatrische Phänomene (Schulderleben bei Depression, Wahn- und Zwangsvorstellungen) außer Acht. Die Begleiter sind im Berufsalltag auch nicht als Psychoanalytiker, nicht als Familientherapeuten, zunächst auch nicht auf religiösem Hintergrund gefragt, wenn sie Schuldäußerungen von Patienten und Angehörigen begegnen. Das berufliche Setting gibt dies in der Regel nicht her; wohl aber verlangt es, dass die Helfer verstehend und haltgebend damit umgehen, so dass Betroffene mit ihrer spirituellen Not aufgefangen werden und mit ihren Fragen und Zweifeln besser leben (und sterben) können.

Es wird sich zeigen, dass Schuldempfinden ein Thema der Spiritualität des Menschen ist, weil es indirekt oder direkt mit der Beziehung des Menschen zu seinem Lebensgeheimnis zu tun hat.

Eine erste These: Schuldgefühle haben kreative Bedeutung, das heißt, sie verweisen darauf, wie ein Mensch sich mit seiner Lebens- und Sterbegeschichte auseinandersetzt und Zusammenhänge herstellt, um sich im Ganzen von Leben und Welt orientieren zu können. »Was ist eigentlich so schlimm an Schuldgefühlen?« fragt Harlan Wechsler (1990) und signalisiert damit, dass man Schuldäußerungen nicht sofort bewertend, sondern offen und in der Absicht zu verstehen, begegnen sollte.

5.5.2 Krankheit, Sterben und Schuld

Schuld: kein Thema nur vergangener Zeiten

Dass Menschen einen Zusammenhang zwischen eigenem Verschulden und ihrer Krankheit oder dem Tod eines Nahestehenden herstellen, ist nicht etwa eine Angelegenheit vormoderner Zeiten. Sicher wurde das Schuld-Thema über eine lange Zeit der Menschheitsgeschichte von religiösen Ideen beherrscht. Wenn ein Mitglied der Gemeinschaft krank wurde, dann hatte es wohl gegen die göttliche Ordnung verstoßen; seine Krankheit wurde als Strafe dafür gedeutet. Mit Schuldzuschreibungen wurde versucht, die heilige Ordnung zu wahren. Mit dem Beginn des naturwissenschaftlichen Denkens und der Aufklärung allerdings konnte die Medizin Krankheiten ganz konkreten biophysikalischen Ursachen zuweisen. Das Schuldparadigma verschob sich dadurch entscheidend.

Schuldmöglichkeiten in der Moderne

Um so überraschender erscheint daher die Beobachtung, dass auch in aufgeklärten Zeiten Krankheit mit eigenem Verschulden eher mehr als weniger in Zusammenhang gebracht wird. Durch die Erforschung von Krankheitsursachen bis in genetische, immunologische und psychosomatische Zusammenhänge hinein wird der Mensch der Moderne und erst recht der Postmoderne mit immer mehr Faktoren konfrontiert, für deren Zustandekommen und Kontrolle er selbst die Verantwortung zu tragen hat. So beginnt die Schuldmöglichkeit heute bereits beim Versäumnis einer Vorsorgeuntersuchung oder einer Schwangerschaftskontrolle. Ob diese Verantwortung jeweils realistisch ist oder nicht – entscheidend ist die zugeschriebene und die subjektiv aufgenommene Verantwortung. Da heutzutage der Mensch seine Biographie aus unendlich vielen Faktoren selbst ›herstellen‹ muss, gibt es auch fast unendlich viele Möglichkeiten, etwas falsch zu machen oder zu versäumen.

Schuldempfinden: ›maladaptiv‹?

Erst recht, wenn man durch eine Krankheit oder eine lebensbedrohliche Diagnose oder den Tod eines Angehörigen in eine Krise stürzt, wie man sie noch nie zuvor erlebt hat, geraten Menschen in existenzielle Not und stellen die Schuldfrage. Gerade weil der heutige Mensch alles recht machen will, ist die Schuldthematik zunächst nichts Krankhaftes, sondern sie führt im Gegenteil in seinen innersten Lebensentwurf hinein. Es widerspricht gerade nicht der Würde des Menschen, seinen Selbst- und Fremdbeschuldigungen Raum zu geben und seine Äußerungen nicht gleich abzuwiegeln und ihnen vorzeitig die Kraft zu nehmen (»Diesen Zusammenhang sollten Sie sich aus dem Kopf schlagen.«). Auch die Medizin müsste sich den Selbstdeutungen des Patienten zuwenden und Schuldgefühle in der Krankheitsverarbeitung nicht von vornherein als ›mal-adaptiv‹ und damit als störend bezeichnen (so z. B. bei Aulbert 2007: 1078). Die Selbst-schuld-Frage ist schließlich nicht nur als anscheinend nutzlose Ursachenforschung zu sehen, sondern auch als Verarbeitungsmodus des Patienten und Klienten zu interpretieren, bei dem er adäquat unterstützt werden sollte.

Wie Menschen Schlimmes zu verstehen suchen
Schuldäußerungen bei Krankheit, Sterben und Tod sind auch in der Nachmoderne fast als normal zu nennen; sie gehören ebenfalls zur ersten Trauerverarbeitung. Sie verstecken sich oft in Unschuldsbeteuerungen: »Ich wüsste nicht, was ich falsch gemacht hätte …«. Sie werden aber auch direkt geäußert als Schuldzuweisung an andere, mehr aber noch an die eigene Person (Müller, Schnegg 2004: 64).
»Ich habe meinen Mann immer zum Rauchen auf den Balkon geschickt – da hat er sich diese schlimme Krankheit geholt.« »Ich habe es oft nicht ausgehalten und unserem behinderten Kind einen Klaps gegeben. Dabei konnte es doch nichts dafür.« »Wir haben für unseren Sohn nicht alles getan, sonst hätte er keinen Suizid begangen.« »Weil ich selbst schwer krank wurde, hat mein Mann diesen Herzinfarkt bekommen.« »Hätte ich meinen Mann doch nicht zur Krebsdiagnose gedrängt, dann wäre dieser blöde Tumor nie entdeckt worden.« »Ich habe mich immer um andere gekümmert, nie um mich selbst.« »Wäre ich doch schon früher zum Arzt gegangen.« – Es sind bedrückende Gedanken, die die Begleiter immer wieder hören. Aber wie fremd- oder eigenartig auch immer: Wie alle Äußerungen von Menschen haben auch Schuldgefühle eine Bedeutung und erfüllen einen Zweck. (Von dieser Auffassung gehen auch Paul 2004; Müller, Schnegg 2004 aus.)

5.5.3 Kategorien von Schuld

❖ Der Seelsorger wird in der Nacht auf die Intensivstation der Kinderklinik gerufen. Das Kind einer alleinerziehenden Mutter ist in die brühend heiße Badewanne geklettert, während sie auf einen Telefonanruf reagiert hat. Die Frau macht sich die ganze Nacht und den nächsten Tag schwerste Vorwürfe.

Um Menschen mit Schuldvorwürfen verstehen und begleiten zu können, unterscheide ich drei Kategorien:

(1) Objektive Schuld
Es gibt die sogenannte objektive Schuld bei einem Verstoß, einem Versäumnis, einer Tat, die Leid oder Trennung verursacht haben. Zum klar benennbaren Zusammenhang von Verschulden und Verletzung korrespondieren das realistische Schuldbewusstsein und eine wirkliche Tatschuld. Im Fall der telefonierenden Mutter liegt zunächst ein konkretes, wenn auch

nicht beabsichtigtes Versäumnis mit schweren Folgen vor. Die Erfahrung von realer Schuld ist kein krankhaftes Phänomen. – Die Bedeutung, die die Schuldvorwürfe für diese Mutter haben, sind aber mit der Kategorie ›reale persönliche Schuld‹ keineswegs zureichend erfasst.

(2) Existenzielle Schuld

Hinter der Tatschuld steht aber immer – irgendwie – auch die ›existenzielle Schuld‹: Wir bleiben als endliche Menschen immer dem Leben, uns selbst, anderen Menschen, der Natur, der Gesellschaft etwas schuldig. Wir nehmen uns immer vom Leben etwas heraus, was wir in dieser Form nie zurückgeben können und zugleich enthalten wir dem Lebenszusammenhang vieles vor. Leben ist nur auf Kosten von anderem Leben möglich: Man kann sich nicht nichts nehmen, wenn man existieren will.

Durch Lebensrollen schuldig werden. Ich möchte hier aber von ›existenzieller Schuld‹ auch noch in spezifischerer Weise sprechen. Wenn ein Mensch Mutter oder Vater wird oder Sohn oder Tochter oder Arzt oder Lokführer, dann kann er nicht nur ›privat‹ schuldig werden. Schuld ist auch möglich dadurch, dass man das Leben auf diese Weise mitverantwortet: weil man z. B. Eltern geworden ist und seinen Kindern nie so viel geben, sie nie so beschützen kann, dass sie ungefährdet durchs Leben kommen; weil man geheiratet und damit das Leben mit einem Partner verwoben und sich vielleicht getrennt hat oder ihn jetzt im Sterben verlassen muss; weil man Arzt geworden ist und es dadurch mit Leben und Tod, mit Macht und Ohnmacht zu tun bekommt. Mit solchen Lebensrollen betritt der Mensch über das private Existieren hinaus ein Symbol, das er nicht einlösen und dem gegenüber er in ›existenzieller Weise‹ schuldig werden kann.

Das Uneinlösbare will getragen sein. Diese spezifische Art von existenzieller Schuld darf bei der Begleitung nicht einfach mit moralischem Versagen gleichgesetzt, aber auch nicht mit »Das kann jeder Mutter passieren« abgetan werden. Der Vater, dessen Sohn Suizid begangen hat und den die Eltern »nie richtig erreichen konnten«, ist schmerzlich an die Grenze des Symbols ›Elternrolle‹ gestoßen. Das will nicht als persönliches Versagen gewertet, sondern als Grenzerfahrung der Existenz ausgehalten und getragen werden (vgl. Kast 1994: 24). Entschuldigende Reaktionen wie »Sie haben sich aber doch bemüht und das Menschenmögliche getan« würden dem Vater auch eine Möglichkeit wegnehmen, das Gewicht dieser existenziellen Erfahrung zu symbolisieren. Das ›Aushalten‹ und ›Tragen‹ dagegen bedeutet eine spirituelle Leistung, mit der die Eltern dieses Schwere ›aufwiegen‹ und wodurch sie ihm einen Platz in ihrem spirituellen Konzept geben können.

(3) Schuldgefühle: realistisch oder unrealistisch?

Es gibt aber noch eine dritte Art von Schuld, die die beiden genannten Kategorien um eine wesentliche Dimension erweitert. Schuldempfinden ist immer auch das Ergebnis einer subjektiven Interpretation des eigenen oder fremden Verhaltens. Meiner Ansicht nach werden ›Schuldgefühle‹ zu schnell und zu schematisch realistischem (also offensichtlich nachvollziehbarem) und unrealistischem und damit ›neurotischem‹ Schuldbewusstsein zugeordnet. Damit soll natürlich nicht die Kategorie ›neurotisch‹ bestritten werden. Es gibt viele neurotische Varianten von Schuldgefühlen. Aber bei weitem nicht alle Schuldgefühle sind das Ergebnis von (vor allem unbewussten) innerpsychischen Konflikten mit Über-Ich-Normen oder Ich-Idealen, die man bei entsprechender therapeutischer Bearbeitung auflösen kann. Vielmehr deuten Menschen ständig ihre Beziehung zur Wirklichkeit und empfinden dabei Stimmigkeit oder ein Zuviel oder Zuwenig. Im Schuldempfinden setzt sich der Mensch in Beziehung zur Wirklichkeit. Schuldgefühle sind nicht nur als Mangelerfahrung (»Ich habe zu wenig oder das Falsche getan«), sondern auch als Beziehungsdeutung »Das hätte ich mir oder dir gerne erspart oder möglich gemacht« zu verstehen.

5.5.4 Schuldempfinden als Symbol verstehen

Schuldgefühle haben ihre Würde
Schuldgefühle markieren also nicht nur ein Versagen, sondern auch eine Verbindung. Sie sind ein ›Symbol‹ im wörtlichen Sinn: Sie zeigen an, was zerbrochen ist und doch zusammen gehört (griechisch ›symballein‹: ›zusammenwerfen‹) und möglicherweise gerade ›symbolisch‹ zusammengehalten werden kann. Die Alternative ›realistische‹ oder ›unrealistische‹ Schuldgefühle wird dem symbolischen Charakter nicht gerecht.
So ist zum Beispiel die Mutter, deren Kind sich in der Badewanne schwer verbrannt hat und das sie auf der Intensivstation wegen der vielen Verbände nicht einmal berühren kann, auch über ihre Schuldgefühle mit ihrem Kind *in Liebe verbunden*. Die Heftigkeit ihrer Gefühle entspricht einerseits der Ungeheuerlichkeit des Ereignisses, aber genauso der Intensität ihrer Liebe. Ebenso entspricht sie der Größe ihres Fürsorgebedürfnisses, das zu ihrem Muttersein gehört. Die Fürsorge ist *Ausdruck ihrer Identität*, die zwar einen Mangel erlitten hat (Versäumnis), deren sie sich aber über ihre Schuldvorwürfe versichert, um überhaupt in diesem schlimmen Geschehen seelisch überleben zu können. Sie versichert sich auch auf diese Weise ihrer Mutterrolle: Obwohl ›alles‹ zerstört scheint, erhalten die Selbstbezichtigungen eine entscheidende Identitätsstütze: So kann sie Mutter bleiben.
Die Heftigkeit ihrer Schuldgefühle korrespondiert auch mit der Dramatik des Unglücks, das in die Beziehung zu ihrem Kind eingebrochen ist. Sie sind auch Ausdruck (und nicht nur Begleitmusik) zu ihrer *Trauer und Betroffenheit*. Diese Selbstvorwürfe schnell zu relativieren, wird dem Sinn und der Würde dieser Gefühle nicht gerecht. Solange die Schuldäußerungen einen guten Zweck erfüllen, müssen die Helfer das ›Geheimnis‹ mittragen. Die Aussage »Das kann allen Eltern auf der ganzen Welt passieren« ist nur ein erster (und vielleicht notwendiger) Trost, aber als Auffang-Container zu kraftlos. Dann hätte die Mutter ja jegliche Kontrolle über das Leben ihres Kindes verloren – auch in der Zukunft.
Schuldverhältnisse werden in vielen psychologischen und theologischen Erörterungen fast ausschließlich im zwischenmenschlichen Bereich als Verletzung, Störung, Verweigerung von Beziehung gesehen.

Ausdruck der Beziehung zum eigenen Selbst
In der Begleitpraxis am Kranken- und Sterbebett kommt aber auch anderes Verschulden zur Sprache.

- ❖ »Dieser Krebs ist ein Schuss vor den Bug. Er ist eine Warnung, jetzt endlich anders zu leben.«
- ❖ »Hätte ich doch mehr auf mich geachtet. Aber ich habe zehn Jahre die Schwiegermutter gepflegt.«

Wieder ist – wie beim spirituellen Schmerz s. 5.1 – das ›Selbstobjekt‹ ein über das Zwischenmenschliche hinausführender Schlüsselbegriff. Weil der Mensch sich nicht nur zu anderen Menschen und zu Dingen, sondern auch zu Vorstellungen wie der eigenen Gesundheit, dem Leib, dem Schicksal, dem eigenen Leben, den empfundenen Lebensaufgaben ins Verhältnis setzen kann, kann er sich auch all diesen ›Objekten‹ gegenüber schuldig empfinden. Insofern haben Schuldgefühle grundsätzlich und nicht nur sozial eine Beziehungsdimension. Sie weisen zunächst natürlich auf ein Versagen oder eine Verletzung hin. Aber genauso wichtig, wenn nicht noch wichtiger ist es, sie im Zusammenhang mit ganz unterschiedlichen bedeutungsvollen Beziehungsobjekten zu verstehen und zu achten.

Für alle Helfer ist es daher wichtig, Schuld nicht sofort – und schon gar nicht hauptsächlich – in einer Negativbedeutung als Versagensproblem zu sehen, wofür der Klient getröstet werden müsste. Es gilt vielmehr, darauf zu hören, was das Schuldgefühl ›sagen‹ will.

5.5.5 Menschen mit Schuldvorwürfen verstehen und begleiten

Über Schuldvorwürfe setzt sich der Mensch mit der Wirklichkeit in Beziehung. Wie die Warum-Frage kann man auch das Schuldempfinden auf den vier Ebenen der symbolischen Kommunikation (s. 2.2.2.1) betrachten.

(1) Die Sachebene

Schuldempfindungen sind auf den ersten Blick auf der Sachebene angesiedelt. Die Mutter will bei einer Totgeburt, die Patientin bei einer Tumordiagnose von den Fachleuten wissen, wie so etwas kommt und ob man selbst vielleicht Schuld daran hat. Dann hätte man vielleicht wenigstens in der gedanklichen Rekonstruktion das schlimme Ereignis in seiner Kontrolle (Parks 1972: 84 f.), und das Leben hätte wieder seine Ordnung. Es hat also durchaus Sinn, dass die Fachleute mit dem Patienten und in der Trauer mit dem Klienten dessen sachliche Gründe mit anschauen und abwägen. »Nein«, sagt die Ärztin zu dem Patienten mit dem Hirntumor, »die Geschwulst ist schon länger in Ihnen als die Krankheit Ihrer Frau«. Damit entlastet sie ihn von Grübeleien und Psychodeutungen und gibt ihm die Möglichkeit, seine Krankheit noch anders zu verarbeiten.
So kann es zum Beispiel für Betroffene, die in ihrer eigenen Psyche die Schuld für ihren Krebs sehen, sehr entlastend sein, von den Fachleuten zu

hören, dass dafür nicht ihre Persönlichkeit, sondern Gene, Viren oder Gifte verantwortlich sein können. Dann müssen sie sich nicht mehr mit verzweifelten Bemühungen quälen, ›sich radikal zu ändern‹.

Schuldempfinden als Stresshilfe. Für den Begleiter ist es wichtig, sich klarzumachen, dass Schuldvorwürfe in einer akuten Situation eine Stresshilfe darstellen: Die Mutter des verbrühten Kindes braucht in der ersten Zeit die Selbstvorwürfe, um psychisch überleben zu können. – Menschen, die eine schwerwiegende Diagnose erfahren haben, suchen nach Möglichkeiten, in dem Chaos der Gedanken und Ideen Ordnung zu schaffen. Sie suchen Rettungsinseln im chaotischen Fluss, der da zu überqueren ist, auf denen sie wenigstens einen Augenblick verweilen können. – Wenn unrealistische Schuldgefühle allerdings längere Zeit anhalten, dann braucht es therapeutische oder seelsorgliche Begleiter, die mit den Betroffenen das schlimme Ereignis, aber auch die persönlichen Interpretationen anschauen. Dann können sie zu tiefer liegenden Bedeutungen gelangen und dem Betroffenen von daher helfen.

(2) Die Gefühlsebene

Gerade bei Schuldgefühlen ist es schwer, die Sach- von der Gefühlsebene zu unterscheiden, weil immer nachvollziehbare und verborgene Sinngebungen dabei zusammenspielen. Es ist denn auch für die Begleiter wichtiger, die Betroffenen zu verstehen und sie aufzufangen, als objektive von subjektiven Aspekten trennen und sie damit rational zugänglich machen zu wollen. Der Klage »wie konnte ich nur ...« mit einem »Sie konnten nichts dafür ...; das ist nicht Ihre Schuld« zu begegnen, ist eher ein Ausdruck der Ohnmacht des Helfers. ›Ohnmächtig‹ ist vielmehr der Betroffene: Um nicht im Abgrund eines Unglücks, eines schweren Verlustes oder der Trauer zu versinken, sind solche Vorwürfe zunächst ein Gegengewicht gegen die Ungeheuerlichkeit des Todes, gegen die der Mensch seinen ganzen Selbstwert aufzubieten versucht. Er möchte damit die Teile seiner zerbrochenen Biographie so aneinanderfügen, dass diese wieder einen verlässlichen Zusammenhang ergeben. Ebenso ist die Anklage »wenn die Ärzte doch nur ...« meist eher als Ausdruck der Ohnmacht und der Unfasslichkeit eines schweren Schicksals zu verstehen. Deswegen dürfen sich die ›Angeklagten‹ dem Gespräch nicht entziehen und sofort in die Abwehr gehen. In diesem Sinn hat Schuld eine wichtige Funktion bei Krankheit, Sterben und Trauer.

(3) Die Identitätsebene

Schon auf der Sach- und der Gefühlsebene deutet sich an, dass Schuldäußerungen in die Dimensionen ›Identität‹ und ›Spiritualität‹ reichen:

> Menschen setzen sich über das Schuldempfinden mit ihrem Selbst und mit ihrem – letztlich spirituellen – Lebensentwurf in Beziehung.

❖ Auf der Intensivstation liegt der Vater im Sterben. Die etwa 25-jährige Tochter klagt: »Er war so gut. Er hat keine Schuld an dieser Krankheit. Vielleicht habe ich gesündigt, sonst wäre es nicht so weit gekommen.«

Wenn hier der Begleiter nicht sofort mit analytischen oder auch theologischen (›Sünde‹) Ohren hört, dann wird er einfach die Not dieser jungen Frau mitfühlen, die ihren Vater verliert und die gegen die Ungeheuerlichkeit des Todes ihr eigenes Selbst in die Waagschale wirft. In diesem Augenblick gilt kein »Aber …« des Begleiters, sondern eher die Begleiterweisheit »Störe die Liebe nicht«. Darum geht es zutiefst, nicht um konkrete Sünde. Natürlich wird der Seelsorger anschließend mit der Tochter reden und ihr Selbstbild klären helfen. In der akuten Situation kann er nur beides zur Sprache bringen – und das zum Beispiel im Gebet: Die große Zuneigung und Verbundenheit und zugleich den Symbolcharakter (»Ja, da möchte man alles auf sich nehmen, wenn damit dieses Schreckliche aus der Welt geschafft werden könnte«).

Selbstvorwürfe als ›Rettung der Welt‹. Selbstbeschuldigungen gehen von der Grundannahme aus: Die Welt an sich ist ein lebenswerter Ort. Nur an einem einzigen Ort ist sie gestört – und das bin ich. Wenn man einen Einbruch ins Leben nur als Zufall und Unfall interpretieren würde, dann müsste man damit rechnen, dass so etwas zu jeder beliebigen Zeit wieder passieren kann. Das würde das Leben erheblich unsicherer machen und das Vertrauen in die Zukunft grundsätzlich untergraben. Dann ist es immer noch besser, dass man selbst (oder ein konkret Anderer) schuld ist. – Das ›unrealistische‹ Schuldgefühl enthält die Hoffnung, das Leben im Ganzen wieder sicher machen zu können. (Vgl. May 1969)

Die Liebe berühren. Weil solche Schuldäußerungen mit der Identitätsvorstellung eines Menschen verwoben sind, hat es wenig Sinn, sie in der akuten Situation im Krankenhaus oder direkt im Umkreis des Todes in kurzer Zeit auflösen zu wollen. Vielmehr muss der Helfer darauf vertrauen, dass die Auseinandersetzung mit Krankheit und Tod ein Prozess ist, der später auch andere Aspekte der Identität aktiviert und in den noch andere Menschen auf dem Weg einbezogen sein werden. Für die Helfer in diesem Augenblick genügt es, die Not und – deren Rückseite – die Liebe zu berühren und zu würdigen. Mit einer mitfühlenden Reaktion »Ihr Vater bedeutet Ihnen alles?« kann über die Selbstbezichtigung hinaus die Identitätsebene ins Schwingen kommen. Vielleicht werden als Antwort auf solche Fragen am Sterbebett Lebensgeschichten erzählt. Damit können noch andere Ressourcen als die Schuld gegen die Ohnmachtserfahrung aktiviert werden.

(4) Aspekte der Spiritualitätsebene

Schuld umkreist das Geheimnis des Lebens.
Wenn Menschen sich mit einer lebensbedrohlichen Krankheit auseinandersetzen, dann melden sich mit dem existenziellen Akutschmerz auch Versäumnisse und Schuldereignisse aus dem ganzen Leben.

❖ »Mit 20 und 25 habe ich mehrmals abgetrieben. Wissen Sie, es waren schwere Zeiten damals und ich war auch leichtsinnig. Jetzt, wo diese Krankheit nicht mehr heilen wird, kommt mir das alles«, sagt die 75jährige Patientin.

❖ »Ich glaube, ich habe einen großen Fehler gemacht. Ich habe nie meine Schwiegersöhne gelten lassen. Immer habe ich sie bei meinen Töchtern madig gemacht«, sagt ein Vater vor einer riskanten Herzoperation.

Menschen, die mit ihrem Leben ins Reine kommen wollen, nennen dem Begleiter genauso begründete Sachverhalte wie anscheinend unbegründete Hypothesen und Phantasien. Sie ›umkreisen‹ damit das Geheimnis ihres Lebens. Dabei berühren sie auch schmerzende Punkte ihrer Lebensgestalt, für die sie sich schämen und mit denen sie nicht ›fertig‹ geworden sind. Ihnen gehen Lebensgeschichten nach, die sich nicht abschütteln lassen und die doch in das Bild ihres Lebens gehören wollen.

Schuld braucht einen gnädigen Seelenraum.
Schuld kann aber auch ›totaler‹ sein: z. B. die Bewertung, kein eigenes Leben gelebt oder das Leben verspielt zu haben. Auch einzelne Taten können das ganze Leben durchdrungen und belastet haben. Wenn Menschen im Alter oder in der Nähe des Todes über Schuld aus dem Leben sprechen wollen, dann brauchen sie keine Vertröster, keine Verharmloser, aber auch keine Dramatisierer, sondern einen ›gnädigen Seelenraum‹. Sich selbst dafür verurteilt haben sie sich im Laufe ihres Lebens wohl schon genug. Wenn der Patient auf diese Weise angenommen wird, kann er sich auch selbst leichter annehmen. Er kann dann die Schatten in seinem Selbstbild zulassen und am Ende ›das Zeitliche‹ – mit seinen Dunkelheiten und Abgründen – ›segnen‹.

Schuld: Beziehung über den Tod hinweg
Nach dem Tod, in der Trauer, sind Schuldgefühle fast immer – und nicht nur bei religiösen Menschen – ein Begleiter im Abschiedsprozess (Buckingham 1987: 121). Wenn der Tod die Beziehungen getrennt hat, dann bleibt vieles unausgeglichen und damit zunächst unausgleichbar. Trauernde möchten aber auch mit dem Versäumten und gegenseitig Offengebliebenen Frieden finden. Schuldäußerungen haben hier die Bedeutung von nachgetragener Liebe: Sie sind nicht nur Ausdruck für die Ungeheuerlichkeit des Todes und den Schmerz des Abschieds, sondern auch ein Sinnbild für Beziehung: »Stark wie der Tod ist die Liebe.« (Hohes Lied 8,6)

Schuld: Versagen vor dem Tod?
Angehörige machen sich – erst recht in der Trauer – Vorwürfe, dass sie ihren Patienten doch noch ins Krankenhaus bringen ließen, dass er jetzt an so vielen Schläuchen hängt ..., dass sie vielleicht zu früh ›losgelassen‹, zu lange ›festgehalten‹, ihm zu früh eine Erlösung gewünscht haben; dass sie einmal kurz nach Hause gegangen sind und er gerade da gestorben ist; dass sie nicht mehr auf seine Bedürfnisse eingegangen sind; dass sie sich nicht früher mit ihm ausgesöhnt haben. Die Liste der Schuldvorwürfe im Um-

kreis des Todes ist endlos. Menschen wollen noch zu Lebzeiten oder mindestens noch in unmittelbarer Nähe des Todes alles gut machen, denn der Tod lässt alles unwiderruflich erscheinen. Hier geht es nicht nur um ›praktische‹ Fragen: »Hätten Sie denn anders handeln können?«, sondern um Selbstvorwürfe als spirituelles Symbol der Verbundenheit über den Tod hinaus. Wenn die Helfer quälende Gedanken mit den Angehörigen schon einmal – vielleicht noch am Totenbett – durchspielen und abwägen, dann nimmt ihnen dies etwas von der zusätzlichen Belastung in der Trauerzeit, und es kann die mitgemeinte Liebe darin durchscheinen.

Schuldgefühle: nicht das einzige Symbol der Verbindung

❖ »Wir haben unserem Kind ein Fahrrad gekauft. Wir wollten ihm nicht vorenthalten, was alle anderen Kinder in unserer Straße schon hatten. Hätten wir doch nur ein halbes Jahr gewartet, dann wäre dieses schreckliche Unglück nicht passiert und es würde noch leben.«

Schuldgefühle sind in gewissem Sinn Ressourcen für die Trauer, weil sie auf intensiv spürbare Weise die Liebe ausdrücken und eine Nabelschnur durch den Tod hindurch bilden. So heißt denn auch ein Schlüsselbegriff der neueren Trauerforschung »continuing bonds« (Klass 1999) – fortdauernde Bindungen. Hier wird ja auch eine Grundaufgabe von Eltern fortgeführt, ihre Fürsorge und innere Verbundenheit mit ihren Kindern, für die sie viele – auch spirituelle – Symbole brauchen. Für Trauerbegleiter bedeutet dies, Schuldgefühle zunächst einmal anzuerkennen und dieses Verbindungszeichen nicht in falscher Sorge zu zerstören. Oft wird es erst auf dem weiteren Trauerweg sinnvoll und möglich sein, dass sich die Schuldvorwürfe wandeln. Ziel einer – auch spirituellen – Schuldbegleitung ist dann, mit dem Trauernden herauszufinden, welchen anderen als den Symbolen und Ritualen der Schuld sie die Liebe zum Verlorenen anvertrauen können, so dass die Schuldgefühle allmählich ihren Stellenwert verlieren.

5.5.6 Leitgedanken und Interventionen im Umgang mit Schuldgefühlen

Die zunächst ungewöhnliche Bedeutung anerkennen

Grundsätzlich gilt: Schuldäußerungen im Feld von Krankheit und Trauer haben eine wesentlich größere Bedeutungsbreite, der man mit der sofortigen Suche nach objektivem Versagen und verletzendem Handeln selten gerecht wird. Wenn man Menschen in Verlustsituationen begegnet, ist es schwer, sich zunächst mit der Einsicht vertraut zu machen, dass Schuldgefühle und -zuweisungen für sie offensichtlich immer noch ›besser‹ scheinen, als ins Leere greifen zu müssen. Zu den vielfältigen Bedeutungen von Schuldäußerungen gehören sicher:

➢ dass sie eine kurz- und mittelfristige Stresshilfe gegen die Ohnmacht vor dem Unfassbaren darstellen (z. B. nach einer Totgeburt, nach schwerem Unfall);

- dass sie ein erster – oder über eine gewisse Zeit hilfreicher – Sinngebungsversuch sind, wenn ›die Welt‹ total erschüttert wird und eine Ordnung im Chaos anders nicht möglich erscheint;
- dass sie die schreckliche Gegenwart mit dem bisherigen Lebensentwurf zu verbinden suchen: Man hat wohl einen Fehler gemacht, sonst wäre das Leben gut weitergegangen;
- dass sie über den Abgrund des Todes Balken zu legen versuchen, um wenigstens die Verlässlichkeit des Lebens für die Zukunft zu retten;
- dass sie eine verzweifelte Form der Liebe und ein Verbindungsglied zum Schwerkranken oder Verstorbenen darstellen.

Verstehen, nicht verurteilen

Erst wenn Betroffene sich mit ihrer Ausdrucksweise verstanden fühlen, können die Begleiter mit ihnen zu deren tieferen Bedeutungen gelangen und zugleich auf die Ressourcen darin stoßen. Gerade bei diesem sensiblen Thema ist es wichtig, dass die Begleiter zunächst nur Resonanz geben und damit wohlwollendes Verstehen und nicht ›Verurteilen‹ signalisieren. Gefühle wollen zuerst wahr sein dürfen, damit sie ihre Bedeutung entfalten können. Einen verstehenden und gnädigen Seelenraum anbieten ist daher wichtiger, als nach isolierbaren Fakten oder psychologischen Deutungen zu forschen. Ein vertiefter Umgang mit den Schuldäußerungen, der differenziert auf wirkliches Versagen und die Selbstbewertungen des Patienten eingeht, wird oft Facharbeit ausgebildeter Begleiter sein. – Anders als bei Menschen, die bewusst auf ihr Leben schauen wollen, heißt die Leitlinie bei Menschen, die sehr schwach oder sterbend sind: eher puffernd, beschwichtigend, tröstend, abschirmend, beruhigend mit dem Schuldthema umgehen (Petzold 1999).

Auf der Identitätsebene begleiten

Auch beim Schuldthema gelten natürlich die Regeln der symbolischen Kommunikation und Ritualisierung. Der Königsweg, um mit dem Klienten noch andere Bedeutungen als die ihn möglicherweise abwertenden zu finden, ist die Begleitung auf der Identitäts- und Spiritualitätsebene. Im biographischen Erzählen finden Menschen oft selbst zu einer anderen Sicht ihres Schuldempfindens. Dann kann auch die Liebe und die Suche nach einem inneren Gleichgewicht entdeckt werden, die hinter den Schuldgefühlen warten und der Wunsch, etwas Wesentliches vom eigenen Selbst dafür einzusetzen.

Weiterführende Interventionen

Der zur Begleitung befähigte Helfer kann dann auf der Basis dieser Ressourcen fragen: »Wenn Sie noch einmal in der gleichen Situation wären, wie würden Sie jetzt entscheiden?« Oder: »Was bräuchten Sie, um sich wieder frei zu fühlen? Wie würde das aussehen, wenn Sie frei wären? Haben Sie eine Idee, was Sie heute (oder: nach so langer Zeit …) tun können, um ihrem Schuldgefühl gerecht zu werden?« Erfahrene Begleiter können bei Trauernden auch das zugrunde liegende Gefühl zu verstehen suchen: »Sie empfinden Schuld? *Was* fühlen Sie da?« (Wilfried Müller) Dann kann den Betroffenen bewusst werden, dass die ›Schuld‹ für den fast unerträglichen

Schmerz und die Ungeheuerlichkeit des drohenden Sterbens oder eines Verlustes steht, der anders kaum zu ertragen scheint. Vielleicht kann ein Kranker in der geistlichen Begleitung zur ›Demut‹ (Buckingham 1987: 122) finden, dass sein Einfluss auf das Leben und die Verhinderung des Todes nicht so groß ist, wie seine Schuldgefühle dies erscheinen lassen. Zu dieser Anerkenntnis wird er aber erst gelangen, wenn er die Tiefe des Abschiedsschmerzes in sich zulassen kann.

Das Thema Vergebung
»Das Verzeihenkönnen ist die vielleicht größte Leistung der sozialen Evolution des Menschengeschlechts.« (Röser 2010: 332)
Zum Prozess der Vergebung (sich selbst und anderen) gibt es noch wenig psychologische, wohl aber einige Ratgeberliteratur (z. B. Wolf 2003). Vor allem Untersuchungen aus den USA belegen – was seit Urzeiten Wissen der Menschheit und der Religion ist – dass Vergeben einen günstigen Effekt auf die psychische und körperliche Gesundheit hat (Enright, Reed 2006; Worthington et al. 2007). Dabei ist es nicht nötig, dass Vergebung auch als reale Versöhnung mit dem ›Täter‹ eingelöst wird. Es geht vor allem um Vergebung als eigenen psychischen Prozess. Das bedeutet eine persönliche Entscheidung und harte Seelenarbeit (Enright 2006). – Es versteht sich von selbst, dass Verzeihen ein wichtiges Thema in der spirituellen Begleitung von Schwerkranken und Sterbenden werden kann. Die Frage ist allerdings, wieweit Menschen noch zu einem ausdrücklichen psychologischen Prozess in der Lage sind.

5.5.7 Die Religion und die Schuld

Überbetonung des Schuldthemas
In der jüngeren Christentumsgeschichte wurden die Themen Schuld und Sünde oft überwertig behandelt. Die christliche Erlösungslehre der jüngeren Zeit dramatisierte zu sehr die Schuldfrage und relativierte die Leidensfrage. (Metz 2006) Viele Menschen bringen immer noch Religion und Kirche nur mit moralischer Kontrolle und Abwertung der Autonomie in Verbindung. Deswegen lehnen manche Patienten den Besuch des Religionsvertreters ab. Die christliche Rede vom strafenden Gott hat über viele Jahrhunderte das Selbstbild des Menschen mitgeprägt. Zugleich hat die christliche Religion jedoch dem Schuldigen die Möglichkeit der Sühne und der Vergebung angeboten. – Wie die vorangegangenen Erörterungen zeigen, sind und waren die Vorschriften der Religion jedoch bei weitem nicht die einzigen Ursachen für das Schuldempfinden der Menschen. Religion hat sich allerdings dieser Möglichkeit des Menschen ausgiebig bedient.

Gereinigte Vorstellungen und Begriffe. Inzwischen haben die Humanwissenschaften und die Emanzipationsbewegungen auch zu einem gereinigten Schuldbegriff der christlichen Religion beigetragen. Die Theologie hat das Ihre dazu getan und z. B. auch die alten Angstmacher Teufel, Gericht, Fegefeuer und Hölle vertieft interpretiert. Aus der Sicht der Religion hilft es dem Menschen jedoch nicht, die Urbilder des Heiligen von allem

Schwierigen und allen gewaltigen Vorstellungen zu befreien. Schicksalserfahrung, Sterben und Trennung sind erschütternde Erfahrungen, für die die Religion auch gewaltige und tiefreichende Auffangbilder hat. – So sind z. B. ›Gericht‹ und ›Fegefeuer‹ heilige Möglichkeiten, den Menschen in der Gottesbegegnung ›geradezurichten‹ und ihn in seinem tiefsten Wesen erst zu befreien. ›Teufel‹ und ›Hölle‹ sind »Denkversuche« (Zulehner 1994), um das Geheimnis des Bösen zu benennen. Dieses ist größer als der Mensch – sonst wäre er ja an allem selbst schuld. So kann Seelsorge diese Bilder angstlösend und tröstend und so erlösend ins Spiel bringen.

»Womit habe ich das verdient?«, fragen religiöse wie nichtreligiöse Menschen, weil sie ihr persönliches Schicksal mit einer größeren Idee in Verbindung bringen, die die Gerechtigkeit der Welt zu verantworten hat. Der einzelne Mensch ist eben nur begrenzt für das Gute und Böse verantwortlich: Es gibt auch Verstrickungen und Schicksalhaftigkeit. Religion gibt auch dem Tragischen und Unauflösbaren der Existenz einen spirituellen Ort in der Unbegreiflichkeit und zugleich im Erbarmen des heiligen Geheimnisses. So befreit sie den Menschen von der Allmachtsvorstellung, das Schicksal kontrollieren und alles Böse abwenden zu können und zu müssen.

Wie geht Seelsorge heute mit Schuld und Vergebung um?

- **Mit Gott in Beziehung setzen.** Religion bietet konkrete Wege der Vergebung an. Spirituelle Begleiter können Menschen mit Schuldäußerungen durchaus auf ihre religiösen Überzeugungen ansprechen. Sie können nach ihrem Bild vom Heiligen und von Gott fragen und ihnen so die Möglichkeit geben, Schuld und Vergebung damit in Beziehung zu setzen.
- **Strafe Gottes?** Wenn Menschen ihre Krankheit als Strafe Gottes verstehen, dann sollte zu Diagnose und weiterführendem Gespräch die Fachseelsorge einbezogen werden. Diese kann dem Patienten helfen, die Interpretations- und damit Sinnfindungsspielräume so zu erweitern, dass er eher seinen Frieden finden kann. Dabei kann sich im Einzelfall sogar herausstellen, dass es besser ist, jemandem diese Bedeutung als Bewältigungsform zu lassen, als sie ihm ausreden zu wollen.
- **Existenzielle Schuld.** Gerade das obige Verständnis ›existenzielle Schuld‹ bekommt im religiösen Horizont einen spirituellen Platz: Der Mensch muss sie nicht ›halt eben schicksalhaft tragen‹, sondern er darf sie in den Horizont Gottes stellen, der allein imstande ist, das Gewicht der Existenz aufzuwiegen.
- **Tatsächliche Schuld.** Seelsorgliche Begleiter gehen mit den kleinen und großen Lebenserzählungen der Patienten mit, hören deren eigene Bewertungen und wägen sie mit ihnen zusammen ab. Dabei kommt auch vermeintliche wie tatsächliche Schuld zur Sprache. Wirkliche Schuld will benannt und anerkannt sein; es muss dabei Raum für Bedauern und Trauer geben. Wenn das Gespräch nicht von vornherein als Beichte vereinbart war, kann der Seelsorger fragen: »Möchten Sie das Gespräch als

Beichte verstehen?« und das rituelle Vergebungswort sprechen. Dabei ist der Seelsorger weder Ankläger und Richter noch netter Mitmensch. Er ist vielmehr Zeuge und Garant dafür, dass Gott den Menschen wieder ins Ganze integriert und ihm Heil zuspricht.

Natürlich ist die Beichte nach dem oben Gesagten keine ›Lösung‹, wenn das Schuldbewusstsein ein wichtiges Beziehungssymbol ist, das in der akuten Krise oder auf dem Trauerweg eine hilfreiche Bedeutung hat (vgl. Weiher 1999 b: 107 f.). Trauernde sagen: »Ich will das Gefühl ja auch nicht weghaben, es ist auch gut so.« (Sonst würde ich es mir mit meiner Trauer vielleicht zu einfach machen; so kann ich intensiv meine Liebe wachhalten – mag eine Botschaft in dieser Aussage sein.)

- **Der Sinn der Beichte.** Das katholische Bußsakrament ist eine Umgangsform der Glaubensgemeinschaft mit dem, was nicht wieder gutzumachen ist (vgl. Höhn 2007: 16). Gott lässt Gnade vor Recht ergehen. Vergebung im Namen Gottes spricht nicht von der verletzenden Tat frei. Die ist geschehen. Wohl aber spricht Vergebung von den Verstrickungen, den ›Dämonen‹ der Schuld los. Sie entfernt das Gift aus ihr und die Macht der Selbstabwertung – aber auch der Selbstüberschätzung als deren Kehrseite. Dann hat der Mensch wieder »freies Geleit« (Ulrich Beer), und er kann wieder frei Schritte ins Leben tun – und auch Schritte ins Sterben. Der Gott der Religionen sieht das ganze Geheimnis des Menschen, seine Fähigkeiten und Unfähigkeiten und damit seine wirkliche Verantwortung.

- **Schuld beim Sterbesegen.** Letztlich wird das Schuldthema nur angemessen gewürdigt, wenn der Mensch sich mit seinem Schatten vom umgreifenden Seinsgrund her als umfassend liebevoll angenommen wissen darf. Der Mensch darf als Fragment am Ende seines Lebens ankommen: »Leg es Gott in die Hände«, sagt die Seelsorgerin beim Sterbesegen, »in seiner Hand wird alles heil und gut. Er vollendet, was du begonnen hast (was du nicht zu Ende bringen kannst).« Das Ergebnis des Lebens, der Wert und das Ansehen des Menschen sind letztlich woanders angesiedelt und verankert als in der Gnade und dem Belieben der Mitmenschen. – Es ist für die Seelsorge oft ergreifend zu erleben, wie Patienten und Angehörige auf diese Weise Frieden finden.

5.6 Das Warum?, die Scham und die Schuld: Ein spirituelles Modell für die Selbstfindung

»Auf dass die kreisenden Gedanken endlich ihren Grund finden.«
(Christoph Schlingensief)

Ein Modell, das die großen Themen des Warum?, der Scham und der Schuld besser zu verstehen gestattet, ist das der Persönlichkeitsentwicklung von Erik E. H. Erikson (1973). In diesem Entwurf werden die Schuld und die Schamerfahrung aus der üblichen Negativbedeutung herausgeholt und in ein dynamisches Muster eingebunden. Es wird sich zeigen, dass diese Affekte zusammen mit dem eindringlichen Warum? die ganze Welt der Grunderfahrungen und der Selbstwerdung des Menschen und damit die Spiritualität betreffen: Worauf kann ich mich verlassen? – Wie kann ich in dieser Welt stehen? – Was kann ich mir vom Leben nehmen?

5.6.1 Die Idee von Erikson

Um diesen Grunderfahrungen nachzugehen, stütze ich mich, angeregt durch Gert Hartmann (1993), auf die ersten drei Reifungsschritte aus der Theorie der Lebensspanne: die Entwicklung von Vertrauen, Autonomie und Initiative. Diese Grundthemen der Selbstfindung werden zwar in der Kindheit gelernt (oder nicht ausreichend gelernt), aber sie bleiben selbstverständlich nicht auf die Kindheit beschränkt, sondern begleiten den Menschen ein Leben lang. Sie werden dementsprechend auch wichtig bei der Erfahrung von Krankheit und Sterben, wenn sich der Mensch mit seiner aktuellen Situation oder auch seiner ganzen Lebensgeschichte auseinandersetzt. Der große Reiz von Eriksons Theorie besteht darin, dass sie die Grunderfahrungen nicht statisch formuliert – entweder man hat sie oder man hat sie nicht. Sie erhalten vielmehr eine Dynamik dadurch, dass das Vertrauen in Spannung zu Misstrauen gesetzt wird, die Autonomie in Spannung zu Scham und Selbstzweifel, das Initiativwerden zur Möglichkeit von Schuld.

Wofür es Scham und Schuld braucht

Nach dieser Entwicklungstheorie gibt es kein Persönlichkeitslernen ohne die jeweiligen ›Gegenspieler‹: die Unsicherheit, die Scham und die Schuld. Der Mensch ist nur lebendig zusammen mit diesen Gegenspielern und das gilt für das ganze Leben. Vertrauen, Autonomie und Initiative gibt es nicht für sich, sondern um dem Subjekt zu ermöglichen, sich zur Wirklichkeit in Beziehung zu setzen. Und nur, wenn es sich in Beziehung setzt und nicht in sich verschlossen bleibt, gibt es Entwicklung im Leben.

> Aber immer, wenn das Subjekt über sich hinausgreift, um seine Isolation zu überwinden – das heißt, um zu leben –, kommen auch Verlassenheitserfahrung, Scham und Schuld ins Spiel.

Der Mensch lebt nur, wenn er im Austausch mit der umgebenden Welt steht, wenn er etwas von dieser Welt in sich hinein lässt und wenn er etwas aus sich heraus gibt: Bin ich z. B. krank geworden, weil ich zu viel (oder das Falsche) in mich hineingelassen oder zu viel von meiner Energie hergegeben habe? – Ebenso wie das Gehirn ist die Psyche – und erst recht die Seele – nicht ein für allemal fest ›verschaltet‹, sie sind flexibel. Der Mensch lernt und entwickelt sich weiter, indem er sich immer neu in Beziehung setzt. Dadurch entfaltet und vertieft sich seine Persönlichkeit.

Das Zusammenspiel der Grunderfahrungen

Den inneren Zusammenhang der Grunderfahrungen und die Dynamik, die durch deren Zusammenspiel entsteht, möchte ich durch ein Schleifenmodell veranschaulichen (Abb. 5. 4).

Dieser ›Drei-Pass‹ ist ein Bild für das unendliche Spiel in der Lebensdynamik, bei dem die ›Schleifen‹ immer wieder durchlaufen werden und die ›Inhalte‹ immer neu auf dem Spiel stehen.

Die Bemerkung des Patienten »Ich habe doch eigentlich nichts gemacht, dass ich so eine Krankheit kriege«, ist nie allein eine Frage ›Was habe ich getan oder nicht getan?‹, sondern immer damit verbunden ›Wer bin ich in der Welt – kann ich mich so sehen lassen, wie ich bin oder bin ich weniger wert als ich dachte?‹ Eine schwere Krankheit macht den Menschen ja auch in gewisser Weise sich selbst fremd. Oder die Frage: »Wie habe ich das verdient?« (vgl. Hartmann 1993: 31 f.) ist eine der Beziehung zur Wirklichkeit: Irgendeine Macht, das Schicksal, der Kosmos oder Gott, beurteilt mein Verdienst (oder beachtet es nicht), findet mich ›gut‹ (oder nicht) und behandelt mich gerecht (oder ungerecht). Wie kann man da noch der Ordnung des Lebens trauen?

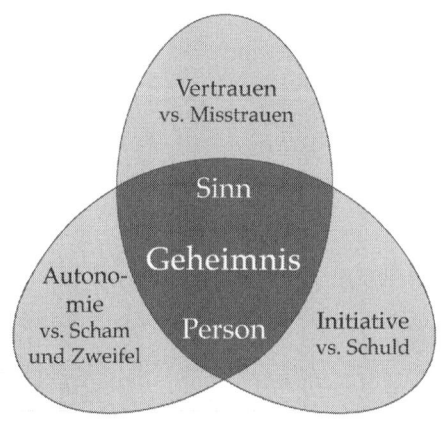

Abb. 5. 4: Über die Grunderfahrungen setzt sich der Mensch mit dem Geheimnis in Beziehung

Ein spirituelles Modell

Basierend auf dem Entwurf von Erikson vertrete ich hier die These:

› Warum‹, Scham und Schuld zusammen mit ihren ›Gegenspielern‹ Vertrauen, Autonomie und Initiative umkreisen das Thema der Existenz und des Geheimnisses von Person und Leben.

Dieser ›Drei-Pass‹ macht aus Eriksons Entwurf ein spirituelles Modell, indem es die Lebensthemen auf eine Mitte bezieht: das Geheimnis der Person und das Geheimnis des Heiligen.

Misstrauen, Schuld und Schamgefühle sind oft belastende Lebenserfahrungen, zugleich aber haben sie kreative Bedeutung.

Die Schleifen in dem Drei-Pass-Modell signalisieren, dass Vertrauen, Autonomie und Initiative Spiel- und Freiheitsräume der Person sind und dass Misstrauen, Scham und Schuld zu dieser Freiheit dazugehören. Ohne sie ist personhaftes Leben nicht möglich. Jede vorschnelle Festlegung durch die

Begleiter (»Daran sind Sie doch nicht schuld« oder »das ist eine klare Schuld.« oder »Sie brauchen sich doch nicht zu schämen ... .«) verengt die Spielräume des Patienten oder des Trauernden und deren Selbstauslegung. Die Spielräume offen zu halten verlangt keine Facharbeit, sondern qualifiziertes Zuhören, Resonanz- und Haltgeben – also Seelsorge im weitesten Sinn.

5.6.2 Die Grunderfahrungen und ihre Gegenspieler

Im Folgenden sollen die Themen der Selbstwerdung genauer umschrieben werden, um für uns Helfer die inneren Verstehens- und Begleitspielräume weiter zu öffnen.

(1) Vertrauen versus Misstrauen
Der erste Flügel der Schleife steht für das Vertrauen in Spannung zum Misstrauen. Also die Erfahrung, die bereits im ersten Lebensjahr gelernt wird: sich verlassen zu dürfen auf sich selbst und andere, verbunden mit der Frage der Verlässlichkeit der Wirklichkeit. »Ich bin in guten Händen, auch wenn die Mutter mal für kurze Zeit nicht da ist« – diese Erfahrung ist entscheidend für den Weg des Kindes ins Leben. Später wird der Satz dann heißen: »Ich bin in guten Händen, auch wenn es in der Welt Bruchstellen, Krankheit und Versagen gibt.« Man ist sich nicht jedes Details, sondern der Wirklichkeit im Ganzen gewiss (Hartmann ebda.: 39).
Fragen an die Verlässlichkeit des Lebens. Die Frage »Warum? – Warum gerade ich?« wird aus dem Hintergrund heraus gestellt, dass man die Welt bisher wohl als einigermaßen verlässlich empfunden hat und dieses Vertrauen jetzt erschüttert ist. Der Betroffene sucht sicher zunächst nach isolierbaren (und damit vielleicht beherrschbaren) Ursachen. Letztlich aber fragt er in die Ordnung und das Geheimnis des Lebens hinein, ob er mit seiner Krankheit wenigstens in einer verlässlichen Welt leben kann.
Auch mit der Frage »Bin ich denn selbst schuld an meiner Krankheit?« tastet sich der Mensch an die Ordnung des Lebens heran: Wenn ich selbst Schuld habe, dann ist zu hoffen, dass die übrige Welt noch in Ordnung ist und ich ihr noch vertrauen kann. Auch die Schuldhypothese steht also letztlich in Verbindung mit der Vertrauensfrage. Auch wenn Menschen am Ende ihres Lebens mit sich und der Welt ins Reine kommen wollen und sich dabei Schuld aus der Lebensgeschichte meldet, dann deshalb, weil sie im Ganzen der Wirklichkeit gut aufgehoben sein wollen. Mit den Schuldgefühlen melden sich Zweifel, ob man so mit Gott und der Welt in Einklang ist. »Ist es zwischen Ihnen und Gott soweit in Ordnung?«, fragt der Seelsorger zuweilen und hilft, die Vertrauensfrage zwischen Patient und Gott zu klären. Die Spannung zwischen Vertrauen und Misstrauen »steht fast immer irgendwie im Hintergrund« (Hartmann ebda.: 37) aller Auseinandersetzungen mit Leben und Sterben. »Vertrauen wächst aus Vertrauen.« (Horst Eberhard Richter) Für den Begleiter bedeutet das, misstrauischen Menschen so zu begegnen, dass diese sich mit ihren Gefühlen, Ideen und tiefsten Wünschen, aber auch mit ihren Eigenarten und Widerständigkeiten

angenommen fühlen können. So können Patienten bei mangelndem eigenem Vertrauen neu Vertrauen entdecken.

(2) Autonomie versus Scham

Beim zweiten Flügel des Drei-Passes geht es um die Erfahrung von Autonomie und Scham. Ein wichtiger Reifungsschritt in der menschlichen Entwicklung, den das Kind etwa im zweiten und dritten Lebensjahr gehen sollte, ist, die eigene Autonomie in Spannung zur Scham zu entwickeln. Diese Aufgabe bleibt ein Selbstentwicklungsthema des Menschen ein Leben lang und wird in jeder Lebenskrise neu herausgefordert.

Kranksein kann beschämen. Krankwerden bedeutet einen Angriff auf das Selbstgefühl und den Selbstwert des Menschen. Dass man so drastisch die Erfahrung machen muss, dass man endlich ist und mich Schweres getroffen hat, das mindert die Selbstverfügung und weist die Autonomie in ihre Schranken. Es werden Schwächen am Menschen offenbar und vielleicht steht er nicht mehr voll für seine Aufgaben und seine Lebensgestaltung zur Verfügung. Man muss sogar fürchten, in den Augen anderer minderwertig zu sein. »Nur wer stark ist, bekommt weiter Aufträge von seinen Kunden«, sagt der selbstständige Handwerksmeister, der eine schwere Operation vor sich hat.

Zur Funktion der Scham. Hier taucht die Scham als Gegenspieler zur Autonomie auf. »Als Empfindung ist Scham offensichtlich universal. Es gibt keine Kultur ohne Scham.« (Ladenthin 2010: 98) Mit sich und seiner Welt in Einklang zu stehen ist Basis aller lebenden Systeme.

> An der Grenze zwischen dem, was auf mich trifft, und den Einflüssen, die es schaffen, in mich hineinzukommen, steht die Scham. Sie ist die Grenzwächterin zwischen dem Selbst und dem Fremden. Bei jeder Begegnung mit anderen und der Welt steht das Selbstkonzept auf dem Spiel und jedes Mal muss das Selbst sich neu formulieren: wer es ist und was es will und kann. Die Scham steht an der Grenze zwischen (notwendiger) Offenheit und Neugier einerseits und Autonomie und Selbststand andererseits. Es kommt zur Beschämung, wenn meine Kompetenz doch nicht so groß und mein Selbstbild doch nicht so ist, wie ich sie phantasiert hatte.

Das fordert dazu heraus, mein Selbstbild neu in Beziehung zur Wirklichkeit zu setzen und meine Wichtigkeit und Würde tiefer zu verstehen und zu gründen. Sie bestimmt das Dasein weit mehr als uns bewusst ist. (vgl. Münch 2010: 95) Scham hat viele Gesichter. Sie ist zunächst ein schmerzhafter und unlustvoller affektiver Zustand, der bedrohlich ist, der die Entfaltung des Selbst hemmt und befangen macht. Inzwischen aber wird sie als unentbehrlicher Schutz und als Hilfe zum Ausbalancieren des Selbstwertgefühls gewürdigt. Spirituell gesprochen ›lohnt es sich‹, Scham zu empfinden und mit diesem Affekt konfrontiert zu sein, weil es schließlich um etwas grundlegend Wertvolles geht: unsere Würde und Selbstachtung auf der einen und unsere Beziehung zu Anderen und zur Welt auf der anderen Seite. (Vgl. Ladenthin 2010: 105) Im Gefühl, das ich zu mir selbst habe, ist die Intimität und Integrität meiner Person berührt. Deren Verletzlichkeit spiegelt wider, dass ein spiritueller Wert auf dem Spiel steht, den anzuerkennen, auszubilden und zu vertiefen eine – unvermeidbare, aber letztlich reizvolle, wenn auch unabschließbare – Aufgabe ist.

Scham und Schuld. »Menschen dürften in der Regel wesentlich öfter mit Schamgefühlen als mit Schuldgefühlen konfrontiert sein.« (Bammel 2005: 67) Schuld hat mit konkreter Verantwortung zu tun, Scham mit der Beeinträchtigung des Selbstbildes überhaupt. Diese Beeinträchtigung geschieht natürlich auch beim Schuldigwerden. Daher ist der Schamaffekt meist im Hintergrund der Schuld-Frage. Er ist nicht nur eine Begleitmusik zur Schulderfahrung (Ich schäme mich dafür, dass mir das passiert ist.), sondern er hat eine eigene Dynamik: So jemand bin ich also; so ein Bild gebe ich ab; kann ich mich damit sehen lassen, so, wie ich aus mir heraus bin (z. B. hilfsbedürftig, schwach)? Der Mensch versucht, mit der Alterität, dem Außerhalb des Selbst in hinreichender Übereinstimmung zu sein. Die Scham betrifft aber nicht nur das objektiv Andere, das außerhalb des Selbst Stehende. Sie ist vielmehr von »triangulärer Struktur: Es gibt ein Ich als Subjekt, ein Ich als Objekt – da Mich – und schließlich den bedeutsamen Anderen«. (Münch 2010: 93) Gerade in Krankheit und Lebenskrise fühlt man sich ja nicht nur anders als die Anderen, sondern anders als ich mir ›mich‹ vorstelle. Auch der Körper, die Psyche, die eigene Natur, das Leben, die man als ›Selbstobjekte‹ zur Erfahrung seiner Identität braucht, können etwas Fremdes werden. Wenn Krankheit, wenn das Ende des Lebens droht, wenn ein Unglück passiert, dann wird der Mensch in seiner ganzen Ohnmacht entblößt.

- »Vielleicht habe ich nicht genug für meine Gesundheit getan.« – Das wird jetzt offenbar.
- »Ich habe aber doch ganz natürlich gelebt und nur Gesundes gegessen.« – Jetzt wird das Lebenskonzept beschämt.
- Patienten mit Lungenkrebs stellen die Warum-Frage gerade nicht: aus Scham darüber, dass sie ihre Krankheit wohl durch Rauchen selbst verursacht haben.
- »Mein Mann und ich haben miteinander gekuschelt und deswegen nicht auf unser Baby geachtet. Dann fanden wir es tot in der Wiege.« – So schlechte Eltern sind sie wohl.

Scham ist mehr als Peinlichkeit. Der Scham-Affekt begegnet im Berufsalltag also nicht nur in so offensichtlichen Situationen, die mit körperlicher Entblößung vor Helfern, mit Inkontinenz oder mit der Intimpflege einhergehen. Scham ist nicht nur als ›soziale Angst‹ beschreibbar. Sie ist bedeutungsvoller als die soziale ›Peinlichkeit‹. Es gibt auch eine geistige und seelische Scham. Scham in einem existenziellen Sinn ist Begleiter von Identitätserfahrung überhaupt. Sie ist im Hintergrund dabei,

- wenn Menschen über das eigene Aussehen erschrecken und darüber, sich so der Umgebung, dem eigenen Partner, den Kindern, den Enkeln zumuten zu müssen;
- wenn Schwerkranke sich immer weniger selbst vorstehen können bis hin zu der Frage, wer man einmal ist, wenn man gar nicht mehr über sich verfügen kann;

- wenn Menschen sich negativ oder übertrieben selbst bewerten (»Aus mir ist nichts geworden«). Aber auch, schon in diesem Alter einer Krankheit unterlegen zu sein, während alle anderen gut weiterzuleben scheinen. Oder: »Warum hat es gerade mich von allen Gesunden getroffen?«
- Vielleicht steckt der Scham-Affekt auch in der Erklärung am Sterbebett: »Die Enkel sollen den Großvater so in Erinnerung behalten, wie sie ihn von vorher kennen.« Das heißt auch: ihn nicht in seiner körperlichen und psychischen Schwäche erleben.

Scham geht bis an die Wurzeln unserer Existenz. Bei Autonomie und Scham stehen das Selbstkonzept und damit auch das spirituelle Selbst auf dem Spiel: Habe ich ein Recht, hier zu sein? Bin ich liebenswert? Darf ich so sein, wie ich mich empfinde oder muss ich mich damit schämen? In einer Zeit, in der jeder Mensch seine Lebenskonstruktion ganz aus sich heraus ohne kulturelle Konzepte und Rollen, aber konfrontiert mit einem Übermaß an Gestaltungs- und Verhaltensmöglichkeiten entwerfen muss, ist die Schamerfahrung erst recht nicht geringer geworden.

Die Annahme der Scham ist eine Spur zur Vertiefung des Selbstwertes und des Identitätsbewusstseins und damit zur wirklichen Macht des Menschen über sein Leben zwischen Allmacht und Ohnmacht. – Natürlich gibt es, wie bei den Schuldgefühlen, auch eine falsche (neurotische) Scham (näher beschrieben bei Münch 2010, dort auch weitere Literatur). Aber auch dann gilt es, in der fachlichen Begleitung auf die Bedeutung und den Zweck solcher Gefühle zu hören, um dem Patienten angemessen helfen zu können.

Mit Liebe gesehen werden. Scham ist beschämender, macht ohnmächtiger als Schuld: Wenn man an einem Ereignis oder an seiner Krankheit selbst schuld ist oder andere schuld sind, dann gibt es wenigstens gedanklich Ursachen und Alternativen, und man kann das Schreckliche irgendwo verorten. Scham aber steht nur vor sich selbst und vor der Möglichkeit, von anderen nicht geachtet zu werden. Schuld ist konkret; sie kann vergeben oder das nächste Mal vermieden werden. Scham aber ist ganz auf Angenommensein und (wieder) gut Angesehensein angewiesen. Sie »verlangt nach Intimität« (Gaylin 1988: 60).

Das Fehlende ›ergänzen‹. Scham wird im Begegnungsalltag, auch in der Seelsorge, kaum oder höchstens andeutungsweise thematisiert. »Wo Menschen Scham empfinden, versagt der alltägliche und selbstverständliche verbale Austausch […]. Hier Worte zu suchen, ist nicht ganz problemlos.« (Bammel 2005: 72) Scham bleibt im direkten Gespräch eher verborgen und im Hintergrund. Sie wird eher als ›Geheimnis‹ vom Helfer mitgetragen als in den Vordergrund geholt. Weil der Mensch in Krankheit und Sterben in äußerer wie innerer Hinsicht besonders entblößt und verletzlich ist, müssen die Helfer oft dem Menschen die Achtung geben, die er manchmal vor sich selbst zu verlieren droht. Die Begleiter können aufgrund ihrer mitmenschlichen und symbolischen Rolle im Menschen oft mehr ›sehen‹ als dieser von sich selbst. Sie können in der symbolischen Kommunikation und mit ihren Ritualen vorübergehend die geschwächten Identifikationsmomente ›ersetzen‹, ihre Dienste als Krücken zur Verfügung stellen, bis der Patient wieder mehr Aspekte seiner Identität wahrnehmen und nutzen kann. In jedem Patienten können die Helfer das Geheimnis dieses Menschen sehen, um das er mit seinen Schamaffekten ringt.

> ❖ Die alte Frau im Altenheim will sich nicht mehr waschen, kämmen und pflegen: »Das hat doch für niemanden mehr Bedeutung.« Die Seelsorgerin bringt Gott ins Spiel: »Meinen Sie nicht, Gott würde Sie gerne anschauen?« (berichtet von Anemone Eglin)

Die Scham kann ein Signal für schwere seelische Krisen sein. Seelsorgliche Begleiter kennen aus der spirituellen Tradition der Menschheit Bilder, Identifikationsgestalten und ein göttliches Gegenüber, mit deren Hilfe Betroffene verlorene Hüllen wiederfinden und ihren Selbstwert wieder aufrichten können. (Zum seelsorglichen Umgang mit der Schamerfahrung s. Zobel 2013.)

(3) Initiative versus Schuld

Das dritte Thema der Selbstwerdung, das schon in der Kindheit (ab dem vierten/fünften Lebensjahr) grundlegend gelernt wird, ist die Spannung zwischen Initiative und Schuld. Durch Lebensereignisse wie Krisen und Krankheit wird diese Polarität immer wieder herausgefordert. ›Initiative‹ bedeutet: Das Subjekt geht über die Erfahrung ›Ich bin wer‹ (Autonomie) hinaus. Es riskiert vielmehr die Erfahrung: Ich nehme mir etwas vom Leben heraus; ich greife ins Leben und in die Ordnung des Lebens ein; um zu leben, muss ich Grenzen überschreiten – aus eigener Initiative heraus. Ich kann und muss wohl dabei schuldig werden.

Schuld nicht mehr isoliert sehen. Die Spannung zwischen Initiative und Schuld ist grundlegend für das Selbstkonzept und die Selbstverwirklichung des Menschen. Das Schuldthema darf also nicht isoliert gesehen werden (da hat jemand etwas Schlechtes getan). Es muss vielmehr zusammen mit dem Wagnis der Initiative gesehen werden: Wer bin ich in dieser Welt, und tue ich genügend und nichts Falsches, um mir einen Platz in der Welt zu verschaffen und mich am Leben zu erhalten – und zugleich nicht so in die Welt einzugreifen, dass ich ›ihre‹ Liebe verliere?

Die neuzeitlichen Verhältnisse verschärfen das Thema Selbstwerdung: Der Einzelne kann und muss heute seine Freiheit nutzen, um seine Wirklichkeit zu konstruieren. Er darf nicht abwarten, bis das Leben etwas aus ihm macht. Gerade wer heute nicht initiativ ist, wird schuldig. Für den Menschen der Postmoderne geht ›Schuld‹ sogar über die einzelne Tatschuld hinaus: Er ist Täter oder Versager seinem gesamten Schicksal gegenüber. Bis ins 20. Jahrhundert war die Schuldfrage fast ausschließlich: Welche Normen und Gesetze habe ich verletzt? In postmoderner Logik ist die Frage eher: Was habe ich nicht beachtet, was versäumt, welche Verantwortung nicht wahrgenommen (z. B. mein Kind nicht genügend beaufsichtigt oder zu viel behütet, so dass sein Immunsystem nicht trainiert war und es Leukämie bekommen hat)?

Initiative und Schuld sind also immer im Hinter- oder Vordergrund im Spiel, wenn Patienten ihr Leben zu beschreiben, Vergangenheit auszuloten und Zukunft ins Auge zu fassen versuchen.

Erfahrungen von Gelingen und Versagen gehören dazu, wenn Menschen auf das Geheimnis ihres Lebens zu antworten versuchen. Sie stoßen dabei auch auf das Unergründliche der Existenz: Weder ist man an allem selbst schuld noch sind es immer die anderen. Der Mensch stößt auch auf das Unvermeidliche, auf das er keinen Einfluss hat.

Warum?, Schuld, Scham und Geheimnis

»Was ist eigentlich so schlimm an Schuldgefühlen?«, fragt Harlan Wechsler (1990) zu Recht. Denn sie gehören wie das Schamempfinden zur Selbstwerdung des Menschen. Ohne diese psychischen, sozialen und spirituellen Möglichkeiten führt das Leben zum Stillstand. Lebende Systeme brauchen Spielräume. Es wäre gerade ›Sünde‹, sich selbst und anderen dieses Beziehungsspiel zu verweigern und die Spannungen auszuschalten.

Sich auf die Ordnung des Lebens berufen. Für die grundsätzliche Bewertung der drei existenziellen Themen Warum?, Scham und Schuld möchte ich – in spiritueller Perspektive – als These formulieren:

Das Warum?, die Scham und die Schuld erschöpfen sich bei weitem nicht in der Ursache-Wirkungsfrage oder in der rein psychologischen Betrachtung. Vielmehr setzt sich der Mensch durch diese Themen mit dem Geheimnis seiner Person und dem Geheimnis seiner Existenz überhaupt in Beziehung.

Krankheit, Sterben und Tod bedrohen die ›gute Ordnung‹ des Lebens. Im bohrenden und manchmal verzweifelten Warum?, in der eher stillen Scham, in der Schuldzuschreibung und in Krankheitshypothesen sucht der Mensch und will er wiedergewinnen die gute Ordnung des Lebens am Grund aller Wirklichkeit. Auch Krankheit, Sterben und Tod gehören zur Ordnung des Lebens, und zugleich bedrohen sie diese zutiefst und (zer)stören die eigene Lebenskonstruktion. Das Subjekt ist gezwungen, neue Sinnentwürfe zu machen, um mit dem Sinn im Ganzen in Einklang zu kommen, wenn es, zumindest spirituell, weiterkommen will. Dabei werden Vertrauen, Autonomie und Initiative zusammen mit ihren Grenzwächtern und Sparringspartnern Unsicherheit, Scham und Schuldempfinden zu Lebensthemen. Wenn also die Helfer mit diesen Themen befasst werden, dann müssen sie ihnen weder sofort ausweichen (»Das übergehe ich meistens«, sagt ein Arzt), noch hektisch-beflissen nach Antworten oder Gegenmitteln suchen. Es gelten vielmehr auch bei diesen Fragen die allgemeinen Regeln der Begleitung, damit Patienten ins Gespräch mit sich selber kommen können. Es braucht dann Helfer mit spiritueller Haltung, die zum Verstehen des Lebens ihren Seelenraum anbieten und die Versuche des Patienten würdigen, sich so dem Geheimnis des Lebens zu nähern.

Mit Segen tragen lernen. Zur Warum-Frage, zur existenziellen Schuld, dem unrealistischen Schuldgefühl und dem Schamempfinden gibt es keine alles lösenden Maßnahmen. Sie können zunächst nur der Resonanz-, Halte- und

Wiegefunktion (s. Kap. 4) der Begleiter anvertraut werden. Und dazu gehören auch Gebet und Segen; diese haben ›Wiegefunktion‹ für die unlösbaren Fragen.

In Anlehnung an Gert Hartmann möchte ich formulieren: Das Warum?, die Schuld und die Scham können mit Segen getragen werden.

Auch geschulte seelsorgliche Begleiter werden keine Problemlösungen anbieten. Sie werden aber etwas vom Geheimnis darin erahnen können.

➢ Bei vertiefter spiritueller Begleitung wird dabei die (am Anfang zunächst eher innere) Leitfrage des Seelsorgers sein: Was könnte das Geheimnis deines Lebens dir, Patient, zu deinem Warum?, zu deinem Scham- oder Schuldempfinden antworten?

➢ Bei religiösen Menschen wird der Seelsorgende diese Fragen auch explizit stellen können: »Was könnte das große Geheimnis, Gott, dir zu deinen gelungenen und nicht gelungenen Lebensbewegungen sagen?« und mit dem Klienten Worte, Bilder und Gesten dafür suchen. Dann kann die Vertrauens-, Autonomie- und Initiativbewegung des Menschen zu einer Geschichte mit Gott führen und so ihre Reife und ihren Segen finden.

6. Spiritualität und Religion am Ende des Lebens

Die großen existenziellen Herausforderungen im Angesicht des Todes sind die Auseinandersetzung mit der Wahrheit des Sterbens, mit Abschied und Trauer und die Suche nach Hoffnung. Dies gilt für alle Beteiligten, für Patienten und Angehörige und in abgewandeltem Sinn auch für die Helfer: Alle ringen sie mit der Wahrheitsfrage, begegnen den dunklen Gefühlen der Trauer bei sich selbst und in ihrer Umgebung und suchen Lichtblicke der Hoffnung. Die Angehörigen eines Sterbenden sind schließlich vom Tod mitbetroffen und auch die professionellen Helfer haben keine rein objektiven Instrumente und Gesprächstechniken, mit denen sie das Ringen um Wahrheit und Hoffnung umgehen könnten. Auf ihre Weise sind auch sie vom Prozess des Sterbenden in Mitleidenschaft gezogen. Sie sind als Angehörige sozusagen Betroffene zweiter und als Mitarbeiter Betroffene dritter Ordnung.

Die moderne Medizin hat den ›Geist‹ des Sterbens verändert

Die großen Themen ›Trauer‹, ›Wahrheit‹, ›Hoffnung‹ können nicht unabhängig von den Entwicklungen der Medizin in den letzten hundert Jahren betrachtet werden. Will man heute Sterbende und das Netz ihrer Beziehungen in ihrem inneren Prozess verstehen und bei ihrer spirituellen Suche begleiten, dann kann das nicht abstrakt geschehen und auch nicht an Idealen von einem guten Sterben ausgerichtet werden. Der ›Geist‹ der modernen Medizin wirkt sich auch auf das Bewusstsein aus, in dem Menschen Sterben und Tod und deren Wahrheit begegnen und in dem sie ihre Hoffnungen entwerfen. Zwar versuchen der Hospiz- und der Palliativgedanke, neue Räume für die letzte Lebensphase zu schaffen und damit auch für eine neue Einstellung dem Sterben gegenüber zu werben. Aber die Signale, die die Auffassung von Leben und Tod in der Gesellschaft und daher auch beim einzelnen schwerkranken Zeitgenossen prägen, werden immer noch von der Maximal- und nicht von der Palliativmedizin bestimmt. Die heutige medizinische Zivilisation stellt mit ihren riesigen Möglichkeiten in Aussicht, dass der Tod verhindert wird – und immer wieder, in jeder Krise neu, verhindert werden kann. Dies hat erhebliche Konsequenzen dafür, in welchem Bewusstsein Menschen auf den Tod zugehen und damit auch erhebliche Konsequenzen für das Trauererleben der Patienten und der Mitbetroffenen.

Das Sterben als chronische Krankheit

So ist ›das‹ Sterben heute nur noch selten ein linearer Prozess, bei dem der Patient nach der Eröffnung der Diagnose unausweichlich auf sein Ende zuginge. (Zu den Faktoren, die das subjektive Erleben des Sterbens verändern s. Weiher 1999 b: 16 ff.) Wenn vor hundert Jahren ein Mensch schwer krank war, dann war er entweder bald wieder gesund oder bald tot. Die Lungenentzündung galt als ›Freund des alten Menschen‹, weil sie ihn endlich von den Gebrechen des Alters erlöste. Wenn Arzt und Ärztin heute dem Patienten eine ungünstige Diagnose mitteilen, dann können sie ihm als Mediziner fast im selben Atemzug eine ganze Palette von Behandlungsmöglichkeiten anbieten. Das Sterben ist dann zwar eine grundsätzliche und zukünftige Möglichkeit, aber ›du Patient, solltest dieses Sterben gar nicht ins Auge fassen: Konzentriere dich auf die nächste Operation, auf die Möglichkeiten der Chemotherapie, aber nicht auf den Tod.‹ Während man vor dreißig Jahren schon sagen konnte: »Das Sterben ist länger geworden« (Schmied 1988: 20), so gilt am Beginn des 21. Jahrhunderts bereits: Das Sterben ist in eine »chronische Krankheit« (Kappauf 2004: 133; vgl. auch Samarel 2003: 140) verwandelt worden. Und eine immer noch behandelbare ›Krankheit‹ enthält auch immer die Hoffnung, sie zu überleben. Es ist wichtig zu bemerken, dass hier zwei Faktoren zusammenwirken: die vielfachen Möglichkeiten der Medizin, die von der Dramatik der Krankheit ablenken, und die subjektive Deutung durch die Betroffenen.

Die Themen spiritueller Begleitung

Wenn also der Geist der Medizin auch den Geist mitprägt, in welchem Menschen sterben, also ihre Spiritualität im weitesten Sinn, dann beeinflusst dieser Geist auch die Ars vivendi et moriendi, die Kunst des Lebens und Sterbens. Zugleich hat diese chronische (Sterbe-)Krankheit eine unbestimmt lange Zeit existenzieller Verunsicherung und psychosozialer Belastung zur Folge. Pattison nennt diese Zeit vor der terminalen Phase das chronische »Lebens-Sterben« (Pattison 1978). Damit erfordert heutige Sterbebegleitung ein differenziertes und noch mehr als früher am persönlichen Prozess des Patienten orientiertes Vorgehen. Auf diesem Hintergrund der postmodernen Entwicklung soll im Folgenden betrachtet werden:

- wie Patienten die Trauer angesichts des drohenden Endes durchleben und wie diese spirituell begleitet werden kann (›Sterbetrauer‹),
- was die Wahrheitsfrage in spiritueller Perspektive bedeutet,
- welche Hoffnungen es gestatten, der Wahrheit des Sterbens zu begegnen,
- was die spirituelle Unterstützung der Angehörigen in ihrem Trauerprozess beinhaltet,
- wie die Trauer beim Eintritt des Todes spirituell und religiös begleitet werden kann (›Todestrauer‹),
- und schließlich, wie die Helfer mit Tod und Trauer umgehen und dabei auch ihren eigenen Themen begegnen können.

6.1 Die Trauer des Sterbenden verstehen

»Und dann kommt die Zeit, wo ich dich lassen muss; aber behutsam, damit du nicht fällst.« (Ein Schwerkranker)

6.1.1 Sterbetrauer als Gesamtschmerz

Kein Erleben ist so eng mit dem Sterben und nicht erst mit dem Tod verbunden wie der Schmerz des Abschied-nehmen-Müssens und der Trauer. (Zum psychischen Erleben der Sterbetrauer vgl. Scherrer 2004).

Das Trauererleben hat sich verändert.
Auf dem Hintergrund der unbegrenzt erscheinenden kurativen Möglichkeiten und Angebote der Medizin ist allerdings die Frage, welche Gestalt die Trauer findet, wenn der Abschied vom Leben als Ganzem in weite Ferne gerückt scheint. Wann setzt die Sterbetrauer des Patienten ein? Nach der Diagnosestellung durch den Arzt? Aber ähnlich wie der Arzt den Tumor des Patienten oder die Gefäßverengung nicht direkt sieht, sondern aus Bildschirmdaten oder Laborwerten erschließt, so fühlt der Patient seine lebensbedrohliche Erkrankung oft nicht direkt und dramatisch. Der Verstand des Patienten und der Angehörigen wird aufgeklärt. Die Betroffenen machen eine akute Krise durch mit einem hohen Maß an Angst, die aber durch die Angebote der Medizin weitgehend beschwichtigt wird. Vielfach fühlen sich Patienten erst dann richtig krank, wenn sie in der Klinik die Folgen einer schweren Operation oder eine Chemotherapie durchstehen müssen. Hier finden oft erst die Empfindungen Anschluss an die Realität der Krankheit. Die Mediziner und die Pflegenden kennen aus vielen Querschnittserfahrungen ›objektiv‹ die Verläufe einer solchen Krankheit. Aber der Patient macht aus seinem Erleben und aus den medizinischen Angeboten seinen ganz eigenen Prozess. Dabei spielen auch die ›Strohhalme‹ eine Rolle, die dem Schwerkranken hingehalten werden, und manche dieser Strohhalme erweisen sich als tragfähige Seile, an denen man sich aus dem Tal des Todes herausarbeiten kann.

Einschränkungstrauer

In der Klinik mit ihrem großen medizinischen Arsenal trifft man daher die Sterbetrauer selten in dramatischer Form an, bei der der Abschied vom ganzen Leben betrauert wird. Sterbetrauer ist heutzutage selten explizit als ›antizipatorisches Trauern‹ über den Verlust der Welt und des eigenen Lebens zu beobachten. Das ist vielleicht anders im Hospizkontext oder auf der Palliativstation. Aber auch bei erfolgreicher palliativer Symptombehandlung glauben Patienten, dass doch alles nicht so schlimm sei.

Die Trauer von tödlich Erkrankten vollzieht sich heute in einer eher indirekten Form: Patienten realisieren den Abschied vom Leben in vielen kleineren oder größeren Etappen – als vielfache ›Einschränkungstrauer‹, also als Trauer um Fähigkeiten, die bedroht oder verloren gegangen sind. Den nächsten Urlaub können sie z. B. nicht machen, der geliebte Sport muss erst mal ruhen: »aber, wenn ich da durch bin, dann …«. Der Patient stößt hier und da an seine Endlichkeit, aber wo sich für ihn eine Tür schließt, da öffnet er wenigstens ein Fenster mit neuen Aussichten (Ruthmarijke Smeding).

Das Sterben folgt keiner Phasentheorie.

Heute folgt nur noch in wenigen Fällen auf die Diagnose der Medizin der absehbare Weg in den Tod. Deshalb können wir uns als Helfer auch nicht mehr auf die Sterbephasen von Elisabeth Kübler-Ross berufen. (Zur Gesamtdiskussion um die Phasentheorien: Corr 1993; vgl. auch z. B. Samarel 2003, 137 ff.) Die überwältigende Reaktion auf die Veröffentlichungen von Elisabeth Kübler-Ross zeugt für das Bedürfnis, endlich den geheimnisvollen Prozess des Sterbens durchschauen und von daher den Patienten besser verstehen und ihm angemessener helfen zu können. ›Sterbephasen‹ – das suggeriert die Möglichkeit, den Sterbeprozess des Menschen endlich beschreiben und ihm gerecht werden zu können. Genau genommen formulierten die Phasen nur den emotionalen Teil des Ringens mit dem Sterben. Sie gingen davon aus, dass, wenn die emotionale Auseinandersetzung mit dem drohenden Tod gelingen würde, auch das Sterben sozusagen auf einer guten Bahn und damit ›geheilt‹ sei. Sterben aber ist heute im Allgemeinen ein Verlauf, dessen vielfältige Aspekte nicht dem Phasenmodell gehorchen. Beim Sterben als chronischer Krankheit erreichen Patienten zum Beispiel nach einer Operation immer wieder Plateaus des Wohlbefindens und Zeiten der Beschwerdefreiheit. Dies passt nicht in eine Phasentheorie.

Wir müssen vom total pain her denken.

- Es ist sicher eine wichtige Vorstellung, die die Psychotherapie in die Sterbebegleitung eingebracht hat: dass vom Ordnen des emotionalen Innenlebens her auch die anderen Anteile des Sterbens wie von selbst ihren Platz im Gesamtmosaik finden würden. Aber zum Beispiel können oder wollen nicht alle Patienten den Weg über die emotionale Schiene gehen, weil ihre emotionale Resonanzschicht nicht so entwickelt ist wie andere Fähigkeiten in ihnen. Die Kritik an den Phasenmodellen bedeutet natürlich nicht, dass die mit den Phasen gemeinten Reaktionen nicht auftreten würden. Aber die Vorstellung vom ›Gesamtschmerz‹ erweitert das Bild entscheidend: Sterbende schöpfen aus dem Spektrum des Phy-

sischen, Psychischen, Sozialen und Spirituellen ihre Farben und setzen nach ihren ganz persönlichen Möglichkeiten ihr Mosaik zusammen.
- Natürlich bestimmt die Medizin bei jeder unheilbaren Krankheit das Farbenspektrum erheblich mit. Die Medizin ging ihrerseits lange Zeit davon aus, es werde beim Sterben schon alles gut, wenn physisch alles beherrscht würde. Obwohl dieses Denken das Stadium vor Kübler-Ross markiert, übernimmt die Standardmedizin nach wie vor nur den behandelbaren Teil der Krankheit. Unterstützung beim Verarbeiten des Sterbens, der Umgang mit Verlust und Trauer sind weithin nicht geschult. Weil Trauer keine Krankheit ist, gilt auch niemand dafür als zuständig.
- Auch die Religion hat das Sterben lange Zeit nicht als Ganzes gesehen. Sie ging davon aus, dass der Sterbende mit allen anderen Symptomen klar käme, wenn die geistliche Innenwelt geordnet sei oder ein starker Glaube den Menschen trüge.

Die Konzepte der Palliativ-Care führen endlich alle Teilbereiche zusammen: Erst wenn sich die Professionellen und die anderen Helfer koordinieren, können sie der Gesamttrauer begegnen.

6.1.2 Wie Patienten ihre Verlust- und Trauererfahrung äußern

Ein Beispiel soll für viele stehen:

❖ Frau N. sagt: »Warum passiert das jetzt mir? Jetzt, wo wir es uns gut gehen lassen könnten?«

Was steckt in dieser Aussage alles an befürchteten, realen und symbolischen Verlusten?

o Es passiert »mir«: Wer ist das ›Ich‹, was alles gehört zu diesem Ich, wie empfindet die Patientin ihre Identität?
o »Könnten« es uns gut gehen lassen. Die Zukunft ist bedroht, zum Menschen gehört seine Zukunft, das Ausgreifen in Gedanken, Phantasien und Möglichkeiten.
o »Jetzt« sagt die Patientin zweimal. Was nach Gegenwart aussieht, ruft eigentlich die Vergangenheit auf: Was war wohl vorher nicht möglich?
o » ... wo wir es uns ...«: Da werden die sozialen Beziehungen aufgerufen, vielleicht die Pläne und Hoffnungen, die sie mit dem Ehemann oder den Kindern entworfen hat.
o »Warum?« Die Frage betrifft das Lebenskonzept, die Vorstellungen vom Schicksal, von der Welt, davon, wie man sich das Leben vorgestellt hat –, also ausdrücklich die spirituelle Ebene.

In solchen Worten kommt also die Trauer nicht nur als Emotion (»Ich bin traurig, dass ich ...«) zum Ausdruck. Hier werden die Identitätsmomente berührt, wie sie in Kapitel 2 dargestellt wurden. Die angedeutete Trauer kann alleine mit einer körperlichen Stabilisierung und mit medizinischen Mitteln nicht aufgefangen werden.

In der Aussage von Frau N. werden implizit die großen Fragen aufgeworfen: Wer bin ich, wer war ich bisher, wer werde ich sein?

- Wer ist sie körperlich, leiblich: Ihre gesundheitliche Integrität, ihre Beweglichkeit, ihre Fähigkeit zu arbeiten, vielleicht dorthin zu reisen, wo es schön ist, sind hier angedeutet.
- Wer ist sie sozial? Im weiteren Gespräch zeigt sich: Frau N. hat Familie, Kinder und Enkel.
- Was sind ihre Heimat und ihre Aufgaben? Das Haus, der Lebensort, war bisher von viel Arbeit erfüllt, von der Pflege der Schwiegermutter, von Lebensaufgaben, die aber auch Struktur und einen gewissen Sinn gegeben haben.
- Was sind ihre Werte, was ist wohl die Spiritualität von Frau N.? Ihre Spiritualität rückt vom Hinter- in den Vordergrund: Sie hat wohl ihre Aufgaben und Pflichten erfüllt, sich selbst zurückgestellt, vielleicht nach der Zeit der Pflichten auf Ausgleich und Belohnung gehofft; sie empfindet das Leben als ungerecht: Darf man nicht endlich einmal unbeschwert leben?
- Aber auch die anderen Elemente enthalten eine spirituelle Dimension: Sie war lang gesund, wenn auch belastet von viel Arbeit; sie hat lange das Leben mit ihrer Familie geteilt; sie hat dafür wohl viel investiert; sie ist verbunden mit ihrem Mann: Wird er auch diesen Weg mit ihr gehen (»Wir wollten es uns doch schön machen.«)? Wird die Liebe weitergehen, die bisher als gemeinsame Lebensarbeit gelebt wurde und der sie endlich mehr Raum und Zeit geben zu können hoffte?

Wie die Trauer ausgedrückt wird

Über solche Sätze äußern Menschen ihre Trauer. »Ich kann noch nicht mal mehr alleine auf die Toilette gehen.« – Da geht es nicht nur darum, dass jemand von der Pflege dem Patienten hilft und dann der Trauergrund beseitigt wäre. – »Wenn ich doch nur die Hochzeit meiner Tochter noch erleben könnte.« – Das ist nicht einfach der ›Phase der Verhandlung‹ zuzuordnen.
»Diese jungen Dinger, diese Krankenschwestern, ich kann das nicht mehr ertragen.« – Da geht es nicht darum, dass jetzt nur noch die älteren Kolleginnen das Zimmer betreten und die Bilder der Jugend aus dem Blick gerückt werden. – Hier sucht die Trauer ihren Ausdruck: über den Sport, das Bild auf dem Nachttisch, den »Kaffee, den ich mir immer selbst gekocht habe; verdammt noch mal, jetzt sagen die: Soll ich dir einen Kaffee machen?« Das ist das Schwerste: Alle Dinge und Erfahrungen können zum Symbol für die unaussprechliche Trauer werden.

Das Ringen um die Existenz

»Noch nicht mal richtig die Wäsche waschen kann mein Mann«, ärgert sich die Sterbenskranke. – Ungeduld, Ärger, Wut, Verachtung, Aufbegehren, Hadern – wie oft liegt dem sogenannten Chaos der Gefühle die Trauer zugrunde! Vorwürfe gegen sich selbst oder andere zeigen etwas von der tiefen Not des Patienten, selbst nicht mehr das zu können, was doch zur eigenen Identität gehört.

Sogenannte ›schwierige Patienten‹ agieren oft ›nur‹ ihre Trauer aus. Sie fühlen sich dann wenigstens auf diese Weise handlungsfähig und nicht hilflos der Welt ausgeliefert. Das ist für die Umgebung, für die Nahestehenden wie für das Begleitpersonal schwierig, einen Menschen so verändert, so grob, so ungerecht zu erleben. Aber sind die Einschränkungen und Verluste und der drohende Tod nicht alle ungerecht und so schrecklich, dass man dem nichts Anderes mehr entgegenzusetzen hat als sich selbst? Und machen nicht wenigstens klare Schuldvorwürfe an sich selbst oder bestimmte Menschen (z. B. den Arzt) oder Gruppen (»die Asylanten«) die Welt einigermaßen überschaubar und geben sie dem Sterbenden nicht wenigstens für kurze Zeit das Gefühl, autonom zu sein und die Dinge noch in der Hand zu haben? Auch diese dunkle und hässliche Farbe kann der Geist des bedrohten Menschen annehmen. In spiritueller Perspektive geht es bei einer solchen Sicht nicht nur um psychologisch deutbare Sachverhalte, sondern um ein Ringen um die ganze Existenz.

Sich die Lebensspanne aneignen

»Ich würde gerne noch die Geburt des Enkelchens erleben«, sagt der ältere Mann. – In allen Trauer-Äußerungen stecken nicht nur befürchtete oder symbolische Verluste, sondern als deren Rückseite auch Ressourcen, auch wenn die Ressource vielfach ›nur‹ eine Sehnsucht ist. Der Patient, dem man jetzt den Kaffee kochen muss, war nicht nur ein selbstständiger und aktiver Mensch. Er ist es in seinem Werte- und Ideensystem auch jetzt noch. Sein Stolz ist auch jetzt noch da, nur hat dieser jetzt die Farbe der Trauer. Diese verborgene Sehnsucht ist es, die der Helfer heraushören kann.

Über die Identitätsmomente, über die Lebensgeschichte und deren Symbole wird das Leben eingeholt. Darüber »eignen sich Menschen das Leben an«, wie Hilarion Petzold (1983: 462 ff.) als Begleit-Weisheit überzeugend argumentiert. Der Begleiter soll also nicht sofort auf die Trauer fokussieren mit der Absicht, die Emotionen ans Licht zu holen oder gar durchzuarbeiten. Es geht vielmehr zuerst um die Kraft des bisherigen Lebens. – Am Beispiel von Frau N. heißt das: Was hat sie bisher alles geleistet? Was an Arbeit und Entbehrungen steckt darin? Wer ist das ›wir‹, und was bedeutet es? – Was hat sie vor? Was würde sie gerne machen?

Vom ›Loslassen‹ wird zu leichtfertig geredet. Statt also die Sterbephasen darin entdecken zu wollen, sollten die Helfer die Identitätsmomente, die Sinnbewertungen und die Trauergestaltung begleiten. Dabei wird ein Stück Leben indirekt inszeniert, überblickt, bewertet, manches neu gesehen oder überraschend entdeckt und Schmerzhaftes benannt. In dieser Hinsicht gehört auch das ›Warum‹ zum Prozess der Aneignung der Lebens- und Sinngestalt. Erst dann, wenn die Ressourcen anklingen konnten, kann der Helfer sagen: »Und was denken Sie, geht vielleicht nicht mehr?« Auf der Basis der inszenierten Lebensgestalt findet die Trauer ein Nest der Identität, in dem sie sich bergen kann. Im Vordergrund steht dann also nicht sofort der totale Verlust, nicht das Zugehen auf den Abgrund, sondern ein Abschied auf der Basis der angeeigneten Lebensspanne (Petzold 1984: 463). Und in der Kraft des eingeholten Lebens kann der Sterbende den Aufbruch in die andere

Welt jenseits dieses Lebens wagen. Ein Bergsteiger würde vielleicht sagen: Ich kann mich dem Seil anvertrauen, wenn ich mich in die unbekannte Tiefe abseilen muss. Das Seil ist ›oben‹, am gelebten Leben festgemacht. In der Kraft dieser Aneignung ist die Trauer nicht leichter, aber eher tragbar, weil jetzt ›Seile‹ zur Verfügung stehen. Aneignung und Abschiednehmen gehen zusammen. Deshalb kann die abstrakte Rede vom ›Loslassen‹ leichtfertig und vermessen sein: Wenn die Helfer das Loslassen dem Sterbenden einreden oder es an seiner Stelle für ihn meditieren wollen, dann gehen sie eher von sich aus, von ihren Ideen, wie Sterben gelingen soll. Was weiß ich aber als Außenstehender, der jetzt nicht sterben muss, von den wirklichen Motiven des Patienten, von dem Seil, das er vielleicht sucht, um den Abstieg zu wagen? Der Sterbende muss in der Kraft seines Selbst ›gehen‹ dürfen. Er muss sich mit seinem Selbst dem Geheimnis anvertrauen und dieses ›sich‹ und ›selbst‹ gerade nicht loslassen.

Sich von der Welt verabschieden. Den Zugang zu dieser Aneignung gibt uns Helfern der Patient über die Symbole, mit denen er indirekt etwas über sein ganzes Lebenskonzept und damit über seine spirituellen Ressourcen aussagt. Dabei eignet sich der Sterbende nicht nur etwas von seinem Selbst an, sondern auch etwas von der Welt, die er mitkonstruiert hat, von der Bedeutung der Dinge, die er in die Hand genommen hat, von seiner familiären Lebenswelt, von seinem gesellschaftlichen oder zeitgeschichtlichen Kontext. Er holt etwas von seiner Wertewelt und seinen Idealen ein, bekräftigt sie oder stellt sie in Frage, um sie tiefer zu verstehen. Damit ist die Welt, von der sich der Sterbende verabschieden muss, belebt, er ist wie mit einem Seil mit ihr verbunden. Dann wird die Angst geringer, ins Leere und Bodenlose zu stürzen.

Biographiearbeit: in symbolischer Form. Das Ausloten des Lebensbogens geschieht eher nicht in absichtsvoller und gezielter ›Biographiearbeit‹ – erst recht nicht im klinischen Kontext. Dort haben die beruflichen Begegnungen eine spezifische Feld-Dynamik: Der Patient erwartet von diesen Berufen keine Tiefenpsychologie-ähnlichen Interventionen; es gäbe auch keinen Kontrakt dafür. Abgesehen davon gehört Biographiearbeit nicht zu den vereinbarten Aufgaben der klinischen Berufe. Auch Patienten wollen »von sich aus sehr selten ihr Leben systematisch betrachten« (Petzold 1999: 23). Anders ist die Situation im Hospiz, im Alten- und Pflegeheim, wo eine behutsame Biographiearbeit durchaus in einer Gesamtbegleitung ihren Platz haben kann. Die meisten Menschen leisten dieses höchst sinnvolle und hilfreiche Ausloten der Lebensspanne ja auf nichtspektakuläre, ›normale‹ Weise: Es geschieht ganz indirekt im Erzählen, im symbolischen Inszenieren. Diesen Prozess können die professionellen und ehrenamtlichen Begleiter moderieren, so dass der Sterbende seine Lebensgeschichte re-inszenieren und re-konstruieren kann. Aber auch hier sei betont: Dieses Inszenieren geschieht weithin nicht in strukturierter, sondern in symbolischer Form. Ein Ereignis, eine Sehnsucht (»Ich würde so gerne noch mal nach Russland fahren. Da war ich im Krieg … .«) ist das im Vordergrund Vorgezeigte und dieses steht oft für Wichtiges und Bedeutungsvolles, das aus dem Hintergrund der ganzen Lebensgeschichte herüberschwingt und irgendwie das Ganze repräsentiert.

Das Symbol als Schaukel gebrauchen

Die symbolischen Äußerungen haben noch eine charakteristische Eigenschaft, die für die Begleitung der Sterbetrauer wichtig ist. Sie enthalten in ihrer Mehrdeutigkeit oft beides: die hoffnungsvolle oder ersehnte Seite des Lebens und zugleich die dunkle, von Abschied gezeichnete. ›Russland‹ kann z. B. heißen: schlimme, dunkle Zeit des Krieges, durch die der Erzähler aber durchgekommen ist. So können solche Botschaften als eine Art Wiegebalken gesehen werden (Abb. 6. 1):

Der Patient nutzt diese ›Schaukel‹ für seinen persönlichen Prozess: Er geht mal auf die eine, mal auf die andere Seite. Er geht zwischen der Härte der Krankheit und dem Wunsch, vor sich und anderen (noch) Bedeutung zu haben, zwischen Verlustangst und Hoffnungsressourcen hin und her. Dabei sollen die Helfer ihn begleiten: weder nur erleichtert, dass der Sterbende sich ›positive‹ Gedanken macht, noch in der Absicht, ihn endlich auf die Trauerseite bringen zu wollen; weder die Trauer überspielend (»Aber Sie haben doch auch ...«), noch die Ressourcen verklärend (»Sehen Sie, es gibt doch auch Positives»).

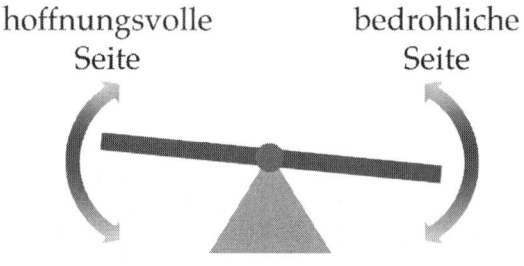

Abb. 6. 1: Das Symbol als Schaukel

❖ Ein sterbenskranker Patient sagt im Hinblick auf die Geburt eines Enkels, die in den nächsten Tagen zu erwarten ist: »Ja, es ist ein Kommen und Gehen.« – Als der Begleiter vorsichtig das ›Gehen‹ anklingen lässt, wehrt der Patient sofort ab: Das sei noch lange nicht dran.

Verluste mit Hoffnungen aufwiegen. Patienten gehen den Weg, der ihnen angemessen ist. Diesen Prozess gilt es zu moderieren. Viele Sterbenskranke leben mit einer doppelten Buchführung. Sie wissen z. B., dass sie voller Metastasen sind und gleichzeitig wollen sie einmal die Hochzeit der jetzt 17-jährigen Tochter erleben. Das ist neben dem befürchteten Ende des eigenen Lebens ein weiterer wichtiger Aspekt der Trauer: »die Trauer um die, die einen überleben werden.« (Smeding 2004: 156) Es kann unendlich schmerzlich sein, nicht mehr zu erleben, was die Kinder einmal aus ihrem Leben machen. Und zugleich leben Sterbende von der positiven Vorwegnahme der Zukunft und weniger in der Phantasie des möglichen Todes. Viele wollen das noch vorhandene Leben anders ausschöpfen und ausfüllen als mit der Trauer. Auch im Hospiz und auf der Palliativstation ist das zu beobachten, obwohl dort alle Signale auf endgültiges Ende und Tod zu stehen scheinen. Auch dort werden Verluste und das drohende Dunkel mit neuen Hoffnungen aufgewogen: Wo eine Aussicht schwindet, tut sich der Horizont an anderer Stelle auf. Das gehört wohl zum Geheimnis des Sterbens – und es gehört zum Geheimnis des Patienten.

6.1.3 Möglichkeiten der Begleitung

Trauer ist keine Krankheit; sie ist eine natürliche Reaktion auf die Verluste durch schwere Krankheit und absehbaren Tod. Sie ist ganz einfach Teil des Sterbeprozesses und nicht ein besonderes Symptom, das einer spezifischen Behandlung bedürfte. Sie gehört in die Dimension des Pathischen, nicht des Pathologischen. Sie ist nicht zuerst als Depression einzustufen, die mit psychiatrischen Medikamenten behandelt werden müsste. Wohl bedarf die Sterbetrauer einer angemessenen Begleitung, damit der Patient mit ihr leben kann und damit er mit ihrer Hilfe seinen Sterbeprozess gestalten kann. Wie können die Helfer auf die Trauer eingehen, was ist hier Trost? Was spirituelle Unterstützung?

Trauernde trösten
Halt geben. Was im Abschnitt über das Trösten dargestellt wurde, das gilt auch hier: Basis aller – auch der spirituellen – Begleitung ist die Haltung und Zuwendung des Helfers: Er stellt sich selbst als ›Trauer-Raum‹ zur Verfügung. In der Dunkelheit der Trauer, wenn der Schwerkranke seine Verlustangst spürt, wenn er seinen Selbstwert untergraben sieht (»Was bin ich denn überhaupt noch wert?«), gibt der Helfer Halt. Im Seelenraum eines Begleiters, der die Trauer aushält und nicht davor ausweicht, vielleicht auch mittrauert, findet der Patient die Wahrheit seiner Gefühle bestätigt und er kann sein Selbst wieder entdecken. Wenn der Helfer immer wieder ein lebendiger Widerhall ist und lebendige Resonanz spüren lässt, kann der Patient sich im Dunkel der Trauer orientieren, durch das tiefe Tal gehen, ohne die Angst, immer weiter ins Nichts zu laufen. Und im Gehaltensein kann der Patient die Erfahrung machen, die Menschen von Anfang ihres Lebens an brauchen: dass man im Leid aufgefangen wird und dass diese positiven Erfahrungen zu den negativen hinzutreten. Die entstehenden guten Gefühle stärken den Selbstwert und damit die Fähigkeit, dem Unguten gegenüberzutreten. Da wird der gute Geist im Menschen wieder wach, seine spirituelle Grundmelodie, die die Trauer einhüllen und bergen kann.
Sich als Trauer-Raum zur Verfügung stellen ist Arbeit für den Helfer. Den inneren Raum freizuhalten und ihn nicht sofort mit eigenen Ideen und eigenen Reaktionen zu besetzen, damit der Patient Halt spürt, das ist die

eigentliche Leistung des Helfers. Wenn der Begleiter ausweicht – auf welche Weise auch immer – dann erfährt der Sterbende seine Trauer als offensichtlich sinnlos oder unerträglich, und er bleibt im Dunkeln trostlos und alleine.

Trauer hat Trost-Qualität. Diesen Trost in der Trauer kann jeder Helfer geben. Es braucht dazu keine spezifisch therapeutische Ausbildung und, wie früher schon dargestellt, oft keinen großen Zeitaufwand. Es genügt, Container der Menschlichkeit zu sein. In einem gewissen Sinn machen die Helfenden keine ›Begleitung‹ der Sterbetrauer. Sie gehen nicht psychologisch, psychotherapeutisch oder seelsorglich vertieft auf diese Trauer ein. Sie gehen ihr in der Regel nicht im Längsschnitt nach; erst recht bearbeiten sie sie nicht. Vielmehr sind sie zuallererst ›Trauer-Begegner im Querschnitt‹, indem sie ihr Containing, ihre Resonanz und Haltefunktion zur Verfügung stellen. Wenn Betroffene traurig sein dürfen, dann sind sie letztlich mit sich selbst in Verbindung, das enthält bereits einen Trost: Der Trauerprozess ist bereits Teil des Trostes. Die Trauer muss nicht beseitigt werden. Wohl muss der Helfer aushalten, wenn ein Schwerkranker Trauer trägt, und Raum geben, damit diese fließen kann. Trost kommt zur Trauer hinzu. Er nimmt die Trauer nicht weg; wohl aber bettet er sie ein, so dass sie tragbar wird.

Mit dem Schaukeln mitgehen

Zur Trost-Haltung der Helfer gehört es auch, bereit zu sein, den Schaukelprozess des Patienten mitzugehen. Viel zu oft noch werden die Hoffnungsvorstellungen und -phantasien des Sterbenden mit dem Wort ›Abwehr‹ belegt: Er wolle sein Sterben nur nicht wahrhaben, er sei noch nicht so weit, er mache sich immer noch Illusionen. Die Helfer sollten aber mit ihren Deutungen und Bewertungen zurückhaltend sein und die Wege des Patienten respektieren, wenn dieser seine Balance sucht. Wenn der Schwerkranke spürt, dass der Begleiter seinen Weg respektiert, ist er auch eher bereit, nachdenklich zu werden, wenn der geschulte Helfer behutsam die andere Seite der ›Waage‹ anklingen lässt.

Die nichttherapeutischen Begleiter gehen in der Regel nicht von sich aus auf die nichtgesagte Seite des Wiegebalkens. Sie holen das Geheimnis nicht an die Oberfläche, sondern berühren es und lassen die Ressource darin anklingen.

Das Haus des Lebens betreten dürfen

Näher an die spirituellen Ressourcen führt die Begleitung, wenn der Helfer aufmerksam bleibt für die Identifikationsmomente des Patienten. Der allmähliche Zerfall der körperlichen Fähigkeiten ist ja bei weitem nicht nur auf der Sachebene zu sehen. Alle körperlichen Funktionen haben auch einen symbolischen Wert. Eine PEG-Sonde bedeutet: nicht mehr selber essen und genießen können. Ebenso sind von den Einschränkungen der körperlichen Möglichkeiten psychische und soziale Belange betroffen (bei Frau N.: »Jetzt, wo wir es uns schön machen könnten.«) und damit etwas vom spirituellen Lebenskonzept und der Sinnkonstruktion des kranken Menschen.

Wenn der Patient dem Begleiter etwas von seinen Identitätssymbolen zeigt, dann lädt er ihn gleichsam in das »Haus seines Lebens« (Karl-Heinz Feldmann) ein. Der Begleiter darf wie durch eine Tür dieses Haus betreten, sich in einigen Räumen umschauen und etwas von der Atmosphäre des ganzen Hauses erspüren. Dann kann er auch ermessen, was die Einschränkungen für diesen Menschen bedeuten, der eine Lebensgeschichte lang dieses Haus bewohnt hat. Hier gilt es für den Helfer, nicht auf der Sachebene zu bleiben. Wir Menschen trauern, weil wir die Dinge, die Welt und uns selbst lieben. In der Trauer wird der Mensch sich der Verbindung zu seinem Selbst inne, wenn auch auf schmerzliche Weise. Über die Identitätssymbole wird Trauer geäußert und zugleich scheinen darin die inneren Werte und Ressourcen auf, die diesen Menschen ausmachen – auch wenn er auf der Sachebene nicht mehr darüber verfügt. Zugleich aber ist das ›Haus des Lebens‹ auch das ›Haus des Sterbens‹: Wenn sich der Sterbende durch seine Identitätsbilder in seinem Haus tiefer beheimatet, kann er sich wohl auch in der Kraft dieser Beheimatung verabschieden, wenn es an der Zeit ist.
Wenn der Helfer die Bedeutungen würdigt (»Sie würden gerne ...«, »Das ist für Sie wichtig?«), dann löst er nicht neue Trauer aus, sondern gibt der Trauer Raum.

Lebensgeschichte – Sterbetrauer
Man kann sicher allgemein sagen: Alles Erzählen dient der Selbst- und Sinnvergewisserung des Menschen. Im Erzählen, im Blick auf das Leben – ob spontan vom Patienten begonnen oder angeregt durch den Begleiter – geschieht ›Aneignung der Lebensspanne‹. Da wird die Basis für die Auseinandersetzung mit Krankheit und Tod verbreitert. Dies geschieht meist indirekt und ausschnitthaft; Lebensereignisse, Begegnungen, Lebensleistungen meinen oft das Ganze des Lebens. Im Erzählen wird der ›Geist‹ im Menschen wach; er sucht Überblick, probiert, die einzelnen Töne zu einer Melodie zu formen. Wenn der Helfer hier interessiert mitgeht und moderierend den Prozess begleitet, kann die Lebensmelodie am Ende voller werden, kann auch das Nichtgelungene und Schmerzhafte darin seinen Platz finden. ›Melodie‹ muss nicht Harmonie heißen. Was hier in Umrissen anklingt und durchscheint, ist die implizite Spiritualität dieses Menschen.

Lebensbilanz?
Es sei hier nochmals betont: Hier geht es nicht um eine vollständige Lebensbilanz, die man mit Sterbenden eben mal machen könnte. Der Patient gibt von sich aus das Maß, die Richtung und die Eindringtiefe vor. Eine gezielte Lebensbilanz mit ihren Bewertungen und Selbstbewertungen können nur geschulte Begleiter anbieten. Zudem ist die Frage, ob Zeit und Kräfte des Patienten dafür ausreichen. Auch die Lebenserzählung des Patienten hat ja implizit ihre Bedeutung. Hier gilt es für den Begleiter, die Erzählfäden so mitzuverfolgen, dass daraus Stränge der Identität erkennbar werden. Auch im Erzählen angesichts des Lebensendes kann sich Verwandlung im Patienten ereignen; er kann eine tiefere Vorstellung von sich selbst gewinnen, die ihm beim Leben und Sterben hilft.

Wenn die Sterbetrauer durch das Einholen der Lebensspanne in gewissem Sinn aufgewogen werden kann, dann helfen dabei auch Fragen, wie sie ähnlich Wayne Muller vorschlägt (vgl. Abschn. 5.3): Was habe ich auf den Altar des Lebens zu legen? Was ist meine Gabe an die Ewigkeit, wenn ich gehen muss? – Dann endet das Sterben nicht in einer leeren Zukunft: Der Mensch kann seine Lebensspanne über den Tod hinaus entwerfen. Er muss nicht permanent in den Abgrund schauen, sondern kann auf etwas Positives zugehen. – So sind Christen davon überzeugt, dass der Altar, auf den ich das Wesentliche meines Lebens legen kann, derselbe ist, auf den auch Gott sein eigenes Leben gelegt hat: Jesus, den Menschensohn.

Wenn der Hintergrund in den Vordergrund rückt

Symbole bekommen in der Nähe des Todes oft eine höhere Dichte. Was dem Menschen im Leben wichtig war, wo er seinen Sinnentwurf hineingelegt hat (in das selbstgebaute Haus, in die Familienbeziehungen, in den Sport), das verliert durch das Sterben seine Außenverkleidung, und der innere Gehalt tritt vom Hinter- in den Vordergrund.

❖ Auf der Palliativstation fragt der Ehemann seine Frau, ob der Wasserhahn noch tropft und ob sie schon den Handwerker bestellt hat. Die Frau versteht zunächst nicht, warum das gerade jetzt wichtig sein soll. – Dem schwerkranken Mann fällt es wohl nicht leicht, direkt von seinen tieferen Gefühlen zu reden. Für ihn ist die Rede vom Wasserhahn Ausdruck der Sorge, die er sich um das Haus und um die Familie macht und darum, dass dieses Haus – auch wenn er nicht (mehr?) da ist – ein guter Ort für seine Lieben ist.

Das im Leben Ersehnte oder Vermisste (die Anerkennung durch die Eltern, die Wertschätzung durch die Kinder …, vom Leben nichts gehabt haben …) kann gerade am Lebensende schmerzlich bewusst werden. Das Bedeutsame des Lebens tritt in den Vordergrund. Auch kleine Ereignisse oder Verfehlungen können eine große Bedeutung erlangen. Die Bedeutung wird um ein Vielfaches wichtiger als die Sache. Sie öffnen in der Nähe des Todes mehr von ihrem inneren Gehalt, dem, wofür sie eigentlich stehen: für Geborgenheit, für Verbindung mit einem Höheren (mit dem Schöpfer, mit einer allumfassenden guten Natur …), für erfülltes Leben, für gelungene Lebensaufgaben, für erfüllte oder ersehnte Liebe. Auch wenn die Sache gerade nicht erreichbar ist, wenn sie Anlass zur Trauer ist, ist sie doch Träger des Geheimnisses dieses Menschen.

❖ Die Sorge von Sterbenden um ihre zurückbleibenden Angehörigen hat eben nicht nur eine psychosoziale, sondern wesentlich eine spirituelle Dimension. Sie steht für Liebe und Verbundenheit. Und: Sorge ist auch wichtig für die Weiterlebenden. »So viel bin ich ihm wert, so verbunden sind wir.« Das kann sich implizit als Vermächtnis in der Nach-dem-Tod-Trauer erweisen.

Die Trauer spirituell aufwiegen

Wenn Identitätsstützen im Sterbeprozess eine nach der anderen wegfallen, dann ist es dieses innerste Heilige, das bis zuletzt beim Menschen bleibt und in dessen Kraft er sterben kann.

Ein Glaube hegt die Trauer ein. Erst recht vermag eine Glaubensüberzeugung die Trauer des Sterbens zu begrenzen und ihr Gegenkräfte zu geben: Ein Mensch stirbt dann ›gut‹, wenn er sich in seinem Sterben in Übereinstimmung mit dem höchsten geglaubten Prinzip weiß. Bei aller Trauer und allem Abschied geht sein Leben auch im Sterben nicht verloren. Für Menschen mit einem religiösen Glauben geschieht ihr Sterben in das große Geheimnis Gott hinein: Ihr Lebensgeheimnis mündet in ein unendlich größeres Geheimnis, bei dem es in Ewigkeit bewahrt bleibt.

Den Prozess, den die gedankliche Vorwegnahme des Todes auslöst, können alle Helfer mit ihrer Aufmerksamkeit und ihrem Resonanzgeben begleiten. Die Seelsorge wird hier oft weiter gehen können und den Sterbenden explizit auf seine Spiritualität und auf seine höchsten Werte ansprechen (vgl. Abschn. 5.3). Sie wird den Geist vertiefen können, in dem die Trauer eingebettet und das Sterben aufgehoben ist.

Spirituelle Medien. Auch beim Thema ›Trauer‹ sei hier als Begleitmedium an die spirituellen Container erinnert, die die Begleiter Sterbenden anbieten können: Gebet, spirituelle und religiöse Rituale und Symbole. Gerade religiöse Metaphern stoßen im Patienten eine Kette von Erfahrungen an, die lebensgeschichtlich angeeignet sind und im Sterben erneut ihre tief verankerte Kraft entfalten. Sakrale Musik, ein Lied, ein Text aus der religiösen Tradition, Psalmen, das Vater unser, ein Kreuzzeichen auf die Stirn, Weihwasser – sie vergegenwärtigen bei religiösen Patienten die Transzendenz, der sie sich im Tod anvertrauen können. Allerdings sind auch spirituelle Ressourcen dem Auf und Ab im Prozess des Patienten unterworfen. Wenn ein neues medizinisches Problem auftaucht, kann auch die bisherige spirituelle Kraft versinken. Spiritualität muss im Auf und Ab oft neu gesucht und gestärkt werden.

Eine spirituelle Verfügung. Franco Rest macht den interessanten Vorschlag einer »spirituellen Verfügung« (2003). Schon bei der Aufnahme ins Altenheim, wo die gedankliche Vorwegnahme des Todes noch nicht so bedrohlich ist, erst recht bei der Aufnahme ins Hospiz, kann diese Verfügung mit der spirituellen Anamnese verbunden werden. Der Vorschlag von Franco Rest macht das mögliche Sterben direkt zum Thema, so dass die Vorstellungen der Betroffenen sowohl nach Umständen des Sterbens, nach spiritueller und religiöser Begleitung als auch nach Wünschen für die Beerdigung thematisiert werden können. Dieser Entwurf ist auch deswegen beachtenswert, weil er vor allem die Begleiter instand setzen kann, mit ihren Patienten ins Gespräch über vorletzte und letzte Fragen zu kommen.

6.2 Die Angehörigen spirituell unterstützen

»Den Tod akzeptieren – wie kann man das, wenn man liebt?« (Ehefrau nach dem Tod ihres Mannes)

6.2.1 Es geht um ein ganzes System

Dass die Angehörigen von schwerer Krankheit und Sterben einer nahestehenden Person mitbetroffen und extrem belastet sind, ist eigentlich eine Binsenweisheit. Aber immer noch behandeln das Umfeld, aber auch oft die medizinischen Berufe sie so, als ob sie über der Sache stehen müssten. Sie gelten ganz einfach als Unterstützer des Patienten. Man macht ihnen oft – natürlich unausgesprochen – Vorwürfe: Die reden nicht offen mit dem Kranken, die können nur nicht loslassen usw. Lange Zeit schienen die Nahestehenden ausreichend mitbegleitet, wenn der Sterbende genügend versorgt wurde. Im Gefolge einer familiensystemischen Sichtweise und der Entwicklung von Hospiz- und Palliativbegleitung werden die Angehörigen allerdings zunehmend in den Blick genommen. So betont die Weltgesundheitsorganisation, dass zu den Zielen der Palliativbetreuung auch die Unterstützung der Angehörigen in der Sterbezeit und sogar über den Tod hinaus gehört. (World Health Organisation 1990, vgl. Doyle, Hanks, Mc Donald 1993) Es ist wichtig zu betonen, dass man unter ›Angehörigen‹ nicht nur die Familie versteht, sondern auch die »Wahlverwandten«, also »die Leute, die man seiner Lebensgemeinschaft hinzugefügt hat« (Petzold 1999: 2), die also zu bedeutsamen Bezugspersonen geworden sind.

Ein ganzes Haus droht einzustürzen.
Wenn der Tod das Leben eines Menschen bedroht, dann bedeutet das nicht nur ein individuelles Schicksal, sondern dann ist dessen ganzes soziales und psychisches System betroffen. Der Schwerkranke ist für alle in diesem System der Mensch, mit dem sie – jeder auf seine Weise – ihre Identität entwickelt haben. Durch sein Dazugehören hat man ihn als strukturierende und modifizierende Größe erlebt, zu der man mit seinem eigenen Leben ständig in Resonanz gegangen ist. Auch durch diesen einzigartigen Menschen hat man letztlich selbst seine einmalige Prägung entwickelt. Dieses Resonanz-System ist jetzt als Ganzes gefährdet: Persönliche und gemeinsame Pläne werden durchkreuzt, normale Entwicklungen von Kindern und Jugendlichen unterbrochen, Rollen- und Identitätsmuster in Frage gestellt. Es ist zu befürchten, dass das lange Zeit eingespielte Gleichgewicht aus den Fugen gerät. Schließlich droht für die Angehörigen, nicht nur ein ›Einzelzimmer‹ in ihrem ›Haus‹ unbewohnbar zu werden. Vielmehr wird das ganze Haus des Lebens, das man miteinander konstruiert hat und das das Leben zusammenhält und birgt, mit dem Tod gefährdet.

Das gilt genauso für gute wie für schwierige und konflikthafte Beziehungen. Auch wenn ein Partner alkoholabhängig ist oder Behinderungen eine Belastung sind – solange man das Leben miteinander teilt, wird eigene Energie dort gelebt und ist man verbunden. Und wenn das getrennt wird, reißt etwas vom eigenen Selbst weg. Deshalb werden Aussagen nach dem

Tod »Du bist doch jetzt erlöst« selten als tröstlich, eher als verletzend empfunden.

Angehörige leisten ›Sorge-Arbeit‹.
Das Familiensystem muss oft schon in der langen Zeit der chronischen Sterbe-Krankheit und nicht erst nach dem Tod neu ausbalanciert werden. Das unabwendbare Schicksal des schwerkranken Familienmitglieds ruft bei den anderen vergleichbare Themen auf wie bei dem Sterbenden selbst. Spirituelle Schmerzen empfinden auch die Mitbetroffenen; auch sie fragen warum?; auch sie sind mit vielen Einschränkungen konfrontiert; auch sie nehmen den drohenden Abschied gedanklich vorweg und empfinden Trauer; auch sie durchleben den Prozess der Aneignung einer tödlichen Wahrheit; auch sie entwerfen Hoffnungsbilder und erleben das Auf und Ab von Zuversicht und Enttäuschung. Sie leisten »worry work«, Sorge-Arbeit (Collin Parks). Alle diese Erfahrungen müssen beide Seiten im System, jeder auf seine eigene Weise, machen, und doch sind sie nicht voneinander zu trennen.

Wenn man das eigene Geheimnis mit dem Anderer verbindet
Nicht erst bei Sterben und Tod, sondern überhaupt, wenn Menschen ihr Leben entwerfen, geht es zutiefst um Spiritualität: Jedes personelle Leben entwirft sich in ein Geheimnis hinein und vertraut diesem Entwurf – ausdrücklich, aber oft noch viel eher unausdrücklich – sein Heiliges an. Geheimnis bedeutet hier nicht nur, was ich (noch) nicht weiß, sondern, worauf es sich einzulassen lohnt, obwohl ich nicht weiß, in welcher Weise sich das Geheimnis des Lebens an mir vollzieht. Das gilt erst recht, wenn man sein Geheimnis mit dem Geheimnis anderer Menschen verbindet und das Heilige des eigenen Lebens anderen Menschen und deren Schicksal aussetzt. Damit verbindet man die Überzeugung, dass die Verbundenheit mit Anderen Erfüllung ermöglicht. Zugleich aber geht man das Risiko ein, dass auch alle Gefährdungen und Verluste dieses Geheimnis bedrohen und in Mitleidenschaft ziehen. Das Miterleben von schwerer Krankheit und Sterben ist nicht nur eine tief existenzielle Erschütterung, sondern rührt auch an die geistigen und spirituellen Ressourcen der Betroffenen.

Die Rückseite der Sorge ist die Liebe.
Hier geht es um Spiritualität in zweifacher Perspektive: Erschütterungen reichen tief in den spirituellen Lebensentwurf hinein und zugleich rückt das Wesentliche der Beziehung (was man vielleicht trotz gelegentlichen Streits aneinander hatte/hat, was man zutiefst im anderen liebt), der wertvolle Grundgehalt, vom Hinter- in den Vordergrund. Dieser entfaltet sein Potenzial als Motiv und Ressource, das bei der Stressbewältigung hilft. So werden von dem drohenden Verlust und dem Einbruch der Sinnkonstruktion zwar Ängste, Sorgen und Hoffnungen ausgelöst, zugleich aber erweisen sich diese auch als Symbole von Liebe und Verbundenheit. Angesichts von Sterben und Tod ist der Mensch nicht nur emotional und sozial betroffen. Wenn es um das Geheimnis des Lebens geht, werden Gefühle und Beziehungen zu Symbolen der Spiritualität. Von daher möchte ich einen Leitsatz der Angehörigen-Begleitung formulieren:

> Alle Fragen, Zweifel und Aufgeregtheiten von Angehörigen dürfen nicht nur auf der Sach- und Gefühlsebene gehört werden; sie müssen – zumindest im Prinzip – auch als Ausdruck der Bedrohtheit der gemeinsam konstruierten Identität und letztlich der Liebe verstanden werden.

Sicher kriegen die Helfer im Zimmer von Schwerkranken alle möglichen Ideen und Äußerungen von Nahestehenden zu hören. Vieles ist ungeschickt formuliert, vieles ist der Sterbeunerfahrenheit in der heutigen Zeit zuzurechnen, aber im Grund geht es um die elementare Bedrohung des Systems. Als Ausdruck von Liebe und Verbundenheit gelesen, bekommt vieles aber einen guten Sinn.

Sorge in der Postmoderne
Das gilt erst recht für die Beziehungsnetze der Postmoderne: Sie sind heute in der Regel wesentlich kleiner, werden als kostbarer erlebt, sind damit aber auch verletzlicher als die Netze von Großfamilien. Zudem muss das Sterben als chronische Krankheit wesentlich länger durchgetragen und integriert werden. Das Wort »Sterben gehört einfach zum Leben« ist als Ars moriendi, als Weisheit für das Sterben, wenig hilfreich, weil es die heute gewachsene Wichtigkeit und zugleich Verletzlichkeit von Beziehungen nicht berücksichtigt. Das Geheimnis Sterben bewohnen zu lernen, ist heute trotz vieler medizinischer Hilfen anspruchsvoller geworden als in der Vormoderne.

6.2.2 Was bedeutet die (beziehungs-)systemische Sicht für die Begleitung der Angehörigen?

Systemisch sehen lernen
»Den Tod akzeptieren – wie kann man das, wenn man liebt?«, sagt die Ehefrau über die Zeit vor dem Tod ihres Mannes. Die nächsten Angehörigen werden inzwischen immer mehr als Mitbetroffene anerkannt, die selbst auch ihren Prozess durchleben müssen. Auch sie können z. B. die tödliche Wahrheit nicht einfach realisieren, weil ja die Wirklichkeit eines ganzen Systems betroffen ist. Auch wenn es heute immer mehr Praxis wird, dass Arzt und Ärztin Aufklärungsgespräche mit den nächsten Angehörigen zusammen führen, können die Helfer nicht davon ausgehen, dass die Betroffenen dies auch wirklich miteinander teilen können. Es ist das Eine, die Wirklichkeit zu kennen, und es ist etwas Anderes, darüber auch miteinander zu sprechen. Das liegt nicht nur daran, dass Krisengespräche wenig geübt sind, sondern auch daran, dass man den Partner schonen möchte. Schonung aber ist auch Ausdruck der Verbundenheit und der Verlustangst. Die systemische Sicht ist eine notwendige Verstehenshilfe für die Begleiter: Wenn einer im System die bedrohliche Position besetzt, dann versuchen die Anderen oft, den Platz der Hoffnung zu besetzen, um das System im Gleichgewicht zu halten. So versuchen die Nahestehenden, ihre Trauer anzuhalten, sie glauben immer nur Mut machen zu müssen, um das System (und sich selbst) in Balance zu halten. Patient und Angehörige trauern auf verschiedenen Wegen.

In das System eingreifen?
Hier genügen oft einfache Verbalisierungen der Helfer: »Es ist sicher nicht leicht, Ihren Partner so belastet zu sehen? Da möchte man am liebsten Hoffnung verbreiten?« Vielleicht kann der Begleiter die Bedenken und Zweifel moderieren und so zu einer offeneren Kommunikation beitragen. Vielleicht aber müssen die Helfenden auch aushalten, dass das System diese Art von Balance braucht, sie schon immer so gelebt hat und diesen Modus gerade in der Krise nicht aufgeben kann.

> ❖ Herr B. hat Magenkrebs. Seine Frau bringt ihm jeden Tag pürierte Erdbeeren mit, »die Du doch immer so gerne isst«. Der Patient nimmt ein paar Löffel zu sich – und erbricht nach dem Weggang seiner Frau. So geht das bis in die letzten Tage von Herrn B.

Als nur patientenzentrierter Helfer möchte man das als Quälerei abtun und intervenieren. Ist es aber nicht auch sinnvoll, Herrn B. in der Liebe sterben zu lassen, die durch die Erdbeeren vermittelt wird, und nicht in diese Verbundenheit einzugreifen? Die Liebe kann für das Gesamtwohlbefinden des Menschen wichtiger sein als das körperliche Empfinden. Es ist für die Helfer nicht leicht zu entscheiden, ob sie Herrn B. verständnisvoll darauf ansprechen und ob vielleicht eine offene Kommunikation mit seiner Frau die Beziehung vertiefen oder eher das Symbol zerstören würde.

Dem System auf indirekte Weise helfen
Der Helfer kann für die Angehörigen auch Modell für die Kommunikation sein. Wie er mit dem Patienten oder seinem Besucher offen spricht, was er deutlich aufgreift und was er im Geheimnis belässt, davon können die Betroffenen etwas für ihre Kommunikation lernen. Die Helfer können, vor allem bei dichterer Begleitung, Gespräche zwischen den Familienmitgliedern anregen. Es gibt viele Ängste und Phantasien, die im Beisein einer dritten Person angesprochen und relativiert werden können. In getrennten Gesprächen können die Helfer durch indirektes Fragen »Was denken Sie, wie Ihr Mann wohl seinen Zustand einschätzt?«, »Was würden Sie ihm gerne sagen, wenn die Angst nicht so stark wäre?« den Patienten und seine Partner zu Formulierungen anregen. Wenn diese im geschützten Raum schon mal ausprobiert werden können, gelingt die Kommunikation dann leichter. Es ist nicht Aufgabe der Helfer, die Familie zu therapieren. Wohl aber können sie dem System Anstöße geben, damit die Betroffenen leichter durch das Chaos hindurchfinden.

Dass die Sterbezeit mit Sinn erfüllt werden kann
Ziel der Begleitung ist es, dass alle Beteiligten die Sterbezeit mit Sinnerfahrungen gefüllt erleben können und die nach dem Tod »Hierbleibenden« (Smeding 2004: 156) dies als Trost in die Trauerzeit mitnehmen können. Manchmal können Trauernde die miteinander geteilte Sterbezeit als die reichste und spirituellste ihres Lebens loben. Die Helfer können im Vorhinein den Betroffenen natürlich nur Hoffnung auf ein Sterben als lohnende

Lebenszeit machen; sie können sich als Katalysator anbieten. Aber Krisenzeit lässt sich nicht gezielt in spirituell erfüllte Zeit verwandeln.

6.2.3 Begleitung als vorsorgende Trauerhilfe

Die Erkenntnis, dass palliative und hospizliche Versorgung eine unersetzliche Hilfe auch für die Nach-dem-Tod-Trauer darstellt (vgl. Smeding, Aulbert 2007: 1207, Smeding 2012), setzt sich inzwischen immer mehr durch. Während die Trauer für den Schwerkranken mit dem Tod endet, beginnt für die Angehörigen eine weitere und andere Trauerzeit; sie müssen in eine unbestimmte, bedrohlich offene Zukunft ohne den geliebten Menschen und ohne dessen ernährenden und liebenden Beistand gehen. Diese Trauer dauert in der Regel länger als Sterben. Daher ist es wichtig, die Sterbe- und die Nach-dem-Tod-Trauer als integralen Prozess zu sehen (Smeding 2004: 151). Für den Zusammenhang der – aus der Sicht der Angehörigen – drei unterschiedlichen Zeiten der Trauer (Sterbe-, Todes- und Weiterleben-Trauer) hat Ruthmarijke Smeding (2012) den Begriff des »das Triptychon der Trauer« geprägt. (S. Abb. 6. 2)

Was bedeutet bei der Trauer ›Vorsorge‹?

> Es gibt gewichtige Hinweise darauf, dass es für die spätere Trauer erleichternde Faktoren gibt, die in der Sterbezeit grundgelegt werden. Wenn die letzte Sterbephase gut gestaltet werden kann, dann werden gute Erinnerungen für den folgenden Trauerweg ermöglicht (Smeding 2004: 156), die als Trost in die Trauerzeit mitgehen.

Abb. 6. 2: Die Trauerabschnitte sind im Zusammenhang zu sehen

So zeigt eine Unterstützung der Angehörigen in der Zeit vor dem Sterben z. B. durch die Value-Methode, d. h. durch standardisierte Familienkonferenzen, eindeutig positive Ergebnisse (Sahm 2007). Die Betroffenen zeigten viel seltener Zeichen von Stresserkrankung, weniger Personen litten in der Trauerzeit an Depressionen. Die palliativen Begleiter können also durchaus wichtige Bausteine für die Nach-dem-Tod-Trauer der Angehörigen beitragen, auch wenn diese Zeit nicht mehr in der Reichweite von Klinikärzten und Pflegenden zu liegen scheint. Die WHO-Leitlinien fordern »die Unterstützung der Familie auch in der Trauerphase«. Das bedeutet demnach nicht nur, dass die Palliativstation oder das Hospiz Trauernde zu Gespräch und Gedenkgottesdienst nach dem Tod einlädt. Vielmehr soll die Sterbezeit so gestaltet werden, dass sie ein tröstendes Potenzial enthält, das auch als Hilfe in der Nach-dem-Tod-Trauer erfahren werden kann.

Unterstützung und Trauervorsorge – konkret

(1) Symptombehandlung ist auch Trauerhilfe.
Ein wichtiger Trost ist zunächst die palliative Symptombehandlung selbst. Den geliebten Menschen leiden zu sehen, ohne dass man selbst, wie im normalen Alltag, helfen kann, ist eine eminente Belastung. Alles, was die Medizin und die Pflege zur Erleichterung der Krankheitssymptome beitragen kann, lindert auch die Not der Angehörigen. Wenn zudem die Schmerztherapie Kommunikation und Zeichen der Verbundenheit bis zuletzt ermöglicht, wird diese Lebensphase als spirituelle Bereicherung erinnert.

(2) Die Leistung der Angehörigen würdigen.
Nicht nur der Sterbende, auch seine Angehörigen sind in dieser Krisenzeit sehr verletzlich und zuwendungsbedürftig. Menschen erinnern sich oft noch nach Jahren genau daran, was der Arzt, die Schwester, der Helfer zu ihnen gesagt hat. Deshalb ist es eine unschätzbare Hilfe für sie, wenn im Begegnungs- oder Pflegealltag die professionellen und die anderen Begleiter das reine Dasein der Angehörigen würdigen: »Sie haben im Augenblick viel zu leisten; Sie kommen jeden Tag hierher und müssen doch auch die Kinder zu Hause versorgen. Wie schaffen Sie das?« – Genauso kann der Vater würdigend erwähnt werden, der nicht bei seinem sterbenden Kind sein kann, weil er arbeiten und die finanzielle Versorgung gewährleisten muss. – Es tut auch den Enkeln gut, auch wenn sie 30 Jahre alt sind, angesprochen zu werden: »Wie geht es Ihnen damit, dass die Oma so krank ist?« – Besonders wichtig ist es, die Angehörigen auf ihr Erleben anzusprechen, wenn der Schwerkranke psychisch sehr verändert oder verwirrt ist. Die Nahestehenden müssen dann doppelt trauern: Sie verlieren einen lieben Menschen und zudem dessen Persönlichkeit. – Es genügt oft, wenn die Zuwendung in punktueller Aufmerksamkeit geschieht. Sie kostet die Helfer wenig zusätzliche Energie und berührt doch indirekt die spirituelle Motivation der Angehörigen. Nicht zuletzt fühlt sich auch der Patient selbst mitgewürdigt oder mitverletzt durch die Art, wie man mit seinen Angehörigen, seinem erweiterten Ich, umgeht.

(3) Die Angehörigen beteiligen.
Ärzte und Pflegende können viele emotionale und soziale Anliegen in die Hände der An- und Zugehörigen legen. Aber auch in das Schmerzmanagement und in Pflegehandlungen können sie sie mit einbeziehen. Die ›Tuer‹ unter den Angehörigen werden sich zutiefst angesprochen fühlen, wenn sie ihr Nähe- und Fürsorgebedürfnis in konkrete Tätigkeiten legen können. »Man ist ja so hilflos, so ohnmächtig«, sagen viele und empfinden dies als spirituellen Schmerz. Der sinnliche Kontakt beim Betten oder bei der Mundpflege lässt die Verbundenheit konkret

erfahren. Der Angehörige, der so in das Mittun einbezogen wird, kann sich ganz anders mit der Wirklichkeit der Krankheit und dem fortschreitenden Sterben auseinandersetzen, als wenn er passiv allem zusehen muss. Es gilt dabei, sie so zu unterstützen, dass sie bestimmte Hilfeleistungen selbst vollziehen können. Oft wird übersehen, dass gerade Männer ›handeln‹ wollen. Erfahrungen zeigen, dass sie dies auf andere Weise, vielleicht weniger in Pflegehandlungen als in organisatorischer, das System versorgender Weise tun.

Solches Einbeziehen hilft dem Sterbenden und das hilft zugleich dem Angehörigen. Es hilft letztlich aber auch den Begleitern, weil sie eine Nähe- und Vertrautheits-Energie aktivieren können, über die sie selbst als außerhalb des Familiensystems Stehende nicht verfügen.

(4) Die Helfer sind nicht die ›besseren‹ Begleiter. Es ist für die Angehörigen wichtig, dass sie selbst eine gute Zeit mit dem Sterbenden haben. Die Sterbezeit gehört in allererster Linie den Intimpartnern. In emotionaler, sozialer und spiritueller Hinsicht sind die Helfenden streng genommen nur subsidiär tätig. Es ist wichtig, dies in einer Zeit zu sagen, die alles, auch die Sterbebegleitung, professionalisieren und optimalisieren möchte. Die wichtigeren Begleiter sind in der Regel die Zugehörigen; sie sind systemisch verwoben und müssen eine Trauerzeit lang mit den Verlusten leben. Wenn sich Helfer als die ›besseren‹ Begleiter zwischen den Sterbenden und die Beziehungspartner schieben, dann wird den Angehörigen etwas von der Realisierung ihrer Beziehung genommen. Damit fehlt ihnen etwas in der späteren Trauer. Helfer müssen das gewachsene System mit seinen Defiziten und Möglichkeiten achten. Der Helfer hat die bisherige Geschichte des Systems nicht mitgelebt, er muss das Geheimnis dieser Menschen respektieren und gegebenenfalls eher enthaltsam als ›zu gut‹ sein. Das Geheimnis dieser Menschen gilt es zu moderieren und hilfreich zu begleiten.

(5) Wenn Patienten keine Angehörigen haben. Nur wenn die Schwerkranken keine An- und Zugehörigen mehr haben, dann ersetzen die Begleiter zeitweilig die Familie. Sie sind dann ›Wahlverwandte‹. Die Begleitenden haben dann allerdings keine familiäre Vorzeit, keine gemeinsamen Identitäts- und Familiensymbole und keine symbolischen Quellen »Weißt Du noch ...?«, »Du bist doch unser Nesthäkchen ...«. Sehr wohl können sie diese ihnen fremde Vorzeit erfragen und moderieren und so zum Begleitmedium werden lassen. ›Verwandte‹ sind die Helfenden im Grunde nur solange, wie sie gerade pflegen oder ihren ehrenamtlichen Besuch machen. Auch die Trauer der Helfer nach dem Tod eines ›adoptierten‹ Patienten ist dann eine andere als bei ursprünglicher Verwandtschaft. Der Sterbende geht nicht mit in das Alltags- und Familiensystem des Helfers, und er wird ihm später dort nicht fehlen. Trost in dieser Art von Trauer ist, den Sterbenden gut versorgt, verstanden und ihm beigestanden zu haben.

(6) Die ›kleine‹ Ethik moderieren. Zu den Hilfen für die aktuelle Sterbetrauer, aber damit auch für die Weiterlebe-Trauer, gehört die Moderation der ›kleinen Ethik‹. Hiermit sind nicht die großen ethischen Themen gemeint (»Darf man eine Todesspritze geben?«), sondern Fragen wie:

- »War das richtig, dass wir sofort den Notarzt gerufen haben?«
- »Sollen wir unsere Oma mit nach Hause nehmen oder wäre ein Pflegeheim besser?«
- »Ich habe ihm manchmal den Tod gewünscht, damit sein Leiden endlich aufhört.«
- »Haben wir ihn in falscher Hoffnung sterben lassen?«
- »Haben wir ihn zu früh aufgegeben?«
- »Haben wir ihn nicht losgelassen?«

Solche Fragen belasten die Angehörigen, und sie gehen oft quälend mit in die Trauerzeit nach dem Tod. Wenn der Begleiter sie als Ausdruck der Liebe hört, kann er die Angehörigen wesentlich besser trösten, als wenn sie nur mit dem Sach- oder Gefühls-Ohr gehört werden.
»Sie haben es gut gemacht in dieser langen Zeit – können Sie das auch so sehen?« Damit kann der Begleiter den Raum öffnen, wenn er Fragen und Zweifel bei den Angehörigen vermutet, und diese mit ihnen zusammen anschauen.

❖ »Jedem Hund gibt man eine Spritze«, sagt der Sohn am Bett des stöhnenden kranken Vaters. Der Arzt, der hier nur auf der Sachebene hört (»Das dürfen wir aber nicht.« Oder »Ihr Vater ist doch kein Hund.«) verfehlt die Not des Sohnes. Er kann diese aber verbalisieren: »Ja, es ist schwer, den Vater so leiden zu sehen und so wenig tun zu können«, und so einen ersten Trost spenden.

Wenn die Professionellen die Angehörigen mit in den Entscheidungsprozess einbeziehen und sie auf dem Ohr der Verbundenheit und der Gefährdung hellhörig sind, können sie viele Trostmöglichkeiten für die Nach-dem-Tod-Trauer eröffnen.

6.2.4 Die explizit spirituelle und die religiöse Dimension

Spiritualität in Alltagsform. Mit dem Begriff ›Verbundenheit‹ als zentrale spirituelle Idee wurde deutlich, dass es in der Angehörigenbegleitung zunächst um Spiritualität in Alltagsform geht: um die Spiritualität als Beziehungsgeschichte mit Menschen und Welt und dem darin eingewobenen Heiligen. Das ist Spiritualität in impliziter Form. Der ›Geist‹ ist im Lebensentwurf mit seinen zentralen Werten und Ideen verborgen, und doch prägt er zuinnerst das Lebensgeheimnis.

> Liebe und Verbundenheit sind zentrale Werte, eine Substanz, die das Haus des Lebens unsichtbar zusammenhält und seine Atmosphäre wesentlich ausmacht.

In dieses Haus bricht der Tod ein und reißt das gemeinsam konstruierte Dach ab. Wie lange wird die Lebenswelt noch bewohnbar bleiben, und wird sie nach dem Tod wieder bewohnbar werden? Die Welt wird ärmer werden.

Das Heilige überwölbt Leben und Tod.
In der Religion und in geprägten Spiritualitäten haben die Menschen seit Urzeiten die Grenze des Todes in ein Leben im umfassenden Sinn integriert, indem sie sich auf den ›Dritten‹ bezogen haben, der Leben und Tod überspannt. Von diesem Dritten her, von der transzendenten Kategorie her, ist das Obdach für Leben und Tod weiter und umfassender. Es birgt unter sich auch das Zerbrochene, die Leere und Heimatlosigkeit. Damit wird die Welt, in der es den Tod gibt, in einem erweiterten Sinn wieder bewohnbar. Für gläubige Menschen ist für das weite Meer des Todes und der Trauer der Horizont des Lebens bis zum unendlichen Gott hin verschoben, so dass niemand aus dem Horizont herausfällt und niemand in die Leere hinter dem Horizont stürzt. So können Beziehungspartner mit ihren Sterbenden über den diesseitigen Horizont hinweg in Verbindung bleiben, auch wenn diese im Koma liegen und auf das verzweifelte »Sag doch was« nicht real wahrnehmbar antworten können.

Wie Seelsorge den Horizont öffnen kann
Es ist meist die Seelsorge, die durch ihre Rolle den begrenzten Horizont explizit öffnet und ihn auf die Welt Gottes hin weitet. Seelsorgende können direkt fragen: »In welcher spirituellen Kraft haben Sie das bisher alles geschafft?«, dann können die dem Sterbenden Nahestehenden sich etwas von ihren Quellen bewusst machen, die helfen, mitten im Strudel der Sorgen das Leben aufrechtzuerhalten. Neben der Kraft aus ihrer persönlichen Spiritualität können sie aber auch aus der Spiritualität ihres kranken Angehörigen (»Das würde er jetzt auch tun, wenn ich krank wäre.«, »Sie hat immer gesagt, …«) spirituelle Energie schöpfen. Und es kann Kraft aus dem Geist des Systems geschöpft werden; denn nicht nur der Einzelne, sondern auch das Gemeinsame enthält eine Sinnqualität. Seelsorge kann am Ende des Lebens auf das Miterleben der Sterbezeit zu sprechen kommen: Oft wird durch die gemeinsame Erfahrung die Spiritualität vertieft, – wenn das Sterben nicht zu dramatisch verläuft. Wenn die einander Nahestehenden wichtige Erfahrungen miteinander teilen können, kann die Sterbezeit als Zeit der Gnade erfahren werden. Dann kann auch der Sterbende die Erfahrung machen, dass der Partner in der Gemeinsamkeit genügend Ressourcen findet, mit denen dieser seinen Tod wohl überleben wird, und genügend Ressourcen, um die Familie am Überleben und zusammenzuhalten.

Der ›Himmel‹ als Brücke
Wenn durch die Rolle der Seelsorgenden der religiöse Raum geöffnet wird, dann ist oft der Himmel die Brücke der Verbundenheit über den Tod hinaus: »Du wirst jetzt bald bei unserer Mutter sein, die schon droben ist. Du kannst dann für uns alle da sein, wenn Du da oben bist – vor allem für die Enkel.« Auch wenn der Sterbende nicht mehr und nicht mehr verstehbar sprechen kann, ›verstehen‹ die Angehörigen, was er ihnen wohl sagen möchte oder sagen würde. Er ist jetzt schon in der Sphäre des Heiligen, aus der er mit anderen Augen auf seine Angehörigen sieht und sicher gute Worte für sie finden würde, wie er sich im gewöhnlichen Leben vielleicht nie ausgedrückt hätte.

Religiöse Begleiter werden alle Not und Angst, aber auch alle Hoffnung, alle Liebe und alles Glück in den Horizont Gottes stellen. Im Gebet und Ritual können sie

- ➤ die Not, aber auch die Sorgeleistung der Angehörigen vor die Augen Gottes legen;
- ➤ Gott bitten, dass er den Bewusstlosen spüren lässt, »dass wir da sind und welche Liebe und Verbundenheit uns erfüllt«, dass er den Abstand zu dem Fremdwerdenden und immer weiter Wegrückenden überbrückt und die Beziehung erhält;
- ➤ Gott bitten, dass er die Persönlichkeit des Dementen aufbewahrt, die wir (fast) verloren haben;
- ➤ Gott bitten, dass er das Geheimnis dieses Menschen versteht, das wir als Begleiter nie ganz verstanden haben oder verstehen werden;
- ➤ Gott bitten, dass er die durchgetragene Beziehung segnet und dass dieser Segen eine Quelle für das weitere Leben bleibt.

Religiöse Rituale gelten dem ganzen System
Religiöse Rituale versprechen die Verbundenheit mit Menschen und Gott nicht nur, sie vollziehen sie auch sinnlich mitvollziehbar mit Berührungsgesten. Sie gelten natürlich zunächst dem Kranken. Aber was wir ihm Gutes tun, das hilft auch den Umstehenden. Gilt doch ihre Sorge dem, der zum System gehört und der ihnen so am Herzen liegt. Insofern wird im Ritual das ganze System mitgesegnet und mit in die Hände Gottes gelegt. – Untersuchungen zeigen (Weiser 2003), dass die später gemessenen Trauerwerte (gefühlte Intensität, Häufigkeit und Dauer von Trauerreaktionen) geringer sind, wenn eine Unterstützung der Angehörigen vor dem Tod möglich ist und wenn eine spirituelle oder religiöse Perspektive vorhanden ist, z. B. Vorstellungen von einem Leben nach dem Tod oder vom Wiedersehen in einer jenseitigen Welt.

Die spirituelle und religiöse Dimension hilft also, die Trauer besser zu tragen. Diese wird dadurch nicht weniger schwer, wohl aber durch die Unterstützung auf stärkeren Schultern tragbar.

6.3 Die Wahrheit der Medizin – die Wahrheit des Patienten

»Die Wahrheit ist dem Menschen zumutbar.« (Ingeborg Bachmann)

»Es ist schwer, sich auf das Sterben vorzubereiten, wenn man mit dem Überleben beschäftigt ist.« (Eine Ehefrau nach dem Tod ihres Mannes)

Die Konfrontation mit dem Faktum und den Auswirkungen einer unheilbaren und erst recht einer zum Tod führenden Krankheit ist für alle Beteiligten – unmittelbar Betroffene wie Begleiter – eine existenzielle und letztlich spirituelle Herausforderung. Auch wenn es in den folgenden Überlegungen vorrangig um die Begleitaufgaben der Helfer geht, muss selbstverständlich durchgehend im Blick auf den Patienten argumentiert werden, denn er ist krank und die Helfenden sind nur Medium und Begleiter in seinem Verarbeitungsprozess.

Das Ringen um die Wahrheit wird hier unter existenziell-spiritueller Perspektive betrachtet. Das Aufklärungsgespräch, wie also die Wahrheit am Krankenbett kommuniziert werden kann, bleibt im Hintergrund. Für letzteres Thema gibt es seit einigen Jahren hilfreiche Literatur und gute Trainingsmöglichkeiten. Hier sei nur auf die Abhandlung von Martin Weber und Mitautoren (Weber, Werner, Nehring, Tentrup 1999) verwiesen. Letztlich ist die Auseinandersetzung mit der Wahrheit ein Geschehen mit hochspiritueller Bedeutung: In welchem Geist geht ein Mensch auf den Tod zu – und in welchem Geist begleiten die Helfer diesen Weg?

6.3.1 Die Wahrheitsfrage auf dem Hintergrund von Medizin und Kultur

Die Wahrheit der Moderne ist nackt

Über eine lange Zeit der Geschichte brauchte der Arzt dem Menschen die Wahrheit nicht zu eröffnen; das tat die Natur mit ihren unübersehbaren Signalen und ihrer unerbittlichen Wirklichkeit. Mit der Etablierung der naturwissenschaftlichen Medizin rückten nicht nur die Ursachenforschung, sondern auch das Wissen über den absehbaren Krankheitsverlauf in den Bereich des Möglichen. Die Entwicklung der Medizin hat dem Menschen zwar viel Wissen an die Hand gegeben, ihn aber auch von den bergenden Deutungen der Kultur entkleidet. Die Wahrheit der Medizin tritt in der Moderne nackt, unbekleidet auf. Damit wächst dem Mediziner die Aufgabe zu, mit seinem Wissen und Können verantwortungsvoll umzugehen. Dass heute nicht mehr der Schöpfer oder die Natur über diese Wahrheit zu verfügen scheinen, ist ein Novum in der Geschichte. Die Medizin der Moderne hat bis in die 70er Jahre die Mitteilung der Wahrheit vermieden, weil sie der Auffassung war, das schade dem Patienten. In der Tat, die Moderne konnte dem Menschen ja außer einer medizinischen Behandlung keine ihn unterstützende Hoffnung, erst recht keine transzendente mehr, anbieten.

Neue Entwicklungen

Diese Szene hat sich in der Postmoderne gewandelt. Die weiteren Fortschritte der Medizin gestatten, »Verlauf und Ausgang vieler Krankheiten und damit ihre Prognose günstiger einzuschätzen.« (Van de Loo 1998: 745) Einige Gründe für einen zunehmend bewussteren Umgang mit der Wahrheit sind sicher:

- Die Befürchtung, die Patienten würden auf die Eröffnung einer ungünstigen Diagnose mit Depression oder gar Suizid reagieren, hat sich nicht bestätigt. (Van de Loo, ebda.)
- Es gibt neben der psychosozialen Unterstützung zunehmend mehr therapeutische und spirituelle Hilfen, denen die Professionellen ihre Patienten anvertrauen können.
- In der letzten Zeit kommt noch hinzu, dass Patienten sich über medizinische Literatur und Internet selbst aufklären können.

- Die Erfahrungen in Hospizbegleitung und Palliativ Care zeigen zudem, dass durch diese Initiativen das Vertrauen gewachsen ist, dass die Professionellen mit Fragen um Sterben und Tod und damit auch mit der Wahrheit qualifiziert umgehen.

So ist heute eine deutlich gewachsene Bereitschaft zu beobachten, medizinische Befunde offener zu kommunizieren und den Patienten über Möglichkeiten, aber auch Grenzen von Behandlungen aufzuklären.

›Information‹ enthält immer auch Deutung
»Ein offensiver Umgang mit Information ist aber noch keine offene Kommunikation.« (Kappauf 2005: 39) Die Frage ist heute weniger, ob die Ärzte die Wahrheit mitteilen sollen, sondern eher, wie und wann das geschehen soll. Nun gehören zur Aufklärung ja zwei Beteiligte: der eine ist der die Information weitergebende Arzt, der andere der den Befund hörende Patient. Die ›Informationsverarbeitung‹ ist aber bekanntlich auf beiden Seiten nicht neutral – weder beim Arzt, noch beim Patienten und seiner Familie. Die angeblich reine Informationsvermittlung ist auch beim mitteilenden Arzt mit dessen Deutung verbunden. Wenn er z. B. im Aufklärungsgespräch den Bauchspeicheldrüsentumor nach Lage und Größe aufzeichnet und Operationsmöglichkeiten skizziert, gibt er damit die Bedeutung ›Beherrschbarkeit‹. Andere Fragen werden zunächst überdeckt, weil die Signale ›beherrschbar‹ stärker sind. Zudem sind Ärzte ja nicht nur Mediziner, sondern sie sind bemüht, eine Hoffnung zu eröffnen, zumindest Hoffnung zu lassen, die Hoffnung nicht zu zerstören.

Der eigentliche Adressat der ›Wahrheit‹ ist natürlich der Patient. Entscheidend ist, was der Befund für ihn und sein Leben zutiefst bedeutet. Um ihn als Empfänger der Botschaft geht es und wie er das Mitgeteilte aufnimmt und welchen Platz er ihm in seinem Verstehens- und Lebenssystem zu geben vermag.

Licht- und Schattenseiten der Medizin
Die heutigen medizinischen Möglichkeiten machen allerdings den Prozess der Wahrheitsfindung nicht einfacher: Die Folgen einer ernsthaften Erkrankung lassen sich zwar medizinisch vielfach eindämmen; das Leben kann oft wesentlich verlängert werden, zugleich aber müssen die Betroffenen auch wesentlich länger mit der existenziellen Verunsicherung leben (Kappauf 2005: 38). Die Behandlungsstrategien der Medizin führen zu einem Verlauf, der den Menschen immer neu mit immer neuen Befunden, Laborwerten, Kontrolluntersuchungen konfrontiert und damit mit Teilwahrheiten, die immer neu interpretiert und in den Lebensprozess integriert werden müssen.

Der Umgang mit der Wahrheit ist heute ein vielgliedriger und differenzierter Prozess geworden, der mit den Phasentheorien der 1970er Jahre schon gar nicht kompatibel ist. Die Wahrheitsfrage steht unter denselben Vorzeichen der Entwicklung der Medizin wie die Sterbetrauer. Schwerkranke ›wissen‹ oft nicht, ab wann sie Sterbende sind. Die Möglichkeiten der Medizin lenken von der Unmittelbarkeit der Todesdrohung und damit von der Dramatik des Sterbenmüssens ab. Wann ist der Moment, einen Verlauf als

›Sterben‹ zu bezeichnen und das Gespräch darauf hinzulenken? Die Wahrheit ›selbst‹ in ihrer ganzen Wucht steht selten zur Debatte. Im Grund wollen die Menschen das ja auch: dass sie das Leben solange wie möglich in sich spüren können und ihr psychisches und soziales Leben nicht schon lange vor dem Tod verlieren.

Oft sind es weitere gravierende Eingriffe oder die unerträglichen Schmerzen und die notwendigen hohen Dosierungen bei der Symptombehandlung, die erneut mit der Wahrheit konfrontieren, ohne dass der Arzt das ausdrücklich tun müsste. Erst recht ist die Verlegung auf eine Palliativstation für den Patienten – und für die ihn begleitenden Berufe – eine erneute Konfrontation. Aber auch auf der Palliativstation kann die Wahrheit wieder in weite Ferne rücken, wenn die Symptombehandlung greift.

6.3.2 Was folgt aus all diesen Entwicklungen? Einige Thesen

Die medizinischen Fakten sind eine Sache, was der Patient sich aber davon aneignet, ist eine erheblich andere Sache. Daher soll hier streng patientenzentriert definiert werden:

> ›Wahrheit‹ ist nicht die objektive Wirklichkeit, die die Professionellen aus den Daten erschließen und mit ihrer fachlichen Erfahrung verbinden, sondern das, was der Patient aus dem ganzen Verfahren, aus den Daten, aus den symbolischen Wirkungen der Medizin und aus seinen persönlichen inneren Möglichkeiten macht.

> **Eine erste These lautet daher:** Die Wahrheit ergibt sich für den Patienten aus einem Wahrnehmungs-, Deutungs- und Aneignungsprozess (s. Schema 6. 3):

Objektive Befunde,
Aufklärung durch den Arzt

Nur umrisshafte Wahrnehmung
und Aneignung der Bedeutung der Befunde

Subjektive Auswahl von Möglichkeiten,
persönlicher fragmentierter Integrationsprozess

Persönliche Gestalt der Wahrheit

Schema 6. 3: Wahrheit als Prozess

Die meisten Menschen wollen zwar heute die Wahrheit über ihren Zustand wissen (Huppmann, Werner 1982), aber es ist das Eine, den medizinischen Befund zu hören und es ist etwas ganz Anderes, dieses Wissen in die eigene Lebenswirklichkeit hineinzuverarbeiten. Der Prozess der Aneignung einer schwerwiegenden medizinischen Diagnose geht immer durch die Filter der Betroffenen. Menschen machen sich bei tödlicher Bedrohung das zu Eigen, wozu sie auf dem Hintergrund ihrer psychischen, mentalen und spirituellen Lerngeschichte in der Lage sind. Statt zu schnell nur von Verleugnung zu reden, sollten wir Außenstehende besser von ›partieller Aneignung‹ reden. Denn was wissen die gegenwärtig nicht Bedrohten von der existenziellen Wucht auf der einen und den inneren Möglichkeiten und Ressourcen des Patienten auf der anderen Seite!

> **Daraus folgt als zweite These:** ›Wahrheit‹ ist also immer das Ergebnis einer Deutung von Tatsachen, Befunden und Empfindungen. Es interpretieren vor allem der Patient und seine Angehörigen; sie geben den Ereignissen ihre persönliche Bedeutung. Das ist am Ende ihre Wahrheit. In dieser seiner Wahrheit und der seines Beziehungssystems lebt und stirbt der Patient und trauern seine Angehörigen.

Dirigent ist der Patient

Wichtig für die Helfer ist also: Diesen Prozess haben sie zu moderieren, nicht ihre Vorstellungen davon (»Der Patient müsste doch endlich ...«). Sie haben nicht ihr professionelles Vorwissen zum Maßstab zu machen, sondern sie moderieren den Prozess des Patienten. Der Patient ist Dirigent, die Helfer sind das Orchester. Sie gehen nicht vor dem Dirigenten her, sondern bleiben ihm zur Seite, damit die Wahrheit als Symphonie sich entwickeln kann. Natürlich tragen zu dieser Symphonie viele Momente bei, von den ersten ernsten Missempfindungen und Beschwerden über die erste Diagnose, über Behandlungen mit ihren Nebenwirkungen, Zwischenwerte, Schmerzen, erneute Diagnosen, Gespräche mit weiteren Fachärzten, gelegentliche Blicke in den Spiegel, Funktionseinschränkungen, höhere Dosierungen von Schmerzmitteln, Schwächezustände, Bemerkungen oder Gesten von Ärzten, Verlegung auf die Palliativstation usw. Dadurch kommen immer neue Teilwahrheiten und Herausforderungen ins Spiel, die alle jeweils neu bewältigt werden müssen. Die Töne der vielen Instrumente arrangiert der Patient zu seinen Akkorden.

Wenn die Helfer sich so verstehen dürfen, dass sie nur Mitspieler sind und der Patient der Dirigent, dann ist die Mitteilung der Wahrheit keine Alles-oder-nichts-Frage: Entweder man schafft es, den Patienten voll zu überzeugen, eventuell noch in einem einzigen Gespräch, oder man umgeht die Frage. Die Vorstellung, die ganze Wahrheit müsse thematisiert und vom Patienten realisiert werden, blockiert. Es liegt auch nicht das ganze Gewicht auf einem einzigen Helfer, was natürlich nicht heißt, dass sich der Einzelne der Aufmerksamkeit und Wahrhaftigkeit entziehen könnte.

Dritte These: Zur ›Wahrheit‹ eines Menschen gehören nicht nur sein körperlicher Zustand und sein leibliches Empfinden, sondern auch alle seine ›Wahr‹-nehmungs- und Empfindungsmöglichkeiten.

Denker, Fühler, Tuer, Vermeider

»Wahr ist, was wirklich erlebt und erfahren werden kann.« (Schneidereit-Mauth 2003: 257) Es ist eine hilfreiche Vorstellung, dass Menschen verschiedene Reaktionsmuster haben, mit denen sie auf die Widerfahrnisse des Lebens antworten. Die Einen reagieren als erstes mit dem Verstand, die Anderen als erstes auf dem Tu-Sektor, so dass sie sofort nach Handlungsmöglichkeiten suchen, andere zuerst mit dem Gefühl (vgl. Weiher 1999 a: 20 ff.), andere mit dem Vermeiden der unangenehmen Konfrontation. Wie ein Mensch gepolt ist, das gehört zu seiner persönlichen Ausstattung. Jeder Mensch hat sein eigenes Muster, mit dem er auf Einbrüche in seinem Leben reagiert. Im Gespräch mit dem Arzt fallen oft Verstand und Gefühl des Patienten weit auseinander. Der Gedanke, nicht mehr zu leben, übersteigt die Vorstellungskraft des Menschen.

Die Innenwelt mitkommen lassen

Für den Begleiter ist es oft schwer zu ermessen, wo der Patient innerlich steht. Deshalb sehen viele Autoren (z. B. Weber et al. ebda.) es inzwischen als wichtig an, dass im Aufklärungsgespräch die Gefühle des Patienten mitkommen können. Berührt werden die Gefühle allemal. Medizinische Information mag objektiv äußerlich sein, sie trifft aber viel mehr als die Außenseite die Innenseite des Menschen. Diese kann sogar den ganzen Raum des Patienten einnehmen, so dass vom weiteren Gespräch nicht viel bei ihm ankommt, auch wenn er äußerlich versucht, sich dies nicht anmerken zu lassen.

Es ist daher im Gespräch wichtig, der Innenseite des Patienten Raum zu geben. Der Arzt sollte daher immer wieder an die Wahrnehmungen, Gefühle und Verstehensversuche des Patienten anknüpfen (»Was geht Ihnen jetzt durch den Kopf?«) und Zeit für Betroffenheits- und Gefühlsäußerungen geben. Es gehört wohl zum Anspruchsvollsten des Aufklärungsgesprächs, die Reaktionen des Betroffenen abzuwarten und auszuhalten, dass dieser solche Gefühle und Phantasien hat, und sie nicht mit sofort nachgeschobenen Informationen zuzudecken.

Es ist für die Verarbeitung von lebensbedrohlichen Fakten wichtig, dass die Gefühle und Gedanken des Betroffenen mitkommen können:

- Eine wirkliche Bedeutung bekommen Fakten erst dann, wenn sie sich im Gehirn mit den Emotionen verbinden können (»Was bedeutet das für mich?« ist eine entscheidende, wenn auch nicht unmittelbar geäußerte Frage des Betroffenen).
- Verstehen und Verstandenwerden ermöglichen einen offenen Prozess: Der Patient muss seine seelischen Kräfte nicht für einen sozialen Abwehrkampf mit dem Aufklärer einsetzen. Er wird dann nicht von Phan-

tasien und Projektionen überschwemmt. Seine Seele kann frei bleiben für diese Konfrontation und die schwierigen Schritte dabei.
- Er erlebt dann nicht nur die Wirklichkeit medizinischer Fakten, sondern auch die Wahrheit seiner Gefühle und seines Selbst.

Diese Prozesse gehören bereits in den Bereich der ärztlichen Profession, nicht erst in den späterer Begleiter wie Pflege, Sozialarbeit, Psychologie, Seelsorge.

Das Vermeiden nicht negativ bewerten
Auch das Vermeiden gehört als Möglichkeit zum Menschen, auf überwältigende Ereignisse zu reagieren. Noch bis vor wenigen Jahren war im Gefolge der Psychoanalyse das Vermeiden negativ konnotiert: als Abwehr einer Wahrheit, die anzunehmen der Mensch doch eigentlich reif sein müsste. Die schnell zuhandene Rede vom Verdrängen ist eine psychologische Deutung (»Er will das Dunkle und Schmerzhafte nur nicht spüren«). Das Vermeiden ist aber zunächst eine wohl im Lauf der Evolution erworbene Fähigkeit, die Angst niederzuhalten (Petzold 1999: 8) und innerlich zu überleben. Diese Fähigkeit ist – bei aller Rationalität der Moderne – eine wichtige Hilfe auf dem heute langen Weg des als chronische Krankheit erlebten Sterbens mit seiner chronischen Verunsicherung. Es ist ein spirituell überhöhtes Ideal, dass der Mensch sich seinem Sterben stellen müsse und dass das Leben nur so gut beendet werden könne. Inzwischen wird das Vermeiden als »Gnade der Natur« anerkannt. (Petzold ebda.) Zur Wahrheit des Sterbens gehört ja auch die Erfahrung des Patienten: »Ich lebe (noch)«. Bei der Frage der Aneignung muss der Mensch mit allen seinen psychischen Reaktionsfähigkeiten gesehen werden. Das verlangt von den Diagnostikern und Begleitern eine sorgfältige Wahrnehmung.

Der Mensch ringt um seinen Selbstwert.

> **Vierte These:** Zur ›Wahrheit‹ eines Menschen gehören nicht nur seine Wahrnehmungsfähigkeiten, sondern auch sein Lebenskonzept, seine biographischen Erfahrungen, seine Identitätsvorstellungen und damit seine explizite wie implizite Lebensdeutung: Wer bin ich, dass dieser Befund ab jetzt zu mir gehören soll? – Diese These gilt in abgewandeltem Sinn auch für das Familiensystem und dessen einzelne Mitglieder.

Über seinen körperlich bedenklichen Zustand informiert zu werden, ist sehr schmerzhaft, es ist mit ›total pain‹ verbunden. Wenn ein Mensch mitten im Leben mit einer letztlich tödlichen Wahrheit konfrontiert wird, dann ist das die wohl größte Erschütterung: Es droht ihm ein völliger Sinn- und Bedeutungsverlust. Zug um Zug werden körperliche, materielle und soziale Identitätsstützen in Frage gestellt oder ganz genommen – also all das, worin er seinen Lebenssinn erfahren hat. Als Reaktion darauf ringt der Mensch mit seinem Selbstwert (Ochsmann 1991: 127 ff.) und seiner Sinnkonstruktion. Was bisher einen hinreichenden Sinn hatte: seinem Leben einen befriedigenden Zweck zu geben, das scheint jetzt völlig bedeutungslos zu werden. Wofür lohnt es sich jetzt noch zu leben, wenn der Tod alle Werte in

Frage stellt und sie ins Nichts laufen? Alle Gefühle und Gedanken, die jetzt auftauchen, berühren die ganze Existenz.

Wahrheit und Spiritualität
Zur Wahrheit eines Menschen gehören also nicht nur sein körperlicher und medizinischer Zustand, sondern wesentlich auch seine inneren Bedeutungen und Konzepte, also letztlich der innerste Sammelpunkt aller seiner Möglichkeiten und Vorstellungen: die Spiritualität. Natürlich ist diese Dimension für die Professionen nicht annähernd so greifbar wie die medizinischen Daten. Aber im Lauf des Krankheitsprozesses äußern Menschen etwas von dem, was ihnen bedeutsam ist, was wesentlich zu ihnen gehört, was jetzt bedroht ist und zu entgleiten droht. Patienten zeigen nicht nur auf rationale, sondern viel eher auf symbolische Weise, wo sie gerade sind und wie sie ihren Weg gehen. Es ist also entscheidend für die Helfer, dass sie auf den ›Geist‹ des Patienten achten, wenn sie seinen Aneignungsprozess mitverfolgen.

Dem Geheimnis des Lebens begegnen. Was der Geist des Menschen letztlich vermag und nicht vermag, das ist im umfassenden Sinn seine Wahrheit, das ist seine Wahrheit *im* Krankenbett, nicht die der Gesunden *am* Krankenbett. Es gehört zur spirituellen Grundeinstellung der Helfer, die Aneignung als Prozess zu akzeptieren. Sie können sich zwar von Idealen und Zielen leiten lassen, müssen diese aber dem Prozess des Patienten unterordnen. Die Wahrheitsmitteilung ist nicht deswegen ein vielschichtiger und differenzierter Prozess, weil der Patient nur in abgewogenen, verträglich erscheinenden Dosierungen damit konfrontiert werden sollte. Für den Betroffenen ist das vielmehr ein Lebensprozess, bei dem eine oft nur abstrakte Wirklichkeit (Laborbefund) anhand vieler Anlässe und Signale in eine ganz persönliche Wirklichkeit verwandelt werden muss. Ein solcher Prozess verlangt letztlich einen Umbau und Bedeutungswandel des ganzen Lebens: Der Mensch begegnet dabei in völlig neuer und dramatischer Weise dem Geheimnis seines Lebens. Hier müssen nicht einige wenige Helfer alles und schon gar nicht alles auf einmal leisten. Gott sei Dank gibt es auf dem Weg des Patienten viele Menschen, die ihm begegnen und die ihm jeweils ein Stück weiterhelfen können.

6.3.3 Die Wahrheit und die Rolle der Begleiter

Die Auseinandersetzung des Menschen mit der Wahrheit der Endlichkeit seines Lebens ist eine hoch spirituelle Aufgabe. Es ist ein großer Unterschied zwischen dem Wissen um die Endlichkeit allen Lebens und der Aufgabe, diese Wirklichkeit zur eigenen zu machen und das Unabänderliche in die eigene Existenzerfahrung zu integrieren. Hier geschieht etwas Heiliges: Wie Menschen als Personen mit Leben und Tod umgehen und dieser Aufgabe in der eigenen einmaligen Biographie (seit der Moderne ›lebt man ja nur einmal‹) eine Gestalt geben, das ist eine heilige Angelegenheit. Es gilt dann auch für die Helfenden: Den Menschen, der konkret mit der Endlichkeit seines Lebens und dem Tod konfrontiert ist, dabei zu unterstützen und zu helfen, dass er den Weg zu seiner Wahrheit findet, ist letztlich ebenfalls eine spirituelle Aufgabe.

Eine interprofessionelle Aufgabe. Die Wahrheit am Krankenbett scheint gänzlich eine Sache des ärztlichen Berufs zu sein. Kehrt man die Perspektive aber um und sieht sie als Prozess des Patienten, zu dem die Professionen nur beitragen, also zur Wahrheit *im* Krankenbett, dann sind alle Begleiter mit diesem Prozess befasst:

- die Mediziner, die die Diagnose stellen, das aber nicht nur einmal, am Beginn, sondern immer wieder, bei jeder Kontroll-Untersuchung, jedem Eingriff neu;
- die Pflegenden, die dem Patienten bei ständig neuen Einschränkungen, Erfolgen und Niederlagen begegnen;
- die Psychologen, die hinzugezogen werden, wenn die ›normalen‹ Bewältigungsmöglichkeiten des Patienten für den Krankheitsprozess nicht mehr ausreichen;
- die Seelsorge, wenn der Patient seine Heilungserwartungen enttäuscht findet und er dies mit seiner Spiritualität oder Religion in Verbindung bringt.

> **Daher lautet eine weitere These:** ›Wahrheit‹ ist ein Prozess, der interprofessionell ermöglicht und begleitet werden muss. Die Wirklichkeit von Krankheit und Sterben ins Spiel zu bringen und den Prozess der Auseinandersetzung damit zu begleiten, gehört zum heilsamen Umgang mit Leben und Tod – und damit zum Heilungsauftrag der Heilberufe (Van de Loo, 1998: 745).

Die Wahrheitsfrage ist nicht nur ein Thema für die klinischen Professionen, schon gar nicht nur für die Palliativstation mit ihrem dichten Begleitungsnetz. Sie ist unausweichlicher Aspekt auch bei Querschnittsbegegnungen, beim Facharzt, in der ambulanten Pflege, in der kursorischen Seelsorge und in der Hospizbegleitung.

Felddynamik der Wahrheitsfrage. Wie aber können die beruflichen und die anderen Begleiter dieser Aufgabe dienen? In jeder beruflichen oder begleitenden Rolle kann die Wahrheitsfrage zum Thema werden. Allerdings unterliegt diese einer Felddynamik: Im Feld des ärztlichen Berufs kommt eine andere Dynamik in Gang als bei der Pflege, der Seelsorge oder der ehrenamtlichen Begleitung. Jede Tätigkeit löst eine andere Dimension der Grundfrage aus.

(1) Die ärztliche Rolle

Die Hauptlast der Aufklärung des Patienten liegt zunächst einmal bei Arzt und Ärztin. Nur sie können dem Patienten die Befunde mitteilen und zugleich die Bedeutung für das physische Leben dieses Menschen einschätzen. Nur sie kennen aus ihrem beruflichen Wissen und ihrer beruflichen Erfahrung Behandlungsmöglichkeiten, erhoffte Wirkungen, Behandlungsfolgen und zu befürchtende Einschränkungen. Damit lösen sie den Wahrheitsprozess aus, zugleich aber können sie entscheidende Verarbeitungsmöglichkeiten anbieten.

Der Arztberuf steht für Leben und Tod. Wenn die Hauptlast bei den medizinischen Berufen liegt, dann bedeutet das aber noch mehr: Es liegt dann auch die Hauptlast der Erwartungen des Patienten und seiner Angehörigen beim Arzt. Das bringt die Rolle dieses Berufs mit sich: Auf diesen Beruf werden alle Hoffnungen auf Heilung projiziert und zugleich (meist uneingestanden) alle Befürchtungen, dass das Schlimmste eintreten könnte. Schließlich verkörpern diese Berufe auch die allgemeine ›Wahrheit‹, dass alles Leben dem physischen Tod unterliegt. Deshalb, weil der ärztliche Beruf auch eine symbolische Wirkung hat, ist es so verständlich, dass Patienten so sehr auf eine vertrauensvolle Beziehung zum Arzt angewiesen sind, und von daher erklären sich auch die übergroßen Hoffnungen (»Die Medizin kann ja heute alles.«) und Enttäuschungen (»Wenn mein Hausarzt damals rechtzeitig …«). Deshalb hoffen die Patienten und ihre Angehörigen, dass *der* (nicht: *ein*) Arzt für sie greifbar ist, wenn sie enttäuschende Nachrichten bekommen haben, wenn Fragen und Phantasien auftauchen. Der ärztliche Beruf verfügt über die Heilkunde und Unheilkunde (Senn 2006: 380), er gilt als Träger der Lebens- und Sterbewahrheit, auch wenn der Patient letztere nicht wissen will.

Für Bedeutungen Raum geben. Patienten wollen – wie Umfragen belegen – dass das Thema ›Wahrheit‹ von den Ärzten initiiert wird (Kappauf 2005). Der Arzt hat dafür das Mittel seiner medizinischen Befunde. Bei jedem neuen Laborwert kann er die Reaktion des Patienten abwarten und dessen Fragen Raum geben. Das bedeutet aber auch, dass der Arzt durch seine Kommunikation den Patienten ermuntert, seinerseits Fragen zu stellen. Er darf also nicht sagen: »Bei diesen Tumoren haben Menschen nur ein halbes Jahr Überlebenszeit«, sondern »Sie haben eine ernsthafte Erkrankung. Was denken Sie, wenn ich Ihnen das sage?« Dann sollte er öfter im Gespräch nachfragen: »Wie haben Sie das jetzt verstanden, was ich mit Ihnen besprochen habe?« und sich am Wissens-, Deutungs- und Aneignungsstand des Patienten orientieren. Es gilt, dem Gespräch über die Bedeutung der Diagnose genauso viel Raum zu geben wie der medizinischen Information.

Wie Aufklärung dialogisch gestaltet werden kann. Ein vorzügliches Mittel, um den Patienten in dessen eigenem Prozess zu begleiten, ist das »zirkuläre Fragen« (vgl. z. B. v. Schlippe, Schweitzer 1998: 138 ff.) aus der systemischen Praxis. Dabei wird das Thema nicht direkt erfragt, sondern durch Umkreisen angestoßen:

➢ »Wie hat Ihr Hausarzt Ihnen das erklärt?«
➢ »Wie werden Sie das Ihrer Frau sagen, wenn Sie nachher kommt?«
➢ »Was haben Sie Ihrer Frau über unser Gespräch gestern gesagt?«
➢ Patienten sprechen von einem anderen Patienten, »der doch gestern im Nachbarzimmer gestorben sein soll?« Der Arzt kann darauf eingehen: »Das beschäftigt Sie? Was geht Ihnen durch den Kopf? Wollen Sie mal darüber reden?«

Dann braucht der Patient sein Innerstes nicht unmittelbar zu öffnen. Er kann im Schutz anderer Beziehungspartner bleiben und sich der bedrohlichen Wahrheit mittelbar nähern. Und der Begleiter kann das Eine oder Andere aufgreifen, korrigieren oder verbergen und so den Prozess des Patienten moderieren. Das Geheimnis des Menschen wird dann nicht direkt geöffnet, es bekommt einen Raum, in dem es sich bergen und zugleich zeigen kann. In diesem Sinn werden Informationen dem Patienten weniger gegeben als erfragt. Die Mitteilung der Wahrheit wird so ein dialogisches Geschehen zwischen Arzt und Patient.

Der Patient ›schaukelt‹ mit der Wahrheit. Patienten benutzen die ärztlichen Mitteilungen sowieso auf ihre Weise als ›Deuteschaukel‹ (vgl. Abb. 6.1), mal legen sie sie auf die bedrohliche Seite der Schaukel, mal nähren sie damit ihre Hoffnungen. Alles, was der Arzt tut, unterlässt oder nicht (mehr) tut, ist Deutemedium für die Patienten. Ebenso nutzen sie die symbolische Rolle der Medizin eher zur Verstärkung ihrer Hoffnungen als ihrer Befürchtungen. »Man möchte nicht glauben«, sagt die Frau eines Todkranken, »was für minimale Signale genügen, damit man wieder hofft.« Der Mensch wählt aus der ganzen Breite von Möglichkeiten subjektiv aus und gestaltet damit seine ›selektive Wahrheit‹. Nicht alles, was er ausblendet, muss von den Begleitern bewusst gemacht, nicht alle Knoten müssen gelöst werden.

Soll der Arzt mit dem Ernst der Lage konfrontieren? Wenn hier deutlich patientenzentriert argumentiert und dafür plädiert wird, dass der Patient letztlich mit seiner persönlichen Wahrheit sterben darf, dann betrifft dies nicht nur das Individuum Patient, sondern auch die Wahrheit des Systems, zu dem er gehört. Von der Wirklichkeit seiner Krankheit sind auch das Familiensystem und die Zukunft der Angehörigen betroffen. Auch das System muss sich mit seiner Wahrheit auseinandersetzen.

Vor allem, wenn aufgrund der Diagnose die verbleibende Lebenszeit deutlich begrenzt ist und noch wichtige Dinge zu regeln sind, fällt dem ärztlichen Beruf die Aufgabe zu, den Patienten – und seine Angehörigen – auf den Ernst einer Erkrankung hinzuweisen. Der Arzt wird dies sicher nicht beim ersten Aufklärungsgespräch tun. Dort wird der emotionale und existenzielle Prozess des Patienten im Vordergrund stehen. Bei den Folgegesprächen aber wird der Mediziner über die Behandlungsstrategien hinaus auch als Arzt – sicher nicht direkt auf den Tod, aber – auf die Bedrohlichkeit einer Krankheit hinweisen. »Wir als Ärzte tun alles, dass Sie noch viel Lebenszeit haben. Aber wir können nicht ausschließen, dass sich Ihre Krankheit (das Aneurysma, der Tumor in der Bauchspeicheldrüse) so entwickelt, dass Sie dann keine Zeit mehr haben, wichtige Dinge zu regeln.« … »Haben Sie schon einmal über eine Patientenverfügung nachgedacht oder dass Ihre Partnerin gut versorgt ist, wenn Ihnen das einmal nicht mehr möglich wäre?« … »Wer von Ihren Angehörigen, aus Ihrem Freundeskreis könnte Ihnen dabei helfen?«

Das Sterben als ›Sterben‹ realisieren? Es sollte sich zum Standard in Krankenhaus, Altenheim, Palliativstation entwickeln, dass Ärzte beim Anamnesegespräch ihre schwerkranken Patienten fragen: »Was hätten Sie denn gerne (was wäre Ihnen denn wichtig, worauf müsste geachtet werden), wenn Situation XY eintritt?« Denn ein Sterbender ›weiß‹ heutzutage nicht, was Sterben ist, woran man das erkennt. Er kann nicht erst dann sagen, was er braucht und entsprechend für sich sorgen. – In gleicher Weise sollten Arzt und Ärztin mit der Familie beizeiten das Gespräch eröffnen: »Diese Krankheit führt zum Tod. Woran ist jetzt zu denken …?«

Auch die spirituelle Sicht heißt nicht, dass der Mensch den Tod als Tod realisieren müsse. Er muss nicht unvermittelt in den Abgrund schauen, wohl aber kann der Arzt ihm wichtige Aufgaben vor Augen stellen, die sowieso zu den Lebensaufgaben eines Menschen – erst recht heute – gehören. Solche Gespräche können zwar die Bedrohlichkeit einer Krankheit deutlich vor Augen führen, aber auch gleichzeitig die Möglichkeit, ihr aktiv als kompetentes Subjekt zu begegnen. Ziel jedes ärztlichen Umgangs mit der Wahrheit ist nicht, den Menschen mit dem kommenden Tod zu konfrontieren, damit er sich auch ja gehörig auf den Tod vorbereitet, sondern ihn für einen Prozess zu gewinnen, in dessen Verlauf dieser sein Subjektsein behalten und so sein Leben bis zum Tod mitgestalten kann. Der Arzt seinerseits wird dem Patienten signalisieren, dass er mit ihm einen Weg zu gehen bereit ist, in dessen Verlauf er ihn nicht im Stich lässt.

Die Perspektive: das Geheimnis dieses Menschen. Wenn es um das physische Leben und den Tod geht, ist die Medizin Dreh- und Angelpunkt aller Überlegungen. Bei jedem neuen medizinischen Wert können und müssen oft auch alle anderen Werte neu gewichtet und gemischt werden. Im Blickpunkt des Arztes steht das (Über-)leben in Zeit und Welt: Dafür ist er auch in den Augen des Patienten und seiner Angehörigen die oberste Instanz. Arzt und Ärztin sind in erster Linie Medien und Moderatoren des Weges, so dass die Wahrheit zum Patienten kommen kann. Auch die Medizin kann nie genaue Prognosen über den Verlauf bei diesem Menschen geben. Das macht den Prozess dieses Menschen zu dessen Geheimnis: Keiner verfügt darüber und doch ereignet sich darin etwas Existenzielles und letztlich spirituell Bedeutsames.

(2) Die Rolle der Pflege

Die Pflegekräfte sind nicht nur im unmittelbaren Umkreis des ärztlichen Aufklärungsgesprächs in der Nähe des Patienten, sondern vor allem in dessen Alltagsprozess. Sie sind dabei, wenn der Patient Einschränkungen erlebt, ermutigende Signale empfängt oder verzweifelt um seine tägliche (und nächtliche) Lebensgestaltung kämpft. Sie erleben mit, wie der Patient immer neue Schleifen von Hoffnungen und Niederlagen durchläuft.

Die existenzielle Seite bleibt im Hintergrund. Die Pflegekräfte geben zuallererst nur pflegebasierte und alltägliche Sinnstützen, also Hilfen zur leiblichen und sozialen Integration. Bezüglich der Emotionen bleiben sie (empathisch) an der Seite des Patienten, sie steigen nicht in die Gefühle des Patienten ein, vertiefen sie nicht, aber verharmlosen sie auch nicht. Wohl aber berühren sie die Gefühle, geben Resonanz, so dass sich der Patient als

Mensch mit Würde erleben und von daher seinen Zustand selbst verarbeiten kann.
Im Horizont der Pflege steht das (Über-)leben hier und heute. Sie hat die existenzielle Bedeutung im Hintergrund. Diese kommt bei der Pflege nur soweit in den Vordergrund, wie der Patient sie anspricht.

(3) Die Rolle der Seelsorge

Die Seelsorge löst beim Patienten in seinem Ringen um die Wahrheit Heilungshoffnung aus (»Es wird doch wohl alles gut? Gott wird mich doch bewahren?«) und zugleich Gedanken an Endlichkeit und Tod, also eine ewige Wahrheit.

❖ Auf der Palliativstation erzählt der Patient, dass er die nächsten Tage seine Familie treffen und einiges besprechen will. »Da geht es ja um vieles«, reagiert der Seelsorger. »Um vieles? Nein, es geht um alles«, entgegnet der Patient.

Seelsorge steht für die Gesamtperspektive des Lebens. Die Seelsorge muss und kann nicht von sich aus die objektive Seite der Wahrheit dem Patienten ungeschützt nahebringen. Sie verfügt nicht über die ärztlichen Möglichkeiten und kann diese nicht authentisch vertreten. Sie steht aber für die allgemeine Wahrheit der Begrenztheit allen Lebens. Diese Seite ›provoziert‹ sie einfach beim Patienten, wenn sie sich als Seelsorge vorstellt. Bei der Begegnung mit der Seelsorge werden also auch Aspekte der Wahrheit neu ausgelöst oder vom Hinter- in den Vordergrund gebracht.

❖ »Ist es schon so weit, Herr Pfarrer?« fragt der alte Herr erschrocken. Statt die Frage geschlossen zu beantworten mit »Ja« oder »Nein«, sollte sie offen aufgegriffen werden. »Was befürchten Sie denn?« Dann kann das Wahrheitsthema sich weiter entfalten. Patienten können so die berufliche Rolle zur Deutung ihres Zustandes nutzen.

Seelsorge hat den Fokus ›existenzielle Betroffenheit‹, Selbst- und Weltdeutung des Patienten: wie er sein Leben mit der Krankheit und mit ihrem tödlichen Ausgang versteht. Die Seelsorge begleitet die Innenseite, die von den medizinischen Tatsachen erschüttert und durcheinander gebracht ist. Sie moderiert den subjektiven Prozess des Patienten und seine existenziellen und spirituellen Themen, so dass er seine persönliche Gestalt der Wahrheit finden kann.

(4) Die Rolle der ehrenamtlichen Begleiter

Auch beim Besuch von freiwilligen Helfern kann das Wahrheitsthema im Patienten aufwachen. Sind diese doch Repräsentanten einer anscheinend gesunden und unbedrohten Welt. Auch bei Ehrenamtlichen können Schwerkranke ihre Gefühle und Gedanken äußern. In der Regel wird diese Begleitgruppe aber nicht selbst in den Auseinandersetzungsprozess des

Kranken einsteigen. Sie wird vielmehr Resonanz geben (»Möchten Sie weiter darüber sprechen?«), dann aber eine Vermittler-Rolle einnehmen: »Ich bin vielleicht nicht der geeignete Gesprächspartner bei solchen Themen. Ich schaue aber gerne mit Ihnen, wer dafür in Frage kommt und wen Sie gerne für solche Gedanken an Ihrer Seite hätten.«

6.3.4 Möglichkeiten der Begleitung

In spiritueller Perspektive geht es beim Wahrheitsthema um die elementare Erfahrung von Identitäts- und Bedeutungsverlust. Die erste Begleitaufgabe ist also, den Prozess des Patienten als sein existenzielles Ringen mit dem Wahrheitsthema zuzulassen und dabei Halt (s. 4.3) zu geben. Die weiterführende Frage ist die nach dem, was der Patient braucht, um den alles bedrohenden Nachrichten und Einschränkungen begegnen zu können. Erst dann, wenn Bedeutungs- und Sinnressourcen vorhanden sind oder geweckt werden können, wird er Gegengewichte haben, um die tödliche Wahrheit an sich heranzulassen. Nur wenn für das Meer des Todes wenn schon kein verheißungsvolles Jenseitsland, so doch wenigstens Rettungsinseln erkennbar sind, wird ein Mensch sich auf dieses Meer hinauswagen. In früheren Zeiten konnte sich ein Mensch, wenn er schwerkrank wurde, den Bedeutungsressourcen von Religion und Kultur anvertrauen. In der Moderne – und erst recht Postmoderne –, so scheint es, muss der Mensch sich den Sinn des Lebens und die Rettungsringe selbst konstruieren, um der tödlichen Wahrheit zu begegnen. Das macht es sowohl für die professionellen wie freiwilligen Begleiter, aber natürlich auch für den Patienten und seine Angehörigen besonders anspruchsvoll.

Gute Begegnungsmöglichkeiten
Die entscheidende Basis für alles Begleiten in kritischen Zeiten ist die Begegnungsspiritualität (s. 2.1), die im Kontakt mit dem Begleiter aufwachen und spürbar werden kann. Sie ist eine implizite Form, in der Spiritualität ins Spiel kommt:
- Wenn sich ein Mensch in seiner Not verstanden fühlt, dann kann er sich auch im Augenblick tiefer Erschütterung in der Welt dennoch beheimatet fühlen. Er kann sich so mit seiner Not im Seelenraum eines Gegenübers bergen. Dann kann er als Geborgener sein taub gewordenes Selbst langsam wieder spüren und zu seinem Subjektsein zurückfinden. Sein Geist kann neu erwachen und ihn zum nächsten Schritt befähigen. Der Helfer repräsentiert so für den Augenblick der Begegnung Sinn gegen den drohenden Sinnverlust. – Aber auch wenn in späteren Phasen der Krankheit der Patient die Wahrheit seines Zustandes mit den Professionellen kommunizieren kann, gibt ihm dies Bedeutung: Er kann sich als Subjekt seiner Wahrheitsgeschichte erleben und dabei seine eigene Stärke dem Sterben gegenüber erfahren.
- Im Unterschied zur Wahrheit als Prozess des Patienten gehört auf die Seite der Helfenden die Wahrhaftigkeit als Haltung dem betroffenen Menschen gegenüber, wie viele Autoren bemerken (z. B. Senn 1977; Aul-

bert 2007: 1076). Der Patient erlebt dann den Professionellen als glaubwürdig und verlässlich. Bei einem aufrichtigen Begleiter wird er in seinem inneren Ringen eher Halt finden und sich gehalten wissen. Die Zumutung der Wahrheit, nicht das Verschleiern, erhöht letztlich die Würde des Menschen. Viele Sterbende wissen oder ahnen ihren Zustand sowieso. Wenn sie erleben, dass man ihnen den Umgang mit einer existenziellen Wirklichkeit zutraut, dann erhöht das ihren Selbstwert und damit das Würdeempfinden. Sie können sich dann eher zu neuen Aspekten ihrer Wahrheit vorarbeiten. Die Begegnung mit der Wirklichkeit als Begegnung mit dem Geheimnis des Lebens erfahren, das kann ein tief spirituelles Erleben sein.

Symbole als Spielräume für die Wahrheit
Die meisten kranken Menschen gehen mit ihrem Wahrheitsprozess in indirekter Form um.

❖ »So viel Leben«, sinniert der Schwerkranke mit Blick auf das Bild von den Enkeln auf dem Nachttisch. ›Hier geht das Leben weiter, während es bei mir immer weniger wird‹ ist die verborgene Botschaft.

Sterbende brauchen Spielräume, um der Härte der Wirklichkeit zu begegnen. Symbolische Aussagen sind nicht einfach ein Vermeiden, sie drücken eine tiefere Wahrheit aus: Der Blick auf die Enkel bedeutet nicht nur Abschied, sondern auch Hoffnung. Sie stehen auch für erfülltes Leben, in dessen Kraft dieser Mensch sterben kann. – Bei der Auseinandersetzung mit der Wahrheit nutzen Menschen die Dinge als ›Wiegebalken‹ (s. auch Weiher 1999 b: 39 ff.), mit dem sie die tödliche Wahrheit auszubalancieren suchen. Auch Ausblendungen, Phantasien und Illusionen gehören nicht unter das Urteil psychischer Unreife, sondern zum inneren Balanceprozess. Schwerkranke gehen mal auf die bedrohliche, mal auf die hoffnungsvolle Seite der Symbole. Was beim Sterbenden bedroht ist, hat meist auch eine Kraft: Wovon man sich trennen muss, ist zugleich eine Ressource, die in diesem Prozess tragen kann. Wenn der Schwerkranke auf einer Seite der Waage bleibt (meist der hoffnungsvollen), dann muss das respektiert werden.

> Die Wahrheit geht mit zwei Schwestern einher: An der einen Hand hat sie die Trauer, an der anderen die Hoffnung. Mit beiden zusammen findet sie ihren Weg.

Die Helfenden können den Patienten in seinem Ringen wesentlich unterstützen, wenn sie auf die Identitäts- und Spiritualitäts-Ebene des Geäußerten achten, wie sie in diesem Buch beschrieben wird. Indem Patienten aus ihrer Lebensgeschichte erzählen, vergegenwärtigen sie sich ausschnitthaft-symbolisch etwas vom Ertrag und Sinn ihres Lebens. Auf der Basis des so eingesammelten Lebens können sie eher die Wahrheit des Abschieds von diesem Leben an sich heranlassen. Patienten geben dem Helfer ständig solche Zugänge zu ihren inneren Ressourcen, die diese zur Begleitung im Ringen um die Wahrheit nutzen können. – Wer vom Schwerkranken verlangt, offen von seinem Sterben zu reden, der verengt den Blick für die unendlich vielen Weisen, auf die Patienten dies – aber eben nicht in unmittelbarer Weise – längst tun.

Religiöse Symbole umfangen auch tödliche Wahrheiten

Sich mit einem Krankheitsprozess offen auseinanderzusetzen und ggf. auf den »Tod selbst vorzubereiten – in existenziellem oder religiösem Sinn – wird in der Regel als Bereicherung und Hilfe empfunden« (Van de Loo 1998: 745). Patienten mit ungenügender Kenntnis von ihrer Krankheit sind in der Regel depressiver als gut informierte (Mann 1984). Seelsorge macht immer wieder die Erfahrung, dass ein bewusst spiritueller oder religiöser Hintergrund Menschen hilft, sich auf ihre tödliche Wahrheit einzustellen: »Wer eine ... transzendente Hoffnung hat, kann leichter akzeptieren, dass der Tod ein Teil des Lebens ist.« (Schneidereit-Mauth 2003: 263) Solche Menschen können sich eher auf einen Prozess mit den großen Fragen der Existenz einlassen und die Zeit der Krankheit in gewisser Weise als ›sinnvoll‹, weil als spirituellen Weg erfahren.

So können Symbole der Religion sich als Spielräume für die Konfrontation mit der Wahrheit anbieten (Weiher ebda.).

❖ Die krebskranke Patientin weint beim Sonntagsevangelium: »Könnt Ihr den Kelch trinken, den ich trinken werde?« (Mk. 10, 38) Sie ahnt, dass in ›ihrem Kelch‹ jetzt das Bittere auf sie zukommt. Im Gespräch erschließt sich das Bild weiter: »Gott wird mir hoffentlich auch wieder seinen guten Wein einschenken.«

Religiöse Symbole sind ›Sinnräume‹, die das Erleben des Menschen im Vordergrund umfassen und zugleich den heiligen Hintergrund präsent stellen, in dem Leben und Tod sich vollziehen. Der drohende Tod steht dann in einem transzendenten Horizont, für Christen in dem des Ewigen Lebens bei Gott.

Fragen, die weiterführen

Geschulte spirituelle Begleiter werden in Schwellensituationen, wenn der Patient sich offen mit seiner Wahrheit auseinandersetzt, auch mit ausdrücklichen Fragen den Prozess begleiten.

➢ Mussten Sie sich in Ihrem Leben schon einmal mit einer schwierigen Wahrheit auseinandersetzen?
➢ Angenommen, es gibt ein Mysterium auch in Ihrem Leben, was bedeutet dies wohl für Sie jetzt?
➢ Was könnte sich von Ihrer Religion jetzt für eine Aufgabe stellen?
➢ Was denken Sie, hat Gott mit Ihnen vor?
➢ Welche Schritte können Sie sich vorstellen, mit Gott zusammen zu gehen?

Solche Fragen sind nicht dazu gedacht, dass sie gleich beantwortet werden. Sie eröffnen eher Meditationsräume, in denen der Kranke sich aufhalten und eine Orientierung finden kann. Dann muss der Gesprächspartner aber für ihn zur Verfügung bleiben.

Wenn Menschen vom nahen Tod nichts wissen wollen.
Manchmal wollen Angehörige oder Sterbende der bedrohlichen Realität des Todes nicht offen begegnen. Sie bleiben bei ihren Hoffnungen, mit denen sie der objektiven Wahrheit aus dem Weg gehen. Es gilt dann, ihre Gleichgewichtsbemühungen nicht einfach zu unterlaufen und – ›wider‹ besseres Wissen des Begleiters – ihren Weg der Hoffnung zu akzeptieren und zu begleiten.

Seelsorger kommen immer wieder in Situationen, dass selbst noch in der terminalen Phase Hoffnungen ausgesprochen werden. Solche Bemühungen sind Zeichen der Verbundenheit und Suche nach seelischem Überleben. Sie sind eher ein (noch) *Nicht-Können* als ein *Nicht-Wollen*. Seelsorge muss in ihrem Beten die Hoffnungen anerkennen und zugleich andere Möglichkeiten in den Horizont rücken: »Gott, wir wünschen uns doch so sehr, dass unser Vater es noch einmal schaffen kann. Er gehört doch in die Mitte unserer Familie. Wie hast du seinen weiteren Weg bestimmt? Wir bitten dich, dass er durch all das Schlimme gut durchkommt.«

Fazit

Das Paradox: Die Wahrheit ist Geheimnis

Grundsätzlich gilt: ›Wahrheit‹ ist zutiefst eine Kategorie der Existenz. Sie ist weder rational noch emotional, noch praktisch ein- oder aufzulösen. So paradox es klingt: Die Wahrheit im vollen Sinn ist ein Geheimnis, das wir Helfer nur berühren können. Die Wahrheit dieses Menschen ist am Ende der Tod selbst und was der Mensch daraus für eine Geschichte gemacht und was er damit für eine Gestalt gefunden hat. Diese letzte Wahrheit liegt außerhalb der Reichweite aller Helfer. Sie ist das Geheimnis dieses Menschen – und zugleich vollzieht sich darin die große Wahrheit allen Lebens, die jetzt auch für diesen einmaligen und einzigartigen Menschen gilt. Die Helfer, die sich von ihrem beruflichen Container (vgl. Kap. 4) mit seiner spirituellen Dimension darin mitgetragen wissen, können sich auf das Ringen ihrer Patienten um die Wahrheit freier einlassen. Sie müssen der Wirklichkeit nicht ausweichen durch die Flucht in reine Sachinformationen; sie müssen sie nicht überspielen mit immer weiteren Therapievorschlägen oder mit illusionären Versprechungen. Sie können vielmehr Halt geben und Zuversicht ausstrahlen, weil sie das Leben auch dieses Menschen im großen Geheimnis allen Lebens aufgehoben und geborgen wissen. So können sie Sterbende dabei begleiten, zur Wahrheit als ihrem Geheimnis zu finden.

6.4 Kann man Sterbenden Hoffnung machen?

»... dass das Leben bleibt, obwohl es vergeht.« (Peter Speck)
»Wenn alles zusammenbricht, hilft eine Blume nicht weiter.« (Ulrich Schnabel)

Dem Tod nicht nackt begegnen

Alle Helfer, die Schwerkranken begegnen, stehen vor der Frage, wie man Hoffnung vermitteln kann. Das gilt besonders für den ärztlichen Beruf: Patienten und ihre Angehörigen kommen ja gerade in eine Praxis oder medizinische Facheinrichtung, zu Arzt und Ärztin, weil sie damit eine ganz bestimmte Hoffnung verbinden, nämlich dass die es schaffen, seinen Zustand zum Besseren zu wenden. Zugleich stoßen die Kranken im selben Kontext auf Befunde, die lebensbedrohlich sind. Nicht umsonst wird daher in allen Abhandlungen über die Aufklärung des Patienten fast im selben Atemzug wie mit dem Begriff ›Wahrheit‹ auch das ›Prinzip Hoffnung‹ (Heidemann 1990) genannt. Es ist »Aufklärung eine Notwendigkeit und Hoffnung eine therapeutische Aufgabe«, beide bedingen sich gegenseitig (Kappauf 2001: 47 f.). Man kann dieses Zusammengehören aus systemischer Sicht verstehen: Immer wenn ein System in seinem Gleichgewicht erschüttert wird, sucht es Gegengewichte, um seine Balance wieder zu finden: Bei Lebensbedrohung meldet sich die Suche nach Hoffnungsquellen. Es darf uns Helfer also nicht verwundern, dass im Menschen, im Patienten und seinen Angehörigen ebenso wie bei den Begleitern sofort Impulse und Emotionen anspringen, die das Bedrohliche abzumildern oder ganz abzuwehren versuchen. Die Helfer dürfen sich nicht von idealistischen und existenzialistischen Vorstellungen leiten lassen, der Tod müsse als zum Leben gehörig ganz einfach angenommen werden. Es ist vielmehr so: Dem Tod als nackte Tatsache versucht der Mensch nicht ungeschützt zu begegnen. Auch die Professionellen brauchen für sich selbst Hoffnungsquellen, weil sie in diesem Beruf immer wieder neu das Sterben und den Tod ihrer Patienten verkraften müssen und weil ihre funktionellen Mittel dagegen nie ausreichen.

Das Vorhaben dieses Abschnitts ist

- zunächst zu erklären, wie Hoffnung zu verstehen ist und wie Menschen ihre Zuversicht entwerfen;
- zu thematisieren, wie die Helfer mit Hoffnungslosigkeit umgehen und was sie zur Hoffnungsfindung beitragen können.

Es wird sich zeigen, dass Hoffnung zwar immer ein spirituelles Thema ist, dass ›spirituell‹ aber nicht heißt, Hoffnung könne man nur aus einer religiösen Transzendenz schöpfen und sei daher dem nichtreligiösen Berufsalltag entzogen. Vielmehr wird sich herausstellen, dass Hoffnung mehrstufig beschrieben werden kann. Diese Sicht gestattet es, sie als interprofessionelles Programm zu verstehen und konkrete Möglichkeiten und Schritte zu ihrer Erschließung aufzuzeigen.

6.4.1 Was ist Hoffnung?

Von einer Umschreibung dieser Dimension hängt ab, was wir uns als Begleiter für Vorstellungen machen: ob wir diese Dimension als zu hohes Ideal sehen und uns gemessen daran überfordert fühlen oder ob wir sie zu niedrig ansetzen und im Umgang damit unzufrieden bleiben.

Hoffnung als Grundemotion
Es ist für die Helfer immer wieder erstaunlich zu sehen, wie viel Hoffnung im Menschen steckt.

❖ Herr K. ist Patient auf der Palliativstation. Eine palliative Operation wurde gestern abgesagt, weil er die wohl nicht überleben würde. Zunächst verlässt ihn aller Mut. Aber dann: »Meine Firma schickt mich nach Südamerika, ich soll dort eine wichtige Aufgabe übernehmen.« (berichtet von K.-H. Feldmann)

Die Helfer können davon ausgehen, dass der Mensch zum Weiterleben nicht nur eine Hoffnung braucht, sondern dass in ihm diese Kraft eingepflanzt ist, die ihm die Zukunft offen hält und dem Leben Zukunft verheißt. Herr K. ›macht‹ sich keine Hoffnung, diese entspringt offensichtlich einfach in seinem Inneren. Solange ich als Mensch lebe und bisher Leben in mir gespürt habe, gehe ich davon aus, dass dieses Spüren nicht aufhört. Schließlich bin ich der Einzige, ›der in mir drin‹ ist. Und ich kann mir nicht vorstellen, dass das nicht mehr sein soll. Ein Mensch kann nicht ohne Hoffnung sein: »Die Hoffnung ist eine der ganz einfachen Ur-Gebärden des Lebendigen.« (Pieper 1935: 29)
Ganz formal kann man sagen:
- Hoffnung ist das Vertrauen, dass man Zukunft hat: »Irgendwie gibt es auch für mich noch eine Zukunft.«
- Hoffnung ist die nach vorn gerichtete (oder von vorn kommende) Kraft, die Menschen weiterleben lässt (vgl. Aurnhammer 2003).

Der Mensch ist das Wesen, das sich künftige Ereignisse vorstellen und sich zu ihnen verhalten kann. Offensichtlich ist der Mensch dazu begabt, sich Zukunft vorstellen zu können und sie im Jetzt schon anwesend zu spüren. Die Vorstellungen vom ›Später‹ prägen auch die Befindlichkeit, das Verhalten, das Wertesystem im Hier und Heute. Hoffnung-haben hat beobachtbare Auswirkungen auf den Zustand des Patienten: Herr K. fasst wieder Mut. – Sich die Zukunft vorstellen zu können, hat aber auch die Kehrseite: Auch das Bedrohliche der Zukunft ragt in die Gegenwart herein, verunsichert den Menschen und macht ihm Angst. Kranke, Schwerkranke und Sterbende müssen also die bedrohliche Wahrheit und die immer neu auftauchenden Teilwahrheiten auch mit immer neuen Hoffnungsentwürfen ausbalancieren. Das Vertrauen in die Zukunft ist nicht statisch. Deswegen brauchen Menschen Vorstellungen und Ziele, mit denen sie den Weg in die Zukunft bestücken und damit begehbar machen können.

Hoffnung ist nicht statisch

Es ist das große Verdienst der Sterbeforscherin Elisabeth Kübler-Ross, überhaupt auf die Prozesshaftigkeit und damit über die medizinische Betrachtung hinaus auf eine Dynamik im Patienten aufmerksam gemacht zu haben. Die Helfer dürfen also davon ausgehen, dass nicht die Alternative gilt: Hoffnung hat man oder man hat sie nicht; eine schlimme Nachricht entmutigt den Menschen und raubt ihm alle Lebenskraft oder er geht zuversichtlich und kämpferisch in die Zukunft. Vielmehr ist der Mensch lernfähig, er kann sich im Prinzip an immer neue – auch schlimme – Situationen anpassen und die Wahrheit als Weg und als Zeit des Lebens gestalten. Der heute depressive Zustand kann morgen schon anders sein. Und: Hoffnung kann sich wandeln. Darauf verweist auch das sog. Zufriedenheitsparadoxon: Menschen mit bestimmten Krebserkrankungen schätzen ihre Lebensqualität in der Regel ebenso positiv ein wie gesunde Zeitgenossen (Köhle 2007: 1061). Auch wenn eine Hoffnung zusammenbricht, finden Menschen neue Sinnaussichten, weil die Kraft des Lebens offensichtlich nicht so einfach vergeht. Sie finden immer wieder Möglichkeiten, seelisch am Leben zu bleiben. Darauf dürfen auch die Helfer vertrauen, die den Patienten mit schwierigen Wahrheiten konfrontieren und auf diese Weise Hoffnungen ja auch untergraben:

> Hoffnung ist ein vielschichtiger Prozess, der nicht nur von medizinischen Tatsachen bestimmt wird – so sehr diese natürlich Auslöser und Begleitphänomene sind –, sondern oft weit mehr von psychischen, sozialen und spirituellen Faktoren, die im Patienten selten sofort, wohl aber im Lauf der Zeit wach und aktiviert werden können.

6.4.2 Die drei Dimensionen der Hoffnung

Entsprechend der Wandlungsmöglichkeit von Hoffnung kann sie mehrstufig beschrieben werden. Im Folgenden soll ein Modell von drei Dimensionen vorgestellt werden, das den Helfern ermöglicht, das Phänomen Hoffnung weder abgehoben und abstrakt, noch vordergründig (»Kopf hoch«) zu sehen, sondern differenziert und kreativ damit umzugehen.

(1) Hoffnung als Erwartung

Die erste Art von Hoffnung richtet sich auf konkrete Inhalte: dass etwas ganz Bestimmtes eintritt. Sie wird allgemein als ›Erwartung‹ bezeichnet (vgl. z. B. Kast 2008 a: 173 ff.). Als erstes springt im Menschen naturgemäß die Erwartung einer somatischen Reparaturmöglichkeit an. Am Soma, am Leib, hängt ja die ganze Existenz des Menschen in dieser Welt. Die erste intensive Hoffnung richtet sich also auf beobachtbare und absehbar realisierbare Erfüllungen. Gegenüber dem Arzt wacht natürlich als erstes die Erwartung auf, dass das Ergebnis einer Untersuchung nicht beunruhigend ist, dass bei dieser Operation der ganze Krebs entfernt wurde oder dass die Chemotherapie auch die verstreuten Krebszellen vernichten wird.

Die Erwartung basiert auf der Alltagshoffnung, die davon ausgeht, dass auch heute und in Zukunft alles gut geht, was auch gestern schon gut gegangen ist.

Wenn die Erwartungen sich nicht erfüllen. Wenn sich aber diese erste Hoffnung nicht bestätigt, wandelt sich der Inhalt von ›alles ist beseitigt‹ zur Hoffnung, dass die körperliche Begrenzung wenigstens in der Schwebe gehalten und die tödliche Bedrohung abgewehrt werden kann. Es ist natürlich höchst befriedigend, wenn die Helfer – vor allem die Ärzte – solche konkreten Möglichkeiten als Ankerpunkte in Aussicht stellen können. Diese nähren das Selbstwertgefühl und den Lebenswillen des Patienten. Aber auch wenn der Mediziner keine sinnvollen Möglichkeiten mehr anbieten kann, den Krankheitsprozess aufzuhalten, möchte er gerne immer weitere Behandlungsvorschläge machen und die Vorstellung der Machbarkeit aufrechterhalten.

Erwartungen sind kleine und große Rettungsinseln im Meer einer ungewissen Zukunft. Auch Illusionen haben die Funktion von Inseln, auf die sich der Patient retten kann, um wieder zu sich zu finden und im Kampf mit dem Meer zu Atem zu kommen.

Was aber geschieht, wenn eine um die andere Erwartungshoffnung zusammenbricht, wenn diese Inseln weggespült werden? Was geschieht, wenn der Patient auf die Palliativstation verlegt wird und der Aufnahmearzt das Signal von ›curativ‹ auf ›palliativ‹ umstellen muss und alle bisher beschwichtigten Zukunftsängste und die Hoffnungslosigkeit wieder auftauchen? Für den Patienten heißt das ja, dass auch dort nichts mehr gegen die fortschreitende Krankheit gemacht wird.

(2) Hoffnung ›mittlerer Transzendenz‹

Hier kommt eine zweite Art von Hoffnung ins Spiel: die Hoffnung, die über die konkret erfüllbare Erwartung hinausgeht. Diese wird umso wichtiger, je weniger Einzelerwartungen und die Hoffnung auf endgültige Wiederherstellung der Gesundheit sich erfüllen.

> ❖ »Wenn ich doch mal nur wieder sonntags mit meiner Familie am Tisch sitzen könnte … «, sagt die schwerkranke Frau N., die zudem nichts Festes mehr essen kann.

Symbole haben ein Hoffnungspotenzial. Diese Hoffnung hört sich zunächst wie eine erfüllbare Erwartung an – und vielleicht können die Ärzte und die Ehrenamtlichen es möglich machen, dass Frau N. dieser Wunsch einmal erfüllt wird. Aber auch, wenn er konkret nicht realisiert werden kann: Frau N. ist zwar in diesem Augenblick nicht körperlich zu Hause, aber alle Qualitäten dieses »sonntags mit meiner Familie am Tisch«: alle Verbundenheit, der Stolz, sie alle um sich versammeln zu können, gemocht zu werden, mit ihrem Kochen und ihrer Art zu dieser Gemeinsamkeit beizutragen, das, bei aller Alltäglichkeit, sonntäglich Festliche ist jetzt in ihr mit seinem Gehalt anwesend. Symbole entfalten ihre Wirkung auch (und oft im Wesentlichen erst), weil das nicht Anwesende durch sie anwesend ist. Im ›Sonntag‹ dieser Frau ist die innere Qualität vieler sonntäglicher Mahlzeiten mit ihren vielen kleinen und großen Glückserfahrungen versammelt – dazu gehören sicher auch enttäuschende Momente, die aber von der positiven Gesamterfahrung mitgetragen werden. Demgegenüber wäre ein mit aller Kraft und medizinischer Hilfe arrangierter Familientisch vielleicht enttäuschend: Die Essenz ist mehr als ein realisierbares Einzelereignis. Vielleicht ist an diesem Sonntag der Lieblingsenkel nicht da oder das Essen schmeckt nicht so, wie sie es in Erinnerung hat. – Symbole hängen also nicht am jeweiligen Augenblick, an der jeweiligen Realisierung. In einem gewissen Sinn sind sie überzeitlich und so Träger von Hoffnung auch für die Zukunft.

Integrierende Kräfte aufrufen. Die konkreten Lebenserfahrungen haben neben ihren materiell sichtbaren auch innere Qualitäten, die den Menschen erfüllen und die ein unschätzbares Potenzial von Hoffnung bilden. ›Hoffnung‹ heißt dabei nicht: Der ehemalige Zustand ist wieder herstellbar, »es wird schon wieder werden«. Das am Beispiel des ›Sonntags‹ zutiefst Empfundene (die Verbundenheit, das gute Selbstgefühl, die geteilte Liebe) bleibt als Erfüllung jetzt und in Zukunft bei mir und wird mich auch in der Zukunft tragen.

> Ich gehe hier von der These aus: Es gibt im Menschen einen inneren Geist, eine integrierende Kraft, die ihn – auch bei weniger werdenden körperlichen Möglichkeiten – als Ganzes, als Subjekt immer noch leben lässt.

Das Leben in die Zukunft hinein entwerfen. Der Mensch hat Ressourcen, mit denen er sich in die Zukunft hinein entwirft: soziale, psychische, mentale und spirituelle Integrationskräfte. Auch wenn durch die fortschreitende Krankheit zunehmend Realisierungsmöglichkeiten eingeschränkt werden oder verloren gehen, den symbolischen Gehalt kann er immer wieder in sich aufrufen und – verstärkt durch die Resonanz der Begleiter – als wertvoll bei sich wissen. Der Realgehalt der Symbole ist immer weniger einlösbar, der Patient kann nicht mehr wirklich in die Toskana reisen. Aber sein Reiseführer auf dem Nachttisch ermöglicht, dass sich der Helfer mit ihm dorthin träumen und die Qualität von dort nach hier holen kann. Der Patient ist dann hier *und* dort; es gibt ein ›Sowohl – als Auch‹, nicht nur ein ›Entweder – Oder‹. Dann ist der Patient, zumindest momentan, ein integrierter Mensch. Der Mensch darf sich in der ersehnten Qualität hier und jetzt (und immer noch) aufhalten. Der Schwerkranke geht mal auf diese Seite des Wiegebalkens, wo er die im Symbol aufscheinende Erfüllung auslotet, und mal auf jene, wo er die bedrohte, weniger werdende Seite betritt (»Ja«, sagt seufzend Frau N., »vielleicht werde ich das nie mehr können.«) Der Patient umspielt im Ersehnten das Geheimnis seines Lebens und lotet es aus.

Der Zukunft ihr Geheimnis glauben. Das ist die Hauptaufgabe einer spirituellen Sorge im weiteren Sinn: das Lebensgeheimnis mit dem Patienten auszuloten und ihn dabei zu begleiten.

> In spiritueller Perspektive bedeutet also ›Hoffnung‹: Dem Leben – auch unter Einschränkungen – sein Geheimnis zutrauen, von dem auszugehen und auf das zuzugehen sich lohnt.

Dieses Geheimnis enthält Zukunft und Vergangenheit: Hoffnung wächst auch aus der vergewisserten Lebensspanne, aus dem vergegenwärtigten Sinn, der auch in Zukunft nicht vergeht, sondern seinen Wert behält. Diese zweite Stufe der Hoffnung ist nicht machbar, wohl aber kann sie in der Begleitung erwachen. Sie speist sich aus den Sinnkonstruktionen des Patienten und seinem Beziehungsnetz: »Hoffentlich wird etwas aus meinen Kindern.«, »… dass etwas Gutes von mir bleibt.« Zu solchen Hoffnungen der zweiten Kategorie kann sich die Hoffnung wandeln, wenn die Erwartungen erster Art zurücktreten und die Erwartungen einer Heilung nicht durch immer neue, nur dem Aufrechterhalten von Illusionen und der Beruhigung dienenden Behandlungsangebote genährt wird.

Die Zukunft mit Leben füllen. Dass sich die Hoffnung des Schwerkranken von der Erwartungs- zur spirituellen Perspektive wandelt, ist natürlich nicht garantiert. Die Helfer wissen nicht, ob der Patient sich für eine aktive Sterbehilfe entschließt oder ob er die Zukunft und damit sein Sterben mit nichtverfügbarem Leben mit dessen Abgründen und möglicherweise beglückenden Erfahrungen zu füllen bereit ist. Die Helfer können nur selbst die Zuversicht ausstrahlen, die eine unüberschaubare Zukunft als Geheimnis eröffnet, in das hineinzugehen Sinn macht. Und sie können dem Patienten zutrauen, dass er diesen Lernprozess schaffen kann, Erwartungen in Hoffnungen zu verwandeln: Auch in der chronischen (Sterbe-)Krankheit können wir immer auch noch Werdende sein.

Hoffnung in diesem zweiten Sinn äußert sich aber nicht nur in den ›großen‹ Entwürfen des Menschen (»dass etwas von mir bleibt«), sondern auch in den kleinen Zeichen, mit denen er seine Würde bewahrt: alleine zur Toilette gehen wollen, sich nach der Chemotherapie wieder schminken oder den Friseur bestellen, zu Hause auf dem geliebten Sofa liegen, obwohl das Pflegebett für alle praktischer wäre. Aber auch, dass er endlich einmal eine Nacht ruhig schlafen kann, dass die Schmerzmittel greifen, dass die Symptombehandlung gelingt. Es ist durchaus kein ›Rückfall‹ in die ersten Hoffnungen, wenn Schwerkranke bei der Symptombehandlung Hoffnungen auf Genesung entwickeln. Das ist eine Ruhebank auf dem Sterbeweg.

Erfüllungen, die über den Tod hinausreichen. Über die Alltagsbilder hinaus wird die Hoffnung innerlicher und wesentlicher, wenn Schwerkranke im alltäglichen Besuch durch die Familie etwas Tieferes erfahren: »Es ist gut, wenn Ihr kommt.« Darin liegt eine Erfüllung, die über diesen konkreten Besuch hinaus trägt. Dabei wird nämlich die Hoffnung gestärkt auf noch eine gute Zeit miteinander, die Erfahrung, dass es gute Beziehungen gibt, von deren Haltekraft man bis zum Ende getragen wird und die wohl über den Tod hinausreichen. – Es kann für einen Schwerkranken unendlich wertvoll sein, noch ein konkretes Ziel zu erreichen: sich mit einem Familienmitglied zu versöhnen oder die Hochzeit der Tochter, die Taufe der Enkelin noch mitzuerleben. Darin erfüllt sich – symbolisch gesehen –

mehr als ein paar Tage abgetrotzte Lebenszeit: Hier scheint die ›gute Ordnung der Welt‹ auf, die in der ganzen Lebensgeschichte, meist verborgen, das Leben mitgetragen hat und in der man hoffentlich auch sterben darf. – Die Hoffnung eines Schwerkranken kann sich darin zeigen, dass er Gestalter seiner verbleibenden Lebenszeit sein will. So kann der Sinn dieser Zeit für einen Menschen darin bestehen, sich bewusst auf das Sterben vorzubereiten und die ihm verbleibende Zeit mit der Befriedigung zu füllen, noch alles gut regeln zu können.

(3) Hoffnung mit jenseitiger Perspektive

Zukunft jenseits des Horizonts. Die dritte Art von Hoffnung hat durchaus Anschluss an die zweite Dimension: die Hoffnung mit überzeitlichem und überweltlichem Horizont. Dieser richtet sich darauf, dass das Leben auch jenseits des erfahrbaren Horizonts noch Zukunft hat. Letztlich geht es hier darum, dass Menschen ihrem Leben einen Sinn zutrauen, der, auch wenn das konkrete Leben eingeschränkt ist oder auf den Tod zugeht, weit über das erfahrbare Leben hinausgeht. Ein solcher transzendenter Sinn ist als etwas zutiefst Liebendes und Gutes jetzt schon bei ihnen und zugleich steht er noch aus: Er geht nicht schon hier in Erfüllung, sondern in seiner Fülle erst in der transzendenten Welt.

Die Hoffnung mit jenseitiger Perspektive enthält Gedanken wie:
o Ich werde im Gedächtnis meiner Lieben bleiben.
o Ich kann mich auf Gott oder eine höhere Macht auch in Sterben und Tod verlassen.
o In der Liebe Gottes wird sich meine ganze Sehnsucht erfüllen.
o Ein schwerkranker älterer Mann sagt: »Ich kann gut gehen, ich bin mit meinem Herrgott im Reinen.«

Die Zukunft vom ganz Anderen erwarten. In der religiös-transzendenten Hoffnung entwirft sich der Mensch nicht in eine gestaltlose Zukunft hinein. Alle irdische Hoffnung sagt: Es wird doch wohl gut ausgehen; es wird ein irgendwie gutes Ende haben. Die übernatürliche Hoffnung jedoch macht sich an einer jenseitigen Macht fest. Glaubende vertrauen das gute Ende dieser ganz anderen Macht an. Auch wenn es im Sinn der Welt nicht ›gut‹ geht, wenn es am Ende schwierig und enttäuschend ist: Der Glaube traut Gott eine ganz andere Fülle zu, als sie im diesseitigen Leben je erreichbar ist. Die transzendente Hoffnung geht entscheidend über die Erfüllung von Wünschen hinaus, wie man sich das Glück in dieser Welt vorstellt. Sie sagt: Es wird mit dem Menschen »auf eine alles Erwarten unendlich übertreffende Weise gut enden«, nämlich mit einem Leben in Fülle bei Gott. (Pieper 1950: 63)

Das Jenseits ist im Diesseits anwesend. Die religiöse Hoffnung richtet sich allerdings nicht ausschließlich auf ein gutes Jenseits, in das der Glaubende einmal nach diesem Leben aufgenommen wird. Vielmehr darf sich ein Gläubiger auch jetzt und in schweren Stunden von diesem guten Jenseits umgeben und darin geborgen wissen. Das ›Jenseits‹ der Religion ist nicht ein Ort oder eine Landschaft hinter dem irdischen Horizont und auch keine

Zeit nach dieser Zeit. Es ist vielmehr das Jenseits aller irdischen Zugänglichkeit, dessen Inhalt und Fülle von göttlicher Qualität ist. Von dieser heiligen Qualität darf sich der Glaubende auch im Diesseits umfangen, ergriffen und getragen fühlen. Der Mensch kann gerade deswegen diesem Heiligen seine ganze Existenz im Sterben – aber auch im ganzen Leben – anvertrauen und hingeben, weil es das unvergängliche Heilige ist und nicht das im Tod ja grundsätzlich vergehende Selbst- oder Menschengemachte. Ein religiöser Glaube verheißt also nicht nur eine jenseitige Zukunft, sondern er macht auch den Weg dorthin möglich: Wer sich im Sterben »auf ein Ziel hinter den hiesigen Zielen verlassen kann, der kann von diesem Leben weggehen und darauf vertrauen, dass er bei etwas unendlich Gutem ankommt.« (Gerl-Falkovitz 2001: 112)

Mit Gott ist der Tod keine Grenze. Dass zur Bewältigung des Sterbens auch der Ausgriff auf eine jenseitige Hoffnung gehört, darauf verweisen auch die Nahtoderfahrungen. Wie auch immer man sie erklärt, sie zeigen auf jeden Fall, dass es im Gehirn eine neuroanatomische Basis für transzendente Vorstellungen und für ein Jenseits des Todes gibt. Unser unbewusster Mensch ›versteht‹ etwas vom Leben nach dem Tod, vom großen Licht, von der Vereinigung mit den Vorausgegangenen, vom Himmel, vom großen Gastmahl, vom Paradies, vom Ort, an dem alle Tränen (und zwar von Gott und nicht von den irdischen Helfern) abgewischt werden. Überfordern wir Helfer uns also nicht: Gott wischt am Ende die Tränen ab – und der Tod ist sein Helfer. Religion trägt die Überzeugung, wenn Gott der transzendente Gott ist, dann kann es keine Grenze geben, ab der der Mensch aus dessen Leben gebender Macht herausfällt. Der Tod ist für Gott keine Grenze: Wenn Gott der Ursprung meines Lebens ist, ist er auch das Ziel, bei dem alles von mir aufgehoben ist und bleibt. Nahezu alle Religionen gehen davon aus, dass Gott auch im Tod Beziehung hält, da wo der Mensch nicht mehr über sich verfügt, und dass der Mensch aus dieser Beziehung nie mehr herausfällt.
So ist Religion die einzige Art, im Tod nicht einfach zu verlöschen, sondern zu neuem, ganz anderem Leben zu gelangen. Religion trägt die Verheißung, dass das Leben bleibt und sogar unendlich übertroffen wird, obwohl es vergeht.

6.4.3 Sterbenden Hoffnung eröffnen – Möglichkeiten für die Begleiter

Die Medizin der Moderne konnte (und kann) dem unheilbar erkrankten Menschen als Hoffnung nur die medizinisch basierte Verzögerung des Krankheitsprozesses anbieten. Darüber hinaus hat sie kein ›Prinzip Hoffnung‹ entwickelt.

Palliativmedizin und Hoffnung. Genau hier setzt das Paradigma der Palliativmedizin und -versorgung ein. Es schaltet um von der Sicht ›Krankheit bekämpfen‹ zur Sichtweise ›Der Körper ist unheilbar krank – aber was ist mit dem Menschen, der krank ist?‹

Die entscheidende Aufgabe der Palliativversorgung kann mit der These umschrieben werden:

> Die Identitätsstützen des Erkrankten werden durch die Krankheit zunehmend gefährdet und abgebaut. Sie können aber symbolisch ergänzt werden, so dass sich der Mensch immer noch und immer wieder als ›ganzer‹ erfahren und seinen Prozess mitgestalten kann. Das ist die Hoffnung, die das Palliativkonzept zu ›machen‹ im Stande ist.

- Die Mediziner, Arzt und Ärztin, können mit der Symptombehandlung den Körper nicht wiederherstellen. Mit einer guten Schmerzbehandlung jedoch wird der Leib insoweit integer, dass der Schwerkranke wieder zu sich kommen und sich als Person empfinden kann.
- Die Pflegenden helfen mit den pflegerischen Mitteln der Symptombehandlung, dass sich der Sterbende in gewissem Sinn als ein Ganzes erfahren kann.
- Die Sozialarbeit, die soziale Ängste behandelt, die Psychologie, die Störungen beseitigt, die ehrenamtlichen Besucher, die Seelsorger – sie alle helfen, die Integrität dieses Menschen zwar nicht physiologisch-objektiv, wohl aber subjektiv zu erhalten.

Der materielle Inhalt der Symbole ist nicht oder immer weniger einlösbar. Der Patient kann zum Beispiel nicht wirklich seine geliebten Berge noch einmal aufsuchen, aber wir können seine Sehnsucht mitträumen ›als ob es so wäre‹. Oder ein Anderer kann quasi nur symbolisch ersehnte Ziele verwirklichen und seinem Leben eine – wiederum symbolische – Abrundung geben. Er ist dann beides: sterbend und im Wesentlichen am Leben. Die Aufgabe, die Integrität des Patienten in diesem Sinne zu ermöglichen und ihm Hoffnungsräume zu eröffnen, ist interprofessionelle Arbeit.

Die Möglichkeiten der Helfer sollen im Folgenden zur Sprache kommen.

Arzt und Hoffnung

Die ärztliche Profession ist wohl am meisten mit der Erwartungshoffnung des Patienten befasst. Wenn diese Erwartung nicht erfüllt werden kann, ist die wichtigste Hoffnungsressource, die der Arzt anbieten kann, die Wahrhaftigkeit seiner Kommunikation und die Verlässlichkeit seines Beistandes. Da, wo für den Patienten die ganze Welt erschüttert ist, muss er in den Professionellen die Festigkeit der Welt spüren, um sein Selbst daran aufrichten zu können. Daraus kann der Patient im Tiefsten seines Herzens auf die Verlässlichkeit auch der Zukunft schließen und daraufhin seine Hoffnung richten.

Zu dieser Verlässlichkeit gehört:

- **Das Wahrhaftigsein,** also dass die Ärztin auf die Fragen des Patienten wahrhaftig eingeht, vielleicht den Patienten genauso viel zum Fragen anregt, wie sie selbst Informationen gibt. Wenn die Ärzte den Fragen des Patienten nach der Wahrheit ausweichen, weil sie die Hoffnung nicht nehmen wollen, wird letztlich die Verlässlichkeit nicht gefestigt. Wenn Hoffnungsangebote zudem unrealistisch sind (»Sie werden nach dieser

Bestrahlung wieder ganz gesund.«), kann das Gegenteil von Hoffnung die Folge sein.

- **Hoffnung erfragen.** Der Arzt sollte bei der Mitteilung der Diagnose den Patienten fragen, was dieser jetzt denkt oder empfindet. Erst wenn er etwas von den Gedanken und Gefühlen des Patienten und dadurch von seinem ›Geist‹ gehört hat, kann er mit ihm den weiteren Weg überlegen. Dann ist der medizinische Behandlungsweg eingebettet in die Vielfalt von Hoffnungsressourcen des Patienten. Diese Hoffnung hat mehr als nur eine medizinische Dimension: Der Arzt kann dann auch auf die sozialen und spirituellen Ressourcen im Patienten zu sprechen kommen. Ärzte können Hoffnung nicht wie eine Infusion geben, wohl aber sie im Dialog beim Patienten erfragen und sie realistisch ermutigen (Kappauf 2005: 39).
- **Dynamik der Hoffnung.** Arzt und Ärztin können nicht damit rechnen, dass im selben Augenblick, in dem die Diagnose mitgeteilt wird, auch Hoffnungsperspektiven im Patienten anspringen. Zur ärztlichen Spiritualität gehört es, die Tiefpunkte auszuhalten und zugleich die Hoffnung in sich zu tragen, dass die mitgeteilten Befunde eine Dynamik erst in Gang setzen. Die Ärzte dürfen die Hoffnung haben, dass der Patient erst auf dem weiteren Weg Ressourcen findet, die alle Professionellen unterstützen können.
- **Realistische Prognose.** Der Patient soll eine realistische Vorstellung von der ihm verbleibenden Zeit bekommen können, wenn er konkret danach fragt. Dann kann er seinen Hoffnungsprozess auch realistisch gestalten. Wenn der Patient eine konkrete Prognose wissen will, kann sich der Arzt durchaus am statistischen Maximum des Überlebens orientieren. Dieses Maximum ist ja eine statistische Möglichkeit und nicht reine Phantasie.
- **Stress reduzieren.** Zur Verlässlichkeit gehört auch, dass der ärztliche Dienst besonders nach Mitteilung der Diagnose, aber auch bei drängenden Fragen des Patienten verfügbar bleibt, dass Termine vereinbart werden und der Patient den Stress der Ungewissheit damit reduzieren kann. Verlässlichkeit bedeutet: Der Arzt muss nicht seine Zeit nur noch in der Nähe dieses Patienten verbringen, ihm wohl aber in kritischen Phasen beistehen. Oft festigt das Miteinander-Durchstehen einer Phase die Beziehung so, dass die weiteren Kontakte gar nicht mehr so viel reale Zeit brauchen.
- **Vom Sterben sprechen?** Verlässlichkeit heißt auch nicht, dass der Arzt von sich aus auf das Sterben zu sprechen kommen muss. Er bestimmt auch nicht den Übergang von der realen zur transzendentalen Hoffnung (Heidemann 1990: 59). Erst recht wäre es ein Kunstfehler, bei der Diagnose-Eröffnung ungefragt den Patienten auf seinen Glauben an ein Leben nach dem Tod anzusprechen. Damit würde der Arzt auf verdeckte Weise medizinische Aussichtslosigkeit signalisieren und zudem die Hoffnung auf eine rein jenseitige Perspektive reduzieren. Dies könnte auch den diesseitigen Hoffnungsprozess des Patienten behindern, der zu dessen Sterbeweg dazugehört.

Bei der Hoffnungssuche begleiten

Zur Hoffnungsfindung können und müssen letztlich alle Helfer, nicht nur die Ärzte, beitragen. Grundsätzliche Aufgabe dabei ist, die Kompetenz des Kranken so zu stärken, dass er selbst zum Neuentwurf eines Lebens *mit* der Krankheit und am Ende *mit* dem Sterben fähig ist. Dann kann er auch lernen, seine Heilungserwartungen in andere Hoffnungen zu verwandeln und sich auf neue Ziele auszurichten, wenn die alten Hoffnungen nicht in Erfüllung gehen.

- **Begegnungshoffnung.** Die Basis für spirituelle Hoffnungserfahrung ist das, was ich ›Begegnungshoffnung‹ nennen möchte: Patient und Helfender können auch im Berufsalltag – ausgesprochen oder unausgesprochen – so in Beziehung kommen, dass sich im ›Zwischenraum‹ ein tiefes Verstehen und Zu-sich-Kommen ereignet. Dann können beide Partner eine Selbsttranszendenz-Erfahrung machen: dass etwas Höheres möglich ist, das über sie beide hinausgeht. Dadurch eröffnet sich eine Dimension, die dem Leben eine Weite und Tiefe verheißt, die auch in die Zukunft hineinreicht.

- **Das Subjektsein stärken.** In der konkreten Hilfe der Medizin, der Pflege (z. B. Symptomkontrolle) kann sich erfüllen, dass man weiterhin Subjekt bleiben und menschenwürdig leben kann. Gerade die therapeutischen Berufe können den Weg des Patienten mit realistischen Möglichkeiten bestücken. – Zu Einschätzungen des Krankheitsverlaufs sind die nichtärztlichen Helfer allerdings nicht befugt. Aussagen wie »Auch mit Krebs kann man noch lange leben« kann glaubwürdig nur die ärztliche Fachperson machen.

- **Hoffnungsressourcen, die tiefer liegen.** Über die konkreten medizinischen und pflegerischen Mittel hinaus ist es für den Schwerkranken wichtig, dass die Helfenden auf seine Person mit ihrer ganz konkreten Geschichte eingehen. Der Patient selbst gibt den Helfenden immer wieder Schlüssel zu seiner Innenwelt, indem er von seinem Leben erzählt und auf mittelbare Weise zeigt, was ihm ›heilig‹ ist. Im persönlich Bedeutungsvollen, dem Beziehungs- und Familiennetz, den Urlaubszielen, den beruflichen Misserfolgen und Leistungen, den Kunst- und Naturerfahrungen sind auch Entwürfe, Ziele und Träume des Menschen verborgen, die im Gespräch mit den Begleitern ihr Hoffnungspotenzial entfalten: Der Patient zeigt darin etwas aus seinem Bedeutungs- und Werteschatz, von dem er hoffen darf, dass der auch beim körperlichen Verfall seinen Bestand hat. Es gilt daher, dem Schwerkranken so zuzuhören, dass die in den Symbolen gemeinten, also unter der Sachebene liegenden Werte zum Klingen kommen und gewürdigt werden. Im Umgang mit den Erzählungen und dem persönlich Ersehnten können die Helfer unendlich viel dazu beitragen, dass die darin verborgenen Potenziale ihre Kraft auch dann entfalten, wenn diese nicht mehr realistisch eingelöst werden können. Auch bei illusionären Vorstellungen können geschulte Begleiter durchaus mit dem Patienten zusammen herausfinden, was darin für eine tiefere ersehnte Wirklichkeit verborgen ist. Diese gilt es dann anzuschauen und zu würdigen.

- **Verlässlich sein.** Die Zuwendung der Helfer, die ehrlich und offen mit dem Patienten umgehen und seinen Gefühlsäußerungen, seinen Fragen, Zweifeln und Sorgen nicht ausweichen, nährt im Patienten die Hoffnung, dass er sich auch in Zukunft auf diese Treue und Festigkeit verlassen kann, also auch wenn die Zukunft neue Krisen bringt oder wenn die Therapierenden selbst die Enttäuschung über Misserfolge von Behandlungen hinnehmen müssen. Das Ausweichen der Helfer stellt jedoch die Signale auf Hoffnungslosigkeit: Was der Patient durchzumachen hat, ist offensichtlich nicht zum Aushalten und sinnlos.

- **Hoffnung auf ein Wunder.** Wenn der Patient von einem ›Wunder‹ spricht, darf der Begleiter, auch der Arzt, dies nicht einfach abtun. Er kann darin die Sehnsucht dieses Menschen erkennen und darauf Resonanz geben: »Das wäre natürlich das Schönste, was Ihnen passieren könnte.« Weitergehende Interventionen könnten sein: »Welches Wunder wäre das größte, wenn sich ihre Krankheit nicht vollständig heilen lässt?« Und: »Was wären denn Wunder, die Ihnen auf dem Weg mit der Krankheit begegnen könnten?« – Nach meiner Erfahrung hoffen nahezu alle Patienten auf ein Wunder, das gerade ihnen vergönnt ist.

- **Wertvoll sein bis zuletzt.** In der Zuwendung der Helfer wird auch beim Zerbrechen von Erwartungen für den Patienten erfahrbar, dass er als Person Bedeutung hat, dass er für die Professionellen auch dann noch wertvoll bleibt, wenn er deren Behandlungen nicht mit guten Ergebnissen honorieren kann. In der bleibenden Aufmerksamkeit der Helfenden darf er erfahren, dass es sich auch bei unangenehmem Geruch, bei offenen Tumoren, bei schwer erträglichen Gefühlsausbrüchen für ihn einzusetzen lohnt. Er darf hoffen, dass diese Würdigung seiner ganzen Persönlichkeit gilt und dass er auch bei vergehendem Leben wertvoll ist und über den Tod hinaus bleibt.

- **Rituale geben Ordnung.** Die Helfenden sollten sich nicht zuletzt ihrer beruflichen und begleitenden Rituale bewusst werden, durch die sie den Patienten spüren lassen, dass er in eine ›gute Ordnung‹ eingebettet ist, aus der er auch als Sterbender nicht herausfällt. Durch Rituale wird auch die Sterbezeit (implizit) als wertvolle Zeit qualifiziert. Hoffnung braucht »Trittsteine« (Ruthmarijke Smeding). Wenn Arzt und Pflegende dem Patienten immer wieder Etappen nennen (»Die Chemo dauert noch …«; »Sie haben schon sieben Bestrahlungen geschafft.«), dann findet er in der sonst entgleitenden Zeit Ankerpunkte, auf die er seine Energie konzentrieren kann. Alle Begleiter können die Zeit strukturieren helfen und so ein Durchhalten unterstützen.

Begleitung bei Hoffnungslosigkeit und Verzweiflung

Nicht alle Patienten schaffen es, ihre Hoffnung auf den Erfolg der medizinischen Behandlung bei deren Scheitern in neue Bahnen zu lenken und auf andere Horizonte auszurichten. Es gibt Menschen, deren Grundstruktur es ist, sich immer feste Ziele zu setzen und ihre ganze Hoffnung mit deren

Erreichen zu verbinden, also der Behandelbarkeit und letztlich Heilbarkeit ihrer Krankheit oder die ihres Kindes oder Partners. Es hilft wenig, wenn der Helfer (hoffentlich nur in seinem Inneren) ihnen direkte oder indirekte Vorwürfe machen und sie umpolen will.

Mögliche Interventionen. Bei tiefer gehender und immer wieder sich äußernder Hoffnungslosigkeit brauchen Schwerkranke gezielte Interventionen durch geschulte Helfer (Seelsorger, Psychologen, Sozialarbeiter). Angeregt durch die Ideen von Christina Puchalski (2006: 67 f.), möchte ich als Hilfen vorschlagen:

- Zunächst geht es darum, überhaupt die Trauer über das Scheitern zuzulassen und sie mit den Betroffenen zu ›teilen‹, das heißt, ihnen empathisch zu begegnen.
- Man kann nach Quellen von Hoffnung fragen, die bisher zu ihrem Leben gehört haben.
- Man kann mit dem Patienten Lebensmöglichkeiten anschauen, die sie bisher leben oder nicht leben konnten; Konflikte, die gelöst und solche, die nicht gelöst werden konnten; eine Liste von Träumen, die sie in sich tragen; Vorstellungen, die ihnen eminent wichtig sind. – Es ist dann weiterführend, eine Unterscheidung zu finden: welche davon noch in Erfüllung gehen können und welche sie werden aufgeben können oder müssen.
- »Was gibt Ihnen alles Bedeutung in Ihrem Leben? Was ist Ihnen – neben der Gesundheit – zutiefst heilig?«
- Der Begleiter kann direkt fragen: »Gibt es eine Spiritualität oder eine religiöse Einstellung, die Sie (bisher) am Leben hält?«
- »Was wäre gut, dass es noch geschehen soll?«

❖ Als Herr P. auf die Palliativstation verlegt wird und realisiert, dass nichts mehr gegen seine Grunderkrankung gemacht wird, bricht für ihn die Welt zusammen. »Kommen Sie mir ja nicht mit Ihren religiösen Sprüchen! Es ist sowieso alles hoffnungslos – was soll ich noch? Sagen Sie mir«, sagt er zum Seelsorger, »was das für einen Sinn machen soll?« Als der Seelsorger ihn fragt, wie er das bisher durchgestanden hat, antwortet er spontan: »Wenn ich meine Familie nicht hätte …«. – Für diese Liebe, die ihn umgibt, lohnt es sich sicher, bis zuletzt zu leben.

Vorstellungen, die gefangen halten. Patienten können Vorstellungen von sich selbst in sich tragen oder Bilder, von denen sie denken, dass sie denen gerecht zu werden hätten, die tief verborgen sein können und sie in ihrem inneren Prozess gefangen halten. So kann das Sterben als totales Versagen erlebt werden – vor sich selbst oder vor ihren Kindern, denen gegenüber sie glauben, nicht versagen oder die sie glauben, nicht im Stich lassen zu dürfen. Über solche Befürchtungen, über Selbst- und vermutete Fremdbilder zu sprechen, ist eher Aufgabe geschulter Begleiter. Dann kann manches vielleicht gemeinsam mit den betreffenden Angehörigen besprochen werden. So kann sich manches lösen und das Sterben gelebt werden.

Wenn das Leben gescheitert ist. Hoffnungslosigkeit und Verzweiflung können aber auch eine entscheidende, aber verborgene Sehnsucht enthalten, die im Angesicht des Todes aus dem Hinter- in den Vordergrund rückt. Wenn diese Sehnsucht im Gespräch benannt werden kann, gehört sie auch dann zu den Ressourcen des Schwerkranken, wenn sie nicht mehr ihre Erfüllung findet (z. B. weil es für dieses Leben zu spät ist). Der Begleiter kann mit ihm den Lebenstraum durchträumen, ›als ob es so gekommen wäre‹. Der Patient kann sich dann in gewissem Sinn ›ganz‹ empfinden, weil nicht nur die Verzweiflung, sondern auch diese Sehnsucht jetzt einen Platz in seinem inneren System findet und der Inhalt des Ersehnten jetzt da ist und mit zu seinem Reichtum gehört.

Stellvertreterhoffnung. Helfende repräsentieren gerade bei Hoffnungslosigkeit eine ›Stellvertreterhoffnung‹. Was die Betroffenen bei sich selbst derzeit nicht erwecken können, das tragen die Begegnenden aufgrund ihrer menschheitlichen oder seelsorglichen Rolle: dass es mit deinem Leben am Ende gut ausgeht, auch wenn es durch Leid und Sinnlosigkeit hindurchführt. »Hoffnung lässt leben – darum ist es lebensnotwendig, dass andere für mich hoffen, bis ich [vielleicht] selbst wieder ein Hoffender bin« (Kießling 2008: 299).

Sich über den Tod hinaus entwerfen

Menschen möchten im Geheimen, wenn sie schon diese Welt verlassen müssen, sich ihrer Bedeutung versichern, die das vergangene Leben wertvoll und ansehenswert macht und zugleich im Tod nicht verschwindet. Menschen können dann ›gut‹ sterben, wenn sich über die Heilungserwartungen hinaus die Hoffnung weitet und vertieft in:

➢ die Hoffnung, noch möglichst viel kostbare gemeinsame Zeit mit den Menschen zu haben, die man liebt und sich dieser Liebe im Tod und darüber hinaus gewiss sein zu dürfen;
➢ die Hoffnung, dass Wichtiges noch geordnet werden kann und dadurch das Leben weitergeht: wenn z. B. die Tochter bald in das vom Vater gebaute Haus einziehen wird, auch wenn er selbst nicht mehr dabei sein kann;
➢ die Hoffnung, dass die Kinder ihren Weg schon machen werden, der Sterbende ihnen sein Zutrauen in ihr Leben mitgeben kann und er sie sozusagen gesegnet weiß;
➢ die Hoffnung, Spuren in der Welt zu hinterlassen: dass es mit ihrem Leben letztlich gut ist; dass es mit ihrer Familie, mit dem Geleisteten und ihren Werten am Ende gut ist und sie im Gedächtnis ihrer Lieben bleiben; die Hoffnung also, dass die Liebe stärker ist als der Tod;
➢ die Hoffnung auf einen schmerzfreien und friedlichen Tod, dass dann alles Leiden und Kämpfen ein Ende hat und man vielleicht in einer besseren Welt aufgehoben ist.
➢ Wichtig sind Gespräche vor allem dann, wenn Sterbende fürchten, es könne nichts von ihnen bleiben. Sie brauchen dann den glaubwürdigen Zuspruch eines Anderen, dass sie, vielleicht auch unter schwierigen Verhältnissen, das Beste aus ihrem Leben gemacht haben.

6.4.4 Von der jenseitigen Hoffnung

Bei vielen Menschen, die ihr Sterben erahnen oder die es offen kommunizieren können, weitet sich der Horizont über den überschaubaren des diesseitigen Lebens hinaus: Es zeichnet sich eine transzendente Hoffnung ab. ›Transzendent‹ im spezifischeren Sinn heißen Hoffnungen, wenn sie in die religiöse Dimension hineinreichen, also über die Hoffnung auf ein Fortleben in den geleisteten Taten und im Gedächtnis der Weiterlebenden hinaus. Auch Menschen mit einer spirituell oder religiös basierten Hoffnung durchlaufen selbstverständlich auch die Wandlungsgeschichte der hiesigen Hoffnungen. Zugleich aber haben diese mehr oder weniger Kontakt zu der Hoffnung auf eine höhere Macht, die das Diesseits und das Jenseits des Todes umspannt. Die religiöse Hoffnung ist, bei dieser höchsten Macht anzukommen, bei der alle irdischen Erwartungen und Hoffnungen ihre letzte und höchste Erfüllung finden. Für alle Helfer geht es nicht in erster Linie darum, von sich aus Bilder des Jenseits zu präsentieren, sondern die Zuversicht zu vermitteln, dass das Sterben in ein heiliges Geheimnis hinein mündet, das zutiefst gut ist. Dann kann der Patient seinen eigenen Weg dahin entwerfen.

Wie transzendente Hoffnungen formuliert werden. In der Perspektive der transzendenten Hoffnung liegt es, wenn Menschen hoffen,

- mit ihren Lieben auch über den Tod hinaus verbunden zu bleiben, weil der Himmel Gottes, das Ewige Sein, die kosmische Macht Lebende und Verstorbene in liebender Verbindung hält;
- dass sie vom Himmel her für die Weiterlebenden – vor allem für ihre Kinder – in ganz anderer Weise (z. B. wie Engel) da sein und sie beschützen können;
- dass sie mit den Vorausgegangenen vereint sein werden und dass auch die, die sie gehasst haben, ihnen verwandelt begegnen (es gibt Menschen, die Angst vor diesem Jenseits haben, in dem sie auf die im Leben Gehassten treffen könnten);
- mit allen Unfertigkeiten und aller Schuld bei Gott angenommen zu sein und dort eine tiefste Vergebung zu erfahren, aber auch jetzt schon versöhnt mit Gott und der Welt sterben zu können;
- dass die Zusage des Glaubens in Erfüllung geht, dass Gottes Geist und heilige Engel sie durch die Bewusstlosigkeit des Sterbens und das Dunkel des Todes geleiten werden;
- dass alles Kranke und Schmerzhafte zur Ruhe gebracht und dass am Ende alles gut wird;
- dass der Tod ein Durchgang zur jenseitigen Welt ist, in der eine alle Erwartungen übertreffende Seligkeit bei Gott auf den Menschen wartet.

Religiöse Menschen können leichter sterben. Menschen mit solchen Jenseits-Vorstellungen und einem religiösen Glauben können im Durchschnitt besser sterben, weil das Jenseitige ihnen Kraft für das diesseitige Sterben gibt. (Vgl. z. B. Lamers 2003; Samarel 2003: 142; Weiser 2003; Pompey 1998) Sie fürchten wohl die Trennung von ihren Lieben, weniger aber das Sterben selbst. (Samarel 1991: 64 f.) Neueste Untersuchungen (Balbony et al. 2010:

445) bestätigen, dass todkranke Patienten, die spirituell begleitet werden und solche mit religiösen Bewältigungsformen eher bereit sind, in ein Hospiz zu gehen und weniger aggressive Therapien in Anspruch zu nehmen. Sie haben eine höhere Lebensqualität.

Der Glaube an ein Weiterleben nach dem Tod liegt im Horizont fast aller Religionen. Explizit und als Kern ihrer Hoffnung verkündet die christliche Religion die Auferstehung der Toten: Jesus Christus ist selbst durch das tiefe Tal des Todes, den tiefsten Punkt der Existenz überhaupt gegangen. Gott aber hat ihn durch den Tod hindurch gerettet und zum ewigen Leben auferweckt. Diese Auferstehung ist allen Menschen verheißen und damit prinzipiell die vernichtende Macht des Todes überwunden.

Hoffnung zusagen? Eine ausdrücklich religiöse Hoffnung können die Helfenden nicht ›machen‹ oder einen Menschen dazu überreden. Sie können Patienten aber bei diesen Gesprächen nach ihrer Hoffnung und ihren Vorstellungen vom Jenseits des Todes fragen und deren Ideen moderierend begleiten. Helfer, die selbst religiös sind und mit deren religiöser Unterstützung der Patient einverstanden ist, können dem Sterbenden auch Hoffnung zusagen:

- »dass wir Sie bis zum Tor begleiten können. Dort holen Engel Sie ab«;
- dass Sterben ein Weg ins Licht ist;
- dass das ewige Leben die Befreiung von allem Leid ist;
- »dass Gottes Heiliger Geist auch im Tod und darüber hinaus bei Ihnen bleibt«;
- dass das Sterben in das Geheimnis Gottes hinein geschieht.

Ohne explizit religiösen Kontrakt können Begleiter aber auch sagen,
- »dass Sie sicher bei etwas Gutem ankommen.«
- »Meine Überzeugung ist, dass wir in einem größeren Leben aufgehoben sind, wenn wir sterben.«

Dieses ›Leben‹ oder ›Gute‹ muss dabei nicht näher erklärt werden. Auch wenn sie keine eigene religiöse Überzeugung haben, können die Helfenden dem sterbenden Patienten sagen: »Es wird alles gut.« Dieses Wort ist kein Schön-Reden. Vielmehr heißt das: Alles, was du gelebt hast, was du jetzt durchmachst, mündet in eine allumfassende Leidfreiheit und einen tiefen Frieden. – Das ist eine Hoffnung, in die jedes Leben eingebettet ist und die in jedem Leben aufblitzen oder in tieferen Lebenserfahrungen durchscheinen kann. Begleiter beziehen sich dann auf eine Ur-Hoffnung, die im Ur-Vertrauen gründet (vgl. Kast 2008 a: 175 f.).

6.4.5 Wie Seelsorge die Hoffnungsfindung begleitet

Die irdische Hoffnung nicht überspringen. Auch die Seelsorgenden und die spirituellen Begleiter dürfen nicht die irdisch basierten Hoffnungen der Menschen überspringen und beziehungslos auf die überirdischen Hoffnungen verweisen. Begleiter dürfen nicht davon ausgehen, Schwerkranken immer sofort die ganz große Hoffnung machen zu müssen. Es ist auch für den Patienten wesentlich hilfreicher, von ›Wegen‹ (Hartwig von Papen) zu sprechen und im Gebet Gott um Wege zu bitten, die er einem zeigt und die »durch all das hindurchführen« und von der »nächsten Etappe, für die Gott den Segen geben möge«. Oft erfahren Patienten die Vielfalt der kleinen und großen Hoffnungsentwürfe erst auf dem Weg, den sie mit der Krankheit gehen.

Seelsorge stellt Transzendenz dar. Religionsvertreter repräsentieren durch ihre Rolle eine Über-den-Tod-hinaus-Transzendenz. Die seelsorgliche Beziehung symbolisiert einen Glaubensraum, der in vielen Menschen eine ›Hoffnung überhaupt‹ wachruft, die irgendwie auch ein unvergängliches Jenseits umfasst. Zugleich vermittelt diese Hoffnung einen Trost auch im Diesseits. Dies wird nicht bei jedem Patienten explizit entfaltet. Die Beziehung wirkt eher indirekt und stellvertretend: Patienten können den Container dieser Rolle nutzen, um ihre eigene Hoffnung damit zu ernähren, auch wenn sie selbst keine konkreten Bilder und keine Sprache dafür haben. »Ein Glaube in den Vorhöfen der Hoffnung. Wer wollte ihn verachten?« (Steffensky 2006: 64)

Den tieferen Gehalt erschließen. Die spirituellen Begleiter sind darin erfahren, die ›diesseitigen‹ Hoffnungen von Schwerkranken weiter zu erschließen. Das Grundprinzip ist die symbolische Kommunikation. Dabei versuchen sie, in dieser Art von Hoffnungen die tieferen Sehnsüchte, Werte und Gehalte zu verstehen und diese mit dem Patienten zu kommunizieren. Dabei zeigt sich, dass viele ›diesseitige‹ Hoffnungen auf transzendente Bedeutungen verweisen: Im Vordergrund wird das benannt, was Menschen als tiefste Erfüllung ersehnen.

> ❖ »Wenn ich doch noch einmal einen Viertausender besteigen könnte!« Im Gespräch zeigt sich, dass Herr A. bei seinen Bergtouren oft eine große Freiheit und unendliche Weite gespürt hat. Diese wird für ihn jetzt zum Bild für eine Hoffnung auf ein Aufgehobensein in der Sphäre Gottes.

Wenn im Gespräch mit dem spirituellen Begleiter dieser tiefere Sinn voller aufscheint, ist die irdische an die überirdische Hoffnung angebunden und wird von dieser ernährt. In diesem Sinn verstehen die Begleiter auch Illusionen und Phantasien als Hinweise auf tiefere Hoffnungen.

Die religiöse Hoffnung zur Sprache bringen. Die Religionen und ausdrücklich spirituellen Systeme haben einen großen Reichtum an Hoffnungsbildern. Diese große Hoffnung lässt sich nicht konkretistisch (»Morgen ist alles besser.«), sondern nur in poetischer Sprache mit Metaphern und Geschichten aussagen. Gerade die spirituelle Symbolsprache enthält eine größere Transzendenz als das schwer erträgliche Hier und Heute: In Bildern, Träumen und Verheißungen (»Ich hebe meine Augen auf zu den Bergen …« Psalm 121; »Im Haus des Herrn darf ich wohnen für lange Zeit« Psalm 23) kann sich der Mensch schon in der Qualität der heiligen Zukunft aufhalten, hat er schon die Empfindung des Zukünftigen im Herzen, auch wenn dessen volle Gestalt noch aussteht.

❖ Wenn Frau N., die sich danach sehnt, sonntags mit ihrer Familie wieder am Tisch sitzen zu können, beim Besuch des Seelsorgers das Gleichnis vom ›Großen Gastmahl‹ hört, darf sie ihre eigene Sonntags-Erfahrung darin wiederfinden und ihre tiefste Sehnsucht einmal in der ewigen Seligkeit erfüllt sehen.

Hoffnungsbilder ins Transzendente erweitern. Es bedarf allerdings einer großen Sorgfalt der Begleiter, solche Hoffnungsbilder nicht einfach zur Überblendung des Dunklen und Schweren, das der Patient äußert, zu benutzen und frommen Optimismus zu verbreiten. Seelsorge fragt zunächst eher: »Was ist für Sie das Große Gastmahl, die ›neue Erde‹, die Auferstehung Jesu?«, als dass Sie einfach die Botschaft verkündet. Die Helfer müssen herausspüren, was dem Patienten heilig ist, dann dürfen sie bekräftigen, dass das auch über das irdische Leben hinaus bestehen bleibt: dass die ein Leben lang geteilte Liebe nicht aufhört, dass auch »Ihr Leben seinen Segen hat, der über das Zeitliche hinausreicht«; dass alles sicher aufgehoben ist in einer ewigen Liebe, einer ewigen Ordnung, einer ganz anderen Welt, einer ewigen Seligkeit.

Das Geheimnis bewohnen lernen. Als spirituelle Hoch-Zeit kann der Seelsorgende immer wieder den Hoffnungsdialog mit Patienten erfahren, wenn er sie in Schwellenzeiten und am Beginn neuer Herausforderungen fragt:

> »Können Sie sich vorstellen, das Kommende (den Weg, der vor Ihnen liegt; das Leben mit diesem Krebs; die Zeit hier auf der Palliativstation; die schwierige Behandlung der nächsten Wochen; dass medizinisch jetzt nichts mehr gegen das Fortschreiten Ihrer Krankheit gemacht werden kann) als Geheimnis bewohnen zu lernen?« (Oder bei ausdrücklich spirituellen Patienten: »als spirituelles Geheimnis«, oder bei religiösen Patienten: »das Geheimnis, das Gott mit Ihnen vorhat«, oder »das Geheimnis, das nur Gott kennt.«)

Der Palliativgedanke impliziert Hoffnung

Im Sterben ist Leben möglich. Letztlich verkörpert eine Palliativeinstellung und -haltung der Helfer, also nicht erst eine Palliativstation oder ein Hospiz, eine wichtige Hoffnungsdimension. Wer Sterbenden auch in Krisen zugewandt bleibt, lebt eine Spiritualität, weil er ein ›Mehr‹ über die medizinischen Tatsachen hinaus darstellt, weil er einem ›Mehr‹ glaubt und von daher dem Schwerkranken treu bleiben kann. Die Hospiz- und Palliativphilosophie geht davon aus, dass im Sterben noch viel Leben möglich ist. Wenn die Helfer davon überzeugt sind und in ihrer Arbeit in vielen Querschnitten schon erfahren haben, dass Sterben ein Geheimnis ist, in das zu gehen sich lohnen kann, dann können sie diese Hoffnung bei jedem ihrer Patienten neu ausstrahlen. Die Helfer und Begleiter stehen für die Überzeugung, dass jedes Leid in einer größeren Hoffnung steht. Sie stellen diese Hoffnung dar, sie realisieren sie bei jedem Patienten, auch wenn sie dessen Leid letztlich nicht auflösen können.

Die Natur in eine Kultur der Hoffnung kleiden. Es ist ganz einfach die Treue bei ihrer Arbeit, die diese Hoffnung darstellt. Sonst wäre diese Arbeit ja sinnlos und ein reiner Ver- und Entsorgungsberuf. Dann würde man Sterbende sich selbst überlassen und warten, bis die Natur die Sache erledigt hat. Die Hoffnungsperspektive des palliativen Helfers ist eine andere. Sie ist dieselbe wie die des Schwerkranken: dem Leben auch unter Einschränkung sein Geheimnis zutrauen, in das mit dem Patienten zusammen hineinzugehen sich lohnt. Sterbebegleiter begegnen also der ›Natur‹ mit einer ›Kultur‹ der Hoffnung, die das Sterben mit Leben und Sinn füllt. Der Helfer kann diese Kultur allerdings selbst nur immer wieder neu leben, wenn er nicht nur seine Mitmenschlichkeit, sondern letztlich den spirituellen Container bei sich weiß (vgl. Kap. 4). Dieser hat als Grunddimension aller Betreuung das spirituelle Geheimnis, in das alles Leben, Leiden und Sterben seit Gottes- und Menschengedenken eingebettet ist. Dort kann der Helfer selbst Halt und Hoffnung finden, wenn Menschen sterben und letztlich alles Leben durch den Tod gehen muss.

6.5 Sterbezeit und Todesstunde spirituell begleiten

»Das wirkliche Problem ist der Konflikt zwischen Liebe und Tod.« (Hartmut Kraft)

»Nur das Geheimnis tröstet.« (Karl Rahner)

6.5.1 Die Bedeutung der perimortalen Zeit

»Als unser Vater im Krankenhaus starb, konnten wir alle mit dieser Situation nichts anfangen. Es gab kein Angebot für eine Verabschiedung. Mir fehlt da heute noch etwas.« So hört man Trauernde – auch nicht ausdrücklich religiöse Menschen – oft Jahre später noch reden. Die letzten Stunden des Sterbens, das Erleben beim Eintritt des Todes und die ersten Stunden danach können Angehörige oft bis ins Detail erinnern und davon nach Jahren noch erzählen. Der Tod eines Nahestehenden ist nicht nur emotional und sozial, sondern vor allem existenziell hoch bedeutsam. Untersuchungen zeigen, dass die fehlende Verabschiedung ein Faktor für erhöhte Trauerwerte ist (Weiser 2003). Die gemessenen Trauerwerte (gefühlte Trauer-Intensität, die die Betroffenen im Rückblick dieser Zeit zumessen) sind signifikant niedriger bei der Möglichkeit bewussten Abschiednehmens.

Eine neue Aufmerksamkeit. Es gibt immer noch viele Professionelle, die davon abraten, den Verstorbenen noch einmal zu sehen oder zu berühren (»Behalten Sie ihn so in Erinnerung, wie sie ihn aus guten Zeiten kennen.«) Nicht nur in der Zeit der Moderne, sondern bis in die jüngste Zeit sind die Mediziner darin geschult, den Tod zu verhindern. Auf die Situation und das Erleben der Angehörigen im unmittelbaren Umkreis des Todes sind viele Ärzte nicht eingestellt. Pflegende dagegen sind zunehmend besser darauf vorbereitet, das Geschehen in der Todesstunde noch in der Reichweite ihres Berufes zu sehen. Im Gefolge der Entwicklungen in Hospizbegleitung und Palliativmedizin wird jedoch zunehmend ein sensibleres Verhalten in der Sterbe- und der Todesstunde praktiziert. So muss inzwischen alle Trauer – die zum Sterben gehörige, die beim Eintritt des Todes und die nach dem Tod – als integrierter Prozess gesehen werden. (Smeding 2004: 156) (s. Abb. 6. 2)

Eine Lücke zwischen Sterben und Beerdigung. Auch die Trauer der Todesstunde ist ein intensiver und unaustauschbarer Teil der Gesamttrauer, der seine eigene Aufmerksamkeit braucht und nicht automatisch auf eine spätere Phase verschoben werden darf. Seit den 60er Jahren des letzten Jahrhunderts hatte man Vorstellungsmuster für die Sterbezeit (›Sterbephasen‹) und solche für die Trauer. Diese ›Trauerphasen‹ waren weitgehend an die für das Sterben angelehnt. So gab es wohl plausibel erscheinende Konzepte für das Vorher und Nachher; dazwischen war aber eine Lücke geblieben: die eigentliche Sterbe- und die Todesstunde. Begleitungs- und Gestaltungsangebote für die letzten Stunden vor dem Tod und die erste Zeit am Totenbett werden inzwischen aber zunehmend als wichtig angesehen. (S. Weiher 1999 b, Lammer 2000)

Der moderne ›plötzliche Tod‹. Nun hat aber bezüglich der Realisierung des Sterbens und des Todes auch auf der Seite der Angehörigen in den letzten Jahrzehnten eine Verschiebung stattgefunden. Weil die Medizin das Sterben weithin in eine »chronische Krankheit« (Kappauf 2004: 133) verwandeln konnte, stellen sich die Betroffenen nicht nur im Krankenhaus, sondern auch bei der häuslichen Pflege immer mehr auf ›Krankheit‹ und kaum auf ›Sterben‹ ein. Daher sterben heute Menschen trotz medizinischer Aufklärung oft ›plötzlich und unerwartet‹. Denn bis kurz vor dem Tod hat die Medizin ja noch andere Signale gestellt, und die Angehörigen haben damit ihre Hoffnung auf ein Weiterleben genährt. Auch bei den letzten Atemzügen sagen Beistehende manchmal: »Das schaffst Du.« Oft haben die Angehörigen bis zuletzt ihre Trauer angehalten, um den Schwerkranken nicht zu belasten. Wenn einer aus der Mitte des Familiensystems tödlich bedroht ist, versucht wohl ein anderer Teil die Ausgleichsposition ›Hoffnung‹ zu besetzen, damit das Gleichgewicht des Systems erhalten bleibt. Weil zudem die Dramatik des Sterbeprozesses durch die Medizin lange Zeit in viele Seitenkanäle gelenkt werden konnte, ist das dramatische Erleben beim Eintritt des Todes umso unvermittelter. Tritt der Tod dann ein, geht plötzlich die Tür auf, und alle Hoffnung bricht zusammen: Subjektiv wird der Todeseintritt ›plötzlich‹ erlebt. Teilnehmer von Trauergruppen berichten zum Beispiel, dass man zwar den Tod immer wieder (meist heimlich) vorausphantasieren kann, dass aber die Wirklichkeit bei seinem Eintreten dann doch ganz anders ist. (Smeding 2004: 156) – Das Erleben des plötzlichen Todes verschärft die Notwendigkeit einer Unterstützung und Begleitung bereits in den ersten Stunden dieses Erlebens.

Spiritualität und Religion bei Sterben und Tod
Zu allen Zeiten und in wohl allen Kulturen gibt es Vorstellungen von dem, was im Tod und mit den Toten geschieht. Dass das Leben stirbt, ist eine universelle Erfahrung.

Den Tod können wir nicht er-leben. Was im Tod mit dem Menschen geschieht, ist der menschlichen Direkterfahrung allerdings völlig entzogen (Beinert 2000: 7, Fuchs 2007). Der Tod ist ein Geheimnis des Lebens. Er bildet für alles Leben eine unausweichliche Grenze. Das wirft die Frage nach einem Jenseits dieser Grenze auf: Die Menschen konnten sich nicht vorstellen, dass das Leben im Nichts endet. Erst die Moderne hat alles, was über das sinnlich Wahrnehmbare hinausreicht, für bedeutungslos und als Nichts erklärt.

Über die Grenze hinausglauben. Es ist zumindest subjektive Erfahrung, dass die Verstorbenen auch über den Tod hinaus mit den Weiterlebenden verbunden sind und dass ihr Leben und offensichtlich die gemeinsame Liebe (Klass et al. 1996) im Tod nicht aufhört. Das ist wohl eine anthropologische Basis dafür, dass die Menschen vieler Kulturen ihre Toten in einer jenseitigen Welt glaubten und glauben. So ist es auch eine wichtige Funktion aller Religionen, Modelle und Bilder von einem Jenseits des Todes zu formulieren und anzubieten. Nach der christlichen Theologie ist das Jenseits kein konkreter Ort, keine Zeit und keine Landschaft, sondern »totaliter aliter«, gänzlich anders. Dennoch haben auch die Menschen des christlichen Kulturkreises sich dieses Jenseits konkret vorgestellt und Bilder davon entworfen. Zudem zeigt die Trauerforschung, dass »ein starker Glaube an ein Leben nach dem Tod ein erleichternder Faktor« für die Trauer ist (Lamers 2003).

Religion als Trauerhilfe. Da der Tod zudem eine grundsätzliche Bestimmung allen Lebens ist, gehört er auch zu jeder Sinnkonstruktion, die sich Menschen vom Leben auf dieser Welt machen: Jede Lebens- und Weltanschauung muss das Faktum ›Tod‹ in ihr System integrieren. Es hat wohl jede Kultur Denk- und Verhaltensweisen entwickelt, die Sterben und Tod bewältigbar machen. Wer denkt, die Welt sei sinnlos, hat größere Schwierigkeiten mit dem Tod als ein Mensch mit einer positiven Weltanschauung (Lamers ebda.). So finden auch Ochsmann und Weiser höhere Trauerwerte bei Menschen, die keine Religion und keine integrierenden Glaubensüberzeugungen haben. (Weiser 2003)
Die spirituelle und kulturelle Deutung des Todes und des ›Darüber-Hinaus‹ leitet also in erheblichem Maß das Verstehen und damit die Integrationsmöglichkeit dieser elementaren Erfahrungen.

Wann das Sterben ›gut‹ wird. Nun vollzieht sich in der Postmoderne das Sterben längst nicht mehr in einer einheitlichen und in einer von allen Menschen geteilten Spiritualität. Es existieren viele Einstellungen nebeneinander. Die westliche Haltung der Spiritualität gegenüber heißt: ›Sterben und Tod, das ist eine ganz individuelle Angelegenheit‹ (vgl. Knoblauch 1999: 289), das muss jeder mit einer persönlichen Spiritualität auffangen. Allerdings beginnt sich in der Postmoderne die Szene zu wandeln. Es gibt in den westlichen Ländern viele Mikro- und Makrokulturen und verschiedene Religionen, die die Einstellung prägen, mit der ein Mensch stirbt und mit der die Weiterlebenden trauern. Es ist in einer Zeit der Multikulturalität daher eminent wichtig, Menschen so zu begleiten, dass sie im Geist ihrer

Kultur und ihrer Religion sterben und trauern können. Nur dann wird ihr Sterben ›gut‹, nur dann hat der Tod einen ›Sinn‹, wenn sie ihn im Deutungsrahmen ihrer Weltanschauung vollziehen und von einem höchsten Prinzip her gesegnet wissen.

An den Knotenpunkten des Lebens, erst recht in Todesnähe, sind alle Betroffenen existenziell ungesichert und daher besonders verletzlich und zugleich auf einen ›Segen‹ angewiesen. Es ist daher unverzichtbar, dass die Helfer und Begleiter achtsam sind für die kulturelle und religiöse Einbindung der Sterbenden und Trauernden. (Diesem Anliegen widmet sich in überzeugender Weise Birgit Heller 2003.)

Die Todesstunde: eine heilige Zeit. Noch vor jeder kulturellen und religiösen Differenzierung jedoch will das Geschehen um den Tod grundsätzlich in spirituell-existenzieller Perspektive gesehen werden. Man kann sicher ohne Überhöhung sagen: Die Todesstunde eines Menschen ist – auch menschheitlich gesehen – ein heiliger Augenblick. ›Heilig‹ soll hier heißen: ein Moment von höchster Bedeutung, der den Menschen zutiefst ergreift und ihn zugleich über sich hinaushebt und der einen höchsten Wert offenbart. »Du Herr, hast ihn [den Menschen] nur wenig geringer gemacht als Gott«, sagt der Psalm (Ps. 8).

Ein heiliges Geschehen ist es,

- wenn ein Mensch durch Zeugung und Geburt das Geheimnis dieser Welt betritt;
- wenn der Mensch mit dem Machbaren, aber auch Unverfügbaren dieser Welt seine Lebensgestalt formt;
- wenn er sich mit den Konstruktionen anderer Menschen verbindet und mit ihnen zusammen den Lebenssinn weiterentwickelt und vertieft;
- wenn er das Mühevolle und die großartige Verheißung des Lebens in sein persönliches Geheimnis verwandelt, das er einmal der Welt hinterlässt;
- wenn er am Ende die Existenz in dieser Welt wieder aufgibt und in das große Geheimnis ›Tod‹ eingeht, das auf alles Leben wartet.

Kein Verlöschen, sondern Übergabe. Die Religionen deuten dieses Geheimnis des Lebens von einem höchsten Heiligen her: Ihm verdankt sich das Wunder des Lebens, und in dieses unergründlich Heilige hinein mündet es am Ende. Im Tod bleibt die Zeit stehen und zugleich wird sie um eine entscheidende Dimension erweitert: um die Ewigkeit. Der Sterbende überlässt sich jetzt endgültig der Ewigkeit und dem Ewigen. Das bedeutet ›heilig‹ in religiöser Perspektive. Den Übergang an diesem Knotenpunkt des Lebens kann man natürlich auch rein materiell als Augenblick des »Verlöschens aller Lebensfunktionen« (Pschyrembel 2007) sehen. Man kann ihn aber auch ausdrücklich ›begehen‹ und ihm Bedeutung geben. Alle Helfer, die in ihrer Tätigkeit dem Tod und den Toten begegnen, können diese Begegnung als heiligen Augenblick qualifizieren, der nicht erst durch bestimmte Formen einer Religion, sondern in einer spirituellen Einstellung und Haltung seine Bedeutung erfährt.

6.5.2 Kein Absturz, sondern eine ›Schleuse‹

Bevor die Möglichkeiten und Aufgaben der Helfer thematisiert werden, soll hier das Modell der »Trauerschleuse« vorgestellt werden. (S. Abb. 6.5) Ruthmarijke Smeding hat dieses Modell entwickelt, um die Aufgaben der Helfer in der Zeit um den Tod zu verorten (erstmals veröffentlicht: Smeding, Weiher 1999 b). Das Bild von der ›Schleuse‹ geht davon aus, dass das Sterben eines Menschen ein Übergang ist, der seine Zeit braucht. Zwar mündet medizinisch gesehen das Sterben in einen klar feststellbaren Zeitpunkt: den durch medizinische Kennzeichen definierten Tod. Emotional und existenziell gesehen ist der Tod für die Betroffenen jedoch kein abgrenzbarer Augenblick. Das ›Boot des Lebens‹, das bisher den ›Lebensfluss‹ hinabfuhr, darf nicht einfach den Todeskatarakt hinabstürzen. Es wird vielmehr durch die Verfahren und Rituale der Gesellschaft wie durch eine ›Schleuse‹ geleitet, so dass das Schiff vom Niveau ›Leben‹ auf das Niveau ›Tod‹ bzw. ›Trauer‹ gesenkt wird. Das Lebensschiff zerschellt also nicht einfach, sondern die Verstorbenen bekommen am Ende der Schleuse einen Platz unter den Toten (durch die Beerdigung) und die Weiterlebenden einen Platz in der Welt als Trauernde. In vielen Gesellschaften und Kulturen gab und gibt es diese Übergangszeit, in der der Sterbende zum Toten wird und die Angehörigen zu Trauernden werden.

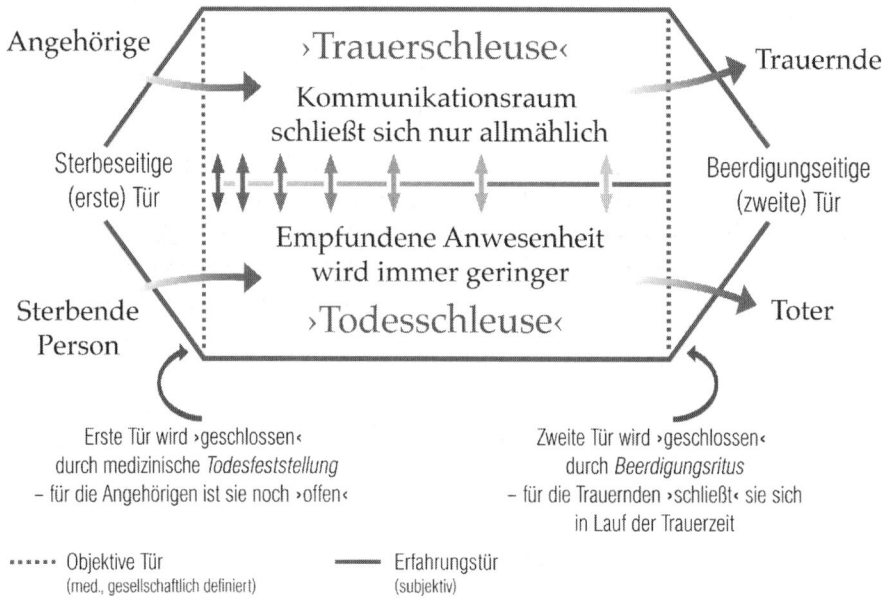

Abb. 6.5: Trauerschleuse: Der Weg durch die Schleusenzeit®

Keine ›Verleugnung‹, sondern Anpassung. Die Helfer, die immer wieder in der Endphase des Sterbens dabei sind, können diesen Übergang wahrnehmen: Die Umstehenden können den Tod oft noch nicht sofort realisieren. Ein Leben lang haben sie den vertrauten Menschen als Lebenden gesehen, gehört, gerochen, gespürt, gefühlt. Sie können ihr inneres Wahrnehmungssystem gar nicht so schnell anpassen. Das hat nichts mit Verleugnung (»Die wollen den Tod nur nicht wahrhaben.«) zu tun, sondern damit, dass in unserem Gehirn zu den Sinneseindrücken auch die Erinnerungen und Gefühle mitaufgerufen und so lebendige Gestalten gebildet werden. Das Urteil ›Verleugnung des Todes‹ beruht auf der psychologischen Deutung eines biologisch basierten Vorgangs: Die Synapsen im Gehirn können sich nicht so schnell umstellen von ›gerade noch lebend‹ auf ›jetzt schon tot‹. Die alten Verbindungen funktionieren noch eine Zeitlang. Die Betroffenen sind in einem Übergangszustand, der für viele Menschen anders ist als alles, was sie sich vorgestellt und bisher erlebt haben.

Den Tod antizipieren? Auch wenn sie vom baldigen Tod des Patienten ausgehen müssen, ist es den Angehörigen kaum möglich, auf den Eintritt des Todes gefasst zu sein und sofort auf die ›objektive‹ Wirklichkeit umzuschalten. Die Angehörigen können vielleicht rational und praktisch die Todeszeit antizipieren und Rollenanteile vorauslernen (z. B. die Verhandlung mit Behörden führen, was bisher die Domäne des Kranken war). Emotional aber kann man den Tod nicht vorwegnehmen (Randolph Ochsmann, mündlich), weil man das (noch) nicht empfinden kann, wie es wirklich ist, wenn der Angehörige nicht mehr lebt.

Es ist noch Kommunikation möglich. Hier ist das Bild von der Trauerschleuse hilfreich: Wenn die Sterbezeit im engeren Sinn eintritt, öffnet sich zwar für alle die ›vordere‹ Tür der Schleuse: Die Möglichkeit des Todes wird konkret; aber noch steht die Tür ›offen‹, noch ist der Mensch, wenn auch vielleicht im Koma oder zur Reaktion nicht mehr fähig, unter den Lebenden. Solange sein Körper noch Wärme hat, ist der Mensch noch da und Adressat von Liebe und Verbundenheit. Das gilt auch dann noch, wenn die Monitore den Herzstillstand anzeigen. Auch dann ist für die Beziehungspartner die erste Tür der Schleuse noch eine Zeitlang offen; sie sehen ihn »noch atmen« oder »sich bewegen«. Der Kommunikationsraum zwischen ihnen und dem Verstorbenen ist noch offen und – subjektiv – resonanzfähig. In den meisten religiösen Traditionen wird das Erleben der Betroffenen von einer spirituellen Weisheit gestützt: Der Tod ist nicht ein punktuelles Ereignis, sondern ein zeitlich gestreckter Prozess, der je nach Kultur oder Religion Stunden oder Tage dauert. Es sollte die Helfer also nicht irritieren, dass die Nahestehenden den gerade Verstorbenen zeitweilig noch wie einen Lebenden und z. B. noch atmen sehen. Es gilt vielmehr, dieses Erleben zu begleiten: »Ja, wie wenn er sich noch einmal bewegt hätte«, »wie wenn er noch geatmet hätte«. Das ›wie wenn‹ lässt das Erleben der Umstehenden gelten und zugleich bringt es behutsam in Erinnerung, dass die Realität wohl eine andere ist.

Den Eintritt in die Schleuse begleiten. In der Entwicklung der Trauer-Unterstützung mussten wir in den letzten Jahren erheblich umdenken. Die ›Trauerphasen‹ haben bis in die letzte Zeit als erste Reaktion der Angehörigen den ›Schock‹ und die Verleugnung genannt. Die Angehörigen galten nach Eintritt des Todes wie in Narkose, wie in Watte und unfähig, Worte und Signale der Umgebung aufzunehmen. Davon wurde die Vorstellung abgeleitet, sie bräuchten in dieser Stunde Null keine Begleitung; mit der könnten sie sowieso nichts anfangen. Wie das Konzept der Trauerschleuse besagt, bedarf die perimortale Situation höchster Aufmerksamkeit (s. Weiher 1999 b). 92% der Betroffenen geben in Untersuchungen an, (Glick, Weiss, Parkes 1974) *in der Zeit zwischen Todeseintritt und Beerdigung* – also in der Schleusenzeit® – sei ihr Trauererleben am heftigsten gewesen. In Trauergruppen berichten viele Menschen, dass der Tiefpunkt ihrer Erschütterung in der Zeit unmittelbar nach Eintritt des Todes war. Es ist zu vermuten, dass durch den zunehmend häufigen ›plötzlichen Tod‹ immer mehr Menschen das erleben. »Schon daran ist erkennbar, dass die sinnliche Aufmerksamkeit und die emotionale Präsenz der Betroffenen offenbar gerade in dieser allererersten Phase oft sehr hoch sind, auch wenn es nach außen nicht so scheint.« (Lammer 2000: 403)

Trittsteine für die Trauer. In dieser perimortalen Zeit gilt es also, sehr wohl Unterstützung und behutsame Begleitung anzubieten. Die Trauer der Sterbe- und Todesstunde gehört schließlich zum Gesamtschmerz und damit in die Reichweite aller Professionen. Die Reaktionen der Helfenden am Eingang zur Trauerschleuse können als Segen oder als Verletzung erfahren werden. Die guten Erfahrungen, die hier ermöglicht werden, können sich als »Trittsteine« (Smeding 2005: 153) für die Zeit der Trauer erweisen: Die Trauernden können auf gute Erinnerungen zurückgreifen, die ihnen im chaotischen Fluss der Trauer zu Ruhepunkten und Verbindungssymbolen werden. Hier also, am Sterbe- und Totenbett, setzt die Vorsorge für die Trauerzeit ein.

6.5.3 Unterstützung in der Sterbestunde

Wenn das Sterben wahrnehmbar einsetzt, gibt es für die Medizin und die Pflege eigentlich nichts mehr zu tun. Jede medizinische Handlung verliert jetzt ihren Sinn. Aber auch die Kommunikation mit dem Sterbenden ist immer weniger möglich: In der terminalen Phase kann der Sterbende selbst oft kaum noch Signale geben. Er scheint von den Umstehenden immer weiter wegzurücken, fällt in einen Schlaf, aus dem er immer seltener aufwacht, oder ins Koma. Bisher konnten die Angehörigen ihre Verbundenheit in Aktivitäten, in tägliche Besuche, in Organisatorisches umsetzen. Jetzt aber rückt mehr die symbolische Seite in den Vordergrund: was der Sterbende für einen bedeutet hat und bedeutet.

❖ »Wir bleiben selbstverständlich jetzt rund um die Uhr da. Das ist das Mindeste, was wir für sie tun können«, sagen die erwachsenen Kinder im Krankenhaus am Sterbebett der Mutter.

Diese Angehörigen können ihrer Anwesenheit Sinn geben. Andere sind oft völlig sprach- und hilflos. Da ist es für die Begleiter wichtig, dass sie ihnen Hilfestellung geben.

> **Noch etwas sagen?** Der Helfer kann zum Beispiel sagen: »Ihr Mann nimmt Sie sicher noch wahr, vielleicht weniger mit dem Verstand als mit der Seele. Er spürt, dass vertraute Menschen da sind; er hört, was Sie sagen, und seine Seele versteht, was Sie ihm wünschen.«
Zunehmend mehr Menschen antworten heute auf den Hinweis, sie könnten dem Sterbenden noch Wichtiges sagen: »Das habe ich heute Nacht schon getan und ich tue es immer wieder, wenn ich alleine bin.« Die Helfer müssen aber beachten, dass es nicht selbstverständlich ist, für Andere hörbar solche intimen Gespräche zu führen. Die Nahestehenden werden dies eher still für sich tun.

> **Raum für gute Beziehung.** In erster Linie jedoch sollten die Begleiter die Betroffenen fragen, was diese selbst jetzt brauchen, was sie für Fragen und Zweifel haben und woran jetzt zu denken ist. Vielleicht hat der Patient etwas gewünscht oder verfügt für die Sterbezeit (s. »spirituelle Verfügung« 6.1.3). Begleiter können auch fragen: »Was denken Sie, hätte Ihre Frau jetzt gerne, wenn sie es sagen könnte?« Dann kann man über vieles sprechen, was über das Funktionelle hinausgeht. Entscheidend ist, dass jetzt Zuneigung und Intimität zwischen Patient und den zu ihm Gehörigen ermöglicht wird.

> **Rasselatmung, Stöhnen ...** Wenn die Nahestehenden in das Geschehen einbezogen werden und es mitgestalten können, wird ihre Identität gestärkt, die in der Nähe des Todes ja besonders brüchig ist. Es wurde schon darauf hingewiesen, dass gerade Pflegekräfte den Angehörigen Handlungsmöglichkeiten anbieten können. Unter Anleitung von geschulten Pflegekräften können der Atem oder bestimmte Berührungen als Verbindungsmedien dienen. – Die finale ›Rasselatmung‹ z. B. belastet die Angehörigen sehr. Hier können die Professionellen durch Aufklärung hilfreich sein: Sie ist vermutlich weniger Ausdruck direkter Atemnot als »Atmen unter Schleimbedingungen« (Knipping 2006: 472). Gleichzeitig will die Sorge der Angehörigen auch als Ausdruck ihres Mitfühlens und ihrer Fürsorge gesehen werden. Auch das Stöhnen eines Sterbenden kann (bei Ausschluss von Schmerzen) begleitet werden: »Was denken Sie, was er vielleicht damit ausdrücken will?« »Denken Sie, dass es für ihn schwer ist, so wie Sie Ihren Mann kennen?« Oder: »Das ist für ihn vielleicht die einzige Möglichkeit, mit uns noch zu kommunizieren.« Dann bekommt auch das Stöhnen seinen Segen.

> **Sterben als ›Seelenarbeit‹ sehen.** Im Übrigen darf vieles, was für die Umstehenden schwer erträglich erscheint – bei guter Symptomkontrolle – spirituell interpretiert werden. Signalisieren nicht Unruhe, Stöhnen und ständige Bewegungen, dass sich im Sterben auch etwas Elementares vollzieht: dass das Leben diesen Leib verlässt und sich die Seele vom Körper löst? Soll dies alles ohne Erschütterung und ›Seelenarbeit‹ vonstatten gehen? Und sind nicht Menschen seit Urzeiten durch diesen Prozess gegangen, weil sie vom Schöpfer zu diesem letzten Schritt befähigt

sind? – Ich denke, dass wir Helfer uns getrost auf solche Vorstellungen stützen dürfen und so freier für das Dabeisein werden. – Vielleicht hilft den Angehörigen (und uns) auch der metaphorische Vergleich mit der Geburt: So wie das Kind aus der ihm vertrauten Welt in die noch gänzlich unbekannte außerhalb des Mutterleibes hinübergehen muss, so kann auch das Sterben als Weg in die andere Welt gesehen werden, der mit Seelenschmerz und Mühen verbunden ist.

- **Gespräche anregen.** Die Spiritualität der Nahestehenden kommt ausdrücklicher in Schwingung, wenn die Helfer ihnen Gelegenheit geben, aus der gemeinsamen Geschichte zu erzählen mit Fragen wie: »Wie lange kennen Sie sich eigentlich?« »Wer gehört eigentlich noch alles zur Familie?« »Sie haben sicher viel miteinander erlebt?« – Eher in den Bereich der Seelsorge gehören Themen wie: »Gab es auch schwierige und schwere Zeiten?« »Gibt es noch etwas, von dem Sie denken, dass es ihn quält oder belastet? Gibt es noch etwas Wichtiges, was Sie ihm sagen wollen? Auch Ihren Dank – oder ganz einfach, dass Sie ihn richtig lieben?« Auf jeden Fall können alle Helfer, auch der Arzt, die Ärztin, die Fürsorge und Leistung der Angehörigen würdigen und so indirekt deren spirituelle Ressourcen ansprechen.
- **Dem Sterbenden Gutes zusagen.** Die Begleiter haben oft auch das Bedürfnis, dem Sterbenden etwas Gutes zuzusagen, gerade wenn dieser kaum noch wahrnehmbar kommunizieren kann. Sie können dabei auf eher allgemeingültige Worte zurückgreifen. Auch wenn »Es wird alles gut« wie eine nichtssagende, hilflose Formel klingt: Hat dieser Satz nicht eine Weisheit und trägt er nicht die spirituelle Überzeugung des Helfers, dass auch das Sterben in einem menschheitlich sinnvollen Horizont steht, den man nicht viel anders als mit ›es‹, ›alles‹ und ›gut‹ ausdrücken kann? Alle Verworrenheit, Last und Mühe des Lebens werden im Tod abfallen und in ein großes Mysterium münden. – Oder kann nicht ein im Atemrhythmus des Sterbenden gesprochenes »Ja-Ja-Ja ...« die Überzeugung ausdrücken, dass die Wahrheit des Sterbens zur Wahrheit des Lebens gehört – eine Überzeugung, die zur Berufserfahrung des Helfers gehört? – Eine religiöse Version könnte heißen: »Dem Gott, der dich zum Leben geboren hat, kannst du auch im Sterben vertrauen.«
- **Am Sterbebett beten.** Begleitrituale der Religion können nur die Helfer anbieten, die dies mit dem Sterbenden oder seinen Angehörigen abgesprochen haben. Dazu gehören freie Gebete ebenso wie »mein Abendgebet«, das der Patient dem Helfer anvertraut hat, das geistliche Lieblingslied des Patienten oder ein Psalm. Der Begleiter wird im Gebet auch nicht einfach vom Tod sprechen, sondern eher vom ›Weg‹: »dass es ein guter Weg für Sie wird«, »dass Sie gut ankommen beim Herrgott« in der Überzeugung, dass der Tod nicht ein Zeitpunkt, sondern ein Prozess des Übergangs in eine andere Welt ist.
- **Spiritualität: oft implizit.** In der Zeit der Moderne haben sich in der westlichen Kultur viele vertraute Rituale und Begleitsymbole aufgelöst, so dass die Betroffenen ihre spirituellen und religiösen Bedürfnisse kaum noch formulieren und ihnen Form geben können. Im ›Vorder-

grund‹ sind sie ja mit allem anderen mehr beschäftigt als mit dem Ausdruck ihrer Spiritualität. Umso wichtiger ist es, dass hier die Seelsorge hilft, Spiritualität vom Hinter- in den Vordergrund zu bringen. Seelsorger sind heute geschult, auf unterschiedliche spirituelle Bedürfnisse ausdrücklich einzugehen oder auch die implizite Spiritualität so in Resonanz zu bringen, dass sie unterstützend das Sterben mitträgt.

➢ **Krankensalbung und ›Letzte Ölung‹.** Hier sei auch die Krankensalbung der katholischen Kirche erwähnt. Sie ist ein Sakrament, das beide Richtungen enthält:
- Als Salbung für die Kranken steht sie für den Trost der Religion in der Zeit der Krankheit. Sie hilft, zu den Wirkungen der Medizin, der Pflege und der menschlichen Zuwendung hinzu auch die spirituelle Integration des Menschen zu ermöglichen.
- In der Nähe des Todes wird die Salbung zum Sakrament für die Sterbenden, zur ›Letzten Ölung‹, die die finale Phase und die Schwelle zum Tod begehbar macht. Auch wenn der volkstümliche Name nicht gerade schön ist, ist die ›Letzte Ölung‹ für viele Katholiken ein vorzüglicher Ritus, bei dem sie all ihre Verbundenheit, alle Sorgen und am Ende auch den Sterbenden in die Hände Gottes legen können. Angehörige gehen dann getrösteter mit dem Sterben um. (Zur Diskussion um die ›Letzte Ölung‹ und zu einer angemessenen Gestaltung s. Weiher 1999 b: 54 ff.)

➢ **Sterbesegen.** In der katholischen Kirche wird die Frage nach weiteren Ritualmöglichkeiten für die Sterbestunde, neben der ›Wegzehrung‹ und der Krankensalbung, immer dringender. Die religiöse Situation am Sterbebett ist heute wesentlich vielfältiger als noch vor zwanzig Jahren.
Typische Beispiele sind:
  o Die Angehörigen sind der Kirche eng verbunden, während der Patient über viele Jahre keine Verbundenheit mehr erkennen ließ.
  o Die angehörige Ehefrau des Sterbenden ist gläubig, die Anderen in der Familie sind es nicht.
  o Der sterbende Sohn hat sich buddhistischem Gedankengut zugewandt, während seine Eltern gut katholisch sind.
  o Die Seelsorge wird von der Station zu einem alleinstehenden Sterbenden gerufen, damit der nicht ohne den Segen der Religion stirbt. Wenn dieser sich nicht mehr angemessen äußern kann, welche Möglichkeit bleibt dem Seelsorger?
  o Der Patient lehnt Besuche ›der Kirche‹ ab, lässt sich aber auf intensive Gespräche mit dem Seelsorger ein.
  o Der Patient hat regelmäßig die Krankenkommunion empfangen. Soll dieses selbe Zeichen jetzt plötzlich die ›Wegzehrung‹ für das Sterben sein?

Die Liste von Situationen, auf die die Seelsorge heute trifft, ließe sich noch weiterführen.
Für eine Vielzahl von Situationen müsste die Kirche den Seelsorgern weitere Möglichkeiten des spirituellen und rituellen Beistands zur Ver-

fügung stellen. Allerdings braucht es für die Sterbestunde ein ›starkes‹ Zeichen, das mehr ausdrückt als ein alltäglicher Krankensegen, den jeder Christ am Ende eines jeden Besuches erbitten kann. Die Letzt-Situation, das Gehen eines Menschen aus dieser Welt braucht – anthropologisch gesehen – ein starkes Gegengewicht, das das existenzielle Gewicht des kommenden Todes und die spirituellen Energien, die bei Sterben und Tod entbunden werden und die nicht psychosozial aufgefangen werden können, tragen kann.

›Sterbesegen‹, der ein Letztes ausdrückt, braucht eine klare Form, aber auch Spielräume, um der jeweiligen Situation gerecht werden zu können. – Zu den Kernsymbolen können folgende Elemente gehören:
o Handauflegung mit Gebet;
o Kreuzzeichen auf Stirn und Hände mit ausdrücklicher Segensbitte;
o als Materie Weihwasser (der Sinn: du bist getauft und damit in Gottes Leben hineingenommen. Aus diesem Leben wirst du auch im Tod nicht herausfallen, in Ewigkeit nicht);
o wenn möglich: der Kommunionempfang durch die Umstehenden;
o eine Kerze mit einem österlichen Symbol, das die Osterkerze repräsentiert.

Ein Segen dieser Art setzt auch im Raum der Medizin Zeichen: dass die Abwehr des Todes aufgegeben werden kann und dass – im spirituellen Sinn – das Sterben ein heiliges Geheimnis ist. (Zum Thema »Segensfeier mit Sterbenden« s. Rau 2009, Weiher 2013)

Ein Beitrag zur Sterbekultur
Ein letztes spirituelles Handeln, gleich ob es die katholische ›Letzte Ölung‹ oder ein anderer Akt der Verabschiedung ist, ist nicht nur ein Zeichen für den Sterbenden selbst, sondern eine wichtige spirituelle Unterstützung für die Angehörigen. Deshalb wird ein Zeichen oft erst gewünscht, wenn der Patient kaum noch ansprechbar oder sogar schon verstorben ist. Vorher würde es einem das Herz zerreißen, ihm so deutlich den Tod anzukündigen und diese Tatsache für sich selbst zu realisieren. Nicht selten wirkt sich eine zu frühe Zustimmung zum Sterben bei den Angehörigen als Schuldgefühl in der Trauer aus. Das Miterleben eines religiösen Zeichens hilft ihnen aber auch – wenn es denn so weit ist – es ihren Sterbenden gut gehen zu lassen, weil jetzt ein Letztes gesagt und getan ist. »Jetzt ist es gut«, »Jetzt kann kommen was will«, sagen viele angesichts des Mysteriums des Todes. Die spätere Erinnerung daran kann zu einer wichtigen Stütze in der Trauerzeit werden.

Das Sakrament für die Sterbenden ist aber auch ein prophetisches Zeichen im Raum der Medizin: Was Religion hier tut, hilft auch dem Arzt und der Schwester, den Kontrakt ›Abwehr des Todes mit allen Mitteln‹ in den Kontrakt ›Zulassen des Sterbens und palliative Versorgung‹ zu verwandeln (Karl-Heinz Feldmann). Das religiöse Handeln ist somit ein Beitrag zu einer Sterbekultur.

Frieden ermöglichen. Entscheidend für die Begleitung der Sterbestunde(n) ist nicht, dass viel getan wird, dass alle möglichen Medien zur Anwendung gebracht werden. Wichtig ist vielmehr, dass die Helfer dazu beitragen, dass das Herz zum Frieden finden kann. Wenn sich die Tür zur Todesschleuse auftut, dann sollen gute Abschiedsmomente möglich sein. Dahinein legen die Betroffenen ihre – oft eher implizite – Spiritualität. Aber auch, wenn es nicht gelingt, ›Gutes‹ zu erreichen, stellen die Helfer mit ihrer Rolle den Halt dar, der auch das Schwierige auffängt und zu halten imstande ist. Sie tragen dann stellvertretend die Ordnung und die Hoffnung des Lebens: die ›Stellvertreter-Hoffnung‹.

6.5.4 Die Trauer beim Tod begleiten

Tod in der Moderne. Bis in die 1980er Jahre wurde der Eintritt des Todes mit Schweigen umgeben. Im Klinikflur wurden die Türen geschlossen und ›die Leiche‹ in Eile zum Aufzug gebracht. Danach sollte alles wieder so scheinen, als sei nichts geschehen. Inzwischen räumt das Krankenhaus und räumen die dort Tätigen den Angehörigen genügend Zeit am Totenbett für die Verabschiedung ein.

Eine existenzielle Ausnahmesituation. Menschheitlich und spirituell gesehen ist der Eintritt des Todes ein heiliger Augenblick. Die Totenstille im Raum sagt: Es ist vorbei, es ist durchlitten; alles, was vorher so schwer war, ist jetzt durchgestanden. Der Mensch ist von allem entblößt – und zugleich ist sein Wesen gerade wegen des Todes mehr im Raum als in den Stunden des Sterbens vorher. Die Todesstunde ist eine spirituell einmalige Zeit. Zugleich ist sie aber auch eine existenzielle Ausnahmesituation. Die Wahrheit und Endgültigkeit des Todes sind jetzt unausweichlich im Raum. Auch wenn die Umstehenden den Tod haben kommen sehen: Wenn er denn eingetreten ist, können sie es kaum realisieren.

Wie kommt das aber zusammen: Der Tod hat die ganze Welt eines Menschen zerstört und sein ganzes Beziehungssystem ins Wanken gebracht – und zugleich soll das ein spirituelles Geschehen und eine universelle Wahrheit sein? Hier braucht es behutsame Begleiter, die dieser doppelten Bedeutung gerecht werden können: das Schreckliche und Abgründige und zugleich das Heilige beieinander zu halten.

Die Rolle der Helfer beim Tod

Auf den ersten Blick scheint diese Aufgabe eine totale Überforderung für die Beistehenden zu sein. Eine Überforderung ist es für diese Berufe aber nicht, wenn man sich Folgendes klarmacht:

> Die Helfer aktivieren hier Spiritualität und das Heilige zunächst nicht explizit, z. B. mit Gebeten oder spirituellen Deutungen. Grundlage und Träger der Spiritualität in dieser Stunde ist zunächst ihre menschheitliche Rolle.

In vielen Kulturen und Gesellschaften gab es in der Zeit, als noch Traditionen das Leben regelten, Helfer wie die Totenfrau, Nachbarn, den Leichenbitter, die eine wichtige Rolle beim Eintritt des Todes übernahmen. Aspekte dieser Rollen fallen heute den Mitarbeitern in den Gesundheitsberufen, den klinischen und begleitenden Helfern zu.

Am Totenbett haben die Helfenden aller Professionen die Rolle,
- **Zeugen der Menschheit** zu sein. Wenn der Tod ganz konkret in das Leben eines Menschen einbricht und auch sein Beziehungsnetz verstört und verwüstet, ist es gut, dass es dann Zeugen für dieses Leid gibt. Sie können das Schreckliche in keiner Weise aufheben, aber sie lassen es auch nicht bedeutungslos geschehen. Sie stellen sich den Betroffenen als Resonanzkörper zur Verfügung, damit das Leid nicht ungehört verhallt, sondern von Vertretern der Menschheit wahrgenommen wird und in seiner Bedeutung zur Geltung kommt.
  Angehörige erzählen oft nach Jahren noch, wer ihnen damals beigestanden hat: »Der Doktor X war damals dabei«, »Die Schwester Y hat das sehr liebevoll gemacht.« Die Professionellen werden hier zu Symbolfiguren und damit zu Stützpunkten der Erinnerung für die Trauernden.
- **Repräsentanten der Ordnung des Lebens zu sein.** Sie repräsentieren die Härte der Wirklichkeit, dass der Tod Trennung und Abschied bedeutet. Dadurch sind sie manchmal auch Projektionsfläche für Vorwürfe und Anklagen (»Hätten die Ärzte nicht ...«). Sie bezeugen aber neben der objektiven Wirklichkeit auch die existenzielle Wahrheit dieses Vorgangs. Zugleich sind sie nämlich auch Repräsentanten dafür, dass das Leben weiter besteht, auch wenn der Tod eingebrochen ist. Im Vertrauen auf dieses Leben können die Angehörigen ihren Weg in der Welt der Lebenden hoffentlich weitergehen.
- **Repräsentanten für ›Sinn‹ zu sein.** Beim Tod eines Nahestehenden scheint aller Sinn des Lebens verloren gegangen. Zugleich sind die Menschen gerade jetzt auf einen tragenden Sinn angewiesen. In dieser Situation können die Helfer einen Sinn natürlich nicht theoretisch erklären; sie können aber durch ihr Dasein für Sinn einstehen. Der Sinn von Sterben und Tod wird hier nicht rational, sondern durch die Zeugenschaft ausgelegt. Die Helfenden bezeugen, dass diese Erfahrungen zur inneren Wahrheit des Lebens gehören und einen Platz im Ganzen der Welt haben und dass dieser allgemeine, abstrakt erscheinende Sinn jetzt auch konkret dieser Familie gilt. Die Betroffenen können ›den Sinn‹ für sich selbst meist erst auf langen Wegen durch das Labyrinth der Trauer finden. (Vgl. Smeding, Heitkönig-Wilp 2005: 205 ff.)

Die Helfer repräsentieren Zeugenschaft, Ordnung des Lebens und Sinn also nur im Hintergrund. Sie bringen deren Inhalte nicht explizit zur Sprache. Auch Seelsorgende und Religionsvertreter bringen diese Rollenfunktionen im Hintergrund mit. Die Helfer in den therapeutischen Diensten dürfen sich nicht als Privatmenschen verstehen, die ständig dem Tod in vielfältigen Situationen begegnen müssen. Wenn sie sich vielmehr der symbolischen Hintergründe ihrer Rollen bewusst sind, dann können sie darauf vertrauen, dass das existenzielle Gewicht der Todesstunde von einer anderen Dimension mitgetragen wird. Als Privatleute wären sie überfordert; in ihren Rollen können sie am Eingang der Todesschleuse jedoch ganz konkrete Aufgaben übernehmen, die helfen, dass die Betroffenen ›heil‹ durch den Katarakt des Todes kommen.

Zur Haltung der Helfer am Totenbett
Durch Haltung, Verhalten und Handlungen der Professionellen wie der ehrenamtlichen Helfer kann die Todeszone ›begehbar‹ werden. Auch diese Zeit bekommt dann ihre Würde.
- **Die Einmaligkeit des Menschen sehen.** Vielleicht können die Helfenden sich in ihrem Inneren einen Augenblick Aufmerksamkeit gewähren, um die Schönheit dieses jetzt verstorbenen Menschen zu sehen. Hier erscheint der Mensch in seiner ganzen Würde: Seine Einmaligkeit und Einzigartigkeit ist durch den Tod nicht ausgelöscht, sondern vielmehr wie eingesammelt und verdichtet. Professionelle, die immer wieder in perimortale Situationen kommen, können sich das sicher nicht bei jedem einzelnen Fall bewusst machen; wohl aber exemplarisch, z. B. wenn sie alleine im Zimmer eines Verstorbenen sind und auf das Eintreffen der Angehörigen warten. Es gibt Stationsschwestern, die die Mitarbeitenden (auch die Ärzte) zu einer stillen Würdigung und Abschiednahme ans Totenbett bitten.
- **Die Trauer ermöglichen.** Helfer gehen oft von der Vorstellung aus, man müsse am Totenbett irgendetwas Bedeutungsvolles tun. Wichtig ist aber, dass sie zunächst aus ihrer Rolle heraus Raum und Zeit für die Trauer geben. Das geschieht oft mehr durch die Haltung als durch weise, den Tod erklärende Worte. Trauer kann man weder sofort erleichtern noch beschleunigen, noch muss man sie bearbeiten. Wir dürfen davon ausgehen, dass die Menschen von selbst und auf vielfältige Weise trauern (auch wenn sie das nicht sichtbar ausdrücken). Wir müssen auch nicht Trostworte gegen die Trauer suchen. Vielmehr gilt: Trauer ist ein Trost. Sie ist die grundlegende – auch spirituelle – Weise, der Unsagbarkeit des Todes gerecht zu werden.
- **Schlüsselfunktion der Helfer.** In einer gewissen Weise haben die Helfer den ›Schlüssel‹ für die Situation am Totenbett. Sie verfügen als Teil der Institution Krankenhaus darüber, ob und wie lange die Angehörigen Zugang zum Verstorbenen haben. Daher gilt es, sozusagen zeichenhaft den Raum zu eröffnen und zu schützen. «Möchten Sie jetzt alleine sein?» »Sie können sich ruhig Zeit nehmen. Ich hänge ein Schild an die Tür, damit Sie ungestört bleiben.« Die Helfer haben aber noch eine weitere Schlüsselfunktion. Die Angehörigen sind oft unsicher und darin unerfahren, was ihnen in dieser Situation möglich ist. Hier kann der Helfer den ›Trauer-Raum‹ noch in anderer Weise aufschließen: »Möchten Sie noch Angehörige benachrichtigen und mit ihnen zusammen Abschied nehmen? Wir wissen aus Erfahrung, dass es gut ist, sich diese Zeit zu nehmen. Wir wissen auch, dass es für Kinder wichtig ist und dass die weniger Schwierigkeiten damit haben, als wir Erwachsene manchmal denken.«
- **Sich bewusst machen: Was geschieht im Tod?** Die Helfenden sollten sich ihre eigene Vorstellung von dem, was im Tod geschieht, und ihre spirituelle Einstellung angesichts des Todes klarmachen. Dann können sie diesem Geschehen Wert und Bedeutung beimessen. Zugleich müssen sie selbstverständlich auf die Angehörigen hören und auf deren Bilder.

Die eigenen Bilder sollten zunächst im Hintergrund bleiben und nur subsidiär angeboten werden. Das gilt auch für die Seelsorge und die Religionsbeauftragten – es sei denn, sie sind ausdrücklich dazu gerufen worden. –
Die Helfer müssen ihre eigenen Vorstellungen jedoch auch daraufhin überprüfen, ob sie allgemein anschlussfähig sind. Diese sollten auf jeden Fall anthropologisch verallgemeinerbar sein, wie z. B.: »Er ist schon drüben und doch auch noch hier.« »Die Seele ist noch in der Nähe, wir können ihm noch Wichtiges nachrufen.« »Er ist im großen Frieden.« »Ihre Frau ist auf der großen Reise vom Dunkel zum Licht ...« »Er ist durch die große Tür gegangen, dahinter wartet Gott auf ihn ...«. – Solche Aussagen sind natürlich nur möglich, wenn die Betroffenen nicht einer dem Helfer unvertrauten Kultur angehören.

- **Kommunikation ermöglichen.** Entscheidend für die Helfer ist es, den Verstorbenen nicht als ›Leiche‹ wahrzunehmen, sondern ihn auch jetzt noch als Adressaten von Beziehungen zu sehen. Er ist für die Angehörigen noch lange nach dem Tod »der Opa«, »unsere Maria«. Dann können die Helfer den Angehörigen ganz anders beistehen. Ebenso ist es wichtig wahrzunehmen, wo in der Todesschleuse die Mitbetroffenen sind. Oft schwingt ihre Wahrnehmung zwischen ›lebend‹ und ›tot‹ hin und her. (Eine Ehefrau deckt ihren Mann noch Stunden später sorgfältig zu: »Damit Du nicht so frierst.«) Die Verbundenheit bestimmt oft die Wahrnehmung. Sie ist das spirituelle ›Medium‹, das gilt es, im Gespräch, beim Beten, beim Segnen zu beachten. Der Körper, auch der tote, ist das Symbol für den ganzen Menschen. Man darf die Nahestehenden ruhig zu Berührungen ermutigen – in neuerer Zeit haben viele weniger Scheu davor. Wie die Helfer den Verstorbenen berühren und dabei reden (und schweigen), kann für die Umgebung zum Modell für deren eigenes Verhalten werden. Solange der Verstorbene leiblich anwesend ist, können die Umstehenden mit ihm kommunizieren. Dies gilt es zu ermöglichen. Aber Vorsicht: Am Totenbett zu reden, ist postmodernes Verhalten. Es ist vielleicht für ältere Menschen ungewohnt. Man kann sie fragen: »Wie haben Sie das früher erlebt, wenn jemand gestorben ist?«

Was können die Helfer konkret tun?

Der ärztliche Dienst

Immer noch sind viele Ärzte nicht geschult, in den ersten Augenblicken, in die sie ja oft zur Feststellung des Todes gerufen werden, angemessen zum Verstorbenen und seinen Angehörigen in Beziehung zu treten. Vielleicht liegt das daran, dass sie beim Anatomiekurs Verstorbene nur als Lernobjekt ›Leiche‹ wahrnehmen durften. Meist sind es daher die Pflegenden und die Seelsorgenden, die diese Zeit begleiten.

Funktionelle und symbolische Rolle. Der ärztliche Dienst hat wenige, aber wichtige Aufgaben am Totenbett. Die erste Aufgabe ist die Feststellung des Todes. *Funktionell* gesehen ist diese Feststellung und die Mitteilung an die Angehörigen primär Aufgabe des ärztlichen Dienstes. Die Aussage ›tot‹ oder ›verstorben‹ hat einen sachlichen Aspekt: Sie ist wichtig für das Begrei-

fen der Angehörigen und als Vorbeugung gegen spätere belastende Phantasien.
Die ärztlichen Helfer haben aber auch eine *symbolische Funktion*:
- Sie bezeugen die universelle Wahrheit des Todes und stehen für sie menschheitlich ein: »Dieser Mensch, der bisher gelebt hat, ist jetzt tot.«
- Zugleich aber bezeugen sie – mit den anderen Helfern zusammen –, dass der Tod mit seiner unerbittlich trennenden Gewalt in das persönliche Leben gerade dieser Menschen eingebrochen ist und ein einmaliges Netz zerrissen hat. »Ihnen ist ein unwiederbringlicher Mensch genommen worden. Ihr Leben wird nie mehr so sein wie vorher.« ist die innere Botschaft an die Betroffenen.

Das 5-Punkte-Programm. Für den ärztlichen Dienst empfiehlt sich ein ›Kurzprogramm‹ (R. Smeding: ›180 Sekunden-Programm‹), das folgende Punkte umfassen sollte:

(1) Nach dem Blick auf die Geräte oder dem Pulsfühlen sollte die erste angemessene Reaktion ein Schweigen sein, eine ›**Gedenkminute**‹. Eine Unterbrechung der Routine, ein Innehalten gibt diesem existenziellen Geschehen Bedeutung.

(2) Dann erwarten Angehörige ein kurzes Wort des Arztes: »**Herzlich Beileid**«, »tut mir leid …« oder einfach nur einen stillen Händedruck. – Seit der psychologischen Aufklärung gilt eine Beileidsformel als stereotyp und nichtssagend. Man spürt den Zwang, absolut authentisch zu sein. Aber ist es nicht angemessen, das Unsagbare und die unendliche Schwere dieses Augenblicks einer alten Formel anzuvertrauen und so symbolisch-formelhaft die Erschütterung durch den Tod auszudrücken?

(3) Arzt und Ärztin sollten aber auch den **Verstorbenen** mit wenigen Worten **würdigen**: »Er hat lange gekämpft.« oder »Jetzt hat er es überstanden.«

❖ Eine Ärztin macht eine zeichenhafte Geste: Wenn sie die Leichenschau beendet hat, ruft sie die Angehörigen wieder herein und streichelt dem Verstorbenen noch übers Haar oder die Wange. Das tut sie auch im Altenheim, wenn nur Pflegekräfte dabei sind.

❖ Der Notarzt schließt nach erfolgloser Reanimation im Beisein der Angehörigen dem eben Verstorbenen mit einer liebevollen Geste die Augen, bevor er die Formalitäten erledigt.

(4) Wichtig ist aber auch eine einfache **Würdigung der Angehörigen:** »Gut, dass Sie dabei sein konnten.« »Sie haben viel ertragen müssen die letzten Wochen …«.

(5) Manche Ärzte **verbeugen sich still**, bevor sie sich von den Angehörigen verabschieden und den Raum wieder verlassen.

Solche ›letzten Bilder‹ gehen tröstend mit in die Trauerzeit.

Beruhigungsmittel für die erste Trauer? Immer noch bieten Professionelle automatisch ein Beruhigungsmittel an: »Das tut Ihnen jetzt gut.« Nein: Was jetzt gut tut, ist die Möglichkeit der Trauer, und davon ziehen Tranquilanzien ab (Smeding, Aulbert 2007: 1219). Sinnvoll ist es, auf Bitten der Angehörigen eine einzige Tablette für den Notfall mitzugeben. Wenn sie die für die erste Nacht nicht gebraucht haben, können sie sich sagen: »Diesen Schritt in der Trauer habe ich auch ohne Medikamente schon geschafft.« – Wenn Klinik- und Hausärzte mit den Angehörigen nach zwei bis drei Wochen noch mal ein Gespräch vereinbaren, können sie den weiteren Bedarf an Medikamenten einschätzen.

Der Arzt als Trauerbegegner. Grundsätzlich gilt: Der ärztliche Dienst macht auch später keine Trauerbegleitung. Fach- und Allgemeinarzt sind eher Trauerbegegner, die bei Praxisterminen die Betroffenen ansprechen sollten: »Das ist doch jetzt schon ein viertel Jahr her, dass Ihr Mann gestorben ist?« Von ärztlicher Seite genügen solche Begegnungsgespräche in der Regel, damit sich die Betroffenen auf ihrem Trauerweg wahrgenommen sehen.

Die anderen Begleiter

Die Hauptaufgabe für die Begleiter der ersten Trauer ist es, gute Bilder am Totenbett zu ermöglichen. Es ist üblich, dass hier der ärztliche Dienst die weitere Gestaltung an die Pflegenden delegiert. ›Gute Bilder‹ heißt nicht: verklärende, beschönigende Inszenierungen. Es geht viel mehr darum, dass die Betroffenen bei all dem Schlimmen ›gute‹, heilende Erfahrungen machen können, die sie später in der Zeit der Trauer als gut erinnern können, also »Trittsteine für die Trauer zu ermöglichen« (Smeding 2005). Dazu gehört es, die Angehörigen zu fragen, ob sie sich vorstellen können, ihrem Verstorbenen die Augen zu schließen, das Kinn hochzubinden, beim Waschen zu helfen oder ob man das in ihrem Namen tun darf. Man kann auch fragen: »Wenn das jetzt zu Hause geschehen wäre, was hätten Sie dann getan?« oder »Was wäre Ihrem Opa jetzt wichtig?« Solche Handlungen haben nicht nur einen funktionellen Zweck, sondern sind für alle Umstehenden auch Ausdruck der Anerkennung des Verstorbenen, aber auch der Nähe und Verbundenheit über den Tod hinaus.

Warum das alles so wichtig ist: damit der Lebensfaden nicht abreißt

Wenn die Angehörigen ihren geliebten Menschen nicht nur in seiner Krankheit und seinem Sterben begleiten, sondern auch im eröffneten und gestalteten »Raum des Todes« bei ihm sein und Abschied nehmen können, dann reißt der Lebensfaden nicht ab (Ruthmarijke Smeding); sie können ihn in die Trauerzeit hinein weiterspinnen. Sie müssen ihre Trauer dann nicht in der Phantasie mit einem blinden Fleck beginnen, sondern können am Abschied anknüpfen und die Beziehung ins Weiterleben hinüberretten.

Kleiner Exkurs

Was ist ein ›guter Tod‹?

Diese Frage stellen sich heute viele Menschen, weil das Sterben weithin von der Medizin dominiert geschieht und damit durch menschliche Eingriffe steuerbar erscheint. Die Verwandten empfinden sich oft für den Verlauf des Sterbens und den Eintritt des Todes mitverantwortlich. Oft leiden sie an Bildern von einem schlimmen Tod, den sie hätten verhindern können. Eine Art Therapie ist es, sie zu fragen, was sie ihrem geliebten Verstorbenen gewünscht hätten. Denn im Grund sind die Vorstellungen der Angehörigen Ausdruck eines spirituellen Schmerzes und damit zutiefst Ausdruck von Fürsorge, Liebe und Verbundenheit.

- ❖ Eine häufige Aussage ist: »Als ich gerade mal draußen war, mich gerade mal hingelegt habe, ist er gestorben.«

Es wäre verletzend zu sagen: »Er wollte sicher sterben, ohne dass Sie dabei sind.« »Er wollte sicher alleine sein.« Es ist gut, wenn die Helfer nicht sofort ihre Deutungen dagegen setzen, sondern auf die Sichtweise der Angehörigen hören und diese moderieren. Wenn es dann angezeigt ist, können sie aus ihrer professionellen Erfahrung berichten: »Wir erleben das öfter. Vielleicht brauchen das Menschen, wenn sie sterben. Vielleicht trauen sie sich sonst nicht, ihre Angehörigen zu verlassen und ihnen das anzutun.« Oder eine ›positive‹ Deutung: »Es war sicher alles erledigt und gut zwischen Ihnen, so dass er gut gehen konnte.« Bei diesem Verständnis ist das Allein-Sterben auch ein Zeichen der Liebe bis in den Tod. – Beim Tod von Kindern wäre eine helfende Antwort: »Sie haben ihm so viel Liebe gegeben, dass es am Ende allein gehen konnte.« So können die Helfer erste Schuldgefühle am Totenbett auffangen und ein erstes Mal mit den Betroffenen abwägen.

6.5.5 Ein Ritual für den Abschied am Totenbett

Alles, was bisher an Verhaltens- und Handlungsmöglichkeiten der Helfer geschildert wurde, dient der Absicht, den Raum für einen Übergang und zugleich für den Abschied zu eröffnen und vorzubereiten. Es können dann bei den Betroffenen Widerstände ausgeräumt werden, sie können besser präsent sein als wenn sie ohne Unterstützung blieben.

Die Todeszone begehen
Den Raum vorzubereiten, ist das Eine, den Raum aber auch ausdrücklich durch kleine oder große Rituale zu begehen, ist das Andere. Ein Ritual im Umkreis des Todes zeigt im Kontext von Medizin und Behandlung einen Paradigmenwechsel an. Was vor dem Tod ein einziges Bemühen um dessen Verhinderung war, das wird jetzt abgelöst von einer anderen Sichtweise: Der Tod wird durch ein spirituelles oder religiöses Ritual in seiner Bedeutung als Übergang in eine andere Welt und als heiliger Weg zu einem neuen Sein qualifiziert. Es ist eine »Todesweihe« (vgl. Zulehner et al. 1991: 61): Wir geben den Menschen jetzt aus unseren Händen in eine Obhut, die das Leben und den Tod und das Jenseits des Todes umfasst.

Die Professionellen sollten den Nahestehenden vorschlagen, auch in konkreter Weise Abschied zu nehmen (»Eine solche Stunde hat ihre Einmaligkeit, sie kommt so nie wieder.«). Es ist sinnvoll, dass die Station oder die Hospizbegleiter ein Abschiedsritual anbieten: »In unserem Haus haben wir ein einfaches Ritual.«, oder »Wir rufen gerne die Seelsorge oder einen Beauftragten Ihrer Religion.«, weil die Betroffenen sich in dieser Ausnahmesituation gerne auch leiten lassen, um sich so auf den emotionalen Prozess konzentrieren zu können. Natürlich müssen die Begleiter vor allen eigenen

Angeboten den kulturellen und religiösen Hintergrund der Betroffenen erfragen und beachten. Es gibt in Europa aber auch viele Menschen, die ihre kulturelle Einbettung verlassen oder verloren haben.

Eine Art Grammatik für Abschiedssituationen soll im Folgenden skizziert werden. Diese Skizze entstammt zwar der Erfahrung und den Handlungsmöglichkeiten der Seelsorge (weitere Literatur: Weiher 1999 b, Weiher 2004; Lamp, Küpper-Popp 2006; Feldmann 2009, Weiher 2013), aber sie versteht sich als Grundmuster für alle Helfer: Ärzte werden für ihre Rolle etwas Anderes auswählen als Pflegekräfte oder Ehrenamtliche. Vielleicht wird der Arzt, die Ärztin beim Ritual der Religionsbeauftragten oder anderer Helfer ›nur‹ dabei bleiben und am Ende eventuell eine einfache symbolische Geste vornehmen.

Die Struktur eines Rituals beinhaltet drei Phasen:
- das Hineinführen,
- das (Hin-)Durchführen,
- das Hinausführen.

(1) Das Hineinführen hat den Sinn, den Durchgang der Verabschiedung vorzubereiten, so dass alle im Raum das Ritual auch als Abschied erfahren können. Folgende Fragen stellen sich:

➢ **Wer ist im Raum des Todes?** Der Mensch, der verstorben ist, ist noch keine ›Leiche‹: Dieses Sachwort gilt im Kontext der Verwaltung, der Feuerwehr, des Pathologen. Für die Angehörigen braucht es Beziehungsworte: »Ihr Mann«, »die Oma«.

➢ **Wer ist im Raum der Trauer?** Wer ist die Bezugsperson, die dem Verstorbenen am nächsten steht? Der Helfer wendet sich zunächst an sie und bezieht sie mit ein (auch den von der übrigen Familie oft nicht gerade geachteten homosexuellen Partner, die neue Lebensgefährtin …).
Als Seelsorger lasse ich mir die Umstehenden vorstellen.
Das ermöglicht ihnen, sich im Chaos ihrer Identität zu versichern (»Ich bin noch wer.«). Es verdeutlicht aber auch Identität des Verstorbenen: für wen er was bedeutet und wer er alles ist und war und wer um ihn besonders trauern wird. Ich frage auch, wer nicht da ist, wer noch zu ihm gehört, wer gerne hier wäre. Dann können auch die zu Hause, die im Altenheim, die auf Reisen durch die Anwesenden vertreten werden. Sie sind (und waren) dann beim Abschied ›virtuell‹ dabei. (»Wir haben auch an Euch gedacht und es dem Opa auch gesagt.«) Auch das ›schwarze Schaf‹ der Familie (»Der kommt sicher nicht.« »Die hat es nicht verdient.«) ist durch die Nennung des Namens jetzt dabei, denn die Person ist Teil des Systems.

➢ **Was ist alles passiert?** Der Helfer regt an: »Ich möchte Sie zu einem Augenblick der Stille einladen.« Dann kann er ein Gespräch über die Sterbe- und Todesgeschichte eröffnen: »Dass es jetzt so schnell ging …«, »Sie haben anstrengende Tage hinter sich …«, »Er hat lange gekämpft …« und fragen: »Wie haben Sie es in den letzten Tagen erlebt?«, so dass die Angehörigen darlegen können, was sie empfinden und wie sie die Situ-

ation verstehen. Es wird hier oft auch vieles aus der Krankheits- und Lebensgeschichte des Verstorbenen erzählt und so ein umrisshaftes Bild seiner Identität sichtbar. Auch wenn dem Helfer von der Anamnese her manches schon bekannt ist, hier will noch mal erinnert und eingesammelt werden. Denn in dieser Stunde erhält all das eine tiefere Bedeutung.
- ➤ **Wie gestalten?** Schon solche Gespräche sind Gestaltung der Situation. Die Helfer können dann die Angehörigen fragen, was ihnen wichtig wäre, oder sie zur Gestaltung anregen: eine Kerze aufstellen, die Blumen vom Fensterbrett holen oder auf dem Nachttisch zurechtrücken, eine Blume dem Verstorbenen in die Hand oder aufs Kissen legen, eine CD mit der Lieblings- oder eine Meditationsmusik auflegen usw..

(2) Das Hindurchführen ist der Kern des Rituals. Es hat den Sinn, in das eigentliche Abschiednehmen hinein- und die Betroffenen hindurchzugeleiten.

Mit folgenden Fragen und Anregungen kann der Helfer hindurchführen:
- ➤ »Jeder verbindet sicher andere Erinnerungen und Gedanken mit Frau N. Vielleicht können Sie die Gott sagen – laut oder ganz still für sich – und ihr alle guten Gedanken und Wünsche mitgeben, die in Ihnen sind.«
- ➤ »Es gibt sicher unendlich viel zu danken für das gemeinsame Leben und was sie alles uns und der Welt gegeben hat.«
- ➤ »Vielleicht möchten Sie aber auch ganz still für sich um Verzeihung bitten, für etwas, was Ihnen leid tut; vielleicht möchten Sie aber auch ihm etwas vergeben, was Sie noch schmerzt.«
- ➤ »Möchten Sie ihm noch etwas sagen, was man in einer solchen Stunde sagt?« – Hier werden oft sehr persönliche Worte gestammelt, geweint, geflüstert: »Du warst der beste Mensch.«, »Du bleibst immer bei uns.« Meist wird hier nur das Gute erwähnt, das, weshalb es sich gelohnt hat, miteinander verbunden zu bleiben. Das Schwierige wird zunächst ausgeblendet.
- ➤ Kinder und Jugendliche können dem Opa, der Schwester noch etwas ins Ohr flüstern, sie liebevoll berühren und »Tschüss« sagen.
- ➤ »Vielleicht können wir in uns noch ein Vermächtnis des Verstorbenen ›hören‹, eine Weisheit aus seinem Schatz; ein Wort, das er uns mitgeben würde, wenn er es noch sagen könnte.«

Danach kann der Helfer zu einer Geste einladen: eine Berührung, ein Kuss, das Kreuzzeichen auf die Stirn, »wie es für Sie gut ist«. Vielleicht wird dann die Kerze gelöscht, und es ist noch eine Weile still, bevor es zum ›Hinausführen‹ kommt.

Das Ritual der christlichen Kirchen muss natürlich die gleichen Kommunikationsmöglichkeiten wählen, wie sie oben vorgeschlagen sind. Die christliche Seelsorge hat darüber hinaus Symbole, um gerade im Angesicht des Todes den Horizont zu öffnen für die heilige Wirklichkeit:
- ➤ Eine Kerze: Auch wenn menschliches Leben verlischt, ist Gott Dein Licht im Tod und über den Tod hinaus.

- Weihwasser: Wir erinnern an die Taufe und deren Verheißung: »Du fällst auch im Tod nicht aus Gottes Gnade heraus.« Letztlich signalisiert dieses Zeichen auch die ›Todesweihe‹: wie Du durch die Taufe ins Leben eingeweiht wurdest, so im Tod in ein anderes Leben.
- Das Kreuz: Auch im dunkelsten Augenblick gilt: Im Kreuz ist Heil und Hoffnung.
- Abendmahl und Kommunion für die Umstehenden: Das letzte Abendmahl stellt die Verbindung über den Tod hinaus dar.
- Ein Kreuzzeichen auf die Stirn des Verstorbenen: »Du gehst den Weg Jesu Christi durch den Tod zur Auferstehung.«
- Das Gebet trägt all das, was im Raum des Todes und der Trauer ist und übergibt es an den Herrn über Leben und Tod. Mit persönlichen Worten gibt es nicht mehr viel zu sagen, weil menschliche Worte an ihr Ende gekommen sind. Aber Worte des Glaubens können in der Form des Gebetes dem Unwiderruflichen Ausdruck verleihen:
  o Fürbitte für den Verstorbenen. Vor allem die Angehörigen können hier alle ihre Gedanken und Wünsche hineinlegen.
  o Dank für alles Leben und alle Liebe, für alles, was der Verstorbene im Partner belebt und aus ihm ›herausgeliebt‹ hat (Kast 1994: 41). Aber zugleich auch die Trauer über das, was er noch aus ihm herauslieben würde, wenn er noch hätte leben dürfen.
  o Klage über die Unbegreiflichkeit des Schicksals und dass Gott so etwas zulässt.
  o Schuld und Vorwürfe, die am Totenbett versöhnt werden können.
  o Der Jenseitsglaube der Angehörigen findet im Gebet einen angemessenen Ausdruck.
  o Anliegen der Familie, die der Verstorbene vor das Angesicht Gottes mitnehmen soll.
  o Das »Vater unser« als christliches ›Menschheitsgebet‹, das auch Container für alles Unsagbare und Ungesagte, allen Schmerz, alle Erinnerung und Verbundenheit, alle Hoffnung und Sehnsucht sein kann.

Alle Helfer, die selbst religiös sind, können den Übergang ansprechen »Wir geben Herrn M. in die Hände Gottes« oder »Frau N. ist in eine andere Welt gegangen – in einen grenzenlosen Frieden.«

(3) Das Hinausführen ermöglicht den Betroffenen, sich vom Totenbett zu lösen und sich wieder an die Welt draußen anzuschließen. Wichtig sind hier die Bilder, mit denen sie hinausgehen in die Zeit nach dem Tod.

- Die Seelsorge gibt den Angehörigen die Kerze als Übergangssymbol vom ›jetzt‹ nach ›dann‹ mit: »Die hat an seinem Totenbett gestanden.«
- Ebenso können die Begleiter jetzt wichtige ›Bilder‹ verankern. Zum Beispiel im Blick auf den Verstorbenen: »Es ist Friede in seinem Gesicht.« oder »Er hat jetzt seinen Frieden gefunden nach der langen Zeit, die er gekämpft hat.« – Der Helfer darf das natürlich nur sagen, wenn es auch stimmt und nichts verklären. Deshalb sollte er nach seiner Bemerkung die Angehörigen fragen, ob sie es auch so sehen können. – Oder ein Son-

nenstrahl fällt ins Zimmer oder auf das Bett. Oder: »Es ist draußen so grau, wie es jetzt in uns ist.« Oder mit Blick auf die Fotos auf dem Nachttisch: »Die Enkel waren auch dabei, als wir den Opa verabschiedet haben.« Oder mit Blick auf den Reiseführer: »Er hat seine Reise jetzt in eine andere Welt angetreten.« – Das alles sind Übergangsmomente, die den letzten Augenblick und damit diese heilige Stunde repräsentieren. Wenn die Professionellen darauf aufmerksam machen, kann das zur verankerten Erinnerung werden und den Weg der Trauer pflastern.

Zum Hinausführen gehört auch noch der Übergang zur Welt der Anderen. Es ist für die Betroffenen oft schwer, den geliebten Menschen ein erstes Mal zu verlassen und sich anderen Gedanken zuzuwenden. Wenn alles getan ist, können die Begleiter als Übergangshilfe fragen:

- »Wie geht es für Sie jetzt weiter?«
- »Wer ist für Sie da, wenn Sie nach Hause kommen?«
- »Wie werden Sie es den Kindern, der Mutter im Altenheim, dem verwirrten Ehemann sagen?« Wer wird es sagen und wann?
- Hier ist auch der Ort für behutsame Korrekturen, wenn Angehörige den Kindern sagen wollen: »Der Papa ist eingeschlafen und wacht nicht mehr auf.« Oder: »Wen Gott lieb hat, den holt er zu sich.«

Zur Aufgabe der Professionellen gehört es, die ›Risikotrauer‹ im Blick zu haben. Risikotrauer bedeutet: Die Trauer kann durch bestimmte Umstände erschwert und zusätzlich belastet sein; es gibt ein erhöhtes Risiko dafür, dass sie entgleist (ausführlicher s. Smeding, Aulbert 2007: 1211; Paul, Müller 2006: 414). Hier seien als Beispiel für Risikotrauer nur wenige aus einer nicht abschließbaren Liste von Faktoren genannt: Trauer nach Suizid, nach dem Tod eines Kindes, bei plötzlichem Unfalltod, bei Organentnahme oder wenn der jetzige Verlust zu anderen, noch nicht lange zurückliegenden dazu kommt oder auf schwere Lebensumstände trifft.

Risikotrauer erfordert ein Aktivwerden und Nachgehen der Professionellen:

- Wer sorgt zum Beispiel weiter für die Trauernden; wer nimmt Beziehung außerhalb des Krankenhauses auf; welches Netz muss aktiviert werden (Schule, Kindergarten, Pfarrgemeinde, Sozialarbeit)?
- Welche Trauer-Angebote gibt es (Trauernde Eltern, Gottesdienst für Angehörige, Selbsthilfegruppen)?
- Angebot des Arztes zum Nachgespräch, Verweis auf Hausarzt (bei Vorerkrankungen); welche therapeutische Hilfe ist nötig?
- Vier bis sechs Wochen nach dem Tod ein Gespräch mit einem erfahrenen Begleiter, der die Belastung der Trauer einschätzen kann.

Wieder hinausgehen. Wann muss man als Helfer, als Arzt, Pflegender, Seelsorger wieder gehen? Das Ereignis des Todes gehört schließlich in die Intimität der Familie. Es ist ihr Geheimnis. Der Helfer kann behutsam die Umstehenden fragen, ob sie noch eine Zeit bleiben wollen oder ob man gemeinsam hinausgeht. Manchmal brauchen sie eine solche Intervention von außen als Bewusstmachung oder Erlaubnis, sich vom Totenbett zu lösen.

Zusammenfassend sei für die Begleiter am Totenbett gesagt: Nicht alles von dem oben Vorgestellten kann im konkreten Fall umgesetzt werden, oft genügen wenige Worte und Gesten. Wichtig ist oft eher die Haltung der Helfer; wie sie es tun, ist wichtiger als was sie tun. Die Helfer bieten Raum und Halt an, damit die Welt nicht ins Chaos stürzt, sondern für die Trauernden auch in Zukunft noch bewohnbar bleibt. Auch Spiritualität wirkt in der Todestrauer kaum in isolierter Form. Sie muss auf dem Erleben der Betroffenen aufbauen und eingebettet werden in interprofessionelles Handeln. Die Haltungen und Gesten der Rollenträger sind für die spirituelle Gestaltung genauso wichtig wie die ausdrücklichen Riten und Rituale der Religion. Eine aktiv gestaltete Todeszeit macht den Trauerweg nicht kürzer, ist aber eine Zurüstung der Trauernden und ein Proviant für den weiteren Weg (vgl. Smeding 2005: 154).

6.5.6 Die Nach-dem-Tod-Trauer

Der weitere Trauerweg der Hierbleibenden sei hier nur kurz umrissen. Es gibt inzwischen ein neues Trauerwissen, das vielfach beschrieben ist (vgl. z. B. Smeding, Heitkönig-Wilp; Paul, Müller, 2006; Boschert 2002). Darauf muss sich auch die spirituelle Perspektive beziehen, wenn sie mit dem Trauererleben in Kontakt bleiben will.

Trauer dauert länger als Sterben. Der Eintritt des Todes ist für die Angehörigen ja nicht das Ende ihrer Trauer: Angehörige sind oft von der langen Zeit der Begleitung der chronischen und doch ständig lebensbedrohlichen Krankheit erschöpft. Für sie geht jetzt der Prozess weiter, und es beginnt sogar ein neuer Prozess: die Nach-dem-Tod-Trauer. Da klingt die moderne Rede »Das Leben ist das Leben, der Tod ist der Tod«, die Unbetroffene gerne im Mund führen, leichtfertig. Was der Tod für Verwüstungen anrichten kann, machen sich unbedarfte Zeitgenossen oft nicht bewusst: Trauer dauert oft wesentlich länger als die finale Phase des Sterbens. Sie beansprucht die ureigenen Quellen oft mehr als die Sterbebegleitung.

Ein Weg durch unbekanntes Land. Zwischen dem Erleben der Sterbezeit und der Trauer gibt es einen wesentlichen Unterschied: Die Spiritualität des Schwerkranken mündet in sein Sterben und erfüllt sich mit seinem Tod. Sterbende können in einem spirituellen Prozess – in der Aneignung der Lebensspanne – sogar mehr und mehr ihr Selbst finden, in dessen Geheimnis sie aus diesem Leben gehen können. Im Gegensatz dazu greift der Tod tief in die Inspirationsquellen der Weiterlebenden ein, er blockiert sie vielfach sogar. Sie haben mit dem Tod in einem gewissen Sinn ihr Selbst verloren. Dieses hat sich ja gerade in ständiger Beziehung mit dem Verstorbenen entwickelt. Da die Alltagsspiritualität von Beziehungspartnern wesentlich über das Medium der Verbundenheit gelebt wird, sind die Weiterlebenden jetzt von dieser Quelle abgeschnitten, ohne dass in der Zukunft eine neue Quelle vorstellbar wäre. Der Weg in die Trauer ist erst einmal ein Weg in ein völlig unbekanntes Land, der seine impliziten spirituellen Motive wesentlich aus der Vergangenheit bezieht. Dagegen öffnet sich die Zukunft in eine unbestimmte Leere, in der die Hierbleibenden ganz neu ihre Identität entwerfen müssen. Viele Menschen schöpfen aus der gelebten Verbundenheit Kraft, um allmählich Wege in ein Leben ohne den Verstorbenen zu finden und die Liebe in neuen Formen zu leben.

Über den Himmel Gottes verbunden bleiben. Spirituelle und religiöse Menschen können dieser Verbundenheit über die Transzendenz der Religion eine größere Intensität verleihen: Sie wissen ihre Verstorbenen im Himmel Gottes und sehen sie gerade dadurch in anderer Weise für sich selbst präsent. So geht die Liebe nicht verloren – und muss sie schon gar nicht ›losgelassen‹ werden. Der Verstorbene darf als innere Begleitfigur mitgehen und das weitere Leben mitgestalten helfen. Diese Vorstellung hat die christliche Religion in dem Gedanken von der »Gemeinschaft der Heiligen« bewahrt. ›Heilig‹ bedeutet hier auch, dass der Verstorbene nicht in derselben Übertragungsgestalt verbleibt, in der er gelebt hat. Vielmehr ist er jetzt ein Verwandelter, der mit seinem guten Kern für die Weiterlebenden da ist, keine egoistischen Interessen mehr hat, sondern die mit ihm Verbundenen freilässt für eine neue Lebensgestalt. – Trauernde, die eine solche Verwandlung nicht vollziehen können, bei denen der Verstorbene das weitere Leben maßgeblich bestimmt, brauchen therapeutische Hilfe.

Rituale hegen die Trauer ein. Da die Hierbleibenden nach dem Tod die vor ihnen liegende Zukunft oft als völlig leer empfinden, helfen die Rituale der Gemeinschaft und der Religion, diese Zeit zu ordnen und ihr Struktur zu geben: Beileidsbesuche, Gang zum Aufbahrungsraum des Bestatters, Beerdigung, Erinnerungsgottesdienste des Hospizes oder der Palliativstation, Sechs-Wochen-Amt, Jahresgedächtnisgottesdienst, Erwähnung im Gottesdienst der Gemeinde, persönliche Gedenktage, Hochtage der Familie. Natürlich machen auch religiöse Rituale die Trauer nicht leichter, sie geben ihr nur Stütze und Halt, damit sich die Menschen nicht verlieren. Trauernde können ihre vorher präsente Spiritualität oft lange Zeit nicht selbst aktivieren.

Symbole als Räume der Wandlung. Religiöse Unterstützung durch Gottesdienste, Besinnungswochenenden in Selbsthilfegruppen, Trauerbegleiter usw. bringen die Spiritualität sozusagen über Dritte in Resonanz. Auch hier wird Spiritualität weniger in systematischer als vielmehr in symbolischer Form angeregt. Spirituelle Metaphern geben zwar keine konkreten Trauerwege vor. Sie sagen nicht, wie die Bedeutung praktisch einzulösen wäre. Sie geben vielmehr Impulse zur Sinnvergewisserung und zugleich der Wandlung. (Weiher 1999 b: 129 ff.) Spiritualität in dieser symbolischen Form wird damit Inspiration zu neuer Bedeutungsfindung: Das Leben mit seinem Verlust erscheint unter neuem Blickwinkel, der hilft, das Selbst – durchaus in Verbundenheit mit dem Verstorbenen – neu mit dem Leben und der Welt zu verbinden.

6.5.7 Wie gehen die Helfer mit all den Verlusten um?

Auch dieses Thema kann hier nur kurz berührt werden. Vor allem kann es hier nicht um Coping-Strategien gehen; dazu gibt es vielfältige Literatur (vgl. z. B. Müller 2006: 420 ff.; Böke et al. 2002) Grundsätzlich ist zu sagen: Die Trauer beim Tod betrifft die Angehörigen in anderer Weise als die Helfer. Die Familie des Verstorbenen hat keine heile Welt mehr; ihre Welt ist in allen Facetten betroffen. Die ganze Biographie wird durch den Tod nachhaltig geprägt und verlangt eine völlige Neuordnung des inneren und äußeren Systems.

Die Helfer dagegen werden in der Regel durch den Tod eines ihrer Patienten eher indirekt betroffen:

- **Erinnerungen melden sich.** Zum Ersten kommen Verluste aus ihrer eigenen Biographie bewusst oder nicht bewusst in Resonanz. Erinnerung und gemachte Erfahrung mischen sich in die Begegnung mit den Trauernden ein. Das kann für eine Begleitung hilfreich oder auch störend sein.
- **Nur ein Teil des Lebens.** Zum Zweiten haben die Helfer nur einen kleinen Teil ihrer Tages- oder Wochenzeit beim Sterbenden verbracht. Die übrige Zeit leben sie – anders als die Verwandtschaft des Sterbenden – in einer nicht unmittelbar betroffenen Welt: der eigenen Familie, der Freizeit, aber auch der Arbeit mit anderen Patienten. In diese können sie nach ihrer Tätigkeit eintauchen und ihre Kräfte wieder normal generieren. Das muss so sein, damit sie immer wieder neu Betroffenen helfen und ihre Arbeit verrichten können.
- **Die Biographie vertiefen.** Weil die Helfer nur indirekt betroffen sind, können sie sich ihre eigene Resonanztrauer bewusst machen, durchaus bewusst noch einmal in sie eintauchen und sie für die Festigung, Bestätigung oder das Hinterfragen der eigenen spirituellen Einstellung und Lebensgestaltung nutzen. Die Helfer können also – auch mit Hilfe von Gesprächen, Supervision, geistlicher Begleitung – durch die beruflichen Trauerbegegnungen ihr Lebenskonzept vertiefen.
- **Seine Spiritualität vertiefen.** Der Helfer macht beim Tod und der Trauer von Mitmenschen aber auch tiefe existenzielle Erfahrungen. Anders als patientenferne Berufe begegnet er immer wieder dem Tod als universeller Menschheitserfahrung. Die eigene Betroffenheit am Sterbe- und Totenbett gilt daher nicht nur dem jeweiligen Verlust eines Menschen, mit dem man durch den Beruf vertraut geworden ist. Sie ist auch Ausdruck der Erschütterung im Angesicht des menschheitlichen Schicksals. Da geraten auch die eigene Weltanschauung und spirituelle Lebensvorstellung in Schwingung. Die Resonanz auf einzelne dramatische Schicksale kann bisweilen sehr stark sein. Der Helfer kann sich aber auch der spirituellen Tiefenschicht in seinem beruflichen Container (vgl. Kapitel 4) bewusst werden. Dann wird diese Schicht (vielleicht) durch viele Erfahrungen in der Helferrolle allmählich zur spirituellen Klangschale. In dieser Schale können die Helfer das Menschheitliche auffangen und mittragen, weil es ja nicht ihnen persönlich gilt, sondern ihnen aufgrund

ihrer Tätigkeit begegnet. Durch kleine und große Rituale und durch die Gestaltung des Abschieds können die Helfer diese spirituelle Schale aktivieren und den Betroffenen hinhalten. Das hilft nicht nur den unmittelbar Angehörigen, sondern auch den durch ihre Tätigkeit mittelbar Betroffenen.

- **Ein Stationsritual.** Was braucht es, um von den Verstorbenen als Helfer selbst Abschied nehmen zu können? Zunächst einmal den Raum und die Zeit, die die Institution dafür zur Verfügung stellt. Die Einrichtung signalisiert damit, dass das Sterben und der Tod hier gewürdigt und ›begangen‹ – und nicht übergangen – werden. Wenn z. B. beim Kaffeetrinken der primäre Begleiter die Gestaltung eines kleinen (Stations-)Rituals übernimmt, kann die Situation zum Gedenkmoment werden. Der Ablauf muss allen vertraut sein; man muss ihn dann nicht jedes Mal neu erfinden und im Kreis der Kollegen als Eigenes vertreten. Jeder kann eine gelungene oder schöne und eine weniger gelungene oder belastende Erfahrung mit dem Verstorbenen nennen und vielleicht dazufügen, was daran schön, bewegend, belastend für einen selbst ist oder war. Dann bekommt die Erfahrung mit dem verstorbenen Menschen einen reflektierten Platz in der beruflichen Biographie. In einem Abschlussritual kann eine Kerze ausgeblasen oder eine Seite in einem Stations- oder Hospizbuch umgeschlagen und damit eine ›neue‹ Seite für das weitere Leben aufgeschlagen werden.

7. Eine Ars moriendi für heute?
Statt einer Philosophie: eine Kultur des Sterbens

»Stirbst Du gern?«

»Ich habe keine Angst vor dem Tod. Ich möchte nur nicht dabei sein, wenn es geschieht.« (Woody Allan)

»Zum eigenen Tod verhält sich der Mensch nicht denkend, sondern erleidend.« (Hanna-Barbara Gerl-Falkovitz)

Im Zuge der vielen Veröffentlichungen der letzten Jahrzehnte zu den Themen Sterben, Tod und Trauer gibt es auch viele Publikationen, die sich mit Philosophie und Spiritualität des Sterbens befassen. Darunter sind auch einige, die auch wieder die Kunst des Sterbens, die Ars moriendi aufgreifen (so z. B. Rüegger, 2006 mit einer umfangreichen Literaturliste; Gronemeyer, Reimer 2008; Arntz 2008; Leget 2008). Nach der Todesvergessenheit der Moderne und in einer Zeit der Hochleistungsmedizin ist es offensichtlich ein wichtiges Anliegen, eine Lebenskultur (wieder) zu gewinnen, in der auch Sterben und Tod als elementar zum Leben gehörig ihren Platz haben.

Es liegt nahe, bei der Suche nach einer Ars moriendi für heute auf die lange Geschichte der Sinngebung des Todes und auf die Weisheit der Alten zurückzugreifen. Aber Sterben und Trauern sind nur scheinbar ein zeitloses Thema. Der ›Geist‹ der modernen Medizin hat auch tiefgreifend den Geist verändert, der Menschen heute der Krankheit und dem Sterben begegnen lässt. – Wie also könnte in der Postmoderne eine Sterbekunst aussehen? Was hat diese Idee in der heutigen geistigen und mentalen Landschaft für eine Chance? Und wenn sich keine alle Menschen verbindenden Überzeugungen finden lassen – gibt es dann wenigstens Wege, auch in der Nachmoderne das Sterben zu lernen?

7.1 Die Landschaft, in der man heute stirbt

Gesucht: eine Entlastung für die Begleiter. Nach einer Studie der Universität Linz (2002 – 2005) wünschen sich Ärzte und Ärztinnen eine »unbefangene Auseinandersetzung mit Tod und Sterben« sowohl in der Öffentlichkeit als auch bei Patienten und Angehörigen. Dies wäre dann nicht nur ein Beitrag zur Humanisierung des Sterbens allgemein, sondern würde sicher auch wesentlich zur Entlastung der Professionellen beitragen: Könnten sie dann doch ihre Patienten einer Sterbekultur anvertrauen, die von der ganzen Gesellschaft mitgetragen würde, und sie müssten diese nicht immer wieder aus eigenen Ressourcen aufbringen.

Den Tod nicht nackt sterben. Die medizinische Zivilisation hat heute keine eigenen Quellen mehr für eine Sterbekunst. Sterben und Trauern waren ja über eine lange Zeit der Geschichte sozial und menschheitlich getragene Aufgaben. Auch die Menschen früherer Zeiten starben nicht den Tod als reines Faktum. Sie brauchten nicht ›nackt‹ auf dieses existenzielle Geschehen zuzugehen. In Sterben und Trauer waren sie immer bekleidet mit den vielfältigen Symbolen und Hilfen ihrer Kultur. Nach der weitgehenden Auflösung dieser kulturellen Einbettung ist die Frage, wie heute solche Hilfen aussehen könnten.

Wenn der Tod auch meine Wahrheit werden soll

Zunächst muss grundsätzlich festgestellt werden, dass ›Kultur‹ nicht nur ein Gedankengebäude meint, sondern wesentlich eine – kollektiv getragene – und ins Leben integrierte Deutepraxis. Dazu gehören natürlich auch philosophische, humanwissenschaftliche und theologische Ideen. Aber es ist die Frage, wieweit rationale Systeme allein es mit existenziellen Erfahrungen aufnehmen und zu diesen ein Gegengewicht bilden können. Es gibt zwar die allgemeine und universelle Wahrheit, dass jeder Mensch sterben muss. Aber entscheidend ist doch, ob dieser ›allgemeine‹ Tod auch auf einmal mein eigener sein soll. Um das Sterben als Teil des Lebens zu wissen, ist das Eine. Und es ist etwas Anderes, selbst betroffen zu sein und sich dieses Wissen so anzueignen, dass es beim eigenen Sterben hilft. Ebenso ist es eine Sache, die Enttabuisierung des Sterbens in der Öffentlichkeit zu fordern, und eine andere, als dieser einmalige Mensch sich mit dem eigenen Tod zu befassen. Es ist kaum zu erwarten, dass sich in der Nachmoderne eine von allen geteilte Ars moriendi entwickelt, die den Einzelnen befähigt, sich freimütig dieser ganz individuellen Konfrontation zu stellen.

Die Medizin ist die Kunst der heutigen Zeit.

Die Schwächung der traditionellen Stützen ist ja selbst durch viele gesellschaftliche Faktoren bedingt. Allzu sehr haben sich die sozialen, psychischen, kulturellen und religiösen und vor allem die medizinischen Bedingungen des Sterbens gewandelt. So hat die von dieser Gesellschaft gewollte und getragene Hochleistungsmedizin das Sterben entdramatisiert. Diese kann zwar letztlich den Tod nicht verhindern, aber viele unmittelbare Lebensbedrohungen abwenden, den Prozess in viele, jeweils behandelbare Abschnitte zerlegen, viele Leiden auf dem Weg zum Tod lindern und den Übergang zum Tod fast unmerklich erscheinen lassen. Es ist wichtig, dies zu betonen, weil zur Kunst des Sterbens diese Hilfen der Medizin – anders als in der Vormoderne – heute ganz einfach dazugehören und als die ›Kunst‹ eben der heutigen Zeit geachtet und gewürdigt werden wollen. Noch vor zwei Jahrzehnten beschrieb der Mediziner Sherwin Nuland (1994) das Sterben als im Allgemeinen qualvoll. Dieses Urteil korrigiert der Arzt Linus Geisler (2009): »… das Szenario hat sich grundlegend gewandelt, Palliativmedizin kann heute Dinge leisten, die vor 25 Jahren noch nicht denkbar waren.«

Spiritualität: mit oder ohne Medizin? Die Medizin versteht ja auch zunehmend mehr von Schmerzbekämpfung; damit bekämpft sie ein wesentliches Symptom der Endlichkeit des Menschen. Sie lässt den Menschen nicht einfach leiden, weil dies nun einmal zum Sterben dazugehören müsse. Alle heimlichen und offenen Vorwürfe, dass die Medizin damit das Sterben als ›Sterben‹ verhindert und den Weg dorthin verschleiert, gehen nicht nur an der Realität vorbei. Sie missachten vor allem auch den langen physischen, sozialen, emotionalen und letztlich auch spirituellen Kampf vieler Menschen gegen den Tod, den sie mit genau den Mitteln der Maximalmedizin führen. Auch deren Lebens- (und Sterbe-)Leistung will gewürdigt werden. Der Mensch hat das Recht, seinen Krankheitsprozess zwischen Widerstand und Ergebung wesentlich auch mit Hilfe der Medizin zu gestalten und dabei nicht ständig von Idealisten aus sicherer Entfernung bewertet zu werden. Um diesen durch Medizin gestützten Weg zu gehen, braucht es ebenso große innere – also auch spirituelle – Ressourcen, wie für das Sterben selbst.

Den ›normalen‹ Tod gibt es nicht mehr. Eine Ars moriendi, die sich nur als Kontrastprogramm zur modernen Medizin versteht, greift zu kurz. Bei Krankheit, Sterben und Tod spielt die Medizin heute ohnehin so gut wie immer mit. Der Tod wird daher nicht als Folge der Sterblichkeit des Menschen erlebt; er scheint immer die Folge von konkreten Ursachen zu sein, die man im Prinzip beherrschen oder beseitigen könnte. Der Tod geht seit der Moderne also immer schon durch die Hände der Medizin. Diese ist längst von einem rein technischen ›Instrument‹ zu einem entscheidenden ›Medium‹ geworden, zu einer Brille, durch die der Tod wahrgenommen, gedeutet und bewältigt oder nicht bewältigt wird.

Den Tod selbst in die Hand nehmen? So ist ›Autonomie‹ als höchster Wert des postmodernen Menschen auch auf dem Hintergrund der medizinischen Entwicklung zu verstehen. Wenn das Sterben vorwiegend durch die Brille der Medizin wahrgenommen wird – und zwar als zu verhinderndes Geschehen – dann kommen andere Sinngebungen kaum in den Blick. Dann scheint dem Menschen nur die Möglichkeit zu bleiben, sein Dasein mit allen Mitteln zu verteidigen oder, wenn das nicht mehr geht, es autonom zu beenden. Wenn man zudem, wie die Naturwissenschaft suggeriert, alles in die Hand nehmen kann, wieso dann nicht auch das Lebensende? Für zunehmend mehr Menschen erscheint es an kritischen Schwellen ihrer Krankheit undenkbar, das Sterben als eigene Lebensaufgabe zu verstehen und zu durchleben, wenn sie den Prozess auch selbst und zu ihren Bedingungen beenden könnten. Für sie ist nicht die Frage, in welcher Kunst das Sterben zu bewältigen ist, sondern wie sie ihr Leben ›ohne zu sterben‹ beenden können.

Das Medium ›Machbarkeit‹ prägt also wesentlich auch die Mentalität und die Spiritualität im Umgang mit schwerer Krankheit und Sterben.

Diese Reflexionen entwerten nicht die Absicht einer Ars moriendi, das Sterben als persönlichen – letztlich spirituellen – Prozess zu ermöglichen. Auch wenn die Medizin alle äußeren Hilfen gibt, bleibt ja immer noch das innere psychische und existenzielle Geschehen, das jenseits aller Medizin durchgestanden sein will.

7.2 Auf dem Weg zu einer Kultur

Neue Bewertungen

Das Bedenken der heutigen Mentalität macht deutlich, welch hoher Anspruch es ist, eine Sterbekunst zu entwerfen und in der Gesellschaft und ihren Individuen zu verwurzeln. Eine solche Kunst ist eine Frage der Lebenswelt insgesamt, einer gelebten und praktizierten Spiritualität und weniger eine Frage der intellektuellen Einsicht.

Dieses Buch durchzieht implizit ein Grundgedanke, der explizit zu der These führt:

> Eine Ars moriendi hat heute eine Chance, wenn sie sich in erster Linie als ganzheitliche Kultur versteht. Was die Helfenden und ihre Einrichtungen für eine Kultur im Umgang mit Krankheit und Tod bereitstellen, schafft ein Feld, in dem in zweiter Linie Sterbende zu einer Sterbekunst nach ihren eigenen Möglichkeiten finden können.

Die Hospiz- und Palliativbewegung hat in den letzten Jahren zu einem Umdenken in der Öffentlichkeit und ihren Medien geführt und damit zu neuen gesellschaftlichen Bewertungen. So ist es inzwischen erklärtes Ziel, Sterbende vielfältig und nicht nur medizinisch zu unterstützen. Eine Ars moriendi brauchen die Helfenden dann zunächst nicht für sich selbst, um besser mit der eigenen Sterblichkeit umgehen zu können. Im Fokus sind vielmehr die Anderen, die Schwerkranken, mit denen sie zu tun haben und mit denen sie künftig zu tun bekommen. Man möchte die Patienten einer Sterbekunst anvertrauen können, die man als Begleiter die Menschen nicht erst dann lehren muss, wenn sich ihre Krankheit als nicht mehr heilbar erweist.

Lässt sich der Tod im Voraus lernen?

Ziel der vormodernen Ars moriendi war zunächst, vom Tod her das Leben zu bedenken. Der Blick auf den Tod sollte zu einem gottgefälligen Leben führen. Damit konnte der Mensch dann auch leichter sterben. Er brauchte den Tod nicht zu fürchten, weil er durch ein sittlich rechtes Leben für die alles entscheidende Begegnung mit Gott gut vorbereitet war. – Es ging schon bei der ›Kunst‹ der Alten nicht um die Auseinandersetzung mit dem Tod als Tod. Dieser war in ein religiöses Weltbild eingebettet. Auch heute – nach der metaphysischen Entkleidung des Todes – kann es nicht darum gehen, das Sterben unmittelbar als nackte Tatsache einzuüben. Auch so genannte »Sterbemeditationen« in der Hospiz-Szene sind eher geeignet, den Helfenden ihre eigenen Erfahrungen und Projektionen bei der Begegnung mit dem Sterben ihrer Patienten bewusst zu machen, als sie auf ihren eigenen Tod vorzubereiten (als ob der, wenn man ihn schon einmal meditiert hat, dann leichter fallen würde).

Dem Sterben Leben geben

Das Ziel einer zeitgenössischen Ars moriendi hat im Grund Cicely Saunders formuliert: »dem Sterben Leben geben«. Der Akzent liegt also auf ›Leben‹, nicht auf ›Tod‹. Der Mensch soll die ihm verbleibende Zeit mit möglichst viel Leben füllen dürfen. Wohl soll dieses Leben vom drohenden Tod her gesehen, aber gerade dadurch intensiver erlebt und voller ausgeschöpft werden. Der Tod selbst muss dabei nicht im Blick sein. Es gilt, den Tod in möglichst viel ›Leben bis zuletzt‹ einzubetten. Es geht also um eine Kunst des Lebens bis zuletzt für die Zeit des Sterbens. Die Aufgabe heute ist nicht eine ›Enttabuisierung‹ des Sterbens in der Gesellschaft, nicht eine Entkleidung des Todes von allen Ängsten und von seinem Geheimnis. Vielmehr geht es darum, der Angst der Menschen vor langem Leiden, der Angst, dabei seine Autonomie einzubüßen, der Angst davor, schon lange vor dem Tod (der ja weit hinausgeschoben werden kann) das Leben zu verlieren, eine Hoffnung gegenüberzustellen. Wenn zunehmend weniger Menschen den Sinn ihres Leidens und Sterbens mit einem jenseitigen Sinn in Verbindung bringen können, ist es offensichtlich um so wichtiger, möglichst hohe Lebensqualität im Diesseits und auch für den finalen Teil des Lebens zu ermöglichen. Ich stimme Frank Nager voll zu, wenn er sagt (1998: 69 f.): »Die Palliativtherapie ist der moderne Beitrag der medizinischen Wissenschaft zu einer zeitgemäßen Ars moriendi.«

›Sinn‹ durch gelebte Werte
Hospiz- und Palliativbemühungen vermitteln eine Ars moriendi nicht als Weisheit, die der Sterbende lernen soll, sondern in erster Linie durch Tun, durch gelebte Werte und Ideen. Sinnmuster werden indirekt zur Verfügung gestellt. Das kommt dem zeitgenössischen Denken entgegen, Weisheit nicht vorgefertigt übernehmen zu müssen, sondern Erfahrungen machen zu können, die man selbst deuten und sich auf individuelle Weise zu Eigen machen kann. Die Ars moriendi ist also (und war wohl im Grund schon immer) ein Symbol und kein Lern- oder Erziehungsprogramm, um sich den Tod ›anzueignen‹. Vielmehr stellt sie einen als lebenswert qualifizierten Raum dar, in dem der Mensch sein ureigenes Sterben vollziehen kann. Sterben und Tod sind zu widerständig, als dass sie einfach integriert werden könnten. Wäre es nicht »Hybris [...], also frevelhafte Überhebung über das Schicksal oder Gott [...], die Kunst des Sterbens erlernen« zu wollen? (Ankermann 2004: 176 f.) Es geht dann auch nicht an, das Sterben per se zu spiritualisieren und davon auszugehen, alles Sterben sei spirituell erschließbar. Der Mensch könne es dann schlussendlich annehmen und es würde ein gutes Sterben. Sterben und Tod sind und bleiben ein großes Geheimnis des Lebens.

7.3 Dimensionen einer Kultur des Sterbens

Dieses ganze Buch will das Geheimnis von Sterben und Tod nicht erklärbar und schon gar nicht handhabbar machen. Wohl aber will es wichtige Momente vorstellen, die zu einer Kunst des Umgangs mit dem Geheimnis gehören. Dann ist Ars moriendi eine Kultur der Begleitung, die zu einer Lebens- und Sterbekunst der Kranken führen kann. Im Folgenden seien die zentralen Medien einer solchen Kultur noch einmal zusammengestellt:

Eine Begleitkultur

Räume, in denen Sterben möglich ist
Bereits die öffentliche Diskussion und Thematisierung des Sterbens, wenn sie achtungs- und verständnisvoll geführt wird, sendet ein wichtiges Signal: Der Tod gehört zum Leben. Wenn sich diese Einsicht auch bitte nicht auf meinen eigenen Tod beziehen soll, so sind wir als Gesellschaft doch bereit, dies als Wirklichkeit des Lebens anzuerkennen und Menschen beizustehen. Das bedeutet auch, zur Unterstützung Schwerkranker und Sterbender eine organisatorische und personelle Grundstruktur bereitzustellen. Die meisten Menschen möchten zu Hause in ihrer vertrauten Umgebung sterben, wie Umfragen zeigen. Dafür genügend Hilfen zur Verfügung zu stellen, gehört zur Ars moriendi einer Gesellschaft. Wenn das Sterben wieder im Bereich des Lebens geschehen kann, wächst vielleicht auch wieder die allgemeine Sterbekompetenz.

Damit Menschen ihr Sterben leben können, braucht es ›Freiräume‹. Das ist im wörtlichen Sinn eine geschützte Atmosphäre in Krankenhäusern, nicht nur auf Palliativeinheiten. Freiräume braucht es aber auch im übertragenen Sinn: Sie entstehen, wenn das Machen aufhört und Menschen sterben dürfen. Das bedeutet zugleich, dass die medizinischen Berufe mit dem Machen aufhören dürfen, weil sie unheilbar Kranke in einer palliativen Struktur als ›Container‹ aufgehoben wissen.

Räume brauchen einen Geist
Zur ›Kultur‹ wird eine Struktur allerdings erst durch die Qualität ihrer Inhalte und den ›Geist‹, der sie erfüllt. Das Basismedium einer solchen Kultur ist die Achtsamkeit und Zuwendung der Helfenden. Dieses ›Medium‹ trägt die Botschaft: Es scheint nach unserer Erfahrung und unserem damit verbundenen Berufsethos nicht sinnlos zu sein, was du, Patient, was ihr Angehörige, durchlebt. Nicht das Leiden, nicht das Sterben selbst werden dann als sinnvoll erklärt. Sie rauben oft den kostbarsten Teil des Lebens. Vielmehr werden die Erfahrungen, die die Menschen damit machen, gewürdigt und ihnen so ein Wert zugesprochen. Die Begleiter zeigen durch ihre Empathie etwas von der menschheitlichen Einfühlbarkeit des Leidens. Die Betroffenen erfahren dabei implizit, dass es nicht einfach ihr privates Problem, ihr persönliches Unglück ist, sondern ein menschheitliches Geschehen, in das sie – auf schmerzhafte Weise – jetzt auch einbezogen werden.

Eine Kommunikationskultur

Bei der Sinnsuche begleiten
Bis zur Neuzeit galt für den Tod ein anderes Vorzeichen als heute: Die Natur hat das Leben des Menschen beendet, der Herr über Leben und Tod hat ihn zu sich gerufen, der Tod hat ihn geholt. Man musste (und konnte) sich höheren Mächten ergeben. Heute muss diese Übergabe an das Unausweichliche jeder Mensch individuell und sozusagen unbekleidet durchleben. Der Einzelne muss sich den Sinn selbst erschließen. Es darf die Helfenden nicht verwundern, dass diese Aufgabe auf den Menschen mit seiner

jeweiligen Lerngeschichte und seinen Prägungen trifft und jeder Mensch damit seinen ganz persönlichen Prozess durchläuft.

Die – vor allem symbolische – Kommunikation (vgl. Abschnitt 2.2.2) ist das Medium der Wahl, damit die Betroffenen in Resonanz mit den Begleitern ihren eigenen Weg finden können. Wer adäquat kommunikativ und verstehend eingebunden ist, kann besser Schritt halten in seinem Sterbeprozess.

Nicht alles ist besprechbar
Es gilt aber zu beachten, dass nicht alle Menschen über schwierige Themen reden können oder wollen. Als Maß für das Gelingen des Sterbens gilt immer noch die offene Kommunikation: Wer über das Sterben spricht, der verarbeitet es wohl auch gut. In spiritueller Hinsicht muss aber auch das Geheimnis des Menschen geachtet werden: Vor Gott stirbt jeder nach seinen Möglichkeiten. Der Mensch muss sein Sterben nicht bewältigt haben. Nicht jeder Mensch stirbt sinngesättigt. Dafür ist das Geheimnis zu gewaltig. Der Begleiter muss (und darf) nicht alles wissen, nicht alles psychologisch ans Licht holen und bearbeiten wollen. Nicht alles ist einfühlbar. Auch das gehört zur Würde der Sterbenden und des Sterbens.

Es ist immer noch eine große Erfahrung für die Begleiter, wenn sie mit dem Patienten zusammen etwas von seinem Geheimnis berühren und sich mit ihm zum Geheimnis des Lebens vortasten können.

Zweifellos ist auch die derzeitige Auseinandersetzung um die Patientenverfügung ein Motiv, sich wenigstens gedanklich und im – doch hoffentlich – großen Abstand zum Lebensende die Umstände seines Sterbens zu bedenken. Auch die Aufnahme in Krankhaus, Altenheim oder Hospiz ist für die Professionellen ein Anlass, das Gespräch darüber zu beginnen und dem Patienten zu signalisieren, dass man bereit ist, auch über schwierige Themen mit ihm im Gespräch zu bleiben.

Eine Ritualkultur

Die Sterbezeit begehen
Eine Ars moriendi ist keine Kunst, mit der die Unerbittlichkeit des Sterbens und die Dunkelheit der Trauer umgangen werden können. Die existenzielle Dimension ist letztlich nicht besprechbar, nicht aufklärbar. Zu einer Sterbekunst als Kultur gehört daher auch das ›Begehen‹. Auch im Hospiz wird selten das Sterben selbst thematisiert. Und doch binden die Begleiter die Patienten in die Ordnung des Lebens ein, indem sie mit Alltagsritualen und durch Haltung und Rolle Geleit geben. Eine Kultur der Aufmerksamkeit hält den ›Ariadnefaden‹, an dem der Sterbende seinen Weg durch das Labyrinth der ›chronischen Krankheit Sterben‹ hindurchgeht. Der Begleiter ist wie Ariadne nicht selbst im Labyrinth, es ist nicht sein Sterben. Er hält aber Verbindung durch den Faden, er bleibt sensibel für dessen Spannung und ist so in Resonanz mit dem Suchenden. Solches Resonanz-Geben geschieht auf vielfältige, bei weitem nicht nur verbale Weise: Sterbende spüren Liebe auch ohne Worte, auch in der Berührung, im Blickkontakt, beim Schweigen, in der fühlbaren Atmosphäre.

Nicht der Helfer, sondern das Symbol geleitet

In einem gewissen Sinn können die Helfenden das Sterben nicht wirklich begleiten. Ihre eigene Existenz steht nicht auf dem Spiel. Den Weg in das Geheimnis des Lebens geht der Patient in unvertretbarer Weise selbst. Es ist daher die gelebte Kultur, die Geleit gibt. Eine Kultur ist immer ›nur‹ ein Symbol, das nicht zwingt, das nicht über den Einzelnen verfügt. Wohl ist ein Symbol ein geleitendes Medium, in dessen Energiefeld der Mensch Kräfte findet, um seinen Weg gehen und am Ende in die andere Welt aufbrechen zu können.

Eine religiöse Kultur

Zu einer Kultur gehören aber auch ausdrückliche Deutungen von existenziellen Erfahrungen. Der Mensch lebt wesentlich auch in Formen, Bildern und Worten, die den Sinn von Existenz entwerfen. Die Identität des Menschen bildet sich nicht nur aus dem weithin unreflexen eigenen Sinnentwurf, sondern entscheidend im Austausch mit den Vorstellungen und Ideen der umgebenden Kultur. Religionen und spirituelle Systeme sind eine Kultur eigener Art. Sie deuten Existenz überhaupt, erst recht aber bei den Grenzerfahrungen des Lebens.

Die Erfüllung von einem Anderen erwarten

Es ist durchaus entscheidend für eine Ars moriendi, ob man davon ausgeht, dass das Sterben ein unzumutbares Widerfahrnis ist oder ob der Mensch den schwierigen Weg in Verbindung mit seinem Gott und dessen Verheißungen gehen kann. Es ist entscheidend, ob hinter dem Horizont dieses Lebens sich einfach das Nichts auftut oder dahinter das große Geheimnis, die ewige Heimat, die Erfüllung aller Liebe wartet. Und es ist entscheidend für das Leben der Menschheit, ob das diesseitige Leben die gnadenlos »letzte Gelegenheit« (Gronemeyer 1996) ist, der Welt das Glück abzuringen, oder ob der Mensch das volle Leben von dem ganz Anderen erwarten darf. Religion bietet nicht nur eine Lehre vom guten Sterben an, sondern wesentlich die Hoffnung, dass der Mensch im Leben und im Sterben und darüber hinaus von der Liebe Gottes umfangen und getragen bleibt. Was für den Menschen als Ende erscheint, ist bei Gott der Anfang von etwas unerwartet Neuem: Das Kommende wird beseligender sein als alles irdisch Erfahrbare. Diese Hoffnung hat Religion nie nur gepredigt, sondern wesentlich auch als Trostkultur gemeinschaftlich gelebt und vermittelt.

Eine Kultur als Container

Alle diese Medien – Begleiten, Verstehen, Begehen, Sinngebung – bilden zusammen den beruflichen ›Container‹ für die nicht verfügbare Seite des Lebens. Der Mensch wird so vielleicht nicht direkt auf das Sterben vorbereitet, wohl aber werden Sterben und Tod eingebettet in eine heilsame Kultur. Der Mensch kann nicht vom Sterben geheilt werden, sein Prozess kann aber heilsam begleitet werden. Eine Ars moriendi ist kein Kunstgriff, um der Widerständigkeit und dem Abschied zu entgehen. Es gibt keinen

Königsweg für ein gutes Sterben. Aber alle Unterstützungsfunktionen zusammen bieten dem Betroffenen »breitere Tragflügel« (Ruthmarijke Smeding) an. Nicht dass Sterben und Trauer dadurch weniger schwer würden. Eine Kultur kann aber Kräfte wecken, mit denen das Schwere besser getragen werden kann.

7.4 Eine Ars moriendi für die Helfenden?

Damit die Helfenden – Professionelle wie Freiwillige – diese Kultur leben können und sie als Container immer wieder zur Verfügung haben, brauchen sie aber auch für sich eine Ars moriendi. Diese muss nicht ein ausgearbeitetes philosophisches oder religiöses System sein. Sie muss zumindest ganz indirekte Elemente enthalten: eine Makrokultur der Gesellschaft und ihrer Einrichtungen und eine Mikrokultur für die alltägliche Arbeit.

Die eigene Arbeit als Ars moriendi verstehen
Bereits ihr Engagement auf genau diesem Gebiet des Gesundheitswesens kündet davon, dass die Begleitenden aus einem ›Glauben‹ und einer – impliziten – Ars moriendi leben und ihre Arbeit tun. Eine Ars moriendi bildet sich im ›Zwischenraum‹: In der Begegnung zwischen Begleiter, dessen Haltung und Handlung, und dem Patienten, in der Art, wie dieser sein Leben und Sterben lebt, kann sich eine Lebenskunst entfalten, die beiden zugute kommt. Dann findet Spiritualität in Aktion statt. In vielen Querschnittserfahrungen mit immer wieder anderen Menschen mag der Begleiter lernen, seiner Tätigkeit eine tiefere Bedeutung zu geben und seine Spiritualität weiter zu entfalten.

Dem spirituellen Container vertrauen
Bei aller gut entwickelten Kultur jedoch bleibt eine letzte – aber entscheidende – Unverfügbarkeit, die mit keiner Kunst aus der Welt zu schaffen ist. Dem, was sich allen Menschen entzieht, sind die Begleitenden ständig ausgesetzt. Letztlich brauchen auch sie einen Container, der all das Unfassbare tragen hilft. Erst dann können sie überzeugend eine Kultur als Raum für Schwerkranke und Trauernde anbieten und das Sterben der Anderen aushalten. Nur wenn dieser berufliche Container eine spirituelle Bodenschicht enthält, muss der Begleiter die Schwerkranken nicht auf seinen eigenen Schultern tragen. Weder bleibt er dann ohnmächtig vor dem Leiden, noch muss er allmächtige Fähigkeiten von sich verlangen. Denn der spirituell gefüllte Container hat seine eigene Potenz: Er kann das Geheimnis tragen, das für uns Menschen zu groß ist.
Ihm dürfen die Helfenden alles übergeben, was menschliche Fassungskraft übersteigt: die grausamen Realitäten und die beglückenden Erfahrungen, denen sie in ihrer Tätigkeit beggnen.
Der Tod ist nicht vorauszulernen. Eine Kultur, die kranken Menschen ermöglicht, ihr Sterben zu lernen, ist letztlich für alle (zunächst) Weiterlebenden und damit für eine Gesellschaft ein Beitrag zur Ars moriendi. Wenn die Einen für die Anderen ihre äußeren und inneren Räume zur Verfügung stellen, machen alle einen spirituellen Lernprozess.

Zu guter Letzt

»Genug an den Menschen gedacht. Es ist Zeit, an Gott zu denken.«
(Andrei D. Sinjawski)

Dieses Buch habe ich in tiefem Respekt vor den vielfältigen Wegen geschrieben, die Menschen heute gehen, um für sich Sinn zu finden. Aber auch in großer Achtung vor all den Behandlern und Begleitern, die Menschen auf Wegen durch Leid und Trauer begegnen. Dabei habe ich den Begriff ›Geheimnis‹ als Leitidee gewählt, um einen spirituellen Grund für eine Kultur des Lebens und des Sterbens zu legen. Was Geheimnis im spirituellen Sinn meint, möchte ich in einer zweifachen Perspektive verstehen.

In einer ersten Perspektive ist es mein Anliegen, bei allen beruflichen und mitmenschlichen Begegnungen dem Menschen, seinem Leben, Leiden und Sterben ein innerstes Geheimnis zu glauben. Dies bedeutet natürlich, dass auch wir Helfer uns selbst ein Geheimnis glauben. – Das Geheimnis des Menschen und seiner Existenz sollte die Mitte aller fachlichen und begleitenden Bemühungen sein. Es ist mein Vorschlag, ›das Geheimnis in der Mitte‹ sozusagen als philosophisches und anthropologisches Leitmedium für alle patientenbezogenen Berufe zu sehen.

In einer zweiten, der religiösen Perspektive erweitert sich allerdings der Sinn von Geheimnis um eine entscheidende Dimension: Nach meinem Verständnis ist die Rede vom Geheimnis erst vollständig, wenn wir in Mensch und Welt nicht nur eine innerste Mitte sehen, sondern uns auch von einem unendlichen Geheimnis umgeben wissen. Als Christ und Theologe ist es das, was mich bei allen Überlegungen zur Existenz des Menschen umtreibt: Wir berühren bei unseren Tätigkeiten nicht nur das Geheimnis eines Menschen und werden davon berührt – auch wenn wir nur Blut abnehmen, eine Salbe auftragen oder ein Anamnese-Gespräch führen. Bei all dem sind wir in die alles tragende und bergende Kraft des unendlichen Geheimnisses eingebettet, das religiöse Menschen »Gott« nennen.

Beide Perspektiven – das Innerste und das Umfassende – sie entspringen letztlich derselben transzendenten Wirklichkeit: dem unendlichen Gott. So finden wir zu uns selbst durch eine innerste Mitte – zugleich aber sind wir umgriffen von einer letzten, der heiligen Wirklichkeit. In den Urkunden des christlichen Glaubens heißt diese Perspektive: »In ihm leben wir, bewegen wir uns und sind wir.« (Apg. 17,28)

Dieses Umgriffensein kann ich aus meiner religiösen Profession heraus den anderen Berufen nur vorschlagen. Der Glaube an einen Allumfassenden würde alle Berufe nicht nur von den Allmachtserwartungen dieser Welt und den Ohnmachtsphantasien in uns selbst entlasten. Vor allem würde er all unseren Tätigkeiten und Funktionen einen letzten und durch nichts anderes zu ersetzenden Sinn geben.

Literatur

Albrecht H (2006) Die Heilkraft des Vertrauens. Wie wichtig das Verhältnis zwischen Arzt und Patient ist, entdeckt die Medizin gerade neu. DIE ZEIT Nr. 32: 25 – 27.

Allport G W, Ross I M (1967) Personal religious orientation and prejudice. Journal of Personality and Social Psychology 5: 432 – 443.

Anandarajah G, Hight E (2001) Spirituality and medical practice: Using the HOPE questions as a practical tool for spiritual assessment. Am Fam Physician 63: 81 – 89.

Andriessen H (1989) Pastorale Supervision und Spiritualität. In: Ferel M (Hg) Berührungen. Erfahrungen mit Seelsorge. Publikationen des Seminars für Seelsorge der EKHN. Frankfurt aM.: 17 – 25.

Andriessen H (1999) Spiritualität und das Geheimnis des Lebens. Vortrag beim 12. Nauroder Ärztetag am 27.11.1999.

Ankermann E (2004) Sterben zulassen – Selbstbestimmung und ärztliche Hilfe am Ende des Lebens. München, Basel.

Antonovsky A (1998) Salutogenese. Zur Entmystifizierung der Gesundheit. Tübingen.

Arntz K (2008) Ars moriendi, Sterben als geistliche Aufgabe. Regensburg.

Auchter T (2000) Das Halten und seine Bedeutung in der allgemeinen und der psychotherapeutischen Entwicklung. WzM 52. Jg.: 464 – 476.

Aulbert E (2007) Kommunikation mit Patienten und Angehörigen. In: ders., Nauck F, Radbruch L (Hg) Lehrbuch der Palliativmedizin. Stuttgart, New York: 1068 – 1089.

Aurnhammer K (2003) Art. ›Hoffnung‹. In: Drolshagen C (Hg) Hospizlexikon. Gütersloh.

Baier K (Hg) (2006) Handbuch Spiritualität. Zugänge, Traditionen, interreligiöse Prozesse. Darmstadt.

Balthasar H U (1963) Glaubhaft ist nur Liebe. Einsiedeln.

Bammel C-M (2005). Aufgetane Augen – Aufgedecktes Angesicht. Theologische Studien zur Scham im interdisziplinären Gespräch. Gütersloh.

Baier K (2009) Was ist Spiritualität? Praxis Palliative Care/Demenz 1 – Jahresheft (hsgg. von: Heller B, Heller A). Hannover: 65.

Bauer J (2005) Warum ich fühle, was du fühlst. Intuitive Kommunikation und das Geheimnis der Spiegelneurone. Hamburg.

Bauriedel T (2005) Art ›Identität‹. In: Eicher P (Hg) Neues Handbuch theologischer Grundbegriffe. Neuausgabe Bd 2. München: 174 – 177.

Bauriedel T (2005) Art. ›Schuld/Schuldgefühl (tiefenpsychologisch)‹ In: Eicher P (Hg) Neues Handbuch theologischer Grundbegriffe Neuausgabe Bd. 4. München: 111 – 122.

Beer U (2003) Dem Lebensmut wieder aufhelfen. Wie Trösten gelingen kann. Ein Interview. Diakonia 34. Jg.: 399 – 403.

Beinert W (2000) Tod und jenseits des Todes. Regensburg.

Belliger A, Krieger D (2006) Ritualtheorien. Ein einführendes Handbuch. Wiesbaden.

Berger K (1996) Wie kann Gott Leid und Katastrophen zulassen? Stuttgart.

Berger P L (1970) Auf den Spuren der Engel. Frankfurt aM.

Bertelsmann Religionsmonitor 2008: www.bertelsmann-stiftung.de/religion.

Bion W (1990) Lernen durch Erfahrung. Frankfurt aM (3. Aufl. 2000).

Blech J (2007) Wundermittel im Kopf. Der Spiegel Nr. 26: 135 – 144.

Böke H, Schwickart G, Spohr M (Hg) (2002) Wenn Sterbegleitung an ihre Grenzen kommt. Gütersloh.

Borasio G D (2009) Spiritualität in Palliativmedizin/Palliative Care. In: Frick E, Roser T (Hg) Spiritualität und Medizin. Stuttgart: 109 – 115.

Boschert S, Kotz M (2002) Tod und Trauer bewältigen (Seminarkonzept). In: Pleschberger S, Heimerl K, Wild M (Hg) Palliativpflege. Grundlagen für Praxis und Unterricht. (2. Aufl. 2005) Wien: 279 – 297.

Bowie F (2000) The Anthropology of Religion. An Introduction. Oxford.

Bowlby J (1983) Verlust, Trauer und Depression. Frankfurt aM.

Brantschen J B (1986) Warum lässt der gute Gott uns leiden? Freiburg, Basel, Wien (2. Aufl.).

Bucher A A (2007) Psychologie der Spiritualität. Handbuch. Weinheim, Basel.

Buckingham R (1987) Mit Liebe begleiten. Die Pflege sterbender Kinder. München.

Bundschuh-Schramm C (Hg) (1999) Ich will mit dir sein und dich segnen. Segensfeiern und Segensgesten. Ostfildern.

Büssing A (2006) Befragungsergebnisse zu spirituellen/religiösen Einstellungen, Bedürfnissen und Ausübungsformen von Patienten. In: Büssing A, Ostermann T, Glöckler M, Matthiessen P (Hg) Spiritualität, Krankheit und Heilung – Bedeutung und Ausdrucksformen der Spiritualität in der Medizin. Frankfurt aM: 69 – 84.

Büssing A et al. (2005 b) Spiritualität und Krankheitsumgang. Befragungsergebnisse zu Patientenbedürfnissen. In: Ehm S, Utsch M (Hg) Kann Glauben gesund machen? Spiritualität in der modernen Medizin. EZW-Texte 181: 41 – 52.

Büssing A, Ostermann T, Matthiessen P (2005a) Spirituelle Bedürfnisse krebskranker Menschen. Deutsche Zeitschrift für Onkologie 37: 13 – 22.

Caduff C, Pfaff-Czarnecka J (Hg) (1999) Rituale heute: Theorien, Kontroversen, Entwürfe. Berlin.

Cassidy S (1995) Die Dunkelheit teilen. Spiritualität und Praxis der Sterbebegleitung. Freiburg, Basel, Wien.

Chochinov H. Dignity and the Eye of the Beholder. Journal of Clinical Oncology 2004. 22 Nr. 7: 1336 – 1339.

Comte-Sponville A (2008) Woran glaubt ein Atheist? Spiritualität ohne Gott. Zürich.

Condrau G, Sporken P (1980) Sterben – Sterbebeistand. In: Böckle F et al. (Hg) Christlicher Glaube in moderner Gesellschaft Bd. 10. Freiburg: 85 – 116.

Conn J W (^{3}1986) Woman's Spirituality: Ressources for Christian Development. New York.

Copray N (2008) Achtsam für das Leben. Publik-Forum 1: 36 – 38.

Corr C A (1993) Coping with Dying: Lessons that we should and should not learn from the work of Elisabeth Kübler-Ross. Death Studies 17: 69 – 83.

Damasio A (1999) The Feeling of What Happens. Body and Emotion in the Making of Consciousness. New York.

Damasio A (2003) Der Spinoza-Effekt. Wie Gefühle unser Leben bestimmen. Berlin.

Dossey M et al. (1992) Critical Care Nursing. Body – Mind – Spirit. Philadelphia.

Doyle D, Hanks GWC, McDonald N (eds) (1993) Oxford Textbook of Palliative Medicine. Oxford.

Drewermann E (1991) ›Angst‹. In: Eicher P (Hg) Neues Handbuch Theologischer Grundbegriffe. München: 17 – 31.

Ebertz M N (2009) Warum hat »Spiritualität« Hochkonjunktur? Praxis Palliative Care/ Demenz 1 – Jahresheft (hsgg. von: Heller B, Heller A). Hannover: 66.

Eglin A et al. (2006) Das Leben heiligen. Spirituelle Begleitung von Menschen mit Demenz. Zürich (2. Aufl.).

Ehm S, Utsch M (2005) Glaube und Gesundheit. Historische Zusammenhänge und aktuelle Befunde. In: dies. (Hg) Kann Glauben gesund machen? Spiritualität in der modernen Medizin. EZW-Texte 181: 5 – 16.

Ehmann J W, Ott B B et al. (1999) Do patients want physicians to inquire about their spiritual or religious beliefs if they become gravely ill? Archives of Internal Medicine 159: 1803 – 1806.

Eisenbruch M (1984 a) Cross-cultural aspects of bereavement, I. Conceptual framework for comparative analysis. Culture, Medicine, Psychiatry, 8: 283 – 309.

Eisenbruch M (1984 b) Cross-cultural aspects of bereavement, II. Ethnic and cultural variations in the development of bereavement practice. Culture, Medicine, Psychiatry 8: 315 – 347.

Eliade M (1957) Das Heilige und das Profane. Vom Wesen des Religiösen. Reinbeck.

Enright R D (2006) Vergebung als Chance. Neuen Mut fürs Leben finden.

Enright R D, Reed G (2006) The effects of forgiveness therapy on depression, anxiety and posttraumatic stress for women after spousal emotional abuse. Journal of Consulting and Clinical Psychology, 74: 920 – 929.

Enzner-Probst B (2009) Rituale in der Begleitung schwerkranker und sterbender Menschen. Lebendige Seelsorge 60. Jg.: 237 – 243.

Erikson E H (1973) Identität und Lebenszyklus. Frankfurt a M.

Ernst H (2010) Sinn: Suchet und ihr werdet finden. Psychologie heute, H 4: 20 – 27.

Eser A, von Lutterotti M, Sporken P (Hg) (1989) Lexikon Medizin, Ethik, Recht. Freiburg, Basel, Wien (TB-Ausgabe 1992).

Feldmann K-H (2009) Abschied am Totenbett. Lebendige Seelsorge 60. Jg.: 260 – 266.

Frick E (2002) Glauben ist keine Wunderdroge. Herder-Korrespondenz 56. Jg.: 41 – 46.

Frick E (2004) Widerstand oder Ergebung? Spirituelle und ärztlich-psychotherapeutische Kriterien der religiösen Krankheitsbewältigung. Zeitschr. f. med. Ethik 50. Jg.: 371 – 383.

Frick E, Roser T (2009) (Hg) Spiritualität und Medizin. Stuttgart.

Fuchs G (2005) »Neuer Bedarf an Spiritualität« Ein Gespräch mit dem Theologen Gotthard Fuchs. Herder Korrespondenz 59. Jg.: 447 – 452.

Fuchs G (2007) Der Realität ins Gesicht sehen – mit Gottes Augen. Meditation H 2: 25 – 33.

Fuchs O (1987) Klage. Eine vergessene Gebetsform. In: Becker H J, Einig B, Ullrich P O (Hg) Im Angesicht des Todes. St. Ottilien: 939 – 1024.

Fuchs P (2007) »Media vita in morte sumus« Zur Funktion des Todes in der Hochmoderne – systemtheoretisch beobachtet. In: Gehring P, Rölli M, Saborowski M (Hg) Ambivalenzen des Todes. Wirklichkeit des Sterbens und Todestheorien heute. Darmstadt: 31 – 50.

Funke D (2000) Das Schulddilemma. Wege zu einem versöhnten Leben. Göttingen.

Fürst W, Wittrahm A et al. (2003) Selbst die Senioren sind nicht mehr die alten. Münster.

Gaylin W (1988) Gefühle. München.

Geisler L in einem Interview. In: Fuchs U (2009) Gewissensfrage Sterbehilfe. Stuttgart.

Gellner C (2003) Zuviel ›warum‹ gefragt? In: Faber E M (Hg) Warum? Der Glaube vor dem Leiden. Freiburg/Schw.: 15 – 33.

Gerl-Falkovitz H B (2001) Neue Sinngebungen? In: Herzog M (Hg) Sterben, Tod und Jenseitsglaube. Stuttgart: 101 – 115.

Gerl-Falkovitz H-B (2005) Vom Umgang mit dem Leiden. Krankendienst: 76 – 81.

Gestrich R (1991) Das seelsorgliche Gespräch in der Krankenpflege. Stuttgart, Berlin, Köln.

Girard R (1987) Das Heilige und die Gewalt. Zürich.

Gisinger C et al. (2007) Seelsorge und Spiritualität bei Krankheit und Pflege. Österreichische Ärztezeitung 15/16 (v. 15.08.07): 28 – 29.

Glick I, Weiss R, Parkes C M (1974) The first year of bereavement. New York.

Greiner D (1999) Segen und Segnen. Eine systematisch-theologische Grundlegung. Stuttgart.

Greshake G (1986) Art. ›Spiritualität‹. In: Ruh U et al. Handwörterbuch religiöser Gegenwartsfragen. Freiburg: 443 – 448.

Greshake G (2000) Art. ›Seele‹. In: L Th K Bd. 9. Freiburg, Basel, Wien: 375 – 379.

Grom B (2003) Neurotheologie. Stimmen der Zeit 221: 505 f.

Grom B (2006) Dreimal täglich ohne Nebenwirkungen. Die Heilkraft des Betens ist gut erforscht. In: Beten – Schule des Herzens. Publik-Forum Extra: 12 – 13.

Grom B (2007) Spirituelle Psychotherapien? Stimmen der Zeit: 531 – 542.

Gronemeyer M (1996) Das Leben als letzte Gelegenheit. Darmstadt.

Gronemeyer R (2008) Sterben in Deutschland. Wie wir dem Tod wieder einen Platz in unserem Leben einräumen können. Frankfurt

Grundmann C H (2006) Zur aktuellen Debatte über Hospital Ethics Committees in den USA. WzM 48. Jg.: 81 – 93.

Gunaratnam Y (2003) Kultur ist nicht alles. Eine Kritik der Multikulturalität in der Palliative Care. In: Heller B (Hg) Aller Einkehr ist der Tod. Interreligiöse Zugänge zu Sterben, Tod und Trauer. Freiburg i Br.: 145 – 169.

Habermas J (2005) Zwischen Naturalismus und Religion. Frankfurt aM.

Hahn A (1974) Religion und Verlust der Sinngebung. Frankfurt.

Hamer D (2006) Das Gottes-Gen. Warum uns der Glaube im Blut liegt. München.

Hartmann G (1993) Lebensdeutung. Theologie für die Seelsorge. Göttingen.

Häusler E, Kostka U (2007) Ethik anwenden. Krankendienst: 342 – 348.

Heidemann E (1990) Das Prinzip ›Hoffnung‹ in der Aufklärung des chronischen Krebskranken. In: Aulbert E, Niederle N (Hg) Die Lebensqualität des chronischen Krebskranken. Stuttgart: 53 – 60.

Heimler A (1988) Art. ›Schmerz‹. In: Schütz C (Hg) Praktisches Lexikon der Spiritualität. Freiburg, Basel, Wien: Sp 1095 – 1100.

Held P (1998) Systemische Praxis in der Seelsorge. Mainz.

Heller B (2006) Bedeutung religiös-kultureller Unterschiede in der Palliative Care. In: Knipping C (Hg) Lehrbuch Palliative Care. Bern (2. Aufl. 2007): 432 – 437.

Heller B (Hg) (2003) Aller Einkehr ist der Tod. Interreligiöse Zugänge zu Sterben, Tod und Trauer. Freiburg i Br.

Heller B, Heller A (2006) Sterben ist mehr als Organversagen. Spiritualität und Palliative Care. In: Heller B (Hg) Aller Einkehr ist der Tod. Interreligiöse Zugänge zu Sterben, Tod und Trauer. Freiburg i Br: 7 – 21.

Heller B, Heller A (2009) Spiritualität und Spiritual Care. Praxis Palliative Care/ Demenz 1 – Jahresheft (hsgg. von: Heller B, Heller A). Hannover: 9 – 11.

Heller B, Heller A (2014) Spiritual Care: Die Wiederentdeckung des ganzen Menschen. In: Heller B, Heller A (Hg) Spiritualität und Spiritual Care. Bern: 19 – 44.

Heller B (2014) Spiritualität versus Religion/Religiosität? In: Heller B, Heller A (Hg) Spiritualität und Spiritual Care. Bern: 45 – 68.

Herberg H (Hg) (2000) Segen erfahren. Ein praktisches Begleitbuch für die Seelsorge im Krankenhaus. München.

Hermann I (1999) Die Koffer sind gepackt. Von der Symbolsprache sterbender Menschen. In: Baumann P, Reifenberg P, Weber M (Hg) Kommunikation mit Schwerstkranken und Sterbenden. Dokumentation einer Studientagung der Hospizgesellschaft 19./20.11.1999. Mainz: 35 – 46.

Hoff G M (2005) Art ›Heil/Heilung‹. In: Eicher P (Hg) Neues Handbuch theologischer Grundbegriffe, Neuausgabe Bd 2. München: 84 – 93.

Hofmeister K, Bauerochse L (1999) Die Zukunft der Religion. Würzburg.

Hoheisel K (2001) Leben und Tod im Lichte der Religionen. In: Herzog M (Hg) Sterben, Tod und Jenseitsglaube. Stuttgart: 65 – 88.

Höhn H-J (2003) Versprechen. Das fragwürdige Ende der Zeit. Würzburg.

Höhn H-J (2006) Renaissance der Religion. Herder-Korrespondenz 60. Jg.: 605 – 608.

Höhn H-J (2007) Was soll ich denn noch beichten? Lebendige Seelsorge 58. Jg.: 15 – 17.

Hoyt M (1980) Clinical notes, regarding the experiences of ›presences‹ in mourning. Omega 11: 105 – 111.

Huppmann G, Werner A (1982) Sterben in der Institution: Psychologische Aspekte. In: Medizin – Mensch – Gesellschaft 7: 155 – 168.

Husebø S, Klaschik E (1998) Palliativmedizin. Praktische Einführung in Schmerztherapie, Ethik und Kommunikation. Berlin, Heidelberg.

International Work Group on Death, Dying and Bereavement (IWG) (1990) Assumptions and Principles of spiritual care. Death Studies 14: 75 – 81.

Joas H (2004) Braucht der Mensch Religion? Freiburg.

Jost I, Jost K (2009) Januskopf Angst – Konfrontation und Umgang mit Ängsten. Transformationen 11: 30 – 71.

Jüngel E (1977) Gott als Geheimnis der Welt. Tübingen.

Jüttemann, G, Sonntag M, Wulf C (Hg) (1991) Die Seele. Ihre Geschichte im Abendland. Weinheim.

Kaerger-Sommerfeld H, Obliers R (2004) Die Bedeutung des individuellen Biographieverständnisses von Palliativpatienten im Angesicht von lebensbedrohlicher Erkrankung und Sterben. In: Lilie U, Zwierlein E (Hg) Handbuch Integrierte Sterbebegleitung. Gütersloh: 88 – 98.

Kallenberg K (2000) Spiritual and Existential Issues in Palliative Care. Illness, Crisis and Loss Vol 8, 2. Sage Publications Inc: 120 – 130.

Kappauf H (2001) Aufklärung und Hoffnung – ein Widerspruch? Z. f. Palliativmedizin 2: 47 – 51.

Kappauf H (2004) Art. ›Krankenhaus‹. In: Student J-C (Hg) Sterben, Tod und Trauer. Handbuch für Begleitende. Freiburg, Basel, Wien: 129 – 135.

Kappauf H (2005) Hoffen auf Heilen. Aber um welchen Preis? Wie viel Ehrlichkeit verträgt der Mensch? Abstractband zum 4. Bremer Kongress für Palliativmedizin 11. – 12.03.2005: 37 – 39.

Karrer L (2006) Spiritualität: ein Megatrend? Diakonia 37 Jg.: 381 – 385.

Kast V (1994) Sich einlassen und loslassen. Lebensmöglichkeiten bei Trauer und Trennung. Freiburg, Basel, Wien (2. Aufl.)

Kast V (2008 a) Freude, Inspiration, Hoffnung. Düsseldorf (ppb-Ausg.).

Kast V (2008 b) Vom Sinn der Angst. Freiburg (3. Aufl. 2009).

Kearney M (2000) A place of healing. New York.

Kellehear A (2000) Spirituality and palliative care: a model of needs. Palliative Medicine 14: 149 – 155.

Kießling K (2008) Je religiöser, desto depressiver – oder desto gesünder? WzM 60. Jg.: 282 – 299.

King D E, Bushwick B (1994) Beliefs and attitudes of hospital inpatients about faith healing and prayer. Journal of Family Practice 39: 349 – 352.

Kiworr K (2005) Bilder der Hoffnung im Angesicht des Todes. Mainz.

Klass D, Silverman P R, Nickman S L (Hg) (1996) Continuing Bonds. Philadelphia.

Klessmann M (1996) Seelsorge in der Psychiatrie – eine andere Sicht vom Menschen? WzM 48. Jg.: 25 – 36.

Knipping C (2006) Palliative Betreuung in den letzten Lebenstagen und -stunden. In: dies. (Hg) Lehrbuch Palliative Care. Bern (2. Aufl 2007): 465 – 482.

Knoblauch H, Schnettler B, Soeffner H-G (1999) Die Sinnprovinz des Jenseits und die Kultivierung des Todes. In: Knoblauch H, Soeffner H-G (Hg) Todesnähe. Interdisziplinäre Zugänge zu einem außergewöhnlichen Phänomen. Konstanz: 271 – 292.

Knögel H (2006) Zwischen allen Stühlen. Familiendynamik 31. Jg.: 253 – 265.

Koelbing H M (1985) Die ärztliche Therapie, Grundzüge ihrer Geschichte. Darmstadt.

Koenig H G, McCullough M E, Larson D B (Hg) (2001) Handbook of Religion and Health. New York.

Koenig H G (2012) Spiritualität in den Gesundheitsberufen. Ein praxisorientierter Leitfaden. Stuttgart.

Köhle K (2007) Psychotherapie mit Sterbenden. In: Aulbert E, Nauck F, Radbruch L (Hg) Lehrbuch der Palliativmedizin. Stuttgart: 1051 – 1067.

Kohler E (2002) Art. ›Trost III‹. In: Müller G (Hg) Theologische Realenzyklopädie, Bd. 34. Berlin, New York.

Kohls N B (2004) Außergewöhnliche Erfahrungen – Blinder Fleck für die Psychologie? Eine Auseinandersetzung mit außergewöhnlichen Erfahrungen und ihrem Zusammenhang mit geistiger Gesundheit. Münster.

Körtner U H J (2007) Ethik im Krankenhaus. Diakonie – Seelsorge – Medizin. Göttingen.

Kranemann B (2006) Rituale im Bedeutungswandel. Herder-Korrespondenz 60. Jg.:204 – 209.

Kranemann B, Fuchs G, Hake J (Hg) (2004) Wiederkehr der Rituale. Zum Beispiel Taufe. Stuttgart.

Krause R (2007) Art ›Emotion‹. In: Strauß B, Hohagen F, Caspar F (Hg) Lehrbuch Psychotherapie. Teilbd. I. Göttingen: 61 – 92.

Kruse A (2005) Zur Religiosität und Spiritualität im Alter. In: Bäurle P et al. (Hg) Spiritualität und Kreativität in der Psychotherapie mit älteren Menschen. Bern, Göttingen, Toronto, Seattle: 49 – 63.

Kunz R (2006) Schmerztherapie in der Geriatrie. In: Knipping C (Hg) Lehrbuch Palliative Care. Bern (2. Aufl. 2007): 226 – 233.

Labisch A, Paul N (1989) Art. ›Medizin‹. In: Korff W (Hg) Lexikon der Bioethik Bd 2. Gütersloh: 630 – 642.

Ladenthin V (2010) Stolz und Scham aus erziehungswissenschaftlicher Sicht. Theologie der Gegenwart 53. Jg.: 98 – 105.

Lamers W (2003) Vortrag beim Symposion »Trauer vor und nach dem Tod« im Stefanstift Hannover 28. – 29.11.2003.

Lammer K (2000) Den Tod begreifen – Trauerbegleitung am Totenbett. WzM 52. Jg.: 400 – 408.

Lamp I, Küpper-Popp K (2006) Abschiednehmen am Totenbett – Rituale und Hilfen für die Praxis. Gütersloh.

Lang B (2005) Art. ›Religion‹. In: Eicher P (Hg) Neues Handbuch theologischer Grundbegriffe. Neuausgabe, Bd 4. München: 26 – 34.

Langenhorst G (2000) Trösten lernen? Profil, Geschichte und Praxis von Trost als diakonischer Lehr- und Lernprozess. Ostfildern.

Leget C (2008) Van levenskunst tot stervenskunst. Over spiritualiteit in de palliative zorg. Tielt.

Leist M (1980) Leid und Trost. Freiburg.

Lenzen-Schulte M (2005) Emotionen – ein mächtiges Erbe. Der aktuelle Kongressbericht. FAZ Nr. 69 N1.

Luckmann Th (1991) Die unsichtbare Religion. Frankfurt aM.

Luther H (1991) Leben als Fragment. Der Mythos von der Ganzheit. WzM 43. Jg.: 262 – 273.

Lütz M (2007) Begegnung mit sich und mit Gott. Lebendige Seelsorge 58. Jg.: 43 – 47.

Maguire P, Pitceathly C (2002) Key communication skills and how to acquire them. BMJ 325: 697 – 700.

Mann F (1984) Aufklärung in der Medizin. Stuttgart, New York.

Markl H (1996) Evolutionäre Perspektive der Medizin. Warum Krankheit und Leid nicht zu vermeiden sind. FAZ, Nr. 2: N1.

Martin T L, Doka K J (2000) Men don't cry … women do. Transcending Gender Stereotypes of Grief. Philadelphia.

Maslow A (1962) Lessons from the peak- experiences. Journal of Humanistic Psychology 2: 9 – 18.

Maugans T A (1996) The SPIRITual history. Fam Med 5: 11 – 16.

May R (1969). The Meaning of Anxiety. Zit. in Gardner R »The guilt of Parents of Children with Severe Physical Disease«. American Journal of Psychiatry 126: 5.

McCullough M E, Pargament K I, Thoresen C E (2000) The psychology of forgiveness. In: dies (eds) Foregivness: Theory, research and practice. New York: 1 – 14.

Meerwein F, Leuenberger R (1981) Art. ›Trauer und Trost‹. In: Böckle F, Kaufmann F-X et al. (Hg) Christlicher Glaube in moderner Gesellschaft. Band 10. Freiburg, Basel, Wien: 117 – 138.

Metz J-B (2006) Memoria passionis. Ein provozierendes Gedächtnis in pluralistischer Gesellschaft. Freiburg.

Metzinger T (2006)) Der Preis der Selbsterkenntnis. Gehirn und Geist H 7/8: 42 – 49.

Metzinger Th (1993) Subjekt und Selbstmodell. Paderborn.

Metzinger Th (2007) in einem Interview. DIE ZEIT Nr. 34.

Michaels A (1998) Art. ›Angst/Furcht‹. In: Betz HD, Browning DS, Janovsky B, Jüngel E (Hg) Religion in Geschichte und Gegenwart (4. Aufl.) Tübingen: 496.

Morris D B (1994) Geschichte des Schmerzes. Frankfurt aM.

Müller M (2004) Dem Sterben Leben geben. Die Begleitung sterbender und trauernder Menschen als spiritueller Weg. Gütersloh.

Müller M (2006) Vom Umgang mit Abschied und Trauer der Fachkräfte. In: Knipping C (Hg) Lehrbuch Palliative Care. Bern (2. Aufl. 2007): 420 – 424.

Müller M, Schnegg M (2004) Der Weg der Trauer. Freiburg i Br.

Münch K (2010) Stolz und Scham aus psychoanalytischer Sicht. Theologie der Gegenwart 53. Jg.: 90 – 97.

Muller W (1994) Touching the divine: teachings, meditations and contemplations to awaken your true nature (Audiocassettes). Louisville, CO: Sounds True, Inc..

Murken S (1998) Gottesbeziehung und psychische Gesundheit. Münster, New York, München, Berlin.

Murray S A, Kendall M et al. (2004) Exploring the spiritual needs of people dying of lung cancer or heart failure. Palliative Medicine 18: 39 – 45.

Nagel G (2007) Vortrag beim Symposium ›Autonomie, Selbstbestimmung und Würde – ein multiprofessioneller Diskurs.‹ am 30.06.2007 in Bad Berka.

Nager F (1998) Gesundheit, Krankheit, Heilung, Tod. Betrachtungen eines Arztes. Luzern (3. Aufl.).

Nauer D (2003) Trostlose trösten. Seelsorglicher Trost bei depressiver Seelenfinsternis. Diakonia 34. Jg.: 416 – 422.

Nauer D (2007) Seelsorge – Sorge um die Seele. Stuttgart.

Neimeyer R, Moser R, Wittkowski J (2003) Psychologische Forschung zu Einstellungen gegenüber Sterben und Tod. In: Wittkowski J (Hg) Sterben, Tod und Trauer. Stuttgart: 108 – 131.

Nelson-Becker H, Nakashima M, Canda E R (2006) Oxford Handbook in Health and Aging. Oxford.

Newberg A, D'Aquili E, Rause V (2003) Der gedachte Gott – wie Glaube im Gehirn entsteht. München.

Nuland S B (1994) Wie wir sterben: ein Ende in Würde? München.

Ochsmann R (1991) Todesfurcht und ihre Auswirkungen. In: ders. (Hg) Lebensende. Über Tod und Sterben in Kultur und Gesellschaft. Heidelberg: 119 – 136.

Ochsmann R (1993) Angst vor Tod und Sterben. Beiträge zur Thanato-Psychologie. Göttingen.

Ostermann T (2006) Spiritualität und Religiosität: Konzepte, Messverfahren, Einfluss auf Gesundheit und Krankheit – eine Literaturübersicht. In: Büssing A, Ostermann T, Glöckler M, Matthiessen P F (Hg) Spiritualität, Krankheit und Heilung – Bedeutung und Ausdrucksformen der Spiritualität in der Medizin. Frankfurt: 54 – 68.

Otto R (1917) Das Heilige. Über das Irrationale in der Idee des Göttlichen und sein Verhältnis zum Rationalen. (Nachdruck, München 2004).

Pargament K I, Koenig H G, Tarakeshwar N, Hahn J (2001) Religions struggle as a predictor of mortality among medically ill elderly patients. Archives of Internal Medicine 161: 1881 – 1885.

Parks C M (1972) Study of Grief in Adult Life. New York.

Pattison E M (1978) The Living-Dying Process. In: Garfield C A (Ed) Psychological Care of the Dying Patient. New York: 133 – 168.

Paul C (2004) Schuld denken und Schuld fühlen. Vortrag auf dem 5. Kongress der DGP in Aachen.

Paul C, Müller M (2006) Trauerprozesse verstehen und begleiten. In: Knipping C (Hg) Lehrbuch Palliative Care. Bern (2. Aufl. 2007): 410 – 419.

Petzold H (1979) Integrative Gestalttherapie in der Ausbildung von Seelsorgern. In: Scharfenberg J (Hg) Freiheit und Methode. Wien, Feiburg, Basel; Göttingen: 113 – 135.

Petzold H (1984) Integrative Therapie – der Gestaltansatz in der Begleitung und psychotherapeutischen Betreuung sterbender Menschen. In: Spiegel-Rösing I (Hg) Die Begleitung Sterbender. Paderborn: 431 – 497.

Petzold H (1999) Psychotherapeutische Begleitung von Sterbenden – ein integratives Konzept für die Thanatotherapie. Beiträge zur Thantologie. Interdisziplinärer Arbeitskreis der Joh. Gutenberg-Universität Mainz, H. 16.

Pieper J (1935) Über die Hoffnung. Leipzig.

Pieper J (1950) Über das christliche Menschenbild. München (4. Aufl.).

Plüss D, Schenker D (2002) Welche Seelsorge hätten Sie denn gerne? Oder: Was willst du dass ich dir tun soll? (Lk 18, 41) Praktische Theologie 37: 22 – 33.

Polak R, Zulehner PM (2004) Theologisch verantwortete Respiritualisierung: Zur spirituellen Erneuerung der christlichen Kirchen. In: Zulehner PM (Hg) Spiritualität – mehr als ein Megatrend. Ostfiedern: 204 – 227.

Pollack D (2006) Nüchternheit ist vonnöten. Herder-Korrespondenz 60. Jg.: 339 – 344.

Poloma M, Pedelton B F (1991) The effects of prayer and prayer experiences on measures of general well-being. Journal of Psychology and Theology 19: 71 – 83.

Pompey H (1998) Religiosität in der Lebens- und Leidbewältigung von TumorpatientInnen. Krankendienst 71: 188 – 199.

Post P (2003) Ritual studies. Archiv für Liturgiewissenschaft Jg. 45. Fribourg: 21 – 45.

Post P (2004) Überfluss und Unvermögen. Ritualkompetenz oder Kompetenzverlust: rituell-liturgische Erkundungen im Lichte der Ritual studies. In: Kranemann B, Fuchs G, Hake J (Hg) Wiederkehr der Rituale. Stuttgart.

Pschyrembel – Klinisches Wörterbuch (2007) (261. Aufl.) Berlin, New York.

Puchalski C (2002) Spirituality. In: Berger A, Portenoy R, Weissmann D (eds) Principles and Practice of Palliative Care and supportive Oncology. Philadelphia (2nd ed.): 799 – 812.

Puchalski C (2006) A Time for Listening and Caring. Spirituality and the Care of the Cronically Ill and Dying. New York.

Puchalski C, Ferrel B, Virani R, Otis-Green S, Baird P, Bull J, Chochinov H, Handzo G, Nelson-Becker H, Prince-Paul M, Pugliese K, Sulmasy D (2009) Improving the Quality of Spiritual Care as a Dimension of Palliative Care: The Report of the Consensus Conference. Journal of Palliative Medicine 2009 Vol 12, 10: 885 – 904.

Puhlheim P (1992) Wahrnehmen und Beten. In: Angel H F, Hemel U (Hg) Basiskurse im Christsein. Frankfurt, Bern, New York, Paris.

Quitterer J (2000) Lebensprinzip des Organismus. Ergebnisse der Hirnforschung im Licht von Philosophie und Theologie. Herder-Korrespondenz 54. Jg.: 404 – 407.

Quitterer J (2002) Vortrag bei der Tagung ›Neuer Naturalismus?‹ 23. – 26. Sept. 2002, Untermarchtal. Zit. in Herder-Korrespondenz 56. Jg.: 566 – 569.

Rahner K (1964) Über den Begriff des Geheimnisses in der katholischen Theologie. In: ders. Schriften IV. Einsiedeln (4. Aufl.): 51 – 99.

Rahner K (1983) Worte vom Kreuz. Freiburg i. Br. (3. Aufl.).

Ratsak G (2007) Angst und Angstbewältigung. In: Aulbert E, Nauck F, Radbruch L (Hg) Lehrbuch der Palliativmedizin. Stuttgart, New York: 1090 – 1108.

Ratzinger J (1986) Einführung ins Christentum. München (letzte Aufl. 2000).

Rau A (2009) Segensfeier mit Sterbenden und ihren Angehörigen. Lebendige Seelsorge 60. Jg.: 267 – 276.

Rees D (1971) The hallucinations of widowhood. BMJ 4: 37 – 41.

Reikerstorfer J (2004) Vom Preis der Gottesaffirmation. In: Zulehner P M (Hg) Spiritualität – mehr als ein Megatrend? Ostfildern.

Rest F (1985) Vom Handeln im Angesicht des Unausweichlichen. WzM 37. Jg.: 281 – 289.

Rest F (2003) Grundlagen einer geistigen Haltung in der Begleitung Sterbender. Vortrag beim 3. Lindauer Hospiztag.

Reuter W (2004) Heilsame Seelsorge. Münster.

Riedner C, Hagen T (2009) Spirituelle Anamnese. In: Frick E, Roser T (Hg) Spiritualität und Medizin. Stuttgart: 229 – 236.

Riesebrodt M (2007) Cultus und Heilsversprechen. Eine Theorie der Religionen. München.

Ringel E (1993) Art. »Angst«. In: Lexikon für Theologie und Kirche. Freiburg: 673 – 674.

Roller S, Scheytt H C (2007) Spirituelle Aspekte. In: Bausewein C, Roller S, Voltz R (Hg) Leitfaden Palliativmedizin – Palliative Care. München, Jena (3. Aufl.): 522 – 549.

Roser T (2007) Spiritual Care. Ethische, organisationale und spirituelle Aspekte der Krankenhausseelsorge. Ein praktisch-theologischer Zugang. Stuttgart.

Röser J (2010) Ich schäme mich, also sind wir. Christ in der Gegenwart: 331 – 332.

Rössler D (1994) Grundriss der Praktischen Theologie. Berlin, New York (2. Aufl.).

Rössler D (2004) Der Arzt zwischen Naturwissenschaft und Metaphysik. In: Stulz (Hg) Theologie und Medizin. Zürich: 177 – 191.

Roy D (1997) Ethische Fragen in der Palliativmedizin. In: Aulbert E, Zech D (Hg) Lehrbuch der Palliativmedizin. Stuttgart (1. Aufl.): 24 – 54.

Rüegger H (2006) Das eigene Sterben. Auf der Suche nach einer neuen Lebenskunst. Göttingen.

Saalfrank E (2002) Gibt es einen ›spirituellen‹ Schmerz? Die Hospiz-Zeitschrift 12. Jg.: 10.

Sahm S (2007) Die Heilkraft des Zuhörens. Strukturierte Gespräche beugen Depressionen bei Angehörigen Sterbender vor. FAZ Nr. 38: N1.

Samarel N (1991) Caring for Life and Death. Washington D. C.

Samarel N (2003) Der Sterbeprozess (engl. 1995). In: Wittkowski J (Hg) Sterben, Tod und Trauer. Stuttgart: 132 – 151.

Saunders C in einem Interview (1999). In: Hörl C (Hg) Brücke in eine andere Welt. Freiburg, Basel, Wien.

Saunders C M (1967) The management of terminal illness. Hospital Medicine Publications, London.

Schaerer R (1993) Suffering of the doctor linked with the death of patients. Palliative Medicine 7 (suppl 1): 27 – 37.

Schäfer K (2009) Trösten – aber wie? Ein Leitfaden zur Begleitung von Trauernden und Kranken. Regensburg.

Scherrer E (2004) Wehmütig grüßt der, der ich bin, den der ich mal war, oder: Die Trauer der Sterbenden. In: Lilie U, Zwierlein E (Hg) Handbuch Integrierte Sterbebegleitung. Gütersloh: 159 – 164.

Scheuchenpflug P (Hg) (2005) Tröstende Seelsorge. Würzburg.

Schmid W (2008) Gottvertrauen oder: die Kunst des Lebens. Psychologie heute compact H 19: 12 – 17.

Schmidbauer W (2008) »Das Ich ist stärker als die Angst.« Ein Interview mit Wolfgang Schmidbauer in Publik-Forum Nr. 22: 22.

Schmidt-Rost R (1988) Art. ›Trost‹ In: Drehsen V (Hg) Wörterbuch des Christentums. Gütersloh.

Schmied G (1988) Sterben und Trauern in der modernen Gesellschaft. München.

Schnabel U (2008) Zum Glauben verdammt. ZEIT-WISSEN 1. Jan. 2008: 12 – 25.

Schneidereit-Mauth H (2003) Wahrheit am Krankenbett. WzM 55. Jg.: 253 – 263.

Schneider-Flume G (2002) Leben ist kostbar. Wider die Tyrannei des gelingenden Lebens. Göttingen.

Schneiders S M (1988) The Study of Christian Spirituality 8: 38 – 57.

Schnell T (2004) Wege zum Sinn. Sinnfindung mit und ohne Religion. Empirische Psychologie der impliziten Religiosität. WzM 56. Jg.: 3 – 20.

Schnell T (2011) Religiosität und Spiritualität als Quelle der Sinnerfüllung. In: Klein C, Berth H, Balck F (Hg) Gesundheit – Religion – Spiritualität. Weinheim und München: 259 – 271.

Schockenhoff E (2001) Krankheit – Gesundheit – Heilung. Wege zum Heil aus biblischer Sicht. Regensburg.

Schockenhoff E (2006) in einem Interview. Gehirn und Geist, H. 7 – 8.

Schulte W, Tölle R (1971) Psychiatrie: Berlin, Heidelberg, New York.

Schütz C (1988) Art. ›Spiritualität‹. In: ders (Hg) Praktisches Lexikon der Spiritualität. Freiburg, Basel, Wien: 1170 – 1216.

Schwennen C (2004) Verzeihen. In: Auhagen A (Hg) Positive Psychologie. Weinheim, Basel: 139 – 153.

Seiler D (2007) Religion: gesund oder krank? 59. Jg.: 381 – 394.

Senn H-J (1977) Wahrhaftigkeit am Krankenbett. Schweiz. Ärztezeitung 58: 234 – 241.

Senn H-J (2006) Breaking Bad News: Die Kunst, schwierige Gespräche zu führen in der palliativen Betreuung. In: Knipping C (Hg) Lehrbuch Palliative Care. Bern: 380 – 385.

Sievernich M (2005) Schuld und Vergebung. WzM 57. Jg.: 296 – 308.

Simon L (1996) Erwartungen an den Seelsorger im Krankenhaus. Lebendige Seelsorge 37. Jg.: 17 – 23.

Singer W, Prinz W (2005) Wer deutet das Denken? Ein Interview. DIE ZEIT Nr. 29: 32.

Sloan R (2006) Blind Faith. The Unholy Alliance of Religion and Medicine. New York.

Smeding R (2004) Sechsundzwanzig Worte für Schnee, warum nur ein Wort für Trauer? In: Lilie U, Zwierlein E (Hg) Handbuch Integrierte Sterbebegleitung. Gütersloh: 146 – 157.

Smeding R (2005) Zwischen Tod und Ende der »ersten« Trauerzeit: die Schleusenzeit.® In: Smeding R, Heitkönig-Wilp M (Hg) Trauer Erschließen – eine Tafel der Gezeiten. Wuppertal: 148 – 163.

Smeding R, Aulbert E (2007) Trauer und Trauerbegleitung. In: Aulbert E, Nauck F, Radbruch L (Hg) Lehrbuch der Palliativmedizin. Stuttgart: 1207 – 1222.

Smeding R, Weiher E (1999) Tot und begraben? In: Weiher E (1999 b) Die Religion, die Trauer und der Trost. Mainz (3. Aufl. 2007): 168 – 180.

Smeding R (2012) Das Triptychon der Trauer. Die Hospiz-Zeitschrift, Ausgabe 52: 6 – 11.

Speidel H (2007) Angst in der Palliativmedizin. Zeitschr. f. Palliativmedizin 8: 31 – 34.

Spiro H (1992) What is Empathy and can it Be Taught? Annals of Internal Medicine Vol 116 Nr 10.

Steffensky F (1997) Der Geist ohne Geste bleibt nur ein Schatten. Publik-Forum 21: 60 – 62.

Steffensky F (1999) Das Haus, das die Träume verwaltet. Würzburg (5. Aufl.).

Steffensky F (2006) Ich zeige, was ich liebe. Publik-Forum Nr. 20: 62 – 65.

Steffensky F (2007) Die Würde der Untröstlichkeit. Publik-Forum Nr. 7: 66 – 68.

Stevens-Barnum B (2002) Spiritualität in der Pflege. Bern, Göttingen, Toronto, Seattle.

Studie der Universität Linz (2005) »Sterben in Würde«. Unter: http://www.ktu-Linz.ac.at/icw/forschung.htm

Suchman A et al. (1997) A Model of Empathic Communication in the Medical Interview. JAMA Vol 277, Nr. 8: 678 – 682.

Sudbrack J (2000) Art. ›Spiritualität I‹. Lexikon für Theologie und Kirche Bd 9 (3. Aufl.). Freiburg, Basel, Wien: 852 – 853.

Sulmasy D P (2002) A biopsychosocialspiritual model for the care of patients at the end of life. The Gerontologist 42, Special Issue III: 24 – 33.

Swift C, Handzo G, Cohen J (2012) Healthcare chaplaincy. In: Cobb M, Puchalski CM, Rumbold B (ed.). Oxford Textbook of Spirituality in Healthcare. New York: 185 – 190.

Tausch R (2003) Hilfen bei Stress und Belastung. Reinbeck (12. Aufl.).

Tausch R (2004) Sinn in unserem Leben. In: Auhagen A E (Hg) Positive Psychologie. Weinheim, Basel: 86 – 102.

Taylor, Carol im Workshop des Summer Institute GWish v. 12. – 16.07.2010, Washington.

Taylor, Charles (2009) Ein säkulares Zeitalter. Frankfurt.

Trippel K (2003) Ängste und Phobien. (Wissenschaftliche Beratung: Deister A, Wolf T, Wittchen H-U) Stern 22: 172 – 183.

Turner V (1966) The Ritual Process: Structure and Anti-Structure. New York.

Turner V (1967) Betwixt and Between: The Liminal Period in Rites des passage. In: Ders. The Forest of Symbols. New York.

Van de Loo J (1998) Art. ›Wahrheit am Krankenbett‹ In: Korff W, Beck L, Mikat P (Hg) Lexikon der Bioethik Bd. 3. Gütersloh 745 – 746.

Van Gennep A (1981) Les Rites de passage. Paris (1. Aufl. 1909).

Von Krehl L (1929) Krankheitsform und Persönlichkeit. Leipzig.

Von Schlippe A, Schweitzer J (1998) Lehrbuch der systemischen Therapie und Beratung. Göttingen (5. Aufl.).

Von Weizsäcker (1931) Der kranke Mensch. Stuttgart.

Wagner-Rau U (2004) »… viele tausend Weisen, zu retten aus dem Tod.« Praktisch-theologische Reflexionen über Trost und Trösten. Pastoraltheologie 93. Jg.: 2 – 16.

Wahl H (1994) Glaube und symbolische Erfahrung. Freiburg, Basel, Wien.

Wahl H (1997) Zuhören, partizipieren, freisetzen. WzM 49. Jg.: 306 – 319.

Wahl H (1999) Symbolische Erfahrung: umgestaltete Beziehungserfahrung. 51. WzM Jg.: 447 – 462.

Wahl H (2002) Plädoyer für eine empathisch-diakonische Pastoral. WzM 54. Jg.: 521 – 531.

Wahl H (2003) »Wenn Seelen blühen … «. Seelsorge zwischen Psychokitsch und »Seelenmaschine«. Diakonia 34: 241 –246.

Wahl H (2007) Theologische Erwachsenenbildung: Sinnagentur oder Provokation zur Lebenskunst? WzM 59. Jg.: 354 – 369.

Walach H (2005) Spiritualität als Ressource – Chancen und Probleme eines neuen Forschungsfeldes. In: Ehm S, Utsch M (Hg) Kann Glaube gesund machen? Spiritualität in der modernen Medizin. Texte der Evangelischen Zentralstelle für Weltanschauungsfragen (EZW) 181: 17 – 40.

Walach H (2006) Spiritualität und Wissenschaft. In: Büssing A, Ostermann T, Glöckler M, Matthiessen P (Hg) Spiritualität, Krankheit und Heilung – Bedeutung und Ausdrucksformen der Spiritualität in der Medizin. Frankfurt aM: 26 – 35.

Watzke H (2010) Wie kann Palliativmedizin spirituell sein? Vortrag beim 6. Internationalen IFF-ÖRK Symposium »Wir sind Gäste des Lebens – Spiritualität am Lebensende« (15. – 17.04.2010) Wien.

Weber M, Böhler E, Kohler E (2003) Kann Kommunikation mit unheilbar kranken Patienten gelehrt werden? Med. Klinik 98: 477 – 483.

Weber M, Müller M, Ewald H (2005) Kommunikation in der Palliativmedizin. Dimensionen existenzieller Begegnung. Der Onkologe 11: 384 – 391.

Weber M, Werner A, Nehring C, Tentrup F (1999) Die Übermittlung schlechter Nachrichten. Med. Klinik 94: 453 – 457.

Weber S, Frick E (2002) Zur Bedeutung der Spiritualität von Patienten und Betreuern in der Onkologie. In: Sellschopp A et al (Hg) Manual Psychoonkologie. München, Wien, New York.

Wechsler H (1990) What's so bad about guilt? New York.

Weiher E (1999 a) Mehr als Begleiten. Ein neues Profil für die Seelsorge im Raum von Medizin und Pflege. Mainz (3. Aufl. 2007).

Weiher E (1999 b) Die Religion, die Trauer und der Trost. Mainz (3. Aufl. 2007).

Weiher E (1999 c) Beten: das Leben (und Sterben?) zur Sprache bringen. In: Baumann R, Reifenberg P, Weber M (Hg) Kommunikation mit Schwerstkranken und Sterbenden. Dokumentation einer Studientagung der Hospizgesellschaft 19./20. Nov. 1999. Mainz: 57 – 73.

Weiher E (2004) Die Sterbestunde im Krankenhaus. Was können die Professionellen im Umkreis des Todes tun? Beiträge zur Thanatologie. Interdisziplinärer Arbeitskreis Thantologie der Johannes Gutenberg-Universität Mainz H 28.

Weiher E (2006) Spirituelle Begleitung in der palliativen Betreuung. In: Knipping C (Hg) Lehrbuch Palliative Care. Bern (2. Aufl. 2007): 438 – 453.

Weiher E (2009) Spiritualitäten achten und Gott im Spiel halten. Lebendige Seelsorge 60: 229 – 230.

Weiher E (2010) (Klinik-)Seelsorge als Kommunikation spiritueller Erfahrung. In: Lames G, Nober S, Morgen C (Hg) Psychologisch, pastoral, diakonisch. Heribert Wahl zum 65. Geburtstag. Trier: 231 – 244.

Weiher E, Feldmann K-H (2010) Seelsorge und Krisenbegleitung bei Hirntod und Organentnahme. Zeitschr. für Med. Ethik. 56. Jg.: 57 – 69.

Weiher E (2011) Wie viele Sterbende verträgt ein Mensch? In: Schäfer R, Schuhmann G (Hg) »Wie viele Sterbende verträgt ein Mensch?« Würzburg: 33 – 48.

Weiher E Sterbesegen – Letzte Ölung – Aussegnung. In: Burkhardt J, Krebsbach R, Rüdesheim C (Hg) Jedes Sterben ist ein Riss. Seelsorge in der Begegnung mit trauernden Menschen. Schriftenreihe des TPI Mainz (erscheint 2014).

Weiser P (2003) Eine empirische Studie zur Untersuchung von Trauerreaktionen in der Bundesrepublik Deutschland. Vorstellung der Ergebnisse der Diplomarbeit beim Interdisziplinären Arbeitskreis Thanatologie der Joh.-Gutenberg-Universität Mainz am 05.05.2003.

Wesiak W (1983) »Ganzheitliche Medizin.« Die noch uneingelöste Forderung der Medizinkritik. In: Schatz O (Hg) Wie krank ist unsere Medizin? Salzburger Humanismusgespräche. Graz, Wien, Köln: 95 – 110.

WHO – World Health Organisation (1990) Cancer pain relief and palliative Care. Report of a WHO Expert Committee. World Health Organisation, Genf.

Wiedemann W (1996) Krankenhausseelsorge und verrückte Reaktionen. Göttingen, Zürich.

Wittgenstein L (1971) Philosophische Untersuchungen II. Frankfurt.

Wolf D (2003) Wenn Schuldgefühle zur Qual werden. Mannheim (2. Aufl.)

World Health Organisation (WHO) (1990) Cancer pain relief and palliative care. Report of a WHO Expert Committee. Genf.

Worthington E u. a. (2007) Forgiveness, health and well-being. A review of evidence for emotional versus decisional forgiveness, disoptional forgivingness, and reduced unforgiveness. Journal of Behavioral Medicine, 30: 291 – 302.

Wulf C (2006) Die Erzeugung des Sozialen in Ritualen. Vortrag im Rahmen der Teleakademie des SWR am 9. April 2006.

Zijlstra W (1993) Menschen auf der Suche nach Sinn. WzM 45. Jg.: 476 – 485.

Zink J (2003) Die Urkraft des Heiligen. Stuttgart, Zürich.

Zobel D (2013) Scham in der Seelsorge. Herausforderungen für die pastorale Praxis. WzM 65. Jg: 33 – 48.

Zulehner P M (1994) Die gesellschaftliche Realität heutigen Sterbens. Vortrag bei der Deutsch-Österreichisch-Schweizerischen Fachtagung der Krankenhausseelsorge in Salzburg 25. – 29.04.1994.

Zulehner P M (1995) Ein Obdach für die Seele. Düsseldorf (4. Aufl.).

Zulehner P M (2002) Aufstand gegen das Banale – ein Interview. Publik-Forum 4.

Zulehner P M (Hg) (2004) Spiritualität – mehr als ein Megatrend. Ostfildern.

Zulehner P M, Becker P, Virt G (1991) Sterben und sterben lassen. Düsseldorf.

Zulehner P M, Denz H (1993) Wie Europa lebt und glaubt. Düsseldorf.

Zwingmann C (2005) Spiritualität/Religiosität als Komponente der gesundheitsbezogenen Lebensqualität? WzM 57. Jg.: 68 – 80.